Karl Teppe
PROVINZ · PARTEI · STAAT

Rainer Mittelränder
November 1977

Veröffentlichungen der Historischen Kommission für Westfalen
XXXVIII

BEITRÄGE ZUR GESCHICHTE DER PREUSSISCHEN PROVINZ WESTFALEN

Band 1

PROVINZ · PARTEI · STAAT
ZUR PROVINZIELLEN SELBSTVERWALTUNG
IM DRITTEN REICH
UNTERSUCHT AM BEISPIEL WESTFALENS

ASCHENDORFFSCHE VERLAGSBUCHHANDLUNG
MÜNSTER IN WESTFALEN 1977

Beiträge zur Geschichte der preußischen Provinz Westfalen
Band 1

PROVINZ · PARTEI · STAAT

ZUR PROVINZIELLEN SELBSTVERWALTUNG IM DRITTEN REICH UNTERSUCHT AM BEISPIEL WESTFALENS

Von
KARL TEPPE

ASCHENDORFFSCHE VERLAGSBUCHHANDLUNG
MÜNSTER IN WESTFALEN 1977

© Historische Kommission für Westfalen, 1977 · Printed in Germany

Alle Rechte vorbehalten, insbesondere die des Nachdrucks, der tontechnischen Wiedergabe und der Übersetzung. Ohne schriftliche Zustimmung der Historischen Kommission für Westfalen ist es auch nicht gestattet, dieses urheberrechtlich geschützte Werk oder Teile daraus in einem photomechanischen oder sonstigen Reproduktionsverfahren oder unter Verwendung anderer, wie z. B. elektronischer, hydraulischer, mechanischer usw. Systeme zu verarbeiten, zu vervielfältigen und zu verbreiten.

Aschendorffsche Buchdruckerei, Münster Westfalen, 1977

ISBN 3-402-05990-8

Meiner Mutter
und dem Andenken meines Vaters

VORWORT

Bei der vorliegenden Untersuchung handelt es sich um die leicht überarbeitete Fassung einer von der Abteilung für Geschichtswissenschaft der Ruhr-Universität Bochum im Wintersemester 1974/75 angenommenen Dissertation.

Für die mir bei ihrer Entstehung von vielen Seiten gewährten Unterstützung bin ich zu Dank verpflichtet. Er gilt in erster Linie Herrn Professor Dr. Rudolf Vierhaus, jetzt Direktor des Max-Planck-Instituts für Geschichte in Göttingen, der die Arbeit angeregt und in allen Stadien mit seinem Rat gefördert hat. Zu danken habe ich auch Herrn Professor Dr. Hans Mommsen, Bochum, der zur Präzisierung von Problemstellungen beigetragen und die Arbeit mit förderlicher Kritik begleitet hat. Der Landschaftsverband Westfalen-Lippe, Münster, und das Landesamt für Archivpflege haben für diese Untersuchung größere Aktenbestände erstmals zugänglich gemacht und mich in großzügiger und unbürokratischer Weise unterstützt; dies gilt namentlich für Frau Annette Dziuk, seinerzeit Landesinspektorin im Verwaltungsarchiv des Landschaftsverbandes. Für zahlreiche Gespräche und kritische Textdurchsicht bin ich dem Ersten Landesrat a.D., Herrn Dr. Helmut Naunin, Münster, dankbar, der mir darüber hinaus den Zugang zu einzelnen Akten erleichterte. Frau Helene Kolbow, Münster, danke ich für die Erlaubnis, wichtige, in ihrem Besitz befindliche Materialien einzusehen, Herrn Dr. Alfred Hartlieb von Wallthor, Provinzialinstitut für westfälische Landes - und Volksforschung, Münster, für die freundliche Hilfe bei der Beschaffung und Sichtung des Nachlasses von Herrn Landesrat Dr. Ernst Kühl.

Der Dank gilt weiterhin den Archiven und Institutionen, die durch ihr Entgegenkommen die Arbeit unterstützt und gefördert haben. Das Stadtarchiv Bochum hat in großzügiger Weise umfangreiche Aktenbestände des Verwaltungsarchivs des Landschaftsverbandes Westfalen-Lippe über ein Jahr aufgenommen und mir so die Bearbeitung wesentlich erleichtert. Schließlich möchte ich all jenen danken, die Material zur Verfügung stellten oder durch schriftliche und mündliche Auskünfte wertvolle Hinweise und Ergänzungen gaben.

Der Historischen Kommission Westfalen und ihrem Vorsitzenden, Herrn Professor Dr. Willy Kohl, bin ich für die Aufnahme der Arbeit in die Reihe ihrer Veröffentlichung zu Dank verpflichtet.

Münster, im November 1975   Karl Teppe

INHALTSVERZEICHNIS

Vorwort		VII
Abkürzungsverzeichnis		XI
Einleitung		1
Erstes Kapitel	Tendenzen und Probleme der provinziellen Selbstverwaltung in der Weimarer Republik	8
Zweites Kapitel	Die Eroberung der Schlüsselpositionen	18
	1. Wechsel im Oberpräsidium	18
	2. Der letzte westfälische Provinziallandtag	21
	3. Die Berufung Karl-Friedrich Kolbows zum Landeshauptmann	30
	4. Beamtenabbau und "Nazifizierung"	36
Drittes Kapitel	Liquidierung und Reformersatz	53
	1. Die Beseitigung des Provinziallandtages	55
	2. Das "Oberpräsidentengesetz" vom 15. Dezember 1933	58
Viertes Kapitel	Die Provinzialverwaltung im Gefüge von Partei und Staat	69
	A. Partei und Provinzialverwaltung	69
	1. Kämpfe um die Personalhoheit und das Fachbeamtentumprinzip	69
	2. Parteistellen und Provinzialverwaltung	79
	3. Zugriff der NSV auf die Wohlfahrtspflege	95
	4. Gaupartikularismus und Provinz: Der Kampf um die Einheit der Provinz Westfalen	111
	B. Staat und Provinzialverwaltung	140
	1. "Verstaatlichung" der provinziellen Selbstverwaltung und ihres Aufgabenkreises	140
	2. Schablonisierung und Instrumentalisierung der Finanzausstattung	169
	3. Provinzialverwaltung und Kreise: Die Rolle des Provinzialrates	190

Fünftes Kapitel	Die Zukunft der provinziellen Selbstverwaltung im Dritten Reich: Zur Diskussion der Gauselbstverwaltung unter besonderer Berücksichtigung des Beitrags Westfalens	202
	1. Im Schatten der "abgestoppten" Reichsreform (1934 - 1935)	204
	2. Taktische Neuorientierung (1938 - 1939)	215
	3. Im Zugzwang geschaffener Tatbestände (1940 - 1944)	225

Zusammenfassung mit Ausblick auf die Errichtung des Landschaftsverbandes 1953   246

Quellen- und Literaturverzeichnis   257

Sachregister   289

Personenregister   294

Statistische Abbildungen   177, 181

ABKÜRZUNGSVERZEICHNIS

Anm.	Anmerkung
AVfk	Archiv des Vereins für Kommunalwissenschaften
BA	Bundesarchiv Koblenz
BBG	Berufsbeamtengesetz (1933)
BDC	Berlin Document Center
BDM	Bund Deutscher Mädel
CdZ	Chef der Zivilverwaltung
DAF	Deutsche Arbeitsfront
DBG	Deutsches Beamtengesetz (1937)
DGO	Deutsche Gemeindeordnung
DGT	Deutscher Gemeindetag
DNVP	Deutschnationale Volkspartei
DVO	Durchführungsverordnung
DVP	Deutsche Volkspartei
GFG	Preußisches Gemeindefinanzgesetz
GPA	Gemeindeprüfungsamt
GS	Preußische Gesetzsammlung
GStA	Geheimes Staatsarchiv Berlin-Dahlem
GVBl.	Gesetz- und Verordnungsblatt
HfK	Hauptamt für Kommunalpolitik
HfV	Hauptamt für Volkswohlfahrt
HJ	Hitler-Jugend
HStAD	Hauptstaatsarchiv Düsseldorf
KPD	Kommunistische Partei Deutschlands
LBA	Landesbauamt
LDK	Landesdirektorenkonferenz
LR	Landrat
LT	Landtag
LVA	Landesversicherungsanstalt
LVB	Landschaftsverband
MA	Münsterischer Anzeiger
MBliV.	Ministerialblatt für die Preußische innere Verwaltung
MZ	Münsterische Zeitung
N	Nachlaß
NS	Nationalsozialistisch
NSDAP	Nationalsozialistische Deutsche Arbeiterpartei
NS-Gemeinde	Die nationalsozialistische Gemeinde
NSKOV	Nationalsozialistische Kriegsopferversorgung
NSV	Nationalsozialistische Volkswohlfahrt
NZ	National-Zeitung
OB	Oberbürgermeister
ORR	Oberregierungsrat

P	Privat
PA	Provinzialausschuß
PK	Parteikanzlei
PLT	Provinziallandtag
PR	Provinzialrat
PrFM	Preußischer(s) Minister(ium) der Finanzen
PrJM	Preußischer(s) Minister(ium) der Justiz
PrMdI	Preußischer(s) Minister(ium) des Innern
PrMfWuA	Preußischer(s) Minister(ium) für Wirtschaft und Arbeit
PrVerf.	Preußische Verfassung
RAM	Reichsarbeitsminister(ium)
RE	Die Rote Erde
RdErl.	Runderlaß
RFM	Reichsminister(ium) der Finanzen
RfR	Reichsstelle für Raumordnung
RGBl.	Reichsgesetzblatt
Reg. Bez.	Regierungsbezirk
RK	Reichskanzlei
RMBliV.	Ministerialblatt des Reichs- und Preußischen Ministerium des Innern
RMdI	Reichsministerium des Innern
RuPrMdI	Reichs- und Preußischer(s) Minister(ium) des Innern
RV	Weimarer Reichsverfassung
RVK	Reichsverteidigungskommissar
SA	Sturmabteilung
Sp.	Spalte
SPD	Sozialdemokratische Partei Deutschlands
SS	Schutzstaffel
StA	Stadtarchiv
StAM	Staatsarchiv Münster
StdF	Stellvertreter des Führers
SVR	Siedlungsverband Ruhrkohlenbezirk
T	Teil
Tbc	Tuberkulose
VA, R	Verwaltungsarchiv des Landschaftsverbandes Rheinland
VA, W-L	Verwaltungsarchiv des Landschaftsverbandes Westfalen-Lippe
VB	Völkischer Beobachter
Vf.	Verfasser
VHZG	Vierteljahreshefte für Zeitgeschichte
VO	Verordnung
VPP	Verband der preußischen Provinzen
Westf.	Westfälische(r)
WHB	Westfälischer Heimatbund
WHW	Winterhilfswerk
Z	Zentrum

EINLEITUNG

In der vorliegenden Arbeit soll die Problematik provinzieller Selbstverwaltung im Dritten Reich am Beispiel des Provinzialverbandes von Westfalen untersucht werden. Es ist also nicht eine "Geschichte" des Provinzialverbandes Westfalens im entsprechenden Zeitraum beabsichtigt, was eine Darstellung aller Aufgabenbereiche erfordern und auf einen Bericht über die Tätigkeit der Institutionen und Abteilungen hinauslaufen würde. Vielmehr soll die Frage nach der Existenz und den politischen Bedingungen der provinziellen Selbstverwaltung im nationalsozialistischen Herrschaftssystem an Beispielen aufgegriffen und dafür, soweit möglich, Bereiche ausgewählt werden, in denen die Ansprüche von Reichsministerien, Reichssonderbehörden, Parteiorganisationen und Provinzialverwaltung aufeinandertreffen. Denn die Tätigkeit der Provinzialverwaltung stand von Beginn des Dritten Reiches an in einem politischen Kräftefeld, dessen Pole die verschiedenen zentralen Ressorts und Sonderbehörden auf der einen Seite und eine Vielzahl zentraler und regionaler Parteistellen andererseits bildeten. Dabei ging von der extrem ausgeweiteten und im einzelnen unkoordinierten Staatsaufsicht in Form einer anhaltenden Gesetzes- und Verordnungswelle eine zerstörerische Wirkung aus, während zugleich die Parteistellen in ihrer zügellosen Dynamik und mit ihren Sonderorganisationen, deren Aufgabenfelder häufig mit denen der Provinzialverwaltung kollidierten, dieser einen verschleißenden Stellungskrieg aufzwangen. Für die Untersuchung folgt daraus, daß sie jenseits der offiziellen Zuständigkeitsabgrenzungen und des zeitgenössischen Mythos von der Einheit von Partei und Staat nach den tatsächlichen Realisierungschancen einer provinziellen Selbstverwaltung und den Kompetenzverteilungen, sofern sie überhaupt bestanden, zu fragen hat.

Die Provinzialverbände waren eine Eigentümlichkeit des preußischen Staates und hatten auch im übrigen Deutschland keine Parallele. Wohl gab es in Bayern die Kreis- ab 1938 die Bezirksverbände, deren Verfassungs- und Aufgabenstruktur jedoch bedeutende Abweichungen von der der Provinzialverband aufwies.[1] Auch sind mit ihnen Zweckverbände wie etwa der Siedlungsverband Ruhrkohlenbezirk (Ruhrsiedlungsverband) nicht vergleichbar. Ihre Vorläufer besaßen die Provinzialverbände in den 1823 in Preußen eingerichteten Provinzialständen, die nur einen rudimentär ausgebildeten kommunalen Aufgabenkreis erhielten, sowie in den im Laufe der sechziger und siebziger Jahre des 19. Jahrhunderts in den Provinzen geschaffenen provinzialständischen Verbänden. In Westfalen geschah dies durch das Regulativ vom 15. September 1871,[2] das zugleich den entsprechenden Schritt zu einer provinziellen Selbstverwaltung darstellte. Ihren endgültigen Durchbruch erzielte sie, als für die östlichen Provinzen die Provinzialordnung vom 29. Juni 1875[3] erlassen wurde, die die Provinzen zum staatlichen Verwaltungsbezirk und zu

---

[1] Naunin, Verfassungsrecht der regionalen Gemeindeverbände, S. 470ff., Müller-Haccius, Die Preußischen Provinzialverbände im Gefüge des Dritten Reiches, S. 91 ff.

[2] GS. S. 457   [3] GS. S. 254

kommunalen Selbstverwaltungskörperschaften bestimmte. Sie wurde elf Jahre später, mit Gesetz vom 1. August 1886, in modifizierter Form auch in Westfalen gültig.[4]

Nach der Provinzialordnung waren die Provinzialverbände Kommunalverbände, die aus den in den Provinzen liegenden kreisfreien Städte und Landkreisen gebildet waren und das Recht besaßen, "ihre Angelegenheiten" selbst zu verwalten. Die Mittelbarkeit des Verbandscharakters drückte sich auch darin aus, daß die Stadtverordnetenversammlungen, Magistrate und Kreistage die Abgeordneten des Provinziallandtages wählten. Diese bestimmten wiederum die Mitglieder des Provinzialausschusses, des wichtigsten Verwaltungsorgans. Leiter des Verwaltungsapparates, der Provinzialverwaltung, wurde der Landesdirektor (Landeshauptmann), der zusammen mit den Beigeordneten der Verwaltung, den Landesräten, die laufenden Geschäfte ausübte. Die provinzielle Selbstverwaltung bildete damit in der Provinz neben der staatlichen Verwaltung einen eigenständigen Verwaltungskörper, dessen Aufgabenkreis sich dadurch bedeutend ausweitete, daß sich die Staatsverwaltung aus umfangreichen Gebieten zurückzog. Die Voraussetzungen dazu hatten die Dotationsgesetze von 1873 und 1875 geschaffen, die die Provinzen mit staatlichen Dotationen ausstatteten und zugleich die neuen provinziellen Zuständigkeiten aufführten. Darunter fielen der Straßenbau, das Landarmen- und Korrigendenwesen, die Behindertenfürsorge, sozialpflegerische Tätigkeiten, kulturelle Aufgaben und die Förderung des Meliorationswesens. Handelte es sich dabei um Aufgaben, die ursprünglich zum Teil der kommunalen örtlichen Ebene angehörten, so sprachen einmal Gründe der Wirtschaftlichkeit und Zweckmäßigkeit dafür, sie von einem regionalen Verband wahrnehmen zu lassen; zum anderen lag es auf der Hand, daß die mit diesen Aufgaben verbundenen personellen und finanziellen Aufwendungen die Leistungsfähigkeit des einzelnen Kreises übersteigen würden. Die Provinzen begnügten sich indes nicht mit den in den Dotationsgesetzen genannten Aufgaben, sondern griffen, mit unterschiedlicher Intensität, neue auf. Dabei wurden sie durch die Entscheidung des Preußischen Oberverwaltungsgerichtes vom 25. Juni 1890 abgestützt, das ihnen das Recht zuerkannte, ihre Aufgabenbereiche von sich aus zu erweitern.[5] Mit dem aufgabenmäßigen Aufschwung korrespondierte zugleich eine Stärkung und Popularisierung des provinziellen Selbstverwaltungsgedankens überhaupt.

Mit der Weimarer Republik begann auch für die provinzielle Selbstverwaltung ein neuer Abschnitt. Er brachte unter dem Schlagwort "Demokratisierung" entscheidende, aber bis zum Ende der Republik umstrittene Änderungen für die Verfassungsstruktur der Provinzialverbände, denen ein Großteil ihrer Repräsentanten

---

[4] Zur Provinzialständischen Zeit Bär, Die Behördenverfassung der Rheinprovinz seit 1815, S. 556 ff., Hartlieb von Wallthor, Die landschaftliche Selbstverwaltung Westfalens in ihrer Entwicklung seit dem 18. Jahrhundert, S. 93 ff., 106 ff., für die weitere Entwicklung, ders., Der geschichtliche Weg der landschaftlichen Selbstverwaltung Westfalens seit dem 18. Jahrhundert, S. 277 ff., Heffter, Die deutsche Selbstverwaltung im 19. Jahrhundert, S. 588 ff., Hartung, Studien zur Geschichte der preußischen Verwaltung, S. 318 ff., Hammerschmidt, Die provinzielle Selbstverwaltung Westfalens, S. 4 ff.

[5] Vgl. Hoppe, Die nordrhein-westfälischen Landschaftsverbände und die preußischen Provinzialverbände, S. 91

zum Teil heftig widersprach und die im Dritten Reich wieder beseitigt wurden. Nach 1933 blieb es indes nicht bei einer Revision des in der Weimarer Republik geschaffenen provinziellen Verfassungsbildes: die Institution der provinziellen Selbstverwaltung, ihre Organe und deren Tätigkeit überhaupt standen teils explizit, teils durch die sich "unter der Hand"[6] herausbildenden Verfassungs- und Machtstrukturen des NS-Regimes zur Disposition. In welcher Weise dies geschah und mit welchem Erfolg soll am Beispiel des Provinzialverbandes Westfalens untersucht werden.

Neben dem praktischen Grund einer relativ guten Materiallage sprechen für die westfälische Provinzialverwaltung als Untersuchungsgegenstand ihre Bedeutung für die Provinz selbst sowie die besondere Stellung, die Westfalen unter den preußischen Provinzen einnahm. Für Westfalen kann gesagt werden, daß die Provinzialverwaltung der entscheidende Integrationsfaktor für die Provinz gewesen ist und eine maßgebliche Voraussetzung dafür war, daß sich in ihr ein landschaftliches Bewußtsein herausbilden konnte. Von ihr und ihren Institutionen gingen wesentliche und nachwirkende Impulse aus - mehr als vom Oberpräsidenten und seiner staatlichen Behörde. H. Gollwitzer hat in diesem Zusammenhang von einem modernen westfälischen Regionalismus gesprochen, der in erster Linie auf einer "administrativen Politisierung von oben her"[7] fußte und der eine politische Größe gewesen sei, mit dem jede Regierung zu rechnen hatte. Jedoch gilt es hier zu beachten, daß der preußische Staat zunächst nur den Rahmen absteckte und in ihm seinen Provinzen ein Eigenleben gestattete, das seine je spezifische landschaftliche Ausprägung erfuhr.[8] In Westfalen geschah dies weniger durch staatlich-politische als mehr durch kulturell-volkstumsmäßige Kräfte, für die die Provinzialverwaltung Transmission und Katalysator zugleich war. Es ist nicht zu verkennen, daß Westfalen in dieser Hinsicht einen Sonderfall darstellte, was sich auch verwaltungspolitisch auswirkte. So trat die Provinzialverwaltung in Westfalen mit unvergleichlich größerer Emphase als in anderen Provinzen für den landschaftlichen Untergrund der provinziellen Selbstverwaltung ein und wertete ihn sozusagen als conditio sine qua non ihrer vollen Entfaltung. Dies änderte sich auch im Dritten Reich nicht, als entgegen den ideologischen, propagandistisch aufgebauschten Zielsetzungen des Nationalsozialismus nicht der Stammes- und Volkstumsgedanke, der für die Blut- und Bodenmythologie herhalten mußte, als Gliederungsprinzip Anerkennung fand, sondern die subjektiven Machtinteressen der in den mit den Provinzen nicht kongruenten Gauen herrschenden Gauleiter den Ausschlag für gelegentliche territoriale Veränderungen gaben. Daß sie in Westfalen, trotz großer Anstrengungen seitens der westfälischen Gauleitungen nicht durchgesetzt werden konnten, unterstreicht erneut die Stärke des wachen politischen, sozialen und kulturellen Regionalbewußtseins, das sich unter den außergewöhnlichen Bedingungen des nationalsozialistischen Herrschaftssystems in teils unterschwelligen, subtilen, teils offenen Formen des Widerstandes äußerte. Doch ist es keineswegs beabsichtigt und zulässig, der Tätigkeit der Provinzialverwaltung mit einem national-

---

6 Broszat, Der Staat Hitlers, S. 431

7 Gollwitzer, Deutscher Regionalismus heute - Grundlagen und Aktualität, S. 7

8 Im idealtypischen Sinne dazu Petri, Die Landschaften-Bausteine oder Relikte im föderalen Gefüge Deutschlands? , S. 10 f.

sozialistischen Landeshauptmann an der Spitze primär unter dem Gesichtspunkt des "Widerstandes" nachzugehen.

Bedeutsamen Anteil hatte Westfalen auch an der theoretischen Fundierung und politisch-praktischen Umsetzung des provinziellen Selbstverwaltungsgedankens. Insbesondere gilt dies für den Bereich der landschaftlichen Kulturpflege und der regionalen Energiewirtschaft, wo die Provinzialverwaltung Pionierarbeit leistete, wie für das ganze Gebiet der landschaftlichen Kommunalwirtschaft. Dieses breitgefächerte, nicht normierte Engagement beruhte auf einem in der Weimarer Republik bewußt, namentlich von den westfälischen Landesräten Dr. Ernst Kühl und Dr. Karl Zuhorn formulierten gewandelten Selbstverständnis der provinziellen Selbstverwaltungskörperschaften, nach dem "die Aufgaben ... räumlicher Körperschaften... so universal sind, wie das Leben im Raum selbst universal ist".[9]

In der vorliegenden Untersuchung geht es freilich nicht darum, die Individualität der westfälischen provinziellen Selbstverwaltung an sich herauszuarbeiten; nur gilt es zu beachten, daß sie auch im Dritten Reich nicht verloren gegangen war. Sicherlich überwogen die Gemeinsamkeiten bei den preußischen Provinzialverbänden, so daß die Arbeit nach zwei Seiten hin den Charakter einer Fallstudie bekommt: Einerseits sollen am Beispiel Westfalens die strukturellen Probleme der provinziellen Selbstverwaltung im Dritten Reich aufgezeigt werden; zum anderen läßt auch die Untersuchung nur einer Provinz Rückschlüsse auf Merkmale der "Binnenstruktur" des NS-Regimes zu, soweit sie auf der provinziellen Ebene auftauchen, wirksam werden und faßbar sind.

Es war unvermeidlich, die Zeitgrenze 1933 einleitend zu überschreiten, da das Verhältnis zwischen preußischer und Reichs-Regierung einerseits, provinzieller Selbstverwaltung andererseits auch in der Weimarer Republik problematisch war. Manches von dem, was unter dem verfassungsrechtlichen und - politischen Ausnahmezustand des Dritten Reiches angestrebt und verwirklicht worden ist, hatte seine Genesis in der Weimarer Republik und war dort schon virulent. Der Rückgriff geschieht daher nicht mit Entlastungs- oder Kontrastabsichten, sondern er dient dazu, einen Beurteilungsrahmen für Strukturen zu bekommen, die vor 1933 angelegt waren und dann im Dritten Reich zum Durchbruch gelangten. Diese genetische Betrachtungsweise liegt der ganzen Arbeit zugrunde, mit deren Hilfe Handlungsabläufe, problematische Entwicklungen und verfassungsrechtliche Änderungen aufgezeigt werden sollen. Daraus ergibt sich auch, daß nicht so sehr der formalrechtliche Aspekt der inflationäre Ausmaße annehmenden Verordnungs-, Erlaß- und Gesetzeswelle im Vordergrund steht als vielmehr deren politische Dimensionen im Hinblick auf die provinzielle Selbstverwaltung. Besondere Beachtung verdienen in diesem Zusammenhang die verwaltungspolitischen Maßnahmen in den ab 1938 annektierten Gebieten. Der große Einfluß, den die NSDAP und ihre Organisationen sich sofort beim Verwaltungsaufbau der Reichsgaue als Selbstverwaltungskörperschaften sicherten, machte sich für sie auch im "Altreich" als Positionsgewinn bemerkbar und wirkte sich ebenfalls auf die Stellung und Aufgabenstruktur der

---

9 Naunin, Wiederaufbau, S. 67, ders., Für Karl Zuhorn, in: Westfälische Forschungen, 14. Bd. (1961), S. 5 f. und das 1929 für den Bund zur Erneuerung des Reiches verfaßte Exposé Kühls "Zur Dezentralisation von Staatsaufgaben auf die Selbstverwaltung", in: N-Kühl (P), Akte "Eigene Arbeiten I"

preußischen Provinzialverbände aus. Die Frage, welche Bedeutung die in den Ostgebieten geschaffenen Tatbestände für das Altreich insgesamt besaßen, ist zwar von der bisherigen Forschung gesehen worden, doch galt ihr Interesse mehr der Reichsebene,[10] während die Rückwirkungen auf die mittleren und unteren Verwaltungsstufen wegen der unzureichenden Quellenlage bisher in weitem Maße ungeklärt blieben.[11]

Die Arbeit hat auch einen personengeschichtlichen Ansatz in der Person und der Amtsführung des nationalsozialistischen Landeshauptmanns Karl Friedrich Kolbow. Die Partei setzte ihn als Landeshauptmann ein, um die Provinzialverwaltung in den Griff zu bekommen. Er entzog sich aber wider Erwarten ihrer Gängelung und war auf eine freilich systemimmanente Autonomie bedacht. Eingeschlossen darin ist die Frage, ob die Personalbesetzung im Dritten Reich ein wichtiger Faktor dafür war, wie weit die Partei an Terrain gewinnen konnte. Natürlich war Kolbows Spielraum auch davon abhängig, in welchem Maße sich der Oberpräsident als Leiter des Provinzialverbandes in dessen laufende Geschäfte einschaltete. Hier wird die Ablösung des deutschnationalen Oberpräsidenten Ferdinand Freiherr von Lüninck 1938 durch den Gauleiter Dr. Alfred Meyer zu beachten und zu fragen sein, ob sie eine stärkere Einflußnahme der Partei auf die Provinzialverwaltung nachsichzog.[12]

Schließlich bedarf es noch einiger typologischer Bemerkungen zu den Aufgaben der provinziellen Selbstverwaltung und zu ihren politischen und juristischen Merkmalen. Für die Aufgaben der Provinzialverbände traf wie für die der Gemeinden die juristische Unterscheidung in "Selbstverwaltungsangelegenheiten" und in "Auftragsangelegenheiten" zu. Während der Staat die letzteren den Provinzen zur Durchführung übertrug, sich die Fachaufsicht und die Weisungsbefugnis vorbehielt und diese damit gleichsam als nachgeordnete Dienststellen des Staates in Erscheinung traten, beschränkte sich die staatliche Kontrolle bei den Selbstverwaltungsangelegenheiten auf die Rechtmäßigkeit. Sie wiederum konnten sich in freiwillige, von den Provinzialverbänden aufgegriffene Aufgaben unterteilen und in solche, die der Staat ihnen als sogenannte kommunale Pflichtaufgabe zuwies, wobei die Form ihrer verwaltungsmäßigen Erledigung in die Selbstverantwortlichkeit der Provinzialverbände fiel. Doch gilt die Einschränkung, daß es sich hierbei mehr um eine idealtypische Differenzierung handelt, da der provinzielle Aufgabenkreis selbst nicht strikt festgelegt war, sich vielmehr veränderte und zudem unter den Begriff der Rechtmäßigkeit staatliche Maßnahmen subsummiert werden konnten, die es fraglich erscheinen lassen, ob sie in ihren Auswirkungen den Charakter der Selbstverwaltung nicht auch qualitativ veränderten. Insofern empfiehlt es sich, der Untersuchung nicht eine Definition der Selbstverwaltung voranzustellen, sondern jeweils im konkreten Fall zu überprüfen, ob und inwieweit eines ihrer Essentials wie etwa die Personal-, Organisations- und Finanzhoheit, das Satzungsrecht, die körperschaftliche Eigenständigkeit, das Recht der Organbestellung, der Aufgaben- und Kompetenzbestand tangiert und verletzt werden.

10 Vgl. Broszat, Der Staat Hitlers, S. 165 ff.

11 Diehl-Thiele, Partei und Staat, S. 125, Anm. 41, dagegen mit Ergebnissen für die gemeindliche Ebene Matzerath, Nationalsozialismus, S. 318, 386

12 Diese Perspektive besonders bei Naunin, Entstehung und Sinn der Landschaftsverbandsordnung in Nordrhein-Westfalen, S. 129

Im übrigen wird die provinzielle Selbstverwaltung in den folgenden Untersuchungen nicht allein als eine Möglichkeit zur administrativen Dezentralisation gesehen, sondern als eine politische Institution verstanden, die die Chance auch zur politischen Dezentralisation in sich birgt.

Die 1959 von G. Engel getroffene Feststellung[13], daß "die Hitlerzeit in Westfalen ... außer in einer offiziösen Veröffentlichung von J. Hundt und H. Meier-Wrekk[14] merkwürdigerweise noch nicht weiter behandelt worden" sei, gilt nach wie vor. Diese Lücke kann sicherlich auch von dieser Arbeit nicht ausgefüllt werden, zumal nicht die Provinz, sondern nur der Provinzialverband Westfalen ihr Untersuchungsgegenstand ist. Wohl ist er in einzelnen Darstellungen berücksichtigt worden, doch konzentrieren diese sich entweder auf formalrechtliche Aspekte[15] oder auf die Diskussion um die Teilung der Provinz Westfalen[16]. Ausdrücklich erwähnt zu werden verdient - obwohl einem anderen Gegenstand gewidmet, thematisch mit dieser Arbeit aber verwandt - die 1970 veröffentlichte umfassende Studie von H. Matzerath über die kommunale Selbstverwaltung während der NS-Zeit. Der Verfasser konnte ihr eine Fülle von Hinweisen entnehmen und weiß sich ihr dankbar verpflichtet.

Die vorliegende Arbeit fußt überwiegend auf archivalischen Unterlagen. Als Material- und Quellengrundlage dienten in erster Linie die Bestände des Verwaltungsarchivs des Landschaftsverbandes Westfalen-Lippe, von denen insbesondere die fast vollständig erhalten gebliebenen Akten der "Hauptverwaltung 1933 - 1945", der amtliche Nachlaß Kolbow sowie der inzwischen an das Verwaltungsarchiv des Landschaftsverbandes abgegebene Nachlaß Dr. Kühl hervorzuheben sind. Sie konnte der Verfasser erstmals benutzen. Dies gilt auch für den im Besitz von Frau Helene Kolbow sich befindenden (Privat)-Nachlaß ihres Mannes, der an Um-

---

13 Engel, Gustav, Literaturüberblick zur westfälischen Geschichte 1946 - 1958, in: Westfälische Forschungen, 12 Bd. (1959), S. 105 - 142, hier S. 124

14 S. Literaturverzeichnis

15 So Naunin, Wiederaufbau, S. 19 ff., Enseling, Entwicklung und Bedeutung der preußischen Provinzialverbände und das Problem ihres Fortbestehens als Landschaftsverbände in Nordrhein-Westfalen, S. 37 ff., Genzer, Die Stellung der Provinzialverbände, S. 34 ff., Lübke, Die regionale Selbstverwaltung in Deutschland, S. 47 ff., Leiers, Die Verfassungs- und Aufgabenstruktur der preußischen Provinzialverbände im Verhältnis zu den Landschaftsverbänden von Nordrhein-Westfalen, S. 23 ff., Hartlieb von Wallthor, Der geschichtliche Weg der landschaftlichen Selbstverwaltung Westfalens seit dem 18. Jahrhundert, S. 282 f. Diese eingeengte Sichtweise ohne Berücksichtigung des Verwaltungsalltags unter der neuen Ordnung - offenbar auf Grund fehlender Quellen und Darstellungen - ist auch bei den Arbeiten über den rheinischen Provinzialverband für diesen Zeitraum zu beobachten. Stellvertretend hier Lademacher, Von den Provinzialständen zum Landschaftsverband. Zur Geschichte der landschaftlichen Selbstverwaltung der Rheinlande, S. 99 f.

16 Schulte, Der Kampf um die Einheit Westfalens während des 2. Weltkrieges, S. 61 ff., Soll, Der Provinzialverband "Westfalen" und seine verfassungsmäßige Fortentwicklung von 1866 bis zur Gegenwart, S. 82, Engel, Politische Geschichte Westfalens, S. 278 ff., Leesch, Westfalen, S. 309 f., Först, Geschichte Nordrhein-Westfalens, S. 35, Kühl, Westfalen und der Staat, S. 299 ff., Steinberg, Der Deutsche Westen und die Reichsreform, S. 126 ff.

fang und Bedeutung jedoch nicht mit dem amtlichen vergleichbar ist. Dagegen konnte sich Frau Kolbow nicht bereit erklären, dem Verfasser auch die restlichen, noch vorhandenen Tagebücher ihres Mannes zugänglich zu machen. Weiterhin stellte es sich als notwendig heraus, Bestände mehrerer zentraler, regionaler und örtlicher Archive heranzuziehen.[17] Auch wurde das Mittel der Zeugenbefragung angewandt, das sich aber nur in wenigen Fällen als fruchtbar erwies.

Vorauszuschicken ist noch ein Letztes. In der Untersuchung wird der Problemkreis "Euthanasie" nicht aufgegriffen, obwohl der westfälische Provinzialverband mit ihm - wie alle preußischen Provinzialverbände als Träger von Heilanstalten - unmittelbar konfrontiert worden ist.[18] Die Nichtberücksichtigung ist in der fehlenden Quellenbasis begründet. So waren, trotz intensiver Nachforschungen, keine diesbezüglichen Aktenstücke auffindbar. Sie waren seinerzeit als "Geheim" eingestuft worden und wurden in einem Panzerschrank aufbewahrt, der sich in den Arbeitsräumen des Landeshauptmanns befand. Auf ausdrücklichen Befehl Bormanns unmittelbar vor Kriegsende hatte die Provinzialverwaltung alle als "Geheim" geltenden Akten zu vernichten, was offenbar auch geschehen ist.[19]

---

17 Von dem Aktengut des Deutschen Gemeindetages sind die der Abteilung 6, zu deren Geschäftsbereich die "Allgemeinen Angelegenheiten der Provinzen" gehörten, bis auf wenige Splitter vernichtet. Sie befinden sich im Bundesarchiv Koblenz. Ein Benutzungsantrag des Vf. für das "Deutsche Zentralarchiv Merseburg" wurde abgelehnt. Schreiben der Staatlichen Archivverwaltung der DDR vom 3.5.1973 an den Vf.

18 Vgl. o., S. 163

19 Nach Kriegsende ist gegen mehrere Beamte der Provinzialverwaltung wegen der Beseitigung von Geisteskranken ermittelt worden. Doch wurden die Angeklagten in einem 1948 beim Landgericht Münster geführten Prozeß auf Grund mangelnder Beweise freigesprochen.

ERSTES KAPITEL

Tendenzen und Probleme der provinziellen Selbstverwaltung in der Weimarer Republik

Mit den veränderten politischen Kräfteverhältnissen in Preußen nach der Novemberrevolution von 1918 und durch die von ihnen ausgelöste politische Neuorientierung gewann auch die alte Frage einer Verfassungs- und Verwaltungsreform des preußischen Staates erneut Aktualität. Den Anstoß insbesondere zur Reform der Provinzialverfassung gab Bill Drews, letzter Innenminister der preußischen Monarchie, der 1917 den Auftrag erhielt, Vorschläge für eine Reform der preußischen Verwaltung auszuarbeiten.[1] In seiner bereits im Juli 1917 abgeschlossen, aber erst 1919 unter dem Titel "Grundzüge einer Verwaltungsreform" in stellenweise veränderter Form veröffentlichen Denkschrift trat er vor allem für eine Reorganisation des Verwaltungsaufbaues ein, von der er sich eine größere Effizienz der preußischen Verwaltung versprach. War bereits hier erkennbar, daß Drews die Lösung in einer weitgehenden Dezentralisation durch Übertragung von Kompetenzen auf die Mittelinstanzen sah[2], so drängte er in seinen späteren Vorschlägen immer stärker auf eine Kommunalisierung von bisher staatlichen Verwaltungszweigen.[3] Dabei dachte er in erster Linie daran, die politischen Rechte der provinziellen Selbstverwaltung und ihren Aufgabenkreis zu erweitern und verwies in dem Zusammenhang auf die in dieser Zeit aktuelle, aber auch mißverständliche Losung vom "Ausbau der Provinzial-Autonomie".[4] Doch war Drews weit davon entfernt, über sie eine Lockerung des preußischen Staatsgefüges herbeiführen zu wollen. Vielmehr beabsichtigte er mit seinen Vorschlägen, die Konsolidierungsphase für den preußischen Staat nach den revolutionären Ereignissen abzukürzen und die "nun einmal vorhandenen Selbständigkeitsströmungen in ein vernünftiges,

---

1 Heffter, Die deutsche Selbstverwaltung im 19. Jahrhundert, S. 767 f.

2 Drews, Grundzüge einer Verwaltungsreform, S. 59. Drews plädierte zudem nachdrücklich dafür, die Zweigleisigkeit der preußischen Mittelinstanz durch einen allmählichen Abbau des Regierungspräsidenten zu beseitigen. Doch kann in einer Arbeit über die provinzielle Selbstverwaltung der eigenständige und umfassende Komplex der staatlichen Mittelinstanz nicht näher berücksichtigt werden.

3 Vgl. zu den Vorstellungen von Drews, Stier-Somlo, Die Wandlungen des preußischen Städte-, Landgemeinde-, Kreis- und Provinzialrechts in den Jahren 1918 - 1921, S. 144 ff., Helfritz, Die Entwicklung des öffentlichen Rechts in Preußen seit Inkrafttreten der neuen Verfassung, S. 307 ff., Bund zur Erneuerung des Reiches, Die Reichsreform, S. 194 ff. Lademacher, Von den Provinzialständen zum Landschaftsverband, S. 88 ff., sowie zu den parallel auf Reichsebene entwickelten Vorstellungen Schulz, Zwischen Demokratie und Diktatur, S. 249 - 266, bes. S. 257 ff.

4 Diese Formulierung findet sich in seiner Denkschrift vom 6.9.1920, in: GStA, Rep. 92/90, S. 63 - 72, die er als "Staatskommissar für Vorbereitung der Verwaltungsreform" verfaßte.

mit dem Fortbestand des preußischen Gesamtstaates verträgliches Bett der Betätigung zu leiten."[5]

Drews spielte damit vornehmlich auf die in Grenzprovinzen wie Schleswig-Holstein und besonders Ostpreußen auftretenden separatistischen Strömungen an. Durch eine großzügige Delegierung von bisher staatlichen Aufgaben auf die Provinzialverbände[6] wollte er die zentrifugalen Kräfte neutralisieren, in der Absicht, sie langfristig wieder zu integrieren.[7] Überraschenderweise erhoben nun aber die Oberpräsidenten und Landeshauptleute der Provinzen heftige Bedenken gegen das Programm von Drews.[8] Sie werteten die Provinzialautonomie als untaugliches Mittel, Abspaltungsversuche aufzufangen und sprachen sich auch gegen eine massive Aufgabenkonzentration bei den Provinzialverwaltungen aus.[9] So lehnten sie insbesondere die von Drews vorgeschlagene Übertragung der Polizei- und Kommunalaufsicht ab, da sie in ihr eine Quelle ständiger Konflikte mit den als gleichberechtigt angesehenen Stadt- und Landkreisen erblickten. Für das Votum entscheidender dürfte indes gewesen sein, daß den Provinzialverbänden zu diesem Zeitpunkt der Gedanke, im Auftrage des Staates Aufsichtsbefugnisse wahrzunehmen, noch zu fremd war.

Tatsächlich ist dann das, was Drews und der mit der Ausarbeitung des Entwurfs der Reichsverfassung beauftragte Hugo Preuß[10] unter Erweiterung der Provinzialautonomie verstanden, nur in höchst bescheidenem Maße in der preußischen Verfassung vom 30. November 1920 verankert worden.[11] Sie umschrieb nicht nur die Stellung der provinziellen Selbstverwaltung in mehr konventioneller Form. Auch die in Artikel 72 Absatz 2 eingegangene Verpflichtung, daß der "Kreis der den Provinzen überwiesenen Selbstverwaltungsangelegenheiten" zu erweitern sei und

---

5 GStA, a.a.O., S. 64

6 Vorschläge dazu in der Denkschrift vom 6.9.1920, GStA, a.a.O., S. 65 - 71

7 Allgemein dazu Kleindinst, Verwaltungspolitik und Verwaltungsreform, S. 17 f. Neben Drews war es vor allem noch Hugo Preuß, der sich entschieden für eine Aufwertung der Selbstverwaltung einsetzte und sie verfassungsrechtlich sichern wollte, wenngleich er ihr, im Unterschied zu den früheren Vorschlägen von Drews, einen stärkeren politischen Akzent gab. Insofern dürfte hier eine Gleichsetzung von Drews und Preuß, wie sie Hartlieb von Wallthor vornimmt, nur unter Vorbehalt möglich sein, Hartlieb von Wallthor, Westfalen und seine Selbstverwaltung, S. 79. Vgl. auch Schulz, Zwischen Demokratie und Diktatur, S. 258 und Heffter, Die deutsche Selbstverwaltung, S. 778 f.

8 Zunächst in einer Konferenz mit Drews am 29.10.1920 in Berlin, deren Ergebnisse auszugsweise der Westfälische Merkur, Nr. 504 vom 3.11.1920 veröffentlichte, sowie in einer Denkschrift vom 15.11.1920 an die verfassungsgebende Preußische Landesversammlung. Bereits Heffter, a.a.O., S. 778 hat hervorgehoben, daß der Beamtenapparat der Provinzialverwaltungen die Autonomiegedanken nicht unterstützt habe.

9 Denkschrift vom 15.11.1920, S. 3 f. Zur Haltung der Landeshauptleute Helfritz, Die Entwicklung des öffentlichen Rechts in Preußen seit Inkrafttreten der neuen Verfassung, S. 310 f.

10 Zu den Vorstellungen von Preuß, Schulz, a.a.O., S. 123 ff.

11 GS. S. 543

ihnen staatliche Auftragsangelegenheiten übertragen werden sollten, war vage und unverbindlich formuliert.[12]

Die Frage muß offen bleiben, ob der Artikel umfassender und vor allem präziser die provinzielle Selbstverwaltung definiert hätte, wenn sich die Landeshauptleute hinter Drews gestellt hätten. Jedenfalls erscheint ihr Votum vom 29. Oktober und 15. November 1920 nachträglich um so widersprüchlicher, als die Provinzen nun nach dem Inkrafttreten der Verfassung unablässig auf Artikel 72 insistierten und von der preußischen Regierung forderten, die provinziellen Zuständigkeiten auszudehnen.[13] Es blieb aber bei dem Verfassungsauftrag, ohne daß sich die Hoffnungen, die die Provinzen an ihn knüpften, erfüllt hätten. Die Regierung und die Ministerialbürokratie machten keine ernsthaften Ansätze, den selbstverantwortlichen Aufgabenkreis der Provinzialverbände auszubauen oder ihnen Auftragsangelegenheiten zu übertragen. Vielmehr zeigte sich bei den Ministerien in steigendem Maße die Tendenz, neue Behörden mit eigenem Unterbau oder Sonderverwaltungen einzurichten,[14] so daß es zwangsläufig zu Ämterdualismen, Kompetenzschwierigkeiten und Koordinierungsproblemen kam.

Für die Provinzen wurde diese Entwicklung besonders im Wohlfahrtswesen spürbar, als der Preußische Minister für Volkswohlfahrt 1924 den Regierungspräsidenten Aufgaben übertrug, die gesetzlich den Landesjugendämtern zugedacht waren, und gleichzeitig durch Ausführungserlaß eine bisherige Selbstverwaltungsaufgabe in eine staatliche Auftragsangelegenheit umwandelte.[15] Die Provinzialverbände befürchteten, in diesem Vorgang werde nur die Spitze eines Eisberges von weiteren selbstverwaltungsfeindlichen Eingriffen sichtbar. Denn, so argwöhnte der rheinische Landesrat Dr. Kitz, "was heute bezüglich der Fürsorgeerziehung geschehen ist, kann morgen auf anderen Selbstverwaltungsgebieten eintreten".[16] Das preußische Vorgehen in der Fürsorgeerziehung wurde für die Provinzen zu einem "Fall". Sie sahen

---

12 Darüberhinaus erhielten die Provinzen noch Delegierungsrechte für den Reichsrat (RV, Art. 63) und für den Preußischen Staatsrat (Pr. Verf. Art. 32 - 33). Stier-Somlo, Die Wandlungen des preussischen Städte-, Landgemeinde-, Kreis- und Provinzialrechts in den Jahren 1918 - 1921, S. 155

13 Vgl. die Entschließung der LDK vom 26./27.9.1924 und die Denkschrift "Die Erweiterung der provinziellen Selbstverwaltung", die sich ausschließlich auf Art. 72 Abs. 2 stützte. AVfK, A (P) 735, Bd. 1. Sie wurde am 20.9.1930 vom VPP an das PrMdI und andere preußische Ministerien geschickt. AVfK, A (P) 742, Bd. 2. Für Westfalen vgl. Landeshauptmann Dieckmann in seiner Haushaltsrede vom 30.3.1930, Verhandlungen 76. PLT 1930, III. T., S. 18.

14 Kleindinst, Verwaltungspolitik und Verwaltungsreform, S. 12 ff., 59 f.

15 Vgl. die §§ 1 und 18 des Ausführungsgesetzes vom 29.3.1924 (GS. S. 180) zum Reichsjugendwohlfahrtsgesetz vom 14.2.1924 (RGBl. I., Nr. 100). Ein guter Überblick dazu bei Laarmann, Die Organisation der öffentlichen Wohlfahrtspflege im Ruhrgebiet, S. 244 ff., weiterhin Moll, Die Entwicklung der Selbstverwaltung seit 1918, S. 590 f., Thom, Die Entwicklung der Selbstverwaltung auf dem Gebiet der Wohlfahrtspflege in Preußen seit dem 9.11.1919, S. 88, 96 f., Jeserich, Die preußischen Provinzen, S. 221 f.

16 Kitz, Ist die Umwandlung einer "Selbstverwaltungsangelegenheit" in eine staatliche "Auftragsangelegenheit" durch preußisches Gesetz mit der Verfassung vereinbar? , S. 251

darin nicht nur eine Verletzung der Verfassung,[17] es wurden ihnen wohl auch schlagartig die Gefahren dieser zentralistischen Politik für die Selbstverwaltung bewußt: Preußen erweiterte nicht die Selbstverwaltungsaufgaben, sondern wandelte eine von diesen in eine weisungsgebundene Auftragsangelegenheit um und errichtete darüberhinaus parallel zu den provinziellen Behörden staatliche Sonderverwaltungen.

Die bewußte Abkehr des Staates von der Praxis, nach der die Wohlfahrtspflege grundsätzlich den Selbstverwaltungskörpern zustand, führte der rheinische Landeshauptmann Dr. Horion, einer der profiliertesten Landesdirektoren der Weimarer Zeit, auf Artikel 72 zurück, der sich nach seiner Auffassung immer mehr "als ein Unglück für die Selbstverwaltung der Provinzen" erwies. Nach dem Eindruck Horions hatte der Verfassungsartikel "sowohl in Kreisen der Staatsregierung, wie in Kreisen der engeren Selbstverwaltungskörper ein Mißtrauen gegen die Provinzialverwaltungen hervorgerufen, als ob diese daran dächten, ... auf der einen Seite die Staatsregierung innerlich auszuhöhlen und von ihren Aufgaben zu entblößen, ... von der anderen Seite die Aufgaben der unteren Selbstverwaltungskörper an sich zu ziehen und ein Aufsichtsrecht über diese auszuüben."[18]

In der Tat ist es zu einer nennenswerten Ausweitung staatlicher Auftragsangelegenheiten auf die Provinzen nicht gekommen. Warum aber haben sich diese so sehr um die Übertragung bemüht? Die Einlösung eines Verfassungsauftrages dürfte wohl kaum das entscheidende Motiv gewesen sein. Kitz formulierte sicherlich ein weitverbreitetes Unbehagen, wenn er schrieb, daß "die heutige Tendenz ... der Selbstverwaltung ja nicht besonders günstig" sei.[19] Die Provinzialverbände fühlten sich zusehends in die Defensive gedrängt. Die Sorge, wichtige Teile ihrer Zuständigkeiten könnten langfristig durch staatliche Behörden und Sonderverwaltungen aufgesogen werden, erklärt ihre Forderung, ihren Aufgabenkreis zu erweitern wie den massiven Vorwurf von Horion, die preußische Regierung betreibe "ein systematisches Aushöhlen der provinziellen Selbstverwaltung."[20] Andererseits liegt hierin vermutlich auch der Grund, warum sich die Provinzialverbände in der Weimarer Republik so intensiv auf spezifisch landschaftliche Aufgaben konzentrierten und aus eigener Initiative vielfach wegweisende Einrichtungen schufen.[21]

---

17 Vgl. Kitz a.a.O., S. 251 f. Kitz stützte seine Argumentation auf Art. 127 (RV) und Art. 70 (Pr.Verf.) und belebte damit erneut die Diskussion, ob diese Artikel eine nur formale oder auch materielle Garantie der Selbstverwaltung einschlossen. Eine Frage, die besonders anläßlich der Eingemeindungspolitik im rheinisch-westfälischen Industriegebiet 1929 aktuell wurde. Glum, Das Recht der Selbstverwaltung der Gemeinden und Gemeindeverbände nach Art. 127 der Reichsverfassung, Stier-Somlo, Das Grundrecht der kommunalen Selbstverwaltung unter besonderer Berücksichtigung des Eingemeindungsrechts, Bärtling, Reichsverfassung und kommunale Selbstverwaltung (Artikel 127)

18 Horion, Die provinzielle Selbstverwaltung in der Rheinprovinz, S. 416

19 Kitz, a.a.O., S. 251

20 So im "Verfassungsausschuß der Länderkonferenz", Verhandlungen der Unterausschüsse vom 18. und 19.11.1929, S. 32

21 Als Beispiele sind Kredit- und Versicherungswesen, das Siedlungs- und Wohnungswesen, die Versorgungs- und Verkehrswirtschaft, sowie die Landesplanung zu nennen. Vgl. für Westfalen Hartlieb von Wallthor, Westfalen und seine Selbstverwaltung, S. 85 ff., Naunin, Die Entwicklung landschaftlicher Kommunalwirtschaft in Westfalen als Integrationsvorgang, S. 207 ff.

Die für die Provinzen vielversprechend klingende Verfassungsnorm hat dazu verleitet, in ihr schon eine faktische Aufwertung der Provinzen in der Weimarer Republik zu sehen.[22] Demgegenüber ist festzuhalten, daß dort, wo eine Belebung der provinziellen Selbstverwaltung erfolgte, diese entscheidend auf dem Engagement der jeweiligen Provinzialverwaltung beruhte und nur in geringem Maße auf einer Förderung durch die preußische Regierung.

Einen weiteren Anlaß zu Kontroversen bildete die Neufassung des Provinzialwahlrechts, die während der gesamten Weimarer Zeit als reformbedürftig auf der Tagesordnung stand. Das Wahlgesetz für die Provinziallandtage und Kreistage vom 3. Dezember 1920[23], teilweise modifiziert am 7. Oktober 1925[24], führte das allgemeine und direkte Wahlrecht an Stelle des bisher indirekten ein. Die Provinziallandtage setzten sich nun nicht mehr ausschließlich aus Vertretern der Stadt- und Landkreise zusammen, sondern die von den Parteien aufgestellten und von der Provinzbevölkerung gewählten Kandidaten kamen in sie hinein.[25]

Es ist auffällig, mit welcher Einmütigkeit die neue Regelung abgelehnt wurde.[26] Politisierung von Sachfragen und Verfälschung des Verbandscharakters der Provinzialverbände waren die Vorwürfe, die am häufigsten gegen die neue Regelung vorgebracht wurden. Über den Wunsch nach Demokratisierung der Verwaltung war die Überlegung nach der Zweckmäßigkeit der direkten oder indirekten Wahl der Provinziallandtagsabgeordneten offensichtlich zu kurz gekommen. Das Argument der Angemessenheit konnte sich nicht durchsetzen, da allein die direkte Wahl als demokratisch, die indirekte dagegen als undemokratisch gewertet wurde.[27]

---

22 So beispielsweise Köchling, Raum und Aufgabe landschaftlicher Selbstverwaltung am Beispiel Westfalens, S. 43 und Hartlieb von Wallthor, Der geschichtliche Weg der landschaftlichen Selbstverwaltung Westfalens seit dem 18. Jahrhundert, S. 281, Irreführend und falsch Genzer, Die Stellung der Provinzialverbände, S. 32: "Das Problem der Provinzialautonomie wurde in die Bahnen der Selbstverwaltungstätigkeit g e l e n k t (Sperrung vom Verf.) und die administrative Autonomie der Provinzen gestärkt."

23 GS. (1921) S. 1   24 GS. S. 123 ff.

25 Den besten Überblick über die Motive der verfassungsgebenden Landesversammlung, die direkte Wahl einzuführen, gibt Freudenberg, Mittelbare und unmittelbare Wahl in Kreisen und höheren Gemeindeverbänden, S. 95 - 104. Freudenberg kommt zu dem Ergebnis, "daß die Statuierung der unmittelbaren Wahl im wesentlichen aus allgemein politischen Beweggründen erfolgte und nicht aus sachlicher Notwendigkeit im Hinblick auf die Verfassungsstruktur der Kreis- und Provinzialkörperschaften." a.a.O., S. 99 f.

26 Goeze, Verfassung und Verwaltung der preußischen Provinzialverbände, S. 35, Helfritz, Die Entwicklung des öffentlichen Rechts seit Inkrafttreten der neuen Verfassung, S. 286, von Leyden, Einige kommunale Gegenwarts- und Zukunftsfragen, S. 28, ders., Wandlungen im Gemeinderecht, S. 333, von Schenck, Die Selbstverwaltung der preußischen Provinzen in der Nachkriegszeit, Sp. 2142, Schöne, Verhältnis der Provinzen zu den übrigen Selbstverwaltungskörpern, Sp. 2162, Popitz, Der künftige Finanzausgleich zwischen Reich, Ländern und Gemeinden, S. 25. Positiv dagegen Jeserich, Die preußischen Provinzen, S. 76 - 79, vgl. dazu die Kritik von Lübke, Die regionale Selbstverwaltung in Deutschland, S. 43, Jeserich müsse für die unmittelbare Wahl votieren, um dem soziologischen Ansatz seiner Arbeit gerecht zu werden.

27 Besonders deutlich bei Jeserich, a.a.O., S. 77

Aufschlußreich sind in diesem Zusammenhang aber weniger die formalrechtlichen Folgerungen, wie sie aus dem Verbandscharakter der Provinzialverbände gezogen wurden,[28] als vielmehr die artikulierten Einstellungen zur Selbstverwaltung und die ihnen zugrunde liegenden "rückwärtsgewandte(n) politische(n) und staatsrechtliche(n) Konzeptionen."[29]

Ohne Zweifel waren die Provinzialverbände durch das direkte Wahlrecht in eine problematische Lage gebracht worden. Es wurden eine Art Provinzialparlamente[30] geschaffen, in die die Abgeordneten über die Listen der Parteien einzogen und wo sie ihren parteipolitischen Standort in der Debatte auch geltend machten, während in den parlamentarischen Gremien der Provinzialverbände Aufgaben anstanden, die als Gegenstand parteipolitischer Kontroversen ungeeignet erschienen. Ihren unpolitischen Charakter betonte insbesondere das Fachbeamtentum der Provinzialverwaltungen.[31] Dieses verstand sich als Sachwalter des provinziellen Aufgabenkreises und wollte ihn möglichst aus dem Widerstreit der politischen Meinungsbildung heraushalten. Insofern bestand zwischen einem Großteil der Provinziallandtage und der Provinzialbürokratie ein vorgegebener Spannungszustand, den eine unverkennbare Zunahme politischer Debatten und Anträge[32] noch verstärkte und der das Unverständnis der Beamten gegenüber der Aufgabe der politischen Parteien generell sichtbar werden ließ.[33] Die Abgeordneten als Vertreter der Parteien akzeptierte man, pointiert formuliert, nicht als adäquate Gesprächspartner, denn Parteipolitik wurde gern mit "Dilettantismus, unfruchtbarer Polemik, mit Konzessionen an bestimmte Wählergruppen oder engstirnigem Dogmatismus gleichgesetzt."[34] Als qualifiziert und sachkundig, als Repräsentanten des Sachverstandes

---

28 Beachtenswert das abwägende Urteil bei Naunin, Wiederaufbau, S. 18, 72 ff.

29 Matzerath, Nationalsozialismus, S. 21 mit einer präzisen Skizzierung der wichtigsten Richtungen, S. 24 - 30, auf die hier verwiesen wird, sowie Hofmann, Plebiszitäre Demokratie und kommunale Selbstverwaltung in der Weimarer Republik, S. 265, 271 ff.

30 Die Frage nach der parlamentarischen Qualität der Provinziallandtage ist bis heute umstritten. Neuerdings dazu Martin, Formen und Funktionen eines Gemeindeverbandes auf der Mittelstufe der Verwaltung, S. 163 f., der den Provinziallandtagen den parlamentarischen Status abspricht.

31 Dazu Goeze, Verfassung und Verwaltung der preußischen Provinzialverbände, S. 35, Horion, Die provinzielle Selbstverwaltung in der Rheinprovinz, Sp. 416, Mayer, Selbstverwaltung und demokratischer Staat, S. 338. Den politischen Stil, der für die provinziellen Gremien auch noch nach 1918 als angemessen empfunden wurde, illustriert ein Vorgang im Rheinischen Provinziallandtag von 1909. Als bei der Wahl zum Präsidium parteipolitische Argumente aufkamen, wurde dies geradezu als ein säkulares Ereignis in der bisherigen Geschichte des Provinziallandtages gewertet. Horion, Die Rheinische Provinzial-Verwaltung, S. 49

32 Jeserich, Die preußischen Provinzen, S. 85, ist nach Durchsicht der Provinziallandtagsprotokolle zu dem Ergebnis gekommen, daß von allen eingebrachten Vorlagen rund 10% agitatorischen Charakter besaßen.

33 Runge, Politik und Beamtentum im Parteienstaat, S. 209 f., Bracher, Die Auflösung der Weimarer Republik, S. 34 ff., 165 ff., Fenske, Monarchisches Beamtentum und demokratischer Staat, S. 120 f.

34 Runge, a.a.O., S. 210

wurden allein die Oberbürgermeister und Landräte gewertet, die in den Provinziallandtagen der Weimarer Republik zwar nicht mehr so zahlreich vertreten waren wie in denen der Vorkriegszeit, in Westfalen jedoch immer eine beachtliche Gruppe stellten.[35]

Das direkte Wahlrecht erschien als Einfallstor selbstverwaltungsfremder und -gefährdender Einflüsse, als deren sichtbarste Auswirkung die Ämterpatronage bezeichnet wurde. Die schroffe Gegenüberstellung von Sachzwangideologie und republikanischer Ämterpolitik konnte in der Öffentlichkeit umsomehr auf Resonanz rechnen, als die Politisierung der Verwaltung vielfach kritisiert und insbesondere von einflußreichen konservativen Staatsrechtslehrern wie Carl Schmitt und Hans Gerber mit dem Stigma der Illegitimität und Verfassungswidrigkeit belastet wurde.[36] Während der Leiter des Verbandes der preußischen Provinzen, von Schenck, immerhin auf einen Lernprozeß der Parlamentarier "zur Selbstbeschränkung"[37] hoffte, sprach Landeshauptmann Horion von einem "parlamentarischen Absolutismus" und reduzierte die Problematik auf die apodiktische Feststellung, "daß die Demokratie ... ein Feind der Selbstverwaltung" sei.[38]

An der Äußerung Horions wird exemplarisch deutlich, daß der rasche und leichtfertige Vorwurf der Politisierung der provinziellen Gremien nur eine unzulässige Vergröberung des Problems "Wahlrechtsreform" darstellt. Vielmehr verbarg sich hinter seiner polemischen Benutzung der grundsätzliche Dissens über den politischen Ort, den Wert und die Funktion der Selbstverwaltung in der neuen verfassungsrechtlichen Ordnung. Da eine Untersuchung über die Provinzialverbände in der Weimarer Republik noch aussteht,[39] kann nicht gesagt werden, inwieweit

---

35 In Westfalen: OB u. Bürgermeister   Landräte
    1920-1924   7   8
    1925-1929   8   6
    1930-1933   9   7
    Quelle: Verhandlungen der westfälischen Provinziallandtage 1920, 1926, 1930. Zu korrigieren die Angaben bei Runge, a.a.O., S. 208. Für die Rheinprovinz Schmitz, Der Rheinische Provinziallandtag, S. 39, 125, für Pommern, Schultze-Plotzius, Die Zusammensetzung der Provinziallandtage, Sp. 16

36 Mommsen, Beamtentum im Dritten Reich, S. 24 f. Die Frage, ob und inwieweit das Fachbeamtentumprinzip während der Weimarer Republik in der westfälischen Provinzialverwaltung gewahrt worden ist, wird im Kapitel "Beamtenabbau und 'Nazifizierung'" behandelt.

37 Von Schenck, Die Selbstverwaltung der preußischen Provinzen in der Nachkriegszeit, Sp. 2154

38 So in einem Diskussionsbeitrag zu dem Referat von Moll, Die Entwicklung der Selbstverwaltung seit 1918, Sp. 602

39 Die Dissertation von Schmitz über den Rheinischen Provinziallandtag 1875 - 1933 füllt auch unter regionalem Aspekt diese Lücke nicht aus. Sie läßt viele Fragen offen bzw. stellt sie erst gar nicht. Schmitz beschränkt sich auf ein Aufzählen der Zuständigkeiten und der statistischen Entwicklung der provinziellen Aufgabenbereiche, ohne etwa auf die politischen und sozialen Implikationen des neuen Wahlrechts einzugehen. So belegt er mit keinem Beispiel seine Behauptung, in den Provinziallandtagen habe eine sachfremde Politisierung stattgefunden.

Horions Auffassung für die übrigen Provinzialverwaltungen repräsentativ war. Doch durfte Horion mit seinem ideologisch überhöhten Selbstverwaltungsverständnis bei seinen Amtskollegen auf eine breite Zustimmung rechnen. Immerhin wird in der Äußerung des rheinischen Landeshauptmanns die Skepsis über die Vereinbarkeit von parlamentarischer Demokratie und Selbstverwaltung, wie sie insbesondere in den letzten Jahren der Republik immer lauter sich äußerte, schlagartig sichtbar.[40] Hinter der Absage an die Präsenz der politischen Parteien in den provinziellen Organen, die dem Wunsch nach konstitutionellen Verfassungsnormen gleichkam, stand das Begehren, die Provinziallandtage von einem Parteienparlament wieder zu einem "verwaltungstechnischen Gremium"[41] rückzubilden, anstelle der öffentlichen, die administrative Konfliktbereinigung treten zu lassen. Auf diese Weise glaubte man, die Selbstverwaltung aus politischen Konflikten heraushalten zu können und die Voraussetzung für "eine sparsame, rationelle und sachliche Verwaltung"[42] zu schaffen. Daß die Ausschaltung des parlamentarischen Elementes aber zugleich eine größere Bindung an den Staat bedeuten mußte, die gewissermaßen einer Selbstauslieferung gleichkam, nahm man in Kauf. Man hoffte sogar auf die Ministerialbürokratie als einen Verbündeten, um die Selbstverwaltung zu retten. So erklärte beispielsweise Horion 1924 (!) in einer Veranstaltung vor Repräsentanten der kommunalen Selbstverwaltung, "daß wir uns jetzt flehentlich an die Staatsverwaltung wenden müssen, um uns zu helfen gegen diese Elemente in den Stadtverordnetenkollegien, die die Selbstverwaltung lahmlegen."[43]

In den letzten Jahren der Weimarer Republik von 1929 bis 1933 kam es dann tatsächlich zu dieser engen Verbindung von Staats- und Selbstverwaltung. Schon der "Entwurf eines Gesetzes über die kommunale Selbstverwaltung" des Preußischen Innenministeriums[44] von 1930 hatte in einer "Generalklausel" eine Ausweitung der Staatsaufsicht vorgesehen[45], die nach Auffassung der Landesdirek-

---

40 Statt vieler Belege Köttgen, Die Krise der kommunalen Selbstverwaltung, S. 32 - 35, Forsthoff, Die Krise der Gemeindeverwaltung im heutigen Staat, S. 56 vgl. dazu Herzfeld, Demokratie und Selbstverwaltung in der Weimarer Epoche, S. 34 f. Matzerath, Nationalsozialismus, S. 30, Hofmann, Plebiszitäre Demokratie und kommunale Selbstverwaltung in der Weimarer Republik, passim. Zur Differenzierung Köttgens zwischen Demokratie und Selbstverwaltung und Parteienstaat und Selbstverwaltung Mayer, Selbstverwaltung und demokratischer Staat, S. 332 f.

41 Lademacher, Die Rheinprovinz und ihre Selbstverwaltung, S. 45, Bezeichnend die Äußerung des Vorsitzenden des westfälischen Provinziallandtages und Oberbürgermeisters von Recklinghausen, Hamm: "Unser Parlament ist nur ein Verwaltungsparlament ...". Verhandlungen 76. PLT 1930, III. T., S. 57. Zum funktional-effektiven Verwaltungsverständnis der Beamtenschaft auf Reichsebene Bracher, Die Auflösung der Weimarer Republik, S. 166

42 Popitz, Der künftige Finanzausgleich zwischen Reich, Ländern und Gemeinden, S. 8

43 Zit. bei Moll, Die Entwicklung der Selbstverwaltung seit 1918, Sp. 603

44 Verfasser des Entwurfs war Ernst Graf von Hardenberg, Referent in der Kommunalabteilung des PrMdI. Interview Dr. Loschelder vom 28.2.1973

45 Gemeint ist § 92. Vgl. dazu Peters, Der allgemeine Teil des Entwurfes eines Preußischen Selbstverwaltungsgesetzes, S. 357, 361, Kitz, Der Referentenentwurf eines Selbstverwaltungsgesetzes nebst Einführungsgesetz vom Standpunkte der provinziellen Selbstverwaltung, S. 380, Most, Das Ende der Selbstverwaltung?, S. 333

torenkonferenz "mit den Grundprinzipien der Selbstverwaltung nicht in Einklang zu bringen"[46] sei. Folgenreiche Auswirkungen auch für sie besaß schließlich die extreme wirtschaftliche und finanzielle Notlage der Gemeinden und Provinzialverbände, die das Reich und die preußische Regierung zu massiven Eingriffen ausnutzten. Dabei erwiesen sich insbesondere die Kommunalaufsicht und das Gemeindefinanzrecht[47], das aufgrund der Finanzhoheit des Reiches durch die Erzbergersche Finanzreform ohnehin zur Achillesferse der kommunalen Selbstverwaltung in der Weimarer Republik gemacht worden war[48], als geeignete Einbruchstellen.

Es kann kein Zweifel sien, daß mit der Einengung der Selbstverwaltung und ihrer parlamentarischen Organe, die überwiegend im Rahmen der Notverordnungen erfolgte, eine steigende Machtfülle für die Exekutive des Reiches und Preußens korrespondierte. So berichtete Schenck auf der Landesdirektorenkonferenz vom 16. Dezember 1931, daß sich die kommunalen Spitzenverbände vergeblich bei Reichsfinanzminister Dietrich um ein Gespräch über die finanzielle Lage der Gemeinden und Gemeindeverbände und über die von der Reichsregierung getroffenen Maßnahmen bemüht hätten.[49] Die Verbände waren nicht nur darüber verärgert, daß ihnen ein Reichsminister zum ersten Mal ein ausdrückliches Besprechungsgesuch abgeschlagen hatte; Dietrich hatte ihnen darüberhinaus zu verstehen gegeben, daß er auch zukünftig nicht daran dächte, sie im Vorstadium von solchen Erlassen und Notverordnungen zu beteiligen, die die kommunalen Selbstverwaltungskörperschaften tangierten.[50] Nicht minder betrieb die preußische Ministerialbürokratie eine Politik der vollendeten Tatsachen. Sie stellte zwar eine Anhörung der Verbände, so etwa in Fragen der Verwaltungsreform in Aussicht, doch sah die Praxis so aus, daß der Verband der preußischen Provinzen entweder zu kurzfristig informiert wurde und eine Einflußnahme kaum noch möglich war, oder aber die Provinzen erfuhren erst durch die Preußische Gesetzsammlung von bereits gefällten Entscheidungen.[51] Der Transfer der politischen Verantwortung von den provinziellen Vertretungskörperschaften zur Ministerialbürokratie erfolgte mit wach-

---

46 AVfK, A (P) 1617, "Stellungnahme der Landesdirektorenkonferenz zu den Entwürfen eines Gesetzes über die kommunale Selbstverwaltung und von Teilen eines Gesetzes zur Einführung der Gesetze über die kommunale Selbstverwaltung und die allgemeine Landesverwaltung"

47 Einzelheiten dazu bei Köttgen, Die Entwicklung des öffentlichen Rechts in Preußen vom 1. Mai 1930 bis zum 1. November 1934, S. 305 - 309 und in der Analyse der finanziellen Auswirkungen der Notverordnungen auf die Selbstverwaltung durch Schenck auf der LDK vom 6.8.1931, AVfK, A (P) 233

48 Herzfeld, Demokratie und Selbstverwaltung in der Weimarer Epoche, S. 20 ff. Für den Zeitraum 1925 - 1932/33 die voluminöse Arbeit von Dietrich-Troeltsch, Kommunalkredit, Reparationen und föderalistisches Prinzip.

49 AVfK, A (P) 233 Niederschrift der LDK

50 Daß das Verhalten des RFM gegenüber Interessenverbänden keinen Einzelfall darstellte, sondern zur Übung des präsidialen Regierungsstils des Kabinettes Brüning gehörte, hat jetzt Mommsen am Beispiel der Beamtenverbände aufgezeigt. Mommsen, Die Stellung der Beamtenschaft in Reich, Ländern und Gemeinden in der Ära Brüning, S. 157 ff.

51 Vgl. die Mitteilung Schencks auf der LDK vom 11.10.1932, AVfK, A (P) 706

sender Zielstrebigkeit und erwies sich als Einbahnstraße zugunsten der Zentralinstanzen. Die Feststellung, zu der Schenck bereits auf der Landesdirektorenkonferenz vom 16. Dezember 1931 kam, die Gegenwart sei eine Zeit "der Ministerialbürokratie und insonderheit der Reichsministerialbürokratie", deren "Art des Regierens ... die Tätigkeit der Selbstverwaltung und ihrer Spitzenverbände außerordentlich"[52] erschwere, traf genau den Sachverhalt.

Es ist nicht zu verkennen, daß das von maßgeblichen Repräsentanten der provinziellen Selbstverwaltung verfolgte antiparlamentarisch ausgerichtete Selbstverwaltungskonzept während der Zeit der Präsidialkabinette sich gegen die provinzielle Selbstverwaltung selbst kehrte und erst die Basis für die sie beschneidenden Eingriffe seitens der zentralen Stellen bildete. Nicht weniger bedeutsam war, daß Brüning wie Papen eben dieses Selbstverwaltungskonzept bejahten, das sich offenbar mühelos in den von ihnen betriebenen antiparlamentarischen Kurs einfügte. Der verfassungsrechtliche Ausnahmezustand der Spätphase der Weimarer Republik aktualisierte nur jene "etatistisch-bürokratischen"[53] Vorstellungen von Selbstverwaltung, die insgesamt auf eine "Verstärkung der Staatsaufsicht"[54] hinausliefen und gerade in der Ministerialbürokratie verbreitet waren. Sie vermochte als eine sich unpolitisch verstehende und gebende Bürokratie mit zunehmender Schwäche des parlamentarischen Systems ein politisches Eigengewicht zu entfalten und einen mentalitätsmäßigen Adaptionsprozeß für autoritäre Regierungs- und Verwaltungspraxis auszulösen, deren punktuelle Realisierung vor 1933 den "Übergang zu einer künftigen obrigkeitlichen Verwaltung"[55] begünstigte.

52 AVfK, A (P) 233, Niederschrift der LDK. Ähnlich der westfälische Landesrat Dr. Kühl als Mitglied der "Studiengesellschaft für den Finanzausgleich" (sog. Popitz-Ausschuß) am 28.9.1931 an den Geschäftsführer des "Bundes zur Erneuerung des Reiches", Dr. Adametz, VA, W-L II K 25. Zum Aufschwung der Ministerialbürokratie Bracher, Die Auflösung der Weimarer Republik, S. 169, Broszat, Der Staat Hitlers, S. 27 ff. Morsey, Zur Beamtenpolitik des Reiches von Bismarck bis Brüning, S. 116

53 Matzerath, Nationalsozialismus, S. 29, 114

54 So die generelle Forderung von Popitz, Der künftige Finanzausgleich zwischen Reich, Ländern und Gemeinden, S. 9

55 Bracher-Sauer-Schulz, Die nationalsozialistische Machtergreifung, S. 444 und vor allem Broszat, Der Staat Hitlers, S. 27 f.

ZWEITES KAPITEL

Die Eroberung der Schlüsselpositionen

Für die Durchsetzung und Ausbreitung der nationalsozialistischen Macht war das Ineinandergreifen von zentralen Verwaltungseingriffen und einstweiligen Verfügungen und von politischem Terror charakteristisch.[1] Von beiden machte sich zuerst die administrative Reglementierung von oben her bemerkbar, während Drohungen gegen Repräsentanten der Provinzialbürokratie vorerst unterblieben. Diese Zurückhaltung dürfte sowohl mit der spezifischen verwaltungstechnischen Struktur des Provinzialverbandes und seiner wenig exponierten politischen Stellung zusammenhängen als auch auf die bisherige politische und faktische Isolierung der Nationalsozialisten in den provinziellen Organen zurückzuführen. sein. Die Gauleitungen bezogen zunächst eine abwartende Position gegenüber der Provinzialverwaltung; sie blieb aber auch außerhalb des Bereichs von örtlich gesteuerten revolutionär-plebiszitären Aktionen.

1. Wechsel im Oberpräsidium

Im Rahmen des von der preußischen Kommissariatsregierung betriebenen und namentlich von Göring forcierten Beamtenschubs im Februar 1933 kam es im westfälischen Oberpräsidium zu einem bedeutungsvollen Wechsel. Er wirkte sich durch die bald folgende Ausweitung der politischen Zuständigkeiten der Oberpräsidenten unmittelbar auch auf die Provinzialverwaltung aus. Die Abberufung des dem Zentrum angehörenden Oberpräsidenten Johannes Gronowski am 17. Februar stand vordergründig in Verbindung mit den im Februar einsetzenden konzentrischen Angriffen auf das Zentrum und seine Presse; jedoch kann kein Zweifel darüber bestehen, daß sie auch unabhängig davon geplant war. Am 17. Februar abends erhielt Gronowski im Auftrage Görings telefonisch die Anweisung, alle Zentrumsblätter, die tags zuvor einen Aufruf zum Schutze der Verfassung veröffentlicht hatten,[2] unverzüglich für drei Tage zu verbieten.[3] Gronowski erklärte sich aber außerstande die Direktive durchzuführen, ohne zuvor den Inhalt des Aufrufs selbst überprüft zu haben.[4] Als schon nach einer Stunde Berlin anfragte,

---

1 Grundsätzlich dazu: Bracher-Sauer-Schulz, S. 53 ff., 427 ff.

2 Vgl. Morsey, Die Deutsche Zentrumspartei, S. 348

3 Joos, Johannes Gronowski, S. 36 f.

4 Da anzunehmen ist, daß Gronowski der Aufruf bekannt war, wollte er vermutlich Zeit gewinnen. Der dem Zentrum nahestehende "Münsterischer Anzeiger" ging am 20.2.1933, Nr. 191 ausführlich auf den Vorfall ein und berichtete, Gronowski habe wiederholt erfolglos versucht, Göring zu erreichen, um ihn von dem Verbot abzubringen.

ob die entsprechende Verordnung erlassen worden sei, antwortete Gronowski: "Ich müßte meine Vergangenheit verleugnen, wenn ich meinen Namen unter ein Verbot der Wahrheit setzen würde,"[5] und überließ die Durchführung des Verbotes seinem Vizepräsidenten Weber.

Wie sehr die Weigerung Gronowskis willkommen war,[6] zeigt die sofortige Reaktion Görings. Bereits zwei Stunden später erfuhr Gronowski[7] aus einer Rundfunkmeldung, daß er "seines Amtes enthoben" sei und die Amtsräume nicht mehr betreten dürfe.[8] Mit der kommissarischen Verwaltung des Oberpräsidiums beauftragte die Kommissariatsregierung im Anschluß an ihre Sitzung vom 22. Februar[9] den Präsidenten der Landwirtschaftskammer der Provinz Westfalen und Landrat a.D. Ferdinand Freiherrn von Lüninck.[10] Damit war ein Mann an die Spitze des westfälischen Oberpräsidiums berufen worden, dessen persönliches und politisches Profil und dessen Reputation in bestimmten politischen und sozialen Schichten Westfalens für die Machtergreifung und für das Ansehen der neuen Staatsführung in dieser Provinz mit ihrer spezifischen politischen, sozialen und religiösen Struktur nur nützlich sein konnte.

Von Lüninck, geboren am 3. August 1888, entstammte einer alten westfälischen Adelsfamilie. Seit August 1919 Landrat in Neuß, schied er am 30. September 1922 freiwillig aus dem Staatsdienst aus, da die neue republikanische Ordnung nicht seinen politischen Vorstellungen entsprach. In den folgenden Jahren arbeitete er führend in der westfälischen Sektion des "Stahlhelms" und in agrarischen Interessenverbänden mit. Im Herbst 1931 übernahm er das Amt des Präsidenten der westfälischen Landwirtschaftskammer.[11] Da Lüninck der DNVP angehörte und

5 Joos, Ebenda

6 Hermann Pünder erwähnt in seinen Memoiren, Von Preußen nach Europa, S. 136, daß "amtlicherseits bereits erwogen" worden sei, Gronowski abzulösen und ihm das Oberpräsidium angeboten worden sei. Er habe aber entschieden abgelehnt, um "dem verdienten alten christlichen Gewerkschafter der ein Jahrzehnt lang vorbildlich diesen Posten in Münster innehatte", nicht "wehe zu tun".

7 Die Amtszeit Gronowskis als Oberpräsident ist noch nicht eingehend untersucht worden. Als erste Information ist neben dem Beitrag von Joos jetzt die biographische Skizze von Klaus Gruna, Johannes Gronowski, zu nennen.

8 In der von Terboven herausgegebenen "National-Zeitung" Nr. 49 vom 19.2.1933 freilich wurde der ganze Vorgang so dargestellt, als habe Gronowski von sich aus das Urlaubsgesuch eingereicht, um gegen das Verbot der Zentrumspartei zu protestieren.

9 GStA, Rep. 77/262

10 Zum Werdegang von Lünincks vgl. den "Lebenslauf" in: Zur Erinnerung an Ferdinand Freiherr von Lüninck, S. 2, (künftig zit.: Zur Erinnerung), der jedoch ohne jede politische Akzentuierung ist. Zu den Gründen für seine Berufung als Oberpräsident, Hüttenberger. Die Gauleiter, S. 76, Broszat, Der Staat Hitlers, S. 91, 140 f. Gemessen an dem revolutionären Pathos, mit dem die NS-Presse die Besetzung von Staatsämtern nach 1933 üblicherweise herausstellte, fiel ihre Reaktion auf Lünincks Ernennung auffallend zurückhaltend aus. Während die RE darüber gar keine Nachricht brachte, beschränkte sich die NZ, Nr. 54 vom 24.2.1933 auf eine kleine Meldung.

11 StAM, Personalakte von Lüninck, Zur Erinnerung, S. 2, Jacobs, Von Schorlemer zur Grünen Front, S. 105 f. Anm. 9

über gute Kontakte zu von Papen verfügte, konnte seine Ernennung von dem deutschnationalen Koalitionspartner als Entgegenkommen der Nationalsozialisten verstanden werden.[12] Daneben sprachen bei der NSDAP innerparteiliche Gründe für einen Kompromißkandidaten. Die Provinz umfaßte zwei Gaue. Die Avancierung eines Gauleiters in ein solch hohes Staatsamt mußte zwangsläufig Rivalitäten zwischen den beiden Gauführungen auslösen,[13] insbesondere, wenn ein so machtbewußter Gauleiter wie Josef Wagner es war, den Eindruck gehabt hätte, bei der Zuteilung von Machtpositionen zu kurz gekommen zu sein.[14]

Den Ausschlag für die Berufung des katholischen Adeligen von Lüninck dürfte jedoch seine Konfession gegeben haben. In der Provinz Westfalen war bei allen Wahlen der Weimarer Republik der Zusammenhang von Konfession und Wählerverhalten besonders eindrücklich hervorgetreten. Mit einem Bevölkerungsanteil von 47,2% Katholiken[15] zählte Westfalen zu den "traditionellen Hochburgen"[16] des Zentrums, das hier bis zu den Reichs- und Preußischen Landtagswahlen vom 5. März 1933 seine dominierende Stellung behaupten konnte. Die Wahlerfolge der NSDAP in den Wahlbezirken Westfalen-Süd und insbesondere in Westfalen-Nord lagen jeweils erheblich unter dem Reichsdurchschnitt. Insofern konnte die NS-Führung, die bei ihren Gleichschaltungs- und Auflösungsaktionen mit einer besonderen Resistenz des Zentrums beziehungsweise des politischen Katholizismus rechnete,[17] davon ausgehen, daß die Berücksichtigung eines Mannes wie Lüninck, der sich auch innerhalb des Katholizismus exponiert hatte,[18] mögliche Wider-

12 Die DNVP war ohnehin darüber verprellt, bei der Vergabe der Oberpräsidentenstellen zu kurz gekommen zu sein. Vgl. Diehl-Thiele, Partei und Staat im Dritten Reich, S. 114

13 Vgl. Hüttenberger, Die Gauleiter, S. 78, der diesen Gesichtspunkt als entscheidend für die Wahl Lünincks wertet.

14 Vgl. etwa den Aktenvermerk des Mitarbeiters beim StdF, Opdenhof, vom 20.2.1939. Nachdem Gauleiter Meyer 1938 Lüninck als Oberpräsident abgelöst hatte, stellte sich die Frage, ob Wagner neben seinem 1935 zusätzlich übertragenen Gauleiteramt in Schlesien noch Gauleiter in Westfalen-Süd bleiben sollte. Opdenhoff befürchtete, daß Wagner dann das Gefühl gehabt hätte, Meyer unterstellt zu sein, und "bei dem Ehrgeiz Wagners werden sich hier notwendigerweise Schwierigkeiten ergeben." BDC, Akte Nr. 371 Parteikanzlei. Nach Darstellung des Bruders von F.v. Lüninck, Hermann Freiherr von Lüninck, 1933 - 1935 Oberpräsident der Rheinprovinz, sollen 1933 Kommandeure des in Westfalen stationierten Militärs nachdrücklich gegen die Ernennung eines Parteifunktionärs zum Oberpräsidenten interveniert haben. Vgl. den Brief H.v.Lünicks an Dr. Naunin vom 24.4.1962, den Herr Dr. Naunin dem Vf. freundlicherweise zugänglich gemacht hat.

15 Stat. Jahrbuch für den Freistaat Preußen, 29. Bd. (1933), S. 24, 125. Der Berechnung liegt die Volkszählung vom 16.5.1925 zugrunde.

16 Morsey, Die Zentrumspartei in Rheinland und Westfalen, S. 44

17 Morsey, Die Deutsche Zentrumspartei, S. 403. Auch der spätere Staatssekretär im RMdI, Pfundtner, kalkulierte in einer Denkschrift vom Frühjahr 1932 mit dem "schärfsten Widerstand" des Zentrums bei einer Säuberung der Oberpräsidenten- und Regierungspräsidentenstellen in den westlichen Provinzen für eine "nationale Regierung". Die Denkschrift gedruckt bei Mommsen, Beamtentum im Dritten Reich, S. 127 - 135, zit., S. 132

18 So etwa auf dem Essener Katholikentag 1932, Morsey, Die Deutsche Zentrumspartei, S. 323

stände gegen die nationalsozialistische Machtdurchsetzung auffangen, vielleicht neutralisieren, auf jeden Fall aber abschwächen würde.

Auch Lüninck selbst erwartete wohl derartige Schwierigkeiten und versuchte sie, im Vertrauen auf seine katholische Reputation, zu unterlaufen. In einer am 27. Februar als "Pressekonferenz"[19] ausgegebenen Veranstaltung entwickelte er seine Vorstellungen von einer "echten Selbstverwaltung" und wies den Vorwurf der Zentrumspresse scharf zurück, daß die neue Regierung antikatholisch eingestellt sei.[20] Als Beweis führte er sich selbst und seine Berufung in das Oberpräsidium an und meinte, ihm als Nachfahre von Mallinckrodt[21] könne man ja wohl schlecht eine Katholizismusfeindlichkeit unterstellen. Die preußische Regierung hatte mit Lünincks Ernennung zweifellos taktisches Geschick bewiesen, indem sie auf die politische Stimmungslage in Westfalen Rücksicht genommen hatte.

2. Der letzte westfälische Provinziallandtag

Die Kommissariatsregierung, die damit rechnen mußte, daß ihre auf dem Notverordnungswege erlassenen Verwaltungseingriffe bei den betroffenen Körperschaften und beim Preußischen Staatsrat auf Widerstand stoßen würde, war daran interessiert, deren Zusammensetzung im Sinne der "nationalen Regierung" zu verändern. So konnte der in diese Richtung zielende Vorstoß des preußischen Landtagsabgeordneten Helmut Nicolai, der als ehemaliger Regierungsrat der Bezirksregierung in Oppeln mit der preußischen Verwaltung vertraut war, auf Resonanz hoffen. Nicolai trat bereits am 2. Februar 1933 an Göring[22] als dem kommissarischen preußischen Innenminister heran, betonte, daß "der Einfluß auf die Gemeinden, Städte und Kreise, sowie die Provinzialverwaltungen verstärkt werden" müsse und entwickelte seine Vorstellungen: Kommunale Neuwahlen am 5. März zusammen mit den Reichstagswahlen, Auflösung der derzeitigen kommunalen Vertretungskörperschaften, Verbot von Neubesetzungen kommunaler Ämter. Insbesondere hob er die Bedeutung der Provinziallandtage heraus, über die man entscheidenden Einfluß auf die Zusammensetzung des Preußischen Staatsrates und des Reichsrates erlange.[23] Mit dem Hinweis auf die Verklammerung von Provinzialverbänden und

---

19 Die Rede Lünincks druckte der MA, Nr. 220 vom 27.2.1933 (Abendausgabe) ganz ab.

20 Auf dem Essener Katholikentag 1932 hatte er dem Zentrum das Recht streitig gemacht, allein für die Katholiken sprechen zu können. Morsey, Ebenda

21 Gemeint ist Hermann von Mallinckrodt (1821 - 1874), einer der Gründer des Zentrums. Zu Lünincks Ernennung vgl. des scharfe Urteil bei F. Muckermann. Im Kampf zwischen zwei Epochen, Lebenserinnerungen. S. 265: "Die katholischen Oberpräsidenten gaben sich dafür her, die Infiltration des Nazitums in katholische Kreise zu erleichtern. ... Sie waren mehr Instrumente eines fremden Willens, in jeder Hinsicht in einer unwürdigen Position."

22 BA, R 43 II/568 Nicolai unterbreitete seine Vorschläge auch dem Staatssekretär der Reichskanzlei Lammers. Zur Person Nicolais, Bracher-Sauer-Schulz, S. 593 f.

23 Den Staatsrat, gebildet aus Vertretern der Provinz, wählten die Provinziallandtage. Er besaß ein aufschiebendes Vetorecht in der Gesetzgebung sowie ein absolutes in bestimm-

Staatsrat beziehungsweise Reichsrat hatte Nicolai auf eine Einschleusungsmöglichkeit in Staatsorgane aufmerksam gemacht, die bisher von den Nationalsozialisten noch nicht bemerkt oder doch zumindest nicht angesprochen worden war.[24]

Göring reagierte rasch. Bereits zwei Tage später, am 4. Februar, setzte er in der Sitzung des Kabinetts durch,[25] die kommunalen Parlamente am 12. März 1933 neu zu wählen und die derzeitigen Körperschaften aufzulösen.[26] Gegen die Auflösungsverordnung suchte der Staatsrat anzugehen, allerdings in einer auffallend halbherzigen Weise; er beauftragte seinen Präsidenten, die Maßnahme beim Staatsgerichtshof anzufechten.[27] Wie wenig indessen die Kommissare von der Anrufung des Staatsgerichtshofes beeindruckt waren, machte der Ministerialdirektor im preußischen Innenministerium, Schütze, im Verfassungsausschuß des Staatsrates am 23. Februar deutlich. Schütze betonte, daß sich die "Kommissare des Reiches für die von ihnen getroffenen Maßnahmen lediglich dem Herrn Reichspräsidenten, nicht aber auch dem Staatsrat verantwortlich" fühlten.[28]

Die Kommunalwahlen standen vorerst im Schatten der massiven Propaganda für die Wahlen am 5. März. Unter den Bedingungen des Ausnahmezustandes wurden die staatlichen Mittel, Rundfunk und Presse einseitig zugunsten der NSDAP einge-

---

ten Finanzfragen. Der Reichsrat setzt sich hälftig aus Vertretern der Provinzen zusammen. In diesem Zusammenhang ist noch wichtig zu erwähnen, daß der Provinzialausschuß z. B. bei der Ernennung des Ober- und Regierungspräsidenten ein weitgehendes Mitbestimmungsrecht ausübte. Einzelheiten dazu bei Jeserich, Die preußischen Provinzen, S. 93 f., 101 ff.

24 Pfundtner hatte in seiner bereits erwähnten Denkschrift von 1932 zwar betont, eine "nationale Regierung" habe möglichst schnell in den Provinzial- und Kommunalverwaltungen den marxistischen Einfluß zu brechen, war jedoch auf den von Nicolai herausgestellten Aspekt nicht eingegangen. Mommsen, Beamtentum, S. 134

25 GStA, Rep. 84 a/ 4682, S. 218a ff. Sitzungsprotokolle der Kommissare des Reiches. Näheres dazu bei Bracher-Sauer-Schulz, S. 445 mit Anm. 270, Matzerath, Nationalsozialismus, S. 63

26 VO über "Auflösung der Vertretungskörperschaften der Gemeinden und Gemeindeverbände" und über die "Festsetzung des Wahltages für die kommunalen Neuwahlen" vom 4.2.1933 (GS. S. 81 f.) Hiervon ausgenommen waren der Provinzialausschuß und die Provinzialkommission Rd. Erl. des PrMdI vom 9.2.1933 (MBliV. I. S. 139 ff.)

27 Daneben hatten auch mehrere Provinzialausschüsse beschlossen, Klage beim Staatsgerichtshof zu erheben, woraufhin das PrMdI die Provinzialverwaltungen wissen ließ, solch ein Schritt liege außerhalb der Befugnisse des Provinzialausschusses und sei rückgängig zu machen; Provinzialausschüsse, die sich weigerten, seien namhaft zu machen. VA, W-L, C 10/11 - 45 Rd. Schreiben des PrMdI vom 18.2.1933

28 VA, W-L, C 10/11 - 41 Rd. Schreiben des VPP an die Provinzialverwaltungen vom 25.2.1933. Das Herausstellen Hindenburgs durch Schütze stand in bemerkenswertem Kontrast zu der selbstsicheren Pose, die Göring in der Sitzung vom 4.2.1933 eingenommen hatte. Während man gegenüber dem Staatsrat die "Diktaturgewalt des Reichspräsidenten" ausspielte, drängte Göring im Kreise der Kommissare auf eine eigenständige, vom Reichspräsidenten unabhängige Rolle Preußens. Vgl. Bracher-Sauer-Schulz, S. 445, Anm. 270, dort auch zur rapiden Schwächung des Staatsrates im Sog der Machtergreifungsphase, S. 430 f.

setzt und gleichzeitig die gegnerische Presse durch eine Verbotswelle weitgehend mundtot gemacht.[29] Die Wahlen sollten eine "plebiszitäre Legitimation"[30] für die seit dem 30. Januar 1933 eingeleitete Politik liefern. Dabei zeichnete sich in der Pressekampagne für die Provinziallandtagswahlen eine deutliche Schwerpunktbildung ab.

Die Nationalsozialisten waren darum bemüht, die verfassungspolitische Bedeutung der provinziellen Organe herauszustellen. Die Absicht liegt auf der Hand. In eklatantem Widerspruch zu den Verfassungsbrüchen und terroristischen Aktionen der vergangenen Wochen sollte den Wählern suggeriert werden, daß die Sicherung der nationalsozialistischen Herrschaft auf demokratisch legitimierte Organe angewiesen und sozusagen objektiv von ihnen abhängig sei. Diese Fiktion wurde namentlich von Nicolai genährt. Westfälische nationalsozialistische Zeitungen brachten mehrere Beiträge[31] von ihm, in denen er die Wichtigkeit von Provinziallandtag und Provinzialausschuß herausstrich und unmißverständlich zu verstehen gab, daß er in ihnen ein personalpolitisches Instrument sah. Mit ihrer Hilfe könnte, so versicherte Nicolai, "die gesamte Personalpolitik der neuen kommissarischen Preußenregierung, insbesondere von Pg. Göring als dem Minister des Innern ... ganz wesentlich erleichtert werden."[32] Er forderte die Parteigenossen auf, "in schneidigem Angriff"[33] die Provinziallandtage zu erobern, damit sie "für den Führer schneidige und brauchbare Instrumente zur Erkämpfung weiterer Macht und zur Erreichung des heiß ersehnten Dritten Reiches"[34] seien. Während so in der Öffentlichkeit durch taktische Manöver der Eindruck erweckt wurde, als sei der Staatsrat noch eine zu respektierende verfassungspolitische Größe, hatte Göring bereits im Zusammenhang mit der Auflösungsverordnung vom 4. Februar 1933 durchblicken lassen, daß man über den Einspruch des Staatsrates rücksichtslos hinwegschreiten werde, sollte er den eigenen Plänen entgegen stehen.[35]

Der für diesen Wahlkampf charakteristische Gesinnungsterror gegenüber leitenden Kommunalbeamten scheint in Westfalen, im Vergleich zu anderen Gebieten, von den Nationalsozialisten auffällig wenig praktiziert worden zu sein.[36] Die Zeit der Korruptionsbeschuldigungen und persönlichen Diffamierungen brach für die Pro-

---

29 Vgl. Goebbels, Vom Kaiserhof zur Reichskanzlei, S. 255 f., Zur Ausschaltung der Presse, Koszyk, Deutsche Presse 1914 - 1945, S. 354 ff.

30 Broszat, Der Staat Hitlers, S. 105

31 NZ, Nr. 40 vom 10.2.1933, Die RE, Nr. 44 vom 21.2.1933, Nr. 45 vom 22.2.1933

32 Die RE, Nr. 44 vom 21.2.1933. Als Beispiel verwies er auf die Beteiligung des Provinzialausschusses bei der Ernennung der Ober- und Regierungspräsidenten.

33 NZ, Ebenda

34 RE, Ebenda

35 Hier ist anzumerken, daß es als wenig fruchtbar erscheint, bei der Analyse der Machtergreifungsphase das Prinzip der Legalität in den Mittelpunkt zu stellen, da man sich mit Hilfe von Art. 48 (RV) auch über Verfassungsforderungen hinwegsetzte.

36 Matzerath, Nationalsozialismus, S. 66 - 78

vinzialverwaltung erst nach den Wahlen an, als die NSDAP die Mehrheit besaß und sie die üblichen Untersuchungsausschüsse fordern konnte. Insofern nahm sich der Angriff der "National-Zeitung"[37] auf die Provinzial-Feuersozietät vergleichsweise harmlos aus, als die Zeitung sich an den wirtschaftlichen Verhältnissen eines leitenden Beamten rieb.

Nach der Wahl vom 12. März 1933 stellte die NSDAP im westfälischen Provinziallandtag mit 50 Abgeordneten die stärkste Fraktion. Gegenüber der eine Woche zurückliegenden Wahl zum Preußischen Landtag konnte sie ihren Stimmenanteil zwar noch um 2,4% auf 35,9% (923 687) steigern, blieb damit jedoch weit unter der angestrebten Mehrheit.[38] Diese erreichte sie selbst mit den Stimmen der DVP/DNVP nicht, die die Listenverbindung "Kampffront Schwarz-Weiß-Rot" gebildet hatten und die eigentlichen Verlierer der Wahl waren. Zusammen erhielten sie nur 6,7% (10 Sitze), während sie bisher über 21 verfügten. Das Zentrum konnte seine Position mit 28,1% behaupten und gegenüber den Wahlen vom 5. März 1933 noch leicht verbessern. Allerdings beschickte es den Landtag nur noch mit 39 statt bisher 46 Abgeordneten. Die zweitgrößten Verluste mit 10 Sitzen mußte die SPD hinnehmen, die bei der Wahl am 29. November 1929 noch 31 erreicht hatte. Die KPD dagegen vermochte und das überrascht angesichts des konzentrischen Terrors, dem sie ausgesetzt war, um so mehr - einen Sitz hinzugewinnen und verfügte nun über 14 Mandate.

Die Parteien der "nationalen Revolution" hatten also ihr Ziel, die Mehrheit, nicht erreicht. Zusammen verfügten sie nur über 61 der insgesamt 138 Sitze. Erst nachdem das Stimmenkontingent der KPD annulliert wurde,[39] besaßen sie die Majorität. Bei ihrer letzten demokratischen Wahl sprach sich die Bevölkerung Westfalens nur zu einem guten Drittel für die NSDAP aus, so daß selbst die Autoren der durchweg renommistischen Gaugeschichtsdarstellungen zugestehen mußten, zum Zeitpunkt der Machtergreifung sei das "Ringen" der NSDAP" um die Seele des 'westfälischen Menschen'" noch nicht zu ihren Gunsten entschieden gewesen.[40]

37 NZ, Nr. 70 vom 12.3.1933

38 Vgl. die Zusammenstellung des Wahlergebnisses durch die Provinzialverwaltung für den VPP vom 25.3.1933, VA, W-L, C 10/11 - 41

39 Gesetz zur Ausführung des Gleichschaltungsgesetzes in den Gemeinden und Gemeindeverbänden vom 6.4.1933 (GS. S. 96)

40 Stangier, Die Geschichte des Gaues Westfalen-Nord, S. 71 f., Pfafferot, Der Nationalsozialismus in Westfalen-Süd, S. 54
(W = Westfalen)
(P = Preußen)

	Preuß. LT. v. 24.4.1932	Preuß. LT. v. 5.3.1933	PLT v. 12.3.1933
NSDAP	26,8 % (W) 36,6 % (P)	33,5 % (W) 43,2 % (P)	35,9 % (W)

Quelle: Stat. Jahrbuch, 29. Bd. (1933, S. 220 f., 226 f. VA, W-L, C 10/11 - 41 Provinzialverwaltung an den VPP vom 25.3.1933

Den westfälischen "Zentrumsturm" vermochte die NSDAP nicht zum Einsturz zu bringen, wie auch die SPD in Westfalen einen kontinuierlichen Stimmenanteil wahren konnte.[41] Allerdings dürfte die Überlegung, der im Wahlkampf angekündigten und sich abzeichnenden einseitigen politischen Ausrichtung der provinziellen Organe eine Absage zu erteilen, bei der Votierung für das Zentrum und die SPD und gegen die NSDAP von untergeordneter Bedeutung gewesen sein. Wichtiger waren, insbesondere für den Wahlkreis Westfalen-Nord, der überwiegend vorindustrielle, agrarische Charakter größerer Regionen und die aus der konfessionellen Prägung resultierende enge Bindung an das Zentrum. Diese Faktoren begünstigten ein traditionelles, beständiges Wählerverhalten ebenso wie sie diese Wähler vor einem "ruckartige(n) Umschwenken"[42] bewahrten.

Während die Wahl vom 12. März bei der Bevölkerung auch den Anschein erwecken sollte, als bemühe sich die preußische Kommissariatsregierung um eine Legitimation, wurden offen oder insgeheim Vorbereitungen zur Übernahme der Verwaltungen getroffen. Zugleich war das preußische Innenministerium darauf bedacht zu verhindern, daß die Verwaltungen bis zur Wahl der neuen Vertretungskörperschaften vorsorglich noch weiterwirkende Entscheidungen trafen. So nahm das Ministerium Gerüchte, nach denen in Gemeinden und Gemeindeverbänden noch vor dem 12. März in größerem Umfange Kommunalbeamte neueingestellt und befördert werden sollten, zum Anlaß, den Oberpräsidenten in Münster auf die allgemeine Einstellungs- und Beförderungssperre hinzuweisen, und ordnete an, den neuzuwählenden Körperschaften nicht vorzugreifen.[43] Diese Hinhalte- und Verzögerungstaktik wirkte sich beispielsweise bei den Provinzialverbänden insbesondere auf die anstehenden Haushaltsberatungen aus, da die Provinzen unsicher darüber waren, ob noch der amtierende Provinzialausschuß den Haushaltsplan für 1933 vorbereiten sollte. Die Frage war um so dringender, als einzelne Provinzen sich in einer katastrophalen Finanzlage befanden, die nur durch großzügige Zuweisungen des Reiches verbessert werden konnten. Jedoch waren sich die Landes-

---

41 In der nachstehenden Übersicht werden nur die Stimmenanteile in % angegeben, da auf diese Weise die Kontinuität am deutlichsten gezeigt werden kann. Solche Gesichtspunkte wie Wahlbeteiligung und relativer Stimmverlust bleiben deshalb unberücksichtigt.

	PLT v. 17.11.1929	Preuß. LT v. 24.4.1929	Preuß. LT v. 5.3.1933	PLT. v. 12.3.1933
Z	32,9 % (W)	29,4 % (W) 15,3 % (P)	26,5 % (W) 14,1 % (P)	28,1 %
SPD	22,1 % (W)	16,5 % (W) 21,2 % (P)	15,4 % (W) 16,6 % (P)	15,1 %

Quelle: Stat. Jahrbuch 26. Bd. 1930, S. 354 ff., 29. Bd., 1933, S. 218 f., 226 ff., VA, W-L, C 10/11 - 41 Provinzialverwaltung an den VPP vom 25.3.1933

42 Morsey, Die Deutsche Zentrumspartei, S. 413

43 VA, W-L, C 10/11 - 848 Schreiben vom 17.2.1933 (Abschrift an Provinzialverwaltung) unter Verweis auf § 3 Kap. IX. Zweiter Teil der VO vom 5.6.1931 (RGBl. I. S. 279). Am 22.4.1933 hob der PrMdI seinen Erlaß vom 17.2.1933 mit Wirkung vom 20.5.1933 wieder auf. VA, W-L, a.a.O.

hauptleute zunächst uneins darüber, wie weit die Entsendung einer Abordnung der Landesdirektorenkonferenz zum preußischen Finanz- und Innenminister vor den Wahlen zweckmäßig und erfolgversprechend sei.[44] Sie kamen schließlich überein, erst nach dem 12. März bei den Ministerien einen Vorstoß zu unternehmen, überließen es aber jeder einzelnen Provinz, die Festsetzung des Haushaltsplanes ebenfalls aufzuschieben oder dem jetzigen Provinzialausschuß vorzulegen.[45]

Nach den Wahlen aber wurden so dringende Probleme wie die des unausgeglichenen Haushalts zunächst durch gezielte politische Aktionen überdeckt. Am 6. April meldete "Die Rote Erde"[46], daß am Vortage die Fraktionsführung der NSDAP unter Vorsitz von Stürtz mit Landeshauptmann Dieckmann und leitenden Beamten der Provinzialverwaltung über öffentlich erhobene Vorwürfe gegen Dieckmann und die Provinzialverwaltung gesprochen habe. Man sei übereingekommen, einen Untersuchungsausschuß zu bilden. Da aber der Verdacht bestehe, die Verwaltung könnte belastende Akten beseitigen, sollten bis zur Arbeitsaufnahme des Ausschusses Vertrauensleute der nationalsozialistischen "Beamten-Arbeitsgemeinschaft" die Hauptverwaltung, die Finanzabteilung und das Rechnungsbüro ständig überwachen.

Bezeichnenderweise enthielt der Bericht keine konkreten Beschuldigungen. Jedoch läßt sich aus den besonders angesprochenen Abteilungen entnehmen, daß es sich um die üblichen Unterstellungen der Korruption und der Veruntreuung von öffentlichen Mitteln handelte. Im Vergleich zu den üblichen terroristischen Praktiken zahlreicher SA- und SS-Kommandos in anderen Behörden überrascht das Vorgehen gegen die Provinzialverwaltung zumindest der Form nach, wenngleich in der Absicht, Zwangsbeurlaubungen und kommissarische Neubesetzungen zu erreichen, kein Unterschied bestand. Als das Innenministerium am 3. April 1933[47] einen Nachweis über die aus "Zweckmäßigkeitsgründen beurlaubten" Beamten anforderte, meldete die Provinzialverwaltung, die beiden der SPD angehörenden Landesräte Schmidt und Haverkamp seien "auf eigenen Antrag" hin zunächst vom Dienst suspendiert worden.[48] Indessen wurde die Zwangsbeurlaubung gegen die dem Zentrum angehörenden Landesräte noch nicht angewandt. Die Mehrheitsverhältnisse im Provinziallandtag legten es nahe, die Abgeordneten des Zentrums noch nicht zu verprellen, da ihre Stimmen bei den anstehenden Ausschußwahlen nützlich sein konnten.

Dem Preußischen Innenministerium war daran gelegen, die neugewählten Provinziallandtage so schnell wie möglich zusammentreten zu lassen. Es wies daher die

---

44 AVfK, A (P) 707 Niederschrift der LDK vom 23.2.1933

45 Eine Abstimmung ergab, daß 9 Provinzen den Haushaltsentwurf im bestehenden Provinzialausschuß, 3, darunter Westfalen, im zukünftigen beraten lassen wollten, Brandenburg in einer besonderen Haushaltskommission. AVfK, a.a.O.

46 RE, Nr. 82 vom 6.4.1933

47 Rd. Erl. Über die "Nachweisung der beurlaubten Gemeindebeamten" vom 3.4.1933 (MBliV. I. S. 412)

48 VA, W-L, C 10/11 - 834 Nachweis vom 10.4.1933

Aufsichtsbehörden an, sie "zu dem allerfrühesten Termin einzuberufen", und bestimmte den 10. April als Sitzungstag.[49] Das Ministerium verkürzte die gesetzlichen Einberufungsfristen und setzte die Erklärungsfrist über die Annahme der Wahl auf drei Tage herab.[50] Zugleich legte es für alle Provinziallandtage fest, lediglich die Mitglieder des Provinzialausschusses und des Staats- und Reichsrates zu wählen.[51] Weitere Tagesordnungspunkte bedurften der ausdrücklichen Genehmigung.

Das vorgegebene und präzis abgegrenzte Tagesprogramm machte nicht nur die Motive der Kommissariatsregierung offenkundig, eine rasche, reibungslose Wahl der Mandate vornehmen zu lassen, ohne Spielraum für eventuelle kritische politische Erklärungen und Debatten; die gleichzeitige Einberufung aller Provinziallandtage zu einer festgesetzten Stunde[52] markierte auch eine für die Provinzen bislang ungewöhnliche Form der "Gleichschaltung" und Einförmigkeit.

Daß auf diese Weise nicht lediglich eine symbolische Geschlossenheit demonstriert werden sollte, sich dahinter vielmehr ein totaler Machtanspruch mit dem Willen zu seiner Durchsetzung verband, betonte Stürtz auf der ersten Fraktionssitzung der NSDAP am Sonntag, dem 9. April unverhohlen.[53] Nachdem man sich bisher mit vier Abgeordneten "in einer hoffnungslosen und kaum beachteten Opposition" befunden habe, stelle die NSDAP nun die stärkste Fraktion und werde die Mehrheit zu nutzen wissen. Zwei Tage später begann "Die Rote Erde" ihren Bericht über die Eröffnungstagung mit der Schlagzeile: "Westfalens Provinziallandtag im Zeichen der braunen Armee".[54] Dieser pathetische Ausruf, der den geschlossenen und uniformierten Einzug der nationalsozialistischen Fraktion in das Landeshaus als revolutionäre Eroberung herausstellen sollte, traf insofern zu, als die vierzehn Abgeordneten der KPD von der Sitzung eliminiert waren,[55] Stürtz unmittelbar nach der Eröffnungsrede des Oberpräsidenten eine Änderung der Geschäftsordnung veranlaßte, die ein Abweichen von der programmierten Tagesordnung ausschloß[56] und nur noch Redner der NSDAP zu Wort kamen.

49 Rd. Erl. vom 16.3.1933 (MBliV. I. S. 275)

50 Wie sehr der Erlaß ins Detail ging zeigt sich daran, daß er darauf aufmerksam machte, bis spätestens zum Sonntag, dem 19.3.1933 müßten die entsprechenden Benachrichtigungen an die Gewählten hinausgehen. Vgl. Abs. V. des Erlasses vom 16.3.1933 a.a.O.

51 Vgl. das Einladungsschreiben Lünincks vom 23.3.1933 VA, W-L, C 10/11 - 45

52 Verhandlungen 79. Westf. PLT, 1933, I. T. S. 1

53 Vgl. RE, Nr. 85 vom 10.4.1933. Außerdem gab Stürtz Einzelheiten über den Verlauf der Provinziallandtagssitzung bekannt, daß beispielsweise die Rede von Gauleiter Wagner über Lautsprecher auf den Platz vor dem Landeshaus übertragen werde.

54 RE, Nr. 86 vom 11.4.1933

55 Rd. Erl. vom 20.3.1933 (MBliV. I. S. 350)

56 Gestrichen wurde § 57 Abs. 2 der lautete: "Abweichungen von der Geschäftsordnung sind nur dann zulässig, wenn kein Mitglied des Provinziallandtages Widerspruch dagegen erhebt." Die Änderung war mit dem Zentrum, der DNVP und dem Evangelischen Volksdienst abgesprochen worden. Verhandlungen 79. Westf. PLT, 1933, I.T. S. 3 f.

Aber nicht nur Terrorakte und Geschäftsordnungstricks der Nationalsozialisten signalisierten den "völligen Umbruch"; auch die Eröffnungsansprache Lünincks kündigte an, daß im Oberpräsidium nicht allein Personen ausgewechselt worden waren.[57] Nachdem Lüninck die gewaltsame "Gleichschaltung" Preußens und der übrigen Länder als notwendige und organische Festigung der Reichsgewalt begründet hatte, formulierte er die Besorgnis um die Selbstverwaltung mit der ebenso aktuellen wie rhetorisch gemeinten Frage: "Ja, was bleibt denn für die Selbstverwaltung noch übrig, wenn alles gleichgeschaltet wird, ...?"[58] Diese Frage, antwortete Lüninck, verkenne "den Sinn echter Selbstverwaltung"; sie reflektiere ein Selbstverwaltungsverständnis, das der "liberalen Epoche" eigentümlich gewesen sei. Der Ehrgeiz der Selbstverwaltungskörper und insbesondere der Provinzialverbände könne nicht mehr darin bestehen, Souveräns "im Kleinen" zu sein; vielmehr sollten sie die vom Reich bestimmten "einheitlichen Richtlinien" "gern und willig" anerkennen und sich als supplementärer Aufgabenträger verstehen. Auf diese Weise entstehe ein "harmonischer Verwaltungsaufbau, bei dem Staats- und Selbstverwaltung sich auf das Glücklichste ergänzen." Dazu erschien es Lüninck erforderlich, den Verwaltungsapparat der Provinzialverwaltung "einer gründlichen Überholung" zu unterziehen. Außerdem gab er zu bedenken, ob nicht etliche Aufgaben der Provinz wie die landwirtschaftliche Berufsgenossenschaft, die Sozial- und Feuerversicherung zweckmäßigerweise berufsständischen Organisationen übertragen werden sollten.[59] Auch sei zu überlegen, durchgehende Straßen "in die Verwaltung des Staates" zu geben, denn manche Mißstände seien dadurch verursacht worden, daß die Provinzialverbände in den letzten Jahren zu viele Aufgaben an sich gezogen hätten.[60]

Die Kritik Lünincks an der Selbstverwaltung der Weimarer Republik, seine Vorstellungen von einer "echten" Selbstverwaltung und seine Charakterisierung des neuen Staates lassen seine eigene politische Grundhaltung erkennen und die Motive für seine exponierte Mitarbeit in diesem Staat hervortreten. Bereits 1922 hatte er mit der Niederlegung seines Landratsamtes Position gegen das parlamentarische System bezogen, in dem er die bestimmende und tragende Staatsidee und -autorität vermißte. Deshalb trat er für einen autoritären, für einen starken Staat ein, der, von allen Parteiströmungen und pluralistischen Interessen unabhängig, sich allein den "Lebensnotwendigkeiten des Volksganzen"[61] verpflichtet fühle. Den Weg dazu

---

57 Vgl. Hartlieb von Wallthor, Westfalen und seine Selbstverwaltung, S. 90

58 Verhandlungen PLT, a.a.O., S. 2

59 Für die "Deutsche-Bauern-Correspndenz" verfaßte Lüninck am 12.4.1933 einen Aufsatz "Der Weg zum Reichsbauernstand", in der er schrieb: Der Nationalsozialismus habe die Voraussetzung dafür geschaffen, daß der deutsche Bauer eine ständische Ordnung "in Selbstbestimmung und Selbstverwaltung" neu aufbauen könne. Zit. nach Jacobs, Von Schorlemer zur Grünen Front, S. 80

60 Verhandlungen PLT, a.a.O., S. 2 Die Aufforderung an die Provinzialverbände, freiwillig einen Schrumpfungsprozeß ihrer Zuständigkeiten einzuleiten, hatte Lüninck mit Sicherheit ohne Absprache mit der Verwaltung vorgebracht, denn er hatte damit ein Problem angesprochen, das sich bald vielfältig den Provinzen stellen sollte.

61 Verhandlungen PLT, a.a.O., S. 2

erblickte er in einer ständestaatlichen Ordnung, in der alle Klassen und Parteien integriert und repräsentiert sein sollten. Somit vermischten sich bei Lüninck ständestaatliche Ideen mit autoritären Staatsvorstellungen,[62] eine Kombination, die in dieser Zeit nicht selten anzutreffen war. In dem neuen "nationalen" Staat sah er die Chance für einen organischen Staatsaufbau, in dem jeder Berufsstand die ihn "berührenden Angelegenheiten kraft eigenen Rechts selbst gestaltet und verwaltet".[63] Eine so motivierte "Zuverfügungstellung", die auf diese Weise mit der Durchsetzung eigener politischer Konzeptionen kalkulierte, sollte sich freilich schon bald als illusionäre Selbstüberschätzung und für Lüninck persönlich schließlich als tödliche Partnerschaft herausstellen,[64] so wie alle Vertreter ständestaatlicher Vorstellungen enttäuscht wurden, die geglaubt hatten, sie würden bei den Nationalsozialisten Rückhalt finden.

Nach Lüninck sprachen dann noch im Landtag der zum Vorsitzenden gewählte Gauleiter Dr. Meyer und Gauleiter Wagner. Bei beiden war schon nicht mehr von der Provinz und ihrer Selbstverwaltung die Rede. Vielmehr diente der Provinziallandtag als Staffage und Plattform für die von Wagner in renommistischer Pose gelieferte Rechtfertigung der "deutschen Revolution". Und Meyer konnte vom Präsidiumssessel aus ohne Widerspruch versichern, daß die "öde Form des ganzen Parlamentarismus ... in diesem Hause keine Stätte mehr findet."[65]

Nach diesen Bekenntnissen zum "nationalen Deutschland" aus der konservativen Sicht Lünincks, und zum "nationalsozialistischen Deutschland" aus der Perspektive Wagners und Meyers, konnte der Provinziallandtag schließlich seinen eigentlichen Tagesordnungspunkt erledigen: die Mitglieder des Provinzialausschusses und des Staatsrates zu wählen. Dieser letzte Akt des Landtages ging freilich schnell und ohne Diskussion über die Bühne. Stürtz[66] wurde durch Zuruf gegen die Stimmen der SPD-Abgeordneten zum Vorsitzenden des Provinzialausschusses bestimmt[67].

---

62 Allgemein dazu Sontheimer, Antidemokratisches Denken in der Weimarer Republik, S. 199 ff., Bracher-Sauer-Schulz, S. 392 ff.

63 Zit. nach Jacobs, a.a.O., S. 80

64 Vgl. das kritische Urteil Pünders über Lüninck. Von Preußen nach Europa, S. 139 f.

65 Verhandlungen PLT, a.a.O., S. 4 - 7, zit. S. 4. Es ist auffällig, daß die RE, Nr. 86 vom 11.4.1933 die Reden von Meyer und Wagner ausführlich referierte, auf die Ausführungen Lünincks dagegen mit keinem Wort einging.

66 Emil Stürtz, von Beruf Kraftwagenführer, kam aus Welper-Hüttenau bei Hattingen, wo er bereits seit 1925 als Presse- und Propagandaleiter der Ortsgruppe Hattingen aktiv war. 1929 wurde er Gauleiter-Stellvertreter von Westfalen-Süd, 1936 Gauleiter und Oberpräsident von Kurmark/Mark Brandenburg. BDC-Akte Stürtz, Heiber, Das Tagebuch von Joseph Goebbels 1925/26, S. 22 Anm., 2 Beck, Kampf und Sieg, S. 72 f., Hüttenberger, Die Gauleiter, S. 222. Zu Stürtz' Zeit als Oberpräsident vgl. Fricke, Die Landesdirektoren der Provinz Brandenburg, S. 321. Jedoch dürfte Frickes Urteil: "Die Absetzung des Oberpräsidenten Kube und seine Ersetzung durch den Gauleiter Stürtz verstärkte die Stellung des Landesdirektors erheblich", mit einem Fragezeichen zu versehen sein. Stürtz war bis 1936 als Gauleiter-Stellvertreter der westfälischen Provinzialverwaltung, wie noch zu zeigen sein wird, alles andere als wohlgesonnen und förderlich.

67 Der bisherige langjährige Vorsitzende und OB von Dortmund, Dr. Eichhoff (DVP), legte den Vorsitz am 23.3.1933 nieder. VA, W-L, C 10/11 - 123 Niederschrift des PA vom 23.3.1933

In ihm besaß die NSDAP nun mit acht von vierzehn Sitzen die Mehrheit. Ebenso überwog der nationalsozialistische Anteil im Staatsrat.[68] Unmittelbar nach seiner Wahl kündigte Stürtz als eine der ersten Maßnahmen des Provinzialausschusses einen Untersuchungsausschuß an, der die öffentlich erhobenen "schwere(n) Angriffe" gegen den Landeshauptmann und seine Dezernenten zu überprüfen habe. Diese Prüfung sei man den Wählern schuldig; sie werde im Interesse einer sauberen und reinen Verwaltung vorgenommen.[69]

Nachdem der Provinziallandtag abschließend noch den Haushalts-, Wirtschafts-, Verfassungs-, Wahlvorbereitungs-, und Rechnungsausschuß gebildet hatte, wurde er, entgegen der geschäftsordnungsmäßigen Praxis[70], auf unbestimmte Zeit vertagt. Er ist nie mehr zusammengetreten. Am 24. Mai 1933 gab ein Gesetz[71] dem Provinzialausschuß die Möglichkeit, sich Zuständigkeiten des Provinziallandtages zu übertragen, was der westfälische Provinzialausschuß in seiner Sitzung am 1. Juni 1933 beschloß.[72] Den endgültigen Schlußstrich zog dann das "Gesetz über die Erweiterung der Befugnisse der Oberpräsidenten"[73] vom 15. Dezember 1933, das in Art. II Abs. 3 bestimmte: "Die Provinziallandtage, Provinzialausschüsse und Provinzialkommissionen werden aufgelöst. Eine Neubildung findet nicht statt."

3. Die Berufung Karl-Friedrich Kolbows zum Landeshauptmann

Der Untersuchungsausschuß, der den Anwürfen gegen Dieckmann und andere hohe Beamte nachgehen sollte, konstituierte sich noch am 10. April in der ersten Sitzung des Provinzialausschusses. Ihm gehörten, mit Stürtz als Vorsitzenden, drei Nationalsozialisten sowie ein Abgeordneter der "Kampffront Schwarz-Weiß-Rot" und des Zentrums an. Es war offensichtlich, daß der Ausschuß nur gebildet worden war, um Dieckmann aus dem Amt zu entfernen. Da die Nationalsozialisten es aber nicht für opportun hielten, ihn kurzerhand aus dem Amt hinauszuwerfen oder in "Schutzhaft" zu nehmen, was in dieser Zeit häufig mit Behördenleitern geschah,[74] verlegten sie sich auf ein als rechtsstaatlich kaschiertes Verfahren, das sie mit dem "öffentlichen Interesse" motivierten. Diese auf die persönliche Integrität wie fachliche Qualifikation gleichermaßen zielende Attacke hatte bald Erfolg. Am 22. April

---

68 Verhandlungen PLT. 1933, a.a.O., S. 8 f.

69 An ihr nahm auch Gauleiter Meyer in seiner, wie es offiziell hieß, Eigenschaft als Abgeordneter teil, was in der Geschichte des Provinzialausschusses ein Novum darstellte. Meyer wurde auf der Sitzung mehrheitlich zum Mitglied des Reichsrates gewählt. VA, W-L, C 20 - 4 Niederschrift des PA vom 10.4.1933

70 § 28 der Geschäftsordnung schrieb vor, daß der Vorsitzende am Schluß der Tagung Zeit und Tagesordnung der nächsten Sitzung bestimmte.

71 "Gesetz über die Übertragung von Zuständigkeiten der Provinziallandtage auf die Provinzialausschüsse" vom 24.5.1933 (GS. S. 189)

72 VA, W-L, C 10/11 - 123 Niederschrift des PA vom 1.6.1933

73 (GS. S. 477)

74 Vgl. Bracher-Sauer-Schulz, S. 446 Anm. 271

schrieb Dieckmann an Lüninck: "Die Entwicklung der politischen Verhältnisse veranlaßt mich, im Interesse der Gleichschaltung auch bei der Provinzialverwaltung um meine Beurlaubung zu bitten, wobei ich darauf hinweisen darf, daß mir vom Untersuchungsausschuß ehrenrührige Vorwürfe nicht gemacht worden sind."[75]

Die Nachprüfung der Beschuldigungen gegen Dieckmann nahmen drei Stellen vor: Der Untersuchungsausschuß, dessen Befugnisse ein Erlaß des Innenministeriums ab dem 1. Juni auf den Behördenleiter übertragen hatte, der Oberpräsident und der Oberstaatsanwalt. Aber alle eingeleiteten Recherchen blieben ohne belastendes Ergebnis. Die Strafverfolgungsbehörde sah keinen Anlaß zu einem Einschreiten[76], und auch Lüninck kam am 22. Dezember 1933 zu dem Resultat, daß Dieckmann Unsauberkeit in der Geschäftsführung und Amtspflichtverletzungen nicht nachzuweisen seien und sich deshalb ein förmliches Disziplinarverfahren erübrige. Dieckmann wurde auf Vorschlag seines Nachfolgers nach § 6 BBG, das heißt auf Grund seiner exponierten Stellung im Zentrum, in den Ruhestand versetzt.[77]

Am 25. April 1933 fragte Lüninck telegraphisch bei dem Diplom-Bergbauingenieur Karl-Friedrich Kolbow in Salchendorf (Kreis Siegen) an, ob er bereit sei, als Staatskommissar die Stellvertretung des Landeshauptmanns zu übernehmen.[78] Kolbow, seit dem 12. März 1933 NSDAP-Abgeordneter im Provinziallandtag und Mitglied des Provinzialausschusses, meldete sich daraufhin am 26. April morgens bei Lüninck im Oberpräsidium[79], der ihn am folgenden Tag im Landeshaus als Staatskommissar einführte.[80] Am 13. Oktober 1933 wählte ihn der Provinzialausschuß, inzwischen ausschließlich von Nationalsozialisten besetzt, einstimmig für zwölf Jahre zum Landeshauptmann der Provinz Westfalen.[81]

Das Preußische Ministerium des Innern scheint für die Neubesetzung zu keinem Zeitpunkt eigene Vorschläge unterbreitet zu haben. Staatssekretär Grauert erteilte sofort sein Einverständnis, als Lüninck ihm am 25. April seine Entscheidung für Kolbow als Staatskommissar mitteilte.[82] Als im Oktober 1933 die endgültige Wahl

---

75 StAM, Oberpräsidium Nr. 6947

76 VA, W-L, Personalakte Dieckmann Bd. III, Beiakte

77 VA, W-L, Ebenda, StAM, Oberpräsidium a.a.O., Bericht Kolbows an das Oberpräsidium vom 19.7.1933

78 StAM, a.a.O.

79 Ebenda. Insoweit ist die Angabe bei Schulte und Baumeister in: Blätter der Erinnerung an Karl-Friedrich Kolbow, S. 3, 35 zu korrigieren, daß Kolbow bereits 1932 dem Provinziallandtag angehörte. (künftig zit.: Blätter der Erinnerung)

80 VA, W-L, Personalakte Kolbow

81 VA, W-L, C 20 - 4

82 StAM, Oberpräsidium Nr. 6947 Schreiben Lünincks an das PrMdI vom 25.4.1933 sowie die Antwort Grauerts vom 10.5.1933

Kolbows anstand, überließ Grauert wiederum Lüninck die Entscheidung.[83] Allerdings hatte auch dieser nicht den ersten Schritt zur Ernennung Kolbows getan, die offensichtlich die beiden westfälischen Gauleitungen, insbesondere die Gauleitung von Westfalen-Süd, herbeigeführt hatten. Am 25. April 1933 informierte Lüninck die Regierungspräsidenten und Landräte der Provinz, er habe auf Vorschlag des Vorsitzenden des Provinzialausschusses, also Stürtz, Kolbow um die Übernahme des Staatskommissariats gebeten.[84] Mit dieser Begründung hatte Lüninck zwar die Ausschußfunktion von Stürtz in den Vordergrund gestellt, jedoch zeigen die späteren, namentlich von Stürtz ausgehenden Versuche, auf die Personalpolitik der Provinzialverwaltung einzuwirken, daß die Entscheidung über Kolbow bei den Gauleitungen und nicht im Oberpräsidium gefallen war.[85]

Karl-Friedrich Kolbow war am 20. November 1899 in Schwerin als Sohn des Justizrates Friedrich Kolbow und dessen Frau Margarethe geb. Freiin von Puttkamer geboren worden.[86] Dort besuchte er das humanistische Gymnasium

---

83 StAM a.a.O., Grauert am 3.10.1933. Die Zurückhaltung Grauerts beruhte möglicherweise darauf, daß mit dem Deutschnationalen Lüninck als Oberpräsident in gewissem Sinn eine Entscheidung gegen die Gauleitungen gefallen war und Wagner wie Meyer durch ihre massiven Personalwünsche ohnehin im PrMdJ bekannt waren. Vgl. Bracher-Sauer-Schulz, S. 436, GStA, Rep. 77/Nr. 2 Eingaben von Meyer

84 StAM, Kreis Siegen, Kreisausschuß Nr. 484. Nach der Erinnerung von Frau Kolbow kannte Lüninck ihren Mann bereits vor 1933, doch ließ sich dafür in den Akten kein Hinweis finden. Gespräch vom 23.8.1971 mit dem Vf.

85 Stürtz selbst berief sich später wiederholt darauf, Kolbow als Landeshauptmann ins Gespräch gebracht zu haben. Es hing aber von dem Anlaß ab, ob er sich dann daraus ein besonderes Weisungsrecht gegenüber Kolbow ableitete, vgl. die heftige Kontroverse Stürtz - Kolbow vom 20.2.1934, VA, W-L, NK - 1. S. 48 - 53 Vermerk Kolbows, oder sich damit brüstete. So beispielsweise in einem Brief an den DGT vom 9.4.1937, in dem er sich für die Übersendung der Schrift Kolbows, Die Kulturpflege der preußischen Provinzen, bedankte. AVfK, DGT 5-9-2/66 Bd. 1

86 Eine biographische Skizze Kolbows hat zuerst Wilhelm Schulte gegeben: "Das Leben eines Idealisten im Spiegel seiner Tagebücher", in: Blätter der Erinnerung an Karl-Friedrich Kolbow anläßlich der 20. Wiederkehr seines Todestages am 24. September 1945, S. 2 - 19. Es handelt sich hierbei um die gedrängte Zusammenfassung einer ursprünglich in größerem Rahmen geplanten Arbeit "Der Nationalsozialismus" (in Westfalen, d. Vf.), deren unveröffentlichtes Manuskript Herr Prof. Schulte dem Vf. dankenswerterweise zur Verfügung gestellt hat. Wie in den "Blätter(n) der Erinnerung" im Vorwort selbst eingeräumt wird, war keine "wissenschaftliche Untersuchung" beabsichtigt. So verleugnen beide Arbeiten wie die übrigen Aufsätze Schultes über Kolbow nicht, wie eng jener sich Kolbow verbunden fühlt und seine Persönlichkeit verehrt. Die Abhandlungen haben insofern einen besonderen Quellenwert als ihr Verfasser Teile des Tagebuches von Kolbow benutzen konnte und daraus bewußt und (glücklicherweise) ausführlich zitiert. Eine weitere wichtige, bisher nicht benutzte Quelle zum Verständnis für Kolbows Persönlichkeit und der Entwicklung seiner politischen Vorstellungen ist der von ihm verfaßte 255 Seiten starke Erlebnisbericht aus dem 1. Weltkrieg "Von Ratzeburg bis nach Prerau in Mähren" in: N-Kolbow (P). Kolbow hat diesen Bericht für sich und seine Familie anhand von Tagebuchnotizen geschrieben. Er enthält die alltäglichen "Erlebnisse eines einfachen deutschen Jägers", Landschafts- und Naturbeschreibungen, Beobachtungen von Menschen in den durchfahrenen und besetzten Ländern. Daneben finden sich aber auch Schilderungen von Kolbows geistigen Interessen und von seinen politischen Eindrücken. Eine umfassende Aufstellung der Lebens- und Parteidaten Kolbows enthält der Artikel in: Das Deutsche Führerlexikon. S. 250 f. (künftig zit.: Führerlexikon)

"Fridericianum", bestand 1917 das Notabitur und wurde am 16. Juni in Ratzeburg Soldat. Mit dem 9. Reservejägerbataillon rückte er bald darauf zur südosteuropäischen Front aus und erlebte das Kriegsende, ausgezeichnet mit dem Eisernen Kreuz, im Kaukasus.[87]

Das Kriegserlebnis wurde für Kolbow zu einer einschneidenden und prägenden Erfahrung. Auf der Fahrt zum Fronteinsatz davon überzeugt, für eine "grosse heilige Sache"[88] zu kämpfen, spürte er bei der Nachricht der Waffenstillstandsbedingungen tiefen Schmerz und weinte vor "Wut" und "Verzweiflung".[89] Dem ruckartigen Umschwenken vieler Soldaten in seinem Bataillon stand er verständnislos gegenüber. Die sich ausbreitende Disziplinlosigkeit und vereinzelte Plünderungen brachten ihn in immer weiteren Abstand zu den sich bildenden Soldatenräten. Er sah von ihnen "alles Ideale, Edle" bedroht und stellte sie schließlich mit den "wilden revolutionären Horden" der "Bolschewiken" auf eine Stufe.[90] Zugleich entschloß er sich, den bereits im Januar 1918 erwogenen Lehrerberuf zu ergreifen, nachdem er die Brutalität und das geistige Desinteresse, das er bei einem Teil der Soldaten feststellte, auf die "Verdorbenheit und moralische Zerrüttung" zurückführte.[91] Er wollte die nächste Generation zu einer "idealen Lebensanschauung" erziehen, in der "Ehre, Vaterland und sittliche Pflicht" zentrale Ziele sein sollten.[92]

Als Kolbow am 6. April 1919 aus dem Heer entlassen wurde, war er durch den Sturz der Monarchie in seiner politischen Orientierung verwirrt. Er blieb gleichwohl beeindruckt vom herben Fluidum des Soldatentums und von der Frontkameradschaft. Das bestärkte ihn in der Überzeugung, der äußere Staatsaufbau müsse mit einer umfassenden geistigen und moralischen Erneuerung verbunden sein. Den Weg dazu sah er in den begeistert bejahten Idealen der Wandervogelbewegung.[93] Über gemeinschaftliche Begegnung mit der Natur und durch einfache

---

87 N - Kühl (P) Auszug aus dem Militärpaß Kolbows (Abschrift)

88 Kolbow, Von Ratzeburg, S. 13

89 Kolbow, a.a.O., S. 211, 238   90 Kolbow, a.a.O., S. 241 ff., 247

91 Kolbow, a.a.O., S. 93 f., 173. Kolbow hatte ursprünglich vor, Förster zu werden. Deshalb schrieb er: "Doch schämte ich mich gewaltig, meinem Vater diesen Plan einer Umsattelung von dem Forstberuf zu dem des Philologen einzugestehen". Ebenda. Anscheinend hat Kolbow dann seinen Entschluß zum Lehrerberuf wieder aufgegeben, denn er bewarb sich bei der Regierung für die Försterlaufbahn, wurde jedoch nicht angenommen. Vgl. Schulte, Blätter der Erinnerung, S. 2

92 Kolbow, a.a.O., S. 17, 94

93 1913 nahm er an dem Treffen auf dem Hohen Meißner teil. Vgl. Schulte, Der Nationalsozialismus, 1. Kap. S. 2 Während des Krieges "verschlang" er die Wandervogelzeitungen, die ein Kriegskamerad nachgeschickt bekam, "mit der regsten Anteilnahme". Kolbow, Von Ratzeburg, S. 132. Knapp zwanzig Jahre später hielt Kolbow vor der westfälischen HJ einen Vortrag über "Jugend und Staat", in dem er die Welt des Wandervogels als romantische Flucht in eine unpolitische Haltung aus Abscheu vor der "Vergreisung und Seelenlosigkeit des parlamentarischen und bürokratischen Staatsmechanismus" bewertete. Sie habe aber auch durch die Belebung des völkischen Gedankens und durch das Aufspüren der Volkskultur" den ersten Baustein für das Fundament des Dritten Reiches herbeigetragen". WHB, Archiv, Vorträge Landeshauptmann Kolbow I. Der Vortrag ist undatiert, er dürfte um 1937/38 verfaßt worden sein.

Lebensweise glaubte er, die Bereitschaft zum Dienst an der Gemeinschaft beleben und stärken zu können.

Nachdem Kolbow noch einmal für eine kurze Zeit mit dem Freiwilligenbataillon "Schneider" als Grenzschutz nach Litauen gegangen war, begann er im Wintersemester 1919/20 in Jena mit dem Studium der Geographie, Geologie und Geschichte.[94] Hier trat er im Oktober der Sängerschaft "Johanni Fridericia" (Hanfrieden) bei, weil ihn "gerade das völkische Element in der Tradition dieser jungen Sängerschaft mehr anzog als die Ideale der anderen studentischen Verbände."[95] Er spielte auch mit dem Gedanken, sich einer Partei anzuschließen. Jedoch war ihm die SPD zu marxistisch und international gebunden, während er die "nationalen Parteien" für zu "reaktionär" hielt.[96] Bereits nach einem Semester wechselte Kolbow nach München. Von dort aus unternahm er lange Wanderungen in den Alpen, besuchte ausgiebig Museen und Theater, hörte Reden von Hitler und wurde am 18. Februar 1921 Mitglied der NSDAP (alte Mitglieds-Nr. 2900).[97] Mit den von Hitler benutzten Begriffen wie "Volk", "Heimat", "Gemeinschaft" fühlte er seine eigenen Wertvorstellungen und Ziele angesprochen. Aber auch Hitlers Angriffe auf den Vertrag von Versailles und den "Novemberstaat", in dem, wie es Kolbow später formulierte, "die heimgekehrten Feldgrauen einzeln, vereinsamt und hilflos" einer "organisierten Minderwertigkeit" gegenüberstanden, fanden seinen Beifall.[98] Aus der negativen Kritik Hitlers am bestehenden Staat hatte Kolbow die Hoffnung abgeleitet, mit dem Nationalsozialismus eine von den Idealen der Jugend geprägte Zukunft gestalten zu können. So vermischten sich bei Kolbows Parteieintritt idealistisch-schwärmerische Motive mit diffusen politischen Erwartungen.

Von Mai bis Juli 1921 kämpfte er im Freikorps "Oberland" am Annaberg[99] in Oberschlesien und wechselte darauf mit dem Studienort zugleich das Studienfach. Er immatrikulierte sich an der Sächsischen Bergakademie Freiberg, um Diplom-Bergbauingenieur zu werden. In Sachsen der erste Nationalsozialist,[100] begann er aktiv für die NSDAP zu arbeiten. Hier traf er im April 1921 Hitler, der ihm Instruktionen für die Parteiarbeit gab, beteiligte sich an den Gründungen der Orts-

---

94 Schulte, Blätter der Erinnerung, S. 2

95 VA, W-L, NK - 6, S. 241 Kolbow in einem Brief vom 29.3.1935

96 Schulte, a.a.O., S. 16

97 Schulte, a.a.O., S. 2, 16

98 Vgl. Kolbows Rede "Jugend und Staat", WHB, Archiv Vorträge Landeshauptmann Kolbow I. Herr Prof. Schulte erwähnte in dem Gespräch mit dem Vf. vom 25.6.1971, Kolbow sei ein konsequenter Gegner des parlamentarischen Systems von Weimar gewesen. So habe er insbesondere das Wahlrecht kritisiert, das die Stimme des "Professors" der eines "Straßenkehrers" gleichstelle. Ebenso habe Kolbow kritisiert, daß die Abgeordneten bei ihren Entscheidungen in keiner Weise an die Wähler gebunden gewesen seien.

99 VA, W-L, Personalakte Kolbow

100 Führerlexikon, S. 250

gruppen Zwickau und Jena, leitete selbst die von ihm gegründete Ortsgruppe Freiberg und wurde im November 1922 Mitglied der SA[101]. Wegen seiner rednerischen und propagandistischen Tätigkeit für die Partei verurteilte ihn ein Gericht am 23.6.1924 zu drei Monaten Gefängnis.[102]

Nach einem mit "gut" bestandenen Examen arbeitete Kolbow zunächst als Betriebsassistent in einer Blei- und Silbererzgrube in der Oberpfalz und als Abteilungsleiter einer Chemnitzer Akkumulatorenfabrik. 1926 heiratete er. Während dieser knappen zwei Jahre scheint er sich, vermutlich bedingt durch den häufigen Ortswechsel, von der aktiven Parteiarbeit vorübergehend zurückgezogen zu haben. Zur gleichen Zeit veröffentlichte er Beiträge in Fachzeitschriften über Probleme der Eisenerzverhüttung sowie zur "Rohstoffversorgung der Deutschen Wirtschaft unter besonderer Beachtung der einheimischen Eisen- und Metallerzlagerstätten."[103] Im November 1927 übernahm er die Stelle des Betriebsingenieurs auf der Eisensteingrube "Pfannenberger Einigkeit" bei Neuenkirchen, Kreis Siegen, in der er bis zu seiner Berufung ins Landeshaus blieb. Jetzt engagierte er sich auch wieder stärker in der Partei und für sie in der Öffentlichkeit. Er übernahm am 1. Januar 1929 als Kreisleiter den Kreis "Freier Grund" im Siegerland, besuchte im gleichen Jahr den Reichsparteitag und warb als Gauredner in vielen Wahlversammlungen für die NSDAP.[104] Als Hitler zum Reichskanzler ernannt wurde, bekleidete Kolbow den Rang eines SA-Obersturmbannführers und war Kreisleiter im Landkreis Siegen.[105]

Überblickt man den Weg Kolbows in der NSDAP bis zum 30. Januar 1933, so sprechen alle Anzeichen dafür, daß seine Ernennung zum Landeshauptmann auf seine Stellung in der Partei und auf seinen Einsatz für sie zurückzuführen ist. Kolbow gehörte zu den Parteigenossen "der ersten Stunde" und hatte sich für die Partei unermüdlich eingesetzt. Er hatte in Sachsen für sie Pionierarbeit geleistet, hatte Ortsgruppen mitbegründet und selbst aufgebaut, war für sein Engagement zur Gefängnisstrafe verurteilt worden und in zahlreichen Partei- und Wahlveranstaltungen als Redner aufgetreten. Er war zu einer Zeit Parteigenosse geworden, als individuelle aktivistische und idealistische Motive bei vielen im Vordergrund standen

---

101 BDC-Akte Kolbow

102 VA, W-L, Personalakte Kolbow

103 Führerlexikon, S. 251. 1927 begann Kolbow an einer Dissertation zu arbeiten, deren Thema jedoch nicht ermittelt werden konnte. Es dürfte sich um eine seinen Aufsätzen verwandte Untersuchung gehandelt haben. VA, W-L, Personalakte Kolbow

104 Führerlexikon, S. 250 Zur Aktivität Kolbows im Siegener Raum vgl. den Brief eines "Alten Kämpfers" an Kolbow vom 5.3.1934 in: VA, W-L, NK - 4, S. 234, Die im Staatsarchiv in Münster liegenden Berichte der politischen Polizei beim Regierungspräsidenten in Arnsberg und beim Landratsamt Siegen enthalten keine Angaben über die NSDAP im Siegener Gebiet, aus denen eventuell Näheres über Kolbows nationalsozialistische Tätigkeit vor 1933 zu entnehmen gewesen wäre. Ebenso war eine diesbezügliche Anfrage im Stadtarchiv Siegen erfolglos. Antwort des Stadtarchivs vom 9.5.1973 an den Vf.

105 Führerlexikon, S. 250. Er übte diese Funktion vom 18.9.1932 bis zum 5.2.1933 aus.

und Opportunitätserwägungen für den Parteieintritt noch keine Rolle spielten. Insofern trafen Merkmale des "Alten Kämpfers" auf ihn zu.[106] Zusätzlich fielen sein abgeschlossenes Hochschulstudium sowie seine überdurchschnittliche berufliche Qualifikation ins Gewicht.[107] Man kann ihn also nicht dem Typus des skrupellos agitierenden, draufgängerischen Straßenkämpfers zuordnen, der unter den "Alten Kämpfern" vorherrschte. Bei einzelnen Situationen hatte Kolbow erkennen lassen, daß er sich nicht in jedem Fall unkritisch mit der Partei identifizierte und selbstdienerisch auf eine Parteikarriere aus war. So lehnte er es beispielsweise ab, als leitender Betriebsingenieur bei der Betriebsdirektion gegen die Entlassung von SA-Männern zu intervenieren, "denn es waren viele Bummelanten und wenig brauchbare Arbeiter darunter"[108]. Seine Kritik an der "gänzlich untragbaren" Lebensführung eines hohen Parteifunktionärs kostete ihn 1932 den ihm zugedachten fünften Platz auf der Reichstagswahlliste Westfalen-Süd seiner Partei.[109] Gleichwohl hatte die Partei keinen Anlaß, an seiner Linientreue und Loyalität zu zweifeln und konnte mit berechtigten Gründen davon ausgehen, daß Kolbow auch als Landeshauptmann ein treuer und zuverlässiger Gewährsmann der Partei sein würde.

Mit Kolbow war in mehrfacher Hinsicht ein "Außenseiter" an die Spitze der Provinzialverwaltung gestellt worden. Er war bei seiner Amtseinführung mit 33 Jahren nicht nur der bisher jüngste Landeshauptmann der Provinz Westfalen, sondern auch der erste "Nichtjurist" in diesem Amt. Alle seine Vorgänger hatten mit der 1. und 2. juristischen Staatsprüfung den "normalen" Weg des Karrierebeamten absolviert und konnten durchweg auf eine langjährige Praxis in leitenden Stellen der Kommunal- und Staatsverwaltung verweisen. Und überdies: er war kein Westfale.[110] Unter diesen Voraussetzungen konnte der Einstieg für Kolbow in sein neues Amt nicht einfach sein, zumal er nach der unwürdigen Entlassung Dieckmanns nicht mit einem Vertrauensvorschuß von seiten der Provinzialbeamtenschaft rechnen durfte.

4. Beamtenabbau und "Nazifizierung"

Die Personalpolitik der westfälischen Provinzialverwaltung war bis zur Einsetzung Kolbows als Landeshauptmann in überraschend geringem Maße in den "Sog der Machtergreifungsphase" geraten, von dem William S. Allen in seiner Untersuchung

---

106 Grundsätzlich dazu Broszat, Der Staat Hitlers, S. 53 ff. Außerdem zur sozialen Physiognomie der frühen NSDAP, Kater, Zur Soziographie der frühen NSDAP, S. 132 ff.

107 Nach dem Eindruck von Dr. Baumeister, 1933 Assessor im Landeshaus, hatte der Ingenieurberuf Kolbows bei seiner Ernennung mitgespielt, da zur Provinzialverwaltung bedeutende technische Abteilungen gehörten; daneben sei er noch von dem ihm gut bekannten Gauleiter Josef Wagner protegiert worden. Gespräch mit dem Vf. vom 26.10.1971

108 Zit. nach Schulte, Blätter der Erinnerung, S. 16   109 Schulte, a.a.O., S. 17

110 Vgl. das Schreiben von Landeshauptmann Salzmann vom 20.5.1952 auf eine Anfrage des nordrhein-westfälischen Innenministeriums, VA, W-L, C 10/11 - 252. Das Durchschnittsalter der Landeshauptleute vor Kolbow betrug bei ihrer Wahl 46 1/2 Jahre. Ebenda. Vgl. auch den kurzen Abriß bei Baumeister, Die Landeshauptmänner der Provinz Westfalen, S. 47 ff.

über "Die nationalsozialistische Machtergreifung in einer Kleinstadt 1930-1935" mit Blick auf die lokale Ebene gesprochen hat.[111] Erst die Ablösung Dieckmanns durch Kolbow markierte den entscheidenden personalpolitischen Wendepunkt und leitete zugleich den Übergang in eine neue Phase ein. Er war charakterisiert durch die Eliminierung von Beamten, Angestellten und Arbeitern aus der Verwaltung und ihren Instituten, durch Einschleusung von Nationalsozialisten in politisch exponierte Positionen, durch die Einflußnahme von Parteistellen auf die Verwaltung und insbesondere auf ihre Personalpolitik. Dieser Prozeß verlief jedoch nicht linear und stufenmäßig, sondern vollzog sich gleichzeitig auf mehreren Ebenen.

Das "Gesetz zur Wiederherstellung des Berufsbeamtentums" (BBG) vom 7. April 1933,[112] in bezeichnender Verkennung von dem Regierungspräsidenten in Münster auch als beamtenpolitische "magna charta" umschrieben,[113] bot Anlaß wie Handhabe zur Säuberung des Beamtenapparates und zur gleichzeitigen Unterbringung von bewährten Parteigenossen. Der Grundgedanke des Gesetzes, ungezügelte und unkontrollierte Eingriffe in die Personalkörper der Verwaltung durch einen gesetzlichen Rahmen abzublocken, bedeutete indes nicht Rechtsstaatlichkeit sondern Ausnahmerecht.[114]

Während die Durchführung des BBG in den preußischen Gemeinden und Gemeindeverbänden nur schleppend in Gang kam,[115] versuchten Parteistellen unter Berufung auf das BBG sich in seine Ausführung einzuschalten. Ein Beispiel hierfür war der Kreisleiter von Siegen-Stadt, Carl Gester. Er teilte dem Dienststellenleiter des Landesbauamtes Siegen, einer Außenstelle des Straßenbauamtes der Provinzialverwaltung, am 26. Mai 1933 mit, er habe den Verwaltungssekretär Wilhelm Homrighausen zum Obmann und Fachberater der Beamten und Beamtenanwärter innerhalb der Fachschaft "Allgemeine Länderverwaltungen für den Bereich des Kreises Siegen-Stadt" ernannt. Auf diese Weise sei sichergestellt, daß "alle die Beamten und Beamtenanwärter betreffenden Fragen ... in Zukunft seitens der Behörde nur noch im Einvernehmen mit dem zuständigen Kreisleiter der NS-Beamtenabteilung, in diesem Fall also mit mir, und den zuständigen Fachberatern gelöst werden." Hierin seien natürlich Einstellungen und Beförderungen eingeschlossen, "soweit solche von Ihnen direkt oder indirekt vorgenommen werden".[116] In

---

111 Allen, "Das haben wir nicht gewollt!"

112 RGBl. I. S. 175

113 GStA, Rep. 77 /Nr. 10 Bericht des Regierungspräsidenten von Münster an Staatssekretär Grauert vom 3.5.1933

114 Vgl. Bracher-Sauer-Schulz, S. 496 ff. u. bes. Mommsen, Beamtentum, S. 39 - 61, daneben noch Peterson, The Limits of Hitler's Power, S. 88 ff., Broszat, Der Staat Hitlers, S. 305 ff.

115 Das PrMdI wies die Ober- und Regierungspräsidenten am 14.5.1933 an, mit den weiteren Vorbereitungen zu warten, bis die preußischen Ausführungsbestimmungen ergangen seien. VA, W-L, C 10/11 - 833

116 VA, W-L, a.a.O.,

seiner Antwort[117] machte Kolbow seine Zuständigkeit und Verantwortlichkeit als Dienstvorgesetzter für die Durchführung des BBG deutlich und verbat sich gleichzeitig "alle selbständigen Eingriffe in die meiner Führung anvertrauten Behörde" von seiten der Kreisleitung. Die Reaktion Kolbows drückte seinen Willen aus, sich seine Kompetenzen nicht durch außerbehördliche Ansprüche einengen oder gar wegnehmen zu lassen.

Unterdessen waren die preußischen Durchführungsbestimmungen erlassen,[118] die dazu aufforderten, "nunmehr unverzüglich" die Ausführung des BBG "auch für Beamte der Gemeinden und Gemeindeverbände einzuleiten". Daraufhin verfügte Kolbow am 6. Juni[119], sofort eine Aufstellung aller Beamten des höheren, gehobenen, mittleren, einfachen mittleren und unteren Dienstes in zweifacher Ausfertigung anzulegen. Auf diese Weise kontrollierte Kolbow den Eingang der an die Beamten ausgegebenen Fragebogen. Für die höheren Beamten setzte er eine eigene Sitzung für den 16. Juni an, auf der die Durchführung des BBG und die Beantwortung der Fragebogen erörtert werden sollten.[120] Da der Personalstand der Provinzialverwaltung Anfang 1933 insgesamt 1678 Beamte[121] umfaßte, bedeutete die Bearbeitung der Fragebogen einen immensen Arbeitsaufwand. Sie wurden mit einer zweiwöchigen Rückgabefrist ausgeteilt. Mit ihrer Beantwortung war Kolbow jedoch vielfach nicht zufrieden. Bei ihrer Durchsicht kritisierte er die Unvollständigkeiten der Angaben und forderte nachdrücklich von den Angestellten und Arbeitern, ihre Fragen sorgfältiger auszufüllen.[122] Es ist nur schwer abzusehen, inwieweit die von Kolbow beanstandete ungenügende Beantwortung eine Form des passiven Widerstandes darstellte oder ob sie mehr auf Unklarheit über die Auslegung der Fragen beruhte. Offenbar wurde das Mindeste gemacht von dem, was man forderte. Immerhin zeigte sich Unsicherheit. Als die Verwaltung beim Oberpräsidium klären lassen wollte,[123] ob unter Ziffer 5a der Fragebogen nur einge-

---

117 Ebenda, Schreiben vom 20.6.1933. Die z.T. versuchten Anläufe seitens der SA, Kontrollfunktionen in der Provinzialverwaltung auszuüben, waren ohne jeden Erfolg. Allgemein erfolgreicher operierten die SA-Kommissare dagegen in der bayerischen Staatsverwaltung. Vgl. Klenner, Verhältnis von Partei und Staat 1933 - 1945, S. 7 f., 95 ff.

118 Rd. Erl. vom 27.5.1933 (MBliV. S. 635)

119 VA, W-L, a.a.O., Kolbow richtete am 9.6.1933 ein "Büro des Staatskommissars" ein, das wahrscheinlich früher speziell Fragen zu erledigen hatte, die mit dem BBG zusammenhingen. Es wurde am 30.11.1933 wieder aufgelöst. Vgl. VA, W-L, Personalakte Beheng, Verfügung Kolbows vom 30.11.1933

120 Dies mag mit darin begründet sein, daß Abschnitt II Ziffer 2 (2) des Rd. Erl. vom 27.5.1933 vorschrieb, Landesräte hätten "in jedem Falle sämtliche Fragen des Fragebogens auszufüllen." Die auf der Umlaufliste stehenden und bereits am 10.4. bzw. 12.5.1933 von Amts wegen beurlaubten Landesräte Schmidt und Haverkamp hatte Kolbow eigenhändig durchgestrichen und vermerkt, für sie sei eine separate Besprechung vorgesehen. VA, W-L, a.a.O.

121 VA, W-L, C 10/11 - 352. Darin sind nicht enthalten das Personal der Landwirtschaftlichen Berufsgenossenschaft, des Gemeindeunfallversicherungsverbandes und der Ruhegehaltskassen.

122 VA, W-L, C 10/11 - 833 Verfügung vom 26.6.1933

123 VA, W-L, a.a.O., Briefentwurf vom 12.6.1933

schriebene Parteimitglieder fallen oder auch Sympatisanten, entschied Kolbow, nur Parteimitglieder seien gemeint und deshalb brauche nicht eigens im Oberpräsidium nachgefragt zu werden. Dieser Vorgang läßt nicht nur auf eine Unsicherheit in der Beamtenschaft schließen; er verweist auch auf die technische Durchführung des BBG in der Verwaltung. Sie erschien einzelnen Parteistellen als viel zu schleppend und zu nachsichtig, da sie unumgängliche personalpolitische Konsequenzen noch immer vermißten.[124] Kolbow, zu diesem Zeitpunkt noch immer der einzige Nationalsozialist in leitender Stellung im Landeshaus, war notwendigerweise darauf angewiesen, in Sachen BBG eng mit der in der Spitze noch nicht veränderten Personalabteilung zusammenzuarbeiten.

Deren Leiter, Landesrat Fröhleke, bot indessen Kolbow nicht die ausreichende Gewähr für eine strikte und konsequente Überprüfung des Personalkörpers. Deshalb bemühte er sich um einen neuen Personaldezernenten, den er in dem Konsistorialrat und Parteigenossen Gerhard Bommel fand. Aber Kolbow scheute wohl davor zurück, die Entscheidung alleine zu treffen und unterrichtete Lüninck.[125] Dieser erhob zwar keine Einwände gegen Bommel, erklärte sich jedoch nicht für dessen Berufung zuständig. Sie sei Angelegenheit Kolbows. Er nahm aber die Gelegenheit wahr, ihn zu mahnen, bei Neueinstellungen grundsätzlich die konfessionelle Parität zu beachten.[126] Bommel, obwohl erst am 15. Juli 1933 ohne Zuweisung eines Dezernates als kommissarischer Landesrat eingestellt, war gleichwohl für die Provinzialverwaltung kein Unbekannter. Seit dem 1. Juni führte er im Auftrage Kolbows nebenamtlich die Arbeiten des früheren Untersuchungsausschusses fort[127] und hatte damit eine kommissarähnliche Stellung innegehabt.[128] Bommel, der bei seiner Ernennung zum kommissarischen Landesrat 31 Jahre alt

---

124 Am 1.7.1933 forderte die Kreisleitung Münster, Landesrat Rediger müsse als "Parteibuchbeamter" und Gewerkschaftssekretär des Zentrums unbedingt "abgebaut" werden. VA, W-L, NK - 8a, S. 4 f.

125 VA, W-L, NK - 1, S. 17 f. Vermerk Kolbows vom 6.7.1933

126 VA, W-L, Ebenda. Kolbow sagte dies zu, führte aber rechtfertigend hinzu, das bisherige Übergewicht erkläre sich aus dem Mangel an katholischen Nationalsozialisten.

127 Am 27.5.1933 teilte Kolbow Gauleiter Meyer mit, er sei durch die Dienstgeschäfte derart in Anspruch genommen, daß er, das Einverständnis Lünincks und das der Gauleitungen vorausgesetzt, Bommel ehrenamtlich die Untersuchungsausschußarbeiten übertragen wolle. VA, W-L, NK - 17, S. 210. Der Ausschuß war am 1.6.1933 auf Grund eines Erlasses des PrMdI aufgelöst worden, der bestimmte, daß Untersuchungen gegen Beamte und Dienststellen durch den Behördenleiter erfolgen sollten. VA, W-L, C 10/11 - 123 Niederschrift des PA vom 1.6.1933

128 Bommel, geb. 1902 in Zeitz/Sachsen, 1920 Freikorpskämpfer in Mitteldeutschland gegen kommunistische Unruhen, studierte nach seinem Abitur 1921 Jura und Volkswirtschaft. Ablegung der 1. und 2. juristischen Staatsprüfung. Ab 1927 als Assessor bei der Staatsanwaltschaft in Magdeburg und im Evangelischen Konsistoriumsdienst tätig. 1932 Konsitstorialrat in Münster. Am 1.4.1932 Eintritt in die NSDAP und Mitglied der SS, Stadtverordneter und Fraktionsführer der NSDAP Fraktion in Münster. VA, W-L, C 10/11 - 1199 Nachweis über die Besetzung der Stellen der leitenden Beamten, Stand vom 10.10.1933. Deutsche Gemeinde-Zeitung und Provinzial-Zeitung, 72. Jg. (1933), S. 295, BDC-Akte Bommel

war, wurde in dieser Zeit für Kolbow zum engsten und wichtigsten personalpolitischen Mitarbeiter und Berater.[129]

Nachdem die Fragebogenaktion für das Gros der Beamtenschaft mit Ausnahme einzelner Nachprüfungen Anfang Juli abgeschlossen werden konnte[130] - die Gruppe der Landesräte wurden ohnehin gesondert behandelt -, mußten sich die Arbeiter und Angestellten der Befragungsprozedur unterziehen. Allerdings ging Kolbow jetzt, veranlaßt durch die Erfahrungen mit den Beamten, gründlicher und systematischer vor. Den Fragebogen ließ er ein dreieinhalbseitiges Anschreiben beifügen,[131] das die einzelnen Fragen präzis erläuterte. Darüberhinaus verlangte er in einer von Bommel entworfenen Verfügung,[132] daß die Abteilungs- und Anstaltsleiter ihre Arbeiter und Angestellten zusammenzurufen hätten, um die Fragen "bis ins einzelne gehend zu erörtern." Bei den Beamten habe sich gezeigt, daß "nicht in allen Fällen mit der genügenden Sorgfalt vorgegangen worden" sei. Insbesondere betonte Kolbow die Fragen nach der Zugehörigkeit zu einer politischen Partei oder Vereinigung (§ 4 BBG) zu beachten. In strittigen Fällen, die häufig sein dürften, sei "die Parteizugehörigkeit eher zu bejahen als zu verneinen." Mit dieser Auslegung hatte Kolbow eine schärfere Gangart eingeschlagen als sie beispielsweise das Reichsministerium des Innern und das Preußische Finanzministerium für die Beamten schließlich verlangten.[133] Die extensiven Richtlinien führten indessen dazu, daß die Abteilungen sie mit einer gewissen Verständnislosigkeit aufnahmen, was aus der Anfrage der Leitung der Vincke'schen Provinzial-Blindenanstalt, Paderborn, hervorgeht.[134] Diese hielt es nicht für erforderlich, auch die fünf Dienstmädchen, die in der Regel nach zwei bis drei Jahren wechselten, in die Untersuchung miteinzubeziehen, mußte sich jedoch von Bommel eines Besseren belehren lassen.[135]

---

129 Bommel bekam im Wege einer kurzfristigen Änderung des Geschäftsverteilungsplanes aus dem Dezernat von Landesrat Fröhleke folgende Zuständigkeiten: 1) Personalangelegenheiten im allgemeinen und im besonderen der Beamten und Angestellten der Hauptverwaltung einschließlich Museen, Landesbank, Lebensversicherungsanstalt, Provinzial-Feuersozietät; 2) Angelegenheiten des Geschäftsbetriebes und der Büroeinrichtungen; 3) Kodezernent in allen Personalangelegenheiten der Anstalten, soweit diese von anderen Abteilungsleitern bearbeitet wurden. VA, W-L, C 10/11 - 293 Verfügung Kolbows vom 11.7.1933

130 Kolbow hatte am 8.7.1933 die Unterlagen an das Oberpräsidium mit dem Vermerk geschickt, es seien zu den §§ 2 - 4 keine Bemerkungen zu machen. VA, W-L, C 10/11 - 833

131 VA, W-L, a.a.O., Das Anschreiben datiert vom 22.7.1933

132 Ebenda

133 Vgl. 3. DVO vom 6.5.1933 (RGBl I. S. 245) und Rd. Erl. des PrFM vom 10.7.1933 (MBliV S. 809) Absch. II. Abs. 8 wo es hieß, § 4 BBG gelte in erster Linie für die leitenden Beamten, im übrigen aber solle "großmütig verfahren werden". Zu den Motiven der Ministerien Mommsen, Beamtentum, S. 49, Bracher-Sauer-Schulz, S. 500

134 VA, W-L, C 10/11 - 833 Anfrage vom 3.8.1933

135 Ebenda, Antwort Bommels vom 9.8.1933

In die Nachforschungen nach der politischen Vergangenheit beziehungsweise der zu erwartenden Zuverlässigkeit schalteten sich aus naheliegenden Gründen häufig Parteistellen ein oder die Verwaltung ging sie um Stellungnahmen an. Es liegt auf der Hand, daß eine solch gutachterliche Rolle der Partei das Denunziantentum begünstigte.[136] Die Folge war, daß politisch unsichere Beurteilungen durch Diffamierungen angereichert wurden, um beweiskräftiger zu erscheinen.[137] Ebenso waren unterstellende und vermutende Formulierungen wie: "Grothe soll bis zu unserer Machtübernahme ein krasser Gegner gewesen sein", für Eingaben der Partei charakteristisch.[138] Die Verwaltung begnügte sich allerdings nicht mit solch vagen, verdächtigenden Angaben und ließ sie im Einzelfall "an Ort und Stelle" von Beamten nachprüfen oder unberücksichtigt.[139] Welch bürokratischen Aufwand bisweilen zweifelhafte "Gutachten" auslösten, zeigt sich etwa daran, daß strittige Fälle dem Oberpräsidenten wie der zuständigen Kreis- und Gauleitung vorgelegt wurden, um schließlich, trotz "erhebliche(r) Bedenken" ohne weitere Veranlassung zu den Akten genommen zu werden.[140] Die Übung der Verwaltung, unsicheren Fällen sorgfältig nachzugehen, im Bedarfsfalle aber den "kann"-Passus des § 4 BBG großzügig zu handhaben, deutet darauf hin, daß der zu Beginn der Aktion von Kolbow angeschlagene scharfe Ton in der Praxis abgemildert wurde. Selbst Beamten, die nach langwierigen Recherchen als SPD-Mitglieder "identifiziert" werden konnten, wurde die "nationale Zuverlässigkeit" bescheinigt, wobei die Überlegung mitgespielt haben dürfte, ihnen eine "Bewährungsfrist" einzuräumen.[141]

Einer strengeren Durchleuchtung sahen sich die höheren Beamten und Landesräte ausgesetzt. Dies geschah nicht nur in konsequenter Anwendung der Gesetzesparagraphen. Vor allem wollte die NSDAP in dieser Gruppe das vermeintliche "Parteibuchbeamtentum" der Provinzialverwaltung beispielhaft treffen. Dessen Abbau sollte als Erfolgsmaßstab für die nationalsozialistische Eroberung der Provinzialverwaltung erscheinen. Da außer den beiden der SPD angehörenden Landesräten Haverkamp und Schmidt neben Landeshauptmann Dieckmann noch kein höherer Beamte vom Dienst suspendiert worden war, verriet die Amtsenthebung des Landesrates bei der Landesversicherungsanstalt, die damals noch eine Anstalt

---

136 Zahlreiche Beispiele dafür in: VA, W-L, C 10/11 - 900

137 Vorgänge dazu in: VA, W-L, C 10/11 - 914. Als Beispiel vgl. das "Gutachten" der NSDAP-Ortsgruppe Gütersloh vom 18.7.1933

138 In diesem Fall der Kreisleiter von Soest am 21.7.1933 an die Verwaltung, Ebenda

139 Vgl. die Anweisung Bommels vom 29.7.1933 sowie seine Antwort vom 31.7.1933 an die Soester Kreisleitung, Ebenda

140 Vgl. den Vorgang in VA, W-L, C 10/11 - 833. Das Schreiben Bommels an die verschiedenen Kreisleitungen vom 31.7.1933, Kolbows Anfrage im Oberpräsidium vom 11.8.1933 sowie Lünincks Entscheidung nach Rücksprache mit der Gauleitung vom 18.8.1933

141 Vgl. die Aufstellung über 39 Beamte und Angestellte vom 2.8.1933 und die Unbedenklichkeitserklärung Kolbows. Ebenda. Von ihnen wurden vier aufgefordert, sich von der SPD zu distanzieren und alle Verbindungen zu ihr abzubrechen. So in Anwendung des Rd. Erl. des PrMdI vom 24.7.1933 (MBliV S. 887)

des Provinzialverbandes war, Rediger, am 17. August, des Betriebsdirektors Pohler von der Provinzial-Feuersozietät am 22. August, des Landesbankdirektors, Ruegenberg, am 25. August und des Generaldirektors der Feuersozietät, Wessels, am 28. August einen verschärften Kurs und ließ auf weitere Eingriffe schließen.[142] Der zwar zu erwartende, nach der bisherigen verhaltenen Taktik Kolbows dennoch plötzlich und überraschend kommende Hinauswurf von leitenden Beamten wird erklärbar, wenn man seine Äußerung vom 11. August zu Stürtz berücksichtigt. Jetzt, nach einem viertel Jahr, schrieb Kolbow, könne er die leitenden Beamten gut genug einschätzen um zu wissen, wer nicht mehr tragbar sei. Deshalb beginne nun "eine entsprechende Neuorganisation bezw. Vereinfachung des Personalbestandes der Provinz", wobei als erstes das gesamte Direktorium der Landesbank bis auf den Staatskommissar Schmidt abgebaut werde.[143] Ein zweiter Schub erfolgte im September, von dem ein Landes- und Provinzialbaurat, ein Landesverwaltungsrat, ein Anstaltsdirektor und der Pressereferent, alle auf Grund § 6 BBG, betroffen waren.

Soweit die Begründungen sich nicht allein auf die Angabe des jeweiligen Gesetzesparagraphen beschränkten, charakterisierte sie teils eine beschämende Niveaulosigkeit,[144] teils eine kaschierte Redlichkeit. Und wenn trotz eifriger Suche keine Verfehlungen oder politische Bedenken anzumelden waren, konnte immer noch die ominöse "mangelnde Führereigenschaft" vorgehalten werden.

Besondere Beachtung verdient in diesem Zusammenhang die zwangsweise Versetzung in den Ruhestand des Leiters der westfälischen Landwirtschaftlichen Berufsgenossenschaft, Landesrat Dr. Stahl. Stahl, am 1. August 1908 das erste Mal zum Landesrat gewählt und in der Folgezeit zweimal bestätigt, hatte sich auf seinem Fachgebiet durch grundlegende Veröffentlichungen einen Namen gemacht und galt als Autorität auf dem Gebiete des berufsgenossenschaftlichen Versicherungswesens. Schon bald nach der Machtübernahme durch die NSDAP mußte er sich außerplanmäßigen Beförderungswünschen altgedienter Parteigenossen widersetzen.[145] Als sich einer von ihnen bei Kolbow beschwerte, antwortete ihm dieser: "Ich muß gestehen, daß ich einfach entsetzt bin über den bürokratischen Geist (bei

---

142 VA, W-L, C 10/11 - 833. Nachweis vom 21.8. und 28.8.1933; C 30 - 171 Niederschrift der Kuratoriumssitzung der Landesbank vom 25.8.1933. Wessels hatte sich am 9.3.1933 beim Oberpräsidium gegen eine "Hakenkreuz"-Beflaggung seines Amtsgebäudes gewandt, da "die Feuersozietät niemals in die Lage kommen darf, sich irgendwie partei-politisch zu betätigen." VA, W-L, C 10/11 - 236

143 VA, W-L, NK - 17, S. 120

144 In der Begründung für den nach § 2 BBG als sogenannter "Parteibuchbeamter" entlassenen Landesrat Rediger, der als exponiertes Zentrumsmitglied und Gewerkschaftsfunktionär ohnehin nicht zu halten war, hieß es: Rediger besitze große Mängel in der Orthographie was allein schon seine Unfähigkeit für das Amt eines Abteilungsleiters beweise. VA, W-L, Personalakte Rediger. Den Hinweis hatte Kolbow von einem Parteigenossen bekommen, der als Angestellter der LVA vor 1933 bereits "Material" gegen Rediger gesammelt hatte und sich anbot, bei Bedarf auch noch bei anderen Personen behilflich zu sein. VA, W-L, NK - 8a, S. 4 Kreisleitung Münster an Kolbow vom 1.7.1933

145 VA, W-L, Personalakte Dr. Stahl, Beiakte Regierungspräsident, S. 171 b

Dr. Stahl, d. Vf.). Es wird für mich nicht leicht sein, sobald einen neuen Geist in die Arbeit der Berufsgenossenschaft hineinzubringen; doch werde ich selbstverständlich mit Sorge und den Willen, hier eine Besserung und Erhöhung der Leistung zu schaffen, meine volle Aufmerksamkeit den von Ihnen mir mitgeteilten Mißständen widmen."[146] Eine Woche später, am 21. August, erhielt Stahl den Ruhestandsbescheid. Zwar versicherte Kolbow, diese Maßnahme geschehe weder aus politischen Gründen noch habe sie etwas mit der fachlichen Eignung Stahls zu tun[147]. In einem Bericht Bommels an die Gauleitung Westfalen-Nord hieß es dagegen, Stahl werde nicht mehr den Anforderungen seines Amtes gerecht und lasse auch die nötigen "Führereigenschaften" vermissen.[148] Selbst die Fürsprache des Staatssekretärs im Reichsarbeitsministerium, Krohn, bei Kolbow vermochte nichts mehr auszurichten. Die Entscheidung ging auf eine Absprache zwischen Kolbow und Bommel zurück, was erneut die einflußreiche Rolle Bommels bei dem Revirement unterstreicht.[149]

Die Zusammenstellung der auf die höheren Beamten angewandten formalen Beurlaubungs-, Wartestandes- und Entlassungsgründe, soweit sie aus den Akten ermittelt werden konnten, ergibt, daß § 2 dreimal, § 4 zweimal, § 5 zweimal, § 6 zwölfmal herangezogen wurde. Es ist auffällig, wie häufig auf § 6 zurückgegriffen wurde, der zunächst nur die Zurruhesetzung zwecks "Vereinfachung der Verwaltung" ermöglichen sollte, später aber um die dehnbare Klausel der Zurruhesetzung "im Interesse des Dienstes" erweitert worden war. Damit war ein Ermessensspielraum geschaffen worden, der zu Entlassungsgründen führte wie: der Betriebsdirektor der Provinzial-Feuersozietät sei "im Interesse der Betriebsatmosphäre nicht mehr tragbar."[150] Als zweites bemerkenswertes Ergebnis erscheint die relativ geringe Anwendung des § 2. Hieraus ergibt sich, daß während der Weimarer Zeit in der Provinzialverwaltung das Prinzip des Berufsbeamtentums durch das Parteibuchbeamtentum keineswegs bedroht worden ist, womit sich die gängige These von der Zerstörung des Berufsbeamtentums durch die republikanischen Regierungen als propagandistischer Luftballon entpuppte.[151]

Das Preußische Innenministerium, das sich die endgültige Einstufung der entlassenen höheren Beamten vorbehalten hatte, drängte bei der Provinzialverwaltung darauf, den § 2 bei den drei Landesräten in § 4 umzuwandeln, um sie in den Genuß der allerdings auf 75 % gekürzten Ruhestandsbezüge kommen zu lassen.[152]

---

146 Der Brief auszugsweise in Personalakte Dr. Stahl, a.a.O., S. 13 a

147 Ebenda, S. 170 e

148 VA, W-L, C 10/11 - 833 Bericht Bommels vom 28.8.1933 an Gauinspektor Hartmann

149 Vgl. die Erklärung von Landesrat Fröhleke vom 26.5.1953, Personalakte Dr. Stahl, S. 34

150 VA, W-L, C 10/11 - 833 Bericht Bommels vom 28.8.1933. Auf die Bedeutung der Erweiterung von § 6 insbesondere für Kommunalbeamte hat bereits Matzerath, Nationalsozialismus, S. 75 mit Anm. 77 hingewiesen

151 Vgl. Mommsen, Beamtentum, S. 57

152 Vgl. die Personalakten von Schmidt, Haverkamp, Rediger

Diese widersprach jedoch besonders im Fall von Landesrat Schmidt hartnäckig.[153] Sogar der Einwand von Staatssekretär Grauert, Schmidt könne nicht so ohne weiteres eine fachliche Eignung abgesprochen werden - er leitete bis zu seinem Eintritt in den Provinzialdienst das Arbeitsamt Lüdenscheid-, führte zu keinem Meinungsumschwung. Das Innenministerium bestätigte daraufhin zunächst den § 2, um ihn am 14. November 1934 stillschweigend in § 4 mit rückwirkender Kraft umzuwandeln.[154]

Am 7. September 1933 meldete Kolbow nach Berlin, daß bis auf zwei Fälle die Durchführung des BBG beendet sei.[155] Praktisch war damit für die Provinzialverwaltung eine Aktion abgeschlossen, die zur Säuberung wie zur "Wiederherstellung des Berufsbeamtentums" gestartet worden war. Da die Akten keine Aufstellungen über die tatsächlichen Anwendungsfälle des BBG in der mittleren und unteren Beamtenschaft sowie bei den Angestellten und Arbeitern enthalten, sind zahlenmäßige Aussagen nicht möglich, obwohl Einzelfälle eine Tendenz verraten. Dagegen konnte bei den höheren Beamten eine relativ hohe Entlassungsquote festgestellt werden, wobei die Gruppe der Landesräte mit fünf Entlassungen (27 % aller Landesräte) besonders herausfiel. Während in den mittleren und unteren Dienstgraden großzügiger verfahren wurde, erfolgten die Eingriffe bei den höheren Beamten rigoroser. In jedem Fall bedeutete der Zwang zur Offenlegung der politischen Gesinnung einen außergewöhnlichen psychologischen wie sozialen Druck, der angesichts der drohenden Entlassung terroristische Züge aufwies. Zur finanziellen Seite hin ergab sich eine enorme, teilweise bis an die Grenze der Leistungsfähigkeit gehende Belastung für die provinziellen Ruhegehaltskassen. Sie löste auf der Landesdirektorenkonferenz vom 9. Juni 1933 sogar eine Diskussion darüber aus, wie weit das BBG eine "gesetzliche Bestimmung" sei, um eine Aussetzung der "wohl erworbenen" Ruhegehaltsbezüge zu rechtfertigen.[156] Die monatelange Durchführung des BBG absorbierte in der Verwaltung nicht nur ein großes Maß an Arbeitszeit und -kraft, sie bedeutete auch für die neuen Führungskräfte der NSDAP in den Verwaltungen, insbesondere wenn sie wie Kolbow ohne administrative Erfahrungen und Routine waren, eine Überforderung. Die gereizte Antwort Kolbows auf zwei Fristmahnungen des Oberpräsidiums, in den vier Monaten seines "Hierseins" sei es ihm nicht möglich gewesen, sich "einen derartigen Überblick über den Verwaltungsbetrieb zu machen", um "die Notwendigkeit der einzelnen Beamtenstellen" einschätzen zu können, war hierfür symptomatisch.[157]

In unmittelbarem Zusammenhang mit dem Abbau von Beamten im Rahmen des BBG muß sowohl der Versuch gesehen werden, zuverlässige und um die "Bewe-

---

153 Schmidt, gelernter Maurer, gehörte seit 1903 der SPD an, saß für sie seit 1921 im Provinziallandtag und übernahm 1928 als Landesrat die Abteilung für Kriegsopfer-, Blinden- und Taubstummenfürsorge.

154 Personalakte Schmidt, Schreiben Grauerts vom 14.11.1934

155 VA, W-L, C 10/11 - 833

156 AVfK, A (P) 743 Niederschrift der LDK vom 9.6.1933 Zahlenunterlagen für die Provinzialverwaltung Westfalen, in: Haushaltsplan 1934, S. 6, 23

157 VA, W-L, C 10/11 - 833 Schreiben vom 21.8.1933

gung" verdiente Nationalsozialisten in freigewordene Stellen einzuschleusen wie auch der Masseneintritt von Beamten in die NSDAP vom 30. Januar bis zur Aufnahmesperre am 1. Mai 1933. Er nahm während dieser Monate solche Dimensionen an, daß die Beamtenschaft schließlich im Verhältnis zu den übrigen Hauptgruppen der Bevölkerung, Arbeitern, Angestellten, Selbständigen mit 160 % überrepräsentiert war.[158] Dabei gab es in einzelnen Behörden ein informelles Einvernehmen über den Erwerb der Parteimitgliedschaft, was zu kollektiven Eintritten führte. Diese Tendenz bestand, soweit die Angaben vorliegen, auch unter der höheren Beamtenschaft der westfälischen Provinzialverwaltung. Das Spektrum der politischen Motivation reichte von der Identifizierung mit der NSDAP bis zum "menschlichen" Entschluß aus Existenzsicherungserwägungen, die die charakteristische Sekuritätsmentalität der Beamten beschleunigt haben dürfte. Von den dreizehn leitenden Landesräten der Hauptverwaltung (ohne den im April beurlaubten Schmidt), traten bis zum 1. Mai 1933 sieben (53 %) in die Partei ein. Da bei den hier angegebenen dreizehn Landesräten noch Fröhleke und Dr. Stahl mitberücksichtigt sind, stieg der Prozentsatz nach ihrer Entlassung - ihre Stellen wurden nicht neu besetzt - auf 81 %.[159] Bei der Untergruppe der Landesoberverwaltungs und -verwaltungsräte aus der später mehrere zum Landesrat aufstiegen, deuten die ausgewerteten Unterlagen auf ein ähnliches Anteilsverhältnis.

Allerdings gingen nicht alle Anträge ohne zum Teil massiven Widerstand der zuständigen NSDAP-Ortsgruppen durch, zumal wenn es sich um Bewerber handelte, die einerseits nicht über das BBG entlassen worden waren, aber gleichwohl der Partei suspekt erschienen. Ein besonders instruktives Beispiel hierfür ist die Odyssee des Antrages von Landesrat Dr. Kühl. Da Kühl, was im Verlauf der Untersuchung noch deutlich werden wird, auf Grund seiner herausragenden fachlichen Fähigkeiten unter den Landesräten Westfalens wie unter denen der übrigen preußischen Provinzen eine exeptionelle Stellung einnahm, soll hier näher auf seine Person eingegangen werden.

Dr. Kühl, am 18. März in Breslau als Sohn eines Professors für neutestamentliche Theologie geboren, absolvierte das humanistische "Wilhelms-Gymnasium" in Göttingen mit "Auszeichnung", studierte in Königsberg und Berlin Jura und beabsichtigte zunächst die diplomatische Laufbahn einzuschlagen.[160] Er promovierte 1911 mit einer Arbeit aus dem Bürgerlichen Recht und durchlief als Regierungsreferendar die üblichen Stationen der preußischen inneren Verwaltung. Der Krieg verzögerte die Assessorprüfung bis 1918. Auf eigenen Wunsch wurde er dem Landkreis Altena zugeteilt, den der Landrat Thomée leitete. Diesen hatte Kühl nach dem Abitur kennengelernt.[161] 1919 trat er der DVP bei, der er bis 1932 angehörte.[162] Ende der zwanziger Jahre wollte der Landesdirektor von Brandenburg, von Winterfeldt-Menkin, Kühl als Ersten Landesrat nach Berlin holen, was aber am Provinziallandtag scheiterte.[163] 1928 wählte ihn dann der westfälische Provinzial-

---

158 Vgl. Schoenbaum, Die braune Revolution, S. 102 f., Broszat, Der Staat Hitlers, S. 252 ff.

159 Die Ergebnisse sind errechnet an Hand der Angaben in den Akten: VA, W-L, C 10/11 - 293 a; C 10/11 - 906; C 10/11 - 1100; Personalakten a.a.O., Akten des BDC.

160 N-Kühl (P) Lebensbericht Ernst Kühl, Dezember 1961

161 Ebenda   162 VA, W-L, Personalakte Dr. Kühl   163 N-Kühl (P)

landtag nach vorausgegangener Fühlungnahme mit Landeshauptmann Dieckmann zum Landesrat. Hier arbeitete Kühl eng mit dem Kulturdezernenten der Provinz, Landesrat Dr. Zuhorn, zusammen, dessen Abteilung er 1931 übernahm, und gab unter anderem den Anstoß zu dem vielbeachteten mehrbändigen Werk "Der Raum Westfalen."[164] Seine Arbeitsschwerpunkte waren jedoch Verfassungs- und Verwaltungsreformfragen,[165] für die er bald auch in den zuständigen Berliner Ministerien als ein intimer Kenner galt. So holte ihn der ehemalige Staatssekretär im Reichsfinanzministerium, Popitz, als Mitglied der "Studiengesellschaft für den Finanzausgleich", und im "Bund zur Erneuerung des Reiches" war Kühl für den provinziellen Aspekt einer Reichsreform zuständig. Wesentliche Abschnitte der 1933 erschienenen Denkschrift des Bundes "Die Reichsreform" gehen auf seine Ausarbeitung zurück.[166]

Nach dem politischen Umschwung lehnte Dr. Kühl es zunächst ab, in die Partei einzutreten. Erst als die Gauleitung Westfalen-Nord immer stärker auf seine Entlassung drängte, beantragte er am letzten Tag vor der Aufnahmesperre die NSDAP-Mitgliedschaft.[167] Sie wurde von der Ortsgruppenleitung abgelehnt, da Kühl nach ihrer Auffassung "im vergangenen System an hervorragender Stelle tätig gewesen" sei und den "schweren Formfehler" begangen habe, nicht bei ihr, sondern bei dem Lippischen Staatsminister Rieke um die Aufnahme nachzusuchen.[168] Kolbow, der rasch die Tüchtigkeit Kühls schätzen gelernt hatte, setzte sich nun in mehreren Eingaben bei der Gauleitung für ihn ein, verbürgte sich für seine staatsloyale Haltung und erklärte ihn für die Verwaltung einfach für unersetzbar. Kolbow fühlte sich darüberhinaus brüskiert, daß die Partei mit ihm vor der Ablehnung Kühls keine Rücksprache genommen hatte, und befürchtete einen schweren Verlust für die Verwaltung, da Kühl ohne Parteiaufnahme als Landesrat nicht zu halten war.[169] Als dieser dann am 4. März 1934 an Abschiedsfeierlichkeiten für Landeshauptmann Dieckmann auf dem Hauptbahnhof Münster teilnahm,[170] glaubte auch Kolbow, sich nicht mehr für die Aufnahme einsetzen zu dürfen. Nach seiner Auffassung hätte "kein wirklicher Nationalsozialist an einer derartigen Abschiedsfeier teilgenommen ..., da doch der frühere Landeshauptmann Dieckmann als eingefleischter Zentrumsmann zur Genüge in Münster bekannt ist." Kühl hätte, nachdem

---

164 Vgl. Aubin, Geschichtliche Kulturraumforschung in Westfalen, in: Baumeister-Naunin, Selbstverwaltung einer Landschaft, S. 11 ff., Zur übrigen kulturpolitischen Tätigkeit Kühls, Petri, Der Beitrag des Provinzinstituts für westfälische Landes- und Volkskunde zur westfälischen Landes- und Volksforschung, in: Baumeister-Naunin, a.a.O., S. 92 ff.

165 VA, W-L, C 10/11 - 293, Bd. 1 Geschäftsverteilungsplan vom 1.6.1930

166 N-Kühl (P) "opera-opuscula" Schriftenverzeichnis Dr. Kühl, S. 3, vgl. auch den Aufsatz Kühls, Grundsätzliche Gedanken zur Neugliederung des Reiches

167 N-Kühl (P) Stellungnahme zum Gutachten des Sichtungsausschusses der Provinzialverwaltung vom 18.8.1948

168 N-Kühl (P) Kolbow an Gaupersonalamtsleiter Beyer, Münster, am 21.9.1933

169 Ebenda

170 Die NZ, Nr. 85 vom 27.3.1934 hatte monierend darüber berichtet.

sein Antrag lief, "alle Brücken zur Vergangenheit hinter sich ... abbrechen müssen."[171] Dr. Kühl erwog nun, vermutlich unter dem Eindruck der sich abzeichnenden politischen Konflikte - bis 1936 lehnte die Partei seinen Antrag fünfmal ab und überwachte telefonisch seine Privatwohnung -[172], aus dem Provinzialdienst auszuscheiden und spielte mit dem Gedanken, sich um das Kuratoramt der Universität Münster zu bewerben. Aber das Vorhaben scheiterte an Gauleiter Dr. Meyer, der seinen Gaupersonalamtsleiter Curt Beyer auf diesen Posten durchboxte.[173]

Am 9. Juni 1936 akzeptierte schließlich die Ortsgruppe Münster-Mauritz den Antrag von Kühl mit rückwirkender Kraft vom 1. Mai 1933.[174]

Auch bei den vom Provinzialverband mitgetragenen Anstalten des öffentlichen Rechts wie Landesbank, Provinzial-Feuersozietät, Lebensversicherungsanstalt und Landesversicherungsanstalt, wo der Landeshauptmann im Kuratorium, Verwaltungsrat oder Vorstand jeweils den Vorsitz hatte, wurden die leitenden Ämter entweder durch zum Teil ältere Parteigenossen besetzt oder durch Versetzung verändert. Dabei waren die Umbesetzungen in der Landesversicherungsanstalt insofern bemerkenswert, als von ihren vier Landesräten Grevel (nach § 5 BBG von der Landesbank zur LVA), Fix, Salzmann, Kraß zum Stichtag 1. Mai 1933 keiner der NSDAP angehörte und auch später nicht in sie eintraten. Bei der Landesbank war bereits auf Initiative des Preußischen Ministeriums für Wirtschaft und Arbeit und in Absprache mit Landeshauptmann Dieckmann im März 1933 das Direktoriumsmitglied der Mitteldeutschen Landesbank Magdeburg, Otto Schmidt, zum Staatskommissar berufen worden.[175] Auf die Stelle des nach § 6 BBG entlassenen Direktors Ruegenberg rückte der bisherige Bankrat und promovierte Jurist, Dr. von Hülst nach.[176] Nachfolger des Generaldirektors der Provinzial-Feuersozietät Dr. Hein-

---

171 N-Kolbow (P) Ordner "Persönliches" 1934, Kolbow am 23.4. und 26.4.1934 an die Kreisleitung Münster

172 N-Kühl (P) Stellungnahme zum Gutachten des Sichtungsausschusses

173 N-Kühl (P) Ordner "Persönliches" handschriftlicher Vermerk Dr. Kühls (6 1/2 S.)

174 N-Kühl (P) Ordner "Persönliches"

175 VA, W-L, C 20 - 164 Ministerialdirektor Dr. Schlafejew PrMfWuA an Dieckmann am 15.3.1933 und der Vermerk von Landesrat Dr. Westermann über eine Besprechung zwischen Dieckmann, Schmidt und Westermann vom 24.3.1933. Auch Schmidt, der in Magdeburg dem republikanischen Klub angehörte, stand zunächst zur Disposition. Beamte der Verwaltung, die im Auftrage Kolbows in Schmidts politischer Vergangenheit nachforschten, äußerten Bedenken wegen seiner politischen Zuverlässigkeit. Erst als der nationalsozialistische Landeshauptmann Sachsens, Otto, auf Anfrage Kolbows die beruflichen Fähigkeiten Schmidts hervorhob und dieser selbst Kolbow seine nationale Zuverlässigkeit versicherte, stellte Kolbow die Untersuchungen ein, um "die fachmännische Kraft des Generaldirektors Schmidt der Provinz Westfalen zu erhalten." VA, W-L, NK - 1, S. 6 f., 18, Vermerke Kolbows vom 9.6., 10.6. und 6.7.1933

176 Dr. von Hülst, geb 1898, aktiver Offizier im 1. Weltkrieg, Banklehre, Studium der Rechtswissenschaft und Nationalökonomie; 1923 Promotion zum Dr. rer. pol.; am 13.10.1933 Wahl zum Landesbankdirektor mit Wirkung vom 1.9.1933 durch den Provinzialausschuß. VA, W-L, C 10/11 - 123 Niederschrift der PA Sitzung vom 13.10.1933; BDC-Akte Dr. von Hülst.

rich Wessels wurde ein "Alter Kämpfer", der Partei, Hanns Querfeld[177]. In den Direktorposten der Provinzial-Lebensversicherungsanstalt schließlich wurde Dr. Heinrich Hanholz eingesetzt.[178]

In der Hauptverwaltung wurden die freigewordenen Landesrats-Planstellen nicht aufgefüllt, sondern ihre Aufgaben durch Änderung des Geschäftsverteilungsplanes den übrigen Landesräten übertragen. Dabei hatte insbesondere das von Kolbow bewußt auf die Person und parteipolitische Reputation Bommels zugeschnittene Dezernat eine Schneeballwirkung.[179] Zusätzlich zu den bereits am 11. Juli 1933 verfügten Zuständigkeiten[180] bekam er in alleiniger Verantwortung die Verwaltung der Provinzialheilanstalten, die Landesfrauenkliniken und das Hebammenwesen aus dem Dezernat Fröhleke, wofür er bisher nur Kodezernent war, sowie das politisch wichtige Landesjugendamt einschließlich der Jugendpflege und dem Jugendherbergswesen aus dem Dezernat des Ersten Landesrates Schulze-Steinen.[181] Daneben wurde Bommel noch Mitberichterstatter für die Zuteilung von Wohnungen an Beamte und Angestellte. Dem bisherigen Personaldezernenten Fröhleke wurde bis zu seiner Entlassung am 3. März 1934 (§ 6 BBG) der Gemeindeunfallversicherungsverband übertragen.[182]

Die ausgesuchten Zuständigkeiten für Bommel müssen als eine Konzession gegenüber der Partei gewertet werden, die sich unter den Landesräten ohnehin unterrepräsentiert fühlte. So kam es auch, als die Frage der Stellvertreterrangfolge bei Abwesenheit des Landeshauptmanns zu regeln war, zu einer Auseinandersetzung zwischen Kolbow und Stürtz, die in mehrfacher Hinsicht aufschlußreich ist. Stürtz wollte, nicht zuletzt aus Prestigegründen, als ersten Stellvertreter Kolbows Bommel sehen,[183] was ganz gegen die bisherige Praxis verstieß, nach der diese

---

177 H. Querfeld, geb. 1903, Abitur, studierte Volkswirtschaft und Jura, 1931 als Assessor im Staatsdienst, aus dem er ausschied, da am 30.4.1931 Eintritt in die NSDAP, Rechtsanwaltspraxis in Münster; ab März 1933 Fraktionsführer der NSDAP-Stadtratsfraktion Münster und kommissarischer Leiter des Polizeidezernates, dann vorübergehend kommissarischer Landrat in Warendorf. Am 21.1.1933 vom Provinzialausschuß zum Generaldirektor gewählt. VA, W-L, C 10/11 - 123 Niederschrift der PA-Sitzung vom 21.11.1933. Zur Person Querfelds vgl. MA Nr. 535 vom 22.5.1933

178 Immerhin ist bemerkenswert, daß alle neuen Amtsinhaber die formaljuristischen Voraussetzungen erfüllten, was bei der üblichen nationalsozialistischen Ämterpatronage nicht die Regel war.

179 Vgl. den Brief Kolbows an Stürtz vom 7.2.1934 N-Kolbow (P) Ordner "Persönliches" 1934

180 Vgl. Anm. 129

181 Die Herauslösung des Landesjugendamtes wurde 1938 von dem Nachfolger Bommels, Dr. Fischer, wieder rückgängig gemacht, da sie "damals lediglich aus personellen Rücksichten in an sich unorganischer Weise" vorgenommen worden sei. VA, W-L, C 10/11 - 293 a Erläuterungen Dr. Fischers vom 30.1.1938 zum neuen Geschäftsverteilungsplan

182 VA, W-L, C 10/11 - 293, Bd. 1 Änderungen vom 30.11.1933

183 VA, W-L, C 10/11 - 900 Vermerk über eine Besprechung zwischen Stürtz und Landesverwaltungsdirektor Beheng

Stelle dem Ersten Landesrat, in diesem Fall Landesrat Schulze-Steinen, zustand. Kolbow dagegen setzte sich vordergründig aus Gründen der Pietät für Schulze-Steinen ein, der Ende 1935 das Pensionsalter erreichen würde. Entscheidender aber waren für ihn andere Überlegungen.[184] Zunächst versuchte er die Bedeutung der Reihenfolge herunterzuspielen. Er hob hervor, grundsätzlich alle wichtigen Entscheidungen in engem Austausch mit Bommel (außer finanziellen, wirtschaftlichen, kulturellen und fürsorgerischen Fragen) zu treffen und daß sie beide als die "einzigen Nationalsozialisten den ganzen Apparat fest in der Hand" hätten. So habe er bei Bommel den "politisch bedeutsamen Teil des Schulze-Steinen'schen Dezernates, das Landesjugendamt", bereits angegliedert. Aber dann betonte er, " die gesamten leitenden Beamten, unter denen sich kein alter Nationalsozialist befindet, welche gesellschaftlich alle mehr oder minder fest miteinander verbunden sind und in dieser Verbundenheit dem Pg. Bommel und mir gegenüber stehen", würden sich korporativ durch die Zurücksetzung Schulze-Steinens brüskiert fühlen, wodurch sich Bommel und er noch mehr isolierten. Darüberhinaus gefährde diese Maßnahme die "Vertrauensatmosphäre" zu allen Mitarbeitern, die augenblicklich "in gewisser Weise" vorhanden sei. Er, Kolbow, dürfe kein "Porzellan zerschlagen, ehe nicht die Zukunft gesichert" sei. Sicherlich könne "manche feine psychologische Behandlung" außerhalb Münsters in ihrer Bedeutung nicht erkannt werden, aber er könne ja schließlich "nichts dafür", eine Behörde bekommen zu haben, "in welcher an leitender Stelle keine Nationalsozialisten vorhanden sind."

Die Äußerungen Kolbows lassen darauf schließen, daß er spürte, auf eine geschlossene Gruppenbildung der höheren Beamtenschaft zu stoßen. Diese war nach wie vor, wenngleich sie zum überwiegenden Teil in die Partei eingetreten war, durch einen ausgesprochenen "Esprit de Corps" geprägt. Er wirkte integrierend und konnte zugleich, was zu diesem Zeitpunkt auch auf Kolbow und Bommel zutraf, formell gleichgestellte oder übergeordnete Personen, die man ablehnte, zu "outsidern" werden lassen.[185] Die Reaktion Kolbows gibt aber nicht nur einen Einblick in die informelle soziale Struktur des Beamtenkörpers. Sie erlaubt auch Rückschlüsse darauf, mit welchen Vorstellungen Kolbow seine Aufgabe angetreten hatte und der "Bürokratie" gegenüberstand.

Es hat den Anschein, daß sich Kolbow immer stärker in einen Zwiespalt hineingedrängt fühlte, je länger er sein Amt ausübte. Er verstand sich ganz als Repräsentant der Partei und wollte ihren Erwartungen gerecht werden, mußte aber feststellen, daß die gedankenlose Realisierung ihrer Wünsche die Leistungsfähigkeit der Behörde bedrohte. Er wollte, unter dem Eindruck der "Bewegungsphase", einen lebendigen und vitalistischen Aktivismus in die Provinzialverwaltung hineintragen, und kollidierte mit ihren eingefahrenen Strukturen und ihrer "Sachgesetzlichkeit". Vor allem aber spürte er die korporierende, assimilierende Kraft der Bürokratie, die ihm fremd war und der er sich entziehen wollte. Er sträube sich dagegen, so klagte

---

184 N-Kolbow (P) Ordner "Persönliches" 1934 Kolbow am 7.2.1934 an Stürtz

185 Die hier angedeutete Fragestellung nach dem Verhältnis von "Bürokratischer Struktur und Persönlichkeit" kann an dieser Stelle nicht vertieft werden, wenngleich sie in der Untersuchung am je konkreten Fall zu problematisieren ist. Vgl. dazu Michel Crozier, Der bürokratische Circulus vitiosus und das Problem des Wandels S. 281

er bei Gauleiter Wagner, ein quasi "neben der Bewegung arbeitender Verwaltungsbeamter" zu werden, nachdem er "12 Jahre vorher es nicht anders gewohnt gewesen" sei, "als alle Kräfte für die NSDAP einzusetzen."[186] In einem fast resignierenden Ton schrieb er an einen Parteigenossen aus der Siegener "Kampfzeit" im Mai 1935: "Wir kommen ganz langsam, aber stetig in unserer nationalsozialistischen Aufbauarbeit in der westfälischen Provinzialverwaltung vorwärts. So ganz einfach ist es für mich als Bergingenieur, der ich immer nur gewohnt gewesen bin mit Bergleuten zusammen zu arbeiten, nicht, mich an einen in geistiger Beziehung völlig anders eingestellten Mitarbeiterkreis, wie er in den Beamten und Angestellten einer Behörde gegeben ist, einzuleben ... Wenn es in der Arbeiterschaft möglich ist, als Führerpersönlichkeit beispielhaft zu wirken, und den dort vorhandenen Idealismus der Menschen zur besseren Auswirkung zu bringen, so bin ich langsam am verzweifeln, daß dies in einer Behörde auch möglich sein könnte."[187]

Kolbow kam mit festen nationalsozialistischen Grundsätzen in die Provinzialverwaltung und sein Bekenntnis anläßlich seiner offiziellen Amtseinführung durch Oberpräsident Lüninck am 21. November 1933: "Ich werde mein Amt übernehmen mit der einen festen Zielrichtung: ein Soldat Adolf Hitlers zu sein, der dem Willen des Führers überall Geltung verschaffen wird,"[188] war nicht eine devote Geste, sonden eine ernstgemeinte Willenserklärung. Daneben muß aber auch der sich schon bald nach der Kommissariatsübernahme bei Kolbow ausdrückende selbständige Entscheidungsanspruch beachtet werden, der zwangsläufig zu Konflikten mit den Parteistellen führen mußte. Nur wenn beide Komponenten berücksichtigt werden, erklärt sich die Entwicklung der Amtsführung Kolbows, die erst dadurch für die Provinzialverwaltung im Dritten Reich so bedeutsam wurde.

Weniger spektakulär als der in kurzer Zeit vorgenommene Austausch in den Führungspositionen nahm sich der langwierige Prozeß der Unterbringung von sogenannten "Alten Kämpfern" in untere und mittlere Stellen aus. Die dazu bis in das Jahr 1938 herausgegebenen "Führer"-Anordnungen und ministeriellen Erlasse zeigen, daß die Versorgung von verdienten Nationalsozialisten mit Ämtern nicht gelöst werden konnte.[189] Kolbow sah sich schnell mit dem Problem durch eine Fülle von Anfragen und Bittgesuchen konfrontiert, die vornehmlich aus dem Siegener Raum kamen.[190] Obwohl er in den Antworten auf seine begrenzten Möglichkeiten verwies und betonte, er sei nicht Landeshauptmann geworden, um "meinen alten Kameraden zu helfen, sondern um ausschließlich die Pflichten meines jetzigen Amtes zu erfüllen,"[191] suchte er nach Arbeitsplätzen. Am 27. Juni

---

186 VA, W-L, NK - 19, S. 49 Kolbow an Wagner vom 28.9.1934

187 VA, W-L, NK - 9, S. 111 Der Brief vom 31.5.1935

188 VA, W-L, C 20 - 4 Niederschrift der PA-Sitzung vom 21.11.1933

189 Vgl. Mommsen, Beamtentum, S. 68 ff., Matzerath, Nationalsozialismus, S. 85 f.

190 Vgl. vor allem den Schriftwechsel in: VA, W-L, NK - 3 und NK - 4 passim

191 VA, W-L, NK - 5, S. 186 Kolbow am 7.4.1934 Der Provinzialausschuß hatte am 1.6.1933 auf Grund der "katastrophalen Finanzlage" eine generelle Anstellungssperre beschlossen. VA, W-L, C 10/11 - 848 Auszug aus der Niederschrift der PA-Sitzung

1933 schlug er dem Reichsarbeitsministerium vor, die arbeitslosen Parteigenossen mit einer Mitgliedsnummer zwischen 1 und 100 000 den Versorgungsanwärtern gleichzustellen, da diese nahezu alle Stellen blockieren würden.[192] Das Oberpräsidium, das sich in dieser Frage als Aufsichtsbehörde für zuständig erklärte, gestattete daraufhin der Provinzialverwaltung, befristet bis zum 30. September 1933, freiwerdende Angestelltenstellen, die bisher zu 90 % Versorgungsanwärtern vorbehalten waren, zu 50 % mit um die "nationale Erhebung" verdienten Nationalsozialisten zu besetzen[193]. Die dazu von Kolbow erlassene Verfügung, Landesbank, Landesversicherungsanstalt und Provinzial-Feuersozietät hätten Angestelltenstellen nur noch in Absprache mit Landesrat Bommel zu besetzen, vermochte jedoch schon organisatorisch nicht zu befriedigen.[194] Im Februar 1934 regte Kolbow beim Oberpräsidenten an, bei der Vormerkungsstelle für Versorgungsanwärter eine Unterabteilung für "Alte Kämpfer" einzurichten, da die Zahl von durchaus qualifizierten Bewerbungen nach wie vor groß sei.[195] Auf Grund eines Vorschlages von Landesverwaltungsrat Dr. Pork wurde aber aus Kostengründen keine eigene Abteilung aufgezogen, sondern die Vermittlung der Hauptfürsorgestelle eingegliedert,[196] so daß nun die Gauleitungen die in Frage kommenden Personen vorschlugen und die Hauptfürsorgestelle die Arbeitsvermittlung übernahm.[197]

Mochten die eingeleiteten Maßnahmen auch die ehrlichen Bemühungen Kolbows widerspiegeln, so zeigte sich doch, daß die Aufnahmekapazität bald erschöpft war. Vom 30. Januar 1933 bis Ende September 1934 konnten in der Hauptverwaltung 48, in der Anstaltsverwaltung 30 und in den Provinzialinstituten 40 arbeitslose Nationalsozialisten unterkommen, was bei einem Gesamtpersonalbestand von 3450 Personen (1934) nicht gerade einen Erfolg darstellte.[198] Auch die mit ministeriellem Runderlaß vom 11. April 1934 in Preußen in Gang gesetzte Sonderaktion blieb hinter den Erwartungen zurück.[199] Vom September 1934 bis Dezember 1936 gelangten 270 verdiente Nationalsozialisten in die Provinzialverwaltung. Setzt man diese Zahl in Bezug zu den im gleichen Zeitraum bewilligten 880 Planstellen, so erreichte diese Gruppe ein Anteil von rund 31 %, der, teilt man ihn monatlich auf, folgendes Bild ergibt: in der Hauptverwaltung 1,8 Stellen, in der Anstaltsverwaltung 2,6 Stellen, in den Provinzialinstituten 0,3 Stellen.[200] Auch als ein unver-

---

192 VA, W-L, C 10/11 - 922

193 Ebenda, Schreiben vom 29.7.1933 Vgl. dazu den Rd. Erlaß des PrMdI vom 28.7.1933 (MBliV. S. 904 a)

194 VA, W-L, C 10/11 - 922 Verfügung vom 14.8.1933

195 VA, W-L, C 10/11 - 770 Kolbow am 10.2.1934 an Lüninck

196 VA, W-L, NK - 24. S. 3 f. Exposé vom 27.2.1934

197 VA, W-L, C 61III - 15

198 VA, W-L, C, 10/11 - 937

199 Allgemein dazu Mommsen, Beamtentum, S. 68 f.

200 Berechnet nach dem von der Provinzialverwaltung erstellten Nachweis in: VA, C 10/11 - 937; C 10/11 - 352; den Personalbestandsangaben Kolbows in einem Bericht für Gauleiter Meyer vom 3.1.1939, C 10/11 - 28; Verwaltungsbericht 1937, S. 5

öffentlicher Erlaß des Innenministeriums vom 19. November 1937[201] verfügte, aus Mangel an Beamtenstellen des unteren Dienstes alle Angestellten- und Arbeiterstellen in solche Beamtenstellen umzuwandeln, erstatteten die Abteilungen durchweg "Fehlanzeige."[202]

Als Einzelfall der nationalsozialistischen Infiltration muß für die Hauptverwaltung die Einstellung von Leopold Bubenzer als Referent für Propaganda und Beamtenschulung sowie als persönlicher Referent des Landeshauptmanns für Wirtschaftsangelegenheiten erwähnt werden. Sie erfolgte auf ausdrückliche Anordnung Kolbows[203], der Bubenzer als Kreisgeschäftsführer der NSDAP Siegen-Land aus seiner Siegener Zeit kannte.

Ein besonderer Aspekt der Hereinnahme von "Alten Kämpfern" war, daß beispielsweise Ehrenzeichenträger der Partei versuchten, Vorteile aus ihren Verdiensten um die Partei für sich herauszuholen. So verlangten sie erleichterte Prüfungsbedingungen und außerhalb der festgelegten Beförderungsrichtlinien aufzusteigen. Jedoch ging die Verwaltung auf diese Forderungen nicht ein, während sie in den ersten Jahren nach der Machtergreifung in Einzelfällen ministeriell sanktionierte Ausnahmeregelungen gestattete.[204]

Die für die Provinzialverwaltung festgestellten Ergebnisse bestätigen den bisherigen generellen Befund, den Schoenbaum auf die Formel gebracht hat, daß sich "für die Mehrheit der alten Kämpfer ... das Dritte Reich sehr bald von dem Gelobten Land in eine der vielen verratenen Revolutionen" verwandelte.[205] Die Verwaltungen wußten mit ihnen zum Teil wegen ihrer mangelnden Vorkenntnisse nichts anzufangen, zum Teil sperrten sie sich gegen diese Repräsentanten der "Bewegungsphase", die nicht mehr in den angesteuerten Aggregatzustand der "Systemphase" hineinpaßten, oder sie wurden von Parteigenossen jüngeren Datums und mit einer weniger "bescheidenere(n) Art"[206] beiseite gedrückt.

201 Der Erlaß gedruckt bei Mommsen, a.a.O., S. 177 ff.

202 VA, W-L, C 10/11 - 921 Bericht vom 25.11.1937. Aus einer Umfrage des DGT geht hervor, daß im Rahmen dieser Aktion etwa 30 Stellen umgewandelt worden sind. Ebenda, Schreiben von Landesrat Dr. Fischer vom 15.1.1938

203 VA, W-L, Personalakte Bubenzer, Bommel im Auftrage Kolbows an Bubenzer am 14.8.1933. Bubenzer, geb. 1897, studierte am Technikum Strelitz ohne Abschluß, trat am 9.11.1931 in die NSDAP ein und wirkte u.a. als Gauredner. Vgl. auch BDC-Akte Bubenzer.

204 Vgl. den Vorgang in VA, W-L, C 10/11 - 848 Dr. Fischer an den Personaldezernenten des RFM vom 15.3.1938 und die Antwort Fischers an die Antragsteller. Ebenda vom 22.3.1938. Zu den Ausnahmen C 10/11 - 920 passim

205 Schoenbaum, Die braune Revolution, S. 278

206 So Kolbow in einem Brief vom 9.11.1934 in Erinnerung an die "Kampfzeit". N-Kolbow (P) Ordner "Persönliches" 1934

DRITTES KAPITEL

Liquidierung und Reformersatz

Das Verfassungsrecht der Provinzialverbände ist im Dritten Reich nicht wie das der Gemeinden in der Deutschen Gemeindeordnung vom 30. Januar 1935 umfassend und einheitlich kodifiziert worden. Vielmehr veränderten einzelne Gesetze und Erlasse die bisherige Verfassungsstruktur der Provinzialverbände mit dem Ziel, sie enger an den Staat zu binden und sie seiner Aufsicht und seinen Eingriffen verfügbarer zu machen. Die Neuordnung erfolgte teils durch Beseitigung, teils durch Umformung der provinziellen Organe und war im wesentlichen im Dezember 1933 abgeschlossen. Als entscheidend erwiesen sich dabei das Gesetz über die Übertragung von Zuständigkeiten der Provinziallandtage auf die Provinzialausschüsse vom 17. Juli 1933[1] und das "Gesetz über die Erweiterung der Befugnisse der Oberpräsidenten" vom 15. Dezember 1933.[2] Zwar fehlte es nicht an Versicherungen, die die Vorläufigkeit einzelner Maßnahmen bis zu einer grundlegenden Neufassung der Provinzialordnung betonten,[3] jedoch blieben alle in diese Richtung zielenden Absichten und Pläne bis 1945 Projekt.

Die Gesetze wurden in autoritärer Eile und ohne die Hürden parlamentarischer Kontrollen maßgeblich von dem Preußischen Finanzminister Johannes Popitz, dem Staatssekretär im Preußischen Ministerium des Innern, Ludwig Grauert, und der konservativen preußischen Ministerialbürokratie konzipiert und durchgedrückt. Dabei übernahm Göring als Ministerpräsident eine abschirmende und autorisierende Rolle[4] gegenüber interessierten Reichsressorts und insbesondere gegenüber dem Reichsministerium des Innern, das nicht zuletzt aus grundsätzlichen Führungsansprüchen gegen ein Vorprellen Preußens in der Kommunalgesetzgebung war. Vollends abseits und ohne Initiativen bei der Umgestaltung der Provinzialverfassung blieben die Partei und das für solche Fragen eigentlich zuständige "Amt für Kommunalpolitik" der NSDAP, was allerdings nicht überrascht.

---

1 GS. S. 257. Die vollständige Fassung lautete: "Gesetz über die Übertragung von Zuständigkeiten der Provinzial-(Kommunal-) Landtage, der Verbandsversammlung des Siedlungsverbandes Ruhrkohlenbezirk und der Kreistage auf die Provinzial-(Landes-) Ausschüsse, dem Verbandsausschuß und die Kreisausschüsse."

2 GS. S. 477

3 Vgl. den offiziösen Kommentar von Freisler-Grauert, Das neue Recht in Preußen Bd. 2, II a 6, S. 3

4 Zur Funktion Görings bei der Konzipierung der preußischen Kommunalgesetzgebung im Jahre 1933, Matzerath, Nationalsozialismus, S. 114

Die nationalsozialistische Kommunalpolitik war schon vor 1933 eindeutig auf die Gemeindeebene fixiert, während der Bereich der provinziellen Selbstverwaltung zunächst außerhalb vom Blick- und Interessenfeld des kommunalpolitischen Referates der NSDAP lag.[5] So sucht man beispielsweise in der als Standardwerk nationalsozialistischer Kommunalpolitik[6] ausgegebenen Veröffentlichung Karl Fiehlers,[7] des Leiters der Kommunalpolitischen Abteilung der NSDAP, vergeblich nach Begriffen wie "Provinzialverband", "Provinzialverwaltung" und "Provinzialausschuß." Auch in den "Mitteilungsblättern für die Nationalsozialisten in den Parlamenten und Gemeinderäten (gemeindlichen Vertretungskörpern)", dem kommunalpolitischen Organ der Partei, findet sich bis 1930 kein Hinweis auf die regionalen Selbstverwaltungsverbände in Preußen. Dies änderte sich erst, freilich in bescheidenem Ausmaß, als die NSDAP bei der Provinziallandtagwahl vom 17. November 1929 Abgeordnete in die Provinziallandtage brachte.[8]

Die Parteileitung vernachlässigte die Provinzialverbände in auffälliger Weise. Als die Reichsleitung für den 11. bis 12. Juli 1931 eine kommunalpolitische Tagung in Berlin ankündigte, bemängelte der brandenburgische Provinziallandtagsabgeordnete Wilhelm Kube am 23. Juni 1931 in einem Brief[9] an den damaligen Reichsorganisationsleiter Gregor Strasser, die Tagesordnung sei zu sehr auf Berliner Kommunalangelegenheiten ausgerichtet; man solle sich stattdessen intensiver mit der Politik der Provinziallandtage befassen, die "erheblich wichtigere Beschlüsse" verabschiedeten. Kube schlug vor, ein entsprechendes Referat für die Tagung einzuplanen, hatte damit aber keinen Erfolg. Die Partei entwickelte auch weiterhin keine Ansätze, um in diesem Punkt ihren Informationsrückstand wettzumachen. Erkennbar wird dies etwa an einer Bemerkung Fiehlers, als er sich in einem "Merkblatt für die Führer der NSDAP in kommunalen Verwaltungen"[10] vom 19. August 1932 zur Existenz von Kommunalverbänden äußerte. Als negatives Beispiel verwies er auf den Siedlungsverband Ruhrkohlenbezirk, der für ihn bis heute "überhaupt keine Daseinsberechtigung gezeigt" habe und lediglich zur Personalaufblähung beitrage. Seine Aufgaben seien "in Zukunft nur von den Regierungspräsidenten zu bearbeiten." Ist bei Fiehler schon die unscharfe Trennung zwischen Kommunal- und Zweckverband auffällig, so zeigt sein Rückgriff auf den Regierungspräsidenten in diesem Zusammenhang, daß er die spezifischen Verhältnisse in Preußen nicht kannte, sondern sich an den bayerischen Kreisen orientierte, an deren Spitze ein Regierungspräsident stand. Dies deutet darauf hin, daß man in der Münchener Zentrale offenbar nur wenig über die Verfassungsstruktur, den Aufgabenkreis und die politische Bedeutung der Provinzialverbände wußte, was zum großen Teil die Passivität bei

---

5 Ausführlich zu seiner organisationstechnischen Entwicklung und zur nationalsozialistischen Kommunalpolitik vor 1933, Matzerath, a.a.O., S. 33 - 60

6 Schön, Zehn Jahre nationalsozialistische Kommunalpolitik, S. 507

7 "Nationalsozialistische Gemeindepolitik" in der 1. Auflage von 1929

8 Vgl. Statistisches Jahrbuch für den Freistaat Preußen, 26. Bd. (1930), S. 352 ff.

9 BA, NS 25/24 S. 76 f.

10 BA, NS 25/2 S. 31

der preußischen Kommunalgesetzgebung im Jahre 1933, soweit sie die Provinzen berührte, erklärt und auf eine ausgesprochene Konzeptlosigkeit schließen läßt.[11]

1. Die Beseitigung des Provinziallandtages

Als das Preußische Innenministerium die Provinziallandtage zum 10. April einberief und die dringenden Haushaltsberatungen nicht auf die Tagesordnung setzte, stand dahinter nicht die Absicht, die Provinziallandtage in Kürze funktionslos zu machen. Vielmehr hatte das Ministerium die Oberpräsidenten ausdrücklich wissen lassen, es lehne eine Übertragung der Haushaltsverabschiedung vom Provinziallandtag auf den Provinzialausschuß ab.[12] Jedoch änderte sich diese Auffassung schon bald. Am 20. April 1933 übersandte Staatssekretär Grauert mit dem Vermerk "Eilt!" dem Staatsministerium und den übrigen Ressorts einen Gesetzentwurf über die "Übertragung von Zuständigkeiten der Provinziallandtage auf die Provinzialausschüsse."[13] Er sollte auf der nächsten Sitzung des Ministerrates verabschiedet und dann "zur schnellsten Veröffentlichung" weitergeleitet werden. Grauert begründete das Gesetz mit dem Begehren mehrerer Provinziallandtage und dem Argument, auf diese Weise unnötige Kosten einzusparen und ein größeres Maß an sachlicher Arbeit zu erzielen.[14] Damit die Provinziallandtage nicht zur Beschlußfassung über das Ausmaß der zu übertragenden Zuständigkeiten zusammentreten mußten, sah der Entwurf vor, daß die Fraktionsführer der Mehrheitsparteien schriftlich ihr Einverständnis mit der Regelung erklärten.

---

11 Es hing somit entscheidend von der Aktivität der regionalen Parteistellen ab, ob und inwieweit sie die Wichtigkeit und Nützlichkeit der Provinzialverbände für die übergeordneten politischen Zielsetzungen entdeckten und versuchten, in ihren Organen Fuß zu fassen. Bei den beiden westfälischen Gauleitungen standen Fragen der provinziellen Selbstverwaltung bis 1933 an der Peripherie ihres politischen Interesses. Die seit 1930 im Provinziallandtag vertretenen vier Nationalsozialisten waren im Verhältnis zu den insgesamt 138 Abgeordneten eine quantité négligeable. Da sie keinen Sitz im Provinzialausschuß als dem wichtigsten Verwaltungsorgan der Provinz zugebilligt bekamen, konzentrierten sie sich ganz auf den einmal jährlich in der Regel für drei Tage zusammentretenden Provinziallandtag. Hier erschöpfte sich ihre Aktivität darin, daß ihr Sprecher Stürtz in bemerkenswerter Einfallslosigkeit über Jahre hinweg forderte, die Fahrtvergütung für Provinziallandtagsabgeordnete auf die 3. (Holz)-Klasse zu beschränken, ihren Verdienstausfall zu begrenzen, die Diäten herabzusetzen und keine öffentlichen Mittel für repräsentative Veranstaltungen der Provinz zu bewilligen. Vgl. VA, W-L, B 159 Beschlußprotokoll der Haushaltsausschußsitzung vom 4.2.1930; Verhandlungen 1931 in: "Die Rote Erde" Nr. 59 vom 27.4.1931. Daneben beschuldigte Stürtz bei Wahlveranstaltungen die Provinzialverwaltung der Korruption und den Provinziallandtag einer leichtfertigen und verschwenderischen Finanzpolitik. Vgl. den Brief eines Warburger Zentrumsmitgliedes an Landesrat Dr. Zuhorn vom 14.4.1930 und dessen Zurückweisungen von Stürtz' Beschuldigungen. VA, W-L, C 10/11 - 45

12 Vgl. die Erklärung von Stürtz im Landtag am 10.4.1933 Verhandlungen 79. Westf. PLT, 1933, I. T., S. 13

13 GStA, Rep. 84a/Nr. 4682, S. 220 f. mit anliegender Begründung

14 Vgl. den mit A.L. gezeichneten Artikel "Die preußischen Provinzialverbände im neuen Recht" sowie die amtliche Begründung Grauerts, GStA, a.a.O.

Der Entwurf stieß indes im Preußischen Justizministerium, wo er erst am 2. Mai eintraf,[15] auf Bedenken. Dieses reklamierte, die Übertragung von Befugnisse des Provinziallandtages auf den Provinzialausschuß verletze die geltende Provinzialordnung. Bereits in diese Richtung gefaßte Beschlüsse von Provinziallandtagen hätten beanstandet werden müssen und sollten nun durch dieses Gesetz "sanktioniert" werden.[16] Das Justizministerium vermochte indes mit seinen Einwendungen die politischen Intentionen des Gesetzes nicht zu beeinflussen, wenngleich das Verfassungsreferat des Innenministeriums eine Nachprüfung zusagte[17] und auch Grauert Änderungen ankündigte.[18] Doch wurden vornehmlich gesetzestechnische Modifizierungen vorgenommen und die dem Landtag verbleibenden Wahlbefugnisse präzisiert. Die entscheidenden Bestimmungen in § 2 des Entwurfes blieben bestehen. Danach übernahm der Provinzialausschuß die bereits vor Erlaß des Gesetzes vom Provinziallandtag beschlossenen Zuständigkeitsabtretungen. Daneben konnte der Provinzialausschuß alle mit dem Haushalt und dem Rechnungswesen zusammenhängenden Fragen nach schriftlichem Mehrheitsbeschluß der Fraktionen an sich ziehen. Am 15. Mai 1933 verabschiedete das Kabinett die zweite Fassung des Gesetzes ohne Aussprache[19] und erweiterte sie am 15. Juli.[20] Nun gingen alle Rechte auf die Provinzialausschüsse über, ohne daß jedoch der Provinziallandtag als solcher aufgelöst beziehungsweise aufgehoben wurde.[21]

Die nationalsozialistische Interpretation des Gesetzes lieferte der sächsische Landeshauptmann und Altparteigenosse der NSDAP, Otto, vor dem Provinziallandtag in Merseburg: "In früheren Jahren wäre bei der Einbringung einer so weitgehenden Ermächtigungsvorlage sogleich der Vorwurf erhoben worden, die Provinzialverwaltung solle ausgeschaltet werden. Bei den Machtverhältnissen, die durch den Sieg der nationalen und nationalsozialistischen Revolution hergestellt sind, kann von einer Ausschaltung nicht die Rede sein. Es liegt keine Ausschaltung sondern die Gleichschaltung des Provinziallandtages und Provinzialausschusses vor. In diesen beiden Körperschaften herrscht der gleiche Wille, und so hat der Provinziallandtag die absolute Garantie, daß die Ermächtigung, die er erteilt, durchaus in seinem Sinne angewandt wird."[22]

Dadurch, daß der Provinziallandtag praktisch ausgeschaltet worden war, wurden die Beratungen wichtigster Fragen der Öffentlichkeit entzogen und in den intern

15 GStA, a.a.O., Eingangsstempel des PrJM

16 GStA, a.a.O., S. 222 Vermerk vom 10.5.1933

17 Ebenda

18 GStA, a.a.O., S. 223 Grauert am 10.5.1933 an die Ressorts

19 GStA, a.a.O., S. 226 (GS. S. 189)

20 GStA, Rep 90/Nr. 2304 Auszugsweise Niederschrift über die Sitzung des Staatsministeriums

21 GS. S. 257 Vgl. da: den Kommentar von Freisler-Grauert, Das neue Recht in Preußen Bd. 2, II a 6, S. 3 ff.

22 Otto, Über die Aufgaben der Provinzialverwaltung im neuen Staat, S. 185

tagenden Provinzialausschuß verlegt.[23] Die ausbleibende Kritik der Provinzen an dieser gesetzlichen Neuerung - im Unterschied zu dem später erlassenen und von ihnen kritisch aufgenommenen Oberpräsidentengesetz - wird nur vor dem Hintergrund der beschriebenen Entfremdung eines Großteils der Provinzialbürokratie vom parlamentarischen Status der Provinziallandtage verständlich. Denn immerhin hatte die Landesdirektorenkonferenz schon am 20. Oktober 1931, wenngleich auch aus aktuellen politischen Umständen dazu veranlaßt, beim Innenministerium beantragt, den Provinziallandtag 1932 nicht einzuberufen und den Haushalt vom Provinzialausschuß verabschieden zu lassen.[24]

Die neue Regelung dürfte der Provinzialbürokratie nicht ungelegen gekommen sein. Der von ihr in der Weimarer Republik geäußerte Wunsch, die entscheidenden Fragen der Verwaltung in die Exklusivität eines Sachverständigengremiums zu verlagern, erschien nun realisierbar. Denn, so glaubte der Schatzrat der Provinz Hannover, Dr. Hartmann,[25] "seitdem die Kontrolle durch den Parlamentarismus fortfällt, sind manche Hemmungen ausgeschaltet, die sich jetzt zum Vorteil der Arbeit auswirken müßten."[26] Was darunter im einzelnen zu verstehen war, formulierte der rheinische Erste Landesrat Dr. Kitz: ohne die pluralistischen Interessen der Parteien, ohne ihre dilatorische "Kompromißpolitik" und ohne "eine Vielheit von Verantwortlichkeiten" sei nun das Ziel "wirtschaftlicher, sparsamer und sauberer Verwaltung" im Geiste "altpreußischer Grundsätze" möglich. Im Gegensatz zur schwächlichen parlamentarischen Demokratie von Weimar sei der jetzige Staat ein "starker" Staat, der die beste Gewähr für eine "starke Selbstverwaltung" biete.[27] Mit dieser Position stand Kitz mit maßgeblichen konservativen Repräsentanten seiner Zeit wie Popitz, Grauert und Goerdeler in einer Linie.[28] Jedoch wurde dabei nicht gesehen, daß die Beseitigung des als lästige Fessel empfundenen parlamentarischen Korrektivs grundsätzlich und insbesondere unter den konkreten politischen Machtverhältnissen mit dazu beitrug, die Verwaltung freizusetzen und sie unkontrollierten Einflüssen und Zugriffen zu öffnen.

---

23 Wie dieser neue Stil auf den informationsgewohnten Abgeordneten wirkte, veranschaulicht das Schreiben eines Mitgliedes des Westfälischen Provinziallandtages an die Verwaltung, die er "angesichts der geheimnisvollen Ruhe im kommunalen Leben" fragte, "ob und gegebenfalls wann die diesjährigen Beratungen über den Haushaltsplan der Provinz ..." in Aussicht genommen sind. VA, W-L, C 10/11 - 45 Anfrage vom 19.5.1933

24 AVfK, A (P) 233 Niederschrift der LDK. Das Vorhaben scheiterte dann aber offensichtlich, trotz Protektion durch die Kommunalabteilung des PrMdI, am Widerstand im Preußischen Staatsrat, AVfK, a.a.O., Niederschrift der LDK vom 16.12.1931

25 In der Provinz Hannover wurde die Provinzialverwaltung nicht allein von einem Landeshauptmann, sondern von dem sogenannten "Landesdirektorium" geführt, das aus dem Landeshauptmann und zwei Landesräten bestand, die den Titel "Schatzrat" führten.

26 HStAD, RWN 51/2 Niederschrift einer Besprechung zwischen Landesrat Dr. Kitz und Dr. Brüning, Hannover, vom 19.6.1934

27 Kitz, Selbstverwaltung im Führerstaat, S. 5

28 Vgl. Popitz, Der künftige Finanzausgleich, S. 8, Matzerath, Nationalsozialismus, S. 110 ff., 133 f.

2. Das "Oberpräsidentengesetz" vom 15. Dezember 1933

Das "Gesetz über die Erweiterung der Befugnisse der Oberpräsidenten" vom 15. Dezember 1933, kurz Oberpräsidentengesetz genannt, gehört zur preußischen Kommunalreform des Jahres 1933. Seine Entstehungsgeschichte wie sein Inhalt verweisen auf politische Strömungen, die bereits in der Weimarer Republik virulent waren, unter der spezifischen politischen Konstellation des Jahres 1933 Auftrieb erhielten und in ihr, freilich nur partiell und ephemer, sich durchsetzen konnten. Das Oberpräsidentengesetz zerfiel in einen staatlichen Teil, der die Stellung des Oberpräsidenten innerhalb der allgemeinen und inneren Verwaltung umschrieb, und in einen kommunalen (provinziellen) Selbstverwaltungsteil, der ihm die Aufgaben und Zuständigkeiten des Provinzialausschusses, des Landeshauptmanns, der Provinzialkommissionen und der Provinzialkommissare zuwies.

Die in dem Gesetz vorgenommene Bündelung des Landeshauptmanns- und des Oberpräsidentenamtes war als Plan nicht neu. Bereits bei den Beratungen der Provinzialordnung im Preußischen Abgeordnetenhaus 1875 erwog man die Personalunion, schreckte aber schließlich davor zurück, da eine Überlastung des Oberpräsidenten befürchtet wurde.[29] Auch in der Weimarer Zeit kam die Diskussion darüber nie ganz zur Ruhe. Während sie in der Anfangsphase mehr oder weniger beiläufig geführt wurde, spitzte sie sich in den letzten Jahren der Republik zu. Drews sprach sich in seiner Denkschrift von 1919, Grundzüge einer Verwaltungsreform, noch mit dem Argument, daß sich die bisherige Trennung bewährt habe,[30] gegen eine Zusammenlegung aus, vollzog aber 1933 eine Schwenkung und empfahl als Konsequenz des "Führerprinzips", die Vereinheitlichung beim Oberpräsidenten.[31] Es überrascht nicht, daß die Landeshauptleute geschlossen und immer wieder für ihre Selbständigkeit eintraten. So verabschiedeten sie beispielsweise auf ihrer Konferenz vom 26. und 27. September 1924 eine Resolution, in der sie eine Leitung des Provinzialverbandes durch den Oberpräsidenten als "untragbare Schwächung der provinziellen Selbstverwaltung" verwarfen.[32] Wenig später lehnte Landesrat Dr. Kitz in seinem engagiert geschriebenen "Beitrag zur Verfassungs- und Verwaltungs-

---

29 Stenographische Berichte über die Verhandlungen des Abgeordnetenhauses 1875 Bde. 1 - 3, bes. Bd. 1, S. 44, 162; Bd. 2, S. 1201 vgl. Markull, Zur Durchführung der Deutschen Gemeindeordnung, S. 272 f., ders., Die Selbstverwaltung der preußischen Provinzen als Vorbild für die Selbstverwaltung der Reichsgaue, S. 483. Grundsätzlich zu den damaligen Debatten, Kitz, Der Referentenentwurf eines Selbstverwaltungsgesetzes, S. 371 ff., eine Übersicht über die Befugnisse von Oberpräsident und Landeshauptmann gibt Lehmann, Oberpräsident und Landesdirektor - Vergleich ihrer Rechtsstellung

30 Drews, a.a.O., S. 7

31 Vgl. seinen Vortrag "Preußische Verwaltungsreform" am 22.11.1933 in der 901. Sitzung der "Mittwochsgesellschaft" BA, R 106/18 S. 276 - 286, hier S. 283

32 Die Entschließung gedruckt in: Preußisches Verwaltungsblatt 46. Jg., (1924/1925), S. 23. Sie war offensichtlich eine Reaktion auf die zur gleichen Zeit gemachten Vereinigungsvorschläge des ehemaligen preußischen Innenministers Dominicus, Die Reform der Preußischen Staatsverwaltung, S. 8, 12 f., im gleichen Sinne 1924 Lohmeyer, Zur Verwaltungsreform, S. 100, der diese Anregung jedoch in seinem 1928 erschienen Buch, Zentralismus oder Selbstverwaltung, nicht wieder aufgriff.

reform"[33] eine Fusion ab, die mit dem Staatsinteresse ebenso unvereinbar sei wie sie eine unzumutbare staatliche Abhängigkeit der Provinzialverwaltung bedeuten würde. Mit den seit 1928 vom "Verfassungsausschuß der Länder-Konferenz" und vom "Bund zur Erneuerung des Reiches" entwickelten Vorstellungen erhielt die Frage nach der Personalunion von Oberpräsident und Landeshauptmann eine besondere Aktualität. Nur bekam das Problem insofern eine neue Wendung, als der Verfassungsausschuß die bisherigen preußischen Provinzen zu reichsunmittelbaren "Ländern neuer Art" erhob und als "Chef der Landesregierung" den Landeshauptmann vorsah.[34] Im Gegensatz dazu trat der Erneuerungsbund nach wie vor für eine Trennung der Ämter ein.[35]

Zur gleichen Zeit prüfte auf Anregung von Dr. Horion, den der Verfassungsausschuß der Länderkonferenz als Sachverständigen kooptiert hatte, der Verfassungs- und Verwaltungsreformausschuß der Landesdirektorenkonferenz, wie weit etwa das österreichische Modell, das Landes- und Bundesverwaltungsaufgaben bei einem Landeshauptmann zusammenfaßte und immer wieder für die preußische Verwaltung empfohlen worden war, übertragbar sei.[36] Die vorläufig letzte Beunruhigung löste schließlich 1929/30 der "Entwurf eines Gesetzes über die kommunale Selbstverwaltung" des Preußischen Innenministeriums in den Provinzen aus. Dieser stellte zwar das Amt des Landeshauptmanns selbst nicht in Frage, schwächte es aber unverkennbar durch eine Reihe von Bestimmungen.[37] Sieht man sich die Fassung des Oberpräsidentengesetzes vom 15. Dezember 1933 genau an, so muß das Gemeinsame aller hier erwähnten vorherigen Vorschläge betont werden. Sie alle sahen in jedem Fall parlamentarische Beschluß- und Kontrollorgane vor, sei es in Form der herkömmlichen Provinziallandtage oder, wie beim Verfassungsausschuß, in Form eines Landtages.

Während der Zeit der Präsidialkabinette trat die Frage der Fusion von staatlicher und kommunaler Spitze in der Provinzebene vorübergehend hinter die Bestrebun-

---

33 Kitz, Reichsland Preußen, S. 37 f.

34 Vgl. Brecht, Föderalismus, Regionalismus und die Teilung Preußens, S. 134 ff., 178, grundsätzlich zur Arbeit des Verfassungsausschusses Schulz, Demokratie und Diktatur, S. 585 ff., 592 ff., der jedoch nur beiläufig auf die Stellung der Provinzialverbände in der Reichsreformdiskussion dieser Zeit eingeht, wie überhaupt dieser Aspekt in der Untersuchung zu kurz kommt. Ausführlich, vor allem unter Betonung der bayerischen Haltung Menges, Reichsreform und Finanzpolitik, S. 53 - 79, außerdem zur Verbindung von Reichsverwaltung und provinzieller Selbstverwaltung, Kleindinst, Verwaltungspolitik und Verwaltungsreform, S. 78 f.

35 Bund zur Erneuerung des Reiches, Die Reichsreform, S. 73, 89. In diesem Zusammenhang ist wichtig zu wissen, daß die Provinzen relativ stark im Erneuerungsbund repräsentiert waren. Vgl. außerdem Widera, Die Rechtsstellung der preußischen Oberpräsidenten und die geplante Verwaltungsreform, S. 62 f., zur politischen Grundrichtung des Bundes, Bracher, Die Auflösung der Weimarer Republik, S. 495

36 VA, W-L, II K - 8 (Abschrift) Dr. Horion am 2.10.1928 an den VPP sowie die Niederschrift der Ausschußsitzung vom 23.10.1928, in: AVfK, A (P) 735, Bd. 1

37 So etwa in den §§ 270 Ziff. 6 und 274 Abs. 2, Buch 6 des Entwurfes. Zur Stellung des Landeshauptmanns im Gesetzentwurf Kitz, Der Referentenentwurf eines Selbstverwaltungsgesetzes, S. 376 ff., Bölling, Wesenszüge des preußischen Selbstverwaltungsgesetzentwurfes, S. 1129, Jeserich, Die preußischen Provinzen, S. 117 ff., vgl. auch die schon erwähnte Stellungnahme der LDK zum Referentenentwurf, AVfK, A (P) 1617

gen zur Reform der staatlichen Mittelinstanz zurück. Diese war dadurch charakterisiert, daß sie den Oberpräsidenten als eigenständige Instanz zwischen Ministerium und Regierungspräsident ausschalten und ihn von laufender Verwaltungsarbeit befreien wollte. So beabsichtigte die "Verordnung zur Vereinfachung und Verbilligung der Verwaltung" vom 3. September 1932, den Oberpräsidenten auf seine ursprüngliche Kommissarstellung von 1825 zurückzuschrauben. Er sollte in erster Linie die "politischen, wirtschaftlichen, sozialen und kulturellen Vorgänge in der Provinz" beobachten und ihre Gesetzmäßigkeit überwachen.[38] Zugleich entfiel generell auch für die Provinzialverbände die Möglichkeit der förmlichen Beschwerde beim Innenministerium gegen Maßnahmen des Oberpräsidenten als Staatsaufsichtsbehörde.[39] Die Landeshauptleute sahen zunächst keinen Anlaß, eine mögliche Ausnahmeregelung zu beantragen.[40] Aber schon am 23. Februar 1933 wichen sie von dieser Haltung "angesichts der erheblichen Erweiterung der Befugnisse der Aufsichtsbehörde durch die Gemeindefinanzordnung" auf Antrag von Landeshauptmann Dieckmann ab.[41]

In der Machtergreifungsphase des Dritten Reiches verfolgten weitere Erlasse die Tendenz, die Oberpräsidenten von administrativen Aufgaben zu entlasten.[42] Die damit für sie intendierte "politische Führungsaufgabe" in der Provinz war jedoch auf einen geringen Bewegungsspielraum eingeengt, der überdies noch durch Ansprüche von seiten der Gauleiter, wenn sie nicht zugleich Oberpräsident wie in Westfalen waren, bedroht wurde.[43]

Mit der starken Bindung des Oberpräsidenten war zugleich die Absicht verknüpft, sich seiner als eines etatistischen Instrumentes zu bedienen, über das auch bisher noch nicht ganz an den Staat herangebrachte Bereiche erfaßt werden konnten. So verglich Staatssekretär Grauert im August 1933, von der "National-Zeitung" nach der Reform des Oberpräsidentenamtes befragt, dessen zukünftige Stellung mit dem "Verhältnis des einzelnen Gauleiters zum Führer."[44] Grauerts Äußerung war indes

---

38 GS. S. 283 Vgl. dazu Peters, Die Tendenzen der jüngsten Verwaltungsreform in Preußen, S. 217 ff., Scheuner, Zur kommunalen Verwaltungsreform in Deutschland, S. 231. Nach der Auffassung von Drews hatte man mit dieser Verordnung in naiver Weise versucht, "das Rad der Geschichte ... einfach 100 Jahre" zurückzudrehen. BA, R 106/18 Vortrag in der Sitzung der "Mittwochsgesellschaft" vom 21.11.1933, S. 28. Grundsätzlich zur Entwicklung der Institution des Oberpräsidenten, Hartung, Studien zur Geschichte der preußischen Verwaltung, Dritter Teil: Der Oberpräsident, S. 275 - 344, hier S. 342, für die Zeit bis 1918, Bär, Die Behördenverfassung der Rheinprovinz seit 1815, S. 134 - 153 sowie der Überblick bei Hasche, Der Reichsstatthalter in der Entwicklung zur Reichsmittelinstanz, S. 39 - 50, hier S. 44

39 Vgl. § 22 Abs. 1 Satz 2 der VO vom 3.9.1932

40 AVfK, A (P) 706 Niederschrift der LDK vom 11.10.1932

41 AVfK, A (P) 707 Niederschrift der LDK vom 23.2.1933. Zur Gemeindefinanzordnung, Matzerath, a.a.O., S. 112

42 So etwa die VO vom 17.3.1933 (GS. S. 643) in Verbindung mit dem Ausführungserlaß vom 25.3.1933 (MBliV., S. 327)

43 Vgl. Broszat, Der Staat Hitlers, S. 141   44 NZ Nr. 216 vom 8.8.1933

nicht nur ein Gedankenspiel, denn zum Zeitpunkt des Interviews liefen bereits im Preußischen Innenministerium die Vorbereitungen zu einer Kommunalreform, deren Resultat die Zentral-, Verfassungs- und Kommunalabteilung in Form einer Denkschrift als "Vorschläge für eine Umgestaltung der preußischen Verwaltung" am 10. August 1933 vorlegten.[45]

Die Denkschrift behandelte neben dem Verhältnis des Oberpräsidenten zu den Regierungspräsidenten eingehend den organisatorischen Aufbau der einzelnen Selbstverwaltungskörperschaften von der Gemeinde bis zum Provinzialverband und ihre Einfügung in den nationalsozialistischen Staat.[46] Die Denkschrift ging von der Prämisse aus, daß die Selbstverwaltung grundsätzlich beizubehalten sei, daß sie "wesentlich andere Züge ... als bisher" haben solle, daß das Staatsaufsichtsrecht qualitativ wie quantitativ bedeutend ausgedehnt werden und der Grundsatz der Zweckmäßigkeit neu eingeführt werden müsse. Die Verfasser gaben zu bedenken, die Beseitigung der Provinzialverbände sei immerhin erwägenswert, was aber bedinge, daß dann die Trägerschaft ihrer überörtlichen Aufgaben auf den Staat zukäme, da ihre Übernahme durch mehrere Zweckverbände nur eine neue Firmierung, aber keinen organisatorischen Fortschritt darstelle. Aus Mangel an einer brauchbaren Alternative und aus Scheu, bei den staatlichen Behörden eine solche Aufgabenmassierung vorzunehmen, entschlossen sich die Ministerialabteilungen, die Provinzialverbände beizubehalten. Es blieb aber offen, ob der Staat nicht einzelne Zuständigkeiten von Fall zu Fall an sich ziehen sollte, sofern sie sich besonders ausweiten und wichtig werden. Als Beispiel verwies man auf die Durchgangsstraßen. Dagegen war vorgesehen, daß die Provinzen Rheinland und Westfalen im Zuge einer neuen Provinzialordnung die Aufgaben des Siedlungsverbandes Ruhrkohlenbezirk übernehmen. Als entscheidende Bedingung für die Aufrechterhaltung der Provinzialverbände erschien der Verfassungs- und der Kommunalabteilung jedoch, daß sie "in ganz anderem Maße wie bisher an den Staat heranzubringen" seien. Die Lösung dazu bot ihnen der Oberpräsident, der zugleich Leiter der Provinzialverwaltung werden sollte. Zur Abstützung dieses Vorschlages führten die beiden Abteilungen den Landrat an, bei dem sich die Erledigung von staatlichen und kommunalen Angelegenheiten in einer Hand erfolgreich bewährt habe. Die der Neufassung entgegenstehenden Bedenken wie etwa die Gefahr einer Kommunalisierung und Überlastung des Oberpräsidenten sowie die zwangsläufige Verlagerung der Staatsaufsicht in die Ministerialinstanz glaubte man damit zu überwinden, daß der Oberpräsident fest in das autoritäre Staatsgefüge eingebunden sei, er in kommunalen Fragen den Landeshauptmann als ständigen Vertreter habe und bei längerer Abwesenheit durch den Vizepräsidenten vertreten werde.

Als Reflex auf das in der Weimarer Republik umstrittene direkte Provinzialwahlrecht muß die Forderung angesehen werden, den Verbandscharakter der Provinz stärker zu berücksichtigen. Dazu sollte der am 17. Juli 1933 ursprünglich als staatliches Beratungsorgan geschaffene Provinzialrat[47] um Landräte und Bürgermeister

---

45 GSTA, Rep 90/Nr. 2304, S. 288 - 321

46 Da Matzerath, a.a.O., S. 115 ausführlich die Grundzüge der Denkschrift herausgearbeitet hat, kann hier davon abgesehen und auf ihn verwiesen werden.

47 GS. S. 254

ergänzt werden und auch für die Provinzen zuständig sein. In der einschneidensten Änderung gingen die Vorstellungen im Ministerium auseinander. Die Zentralabteilung lehnte eine Leitung des Provinzialverbandes durch den Oberpräsidenten ab und verwarf den Vergleich mit der Kreisinstanz.[48] Diese Regelung stehe quer zur eingeleiteten Reform der staatlichen Mittelinstanz und würdige den Oberpräsidenten "auf den Rang einer gewöhnlichen Provinzialverwaltungsbehörde" herab. Die Zentralabteilung sah den staatlichen Einfluß auf die Provinzialverwaltung dadurch ausreichend gewährleistet, daß die Regierung den Landeshauptmann ernenne und ihn jederzeit ablösen könne.

Die Denkschrift diente als Grundlage für nun einsetzende Expertengespräche in einem über das Innenministerium hinaus erweiterten Kreis. Zu ihm wurde neben den beteiligten Ressorts, einigen Staatsräten und Kommunalsachverständigen zeitweilig auch Fiehler als Sachwalter des Parteistandpunktes hinzugezogen, nachdem er bei Hitler gegen das eigenmächtige Vorprellen Preußens interveniert hatte.[49] Vertreter der Provinzialverbände wurden bezeichnenderweise nicht eingeladen. Die Beratungen verlagerten sich infolge der Einwände Fiehlers und der übrigen Kommunalvertreter zunehmend auf die Gemeindegesetzgebung. Dagegen bildeten die in der Denkschrift angesprochenen Befugniserweiterungen für den Oberpräsidenten und die sie implizierenden Veränderungen des provinziellen Verfassungsrechtes offenbar keinen Stein des Anstoßes und wurden erst gar nicht zur Sprache gebracht.[50] Die preußischen Provinzen lagen nicht nur geographisch außerhalb des Gesichtskreises Münchens.

Vermutlich noch vor Abfassung der Denkschrift des Innenministeriums oder parallel zu ihr arbeitete der Deutsche Gemeindetag[51] an Vorschlägen für eine preußische Kommunalreform. Das Ergebnis waren die "Gedanken zur Reform der kommunalen Selbstverwaltung in Preußen".[52] Der (oder die) Verfasser stand(en) noch sichtlich unter dem Eindruck der Reichsreformvorschläge, wie sie der "Bund

48 Vgl. zu dieser Frage die informative Zusammenstellung des Landessyndikus von Pommern, Schultze-Plotzius, Vergleichende Gegenüberstellung der Befugnisse des Landrates und des Landeshauptmanns

49 Die Klage Fiehlers auf einer Arbeitstagung des Hauptamtes für Kommunalpolitik vom 12. - 14.7.1935, er wie auch das Amt für Kommunalpolitik seien bei der Kommunalgesetzgebung von der Ministerialbürokratie der PrMdI völlig isoliert worden, dürfte auf das Gemeindeverfassungs- und Gemeindefinanzgesetz gerichtet gewesen sein. BA, NS 25/26, S. 18 Im einzelnen dazu, Matzerath, a.a.O., S. 116 ff.

50 Beispielsweise ging Fiehler in seiner ausführlichen Darstellung (vom 15.12.1933) der Beratungsabfolge für Reichsinnenminister Frick auf diesen Aspekt überhaupt nicht ein. StA München, Bürgermeister und Rat 472

51 Er faßte nach der Gleichschaltung der bisherigen kommunalen Spitzenverbände am 22.5.1933 als Einheitsverband die Gemeinden und Gemeindeverbände zusammen. Zum Vorgang, Matzerath, a.a.O., S. 98 ff.

52 AVfK, DGT 0-10-100/64 Nr. 1. Die Denkschrift ist undatiert und ohne Verfasserangabe. Aus ihrem Inhalt und aus dem in der Akte ebenfalls vorhandenen Vermerk vom 12.9.1933 kann geschlossen werden, daß sie zwischen Juni und Ende August 1933 entstanden ist. Sie basierte vermutlich auf einer Zusammenarbeit der Abteilungsleiter des DGT.

zur Erneuerung des Reches" und der "Verfassungsausschuß der Länderkonferenz" vorgelegt hatten. So war davon die Rede, daß die Provinzen ähnlich den Ländern zu organisieren seien. Ihnen sollte "bei aller Wahrung eines festen staatlichen Zusammenhalts über dem ganzen norddeutschen Raum hinweg" größere organisatorische Selbständigkeit und "ausgedehntere Selbstverwaltung" eingeräumt werden. Den Landeshauptmann sah man in der Rolle eines "Provinzialführers", der vom Provinzialrat beraten, mit den Landesräten "eine Art Regierung" bildet. Es war nicht an eine Personalunion von Oberpräsident und Landeshauptmann gedacht, sondern beide sollten ähnlich wie die neuen Reichsstatthalter zu den Landesregierungen stehen.[53]

Schon eine flüchtige Gegenüberstellung dieser "Gedanken" mit den im Preußischen Innenministerium mehrheitlich vertretenen Plänen legt die Vermutung nahe, daß die Denkschrift des Gemeindetages ohne Kontakt mit dem Ministerium entstanden sein muß. Oder er bewegte sich noch in erstaunlich illusionären Reformerwartungen. Doch nur wenig später zeigte sich bei ihm eine unverkennbare Ratlosigkeit und Ungewißheit. Eine Abteilungsleiterkonferenz des Gemeindetages stellte am 12. September 1933 fest, sie sehe sich nicht in der Lage für die Reform der Provinzialverwaltungen Anregungen zu geben, "da hierzu zunächst die grundsätzliche Entwicklung entsprechend der Proklamation in Nürnberg abgewartet werden muß".[54]

Das Reichsinnenministerium sah sich von den preußischen Reformarbeiten ausgeschlossen und versuchte vergeblich, sie abzublocken. In einer der Denkschriften, die zu dieser Zeit in der Verfassungsabteilung mit Blick auf die Reichsreform entstanden, äußerte sich der Ministerialrat Medicus über den "Einbau der nationalsozialistischen Bewegung in den Staat".[55] In diesem Zusammenhang stellte sich für ihn auch die Frage nach der Gestaltung der, wie er sie nannte, "Reichsmittelbehörde". Er wollte den Landeshauptmann als Leiter der provinziellen Selbstverwaltung neben dem "Gauführer-Oberpräsidenten" beibehalten und unterschied sich insofern von den Vorstellungen des Preußischen Innenministeriums. Darüberhinaus kam der Erwähnung des Landeshauptmanns in der Denkschrift nur eine marginale Bedeutung zu.

Im Preußischen Innenministerium hatte sich inzwischen die Auffassung durchgesetzt, daß der Oberpräsident die Leitung des Provinzialverbandes übernehmen solle.[56] Ohne nennenswerten Widerstand segelte das Oberpräsidentengesetz sozu-

---

53 Zum Reichsstatthaltergesetz vom 7.4.1933 Diehl-Thiele, Partei und Staat im Dritten Reich, S. 40 ff., Broszat, Der Staat Hitlers, S. 143 ff. Der Geschäftsführende Präsident des DGT, Dr. Jeserich, hatte darüber hinaus im Augustheft des neugeschaffenen Verbandsorgans "Der Deutsche Gemeindetag" unter unverkennbarer Absetzung von seinem 1931 vorgelegtem "Beitrag zur Verwaltungs- und Verfassungsreform" allgemeine Richtlinien vorgelegt, ohne jedoch konkrete Vorschläge zu den Provinzialverbänden zu entwickeln. Jeserich, Die preußischen Provinzen, bes. das 7. Kapitel "Verwaltungs- und Verfassungsreform, S. 277 - 285, ders., Die Gemeinde im nationalsozialistischen Staat, S. 309 - 311.

54 AVfK, DGT 0-10-100/64 Nr. 1 Vermerk über die Besprechung

55 BA, R 18/5436, S. 142 - 150 hier S. 146 mit Datum vom 12.10.1933

56 So die Ankündigung Grauerts in einer vertraulichen Besprechung vom 13.10.1933 im PrMdI "über das weitere Schicksal des Ruhrsiedlungsverbandes" GStA, Rep 151/2365 Vermerk von Popitz vom 27.10.1933. In seinem schon mehrfach zitierten Vortrag vom 22.11.1933 prognostizierte Drews ebenfalls diese Entwicklung. BA, R 106/18, S. 283

sagen im Windschatten der breit angelegten preußischen Kommunalreformgesetzgebung. Am 13. Dezember 1933 übersandte Grauert den Gesetzentwurf an das Staatsministerium mit der Bitte, ihn auf der Ministerratssitzung am 15. Dezember zu verabschieden.[57] Anscheinend befürchtete das Ministerium aber doch noch in letzter Minute Schwierigkeiten vom Reich oder der Partei, zumal es die in dem Gesetz vorgesehene Regelung als Modell für die zukünftige Reichsgau- bzw. Reichsprovinzverwaltung verstand.[58] Deshalb empfahl der zuständige Referent, Dr. Gramsch, offensichtlich gewarnt durch den Ärger mit den Entwürfen des Gemeindeverfassungs- und Gemeindefinanzgesetzes, das Gesetz "vor der Verkündigung (!) dem Führer vorzulegen."[59] Auf ihrer Sitzung am 15. Dezember 1933 beschloß die Preußische Staatsregierung das Oberpräsidentengesetz mit der Auflage, daß in Art. II des Gesetzes die Angelegenheiten noch aufzuführen seien, bei denen der Oberpräsident vor einem Beschluß den Provinzialrat hören müsse.[60]

Das Oberpräsidentengesetz gehört in die Reihe jener gesetzgeberischen Maßnahmen des Dritten Reiches, die unverkennbare Züge des bereits unter den Weimarer Präsidialkabinetten angestrengten bürokratisch-autoritären Stabilisierungskurses tragen, als vorübergehende vorrangige Zwecklösungen beabsichtigt waren und deren langfristige Wirkungen und politische Festschreibungen unbedacht blieben. Es bekräftigte für den Sektor der staatlichen Mittelinstanz die in der Verordnung vom 3. September 1932 eingeschlagene reformerische Absicht, den Oberpräsidenten als Repräsentanten der Staatsführung herauszuheben und ihn als Instanz abzubauen. Die Regierung sah in ihm ihren Gewährsmann, der für ein effizient-harmonisches Zusammenspiel der "politischen, wirtschaftlichen, sozialen und kulturellen" Kräfte in der Provinz sorgen sollte. Für den kommunalen Sektor der Provinz bildete das Gesetz bis zum Zusammenbruch 1945 bei unbedeutenden Novellierungen die entscheidende Verfassungsgrundlage,[61] obwohl sein vorläufiger Charakter bis zu einer für das Frühjahr 1934 erwarteten neuen Provinzialordnung ausdrücklich betont wurde.[62] Das Gesetz beabsichtigte, eine auf den Oberpräsidenten hin monokratisch strukturierte Verwaltung zu schaffen, um auf diese Weise die einheitliche Umsetzung einer zentral geplanten und gesteuerten Politik zu gewährleisten.

Das Gesetz bestimmte den Oberpräsidenten zum Leiter des Provinzialverbandes, übertrug ihm die Aufgaben und Zuständigkeiten des Provinzialausschusses, des Landeshauptmanns, der Provinzialkommissionen und der Provinzialkommissare. Zugleich hob es hervor, daß die formale organisatorische Selbständigkeit des Ver-

---

57 GStA, Rep 90/Nr. 2309 mit der Begründung als Anlage

58 GStA, a.a.O., Vermerk Dr. Gramsch vom 14.12.1933   59 Ebenda

60 GStA, Rep 90/Nr. 2304 Sitzungsprotokoll vom 15.12.1933. Daneben erließ die Regierung noch weitere kommunale Gesetze, von denen insbesondere das Gemeindefinanzgesetz für die Provinzialverbände relevant war. S. o., S. 279 f.

61 Vgl. Müller-Haccius, Die Arbeit der Provinzen, in: Der Gemeindetag, 28. Jg. (1934), S. 245 f.

62 So in der für die Ministerratssitzung vom 15.12.1933 bestimmten Begründung. GStA, Rep. 90/Nr. 2309 und in Art II. des Gesetzes selbst ohne Zeitangabe. Vgl. auch Grauert am 20.3.1934 an den PrJM GStA, Rep. 84a/Nr. 9989

bandes als einer Selbstverwaltungskörperschaft durch die staatliche Führung nicht tangiert werde. Dies sollte auch für die Struktur des Aufgabenkreises und die herkömmliche Art der verwaltungsmäßigen Erledigung der Aufgaben gelten. Die Tatsache, daß die Befugnisse, entgegen der ursprünglichen mehrheitlich im Innenministerium vertretenen Auffassung, ausschließlich auf die Person des Oberpräsidenten eingegrenzt blieben und sich nicht auch auf seine staatliche Behörde erstreckten, bedeutete eine punktuelle Entschärfung und muß als Kompromißformel der beteiligten ministeriellen Abteilungen gewertet werden. Der Oberpräsident beauftragte den Landeshauptmann als seinen ständigen Stellvertreter mit der "selbständigen Erledigung" der laufenden Geschäfte des Verbandes, und es lag in seinem Ermessen, wieweit er sich unmittelbar in den Geschäftsgang einschaltete.[63] Es wurde also nicht als Widerspruch empfunden, daß einerseits der Oberpräsident als Organ der Provinzialverwaltung im Extremfall zu einem bloßen Ausführungsorgan herabgewürdigt werden konnte, daneben aber die Fiktion genährt wurde, nach wie vor könne von einer im ganzen unberührten Selbstverwaltung gesprochen werden.[64]

Damit die "Volksverbundenheit" des Oberpräsidenten nicht verlorenging und er sich des sachverständigen Rates von Fachleuten bedienen konnte, sollte der ursprünglich für staatliche Fragen vorgesehene Provinzialrat auch in bestimmten Angelegenheiten - überwiegend finanz- und haushaltsrechtlicher Natur - des Provinzialverbandes gehört,[65] und um im kommunalen Leben an hervorragender Stelle tätigen Personen sowie Repräsentanten der Partei erweitert werden.[66] Auf diese Weise wurde einerseits an den Verbandscharakter des Provinzialverbandes erinnert, andererseits die NSDAP, im Gesetz selbst nicht erwähnt, in einer beratenden Funktion berücksichtigt.

Die offiziellen Interpretationen des Gesetzes, die die von der materiellen Verwaltungsarbeit herausgehobene Stellung des Oberpräsidenten betonten - am zugespitztesten bei Medicus, der in ihm den "Kommandierenden General"[67] der Provinz sah -, können nicht über die eigentümliche Inkonsequenz des Gesetzes hinwegtäuschen. Es befreite den Oberpräsidenten nicht von seinem "bunte(n) Zuständigkeitskatalog",[68] sondern schanzte ihm auch noch die Leitung des Provinzialver-

---

63 GStA, a.a.O., Im gleichen Sinne Freisler-Grauert, Das neue Recht in Preußen, Bd. II., IIa 25, S. 2

64 Vgl. die Zweite Ausführungsanweisung zum Gesetz vom 25.1.1934 (MBliV, S. 161)

65 Vgl. Art. II. Ziff. 5 des Gesetzes

66 Gesetz zur Änderung des Gesetzes über den Provinzialrat vom 15.2.1934 (GS. S. 57)

67 Medicus, Reichsverwaltung und Landesverwaltung, S. 30, Freisler-Grauert, a.a.O., S. 1 f.

68 Hasche, Der Reichsstatthalter in der Entwicklung zur Reichsmittelinstanz S. 46, ähnlich argumentierend Lippky, Der preußische Oberpräsident, S. 34 f., Rathje, Das Amt des preußischen Oberpräsidenten in seiner geschichtlichen Entwicklung, seiner rechtlichen Stellung und politischen Bedeutung, S. 76, Kitz sprach davon, daß der Oberpräsident mit "Klein-Kram" befrachtet sei und eine überflüssige Anweisungsbefugnis bis "ins Kleinste" besitze. HStAD, RWN 51/2 Niederschrift über die Besprechung mit Dr. Brüning vom 19.6.1934, dagegen unkritisch kommentierend Rausch, Die Entwicklung der Rechtsstellung des Oberpräsidenten in Preußen, S. 55, Lenz, Die Wandelung der Stellung des Oberpräsidenten im preußischen-deutschen Staatsaufbau, S. 40 ff.

bandes zu.⁶⁹ Die Provinzialverbände waren damit in einer Form an den Staat "herangebracht" worden, die selbst den Vorstellungen der nationalsozialistischen Landeshauptleute nicht entsprach und die sich hierin nicht von ihren demokratisch legitimierten Vorgängern unterschieden.⁷⁰ Das Gesetz fand bei den Provinzialverwaltungen eine kritisch ablehnende Aufnahme. Es war wiederholt Gegenstand der Landesdirektorenkonferenz und wurde noch 1939 im Ausschuß der Landesdirektorenkonferenz für Verwaltungsfragen als "verbesserungsbedürftig" empfunden.⁷¹ Auch Kolbow und Kühl schlugen in ihrer 1934 angefertigten Denkschrift "Die Gauselbstverwaltung" vor, die Staatsaufsicht in die Mittelinstanz zurückzuverlegen und den Landeshauptmann wieder als Leiter der Provinzialverwaltung einzusetzen.⁷² Im übrigen vertrauten die Provinzen darauf, daß das Gesetz ausdrücklich als Zwischenlösung ausgegeben worden war und erwarteten von der angekündigten Provinzialordnung seine Revision, da "das Amt des Landeshauptmanns", wie der Erste Landesrat der Provinz Brandenburg, Dr. Müller-Haccius, meinte, "seinem Wesen und Inhalt nach ein Amt ist, das kaum von einem Stellvertreter wahrgenommen werden kann."⁷³

Immerhin hätte es doch nahegelegen, analog zum vielberufenen "Führerprinzip" den Landeshauptmann zum "Führer" der Provinzialverwaltung zu berufen. Indessen wurde dieses Prinzip zugunsten des Oberpräsidenten herangezogen. Die Übertragung der Provinzialverwaltung auf seine Person war ein erster Teilschritt zu einer von der Ministerialbürokratie betriebenen Reichsreform, die es nicht glaubte riskieren zu können, den Landeshauptmann verantwortlich an der Spitze zu belassen. Die Tatsache, daß das Gesetz in erster Linie eine Frucht der preußischen Ministerialbürokratie war, verrät bei ihr ein tiefes, während der parlamentarischen Zeit gewachsenes Mißtrauen gegenüber den Provinzialverbänden, das sie nun gesetzlich institutionalisierte.

69 Das Urteil von Diehl-Thiele, Partei und Staat im Dritten Reich, S. 121, Anm. 127, mit dem Oberpräsidentengesetz sei "genaugenommen" ein "bereits bestehender Zustand lediglich legalisiert" worden, erscheint als zu grob und setzt die "Inkubationszeit" des Gesetzes mit seinem Erlaß gleich. Undifferenzierend und schematisch auch Grunwald, Die Provinzialverwaltung und ihre Organe in der preußischen Provinz Schleswig-Holstein 1807 - 1945: die provinzielle Selbstverwaltung "fiel dem totalitären Einheitsstaat zum Opfer", "was auf der Provinzebene zuerst durchgeführt wurde, erfolgte 1935 auch auf kommunaler Basis durch die Deutsche Gemeindeordnung." a.a.O., S. 114 f. Grunwald berücksichtigt dabei nicht das wichtige Gemeindeverfassungsgesetz vom 15.12.1933 und zudem ist die DGO nicht so ohne weiteres mit dem Oberpräsidentengesetz vergleichbar.

70 Trotz der äußeren Identität entsprach diese Regelung auch nicht dem Konzept, das seinerzeit der Verfassungsausschuß der Länderkonferenz entwickelt hatte, als er eine Personalunion von Oberpräsident und Landeshauptmann erwog. Denn diese sah vor, daß der Landeshauptmann an die Spitze der "Landesregierungen" gestellt werden sollte. Vgl. Brecht, Föderalismus, Regionalismus und die Teilung Preußens, S. 179 f.

71 N-Kolbow (P) Niederschrift der LDK vom 18.6.1934 und die Niederschriften der Ausschußsitzungen in: AVfK, DGT 1-1-1/3

72 VA, W-L, a.a.O., ähnlich der 1. Landesrat von Pommern, Schultze-Plotzius, Neuordnung des Reichsaufbaus, S. 330, ders., Gedanken über die provinzielle Selbstverwaltung, S. 69

73 Müller-Haccius, Die preußischen Provinzialverbände im Gefüge des Dritten Reiches, S. 90

Ein Erlaß des Innenministeriums sorgte dafür, daß der Provinzialverband täglich die durch das Oberpräsidentengesetz geschaffene contradictio in adjecto in seinen Briefköpfen außer Haus trug. Er hatte zu firmieren: "Der Oberpräsident (Verwaltung des Provinzialverbandes)".[74]

Von den zehn preußischen Oberpräsidenten waren am 15. Dezember 1933 sieben zugleich Gauleiter oder hohe SA-Führer. Immerhin bestand bei der westfälischen Konstellation für die Provinzialverwaltung eine günstigere Ausgangslage als bei einer Personalunion von Oberpräsident und Gauleiter. So gab Oberpräsident von Lüninck auch bei der nächsten Gelegenheit zu verstehen, daß er nicht beabsichtigte, den Landeshauptmann über das gesetzlich festgelegte Maß hinaus auf die Vertreterrolle zu begrenzen. Als anläßlich einer Veranstaltung der Provinz Lüninck als Festredner vorgesehen war, forderte er Kolbow auf, als Repräsentant der Provinzialverwaltung aufzutreten. Denn, so meinte Lüninck, er fasse die neue Regelung nicht so auf, "daß die Stellung des Landeshauptmanns in ihrer Bedeutung gemindert werden soll," sofern "die Ausführungsbestimmungen des Gesetzes nicht sehr ausdrücklich etwas anderes besagen." Bis dahin sollte an der "Arbeitsmethode der Provinzialverwaltung nichts Wesentliches geändert" werden.[75] Am selben Tag erschienen im Ministerialblatt die ersten Ausführungsanweisungen zum Oberpräsidentengesetz und verordneten - was wiederum aufschlußreich für die Ministerialbürokratie des Innenministeriums ist -, Landeshauptmann und Landesräte hätten gleichermaßen "In Vertretung" zu zeichnen.[76] Bezeichnenderweise meldete hiergegen der "Nur"-Oberpräsident von Hessen-Nassau, Prinz Philipp von Hessen, beim Innenministerium Bedenken an, denen sich Lüninck anschloß. Sie befürchteten eine Kompetenz- und Prestigeeinbuße des Landeshauptmanns, die weder im Interesse einer einheitlichen Verwaltungsführung liege, noch mit dem "Führerprinzip" vereinbar sei. Stattdessen schlugen sie vor, daß der Landeshauptmann "In Vertretung", die Landesräte dagegen "Im Auftrage" zeichnen sollten.[77] Das Ministerium akzeptierte die Anregung und änderte die bisherige Anweisung.[78]

Die Ausführungsbestimmungen schrieben dem Oberpräsidenten nicht vor, welche Vorgänge der Provinzialverwaltung er sich im einzelnen vorzubehalten hatte. Vielmehr blieb dies in großem Maße in sein Ermessen gestellt. Darin lag, trotz aller Normierung, ein Spielraum, der sich zugunsten der provinziellen Selbstverwaltung

---

74 Ausführungsanweisung zum Gesetz vom 22.12.1933 (MBliV. S. 934) Naunin, Wiederaufbau, S. 20

75 N-Kolbow (P) "Ordner Persönliches 1934" Lüninck an Kolbow am 3.1.1934

76 Vgl. Art. II., Abs. 3 der Ausführungsanweisung zum Oberpräsidentengesetz vom 22.12.1933 (MBliV. 1934, S. 7). Beispielsweise sah der Referentenentwurf des Selbstverwaltungsgesetzes von 1930 in § 274, Abs. 2 vor, daß der Provinzialausschuß ohne Beteiligung des Landeshauptmanns Landesräte mit der ständigen Vertretung des Landeshauptmanns für bestimmte Zwecke der Verwaltung beauftragte.

77 VA, W-L, C 10/11 - 3 Das Schreiben Philipps von Hessen und Lünincks vom 19.1. bzw. 25.1.1934.

78 Vgl. Abs. 3 der Zweiten Ausführungsanweisung zum Oberpräsidentengesetz vom 25.1.1934 (MBliV. S. 161)

auswirken konnte und die Praxis des Verwaltungsalltages zum Prüfstein der neuen Regelung machte. Für die Provinzialverwaltung Westfalen hatte Lüninck erkennbar gemacht, wie er seine erweiterten Befugnisse auszufüllen beabsichtigte. Offensichtlich ist er von dieser Linie auch nach den Ausführungserlassen nicht abgewichen. Immerhin konnte Kolbow für die Verwaltung verfügen, daß er sich in jedem Falle vorbehalte, was dem Oberpräsidenten zur abschließenden Zeichnung vorzulegen sei.[79]

Kolbow selbst hätte im Interesse einer "innigen Zusammenarbeit von Bewegung und Verwaltung" lieber eine Personalunion von Gauleiter und Oberpräsident gehabt. Bereits im Dezember 1933 nach Erlaß des Gesetzes äußerte er zu Gauleiter J. Wagner die Befürchtung, daß infolge der politischen Konstruktion in Westfalen mit zwei Gauen und mit dem Oberpräsidenten als dritte politische Kraft der enge Konnex mit den Gauleitungen verlorengehen könne. Bisher sei dieser gewährleistet gewesen, da Stürtz den Provinzialausschuß gleitet habe.[80] Nach fast einem Jahr praktischer Erprobung des Gesetzes glaubte Kolbow seine Bedenken nicht nur durch ein hohes Maß an verwaltungstechnischer "Leerlaufarbeit" bestätigt. Insbesondere sah er in dem Gesetz die Ursache dafür, daß er "einsam und ohne das Verständnis und die politische Hilfsstellung der Bewegung" die "großen Probleme der Verwaltung" lösen müsse.[81] Kolbows Äußerung, die in dem Zusammenhang mit seiner zu dieser Zeit noch labilen Stellung in der Provinzialbürokratie zu beurteilen ist, enthielt die grundsätzliche Kritik, daß die Gauleitungen daß die Aufgaben der Provinzialverwaltung zu wenig beachteten. Es sollte sich zeigen, daß diese in der Tat an ihr kein sachliches Interesse besaßen.

---

79 Die Verfügung vom 25.1.1934, in: VA, W-L, C 10/11 - 3. Überwiegend handelte es sich dabei um wichtige Schreiben an Reichsbehörden und preußische Ministerien. Das Zentralbüro hatte täglich zweimal einen Boten zum Oberpräsidium mit den zur Kenntnis oder zur Zeichnung vorgesehenen Schriftstücken zu entsenden.

80 VA, W-L, NK - 19, S. 48 ff. Kolbow an Wagner am 28.9.1934

81 Ebenda

VIERTES KAPITEL

Die Provinzialverwaltung im Gefüge von Partei und Staat

A) Partei und Provinzialverwaltung

1. Kämpfe um die Personalhoheit und das Fachbeamtentumprinzip

Die nationalsozialistische Führung war sich darüber klar, daß personelle Säuberungsmaßnahmen und informell erzwungene Parteieintritte noch keine nationalsozialistischen Verwaltungen gebracht hatten. Auch Kolbow gab sich nicht den Illusionen hin, daß aus der, wie er sie 1934 nannte, "schwarzen Provinzialverwaltung"[1] plötzlich eine von nationalsozialistischem Geist geprägte Behörde geworden war. Diese Umformung und Anpassung glaubte man mit Hilfe politischer Kontrollmaßnahmen, kollektiver Schulungen im nationalsozialistischen Ideengut sowie moralischer Appelle erreichen zu können. Die jeweiligen Behördenleiter hatten deshalb die zentral erlassenen Gesetze und Richtlinien anzuwenden, wobei von ihnen erwartet wurde, daß sie eigene Initiativen entwickelten.

Einer der ersten Schritte auf diesem Wege war eine umfassende weltanschauliche Schulung des gesamten Personalapparates. Dazu ordnete Kolbow im Anschluß an den allgemein gehaltenen Erlaß des Innenministeriums vom 11. Juli 1933[2] eine auf zwölf Abende geplante Veranstaltungsreihe an, deren wichtigste Referenten er selbst, Bommel und Bubenzer waren.[3] Die Abende sollten in einem dreiwöchigen Zyklus in der Stadthalle Münster stattfinden. Hiervon erhoffte Kolbow sich "eine Beamten- und Angestelltenschaft, die in innerer weltanschaulicher und willensmäßiger Geschlossenheit am Aufbau des nationalsozialistischen Staates mitarbeitet."[4] Kolbow nahm die Durchführung der Kurse sehr genau. Er erklärte sie als Dienst und verlangte später bei Nichterscheinen eine schriftlich begründete Entschuldigung.[5] Selbst Angehörige der SA, SS und Amtswalter der Partei, die sich auf eine Anordnung von Gauleiter Wagner beriefen, nach der Parteiverpflichtungen dem Behördendienst vorzugehen hätten, erhielten keine Dispens und mußten gegebenenfalls mit disziplinarischen Maßnahmen rechnen.[6] Der Erfolg dieses abend-

---

[1] VA, W-L, NK - 8a   [2] MBliV, S. 807

[3] Vgl. MA vom 17.10.1933. Die Vorträge in den weitverzweigten Provinzialanstalten übernahm Bubenzer. Bericht der RE, Nr. 281 vom 14.10.1933

[4] VA, W-L, C 10/11 - 981 Verfügung vom 10.9.1933 sowie die Mitteilung Kolbows vom 25.1.1934 an den Gau Westfalen-Nord, VA, W-L, NK - 18, S. 3

[5] VA, W-L, C 10/11 - 981 Verfügung vom 17.1.1934

[6] Ebenda, Kolbow am 4.10.1933 mit dem Schreiben der Ortsgruppe Hagen-Altenhagen vom 18.6.1934

lichen nationalsozialistischen Nachhilfeunterrichtes dürfte indessen nicht hoch zu veranschlagen sein. Die Tatsache, daß Kolbow vier Monate nach seiner ersten Anweisung auf die schriftliche Entschuldigung als Druck- und Kontrollmittel zurückgreifen mußte, läßt darauf schließen, daß die Verwaltung diese Form des Dienstes als äußerst lästig empfand und ihr nur widerwillig nachkam.

In diesen Zusammenhang gehören auch die Appelle zur Lektüre nationalsozialistischer Tageszeitungen und Standardwerke. Beförderungen sollten nur noch an nationalen Ehrentagen vorgenommen werden. Die seit dem 2. Dezember 1933 angeordnete Vereidigung auf den "Führer" verwandelte das bisherige öffentlich-rechtliche Dienstverhältnis in ein unmittelbares persönliches Treueverhältnis zu Volk und Führer. Die Beamten der Provinzialverwaltung konnten auf ihren Urkunden lesen: es werde erwartet, daß sie die Pflichten des Dienstes "als ein überzeugter und pflichtbewußter Mitstreiter unseres Führers Adolf Hitler erfüllen"[7] werden.

Bedeutsamer und für ein angepaßtes Wohlverhalten der Beamten wirksamer erwiesen sich die politischen Implikationen der novellierten Einstellungs- und Beförderungsrichtlinien. Bei prinzipieller Bejahung des Fachbeamtentums wurden sie dadurch nationalsozialistisch eingefärbt, daß die Gauleiter bei der Bestätigung von leitenden Beamten eine politische Gutachterrolle erhielten.[8] Ein allseitiges und allzeitiges Einstehen für den nationalsozialistischen Staat galt als selbstverständliche Auflage.

Wie sehr Kolbow grundsätzlich das politische Moment in der Personalpolitik betonte, läßt sich an der Handhabung der weltanschaulichen Überprüfung ablesen. Ihr mußten sich diejenigen unterziehen, die nicht in der Partei waren und befördert werden wollten. Die Richtlinien überließen es dem Behördenleiter, auf welche Weise er sich über die weltanschauliche, was in diesem Fall nationalsozialistische Festigkeit hieß, informierte. Kolbow wählte zunächst den Weg der kombinierten schriftlichen und mündlichen Befragung und teilte dies der Verwaltung am 30. März 1936 in einer Eilverfügung mit.[9] Die Provinzialverwaltung war damit, wie Kolbow hervorhob, die erste Behörde, die diese Befragung durchführte.[10] Insgesamt scheint sie mit einem Teilnehmerkreis von 36 Personen zweimal stattgefunden zu haben bis Kolbow sie am 25. Oktober 1938 mit der Begründung fallenließ, die erweiterten Regelungen für die Parteimitgliedschaft machten sie überflüssig.[11]

---

7   VA, W-L, C 10/11 - 848 Undatierter Entwurf des Personaldezernenten der Verwaltung, Dr. Fischer, abgezeichnet von Kolbow unter dem 15.12.(1936)

8   Rd.Erlaß vom 29.5.1933 über die "Zusammenarbeit der Ober- und Regierungspräsidenten mit den Gauleitern der NSDAP" (MBliV. S. 649) sowie die Ausführungsanweisung über die Bestätigung von Beamten der Gemeinden und Gemeindeverbände vom 13.6.1933 (MBliV. S. 699) Die Parteizugehörigkeit wurde offiziell zur Bedingung für Beamtenanwärter erst mit der Verordnung vom 28.2.1939 erklärt. BA, R 43 II/450a

9   VA, W-L, C 10/11 - 858. Die Gauleitungen von Westfalen-Nord und -Süd bekamen je einen Durchschlag.

10 Ebenda, Protokoll der Befragung vom 31.1.1937

11 Ebenda

Kolbow leitete die Befragungen jeweils mit einer ausführlichen Erläuterung und Begründung ein, damit die Betroffenen "Verständnis" für die Maßnahme hätten und "um falsche Auffassungen ... zu vermeiden". Als Test dienten ein unter der Aufsicht des Personaldezernenten Dr. Fischer[12] angefertigter Aufsatz über "Die Grundsätze des Nationalsozialismus über Rasse und Blut in der Gesetzgebung des Dritten Reichs" sowie mündliche Fragen wie: "Notwendigkeit der Vernichtung der früheren Parteien", "Sinn und Zweck des Gesetzes über die Verhütung erbkranken Nachwuchses" und, was in der "schwarzen Provinzialverwaltung" offenbar als wichtig angesehen wurde: "Überbrückung der konfessionellen Zerklüftung unter besonderer Berücksichtigung der Tätigkeit des früheren Zentrums."[13] Für die weiteren Befragungen stellte Fischer einen Fragenkatalog über sechzehn Seiten aus Hitlers "Mein Kampf" zusammen.[14] Als die Neuregelung der Parteimitgliedschaft anstand, wurde schließlich nur noch die Zusicherung über eine intensive Lektüre von "Mein Kampf" abgenommen, ohne sie indes eigens zu überprüfen.

In einem anderen Zusammenhang ist bereits dargelegt worden, daß Kolbow sich nur schwer mit den Bedingungen bürokratischer Organisation anfreunden konnte und versucht war, reformerische Elemente in das tabuisierte Reglement behördlicher Personalpolitik wie klare Laufbahnbestimmungen, einheitliche Beförderungsvorschriften und berechenbare Dienstbezüge hineinzutragen. So wollte er den während seiner Ingenieurtätigkeit gewonnenen spezifischen Leistungsbegriff in der Verwaltung stärker berücksichtigt und aufgewertet wissen. Insofern fand die Ankündigung Bommels gegenüber Beamten der Verwaltung, zukünftig sei für die Beförderung "die Tüchtigkeit und Leistung" und nicht das Dienstalter ausschlaggebend, sicherlich seine ungeteilte Zustimmung.[15] Ihre Realisierung bedeutete keine Gefährdung für das Fachbeamtentumprinzip, sondern allenfalls eine Bereicherung. Auch Kolbow selbst untersagte am 22. Dezember 1936 den Verwaltungsangehörigen strikt, Beförderungsanträge in eigener Sache zu stellen, da sie für einen Beamten des nationalsozialistischen Staates unangemessen sei. Die Beförderungen würden "unter Berücksichtigung der fachlichen Leistung, der Verdienste für Volk und Vaterland sowie auch unter Berücksichtigung des Dienstalters" erfolgen.[16]

Eine andere Frage war jedoch, wie sich die Partei zu dieser Reihenfolge stellte. Ihre grassierende Ämterpatronage bedrohte häufig in eklatantem Maße auch das von Kolbow favorisierte Leistungsprinzip und lief unvermeidlich auf eine Effektivitätsminderung der Verwaltung hinaus. Kolbow mußte bald feststellen, daß sich die Parteistellen keineswegs damit zufrieden gaben, bereits von der Verwaltung vorgeschlagenen Personen lediglich ein politisches Billigkeitszeugnis auszustellen, son-

---

12 Dr. Fischer war Ende Dezember 1935 Nachfolger von Bommel geworden. Vgl. oben S. 74

13 Ebenda, Protokoll der Befragung vom 16.4.1936, die von 10.45 - 13.10 dauerte

14 Ebenda, Aufstellung vom 7.5.1936

15 VA, W-L, C 10/11 - 848 Vermerk einer Besprechung mit Anstaltsdirektoren vom 31.1.1934

16 VA, W-L, C 10/11 - 894

dern daß sie andere Vorstellungen von einer nationalsozialistischen Verwaltungsführung und Personalpolitik besaßen.

Dies wurde etwa bei der scharfen Kontroverse zwischen Kolbow und Stürtz Ende Februar 1934 deutlich. Kolbow beschwerte sich, auf Drängen der Gauleitung einen Parteigenossen eingestellt zu haben, dessen fachliche Unfähigkeit sich immer deutlicher zeigten. Da die bei dieser Gelegenheit von Stürtz vertretene Auffassung und Verhaltensweise für eine bestimmte Gruppe in der NSDAP repräsentativ war, soll sie ausführlicher zitiert werden. Stürtz warf Kolbow vor, er hätte "sehr merkwürdige Ansichten über die Behandlung von Nichtparteigenossen" die man "so lange anekeln" müsse "bis man sie losware; es sei lächerlich", wenn er sich "Mühe gäbe, auf den guten Willen, die Freude und Liebe zur Arbeit bei Männern des alten Systems zu spekulieren. Diese Sorte Beamte müsse ständig unter Druck und in Angst gehalten werden; ein anderes Zusammenarbeiten mit ihnen sei für einen Nationalsozialisten auf die Dauer unmöglich." Als Stürtz ihn "vor 10 Monaten für die Stelle des Landeshauptmanns ausgesucht habe, hätte er gehofft," daß Kolbow "als junger frischer Kerl dazwischen schlagen würde. Statt dessen hätte" er sich "in die Arbeit gestürzt und dabei vergessen, die Peitsche zu schwingen, wie die Gauleitung das ... erwartet hätte. Als Behördenleiter brauche man keine ausgesprochenen Fachleute, sondern Männer, die immer und immer wieder die Peitsche schwingen, und damit den ganzen Beamtenapparat in Druck und Furcht hielten." Kolbow solle sich "lieber nicht beliebt bei den alten Beamten machen, sondern dafür sorgen", daß sie vor ihm "zitterten."[17]

Läßt man die Rabaukensprache von Stürtz unberücksichtigt, wenngleich sich in ihr seine Vorstellungen von einer nationalsozialistischen Verwaltungsführung adäquat widerspiegeln, so bleibt als Ergebnis, daß seine Anwürfe auf einem vulgären Mißtrauen zur Bürokratie beruhten, wie es schärfer nicht formuliert werden konnte. Es machte jegliches Verständnis für bürokratische Organisationsformen und angemessenen Führungsstil von vorneherein unmöglich. Für Stürtz war die Bürokratie ein Instrument, dessen man sich bedient hatte, um an die Macht zu kommen, deren Träger aber danach umso heftiger bekämpft werden mußten, da sie als zwangsläufig stabilisierende Faktoren einem auch in die Verwaltung hineinzubringenden ungezügeltem Aktivismus im Wege standen.

Eine weitere, typische Erscheinung dieses Mißtrauens war es, daß Leute wie Stürtz eigenen, in hohe öffentliche Ämter eingesetzte Parteigenossen, in diesem Falle Kolbow, vorwarf, bereits nach kurzer Zeit schon zu weit in den Absorptionsprozeß der Bürokratie hineingezogen worden zu sein, um noch den personalpolitischen Interessen des nationalsozialistischen Staates in erforderlichem Maße gerecht werden zu können.[18] Deshalb überrascht es nicht, daß die Bochumer Gauleitung einen ihr ergebenen Parteigenossen als "Brückenkopf" an exponierter Stelle als Landesverwaltungsdirektor in der Provinzialverwaltung unterbrachte, ohne daß Kolbow

---

17 VA, W-L, NK - 1, S. 48 - 53 (Vertraulicher) Vermerk Kolbows vom 1.3.1934 über die Besprechung vom 26.2.1934

18 Vgl. dazu in der Sache verwandt die Denkschrift des SA-Beauftragten für Polizeiverwaltungsfragen im preußischen Innenministerium und späteren Landeshauptmanns von Westfalen, Hans von Helms, über "Nationalsozialistische Personalpolitik", gedruckt bei Mommsen, Beamtentum, S. 171 ff.

von den Beweggründen ursprünglich wußte. Er erfuhr sie erst bei dieser Auseinandersetzung mit Stürtz. Auf den erregten Widerspruch Kolbows, er würde "einen offiziellen Spion der Gauleitung" nicht dulden, entgegnete Stürtz lapidar: Dies ginge ihn "überhaupt nichts an". Die Gauleitung habe allein darüber zu befinden, "auf welchem Wege sie sich Kenntnis von den Dingen und Vorgängen beschaffe, welche für sie von Interesse seien."[19] Kolbow parierte mit einem bewährten personalpolitischem Trick. Sechs Monate nach dem Streit mit Stürtz schob er B. auf den Direktorposten einer Provinzialanstalt ab und erklärte gegenüber dem Gauleiter Wagner, dort brauche die Partei auch einen tüchtigen Ortsgruppenleiter.[20]

Die Kontroverse mit Stürtz darf nicht darüber hinwegtäuschen, daß Kolbow grundsätzlich die gutachterliche Rolle der Gauleitungen in Personalfragen lebhaft bejahte.[21] Jedoch beanspruchte er für sich, ebenfalls unter Berufung auf das "Führerprinzip", die alleinverantwortliche und umfassende Leitung der Verwaltung. Als beispielsweise der Leiter der Zentralabteilung die Gauleitung Westfalen-Nord darüber informierte, daß die laufende Stellvertretung des Landeshauptmanns zu regeln sei und anfragte, ob sie darüber Vorstellungen besitze, erhielt er von Kolbow einen strengen Verweis und die Androhung eines Parteigerichtsverfahrens.[22] Die wiederholten Erfahrungen, daß die Gauleitungen aus einem usurpatorischen Machtwillen heraus in sträflich leichtfertiger Weise fachlich unqualifizierte Parteigenossen protegierte, dagegen in ihren Berufen ausgewiesene und von Kolbow benannte Parteigenossen rigoros ablehnten,[23] taten ein übriges. Kolbow verteidigte seine Personalhoheit in der Verwaltung immer verbissener und achtete darauf, daß die Beteiligung der Partei nicht über ihre Gutachterfunktion hinausging. Als die Verwaltung bei einer Kreisleitung der NSDAP anfragen wollte, ob politische Bedenken "gegen die beabsichtigte Beförderung" eines Beamten bestünden, beanstandete er verärgert diese seinen früheren Anweisungen widersprechende

---

19 VA, W-L, a.a.O., es handelte sich hierbei um den früheren bei der Stadtverwaltung Bochum als mittleren Angestellten beschäftigten M.B., der zugleich Gauamtsleiter für Kommunalpolitik in Westfalen-Süd war. Am 21.11.1933 teilte er dem Hauptamt für Kommunalpolitik mit, sein Wechsel nach Münster vollziehe sich "etwas überstürzt", da er auf Wunsch der Gauleitung dort die Stelle des Landesverwaltungsdirektors übernehme. BA, NS 25/120, S. 87

20 VA, W-L, NK - 19, S. 34 Kolbow an Wagner am 30.8.1934. Stürtz war dann nur noch wenig am persönlichen Schicksal B's interessiert. Als dieser auch in der neuen Stelle nicht zurechtkam und bei Stürtz um Unterstützung für eine neue Position nachsuchte, wurde er nicht einmal von ihm empfangen. Vgl. VA, W-L, Personalakte B. Dieser am 14.5.1936 an Kolbow.

21 Vgl. Kolbows Schreiben an Gauleiter Meyer vom 2.7.1934, in: VA, W-L, NK - 18, S. 43 - 45

22 Die Vorgänge in: VA, W-L, C 10/11 - 900 vom Februar 1934, NK - 1, S. 47. Zum Komplex: Parteigerichtsbarkeit und Beamtenschaft vgl. die formalen Bemerkungen bei Diehl-Thiele, Partei und Staat im Dritten Reich, S. 55 ff.

23 Ein solcher Fall war für Kolbow die Ablehnung des Pg: Dipl.Ing. von Renteln durch Stürtz. Kolbow wollte von Renteln als Leiter einer Planungsstelle für westfälische Siedlungen einstellen. VA, W-L, NK - 19, S. 25 ff., 59 ff. Kolbow an Stürtz vom 24.3.1934 und dessen Antwort vom 27.3.1934 sowie Kolbow an von Renteln am 28.12.1934, N-Kolbow (P) Ordner "Persönliches" 1934

Formulierung. Die Beförderung als solche sei ausschließlich eine Angelegenheit der Behörde. Die Anfrage dürfe nur lauten, ob gegen die Person des Beamten politische Einwände erhoben werden.[24]

Angesichts des angespannten Verhältnisses zu den Gauleitungen schlug Kolbow bei der Besetzung wichtiger Ämter offensichtlich eine bestimmte Taktik ein. Um Leute seiner Wahl, die, das muß ausdrücklich betont werden, Parteigenossen waren, durchzubekommen, stellte er den nationalsozialistischen Habitus von infragekommenden Kandidaten gegenüber den Gauleitungen überdeutlich heraus. Ein Beispiel hierfür ist sein Vorgehen bei der Neubesetzung des Personaldezernates 1935.[25] Kolbow mußte daran interessiert sein, auf diesen Schlüsselposten einen Mann seines Vertrauens zu bekommen, zumal die Partei aus naheliegenden Gründen gerade die Auswahl der Personalreferenten als ihre Domäne beanspruchte. So hatte das Amt für Kommunalpolitik auf Grund ihm zugetragener Informationen, nach denen "eine große Zahl der Personaldezernenten der preußischen Provinzen nicht Angehörige der Partei seien", die Gauamtsleiter ersucht, die Angaben zu überprüfen.[26]

Kolbow entschied sich für den Regierungsrat bei der Regierung in Eutin, Dr. Hans Joachim Fischer. Gegen ihn konnte die Partei, da er seit 1929 in der NSDAP war, zumindest keine politischen Bedenken geltend machen. Nachdem Kolbow sich mit Lüninck abgesprochen hatte, schrieb er Stürtz um dessen Einverständnis an. Er habe in Fischer einen Mann gefunden, den er bereits seit 1933 für eine Landesratsstelle im Auge habe. Auf Grund seiner politischen Haltung sowie seiner Verwaltungskenntnisse sei er "einer von denen, die wir heute suchen, wie z.Zt. Diogenes bei Tage mit der Laterne." Mit Fischer gewinne er im Gegensatz zu den früheren "sehr tüchtigen alten preußischen Beamten" einen für heutige Verhältnisse "doch so viel praktisch brauchbaren richtigen jungen Nationalsozialisten", was für die gesamte "Struktur der Provinzialverwaltung von ganz außerordentlichen Nutzen sein würde."[27] Dieser Argumentation widersetzte sich auch Stürtz nicht, nachdem er ursprünglich, wie aus dem Kontext des Schreibens hervorgeht, andere Pläne hatte, so daß Dr. Fischer am 9. Dezember 1935 als Landesrat nach Münster wechselte.[28]

---

24 Aus einer Aufstellung von 1940 geht hervor, daß von den 10 Landesräten der Hauptverwaltung 9 der Partei angehörten, davon 3 mit einem Eintrittsdatum vor dem 30.1.1933. Bemerkenswert dagegen die Situation in der LVA, wo von 4 Landesräten nur einer in der Partei war. VA, W-L, C 10/11 - 293a.

25 Landesrat Bommel wurde Ende 1935 in die Personalabteilung des RMdI berufen.

26 BA, NS 25/76, S. 24 Rundschreiben G 12/34. Da die Ergebnisse der Nachforschungen, die sich auch auf die Gemeinden erstreckten, nicht befriedigten, wurden die Gauamtsleiter aufgefordert dafür zu sorgen, "daß diesem Übelstande abgeholfen wird." BA, NS 25/81, S. 26 Anordnung G 6/35.

27 VA, W-L, NK - 8a, S. 41 f. Kolbow am 26.7.1935 an Stürtz

28 Zur Person Fischers vgl. das Dienstleistungszeugnis von Kolbow, in: BA, R 43/II/1322b, S. 10. Dr. Fischer verließ 1939 wieder die Provinzialverwaltung und wurde Senator für Inneres in Bremen.

In den personalpolitischen Auseinandersetzungen erwies es sich als nicht unwesentlich, daß der Oberpräsident der Provinz, der nach dem Oberpräsidentengesetz vom 15. Dezember 1933 die oberen Beamten zu ernennen hatte, nicht gleichzeitig Gauleiter war.[29] Dies zeigte sich etwa, als die Gauleitung von Westfalen-Nord einen alten Parteigenossen und ehemaligen mittleren Angestellten der Landesversicherungsanstalt in dieser Behörde zum Landesrat befördert wissen wollte.[30] Es handelte sich dabei ausgerechnet um den Parteigenossen, der den 1933 nach § 2 BBG entlassenen Landesrat Rediger wegen seiner angeblich mangelnden Fähigkeiten denunziert hatte und dessen Platz er nun einnehmen wollte.[31] Lüninck lehnte es jedoch kategorisch ab, jemanden zum Landesrat zu ernennen, der kein Vollakademiker sei und nicht die vorgesehenen Laufbahnbestimmungen erfülle.[32] Eine solche Ernennung hätte überdies einen Präzedenzfall für die Gruppe der Landesräte dargestellt. Selbst als das Innenministerium nach einer Anfrage der Verwaltung sich mit einer Einweisung in die Landesratsstelle einverstanden erklärte, weigerte sich Lüninck nach wie vor und setzte sich durch.[33] Dieser Maßstab für die Ernennung von Landesräten wurde erst von dem Zeitpunkt an nicht mehr konsequent angelegt, als Lüninck 1938 aus dem Oberpräsidium entfernt worden war und Gauleiter Meyer nachrückte. Dieser beförderte den von Kolbow 1933 als Referenten für Propaganda und Beamtenschulung eingestellten und zwischenzeitlich zum Landesoberverwaltungsrat aufgerückten Leopold Bubenzer am 17. April 1939 zum Landesrat.[34] Ebenso berief Meyer gegen den Einspruch Kolbows 1942 und unter Ignorierung der Laufbahnvoraussetzungen einen verdienten Parteigenossen als Bankdirektor in das Direktorium der umgestalteten Landesbank.[35]

Die Handhabung der Beförderungspolitik in den Provinzialverbänden verlief offensichtlich auch nicht zur Zufriedenheit der Parteizentrale in München. In einem Schreiben vom 29. November 1937 monierte der Leiter der staatsrechtlichen Abteilung beim Stellvertreter des Führers, Sommer, im Reichsinnenministerium und in der Reichskanzlei: "Meinen Parteidienststellen fällt immer wieder auf, daß von den Leitern der Provinzialbehörden fast ausschließlich fachliche Gesichtspunkte als

---

29 Vgl. das Schreiben des Leiters der Kommunalabteilung im PrMdI, Surèn, an Lüninck vom 13.1.1934, in: VA, W-L, C 10/11 - 851, Krauthausen, Die Bestätigung der leitenden Gemeindebeamten in Preußen nach dem Gesetz vom 23. Juni 1933, S. 542

30 VA, W-L, NK - 1, S. 60 Antrag der Gauleitung vom 29.5.1934

31 Vgl. oben S. 65 Anm. 144

32 VA, a.a.O., S. 62 Vermerk Kolbows über die Besprechung mit Lüninck vom 1.6.1934

33 VA, W-L, C 10/11 - 851 Bommel am 25.1.1935 an den ORR Heller im RAM

34 VA, W-L, Personalakte Bubenzer

35 VA, W-L, NK - 2, S. 376 Vermerk Kolbows vom 25.11.1942 sowie das Schreiben Kolbows vom 31.8.1943 an Dr. von Hülst, VA, W-L, NK - 11, S. 250 und die Vorgänge in: NK - 66. Mit nur zwei "Außenseitern" unter den leitenden Beamten hob sich die Provinzialverwaltung noch merklich von der Ämterwillkür in den Provinzen ab, wo seit 1934 der zuständige Gauleiter zugleich Oberpräsident war, wie etwa in Pommern Schwede-Coburg. Vgl. Schultze-Plotzius, Ein Überblick über die Tätigkeit der Provinzialverwaltung von Pommern in den Jahren 1933 bis 1945, S. 97 f

maßgeblich behandelt werden. Daneben wird die Frage der politischen Zuverlässigkeit und politischen Bewährung nur insofern herangezogen, als festgestellt wird, ob nicht das politische Verhalten der Beamten ausdrücklich entgegensteht."[36]

Der Einspruch des Stellvertreters des Führers in dieser Angelegenheit war kein Einzelfall, sondern Bestandteil einer unablässigen Aktivität, bei den Reichsressorts, und damit über diese auch in den ihrer Aufsicht unterstellten Behörden, eine stärkere Gewichtung der politischen Gutachten zu erzielen.[37] So hatte der Stabsleiter beim Stellvertreter des Führers, Martin Bormann, am 3. Februar 1937 bei dem Reichsminister und Chef der Reichskanzlei, Lammers, verlangt, die höheren Beamten der öffentlich-rechtlichen Körperschaften sollten von Hitler ernannt werden, was bisher Sache des Reichsinnenministers war. Jedoch sprach sich dieser mit Lammers erfolgreich gegen eine solche Regelung aus.[38]

Kurz darauf wurde das Hauptamt für Kommunalpolitik in der gleichen Frage initiativ, wobei der Anstoß von dem Ersten Landesrat der Provinz Sachsen und Ehrenzeichenträger der Partei, Dr. Hans Tießler, ausging. In seiner Eigenschaft als Leiter der erst 1937 (!) beim Hauptamt für Kommunalpolitik eingerichteten Hauptstelle für provinzielle Angelegenheiten[39] kritisierte er, daß die Beamten der Provinzialverbände nicht vom "Führer" ernannt würden.[40] Die Gefahr sei sehr groß, daß auf diese Weise Beamte in die Provinzialverwaltungen hineinkämen, "die der Partei nicht genehm sind"; "die bloße Mitwirkung der Aufsichtsbehörde oder des Ministeriums" sei ungenügend. Tießler intendierte mit seinem Vorstoß jedoch mehr als nur eine Verlagerung des Ernennungsrechtes. Er wollte, wie sich herausstellte, die politische Begutachtung dieser Beamten beim Stellvertreter des Führers ansiedeln. Diese Lösung mußte für die Provinzen eine Verschlechterung bedeuten, da auf regionaler Ebene immerhin, trotz zum Teil erheblicher Widerstände, Arrangements mit den Gauleitungen möglich waren. Andererseits wäre die Realisierung des Vorschlages von Tießler einem offenen Mißtrauenserweis gegenüber der politischen Urteilsfähigkeit der Gauleitungen gleichgekommen. Von solchen Erwägungen ließ sich dann augenscheinlich auch der Stellvertreter des Führers leiten. Er befürchtete, wie er vorgab, einen Zentralismus, der zwangsläufig die Rechte der Gauleitungen einschränken müsse. Stattdessen wollte er die Gauleitungen anweisen, auf die beim Hauptamt für Kommunalpolitik liegenden Listen über politisch und fachlich einwandfreie Bewerber zurückzugreifen.[41]

36 BA, R 43 II/452, S. 71   37 Vgl. Mommsen, Beamtentum, S. 75 ff.

38 BA, R 43 II/452 Schreiben Fricks an Lammers vom 9.4.1937 sowie der Vermerk Lammers vom 15.4.1934, S. 84. Zur gesetzlichen Entwicklung des Beamtenernennungsrechtes, Görg, Die Berufung und Ernennung der leitenden Beamten der Gemeindeverbände (Zweckverbände), S. 258 ff.

39 BA, NS 25/2, S. 11 Geschäftsverteilunsplan des HfK. Im einzelnen zum Aufbau des HfK, Matzerath, Nationalsozialismus, S. 170 ff.

40 BA, NS 25/425, S. 171 Schreiben vom 16.7.1937 an das HfK, weitergeleitet an den StdF am 21.7.1937

41 BA, NS 25/152, S. 87 Schreiben des Hauptamtes an Tießler vom 28.8.1937 nach Rücksprache mit dem StdF

Tießler bedauerte sehr, "daß die Partei gerade auf diesem wichtigen Gebiete sich ihres Einflusses auf die Personalpolitik ... selbst begibt", denn die Leiter der Kommunalverwaltungen seien ja nicht verpflichtet, "sich nach den Vorschlägen der Kreisleiter oder Beauftragten der NSDAP zu richten." Und es komme hinzu, daß es für die Provinzialverbände noch keine Beauftragten der NSDAP gebe.[42] Der Stellvertreter des Führers änderte in einem Punkt kurz darauf seine Auffassung. Er erwirkte, daß zukünftig der Innenminister die Landeshauptleute nur nach seiner vorherigen Anhörung ernannte. Faktisch bedeutete dies jedoch keine grundsätzliche Ausweitung des politischen Einflusses, da das Innenministerium die Beteiligung auf das Bestätigungsgesetz über die leitenden Beamten vom 23. Juni 1933 abstellte, das auch schon für die Gauleitungen als Grundlage galt.[43] Diese neue Regelung wurde für die westfälische Provinzialverwaltung erst im Oktober 1944 akut, als nach der Entlassung Kolbows Ministerialdirektor von Helms auf Weisung der Parteikanzlei Landeshauptmann wurde.

Aus den dargelegten Vorgängen wird deutlich, daß ohne Zweifel das parteipolitische Moment in der Personalpolitik eine Rolle spielte und Karrieren ermöglichte, deren ursächlicher Zusammenhang mit dem Datum des Parteieintritts oder dem Engagement der Begünstigten in der Partei evident war, daß aber die Provinzialverwaltung, und dies gilt bis auf eine Ausnahme insbesondere für die entscheidenden Landesratsstellen, ihre Personalhoheit im großen und ganzen gegenüber den Gauleitungen behauptete und das Prinzip des Fachbeamtentums aufrechterhielt.[44] Dies wurde in nicht geringem Maße schon durch den einfachen Tatbestand erleichtert, daß es der Partei an einer ausreichenden Zahl qualifizierter Parteigenossen fehlte[45] und daß andererseits diejenigen, die in die Entscheidungszentren hineingekommen waren, häufig an der Resistenz der bürokratischen Apparate scheiterten oder, wie Kolbow, von ihnen absorbiert und integriert wurden. Zugleich entwickelten diese ein sachlich-bürokratisches Selbstbewußtsein, so daß sie als reibungslos funktionierende, ferngesteuerte Ausführungsorgane der Partei ausfielen und sich als solche wohl auch nicht mehr verstanden wissen wollten. Indem die Partei ihre eigenen leitenden Repräsentanten in den öffentlichen Verwaltungen in permanente Kompetenzkonflikte hineinzwang — wofür die Personalpolitik ein exponiertes Beispiel ist — machten diese, teils aus "amtlichen Interesse", teils aus Halsstarrigkeit, Front gegen die eigene Partei. Solches Verhalten darf allerdings nicht, ohne nach den Beweggründen zu fragen, als eine Form politischen Widerstandes ausgelegt werden.

---

42 Ebenda, S. 90 Tießler an Schön vom 1.9.1937. Zur Funktion des Beauftragten der NSDAP in den Kommunalverwaltungen, Matzerath, a.a.O., S. 159, 199 ff.

43 BA, NS 25/433, S. 251 Mitteilung des StdF an das HfK vom 4.6.1938. 1943 versuchte die Parteikanzlei, die OB und Landeshauptleute als "politische Beamte" einzustufen, womit diese leichter zu beseitigen gewesen wären. Das Vorhaben scheiterte aber am Widerstand der Kommunalabteilung des RMdI. Vgl. die Mitteilung ihres Leiters, Dr. Kreißl, vor der LDK am 13.11.1943, VA, W-L, C 10/11 - 263 Niederschrift der LDK

44 In dem Zeitraum von 1933 - 1945 (nach Abschluß des BBG) wurden von den 9 Landesräten der Hauptverwaltung 7 neu ernannt; teils, weil ihre Amtsvorgänger die Altersgrenze erreicht hatten, teils, weil sie in andere Verwaltungen oder Stellen überwechselten.

45 Vgl. etwa das Eingeständnis des Gauleiter-Stellvertreters von Westfalen-Nord, Stangier, gegenüber Kolbow am 16.3.1936, VA, W-L, NK - 1, S. 112

Vielmehr war, und dafür steht Kolbow als Beispiel, die allmählich gewonnene Einsicht bestimmend, daß nur durch Bewahrung bestimmter "klassischer" Grundsätze nicht allein die einzelne Verwaltung funktionstüchtig bliebe, sondern auch der nationalsozialistische Staat selbst erst Bestand haben konnte. Daß eine solche Auffassung, gerade wegen ihres Einsatzes für eine geordnete Verwaltungsführung, systemstabilisierende Konsequenz besaß, ist unverkennbar.[46]

Vor diesem Hintergrund ist die Stellungnahme Kolbows zur Denkschrift von Fritz-Dietlof Graf von der Schulenburg von 1937 "über die Krise des Beamtentums"[47] zu sehen. Schulenburg hatte sie Kolbow am 14. Dezember 1937 mit dem Hinweis zugeschickt, sie, wenn überhaupt, "nur einem kleinen Kreise von verständnisvollen Menschen zugänglich zu machen."[48] In seiner Antwort[49] bejahte Kolbow die Gravamina der Denkschrift lebhaft und berichtete, auch er habe in seiner Verwaltung "die unerquicklichsten persönlichen Auseinandersetzungen" hinter sich. Auf diese Weise habe er erreicht, daß "das alte preußische Leistungsprinzip" für die Provinzialverwaltung als maßgeblich anerkannt werde. Gleichzeitig sei aber der Anteil von alten Nationalsozialisten in ihr so hoch wie wohl in keiner anderen westfälischen Behörde. Unter den gegenwärtigen Umständen sei nur über den Weg der "persönlichen Unbequemlichkeiten" erreichbar, sich nicht "einen charakterlich und fachlich nicht genügenden Mann 'andrehen'" zu lassen. Und in gewisser Abhebung von Schulenburg resümierte Kolbow: "Das Beamtentum kann sich nur selbst aus eigener Kraft helfen ... Es bleibt uns, die wir die Gefahren erkannt haben, gar nichts weiter übrig, als an den Posten, auf den wir jeweils gestellt sind, mit doppelter Treue und Verbissenheit unsere Pflicht zu tun, um so vielleicht Beispiele zu geben, die anderen schließlich doch nachahmenswert erscheinen können."

Die Realisierung dieser Hoffnungen gestaltete sich indessen zunehmend schwieriger. Aber nicht etwa nur, weil Lüninck als Oberpräsident durch Gauleiter Meyer verdrängt wurde. Die Unvereinbarkeit eben dieser von Kolbow angesprochenen altpreußischen Verwaltungsgrundsätze und das sie konstituierende Fachbeamtentumprinzip mit dem in extremem Maße an Gewicht gewinnenden System des

---

46 Vgl. für die Ministerialbürokratie Mommsen, Beamtentum, S. 84; Broszat, Der Staat Hitlers, S. 171

47 Sie ist gedruckt bei Mommsen, a.a.O., S. 146 - 149. Zu ihrer Einordnung und Bewertung, ders., a.a.O., S. 37

48 N-Kolbow (P) Ordner "Persönliches" 1938. Es konnte nicht festgestellt werden, auf welche Weise Kolbow Verbindung zu Schulenberg bekommen hat. Immerhin muß sie vertrauensvoll gewesen sein, da Schulenberg seine Denkschrift nur gezielt verteilt hat. Vgl. Krebs, Schulenberg, S. 181 ff.

49 Ebenda, Rückschreiben vom 20.12.1937. Die Denkschrift selbst befindet sich nicht in dem Ordner. Er enthält eine Korrespondenz zwischen Schulenburg und Kolbow aus der Zeit von Dezember 1937 bis Mai 1938, aus deren Kontext ersichtlich ist, daß beide sich über die in der Denkschrift angeschnittenen Probleme ausgetauscht haben. Ihre Verbindung scheint dann wieder lockerer geworden oder sogar abgerissen zu sein. So vermerkte Kolbow in einer Tagebuchnotiz vom 5.8.1944, in das Attentat vom 20.7.1944 sei ein Graf von Schulenburg verwickelt, "wahrscheinlich (!) der mit mir gut bekannte ehemalige Polizeivizepräsident von Berlin." N-Kühl (P) Handakte Kühl, Auszug aus dem Tagebuch Kolbows

Führerabsolutismus, das wiederum in eine Vielzahl von usurpativen Verantwortlichkeiten zerfranste und jede bürokratisch-gesetzmäßige Verwaltung ad absurdum führte, trat immer offener zu Tage.[50] Kolbow, der die "echte" nationalsozialistische Grundhaltung häufig in der Metaphrase der "Charakterfestigkeit" zusammenfaßte, hat, so scheint es, diese strukturellen Antinomien nicht oder doch nur erst sehr spät gesehen. Er setzte nach wie vor, wenn auch nicht in dem sich zunehmend breiter machenden klientelenhaften Verständnis, auf die Kraft der "Führerpersönlichkeit".

Auf einer Tagung des Deutschen Gemeindetages am 27. November 1940, die das Verhältnis der Landesjugendämter zur Nationalsozialistischen Volkswohlfahrt zum Gegenstand hatte, wandte sich Kolbow mit dem dramatischen Appell an die kommunalen Teilnehmer: "Sichern Sie sich die Personalpolitik!"[51] Für die ihm selbst unterstelle Verwaltung kann gesagt werden, daß ihm dies in dem engen Rahmen, den die konkreten politischen Machtverhältnisse sowie die gesetzlichen Richtlinien erlaubten, in großem Maße gelungen ist. Hierbei kam ihm zustatten, daß er sich verstärkt mit dem übernommenen Beamtenapparat solidarisierte und das "Führerprinzip" bei einer gleichwohl prononciert autoritären Amtsführung in der Weise verstand, daß "unbequeme Untergebene oder Mitarbeiter mit eigener ... Meinung für das Gelingen einer gemeinsamen großen Aufgabe"[52] wesentlich sind.

2. Parteistellen und Provinzialverwaltung

Für die Provinzialverwaltung ergab sich aus der Unterteilung der Provinz in zwei Gaue der NSDAP eine Fülle von Problemen. Zum Teil zeichneten sich ihre Ausmaße erst allmählich ab, zum Teil machten sie sich sehr schnell bemerkbar. Dazu gehörte, daß die Gauleitungen verlangten, bei den Stellenbesetzungen in der Provinzialverwaltung paritätisch berücksichtigt zu werden. Bereits im Juni 1933 machte Gauleiter Meyer bei Kolbow diesen Anspruch unmißverständlich geltend. Der Gau Westfalen-Nord, so beschwere sich Meyer, habe den Eindruck, bei der Vergabe leitender Ämter gegenüber dem Gau Westfalen-Süd benachteiligt zu werden. Er, Meyer, erlaube sich deshalb, und Kolbow solle "im Interesse einer gedeihlichen Zusammenarbeit" zukünftig darauf achten, das Proporzprinzip für die Stellenbesetzungen "festzulegen."[53]

Es ist unverkennbar, daß über eine nach solchem Grundsatz betriebene Personalpolitik der Maßstab der fachlichen Qualifikation sekundär werden mußte. Dies war insbesondere der Fall, wenn ein Gau glaubte an der Reihe zu sein, aber nicht mit einem qualifizierten Mann aufwarten konnte und gleichwohl berücksichtigt werden wollte. Als 1937 eine Landesratsstelle in der Landesversicherungsanstalt vakant

---

50   Vgl. Mommsen, Beamtentum, S. 121

51   BA, R 36/1416

52   N-Kolbow (P) Ordner "Persönliches" 1934 Kolbow am 13.7.1934 an den SA-Obergruppenführer Schepmann

53   VA, W-L, NK - 17, S. 206 Meyer an Kolbow am 2.6.1933

war, verlangte der stellvertretende Gauleiter von Westfalen-Süd, Vetter, sie stehe, entsprechend einer Vereinbarung der westfälischen Gauleiter, dem Gau Westfalen-Süd zu. Die Gauleitung verfüge zwar momentan über keinen Verwaltungsjuristen, aber diese Voraussetzung sei ja nicht so entscheidend. Es komme darauf an, einen im nationalsozialistischen Geist arbeitenden Parteigenossen zu ernennen.[54]

Es mochte durchaus sein, daß sich die Gauleitungen für den Bereich der Personalpolitik in dieser Weise abgesprochen hatten. Grundsätzlich bestanden jedoch zwischen ihnen ausgesprochene Rivalitäten. Und auch diese Verständigung dürfte in erster Linie aus der Sorge heraus entstanden sein, der andere Gau könnte übervorteilt werden. Die Provinzialverwaltung stand ihrerseits vor dem Problem, mit beiden Gauen verhandeln zu müssen. Dabei machte sich bemerkbar, daß die nach außen hin demonstrierte nationalsozialistische Gemeinsamkeit äußerst brüchig war und dort aufhörte, wo der andere Gau begann, wenn eigene Interessen tangiert wurden.[55] Dies zeigte sich etwa, als Meyer und Wagner sich über den Sitz der Geschäftsstelle des Arbeitsdienstes, für den Münster vorgesehen war, nicht einigen konnten und jeder sie in "seinem" Gau angesiedelt wissen wollte.[56]

Versuche Kolbows, Meyer und Wagner in Fragen der ganzen Provinz an einen Tisch zu bekommen, blieben deshalb auch so gut wie ohne Resonanz. Bereits im September 1933 regte er bei Wagner an, es läge sehr im Interesse von Westfalen, wenn die beiden Gauleiter "sich des öfteren zur persönlichen Aussprache unter 4 Augen treffen" würden.[57] Ein Jahr später wandte sich Kolbow erneut an Wagner und kündigte an, Oberpräsident Lüninck beabsichtige, die Gauleiter mit ihren Stellvertretern nach Münster einzuladen, damit ihnen "die Verwaltungsprobleme der Provinz Westfalen vorgetragen (!) werden" könnten. Gegebenenfalls sollten diese Besprechungen häufiger stattfinden.[58] Die Akten enthalten keine Angaben darüber, ob und inwieweit solche Zusammenkünfte tatsächlich erfolgten. Jedenfalls zeigten die Gauleitungen ein geradezu sträfliches Desinteresse für die sachlichen Probleme der Verwaltung und glaubten, mit der Besetzung wichtiger Stellen durch zuverlässige Parteigenossen ergebe sich alles von selbst. Dies mußte Kolbow bei seinem bereits erwähnten Gespräch mit Vetter erfahren. Als Kolbow ihm die Anforderungen der Landesratsstelle erklären wollte, ging Vetter dazu über, die eingegangene Post abzuzeichnen und behandelte Kolbow als nicht anwesend.[59]

---

54 VA, W-L, NK - 1, S. 162 ff., Vermerk Kolbows über das Gespräch mit Vetter vom 1.10.1937. Kolbow erklärte das Abkommen der Gauleitungen für nicht diskutabel und bemerkte, die Landesratsstelle sei durch eine Hausberufung bereits besetzt.

55 Im einzelnen zur Stellung und Funktion der Gauleiter im nationalsozialistischen Herrschaftssystem und zu ihren Rivalitäten, Hüttenberger, Die Gauleiter

56 VA, W-L, NK - 1, S. 15 f., Vermerk Kolbows über ein Gespräch mit dem Bezirkskommissar für den Arbeitsdienst in Westfalen, Zimmermann, vom 3.7.1933

57 VA, W-L, NK - 17, S. 83 Kolbow an Wagner vom 9.9.1933

58 VA, W-L, NK - 19, S. 50 Kolbow an Wagner vom 28.9.1934

59 VA, W-L, NK - 1, S. 162

Für die Provinzialverwaltung kam erschwerend hinzu, daß die Gauleiter infolge ihrer Ämterkumulation nur selten faßbar waren und sie mit ihren Dienststellen verhandeln mußten. Da ihre Kompetenzen aber keineswegs exakt voneinander abgegrenzt waren, sondern jede Dienststelle sich im Bedarfsfall für zuständig erklärte, brachte dies für den Geschäftsgang bedeutende Verzögerungen mit sich. Als die Provinzialverwaltung beispielsweise anläßlich der Neubesetzung einer Landesratsstelle bei den Gauleitungen nachfragte, ob gegen den von der Verwaltung ausgesuchten Parteigenossen politische Bedenken bestünden, wollten sich die Dienststellen der Gauleitungen nicht damit begnügen, nur eine politische Unbedenklichkeitserklärung auszustellen, sondern benutzten die Anfrage dazu, nun selbst Alternativvorschläge zu machen. Nachdem sie sich über eine längere Zeitspanne hin nicht einigen konnten beziehungsweise ohne interne Absprache mit der Provinzialverwaltung eine umfangreiche Korrespondenz betrieben, riß bei Kolbow der Geduldsfaden. Verärgert schrieb er an Stürtz, in dieser Sache herrsche inzwischen ein "tolles Durcheinander". "Verschiedene Abteilungen der Gauleitung Westfalen-Nord, welche in dieser Angelegenheit scheinbar ohne gegenseitige Verständigung miteinander arbeiten, schlagen mir die verschiedensten Parteigenossen vor, nachdem ich in monatelanger enger Zusammenarbeit mit dem Amt für Volksgesundheit Westfalen-Nord, welches hierfür vom Gauleiter für zuständig erklärt war, die Suche nach dem geeignetsten Bewerber betrieben hatte."[60]

Die bei dieser Gelegenheit zu beobachtende Tendenz der Gauämter, sich unter Verweis auf ihr politisches Mandat in die Verwaltungsgeschäfte der Provinz einzuschalten, machte sich bereits seit längerem bemerkbar. Sei es, daß man eine politische Unzuverlässigkeit von Personen zum Vorwand nahm, um etwa in Institute des Provinzialverbandes einzugreifen, oder daß man auch ohne nähere Begründung und allein aus der Tatsache, als Hoheitsträger der Partei zu gelten, mitzuentscheiden versuchte.[61] Der Provinzialverwaltung mußte schon im Interesse einer kontinuierlichen und geordneten Verwaltungsführung, aber auch zum Schutze ihrer Beamten daran gelegen sein, solche ausufernde Ambitionen zu unterbinden. Deshalb nahm Kolbow, offensichtlich mit Blick auf das eigenmächtige Vorgehen von Parteistellen einen innerparteilichen Kompetenzstreit zum Anlaß, um Gauleiter Meyer auf seine politischen Entscheidungsbefugnisse hinzuweisen.[62] Kolbows Schreiben, das unverkennbar auf die labile und Widerständen gern ausweichende Mentalität Meyers abgestimmt war, stellte gleichsam eine Unterweisung darüber dar, wie ein Gauleiter seine Entscheidungsautorität wahrzunehmen habe. Ein Gauleiter, schrieb Kolbow in ebenso belehrendem wie mahnendem Ton, müsse sich als "politisch-weltanschauliches Aufsichtsorgan" verstehen, dessen wichtigste Aufgabe es sei, "das gesamte politische Leben der Provinz" auf sich zu konzentrieren. Es dürfe auf keinen Fall zum Prinzip werden, Fragen von politischer Relevanz außerhalb der autoritären Entscheidungsgewalt des Gauleiters anzusiedeln. "Wenn wir von diesem Grundsatz der Totalität der politischen Führung und Verantwortlich-

---

60 VA, W-L, NK - 42, Kolbow an Stürtz vom 8.5.1935. Hier auch der übrige Schriftwechsel

61 Vgl. dazu die Vorgänge in: VA, W-L, NK - 1; 17; N-Kühl (P) Korrespondenz Dr. Kühl mit dem Gaukulturwart von Westfalen-Süd, Dr. Schwarzschulz

62 VA, W-L, NK - 18, S. 43 ff., Kolbow an Meyer vom 2.7.1934

keit uns auch nur ein Stückchen abbröckeln lassen, dann kann der Anfang vom Ende da sein, d.h., eine Atomisierung aller Zweckorganisationen" wäre die zwangsläufige Folge.

Kolbow vermochte mit seinem Vorstoß freilich keine Bescheidung der westfälischen Parteistellen herbeizuführen. Sie hätte zudem in der von ihm angestrebten Form auch nicht den Vorstellungen der Partei von einer "politischen Führung" entsprochen. Denn nach dem Verständnis der Partei implizierte dieser Begriff auch das Recht, in die Verwaltungsapparatur und in die laufenden Geschäfte einzugreifen.[63] Daß andererseits über Ausmaß und Qualität solcher im Zweifelsfalle ideologisch motivierter Interventionen kein allgemeiner Konsens bestand, weil der Begriff selbst nicht verbindlich definiert werden konnte, machte die Situation für die Verwaltung nur noch komplizierter und unberechenbar. Denn es war ja nicht "die" Partei,[64] mit der die Provinzialverwaltung es als Widerpart zu tun hatte, sondern — und da kam die konkrete westfälische Gau-Konstellation erschwerend hinzu —, ihr standen eine Vielzahl von Parteiablegern gegenüber.

Das Resultat dieses mit unterschiedlichem Erfolg wahrgenommenen Führungsanspruches der Partei, der sich teils in unmittelbarer Einflußnahme in die Provinzialverwaltung äußerte, teils dazu führte, daß Organisationen der NSDAP für Aufgabenbereiche, die bereits die Provinzialverwaltung wahrnahm, eigene, in der Relation voluminöse Apparaturen aufbaute, spiegelt ein Exposé der Provinzialverwaltung zur "Vereinfachung der Verwaltung und Durchführung von Sparmaßnahmen in der Provinzialverwaltung" vom 3. Januar 1939 wider.[65] Es war auf Veranlassung Gauleiter Meyers verfaßt worden, nachdem alle Gauleiter der NSDAP in einer Besprechung mit Göring angewiesen worden waren, Rationalisierungsvorschläge für die ihnen unterstehenden Behörden und Parteidienststellen ausarbeiten zu lassen.[66]

Die achtzehnseitige Denkschrift behandelte in einem allgemeinen Teil grundsätzliche Fragen der internen Verwaltungsorganisation und das Verhältnis zu Staats- und Parteibehörden. Im übrigen Teil erörterte sie für die Aufgabengebiete der Provinzialverwaltung Möglichkeiten der Rationalisierung und Straffung. Der erste Abschnitt begann mit der lapidaren Feststellung: "Die Organisation unserer gesamten Verwaltung ist durch die bisherigen Maßnahmen der NSDAP und des Staates noch vielfältiger und komplizierter geworden ... ." Was sich im einzelnen hinter dieser Formulierung verbarg, die zunächst auf eine nüchterne Bestandsaufnahme schließen läßt, war in Wirklichkeit eine massive Kritik an dem Zuständigkeitswirrwarr zwischen Staats- und Provinzialbehörden einerseits, rivalisierenden Parteiinstanzen andererseits. Es habe sich der unhaltbare Zustand herausgebildet,

---

63 Vgl. dazu Matzerath, Nationalsozialismus, S. 230 ff.

64 Zu den regionalen Ausprägungen der NSDAP, demonstriert am kommunalen Sektor, Peterson, The Limits of Hitler's Power, S. 149 ff.

65 VA, W-L, C 10/11 - 28

66 VA, W-L, NK - 1, S. 239 - 243 Amtsvermerk über eine Besprechung am 26.11.1938 im Gauhaus Westfalen-Nord

so bemängelte der Bericht, daß der "ratsuchende Volksgenosse" einfach nicht mehr wisse, welche Behörde in bestimmten Angelegenheiten für ihn zuständig sei. Gleiche oder verwandte Aufgaben würden von mehreren, nicht miteinander kooperierenden Stellen wahrgenommen. Solche Formen der Desorganisation bedeuteten nicht nur Leerlauf, Doppelarbeit und folglich ein unverantwortliches Maß an Ineffizienz; sie untergrüben auch das Vertrauen der Bevölkerung in die öffentliche Verwaltung und damit in den nationalsozialistischen Staat. Insbesondere hätten sich die Fälle gehäuft, wo bereits von Verwaltungs- und Gerichtsinstanzen abschlägig entschiedene Verfahren von Parteidienststellen wieder aufgegriffen worden seien. Deshalb sei es unabdingbar, diese wie die Gliederungen der Partei eindeutig anzuweisen "sich mit Angelegenheiten, die nicht zu ihrer Zuständigkeit gehören oder die verwaltungsmäßig oder gerichtlich völlig einwandfrei abgeschlossen sind, nicht erneut befassen." Als besonders reformbedürftig nannte die Denkschrift die Abgrenzung zur NSV. Hier seien Vereinbarungen auf oberster Ebene nicht länger aufschiebar, um endlich die Vielgleisigkeit im Wohlfahrtswesen zu unterbinden.[67]

Aber es waren nicht nur die auf Kosten der provinziellen Zuständigkeiten sich breitmachenden Apparate von Parteiorganisationen, die der Provinzialverwaltung Anlaß zur Klage gaben. Ebenso wurde die im Verlauf einer noch näher darzustellenden extensiven Zentralisierungspolitik vorgenommene materielle Einengung der Selbstverwaltung durch die Reichsressorts und neugeschaffenen Reichssonderbehörden kritisch vermerkt. Denn nach der in der Denkschrift vertretenen Auffassung gewährleiste erst ein breitgefächerter und selbstverantwortlich zu erledigender Wirkungsbereich eine "wirklich nationalsozialistische Selbstverwaltung."

Der Auftrag Meyers, Vereinfachungs- und Sparmaßnahmen für die Provinzialverwaltung vorzulegen, geriet zu einer kritisch analytischen Bestandsaufnahme über die Lage der provinziellen Selbstverwaltung im System überhaupt. Folglich spiegelten sich charakteristische Züge des Regimes selbst in diesem zeitgenössischen Fazit, das die Bedingungen hervorhob, unter denen die Provinzialverwaltung im Dritten Reich existieren mußte: Die nie eindeutig geklärte Stellung der NSDAP und ihrer Organisationen im System und das fehlende kommunalpolitische Konzept der Partei auf der einen Seite sowie die ständige Ausdehnung des staatlichen Handlungsraumes in den Selbstverwaltungsbereich andererseits, erzeugten für die provinzielle Selbstverwaltung eine tiefgreifende Gefährdung. Für Kolbow lag die Ursache ihrer problematischen Situation in dem "Dualismus zwischen Partei und Staat", den er als den "Kardinalfehler" des Dritten Reiches ansah. Dieser könne nur, so schrieb er an den Gauhauptmann des neuen Reichsgaues Wartheland, Robert Schulz, durch eine "tiefeinschneidende Reform" des Verhältnisses der beiden Gewalten überwunden werden. Jedoch scheitere sie an einer "Zaghaftigkeit" und Augenwischerei, die nicht nur die konkreten Reformmaßnahmen verhinderten, sondern die auch ein Eingeständnis der wirklichen Lage nicht zuließen, was "natürlich bitter weh tut und zu ganz klaren Konsequenzen zwingt."[68] Die Reduzierung

---

67 Ausführlich dazu S. 95 ff.

68 VA, W-L, C 10/11 - 265 Kolbow am 8.5.1940 an Schulz. Dieser war von 1936 bis 1940 Landeshauptmann von Pommern und wurde dann im Reichsgau Wartheland Gauhauptmann.

der antagonistischen Kräfte im Dritten Reich auf die beiden Blöcke Partei und Staat, wie sie sich für Kolbow darstellten, bedeutete indessen eine Vereinfachung des tatsächlichen Sachverhaltes. Vielmehr bildeten die sich verselbständigenden Organisationen der Partei mit den widerstreitenden staatlichen Ressorts jenes komplexe Kräftefeld, in dem sich die provinzielle Selbstverwaltung behaupten mußte.

Eine wichtige Zäsur für die Provinzialverwaltung markierte die Ernennung des Gauleiters Dr. Meyer zum Oberpräsidenten der Provinz Westfalen am 4. November 1938.[69] Neben Westfalen bestand bis zu diesem Zeitpunkt nur noch in Hessen-Nassau keine Personaluniuon von Oberpräsident und Gauleiter. Der 1933 als Oberpräsident der Rheinprovinz berufene Hermann Freiherr von Lüninck, ein jüngerer Bruder des westfälischen Oberpräsidenten, mußte bereits 1935 dem Gauleiter Terboven weichen. In Westfalen konnte man spätestens seit dem Sommer 1938 mit einem Wechsel im Oberpräsidium rechnen, da Lüninck am 21. Juli 1938 in den Wartestand versetzt worden war.[70] Dieser selbst ging davon aus, daß das Amt vorerst nicht neu besetzt würde und soll auch zunächst nicht gewußt haben, wer sein Nachfolger sein würde.[71] Aber für die Provinzialverwaltung zeichnete er sich offenbar bald ab. Am 8. August übersandte Dr. Fischer an das Reichspresseamt des Gaues Westfalen-Nord einen Organisations- und Geschäftsverteilungsplan der Verwaltung mit dem Vermerk, er sei schon für den Fall fertiggestellt worden, "daß der Gauleiter Oberpräsident wird."[72] In der offiziellen Version hieß es, Lüninck habe freiwillig um seine Ruhestandsversetzung nachgesucht, was freilich nicht den Tatsachen entsprach.

Bereits am 12. Mai 1938 teilte Göring dem Reichsinnenministerium mit, seit längerem Oberpräsident von Lüninck abberufen "und durch einen alten Nationalsozialisten" ersetzen zu wollen, "da jetzt die Zeit reif ist, daß an führenden Stellen überall nur bewährte Kämpfer stehen sollen." Er habe im Einverständnis mit Hitler Gauleiter Dr. Meyer für das Amt vorgesehen.[73] Da sich in den Akten keine offenen Konflikte zwischen Lüninck und der Partei finden ließen, muß aus der Begründung Görings geschlossen werden, daß ein Mann wie Lüninck für die Partei einfach nicht mehr in die politische Landschaft paßte. Überdies entfielen nun die Opportunitätserwägungen, aus denen heraus die NSDAP sich Lünincks bedient hatte. Auch das innerparteiliche Hindernis bestand nicht mehr, da J. Wagner ebenfalls 1938 Oberpräsident von Schlesien geworden war, wo er schon seit 1935, neben Westfalen-Süd, als Gauleiter wirkte. Die naheliegende Möglichkeit, die Ernennung Meyers

---

69   BA, R 43 II/494a Ernennungsurkunde Dr. Meyers (Abschrift)

70   StAM, Oberpräsidium, Personalakte Lüninck

71   Vgl. das Schreiben von Landesrat Dr. Fischer an Kolbow vom 22.7.1938, VA, W-L, NK-10, S. 203

72   VA, W-L, C 10/11 - 293a

73   VA, R 18/382 In einem Schreiben Meyers an Bormann vom 25.10.1938 bezog sich Meyer auf einen Brief an Bormann vom 21.4.1938, in dem Meyer seine Berufung zum Oberpräsidenten als ausgemachte Sache behandelte. Vgl. das Schreiben Bormanns an das RMDI vom 21.6.1938, in: BA, R 18/382

zum Oberpräsidenten zu einer Fusion der beiden westfälischen Gaue wahrzunehmen, wurde im Stabe des Stellvertreters des Führers erwogen und sogar für die "klügste" Lösung gehalten. Jedoch scheiterte sie an dem Einspruch Hitlers, der Wagner als Gauleiter in Westfalen-Süd belassen wollte.[74]

Die westfälische Bevölkerung erfuhr von der Berufung Meyers ins Oberpräsidentenamt augenscheinlich erst am Tage der Amtseinführung am 17. November 1938. Der "Münsterischer Anzeiger" brachte am 15. November 1938 in seiner Morgenausgabe eine kleine Notiz über einen Besuch von Reichsinnenminister Dr. Frick am 17. November in Münster. Dieser wolle, so hieß es, das Oberpräsidium und das Landeshaus besichtigen und werde die Stadt spätabends wieder verlassen.[75] In ihrer Abendausgabe vom gleichen Tage[76] berichtete die Zeitung von einer geplanten Feierstunde im Schloß, ohne jedoch etwas über ihren Anlaß mitzuteilen. Er wurde offiziell für die Öffentlichkeit bekannt, als das Blatt am 18. November in einem groß aufgemachten Bericht die Ernennung und Amtseinführung Meyers als Oberpräsident verkündete und einen Teil der Ansprachen ausführlich referierte.[77] Dabei lassen die Reden von Frick und Meyer während des Festaktes erkennen, daß Lüninck seit längerem nur noch eine geduldete Person war. Ihm wurde nicht einmal der Dank für die geleistete Arbeit ausgesprochen; Meyer attestierte ihm lediglich, eine gut verwaltete Behörde übernehmen zu können.[78] Dagegen gab Kolbow in seiner Ansprache unmißverständlich zu verstehen, was Lüninck für die Provinz Westfalen und ihre Provinzialverwaltung bedeutet hätte und wie sehr er und seine Mitarbeiter das Ausscheiden Lünincks bedauerten.[79] Oberpräsident von Lüninck sei "ein leuchtendes Vorbild preußischen Beamtentums" gewesen, den eine "ideale Berufsauffassung" auszeichnete und dessen Führung der Provinzialverband "in den vergangenen Jahren unendlich viel" verdanke.[80]

Mit der Übernahme des Oberpräsidiums durch Meyer hatte die Gauleitung direkten Zugang zur Provinzialverwaltung, was sich rasch bemerkbar machte. Zwischen der Gauleitung Westfalen-Nord und Kolbow war es im Oktober 1938, als Meyer noch

---

74 BDC, Akte Nr. 371 Parteikanzlei, Aktenvermerk Opdenhoffs vom 20.2.1939 sowie der (geheime) Vermerk Bormanns für den Leiter der politischen Abteilung beim StdF, Friedrichs, vom 5.12.1939

75 MA, Nr. 529 vom 15.11.1938

76 MA, Nr. 530 vom 15.11.1938

77 MA, Nr. 533 vom 18.11.1938 (Morgenausgabe)

78 Die Reden von Frick und Meyer sind außerdem zum Teil wörtlich, zum Teil inhaltlich wiedergegeben in: NS-Gemeinde, 6. Jg. (1938), S. 756 f. (Ausgabe Westfalen).

79 Kolbow lobte am 17.12.1935 in einem Schreiben an den Regierungspräsidenten Matthaei, Lüneburg, die gute Zusammenarbeit mit Lüninck und bekannte, daß er es in diesem Punkt "als Landeshauptmann ganz besonders gut angetroffen habe." VA, W-L, NK - 9, S. 98

80 Das Manuskript der Rede Kolbows in: WHB, Archiv, Vorträge Landeshauptmann Kolbow I. Bezeichnenderweise brachten weder der Münsterischer Anzeiger noch die NS-Gemeinde diesen Passus der Rede Kolbows.

designierter Oberpräsident war, zu einer erregten Auseinandersetzung gekommen. Kolbow hatte einem Direktor S. der Provinzial-Lebensversicherungsanstalt gekündigt, da ihm dessen fachliche Mängel für eine solch leitende Stellung nicht länger tragbar erschienen. Dieser wandte sich daraufhin an die Gauleitung, die sich des Falles annahm. Sie lud Kolbow zu einer Besprechung, an der neben Meyer der Gaurichter Ummen und Gaupersonalamtsleiter Beyer teilnahmen.[81] Hier begründete Kolbow seine Entscheidung, mußte sich jedoch von Meyer sagen lassen, daß es nicht richtig sei, einen Mann, "der doch in der Partei seine Pflicht getan hätte, jetzt auf die Straße" zu setzen. Kolbow sprach der Kündigung jegliches politisches Motiv ab und erklärte sich auch mit dem Vorschlag Meyers nicht einverstanden, der Reichswirtschaftsminister als aufsichtsführende Behörde der Lebensversicherungsanstalt solle über die Vertragsverlängerung entscheiden. Die Anstellung eines Direktors, entgegnete Kolbow, sei eine "Angelegenheit der Selbstverwaltung" und falle in seine Zuständigkeit, wenngleich sie im Einverständnis mit der Gauleitung gelöst werden sollte. Gleichzeitig regte Kolbow an, Meyer solle die Meinung des Beauftragten der NSDAP für die öffentlich-rechtlichen Versicherungen, Gauleiter Schwede-Coburg, einholen. Kolbow ging offenbar davon aus, daß Schwede-Coburg sich auf seine Seite stellen werde, da dieser bereits 1937 bei Kolbow die mangelnde Qualifikation des besagten Direktors kritisiert hatte.[82] Nur konnte Kolbow nicht wissen, daß Schwede-Coburg nicht bei seinem Urteil blieb. Von der Gauleitung darum gebten, äußerte dieser sich in einem Schreiben vom 1. November 1938 nicht negativ. Als die Gauleitung nun immer stärker auf die Vertragsverlängerung drängte, versuchte Kolbow das Amt des Gauleiters und des Oberpräsidenten gegeneinander auszuspielen. In einem erneuten Gespräch mit Ummen meinte er, wenn Gauleiter Dr. Meyer in seiner Eigenschaft als Oberpräsident und Leiter der Provinzialverwaltung die Aufhebung der Kündigung befehle, müsse er natürlich gehorchen. Aber er, Kolbow, könne sich nicht vorstellen, daß die Angelegenheit "vom Gauleiter auf diese Weise erledigt würde."[83] Am 5. Dezember 1938 teilte Ummen Kolbow telefonisch mit, es sei ein Brief von Gauleiter und Oberpräsident Dr. Meyer unterwegs mit der ausdrücklichen Anordnung, die Entlassung nicht zu vollziehen.[84]

Dieser Vorgang und seine Erledigung besaß in der Amtsperiode Lünincks keine Parallele. Er bedeutete für Kolbow nicht nur die neue Erfahrung, daß der Oberpräsident als Chef der Provinzialverwaltung gegen seinen Willen und seine Bedenken eine wichtige Personalentscheidung traf. Das Bemerkenswerte für westfälische Verhältnisse lag insbesondere darin, daß die Gauleitung die Stellenregelung einer zum Provinzialverband gehörenden Behörde abschließend entschied und Kolbow durch sie, nicht aber durch die zuständige Behörde des Oberpräsidiums davon erfuhr. Die Methode war ebenso einfach wie sie das Bedenkliche der Personalunion von Gauleiter und Oberpräsident aufwies: Die Gauleitung entzog der Provinzialverwaltung eine von dieser in erster Linie für sachlich erforderlich gehaltene Personalentscheidung mit dem Argument, sie unterliege einem übergeordneten politischen Interesse und setzte ihren Willen über den Gauleiter-Oberpräsidenten durch.

---

81 VA, W-L, NK - 1, S. 223 ff. Aktenvermerk Kolbows über die Besprechung vom 25.10.1938

82 VA, a.a.O., S. 236   83 VA, a.a.O., S. 237 f.   84 VA, a.a.O., S. 246

Die Betonung des Behördenleiters durch Meyer blieb in dieser krassen Form ein Einzelfall. Er machte gleichwohl deutlich, daß die Situation für Kolbow und die Provinzialverwaltung schwieriger geworden war. Auf der anderen Seite war Meyer ein vielbeschäftigter Mann, so daß Kolbow in der laufenden Verwaltungsarbeit ein erheblicher Spielraum blieb. Jedoch verlangte Meyer, ihm wichtige personelle und finanzielle Fragen zur Entscheidung vorzulegen. Die Folge war, daß der Kontakt zwischen ihnen sich in der Regel auf schriftlichem Wege vollzog oder auf das Telefon beschränkte. Und wenn es tatsächlich zu Besprechungen kam, blieb kaum Zeit für ausführliche Problemdiskussionen.[85] So hatte Kolbow am 23. August 1938, also noch vor dem offiziellen Amtsantritt Meyers, diesem eine eilige Vorlage mit dem Bemerken zugeschickt, er wähle diese Form der Unterrichtung, da er nicht wisse, wann er Meyer zur Berichterstattung über die wichtigsten Angelegenheiten der Provinzialverwaltung antreffe.[86] Als die Provinzialverwaltung darum kämpfen mußte, daß ihr nicht die Abteilung "Landesplanung" von einer Reichssonderbehörde weggenommen wurde und Kolbow Meyer zur Intervention in Berlin aufforderte, mußte er feststellen, daß "der Herr Oberpräsident persönlich ... höchstens einmal im Jahr Zeit" habe, um "sich 2 oder 3 Stunden lang mit den allerwichtigsten Problemen der Landesplanung vertraut machen zu lassen."[87] In scharfem Kontrast dazu stand das Maß an Propagandaveranstaltungen, die ein übriges an Arbeitszeit absorbierten und für die das zehnjährige Jubiläum des Gaues Westfalen-Nord als Beispiel steht. So entschuldigte sich Kolbow für die verspätete Antwort eines Briefes mit dem Hinweis: "Der Gau Westfalen-Nord hat 17 Tage lang sein 10jähriges Bestehen gefeiert, und dadurch bin ich derartig in Anspruch genommen gewesen, daß ich in dieser Zeit fast überhaupt nicht an meinen Schreibtisch gekommen bin."[88]

Aus der mit der Berufung Meyers zum Oberpräsidenten augenfällig gewordenen Einflußnahme der Gauleitung auf die Provinzialverwaltung suchte sie auch finanziell Kapital zu schlagen. Sie wandte sich am 19. Januar 1939 an die Verwaltung und verlangte, einen Teil der Kosten für die Kanzlei des Gauleiters zu übernehmen, da sie auch Angelegenheiten des Oberpräsidenten als Leiter des Provinzialverbandes bearbeite.[89] Eine daraufhin von der Provinzialverwaltung erstellte Expertise kam zu dem Ergebnis, daß die Forderung weder mit dem Oberpräsidentengesetz vom 15. Dezember 1933 begründet werden könne noch mit dem Erlaß des Innenministeriums zu vereinbaren sei, nach dem Gemeinden und Gemeindeverbände in bestimmten Fällen Zuwendungen an die NSDAP machen dürften. Außerdem seien haushaltsrechtliche Bedenken anzumelden, da jede Position im Etat zweckgebun-

---

85 Vgl. den Vermerk Kolbows über die Besprechung mit Meyer vom 27.3.1940, VA, W-L, NK - 2, S. 148 f.

86 VA, W-L, C 10/11 - 762

87 VA, W-L, NK - 14, S. 222 Kolbow am 2.11.1942 an den Landeshauptmann der Provinz Schleswig-Holstein, Dr. Schow

88 VA, W-L, C 10/11 - 276a Kolbow am 17.1.1941 an den Referenten des HfK, Dr. Steimle

89 Vgl. das Rechtsgutachten der Provinzialverwaltung vom 3.2.1939, VA, W-L, NK - 18, S. 389 ff.

den sei. Das Schreiben der Gauleitung lasse aber nicht erkennen, in welcher Form die beantragten Mittel verwendet würden.[90] Mit diesem Argument hatte das Gutachten auf die sich aus der Personalunion ergebende Verfilzung von Verwaltungsvorgängen aufmerksam gemacht, die grundsätzlich von getrennten Behörden erledigt werden sollten. Denn die Kanzlei des Gauleiters war nun auch in Entscheidungen einbezogen, die den Gauleiter als Oberpräsident und als Leiter des Provinzialverbandes betrafen.

Der Drang Meyers, in seiner Person Ämter zu häufen ohne darauf zu achten, ob er sie wahrnehmen könne,[91] drohte plötzlich für die Provinzialverwaltung unmittelbare und weitreichende Konsequenzen zu bekommen. Ende April 1941 übernahm er in Alfred Rosenbergs Ministerium für die besetzten Ostgebiete, kurz Ostministerium genannt, die Allgemeine Vertretung im Range eines Staatssekretärs unter, wie Kolbow zutreffend formulierte, "theoretischer Beibehaltung seiner westfälischen Ämter."[92] Am 10. Juni 1941 bestellte Meyer Kolbow zu sich nach Berlin, der damit rechnete, an der Ostfront eingesetzt zu werden; dagegen wurde ihm eröffnet, er solle in dem Ministerium die Abteilung "Recht, Verwaltung und Finanzen" übernehmen.[93] Auf den Einwand Kolbows, für solch eine Aufgabe weder die fachlichen Voraussetzungen zu besitzen, noch über die notwendigen Erfahrungen zu verfügen, reagierte Meyer unwillig und befahl Kolbow das Amt zu übernehmen. Die Vermutung liegt nahe, daß Meyer aus parteipolitischen Gründen Kolbow von der Provinzialverwaltung abziehen wollte, da zu dieser Zeit wieder einmal Meyer und insbesondere der Gau Westfalen-Süd die Teilung der Provinz betrieben, Kolbow sich aber dagegen verbissen wehrte. Jedoch spricht gegen diese Überlegung, daß Meyer seit Kriegsausbruch wiederholt Kolbows UK-Stellung durchgesetzt hatte.[94] Wahrscheinlicher dürfte sein, daß Meyer tatsächlich an der Mitarbeit Kolbows viel lag, da er dessen administrative Qualitäten schätzte. Dabei war es für Meyer ohne Belang, ob die Provinzialverwaltung einen neuen Landeshauptmann bekommen würde. Insofern könnte doch die Überlegung mitgespielt haben, wofür sich allerdings kein Beleg fand, Kolbow über den glatten Weg der Beförderung zum Ministerialdirektor[95] aufsteigen zu lassen und gleichzeitig auf die

---

90   Ebenda. Gemeint ist der Erlaß vom 22.5.1934 (MBliV, S. 751)

91   Instruktiv dazu die Kurzbiographien der Gauleiter bei Hüttenberger, Die Gauleiter, S. 213 ff. Nachdem Meyer Oberpräsident geworden war, verlangte er unverzüglich vom Innenministerium die Bewilligung einer Regierungsdirektorstelle für das Oberpräsidium, da er und der Vizepräsident die anfallende Arbeit nicht mehr bewältigen könnten, zumal er häufig von Westfalen abwesend sei. StAM Oberpräsidium, Nr. 7179 Meyer an Staatssekretär Pfundtner am 31.12.1938 sowie an den Ministerialdirektor und Leiter der Personalabteilung im RMdI, Schütze, am 2.6.1939

92   VA, W-L, NK - 15, S. 171 Kolbow am 2.8.1941 an den Oberlandrat von Rumohr. Im gleichen Sinn Kolbow am 29.12.1941 an Dr. Jeserich, VA, W-L, NK - 52. Damit besaß Meyer folgende Funktionen: Gauleiter von Westfalen-Nord und Oberpräsident der Provinz; Reichsstatthalter und Staatsminister von Lippe und Schaumburg-Lippe; Chef der Zivilverwaltung einer West-Armee und Staatssekretär im Ostministerium. 1942 wurde er Reichsverteidigungskommissar für Westfalen-Nord.

93   Ebenda, Kolbow an von Rumohr   94   Vgl. VA, W-L, Personalakte Kolbow

95   Die Leitung der Abteilung übernahm nach Kolbow und auf dessen Vorschlag hin der damalige Regierungspräsident von Arnsberg, Dr. Runte, in der Stellung eines Ministerialdirektors.

Stelle des Landeshauptmanns einen für die Gauleitungen und die Partei insgesamt gefügigeren Mann zu bekommen.[96]

Nach zwei Wochen Tätigkeit im Ostministerium äußerte sich Kolbow zu Meyer äußerst kritisch über die innere Organisation und die Personalpolitik des Ministeriums und erklärte, an seiner Aufgabe nicht interessiert zu sein. Die Folge war, daß Meyer und Rosenberg ihn "in Gnaden" auf seinen Posten als Landeshauptmann entließen.[97] Die Tage in Berlin brachten für Kolbow eine, soweit sie noch nicht erfolgt war, einschneidende Desillusionierung, aber auch eine Bestätigung für Tendenzen, die er in Westfalen beobachtet hatte. Was ihn in Berlin entsetzte, war nicht allein "der heillose Dilettantismus, mit dem die neue Behörde geleitet wurde", durch den sie hoffnungslos ins Hintertreffen zu den etablierten Ressorts geriet. Insbesondere erschütterte ihn, daß anstelle der Einheit von Partei und Staat eine "Vermanschung von Partei- und Staatsgrundsätzen" den Arbeitsstil des Ministeriums charakterisierte und ein unglaublicher "Kuhhandel" und Schacher um die Stellen in den Ostgebieten zur Tagesordnung gehörte. "Heute kam der eine Gauleiter, morgen der andere, dann ein Vertreter der DAF oder der SA usw., und jedem wurden nach Möglichkeit seine partikularistischen Wünsche erfüllt", weil man "um keinen Preis die Freundschaft zur DAF, zur SA, zum Innenministerium und allen anderen Verbänden und Gliederungen" verlieren wollte. Dabei machten diese Bittsteller nach dem Eindruck Kolbows keinen Hehl daraus, daß sie nicht daran dächten, wären sie erst einmal im Amt, sich den zentralen Anweisungen des Ministeriums unterzuordnen. Das Ostministerium erschien Kolbow als das Paradigma einer Behörde, die weder "im Geiste bester preußischer Verwaltungstradition" arbeitete noch überhaupt über ein sachliches und personelles Konzept verfügte und wo die Mitarbeit "nur Ärger und Enttäuschung, aber kein Erfolg" bringen würde.[98])

Die hier von Kolbow angesprochenen Vorgänge spiegeln andeutungsweise den Herrschaftsstil im Dritten Reich wider, den R. Bollmus in seiner Studie über "Das Amt Rosenberg und seine Gegner" auf den Begriff "Ämter-Darwinismus" gebracht hat.[99] Sie gaben überdies Kolbow einen Einblick in eine Form der "Politischen Verwaltungsführung", die sich auch in der Gauselbstverwaltung der neuen Reichs-

---

96   Kolbow selbst hat es wiederholt abgelehnt, das Amt des Landeshauptmanns zugunsten anderer Angebote niederzulegen. Vgl. seine Absage an das Sächsische Wirtschaftsministerium, das ihm eine Ministerialratsstelle offeriert hatte. VA, W-L, NK - 5, S. 142 Anfrage des Ministeriums vom 6.8.1935 und Kolbows Antwort, a.a.O., S. 141 vom 3.9.1935

97   VA, W-L, NK - 15, S. 171 ff.

98   Den letzten Entschluß zum Ausscheiden hatte Kolbow nach einen Gespräch mit dem Ministerialdirektor in der Reichsstelle für Raumordnung und ehemaligen Landeshauptmann Pommerns, Dr. Jarmer, gefaßt, der ihm dringend zu dem Schritt geraten hatte. Am 24.6.1942 schrieb ihm Kolbow, er sei froh, dem "Berliner Gefängnis" entronnen zu sein und wieder "ehrlich und produktiv" tätig sein zu können. Wie er, so seien noch viele "Kameraden" aus dem Ostministerium weggegangen, allerdings "meist nach viel längerer Leidenszeit." VA, W-L, NK - 14, S. 170 ff.

99   Bollmus, a.a.O., S. 245. In der Untersuchung finden sich allerdings nur vereinzelte Hinweise auf das Ostministerium.

gaue abzeichnete[100] und die er aus der Perspektive des Landeshauptmanns einer Provinz des "Altreichs" auch unter dem Gesichtspunkt ihrer möglichen Rückwirkung auf die "alten" Provinzen besorgt beobachtete.[101] Insofern wirkten die Erfahrungen, die er von seinem unfreiwilligen Aufenthalt aus Berlin mitnahm, auch auf die Provinzialverwaltung zurück. Sie bestärkten ihn darin, an seiner bisher praktizierten Verwaltungsführung festzuhalten. Denn wenngleich die im Ostministerium wuchernde Ämterpatronage ein exzeptionelles Beispiel nationalsozialistischer Personalpolitik darstellt, so war sie Kolbow aus eigenen Erfahrungen im Prinzip durchaus bekannt, da es an gleichartigen Bestrebungen der westfälischen Gauleitungen ja nicht gefehlt hatte.

Einen wesentlichen Teilaspekt des Verhältnisses von Provinz und Partei bildeten die finanziellen und materiellen Ansprüche der Partei und ihrer Organisationen an den Provinzialverband. Die Höhe der bereitgestellten Summen war beträchtlich. So absorbierten beispielsweise die HJ und der BDM so gut wie ganz den Haushalt des Landesjugendamtes, obwohl es für solche Subventionen lange Zeit an einer gesetzlichen Grundlage fehlte. Das Preußische Innenministerium untersagte es sogar am 22. Mai 1934 den kommunalen Körperschaften bis auf bestimmte Ausnahmen ausdrücklich, den Parteiorganisationen Mittel zukommen zu lassen.[102] Der Anlaß des Erlasses war freilich nicht die bereits praktizierte Subventionierung seitens der Gemeinden und Gemeindeverbände, er sollte diese vielmehr gegenüber massivem politischen Druck schützen.[103]

In der Tat sah sich die Provinzialverwaltung mit einer Fülle von "Bittgesuchen" konfrontiert. Darunter nahm sich der Antrag einer SA-Gruppe vom 26. Mai 1933 noch unbedeutend aus, für 15 arbeitslose SA-Männer Freitische in einer Provinzialanstalt zu bekommen.[104] In diesen Rahmen gehören auch zahlreiche Eingaben zur kostenlosen Benutzung von Räumlichkeiten der Provinz.[105] Am 12. März 1934 bedankte sich der Gau Westfalen-Nord für eine Spende über 10.000 RM für den Ausbau der Reichsführerschule "Wewelsburg."[106] Die Provinzial-Lebensversicherungsanstalt wurde vor die vollendete Tatsache gestellt, daß die Verbände öffentlicher Lebens-, Unfall- und Haftpflichtversicherungsanstalten Deutschlands

---

100 Zum Komplex "Politische Verwaltungsführung" und Reichsgaue, Mommsen, Beamtentum, S. 109 ff., Broszat, Der Staat Hitlers, S. 167 ff.

101 Der zur Gauselbstverwaltung nach Danzig-Westpreußen abgeordnete Beamte der Provinzialverwaltung Westfalen, Dr. Heinrichs, hatte Kolbow über den Aufbau dieser Gauselbstverwaltung berichtet. Vgl. die Korrespondenz in: VA, W-L, C 10/11 - 264 Kolbow an Dr. Heinrichs vom 20.9.1940 und dessen Antwort vom 24.9.1940, außerdem das Schreiben Kolbows an Dr. Jarmer vom 24.6.1942, VA, W-L, NK - 14, S. 170 ff.

102 MBliV., S. 751

103 Vgl. Matzerath, Nationalsozialismus, S. 370 ff.

104 VA, W-L, C 20 - 589 Die Verwaltung lehnte das Gesuch mit dem Hinweis auf die schwierige Finanzsituation ab.

105 VA, a.a.O., passim

106 VA, W-L, NK - 18, S. 18 Hier auch ein Dankschreiben Himmlers

an die SS-Gruppe Ost 20.000 RM überwiesen hätten und sie davon einen Anteil von 1.132,41 RM zu tragen habe.[107] Die hier angeführten Beispiele, deren Zahl unschwer erweitert werden könnte, werfen ein bezeichnendes Licht auf die geradezu naive und in der NSDAP weitverbreitete Vorstellung, mit der Eroberung der politischen Macht seien öffentliche Gelder jederzeit und ohne Gefährdung der Leistungsfähigkeit der Verwaltung abrufbar geworden.

Die Provinzialverwaltung ging deshalb bald dazu über, Zuwendungen an die Partei als feste Haushaltsposten in die Einzeletats der Abteilungen einzuplanen. So bekamen beispielsweise die Gaukulturämter der Gaue Westfalen-Nord und -Süd jährlich eine fixe Summe über 2.500 RM.[108] Daneben beteiligte sich die Provinz an den Unkosten für die Gaukulturwochen und an der vom Gau Westfalen-Nord getragenen Richard-Wagner-Festwoche in Detmold mit einem Beitrag von 5.000 RM.[109]

Neben der laufenden Bezuschussung fehlte es freilich nach wie vor nicht an außerplanmäßigen Forderungen, wie zum Beispiel von seiten der Organisation des Winterhilfswerkes. Dieses schickte im Dezember 1935 60 Fragebogen an die Provinzialverwaltung, die innerhalb von vier Tagen ausgefüllt werden sollten. Mit ihnen, hieß es im Begleitschreiben, wolle man feststellen, welche Stiftungen in der Provinz für wohl- und mildtätige Zwecke in Frage kämen.[110] Die einzelnen Fragen verrieten indessen die wahre Absicht der Aktion. Nach ihrem Abschluß wandte sich der Gaubeauftragte des WHW für den Gau Westfalen-Nord an die Provinzialverwaltung und bestätigte, daß zwar alle Fragebogen ausgefüllt worden seien, jedoch hätten 95 % aller Stiftungsverwaltungen die Frage: "Kommt die Stiftung nach der Höhe ihres Kapitals und ihren Erträgnissen für einen Beitrag an das WHW infrage?" mit "Nein" beantwortet. Dieser Standpunkt sei heute nicht mehr zu rechtfertigen, meinte der Funktionär und berief sich auf die Ausführungen eines Dr. Hesse über "Zwangsverwaltung und WHW", wonach finanzielle Leistungen erlaubt seien.[111] Die Finanzabteilung erstellte daraufhin ein Gutachten, in dem sie Naturalleistungen an das WHW für statthaft, Geldmittel aber rechtlich für unzulässig erklärte. Es widerspreche dem Sinn von Stiftungsvermögen, das nur gezielt, aber nicht allgemein eingesetzt werden solle.[112] Lüninck und Kolbow kamen schließlich überein,

---

107 VA, W-L, C 20 - 590 Mitteilung an die Provinzialverwaltung vom 14.8.1934. Zu den Forderungen der NSKOV an die Hauptfürsorgestelle über Mittel für Vervielfältigungsmaschinen und Schreibmaschinen vgl. VA, W-L, I/117, S. 45

108 VA, W-L, C 70 - 259 Vgl. auch die detaillierte Aufstellung über "Unterstützungen und Beihilfen", in: Verwaltungsbericht 1935, S. 10

109 VA, W-L, C 70 - 224 Auf der LDK vom 17./18.6.1935 empfahl der Beigeordnete des DGT und ehemalige Leiter des VPP, von Schenck, den Landeshauptleuten, bei den Zuwendungen zurückhaltend zu sein und sich strikt an den Erlaß des PrMdI vom 22.5.1934 zu halten. VA, W-L, C 10/11 - 260 Niederschrift der LDK

110 VA, W-L, C 20 - 590 Das Oberpräsidium an die Provinzialverwaltung am 16.12.1935

111 VA, a.a.O., Schreiben vom 13.3.1936. Der genannte Aufsatz in: Deutsche Justiz (1934), S. 118 ff.

112 VA, a.a.O., Das Gutachten von Dr. Naunin vom 8.4.1936

aus der "Piepmeyerstiftung" 200 RM und aus der "Dr. Gerlach-Stiftung" 50 RM für das WHW zu entnehmen.[113]

Besondere Beachtung verdient in diesem Zusammenhang die finanzielle Förderung der HJ und des BDM durch die Provinzialverwaltung: Einmal auf Grund des ungewöhnlich hohen Finanzaufwandes, zum anderen, weil an diesem Beispiel zu beobachten ist, wie nationalsozialistische Organisationen erst mit Hilfe öffentlicher Gelder instand gesetzt wurden, usurpierte Aufgabenbereiche der Provinzialverwaltung wahrzunehmen.

Die in der Provinzialverwaltung zuständige Abteilung für Fragen der nationalsozialistischen Jugendorganisationen war das Landesjugendamt. Dieses fand von Anfang an das besondere Interesse Kolbows und der Partei und war die Abteilung der Verwaltung, in der sich personell wie in der sachlichen Arbeit der politische Umschwung am nachdrücklichsten bemerkbar machte.[114] Die Gründe liegen auf der Hand. Auf der Landesdirektorenkonferenz am 28. September 1933 forderte Kolbow die Provinzen auf, die Hitlerjugend unter dem Gesichtspunkt der "Führerauslese und -schulung" besonders zu unterstützen und dabei "unbedenklich die kranke Jugend gegenüber der gesunden" zurückzustellen.[115] Wenig später unterbreitete er dem Provinzialausschuß zehn Thesen, wie "das Landesjugendamt nach nationalsozialistischen Gesichtspunkten neu zu organisieren" sei.[116] Unter anderem sollte der Beauftragte des Reichsjugendführers für die Provinz Westfalen, der zugleich Gebietsführer der HJ war, als Landesjugendpfleger bei der Provinzialverwaltung eingestellt werden. So sei gewährleistet, daß in der gesamten Provinz eine einheitliche Jugendpflegearbeit betrieben werde. In seiner Sitzung vom 13. Oktober 1933 billigte der Provinzialausschuß die Richtlinien und beauftragte den Landeshauptmann mit ihrer Durchführung.[117] Ihr Ergebnis berichtete Landesrat Bommel unter dem 5. Dezember 1934 an den Deutschen Gemeindetag: "Das Landesjugendamt sei im Herbst 1933 ausschließlich mit Nationalsozialisten besetzt worden", und es sehe seine Aufgabe darin, "die Staatsjugend, die den Namen des Führers trägt", zu betreuen.[118]

---

113 VA, a.a.O., Vermerk Landesrat Dr. Westermann vom 24.12.1936. Eine der höchsten Einzelforderungen erhob die DAF. Sie beabsichtigte für Rüstungsarbeiter ein Fürsorge- und Erholungswerk zu bauen und benötigte dafür 4 Mill. RM. Die Provinzial-Lebensversicherungsanstalt sollte sich mit rund 85.000 RM beteiligen, was der Verwaltungsrat ablehnte. VA, W-L, C 30 - 196 Schreiben der Anstalt an Oberpräsident Dr. Meyer am 17.2.1940

114 Vgl. die Erläuterungen Dr. Fischers vom 30.1.1938 zum neuen Geschäftsverteilungsplan, VA, W-L, C 10/11 - 293a

115 AVfK, A (P) 707 Niederschrift der LDK

116 VA, W-L, C 10/11 - 120 Das Exposé datiert vom 11.10.(1933)

117 VA, W-L, C 20 - 4 Niederschrift der PA-Sitzung

118 BA, R 36/1410, S. 9, VA, W-L, C 10/11 - 29 Stellungnahme Bubenzers vom 1.3.1937. Als Landesjugendpfleger war der HJ-Oberbannführer Lorenz Loewer eingestellt worden, VA, W-L, NK - 8a, den die Reichsjugendführung Ende 1934 für andere Aufgaben nach Köln versetzte. Sein Nachfolger wurde am 1.12.1936 der HJ-Bannführer Meise. In der

Der Haushalt des Landesjugendamtes, der nun um ein Vielfaches anschwoll, ist ein beredtes Zeugnis dafür, mit welchem Eifer das Amt seine neu ausgerichtete Aufgabe anging und mit welcher Selbstverständlichkeit die HJ die Gelder annahm.[119] So wurde der Etat des Landesjugendamtes 1934 um 66.000 RM auf 186.000 RM (+ 55 %) erhöht. Diese Tendenz setzte sich verstärkt fort, so daß 1936 die Mittel des Landesjugendamtes 293.000 RM umfaßten, was innerhalb von drei Jahren eine Steigerungsrate von rund 144 % bedeutete.[120] Im gleichen Zeitraum sank dagegen der Haushalt der Abteilung "Volksfürsorge", bei dem das Landesjugendamt etatisiert war, um rund 8 %[121] und der Gesamthaushalt des Provinzialverbandes sogar um rund 13 %.[122] Das Spektrum der Leistungen war sehr umfangreich und reichte von der Finanzierung der HJ-Zeitschrift "Unsere Fahne" über Zuschüsse zu weltanschaulichen Schulungskursen bis zur Mietbeihilfe für Büroräume der HJ. Eine ganz außergewöhnliche und langfristige Belastung stellten die Aufwendungen für den Bau von Führerschulen dar. Sie betrugen allein für die Führerschule "Schloß Haldem" von 1935 bis 1937 372.000 RM und liefen außerhalb des Etats des Landesjugendamtes.[123]

Aus der Zusammenarbeit zwischen Landesjugendamt und HJ in der Jugendpflege, wie sie Kolbow in seinem 10-Punkteprogramm vom 11. Oktober 1933 projeziert hatte, wurde indessen bald eine konkurrierende Tätigkeit. So setzte die HJ ihre Beteiligung bei der Auswahl des Erzieherpersonals für Fürsorgeheime durch, was bisher ausschließlich Sache der Provinzialverwaltung war.[124] Die Ziele waren aber weiter gesteckt. Ende 1937 beantragte die HJ bei den westfälischen Stadt- und Landkreisen sowie bei der Provinzialverwaltung je 6.000 RM, da sie beabsichtige, hauptamtlich (!) die soziale Gesundheitsfürsorge schulentlassener Jungen und

---

Zwischenzeit nahm Bubenzer die Aufgaben wahr. Vgl. den Verwaltungsbericht 1936, S. 97 f. Die "Reorganisation" der Landesjugendämter war zu diesem Zeitpunkt in keiner anderen Provinz so weit vorangetrieben worden wie in Westfalen. Vgl. die Antworten der Provinzen in BA, R 36/1410 sowie Müller-Haccius, Die preußischen Provinzialverbände im Gefüge des Dritten Reiches, S. 47

119 In Westfalen waren 1934 350.000 Jungen und Mädchen in der HJ bzw. im BDM organisiert. Vgl. den Bericht Bommels vom 5.12.1934. 1936 wurde die HJ durch Gesetz zur Pflichtjugendorganisation erklärt.

120 Vgl. Haushaltsplan für 1934, S. 8, S. 19 und Haushaltsplan für 1936, S. 55, Haushaltsplan für 1933, S. 59, Haushaltsplan 1936, S. 59. Der Posten "Jugendfürsorge" für die "kranke Jugend", wie Kolbow sie genannt hatte, wurde von 40.000 RM auf 5.000 RM dezimiert.

121 Haushaltsplan für 1933, S. 79, Haushaltsplan für 1936, S. 75. Hier werden bewußt nur die nackten Zahlen angeführt, um die politische Dimension des Etats des Landesjugendamtes deutlich zu machen. Grundsätzlich zur finanziellen und wirtschaftlichen Lage des Provinzialverbandes, Vgl. S. 169 ff.

122 Eine detaillierte Aufzählung findet sich in den Haushaltsplänen jeweils bei den Erläuterungen zu Teil A Abt. IV Kap. 38.

123 Vgl. Verwaltungsbericht 1936, S. 97 betreffend "Schloß Haldem". Weitere Beispiele für außerhaushaltsplanmäßige Forderungen der HJ, in: VA, W-L, C 70 - 224

124 Vgl. den Bericht Kolbows vor dem Provinzialrat am 5.11.1937, VA, W-L, C 10/11 - 140 Niederschrift der PR Sitzung

Mädchen durchzuführen. Die Provinzialverwaltung bezog zunächst eine abwartende Haltung. Die Finanzabteilung gab zu bedenken, die HJ wolle hier ein neues Aufgabenfeld ausbauen, für das sie finanziell zu schwach sei. Die Verwaltung könnte schließlich gezwungen sein, auch noch Verwaltungskosten zu übernehmen. Dies verbiete jedoch der Erlaß des Innenministeriums vom 22. Mai 1934 ausdrücklich.[125] Das Ministerium selbst hatte allerdings durch eine inkonsequente Handhabung des Erlasses dessen Wirksamkeit geschwächt, was sich auf die kommunalen Verwaltungen verunsichernd auswirkte.[126] Daher fragte die Provinzialverwaltung über das Oberpräsidium am 8. Februar 1938 bei der Kommunalabteilung des Ministeriums an, wie sie sich gegenüber der Forderung der HJ verhalten solle. Die Entscheidung fiel in diesem Falle eindeutig aus. Der Erlaß, schrieb der Leiter der Kommunalabteilung Dr. Suren, gelte nach wie vor in vollem Umfange und das Verbot sei schon übertreten, wenn kommunale Beamte oder Angestellte nur Aufgaben von außergemeindlichen Stellen, etwa von der HJ, erledigten. Der Antrag sei abzulehnen.[127]

Die Verschärfung des Problems kündigte sich noch in anderer Weise an. Der Jugendführer des Deutschen Reiches, seit Dezember 1936 in der Stellung einer "Obersten Reichsbehörde", drängte darauf, die bisher von den Provinzen ausgeübte Trägerschaft für HJ-Gebietsführerschulen zu übernehmen. Diesem Ansinnen kam ein Erlaß des Reichsfinanzministers vom 13. Juli 1933 entgegen, daß die Finanzierung von HJ- und BDM-Führerschulen Aufgabe der NSDAP sei, die Gemeinden und Gemeindeverbände dagegen für die Errichtung und Betreuung von HJ-Heimen zuständig seien. Kolbow hielt die Differenzierung für "spitzfindig" und forderte, die Provinzen müßten auch für die Neubauten der Führerschulen verantwortlich bleiben, denn "es wäre für uns in der Verwaltung tätigen Nationalsozialisten unerträglich, wenn unsere Verwaltungstätigkeit immer mehr auf die Bewahrung unwerten Lebens und auf sonstige, dem Aufbauwerk des Führers fernliegende Arbeitsgebiete zurückgedrängt würde."[128]

Das von Kolbow bereits 1933 benutzte Argument, die "kranke Jugend" müsse gegenüber der "gesunden" zurückstehen, erhielt jetzt eine andere Dimension. Hinter der ideologisch aufgeputzten Motivation stand die große Sorge der Provinzen, allmählich ganz aus dem Bereich der "positiven" Jugendpflege verdrängt zu werden, für die sie bisher außergewöhnlich hohe Summen bereitgestellt hatten. Die den Vorstellungen der Provinzen entgegenlaufende Entwicklung fand tatsächlich den befürchteten Abschluß. In einer Verordnung vom 11. November 1939 bestimmte das Reichsinnenministerium die Regierungspräsidenten zu nachgeordneten

---

125 VA, W-L, C 20 - 590 Vermerk Dr. Naunins vom 22.12.1937

126 Vgl. Matzerath, Nationalsozialismus, S. 376 f.

127 VA, W-L, C 20 - 590 Schreiben vom 14.5.1938. Matzeraths Vermutung im Anschluß an den Erlaß vom 14.5.1938, daß "augenscheinlich HJ- und BDM Führer bzw. -Führerinnen aus gemeindlichen Mitteln bezahlt" wurden, ist zumindest für den hier angesprochenen Vorgang hinfällig. Matzerath, a.a.O., S. 374 mit Anm. 32

128 VA, W-L, C 10/11 - 762 Kolbow am 23.8.1938 an Gauleiter Meyer

Dienststellen des Jugendführers des Deutschen Reiches.[129] Damit waren die Provinzialverbände politisch aus der Jugendpflege ausgeschaltet. Sie zeigten sich darüber äußerst verbittert. Für Kolbow hatten die "Reichsjugendführung wie der Deutsche Gemeindetag ... restlos versagt," und er regte an, daß die Provinzen "nunmehr Zurückhaltung bei der Unterstützung der Hitlerjugend... üben" sollten. Durch Sperrung von Geldern müsse der Reichsjugendführer gezwungen werden, die Landesjugendämter wieder aufzuwerten.[130] In seiner eigenen Verwaltung reduzierte er in dem Haushaltsvoranschlag für 1940 die "Beihilfen für die weltanschauliche Schulung und körperliche Ertüchtigung" drastisch von bisher 71.000 RM auf 10.000 RM und begründete dies gegenüber Oberpräsident Dr. Meyer mit einem Sparerlaß des Innenministeriums. Meyer, inzwischen von dem Gebietsführer der HJ mobilisiert, erhöhte die Summe gegen den Willen Kolbows auf 38.000 RM und erklärte, die Überziehung der Ausgaben beim Ministerium zu vertreten.[131] Überdies unterband auch das Innenministerium selbst die von Kolbow empfohlene restriktive Finanzpolitik. Dieses ließ die Provinzen wissen, daß sie trotz der Einschaltung der Regierungspräsidenten Mittel für die Jugendpflegearbeit bereitzustellen hätten.[132]

Der Zugriff der Partei und ihrer Organisationen auf die Finanzen der Provinzialverwaltung gestaltete sich für diese also nicht nur zu einem Haushaltsproblem. Sie mußte mit ansehen, wie sie verpflichtet wurde, Mittel für Aufgaben aufzubringen, die ihr im Rahmen eines politischen Beutezuges genommen worden waren. Dieser Vorgang des Einbruchs von Parteistellen in den provinziellen Zuständigkeitsbereich, bisher nur angedeutet und beiläufig erwähnt, wurde für die provinzielle Selbstverwaltung zu einer Existenzfrage. Er soll deshalb im Sektor der Wohlfahrtspflege am Beispiel der NSV näher untersucht werden.

3. Zugriff der NSV auf die Wohlfahrtspflege

Die Aufgaben, die dem Provinzialverband im Bereich der Wohlfahrts- und Gesundheitspflege zufielen oder von ihm aufgegriffen wurden, können als Ausgangspunkt provinzieller Selbstverwaltung überhaupt angesehen werden. Sie nahmen insbesondere nach der Dotationsgesetzgebung 1875 in der Anstaltsfürsorge sprunghaft zu und bildeten schließlich das umfangreichste Tätigkeitsfeld des Provinzialverban-

---

129 RGBl I. S. 2178. Aus der Sicht des RMdI stellte der Erlaß den Versuch dar, wenigstens in der mittleren Verwaltungsebene eine Koordinierung der Jugendpflegearbeit zu erreichen, nachdem gegen seinen Willen der Reichsjugendführer den Status einer Reichssonderbehörde erlangt hatte. Vgl. dazu Broszat, Der Staat Hitlers, S. 334 ff.

130 VA, W-L, C 10/11 - 261 Niederschrift der LDK vom 7.12.1939 und Kolbows Vermerk über die Konferenz, in: VA, W-L, NK - 2, S. 70 f.

131 VA, W-L, NK - 2, S. 120 Vermerk Kolbows über eine Besprechung mit Meyer vom 14.2.1940

132 Vgl. den Bericht von Landesrat Salzmann vor der Landesdirektorenkonferenz am 5.4.1940, VA, W-L, C 10/11 - 262 Niederschrift der LDK

des.[133] Dies fand auch darin seinen Niederschlag, daß auf dieses Gebiet jeweils der höchste Ausgabenanteil des Provinzialhaushaltes entfiel.[134] Die Wohlfahrts- und Gesundheitspflege hatte sich zum Kernbereich der provinziellen Selbstverwaltung entwickelt und wesentlich zur Herausbildung des überkommunalen Charakters des Provinzialverbandes beigetragen. Das fürsorgerische Engagement der Provinzialverwaltung war also ebenso traditionell bestimmt wie sie diesen Gegenstand als ein ihr genuin zustehendes Aufgabenfeld ansah. Darüber hinaus besaß es für das Selbstverständnis und die Existenzberechtigung des Provinzialverbandes konstitutive Bedeutung. Vor diesem Hintergrund müssen die Einbruchsversuche der NSV in den provinziellen Zuständigkeitsbereich gewertet werden.

Hitler hatte die NS-Volkswohlfahrt am 3. Mai 1933 als die nationalsozialistische Organisation bestimmt, die in der Partei für alle Fragen der Volkswohlfahrt und Fürsorge zuständig sein sollte.[135] Wenig später erkannte der Staat die NSV als Spitzenverband der freien Wohlfahrtspflege an, so daß sie nun mit den staatlichen Wohlfahrtszuschüssen über feste Finanzquellen verfügte. Die NSV unterstand dem Hauptamt für Volkswohlfahrt, das bei der Reichsleitung der NSDAP eingerichtet war. Rein zahlenmäßig drückte sich der Aufstieg der NSV darin aus, daß ihre Mitgliederzahl in dem Zeitraum von 1933 bis 1939 von 100.000 auf 12 Millionen emporschnellte[136] und der Ausbau des organisatorischen Apparates entsprechende Dimensionen annahm.[137] Daraus entwickelte sich ein Selbstbewußtsein, das der NS-Volksdienst 1934 so umschrieb:[138] "... dem Amt für Volkswohlfahrt ... stehen bei einer vollen Zusammenarbeit heutzutage Möglichkeiten und ein Organisationsapparat zur Verfügung, die derart verzweigt und verästelt unser gesamtes öffentliches und privates Leben durchdringen und beeinflussen können, daß es geradezu sträflich wäre, diesen Riesenapparat nicht für Belange in Anspruch zu nehmen, die zwar jeder für sich nur ein kleines Interessengebiet berühren, aber in der Gesamtheit von ungeheurer, vielleicht einmal von ausschlaggebender Bedeutung für Volksgesundheit und Volkswirtschaft sein werden."

---

133 Ein Überblick dazu bei Jeserich, Die preußischen Provinzen, S. 198 ff., Müller-Haccius, Die preußischen Provinzialverbände im Gefüge des Dritten Reiches, S. 36 ff., für Westfalen, Hammerschmidt, Die provinzielle Selbstverwaltung Westfalen, S. 177 ff., Naunin, Wiederaufbau in Westfalen, S. 79 ff., Leesch, Die Provinzialverwaltung von Westfalen, S. 14 ff.

134 Materialien zur Neuordnung der provinziellen Selbstverwaltung, S. 22, speziell zur Anstaltsfürsorge die vom Statistischen Amt der Provinzialverwaltung bearbeitete Bilanz, Anstaltsfürsorge des Provinzialverbandes Westfalen in 75 Jahren

135 Vgl. Buchheim, Die Übernahme staatlicher Fürsorgeaufgaben durch die NSV, S. 126, zur organisatorischen Entwicklung der NSV und zu ihren politischen und sachlichen Ansprüchen, Matzerath, Nationalsozialismus, S. 382 ff.

136 Zur Mitgliederwerbung der NSV in der Provinzialverwaltung vgl. VA, W-L, C 10/11 - 186 Schreiben der NSV an Kolbow vom 29.8.1935

137 Matzerath, a.a.O., S. 382

138 Zit. nach Mennecke, Ein westdeutscher NSV-Kreis. Seine Entstehung und sein Menschengefüge vom 15. September 1933 bis zum 30. November 1934, S. 1

Eine erste Folge dieses hier formulierten Anspruches war, daß die NSV die wichtigsten freien Wohlfahrtsverbände wie den Caritasverband, die Innere Mission und das Deutsche Rote Kreuz zurückdrängte und sich zum bestimmenden Verband in der freien Wohlfahrtspflege aufschwang. Die NSV gründete Organisationen wie das WHW, das Hilfswerk "Mutter und Kind" und das Tbc-Hilfswerk, die sie mit großen propagandistischen Aufwand in das Bewußtsein der Bevölkerung zu bringen suchte. Daneben kümmerte sie sich aber auch um die Familien- und Jugendfürsorge, Wanderer- und Trinkerfürsorge, also Aufgabenfelder, die herkömmlicher Bestandteil der provinziellen Wohlfahrtspflege waren. Zwar konzentrierte sich die NSV nach ihrem Selbstverständnis darauf, ausschließlich die "gesunden Teile des deutschen Volkes" zu fördern und zu stärken[139] und gab aus, sich als ergänzender Fürsorgeträger zur öffentlichen Wohlfahrtspflege zu verstehen. Doch konnte es nur eine Frage der Zeit sein, bis die NSV mit ihrem aggressiven Expansionismus auch in die öffentliche Fürsorgetätigkeit eindrang, um hier Positionen zu erobern.

Ein erstes Anzeichen dafür war ein Schreiben des Amtes für Kriegsopferversorgung des Gaues Westfalen-Nord an die Hauptfürsorgestelle der Provinzialverwaltung.[140] Darin beanstandete Gauamtsleiter Meinert, bei der Reichsdienststelle der NSKOV in Berlin und beim Gau gingen in zunehmendem Maße Klagen von Schwerbeschädigten ein, keine Arbeit zu finden. Deshalb wolle der Gau sich nun um die Frage kümmern. Die Hauptfürsorgestelle solle ihm ein Verzeichnis der Firmen geben, in denen gesetzlich den Schwerbeschädigten zustehende Stellen nicht besetzt seien. Die Verwaltung glaubte, die Angelegenheit mit dem Hinweis erledigen zu können, daß die Arbeitsvermittlung für Schwerbeschädigte gesetzlich in ihre Zuständigkeit falle.[141] Indes wurde das Gauamt nun deutlicher und versuchte politischen Druck auszuüben. Es ließ die Hauptfürsorgestelle wissen, die Anfrage gehe auf einen Auftrag des Gauleiters zurück und im übrigen müsse die Verwaltung die Auskunft ohnehin erteilen, da die NSDAP eine Körperschaft des öffentlichen Rechts sei. Zugleich benutzte Meinert die Gelegenheit, um sich über die allgemein schlechte Zusammenarbeit mit der Hauptfürsorgestelle Münster zu beklagen.[142] Nachdem die Verwaltung erneut die gewünschte Information abgelehnt hatte, versicherte Meinert, er sei sehr an einer Zusammenarbeit mit der Fürsorgebehörde interessiert und werde Maßnahmen zugunsten der Schwerbeschädigten nur im Einvernehmen mit der Hauptfürsorgestelle vornehmen. Er bitte daher um eine Liste mit den Firmen, die noch über freie Stellen verfügten. Daraufhin schickte ihm der Referent der Abteilung, Dr. Pork, zwar die Namen von Schwerbeschädigten, die noch arbeitslos waren, nicht aber die ursprünglich verlangte Aufstellung.[143]

Die Provinzialverwaltung vermochte sich in diesem Einzelvorgang mit einer Taktik zu behaupten, die für die Anfangsphase der Auseinandersetzungen mit der NSV

---

139 Stadelmann, Die rechtliche Stellung der NSV und des WHW, S. 6, ähnlich Mennecke, a.a.O., S. 3

140 VA, W-L, I/117, S. 18 Schreiben des Gauamtsleiters Meinert vom 11.2.1936

141 VA, a.a.O., S. 19 Antwort von Dr. Pork vom 25.2.1936

142 VA, a.a.O., S. 20 Schreiben Meinerts vom 27.2.1936

143 VA, a.a.O., S. 24 Schreiben mit Anlage vom 25.4.1936

charakteristisch war. Die Berufung auf die gesetzlich fixierte Verantwortlichkeit wurde zunächst als wirksamster Schutz für den provinziellen Aufgabenbestand angesehen. Daneben mochte auch die Erwartung mitgespielt haben, auf diese Weise zu einem geregelten "Miteinander" zu kommen. Jedoch gestaltete sich eine Abgrenzung zunehmend problematischer. Auch die Betonung der spezifischen Aufgabenstellung für die NSV, wie sie Kolbow in der Sitzung des Provinzialrates vom 27. Oktober 1936 vornahm,[144] konnte nicht darüber hinwegtäuschen, daß die NSV in der öffentlichen Fürsorge zusehends an Terrain gewann. Deshalb sah die Provinzialverwaltung gerade in diesem Anspruch der NSV, eine aufbauende Wohlfahrtspflege zu betreiben, ein weiteres Problem eingeschlossen, das sich auch, wie bereits angedeutet, bei der "Zusammenarbeit" mit der HJ abgezeichnet hatte. Die Verwaltung befürchtete, auf Gebiete der Fürsorge abgedrängt zu werden, die sich schließlich als Abstellgleis für sie erweisen könnten. Kolbow brachte diesen Sachverhalt auf den Begriff der "Armenfürsorge", die sich im Dritten Reich zur "positiven Volkspflege" ausgeweitet habe und noch ausweite. Die provinzielle Selbstverwaltung müsse ihre ganze Aufmerksamkeit darauf richten, an dieser Entwicklung aufgabenmäßig zu partizipieren, wolle sie nicht von der NSV überspielt werden. Gelinge dies der Selbstverwaltung nicht, so gerate sie in die für eine im nationalsozialistischen Geist arbeitende Verwaltung unerträgliche Situation, sich "auf eine reine Bewahrungs- und Besserungsarbeit beschränken" zu müssen.[145]

Die Provinzialverwaltung erkannte sehr wohl, daß die NSV sich nicht mehr allein als Träger freier Wohlfahrtsarbeit verstand, sondern sich anschickte, auch in der öffentlichen Fürsorge die dominierende Rolle zu übernehmen und die bisher autonome Stellung des Provinzialverbandes in Frage stellte. Natürlich machten sich diese Tendenzen nicht nur hier bemerkbar; auch die Gemeinden waren ihnen ausgesetzt. In der noch unentschiedenen Konstellation konnte ein Vortrag Kolbows über "Die Stellung der Gemeinden im Aufbau der nationalsozialistischen Wohlfahrtspflege",[146] den er auf Einladung des Hauptamtes für Kommunalpolitik auf dessen Reichsarbeitstagung vom 25. bis 28. September 1937 hielt, besondere Aufmerksamkeit auf sich ziehen. Ursprünglich sollte Kolbow das Thema auf der Sondertagung des Hauptamtes im Rahmen des Reichsparteitages 1937 behandeln;[147] aber der Vortrag wurde auf Veranlassung Fiehlers kurzfristig abgesetzt.[148]

Kolbow nahm die Gelegenheit war, um "einmal grundsätzlich" auf das Verhältnis von öffentlicher und freier Wohlfahrtspflege einzugehen, was darauf hinauslief, daß er die Besorgnisse der Kommunen ausführlich thematisierte und sie sehr deutlich zur Sprache brachte. Zwar referierte er mit Blick auf den gemeindlichen Bereich,

144 VA, W-L, C 10/11 - 138 Niederschrift der PR Sitzung

145 VA, a.a.O., Niederschrift der PR Sitzung vom 27.10.1938;
C 10/11 - 143 Niederschrift der PR Sitzung vom 9.6.1939;
C 10/11 - 133 Niederschrift des Haushaltsausschusses des Provinzialrates vom 28.3.1941

146 BA, NS 25/31, S. 198 ff. Ein Exemplar des Manuskriptes auch in: VA, W-L, NK - 26, S. 47 - 58

147 VA, W-L, NK - 13, S. 19 Kolbow an Haake am 31.8.1937

148 BA, NS 25/30

jedoch darf angenommen werden, daß sich in seinen Ausführungen in gleichem Maße auch Erfahrungen und Erwartungen der von ihm vertretenen Verwaltung widerspiegelten. Nach einem knappen historischen Exkurs über die Entwicklung des Fürsorgewesens, bei dem es nicht an polemischen Bemerkungen über den Weimarer Staat, der "keine Ahnung von den innersten Ursachen des völkischen und sozialen Verfalls" gehabt habe, fehlte, kam Kolbow auf das Kardinalproblem zu sprechen. Die gesamte öffentliche Fürsorge müsse einheitlich und ohne Abstriche auf der gemeindlichen Ebene von der Gemeinde wahrgenommen werden und beim Bürgermeister zusammenlaufen. Dieser Grundsatz ergebe sich nicht allein aus einer konsequenten Praktizierung des Führerprinzips; auch der Aufgabengegenstand selbst vertrage keine Aufsplitterung und verlange eine in einer Behörde koordinierte Bearbeitung. Erst über eine planvolle und gezielte Verwaltungstätigkeit sei ein Höchstmaß an Effizienz zu erreichen. Denn "keine Fürsorgebehörde wird sich den jeweils gegebenen Verhältnissen so elastisch, so psychologisch richtig und so wirtschaftlich anpassen können wie gerade die Gemeinde und ... nur die Gemeinde." An dieser Stelle war unverkennbar, daß sich das Plädoyer für die gemeindliche Trägerschaft eindeutig gegen die versuchten oder auch schon erfolgreichen Übergriffe der NSV richteten. Ihr hielt Kolbow vor, nicht in dem sachlich erforderlichen Maße die anvisierte Aufgabe erfüllen zu können. Die NSV solle sich ganz auf ihre genuine Aufgabe der weltanschaulichen Erziehungsarbeit konzentrieren und sich in der freien Wohlfahrtsarbeit als Pendant zu den Gemeinden verstehen. Wenn die NSV in die behördliche Verwaltungstätigkeit einsteige, dann führe das nicht nur zu jener diffusen Zuständigkeit in der Wohlfahrtspflege, die der Nationalsozialismus in der Systemzeit attackiert habe. Die Folge seien auch "Doppelarbeit, Reibungen und Kompetenzkonflikte", was schließlich in dem "traurigen Endergebnis" einer "riesenhaften Unordnung" kulminieren müsse.

Die bemerkenswert lebhafte Zustimmung, die Kolbow aus der überwiegend aus Kommunalpolitikern zusammengesetzten Zuhörerschaft fand,[149] zeigt, daß er den neuralgischen Punkt der Situation der Gemeinden, und es kann hinzugefügt werden, auch der Gemeindeverbände getroffen hatte: Sie sahen sich von den Parteiorganisationen, für die die NSV repräsentativ war, in einen Stellungskrieg hineingezogen, bei dem es nicht mehr um kommunalpolitische Belanglosigkeit ging, sondern der über kurz oder lang mit der Aushöhlung ihres Aufgabenbereiches insgesamt zu enden drohte. Aus der Sicht der NSV stellte sich der Sachverhalt natürlich anders dar. Infolgedessen blieben die Ausführungen Kolbows auch nicht unwidersprochen. Am 19. Februar 1938 unterrichtete ein Landesrat der Provinzialverwaltung Schlesien Kolbow von einer Amtsleitertagung der NSV, auf der ihr Leiter Hilgenfeldt — er führte in Personalunion auch das Hauptamt für Volkswohlfahrt — ohne Namensnennung scharf gegen den Vortrag Kolbows Stellung bezogen habe.[150] Im August schließlich wandte sich Hilgenfeldt persönlich an Kolbow und warf ihm vor Thesen zu vertreten, "die sich mit der Auffassung der Partei nicht ganz decken."[151] So lasse die verlangte Zusammenfassung der gesamten Wohl-

---

149 Vgl. die sich dem Vortrag anschließende Diskussion BA, NS 25/31, S. 224 - 233

150 VA, W-L, NK - 26, S. 2 f.

151 VA, a.a.O., S. 44 Schreiben Hilgenfeldts vom 3.8.1938 mit einer umfachreichen Korrespondenz zwischen Hilgenfeldt und Kolbow

fahrtspflege bei den Gemeinden und Gemeindeverbänden darauf schließen, Kolbow wolle die nationalsozialistischen Einrichtungen wie die NSV und das WHW isolieren. Dies komme einem Vorstoß "gegen einen vom Führer unterzeichneten Gesetzesbefehl" gleich.[152] Die Absicht Hilgenfeldts war unschwer zu durchschauen. Hinter seiner Entrüstung über eine vermeintliche Diskreditierung parteiamtlich anerkannter und geförderter Organisationen verbarg sich nichts weniger als der Totalitätsanspruch für das gesamte Gebiet der Volksfürsorge, dem ein "Führerbefehl", der in dieser Fassung gar nicht existierte, Verbindlichkeit verleihen sollte. Kolbow wies die Anwürfe Hilgenfeldts als "Unterstellung" zurück und bot eine mündliche Klärung an, meinte aber gleichzeitig, auf Hilgenfeldt warteten vermutlich drängendere Fragen, die keinen Aufschub vertrügen. Er wolle den Hauptamtsleiter nicht "für mehrere Stunden den großen drängenden Reichsaufgaben entziehen."[153]

Als sich Hilgenfeldt anläßlich einer Parteiveranstaltung in Münster aufhielt, kam es am 26. April 1939 zu einer Begegnung zwischen ihm und Kolbow, in deren Verlauf die gegensätzlichen Positionen hart aufeinanderstießen.[154] Hilgenfeldt erklärte die Gemeinden "rundweg für unfähig, die Fürsorge im nationalsozialistischen Sinne auszugestalten" und reagierte in einer für politische Funktionäre des Dritten Reiches charakteristischen Weise, als ihm Kolbow die Vorzüge von kooperierenden öffentlichen und freien Wohlfahrtsträgern darlegen wollte. Hilgenfeldt zeigte sich an den Problemen der praktischen Umsetzung von politischen Doktrinen desinteressiert und gelangweilt, so daß Kolbow nach seinen eigenen Worten "erst grob" werden mußte, um sich "Gehör zu verschaffen."[155]

Wie nicht anders zu erwarten, kam es nicht zu einer Verständigung. Indessen hatte diese Kontroverse dazu beigetragen, ein Reizklima zu schaffen, das sich auf die weiteren Verhandlungen zwischen der Provinzialverwaltung und der NSV-Reichsleitung auswirkte. So berichtete Kolbow auf der Landesdirektorenkonferenz vom 5. April 1940, mit den örtlichen Stellen der NSV vernünftig verhandeln zu können, während die Besprechungen im NSV-Hauptamt "in geradezu unwürdiger Form" verliefen.[156]

Mußte die NSV in den preußischen Provinzen immerhin die Erfahrung machen, daß ihr nicht kampflos das Feld geräumt wurde, so vermochte sie sich in den neuen Reichsgauen sofort eine beherrschende Stellung zu sichern. Dies gelang ihr vor allem deshalb, weil sie hier nicht auf eingespielte Verwaltungen stieß, die um ihre traditionellen Zuständigkeiten fochten. Die Folge war beispielsweise, daß ein

---

152 VA, a.a.O., S. 79 Schreiben Hilgenfeldts vom 7.10.1938

153 VA, a.a.O., S. 80 Kolbow mit Schreiben vom 15.10.1938

154 VA, W-L, NK - 2, S. 17 f. Vermerk Kolbows

155 Ebenda

156 VA, W-L, C 10/11 - 262 Niederschrift der LDK. Kolbow bezog sich in diesem Fall auf Auseinandersetzungen mit der NSV in der Blindenfürsorge. Vgl. dazu auch den z.T. bei Krebs, Schulenberg, S. 181 ff. wiedergegebenen Brief Kolbows vom 31.12.1939 an Schulenburg

Amtswalter der NSV die fürsorgerischen Aufgaben der Gauselbstverwaltung in Personalunion verwaltete. Nach der Beobachtung des früheren Referenten der westfälischen Hauptfürsorgestelle, Dr. Heinrichs, der zum Aufbau der Gauselbstverwaltung Danzig-Westpreußen abkommandiert war, stellte sich solche Verwaltungspraxis als "eine Mischung von Staatsverwaltung, kommunaler Selbstverwaltung und patriarchalischer Eigenverwaltung (letztere manchmal mit Krückstock)" dar, "unbekümmert darum was Berlin sagt, einzig geleitet von dem gesunden Menschenverstand ...."[157] Auch für die preußischen Provinzialverbände machte sich diese Entwicklung bemerkbar. Die NSV hatte durch die Positionsgewinne in den Ostgebieten Auftrieb bekommen und sah die dort geschaffenen Tatbestände nun als Modellfall für das Altreich an. Jedenfalls belebten sie die Diskussion um das Eindringen der NSV in die öffentliche Fürsorge in einem Maße, daß Kolbow ihre Rechte und Bedeutung auf der Arbeitstagung der Ausgleichsstelle für Jugendgesundheitsfürsorge der Provinz Westfalen am 7. März 1939 erneut vehement verteidigte.[158]

Kolbow bescheinigte der NSV, in der "Ostmark" und im Sudetengau für den Aufbau von Fürsorgeeinrichtungen Bedeutendes geleistet zu haben. Doch dürfe sie nun nicht über das Ziel hinausschießen und annehmen, im Altreich Vergleichbares schaffen zu müssen. Wenn das geschehe, belaste sich die Partei mit höchst "undankbaren und unpopulären Aufgaben", die so hinderlich für ihre weltanschauliche Mission seien, daß letzten Endes "eine neue NSV gegründet werden" müßte. In jedem Fall müsse die NSV damit rechnen, daß die westfälischen Gemeinden und die Provinzialverwaltung "in leidenschaftlichster Weise" ihre Ansprüche auf die öffentliche Fürsorge verteidigen würden. Deshalb gebe er die Parole aus: "Der Angriff ist die beste Verteidigung", um auszudrücken, daß man nicht nur den herkömmlichen Aufgabenkreis bewahren, sondern ihn sogar erweitern wolle. Kolbow intendierte mit dieser offensiven Programmatik noch ein Zweites. Er billigte zwar der "Bewegung", also der Partei, eine ihr eigentümliche Dynamik zu. Er warnte indessen die öffentliche Verwaltung davor, sich sozusagen in die statische Ecke abdrängen zu lassen, so daß sie plötzlich ohne zukunftsbedeutende Aufgaben dastünde und die angeschlossenen oder nachgeordneten Verbände der Partei diese monopolisiert haben würden. In dieser sich immer stärker abzeichnenden Entwicklung der inneren Verfassung des NS-Systems, in dem durch zunehmend sich neu bildende Kompetenzzentren und Machtparzellen eine verwirrende Desorganisation entstand, lag in der Tat eine grundlegende Gefährdung für die provinzielle Selbstverwaltung. Die Systemlosigkeit des Systems hatte die paradoxe Situation herbeigeführt, daß die Provinzialverwaltung sich ebenso in einer Verteidigungsstellung wie in einem Wettlauf befand, bei dem sie zusehends ins Hintertreffen geriet.

Eine Behauptungschance für die öffentliche Fürsorge sah Kolbow nur dann, wenn sie geschlossen gegen die Ambitionen der NSV Front machte. Als unabdingbare Voraussetzung dazu erschien ihm eine einheitliche organisatorische Zusammenfassung, für die ihm die der NSV als Vorbild diente. Sie besaß seiner Auffassung nach "eine klare befehlsmäßige Gliederung von einer Reichsspitze über die Gauamtslei-

---

157 VA, W-L, NK - 10, S. 269 ff. Schreiben Dr. Heinrichs an Kolbow vom 22.8.1941

158 WHB, Archiv, Vorträge Landeshauptmann Kolbow I., Niederschrift der Tagungsreferate

tungen und Kreisamtsleitungen bis in die Ortsinstanz."[159] In diese Richtung gehende Vorschläge hatte bereits der Dezernent der Hauptfürsorgestelle, Landesrat Dr. Pork, vor der Arbeitsgemeinschaft der deutschen Hauptfürsorgestellen in einem Exposé vom 15. Februar 1938 gemacht. Pork regte ein "Landessozialamt" an, das in der Provinz "Mittelpunkt der gesamten freien und öffentlichen Wohlfahrtspflege" sein sollte.[160] Der Plan vermochte sich aber schon wegen der disparaten Interessenanlagen in den einzelnen preußischen Provinzen nicht durchzusetzen und auch die Gemeinden befürchteten eine Gängelung durch den Provinzialverband. Ein weiterer Grund für die Schwächung der Position der öffentlichen Fürsorge lag in der mangelnden Unterstützung durch den Deutschen Gemeindetag und das Hauptamt für Kommunalpolitik, während der Stellvertreter des Führers, später die Parteikanzlei, das Hauptamt für Volkswohlfahrt entschieden protegierte.[161] Ein gravierendes Beispiel hierfür ist der nach Absprache mit der Parteikanzlei verkündete Erlaß des Reichsinnenministers vom 24. Oktober 1941, der die NSV-Jugendhilfe maßgeblich an den Geschäften des Jugendamtes beteiligte.[162] Die Konferenz der westfälischen Landräte kritisierte dies am 5. Feburar 1942 überaus scharf. Namentlich Kolbow warf dem Deutschen Gemeindetag und seinem Wohlfahrtsausschuß vor, "nicht rechtzeitig das erforderliche Material und die Unterlagen für eine sachliche erfolgreiche Bekämpfung der jetzt eingetretenen Lösung" bereitgestellt zu haben wie auch das Hauptamt für Kommunalpolitik versagt habe.[163] Zwar beschloß die Konferenz, "keine Position dürfe überflüssig und ohne Not geräumt werden". Aber neben dieser aus einer Mischung von Trotz und Verbitterung zustandegekommenen Übereinkunft waren auch solche fatalistische Stimmen unüberhörbar, daß "der weitere Ablauf der Entwicklung wohl kaum aufzuhalten sein werde."[164]

Die Provinzialverwaltung ihrerseits suchte durch Absprachen mit den betreffenden Gauamtsleitern von Westfalen-Nord und -Süd einen modus vivendi, um ein "gedeihliches Zusammenarbeiten" zu erreichen.[165] Wie unsicher die Tragfähigkeit solcher

---

159 VA, W-L, C 10/11 - 143 Niederschrift der PR Sitzung vom 9.6.1939. Im gleichen Sinne das Schreiben Kolbows an den Präsidenten der LVA Hamburgs, Martini, vom 19.6.1939, VA, W-L, NK - 50

160 VA, W-L, NK - 10, S. 41 ff. mit Marginalien Kolbows

161 Vgl. Matzerath, Nationalsozialismus, S. 385 f., 390 f.

162 Rd.Erl. des RMdI vom 24.10.1941 (RMBliV. S. 1897) Vgl. auch Buchheim, a.a.O., S. 129, Matzerath, a.a.O., S. 388

163 AVfK, DGT 0-1-16/522 Bd. 2 Bericht des Leiters der Dienststelle des Westens des DGT, Dr. Kottenberg, an den DGT vom 11.2.1942. Auf der Tagung referierte der Landrat von Recklinghausen, Dr. Reschke, über den Erlaß vom 24.10.1941. Das Referat sowie die anschließende Diskussion mit der Kritik Kolbows in: StAM, I K, Nr. 1323, Regierung Arnsberg

164 AVfK, a.a.O., Bericht Dr. Kottenbergs

165 Vgl. den vertraulichen Vermerk Kolbows über eine Besprechung mit dem Gauamtsleiter für Volkswohlfahrt des Gaues Westfalen-Nord, Mietz, vom 1.10.1942, VA, W-L, NK - 2, S. 359 f.

Abgrenzungen war, zeigte sich noch im Herbst 1942. Nachdem die NSV im Gau Westfalen-Nord schon zwei eigene Wohlfahrtsschulen besaß und beabsichtigte, im Gau Westfalen-Süd eine dritte aufzubauen, entschloß sich auch die Provinzialverwaltung, eine Provinzschule für Wohlfahrtspflege einzurichten.[166] Anderenfalls war abzusehen, wann die Provinzialverwaltung gezwungen gewesen wäre, für ihre Anstalten bei der NSV um Personal nachzusuchen. Daß dieses, wenn überhaupt, nicht ohne Bedingungen bewilligt würde, lag auf der Hand. Auf der Landesdirektorenkonferenz vom 13. November 1943 machte dann der Ministerialdirigent im Reichsinnenministerium, Dr. Loschelder, eine "vertrauliche Mitteilung", die das Dilemma, in der sich die Provinzialverbände gegenüber der NSV befanden, erneut deutlich werden ließ und den Ausgang ihres Konkurrenzkampfes signalisierte. Loschelder berichtete von einer Übereinkunft zwischen Staatssekretär Stuckart und Hilgenfeldt, nach der die Provinzialverbände und Gauselbstverwaltungen grundsätzlich die sozialpädagogischen Fachschulen übernehmen sollten und die NSV als Trägerin erst in Frage komme, "wenn die Gebietskörperschaften nicht rechtzeitig (!) die notwendigen Schulen erstellten."[167]

Die Aktivität der NSV war breit angelegt. Es gab so gut wie keine Bereiche in der Wohlfahrts- und Gesundheitspflege, derer sie sich nicht annahm und gleichzeitig damit deren bisherige Träger zurückdrängte oder gar ausschaltete. Ein Beispiel dafür bildet das Vorgehen der NSV in der Tuberkulosen-Fürsorge, auf das hier näher eingegangen werden soll.

Zum Zeitpunkt der Machtergreifung fehlte es für die Tbc-Bekämpfung noch an einer einheitlichen und verbindlichen geregelten Organisationsform. Die bisherigen Ansätze dazu basierten überwiegend auf freiwilligen Initativen. So hatten sich die Bezirks- und Landesfürsorgeverbände im Rahmen ihrer allgemeinen Fürsorge dieser Aufgabe angenommen, und auch die Landesversicherungsanstalt als Rentenversicherungsträger besaß für ihre Versicherten Einrichtungen für eine Heilbehandlung.[168] Allerdings reichten diese Maßnahmen nicht aus, was insbesondere für den Kreis der Nichtversicherten galt.[169] An ihn wandte sich daher in erster Linie das 1934 von der NSV aufgezogene Tbc-Hilfswerk, das freilich nur der Anfang für weiterreichende Pläne war. Zunächst strebte sie danach, mit einzelnen Trägern der Tbc-Hilfe Abkommen zu schließen, über die die NSV eine größere Breitenwirkung erzielte. Eine solche Vereinbarung kam Ende 1935 mit dem Reichsverband Deutscher Landesversicherungsanstalten zustande, der bereits am 16. und 17. April 1935 für seine Verbandsmitglieder die sogenannten "Saarbrücker Richtlinien" verabschiedet hatte. Sie sollten eine stärkere Koordinierung unter den verschiedenen

---

166 VA, W-L, C 10/11 - 588 b Kriegschronik der Provonzialverwaltung mit Datum vom 18.10.1947

167 VA, W-L, C 10/11 - 263 Niederschrift der LDK

168 Naunin, Wiederaufbau, S. 133

169 Nachweise über die Leistungen des Landesfürsorgeverbandes für die nichtversicherte Bevölkerung enthalten die Verwaltungsberichte der Provinzialverwaltung. Vgl. dort für 1935 bis 1938 unter dem Abschnitt: "Einzelne Zweige der Gesundheitsfürsorge." Allgemein zum Tätigkeitsfeld des Landesfürsorgeverbandes und zu seiner historischen Entwicklung, Naunin, a.a.O., S. 79 ff.

Versicherungsträgern bringen und auch nichtversicherte Personen zu erfassen.[170] Eine weitere Berücksichtigung erzielte die NSV mit den "Richtlinien für die Zusammenarbeit der Träger der öffentlichen Wohlfahrtspflege mit dem Hauptamt für Volkswohlfahrt", die der Deutsche Gemeindetag für die Gemeinden und Gemeindeverbände aushandelte und am 10. August 1936 gegenzeichnete.[171] Er bemühte sich insbesondere, die ergänzende Rolle der NSV herauszustellen und setzte gegenüber dem ursprünglichen Entwurf des Hauptamtes durch, daß die NSV nur als Kostenträger in Frage komme, wenn der Kranke "nicht in der Lage ist, die Kosten für eine Heilstättenkur selbst zu tragen und auch kein anderer gesetzlich verpflichteter Kostenträger vorhanden ist."[172]

Die fehlende Einheitlichkeit in der Tbc-Bekämpfung konnte im Wege solcher nicht aufeinander abgestimmter Einzelabkommen schwerlich erreicht werden — im Gegenteil. Auf der anderen Seite genügten aber auch der NSV die Form und das Maß ihrer Berücksichtigung und Einflußnahme noch nicht. Sie verband deshalb ihre Kritik an dem organisatorischen Durcheinander mit der Forderung nach einer reichseinheitlichen Regelung. Ihr galt eine am 28. Oktober 1937 im Reichsarbeitsministerium stattfindende Besprechung, um Möglichkeiten für regionale Tbc-Arbeitsgemeinschaften zu erörtern. Teilnehmer waren Vertreter des Reichsarbeits- und des Reichsinnenministeriums, die NSV mit Hilgenfeldt und die Krankenkassen-Spitzenverbände.[173] Kolbow vertrat den Reichsverband Deutscher Landesversicherungsanstalten, dessen Leiter er seit dem 25. Mai 1937 war. In der Sitzung zeigte sich allerdings, daß Hilgenfeldt keineswegs über ein Konzept für eine reichseinheitliche Koordinierung verfügte. Seine Vorstellungen waren vielmehr an dem Nahziel orientiert, den Einflußbereich der NSV auszudehnen. Denn als Kolbow mitteilte, der Reichsverband habe eine Erweiterung der Saarbrückener Richtlinien beschlossen, hielt Hilgenfeldt eine weitere Diskussion über Gründungen von Arbeitsgemeinschaften für überflüssig. Er befürchtete offenbar, die Landesversicherungsanstalten könnten in ihre Betreuung noch weitere nichtversicherte Kreise einbeziehen. Hilgenfeldt wollte die Sozialversicherung auf ihre Versicherten begrenzen, während die Partei die übrige Bevölkerung betreuen sollte. Eine Absprache ohne weitere rechtliche Festlegungen genüge.[174] Da das Reichsarbeitsministerium an dem Gedanken regionaler Organisationen festhielt und die Landesversicherungsanstalten mit ihrer Federführung betrauen wollte, kam es zu keiner Einigung. Knapp drei Wochen später trat Hilgenfeldt im Reichsversicherungsamt

---

170 Dazu der Bericht von Landesrat Görling, Rheinprovinz: "Allgemeine Lage der Landesversicherungsanstalten", in: Niederschrift über die Verhandlungen des Verbandtstages des Reichsverbandes Deutscher Landesversicherungsanstalten in Dresden am 24.6.1936, S. 12 f.

171 BA, R 36/1345 Der erste Entwurf datierte vom 11.2.1936 und war vom HfV ausgearbeitet. Die endgültige Fassung unterschrieben für den DGT, Vizepräsident Dr. Zeitler, für das HfV, Hilgenfeldt.

172 Vgl. auch die Besprechung zwischen DGT, HfK und HfV vom 28.4.1936, BA, a.a.O.

173 VA, W-L, NK - 45 Vermerk Kolbows sowie sein Rundschreiben über die Sitzung an die Verbandsmitglieder vom 2.11.1937, VA, W-L, NK - 44

174 Vermerk Kolbow, VA, a.a.O.,

schon aggressiver aus. Er wiederholte seine Forderungen vom 28. Oktober und drohte gleichzeitig an, daß die NSV zusammen mit dem Reichsärzteführer die Tbc-Hilfe übernehmen würde, allerdings unter finanzieller Belastung der Sozialversicherungsträger, wenn eine Lösung in seinem Sinne nicht durchkäme.[175]

Hiervon alarmiert wandte ich Kolbow am 23. November 1937 in einem dringenden Schreiben an den Präsidenten des Deutschen Gemeindetages, Dr. Jeserich. Die seit April 1937 laufenden Verhandlungen zwischen dem Reichsverband und dem Deutschen Gemeindetag sollten beschleunigt werden.[176] Mit ihnen beabsichtigte Kolbow, sowohl die Pläne Hilgenfeldts zu unterlaufen als auch Bestrebungen der westfälischen Gauleiter zuvorzukommen, die in der Provinz unter Führung der NSV eine Tbc-Arbeitsgemeinschaft errichten wollten. Kolbow und Jeserich konnten tatsächlich das Abkommen am 5. Januar 1938 unterzeichnen, das aber nun einer massiven Kritik ausgesetzt war. Fiehler beanstandete, als Vorsitzender des Deutschen Gemeindetages mit einem fait accompli konfrontiert worden zu sein und erst durch Rundschreiben davon erfahren zu haben.[177] Das Reichsversicherungsamt zeigte sich verprellt und kündigte an, die Vereinbarung aufzuheben.[178] Und das Hauptamt für Volkswohlfahrt verlangte, das Abkommen dürfe nicht in den Gauen angewandt werden, in denen bereits Tbc-Arbeitsgemeinschaften bestünden.[179]

Diese waren eine andere Variante des Vordringens der NSV in die Tbc-Bekämpfung, mit der sie augenscheinlich erfolgreicher operierte als in den Verhandlungen auf zentraler Ebene. Seit 1937 bemühte sich die NSV mit Hilfe der jeweiligen Gauleitungen in einzelnen Gauen solche Arbeitsgemeinschaften aufzubauen. Es gelang ihr zuerst in der Rheinprovinz sich die Geschäftsführung zu sichern, die bei einem Tbc-Facharzt der NSV lag.[180] Das Beispiel machte Schule in den Provinzen Schlesien und Pommern[181] und belebte auch in Westfalen die darüber schon 1937 geführte Diskussion. Kolbow drängte daher den Deutschen Gemeindetag, sich zusammen mit dem Reichsinnenministerium und dem Reichsversicherungsamt kontrollierend in die Arbeitsgemeinschaftsgründungen einzuschalten, damit die Tbc-Bekämpfung eine Aufgabe der Sozialversicherung bleibe und der Einfluß der NSV so weit wie möglich abgeschirmt werde. Außerdem befürchtete Kolbow, die

---

175 VA, W-L, NK - 45 Vermerke Kolbows vom 16.11.1937 und 18.11.1937

176 BA, R 36/1346 Die Initiative zu diesem Abkommen war von Kolbow ausgegangen. Vgl. sein Einladungsschreiben an den DGT vom 4.4.1937, BA, a.a.O.,

177 BA, a.a.O., Schreiben Fiehlers an Jeserich vom 18.3.1938, vgl. Baars, Das Abkommen zwischen dem Reichsverband Deutscher Landesversicherungsanstalten und dem Deutschen Gemeindetag über Zusammenarbeit in der Tuberkulosenbekämpfung, S. 7

178 BA, a.a.O., Vermerk Jeserichs vom 2.5.1938 über ein Gespräch mit Kolbow

179 BA, a.a.O., Schreiben des HfV an den DGT vom 3.5.1938

180 Sprungmann, Die Arbeitsgemeinschaft zur Bekämpfung der Tuberkulose in der Rheinprovinz, S. 358 ff. mit einem Abdruck der Arbeitsrichtlinien, S. 362 ff.

181 VA, W-L, NK - 1, S. 167 f., 176 f. Vermerk Kolbows über ein Telefongespräch mit dem Leiter der LVA Schlesien vom 12.10.1937

NSV benutze diese Arbeitsgemeinschaften als Vehikel, um noch stärker in der allgemeinen öffentlichen Fürsorge Fuß zu fassen.[182] Bei dem Leiter der Kommunalabteilung im Reichsinnenministerium, Ministerialdirektor Dr. Surèn, forderte Kolbow in jedem Fall die Geschäftsführung für den öffentlichen Fürsorgeträger, schon weil die Gemeinden und Gemeindeverbände rund 85 % der benötigten Mittel der Arbeitsgemeinschaften aufbrächten.[183] Während Kolbow also eine Arbeitsgemeinschaft für Westfalen nach dem Muster der Rheinprovinz zu torpedieren suchte, waren die Absprachen dazu bei den Gauleitungen in Münster und Bochum schon bis zu ihrem Abschluß gediehen, ohne daß Kolbow davon wußte. Die Gauleitung Westfalen-Nord benachrichtigte, ohne nähere Angaben zu machen, kurzfristig seine Sekretärin telefonisch über eine am 2. März 1939 im Oberpräsidium stattfindende Besprechung, an der auch Kolbow teilnehmen solle.[184]
Auf ihr sollten Einzelheiten für die Gründung einer Arbeitsgemeinschaft zur Bekämpfung der Tuberkulose in Westfalen und Lippe festgelegt werden. Neben den beiden Gauleitungen und Gauamtsleitern für Volkswohlfahrt und Volksgesundheit waren auch ein Referent aus dem Stabe des Stellvertreters des Führers, ein Vertreter Hilgenfeldts, sowie der Reichsarzt der NSV, Reichsamtsleiter Dr. Walter erschienen.[185] Dieser erklärte, zur völligen Überraschung Kolbows, daß in Westfalen eine Arbeitsgemeinschaft errichtet werden müsse. Kolbow widersprach einer Gründung zu diesem Zeitpunkt energisch, da man damit den Plänen des Reichsinnenministeriums und des Reichsarbeitsministeriums zuwiderhandeln würde. In Kürze seien reichseinheitliche Richtlinien vom Reichstuberkuloserat — in ihm saßen außer den Ressorts für Inneres, Arbeit und Propaganda noch der Stellvertreter des Führers und die NSV — für den Aufbau solcher Arbeitsgemeinschaften zu erwarten. Er dürfe sich als Leiter der Landesversicherungsanstalt nicht an präjudizierenden Regelungen beteiligen. Man solle noch etwa drei Monate warten. Kolbow stand aber einer geschlossenen Phalanx gegenüber, und es zeigte sich auch, daß bereits personelle Absprachen getroffen worden waren. So schlug Gauamtsleiter Degenhardt Gauleiter Dr. Meyer für den Vorsitz der Arbeitsgemeinschaften und Kolbow als Chef der Landesversicherungsanstalt als ständigen Stellvertreter vor. Als Geschäftsführer war an den Gauamtsarzt der NSV, Dr. Häffner, gedacht. Das Gauhaus in Münster sollte der Sitz der Geschäftsführung sein.

Von Meyer um seine Meinung befragt, wiederholte Kolbow seine Bedenken und bemängelte, daß "als Geschäftsführer ein ihm zunächst unbekannter Arzt hingesetzt würde, welcher in erster Linie der NSV verantwortlich sei ...." Um "Unklarheiten der Befehlsgewalt" zu vermeiden, sei es dann schon sinnvoller, wenn Gauamtsleiter Degenhardt die Stellvertretung übernehme. Anderenfalls müsse er, Kolbow, auf einen Mann seines Vertrauens für die Geschäftsführung bestehen. Er denke dabei an Landesrat Schultze-Rhonhoff, seinem ständigen Stellvertreter in der Landesversicherungsanstalt; außerdem müsse die Geschäftsführung dort untergebracht sein und von ihr das Büropersonal gestellt werden. Aber auch damit drang

---

182 VA, W-L, NK - 48 Schreiben Kolbows vom 3.2.1939

183 VA, a.a.O.,

184 VA, a.a.O., Vgl. das Schreiben Kolbows an Gauleiter Meyer vom 6.3.1939

185 VA, a.a.O., Besprechungsvermerk Kolbows

Kolbow nicht durch. Meyer beharrte auf Dr. Häffner und erklärte sich lediglich mit der Landesversicherungsanstalt als Sitz der Geschäftsführung einverstanden. Im übrigen versicherte er Kolbow ihn zu "decken", wenn er "als Beamter in Schwierigkeiten von Seiten der Ministerien kommen werde" und beauftragte ihn, die verwaltungsmäßige Gründung der Arbeitsgemeinschaft vorzubereiten. In einem kleinen Kreis wurde anschließend der 26. April 1939 als Gründungstag vereinbart.[186]

Obwohl es Kolbow nicht gelungen war, sich auf der Sitzung in entscheidenden Fragen durchzusetzen, wollte er sich mit ihrem Ergebnis nicht so ohne weiteres abfinden. Zunächst schrieb er am 6. März an Gauleiter Meyer und kritisierte in ungewöhnlich scharfer Form das Vorgehen und den Entschluß.[187] Er betonte erneut, wider besseren Wissens und nur auf ausdrücklichen Wunsch des Gauleiters (nicht des Oberpräsidenten) hin den ständigen stellvertretenden Vorsitz zu übernehmen. Auch gehe es nicht an, telefonisch über seine Sekretärin zu der Besprechung geladen zu werden, ohne über die Tagesordnung und den Teilnehmerkreis informiert zu werden. Er habe sich, fuhr Kolbow fort, am 2. März nur deshalb so zurückgehalten, um Meyer nicht vor dem Abgesandten des Stellvertreters des Führers und der Reichsleitung der NSV zu desavouieren. Zukünftig dürfe es nicht mehr vorkommen, daß solch wichtige Sitzungen ohne vorherige persönliche Fühlungnahme stattfänden. "Ich bitte Sie ..., daß ich aus der Vorbereitung wichtiger Dinge, für deren Erledigung ich selbst nachträglich die Verantwortung übernehmen muß, nicht wieder ausgeschaltet werde." Wäre er rechtzeitig unterrichtet worden, so hätte er Meyer seine Bedenken darlegen können, denn "für Sie und mich als preussische Beamte ist es doch eine unmögliche Situation — vom Grundsatz der Ordnung und Disziplin und überhaupt preussischer Tradition her gesehen —, daß wir gegen den ausdrücklichen Willen der uns vorgesetzten beiden Ministerien die Gründung dieser Arbeitsgemeinschaft jetzt vornehmen."

Mit diesem Appell hatte Kolbow Meyer freilich an der falschen Stelle ans Portepee gefaßt. Dieser hatte während seiner Amtszeit als Oberpräsident nie einen Zweifel darüber aufkommen lassen, daß für ihn die Interessen der Partei an erster Stelle rangierten und er eine Pflichtenkollision mit den Ansprüchen seiner staatlichen Ämter nicht kannte. Im Grunde genommen wußte auch Kolbow, daß er bei Meyer an der Entscheidung selbst nichts mehr zu ändern vermochte, nachdem der Referent aus dem Stabe des Stellvertreters des Führers in der Sitzung "kategorisch" erklärt hatt, "daß der Stellvertreter des Führers die Gründung einer solchen Arbeitsgemeinschaft in Westfalen nach den Vorschlägen der NSV wünsche."[188]

Neben der persönlichen Verbitterung, nicht frühzeitig genug beteiligt worden zu sein, stand hinter der massiven Intervention Kolbows die erneute Erfahrung — seine Isolierung bei diesem Vorfall war dafür in gewisser Weise symptomatisch —, daß die Arbeitsgemeinschaft "einen weiteren Einbruch der NSV in das Gebiet der öffentlichen Fürsorge" darstellte.[189] Unter diesem Eindruck schickte er an den

---

186 Ebenda   187 VA, a.a.O.

188 VA, W-L, NK - 10, S. 212 ff. zit. S. 213 Schreiben Kolbows an den früheren Landesrat und damaligen Senator für Inneres in Bremen, Dr. Fischer, am 5.5.1939

189 Ebenda

Präsidenten des Reichsversicherungsamtes, Schäffer, seinen Aktenvermerk über die Sitzung vom 2. März und seinen Brief an Meyer vom 6. März mit dem Bemerken, "hieraus die Methoden ersehen zu wollen, mit denen die NSV augenblicklich operiert." Es sei allein der offene Kampf noch gerechtfertigt, "wenn nicht das Gebäude der staatlichen und kommunalen Verwaltung infolge der beabsichtigten Aushöhlung gänzlich zusammenbrechen soll."[190] Die gleichen Unterlagen stellte er dem Deutschen Gemeindetag zur Verfügung, um eventuell eine Aussetzung des Gründungsdatums zu erreichen, wenn Reichsinnenministerium und Reichsarbeitsministerium bei Gauleiter Meyer nachdrücklich intervenierten.[191] Von den Ressorts war indes keine kurzfristige Hilfe zu erwarten, da sie nicht über die nötige politische Durchsetzungskraft gegenüber der Partei verfügten und sich außerdem entweder untereinander nicht einigen konnten, sich nicht für zuständig erklärten oder auch die Schärfe und Tragweite des Problems, wie es sich für die Verwaltung in der Alltagspraxis stellte, nicht angemessen würdigten.[192]

Am 26. April fand die Gründungsfeier der "Arbeitsgemeinschaft zur Bekämpfung der Tuberkulose in der Provinz Westfalen" unter großem propagandistischem Aufwand in Münster statt.[193] Über sie vermochte sich die NSV, die an den bisherigen Aufwendungen für die Tbc-Bekämpfung in Westfalen nur mit 5 % beteiligt war,[194] in eine maßgebliche Rolle der nun größten westfälischen Tbc-Organisation aufzuschwingen. Sie war indessen noch nicht voll funktionsfähig, da sie noch über keine Arbeitsrichtlinien verfügte – ein möglichst frühzeitiger Gründungstermin war den Gauleitungen wichtiger als zunächst die organisatorisch technischen Voraussetzungen zu schaffen –[195] und nach wie vor Differenzen mit dem Tbc-Hilfswerk der NSV bestanden. Deshalb wies Kolbow Landesrat Schultze-Rhonhoff an, die Richtlinienentwürfe von Dr. Häffner sorgfältig zu überprüfen, denn "diese beiden Organisationen werden in der Praxis dauernd miteinander verwechselt, wie überhaupt alles unklar und unüberlegt ist."[196] In den schließlich zustandegekommenen "Richtlinien der Arbeitsgemeinschaft zur Bekämpfung der Tuberkulose in der

---

190 VA, W-L, NK - 48 Schreiben Kolbows vom 8.3.1939. In dem Zusammenhang sei daran erinnert, daß Kolbow einen Tag zuvor auf der Tagung der Ausgleichsstelle, ausgehend von der Machtausdehnung der NSV in den Reichsgauen, grundsätzlich gegen die Ansprüche der NSV Stellung bezogen hatte. Vgl. o. S. 101

191 BA, R 36/1334 Kolbow am 15.3.1939 an den Referenten im DGT, Zengerling

192 Vgl. das Schreiben Zengerlings an Kolbow vom 14.3.1939, VA, W-L, NK - 48 und dessen Telegramm vom 1.4.1939 nach Münster, BA, R 36/1334, außerdem Dr. Surèn an Kolbow vom 17.3.1939, VA, a.a.O.,

193 Vgl. das Einladungsschreiben Meyers an Hilgenfeldt vom 13.4.1939, er rechne mit rund 250 geladenen Gästen. VA, W-L, NK - 48

194 VA, W-L, NK - 10, S. 212 Kolbow an Dr. Fischer

195 VA, W-L, NK - 48 Handschriftlicher Vermerk Kolbows über eine vorbereitende Besprechung vom 31.3.1938, in der Gauamtsleiter Degenhardt geäußert hatte, die NSV sehe in der Arbeitsgemeinschaft zunächst eine politische und nicht so sehr eine technische Aufgabe.

196 VA, a.a.O., Anweisung Kolbows vom 5.12.1939

Provinz Westfalen"[197] verstand die Arbeitsgemeinschaft sich als eine Organisation, die "einer einheitlichen Arbeitsausrichtung der Tuberkulosebekämpfung in der Provinz Westfalen einschließlich der vorbeugenden und nachgehenden Fürsorge insbesondere aber der frühzeitigen Erfassung auf Schnelleinweisung der Tuberkulösen 'dient'." Sie faßte "alle an der Tuberkulosebekämpfung beteiligten und interessierten Behörden, Verbände und Dienststellen" zusammen. Die Richtlinien betonten ausdrücklich, daß die Zuständigkeiten der Sozialversicherungsträger nicht tangiert würden. Als vorläufiger Kostenträger trat das Hauptamt für Volkswohlfahrt, Berlin, auf, um nicht durch langwierige Verhandlungen notwendige Heilbehandlungen zu verschleppen. Danach sollte der zuständige Kostenträger bestimmt werden. Dem Tbc-Hilfswerk der NSV, verschiedenen Gauämtern und der Deutschen Arbeitsfront wurden insbesondere die Aufgaben der "nachgehenden Fürsorge" wie Betreuung der Erkrankten und ihrer Familien übertragen.

Wenn Kolbow als ständiger Stellvertreter Meyers sich auch nicht um den täglichen Geschäftsablauf der Arbeitsgemeinschaft kümmern konnte, so verlangte er doch, regelmäßig von Dr. Häffner auf dem laufenden gehalten zu werden. Zwei bis drei Mal im Monat mußte Häffner ihm über den Stand der Arbeit berichten.[198] Weiterhin achtete Kolbow darauf, sich seine Entscheidungsbefugnisse nicht schmälern zu lassen. In einer Verfügung zum "Organisatorischen Aufbau der Arbeitsgemeinschaft" stellte er fest, daß ihr Personal zwar vom Hauptamt für Volkswohlfahrt bezahlt werde, daß aber der Geschäftsführer über die Anstellungs- und Vertragsbedingungen nur nach seiner Zustimmung entscheiden dürfe. Und Kolbow fügte hinzu: "Ich behalte mir vor, nach dem jeweiligen Stand der Entwicklung die notwendigen Anordnungen für den weiteren Ausbau der Organisation der Arbeitsgemeinschaft zu geben."[199] Hinter den Anweisungen Kolbows stand nicht nur die Absicht, die Arbeitsgemeinschaft nicht völlig in das Fahrwasser der NSV abgleiten zu lassen; er überlegte auch, wie die enge Bindung an das Hauptamt für Volkswohlfahrt, das auch die Verwaltungskosten der Arbeitsgemeinschaft aufbrachte, gelockert werden könne. Sie beliefen sich nach einem Voranschlag auf jährlich 22.000 RM. In einem Rundschreiben regte Kolbow bei den Mitgliedern der Arbeitsgemeinschaft an – insgesamt umfaßte sie über 30 Behörden, Verbände und Dienststellen –, sie sollten diese Kosten durch freiwillige Beträge übernehmen, da dies "zur Förderung des Eigenlebens der Arbeitsgemeinschaft ... notwendig" sei.[200] Das Vorhaben stieß indessen schon bei einigen Oberbürgermeistern und Landräten auf Widerstand, die sich beschwerdeführend an den Gemeindetag wandten. Sie würden es ablehnen, Mittel bereitzustellen, da sie sich in nicht genügendem Maße an den Entscheidungen der Gemeinschaft beteiligt fühlten.[201]

197 Ein Abdruck der Richtlinien befindet sich ohne Datum in: VA, a.a.O., Die Vorakten dazu legen jedoch das Jahr 1940 nahe.

198 VA, a.a.O., Kolbow an Dr. Häffner am 20.6.1939

199 VA, a.a.O., Verfügung vom 16.12.1939

200 VA, a.a.O., Das Rundschreiben vom 20.7.1939 sowie mit gleichem Datum Kolbow an das HfV

201 VA, a.a.O., Vermerk von Landesverwaltungsrat Frielinghaus über einen telefonischen Anruf Dr. Cremers, DGT, vom 12.8.1939

Zu einem Testfall für die Arbeitsfähigkeit und für die inzwischen herausgebildeten Machtverhältnisse wurden die Reihen-Röntgenuntersuchungen. Sie waren zwischen dem Reichsgesundheitsführer Dr. Conti für das Hauptamt für Volksgesundheit und Hilgenfeldt für das Hauptamt für Volkswohlfahrt vereinbart worden. Der SS-Röntgen-Sturmbann des Reichsführers SS sollte die Reihenuntersuchung durchführen, während die Arbeitsgemeinschaft für die Heilbehandlung zu sorgen hatte. Träger des gesamten, zunächst auf zwei Jahre geplanten Unternehmens, war die NSDAP.[202] Die Aktion wurde mit so großem Elan begonnen, daß ihr Erfolg selbst schon wieder fraglich erschien. Auf einer Besprechung der Arbeitsgemeinschaft[203] mahnte daher Kolbow, daß die Behandlungsfälle in einem Maße angestiegen seien, die die zur Verfügung stehende Kapazität an Heilstättenbetten bald übersteige und empfahl eine vorübergehende Unterbrechung. Der Vorschlag wurde abgelehnt. Schon vier Wochen später wandte sich Kolbow erneut an Gauamtsleiter Degenhardt und äußerte sich besorgt über das Tempo. Es würden zwar hohe Untersuchungsziffern erzielt, aber die Sozialversicherungsträger kämen mit der Therapie nicht nach, so daß in der Bevölkerung ein Vertrauensschwund gegenüber der Landesversicherungsanstalt wie zu der Aktion überhaupt zu befürchten sei. Aber sie wurde in unverminderter Eile fortgesetzt, so daß in der nächsten Zusammenkunft der Arbeitsgemeinschaft die Meinungen hart aufeinanderstießen.[204] Degenhardt plädierte dafür, die Untersuchungen auf das Sauerland auszudehnen, nachdem im Gau Westfalen-Nord bereits 500.000 Personen geröntgt worden seien. Dagegen trat Kolbow nachdrücklich für einen viermonatigen Stop ein, der auch im Sinne von Gauleiter Meyer sei. Staat und Partei, argumentierte Kolbow, müßten bei ihrer Zusammenarbeit davon ausgehen, der Bevölkerung zu helfen und sich nicht davon leiten lassen, eine möglichst gute Selbstdarstellung zu erzielen. Außerdem "könnte in der Bevölkerung das Gefühl wach werden, daß die Partei schnell und reibungslos arbeite, während die Behörde mit ihrer Aufgabe nicht fertig würde", wenn die Zeitspanne zwischen Röntgenuntersuchung und Heilbehandlung immer weiter auseinanderklaffe.

Auch dieses Mal gelang es Kolbow nicht, sich durchzusetzen. Die NSV sah in der Aktion eine gute Gelegenheit, sich propagandistisch bei der Bevölkerung in Szene zu setzen und ging darauf aus, "große Zahlen zu erstellen."[205] Dagegen scherte sie sich nicht darum, ob der wesentliche Teil des ganzen Unternehmens, die Heilmaßnahmen, möglichst schnell in die Wege geleitet werden konnte. Erst im August 1940, als in beiden westfälischen Gauen über 1 Million Personen geröntgt worden waren, entschloß man sich zu einer Aussetzung und wollte im Herbst fortfahren. Die organisatorische Durchführung sollte dann bei der NSV liegen.[206] Dazu ist es jedoch augenscheinlich nicht mehr gekommen. Außerdem übertrug eine Verord-

---

202 VA, a.a.O., Abschrift der Vereinbarung vom 6.11.1939

203 VA, a.a.O., Vermerk Kolbows über die Sitzung vom 11.12.1939

204 VA, a.a.O., Protokoll der Sitzung vom 23.1.1940

205 BA, R 36/1416 Kolbow in einer grundsätzlichen Wertung der Motive der NSV auf einer Tagung des DGT am 27.11.1940 in Berlin

206 VA, W-L, NK - 48 Situationsbericht Dr. Häffners an Kolbow vom 26.8.1940

nung vom 8. September 1942 die Tuberkulosehilfe den Provinzial- und Gauselbstverwaltungsverbänden als Pflichtaufgabe.[207]

Trotz großen persönlichen Einsatzes hatte Kolbow nicht zu verhindern vermocht, daß in der Arbeitsgemeinschaft die NSV bestimmend geworden war. Daß sie dabei weniger an einer kontinuierlichen, soliden Arbeit interessiert war und sie mehr in der Absicht augenfälliger Bilanzen betrieb, bedeutete nicht nur einen propagandistischen Erfolg. Es konnte kein Zweifel darüber sein, daß die NSV in der öffentlichen Fürsorge enorm an Boden gewonnen hatte, obwohl diese, was den Provinzialverband Westfalen betraf, zäh um ihre Zuständigkeiten bekämpft hatte. Die während des Krieges erfolgenden Eingriffe, vornehmlich im Anstaltswesen, verwischten schließlich die Grenze zwischen den konkurrierenden Trägern fürsorgerischer Arbeit, die am wenigsten zum Objekt politischer Machtkämpfe hätte herabgewürdigt werden dürfen, nahezu ganz.

4. Gaupartikularismus und Provinz: Der Kampf um die Einheit der Provinz Westfalen

Wenngleich es im Dritten Reich nicht zu einer umfassenden Reichsreform[208] gekommen ist, so hat es doch nicht an Versuchen dazu und an partiellen Eingriffen in die Abgrenzung überkommener Verwaltungsräume gefehlt. Urheber und Motor solcher angestrebten oder auch durchgesetzten "Neugliederungen" waren in der Regel die Gauleiter, die "ihren" Gau als Maßstab jeglicher Grenzkorrekturen ansahen. H. Gollwitzer hat in diesem Zusammenhang von einem Sonderfall des politischen Regionalismus gesprochen, der bei den Gauen "formal ... auf wahltechnisch-administrativer Grundlage" beruhte, inhaltlich durch das Führerprinzip und die Hausmachtpolitik der Gauleiter begründet war.[209] Ihr Interesse war, den eigenen Gau zu erhalten und zu arrondieren, was im konkreten Fall seine Erweiterung oder seine Herauslösung aus einem die Gaugrenzen übergreifenden Verwaltungsraum bedeuten konnte. Das Vorhaben gelang mit unterschiedlichem Erfolg. Ein extremes Beispiel dafür war der Gaupartikularismus, der in der Provinz Schlesien wirksam geworden ist. Die beiden Provinzen Ober- und Niederschlesien, 1938 zur Provinz Schlesien zusammengefaßt, wurden 1941 wieder selbständig.[210] Der Zusammenhang mit der Ernennung des schlesischen Gauleiters J. Wagner 1938 zum Oberpräsidenten der Provinz und mit seinem Ausscheiden aus den schle-

---

207 (RGBl, I., S. 549 f.) Zur Genesis der Verordnung vgl. den Vermerk des DGT vom 7.4.1942 über eine Besprechung im RMdI vom 2.4.1942, BA, R 36/1349 sowie AVfK, DGT 0-1-15/21 Bd. a, daneben noch das Schreiben Dr. Kottenbergs an den DGT vom 16.4.1942, BA, R 36/1334

208 Vgl. oben, S. 202

209 Gollwitzer, Deutscher Regionalismus heute - Grundlagen und Aktualität, S. 14, ders., Die politische Landschaft in der deutschen Geschichte des 19./20. Jahrhunderts. Eine Skizze zum deutschen Regionalismus, S. 545 ff.

210 Webersinn, Die Provinz Oberschlesien. Ihre Entstehung und der Aufbau der Selbstverwaltung, S. 329

sischen Staats- und Parteifunktionen 1941 ist evident.[211] Andere Gauleitungen betrieben ähnliche Teilungspläne für preußische Provinzen, in denen ihr Gau lag, und waren, wie beispielsweise J. Sprenger in Hessen-Nassau 1944, erfolgreich, während die westfälischen Gauleiter darin unterlagen.[212]

Diese waren sicherlich ebenso machtbesessen wie ihre Kollgen in den anderen Gauen. Auch sie hatten sich bisweilen mit ungeheurer Intensität, Energie und skrupellosem Einfallsreichtum auf die Zweiteilung der Provinz gestürzt, gleichwohl konnten sie sich nicht durchsetzen. J. Wagner vermochte mit seinen Wünschen in Schlesien durchzudrügen, in Westfalen gelang ihm dies nicht. Damit rückt neben die Frage nach der Interessenlage der Gauleitungen die andere Frage nach der historisch begründeten Stabilität der "Landschaft". Im Dritten Reich zunächst von der Dominanz der Gaue zurückgedrängt, gewann die Landschaft bezeichnenderweise in dem Moment erneut Aktualität und Bedeutung, als die Gaue mehr sein sollten als nur Unterorganisationen der Partei und quasi-staatliche Qualitäten erhielten. Da bei einer solchen Aufwertung in der Regel auch für die betroffenen Gauleiter ein "Mehr" an Kompetenz- und Machtfülle heraussprang beziehungsweise diese erst dadurch entscheidend zu ihrem Gauegoismus motiviert wurden, schrumpften Verwaltungs- und Reorganisationsvorhaben weithin auf die Durchsetzung extremer subjektiver Machtinteressen zusammen. Hierin lag das Spezifikum des Gau-Regionalismus im Dritten Reich, dem ein landschaftlicher Regionalismus von anderer Substanz gegenüberstand. Er entwickelte in dem Maße Resistenzkräfte wie er sich Angriffen ausgesetzt sah.[213]

Obwohl die Auseinandersetzungen um den territorialen Bestand der Provinz Westfalen während der Zeit des Dritten Reiches nie völlig zum Stillstand gekommen sind, weisen sie doch erkennbare Zäsuren auf. Nach einer groben Einteilung erstreckte sich die erste Phase bis 1935 und stand im Sog der breit angelegten Reichsreformdiskussion. Als diese nach einem Verbot Hitlers 1935 ausgesetzt werden mußte, trat auch in Westfalen eine gewisse Beruhigung ein. Sie endete jedoch 1939 abrupt durch Bestrebungen des Gauleiters des Gaues Essen, J. Terboven, als dieser das Ruhrgebiet zu einer eigenständigen Ruhr-Provinz aufgewertet haben wollte. Mit der Schaffung der Reichsverteidigungskommissare bekam die Diskussion neuen Zündstoff und schwelte nun bis zum Ende des Hitlerregimes, wobei die zentrifugalen Kräfte mehr und mehr von den Gauleitungen in Münster und Bochum ausgingen.

Es waren dies allerdings nicht die ersten Versuche, Teile aus der Provinz Westfalen herauszubrechen. Bereits in der Weimarer Republik hatte es zwei Bewegungen von

---

211 Vgl. das Schreiben des Landeshauptmanns von Hessen-Nassau, Traupel, an Kolbow vom 11.2.1941, VA, W-L, NK - 14, S. 242 sowie das Schreiben des Landeshauptmanns von Niederschlesien, früher Schlesien, Adams, an Kolbow vom 28.7.1941, VA, a.a.O., S. 137 und Broszat, Nationalsozialistische Polenpolitik 1939 - 1945, S. 36 f.

212 Eine Übersicht über Gebietsveränderungen in den preußischen Provinzen im Dritten Reich gibt Brecht, Föderalismus, Regionalismus und die Teilung Preußens, S. 233 f.

213 Vgl. zum Beharrungsvermögen der "Landschaft" schlechthin und besonders zu dem der westfälischen, Petri, Die Landschaften-Bausteine oder Relikt im föderalen Gefüge Deutschlands? S. 10 ff.

allerdings unterschiedlicher Stoßkraft mit dem gleichen Ziel gegeben. Es handelte sich dabei einmal um jene Kräfte, die aus dem Ruhrgebiet eine Provinz schaffen und den als Zweckverband konzipierten Ruhrsiedlungsverband zu einem Provinzialverband ausweiten wollten. Zum anderen zielte die Provinz Hannover darauf hin, im Zuge einer territorialen Neuordnung des Reichsgebietes mehrere Kreise aus dem ostwestfälischen Raum um Minden, Herford und Höxter zugeschlagen zu bekommen. In Münster verfolgte man solche Absichten argwöhnisch und trat ihnen entschieden entgegen. So wandte sich Landeshauptmann Dieckmann 1927 vor dem Provinziallandtag energisch gegen eine Ruhrprovinz, da sie wegen ihrer einseitigen wirtschaftlichen Struktur überaus krisenanfällig und damit kaum lebensfähig sein würde.[214] Besondere Aufmerksamkeit galt den hannoverschen Ambitionen, die offensichtlich als gefährlicher eingeschätzt wurden. In einem vertraulichen Lagebericht informierte Landesrat Dr. Kühl am 17. November 1928 den Provinzialausschuß über die bisher unternommenen Anstrengungen Hannovers, deren eigentlicher Träger die sogenannte "Niedersachsen-Bewegung" sei.[215] Kühl regte umfassende wissenschaftliche Untersuchungen über die vielfältige Kontinuität des westfälischen Raumes an, um eigene Ansprüche legitimieren und Einbruchsversuche von außen abwehren zu können. Damit gab Kühl den Anstoß zu dem inzwischen in fünf Bänden vorliegenden Werk "Der Raum Westfalen", dessen erster Band 1931 erschien. Dieser zeichnete die historisch-politische Entwicklung Westfalens nach und untersuchte seine wirtschaftliche, geographische und verwaltungsorganisatorische Struktur. Trotz des historischen Bezuges, unter dem die von renommierten Gelehrten verfaßten Studien in erster Linie standen, wurde gleichwohl offen gesagt, daß das Material als politische Entscheidungshilfe für die erwartete territoriale Neuordnung Deutschlands im Rahmen der Reichsreform gedacht war.[216] Tatsächlich bildete dieses für die Provinzialverwaltung in den aktuellen wie in den späteren verfassungspolitischen und territorialen Auseinandersetzungen eine maßgebliche Argumentationsgrundlage, derer sie sich geschickt bediente.[217]

Die während der gesamten Weimarer Republik geführte und in ihrer Endphase an Intensität gewinnende Neugliederungsdiskussion[218] hatte in der Provinzialverwal-

---

214 Hartlieb von Wallthor, Westfalen und seine Selbstverwaltung, S. 88 f.

215 VA, W-L, IIK - 18 Auszug des Vortrages von Dr. Kühl

216 Vgl. die ersten Sätze der Einleitung zum Bd. I., S. 1 und Aubin, Geschichtliche Kulturraumforschung in Westfalen, S. 13 f., der einer der vier Herausgeber war.

217 Auf den Diskussionsablauf zwischen Münster und Hannover bis 1933, der zum Teil in schroffer Frontstellung erfolgte, kann hier nicht näher eingegangen werden. Einen aufschlußreichen Einblick über die verhärteten Positionen gegen die vertraulichen Notizen von Dr. Kühl über eine Besprechung zwischen Schatzrat Heintze und Prof. Dr. Brüning für Hannover und Dr. Zuhorn und Dr. Kühl für Westfalen am 15.1.1932 in Münster, N - Kühl (P). Prof. Brüning hatte im Auftrage des Landesdirektoriums Hannover 1929/30 die zweibändige Denkschrift "Niedersachsen im Rahmen der Neugliederung des Reiches" herausgegeben.

218 Zur Reichsreformdiskussion in der Weimarer Republik vgl. das Kapitel "Geographische Neugliederung des Reichsgebietes" bei Vogel, Deutsche Reichsgliederung und Reichsreform, S. 129 - 167, wo die wichtigsten Vorschläge mit Kartenmaterial referiert werden. Weiterhin Kothe, Die Gedanken zur Neugliederung des Reiches 1918 - 1945 in ihrer

tung eine angespannte Aufmerksamkeit für Gebietserörterungen hervorgerufen, wie der folgende, sicherlich periphere, aber gleichwohl bezeichnende Vorgang erkennen läßt. Schon am 1. März 1932 bat Dr. Kühl den Geschäftsführer des Bundes zur Erneuerung des Reiches, Adametz, dringend um eine Gesprächsvermittlung zu Oberst Hierl von der Reichsleitung der NSDAP. Er wolle mit diesem über Gliederungsfragen im Westen sprechen. Kühl sah sich zu dem Schritt angeregt, nachdem das "Braune Haus" in München den I. Band des Raumwerkes angefordert hatte.[219] Die Akten geben keinen Aufschluß darüber, ob es tatsächlich zu dem Treffen zwischen Kühl und Hierl gekommen ist. Jedenfalls überrascht zunächst die Reaktion Kühls auf die Anfrage der NSDAP, denn sie war bis zu diesem Zeitpunkt weder mit einem Reichsreformkonzept hervorgetreten, noch dürfte sie sich für Kühl im Frühjahr 1932 als die bald bestimmende politische Partei abgezeichnet haben. Allein die Tatsache, Gelegenheit zu haben, die westfälischen Vorstellungen von einer Reichsreform entwickeln und nahebringen zu können, war Kühl Grund genug, um in dieser Form zu reagieren.

Nach der Machtübernahme durch die NSDAP lösten Gerüchte über territoriale Maßnahmen der Regierung eine erste Unruhe in der Provinzialverwaltung aus. Hier waren Pläne bekanntgeworden, nach denen das am 7. April 1933 erlassene Reichsstatthaltergesetz territorialpolitische Konsequenzen haben sollte. So sollten angeblich die Länder Anhalt, Braunschweig, Oldenburg, Lippe und Schaumburg-Lippe unter einem Reichsstatthalter zusammengefaßt werden.[220] Obwohl also keine Gebiete der Provinz Westfalen tangiert waren, glaubte man hier nicht untätig bleiben zu dürfen. Unter Vorsitz von Oberpräsident Lüninck trafen sich am 19. April 1933 auf der Porta Westfalica Landeshauptmann Dieckmann, Gauleiter Meyer, Stürtz als Vorsitzender des Provinzialausschusses, mehrere Regierungspräsidenten, Landräte und Oberbürgermeister des nordostwestfälischen Raumes.[221] Im Mittelpunkt stand ein zweieinhalbstündiges Referat von Dr. Kühl über "Die Reichsreform und der Raum Westfalen, Westfalen-Niedersachsen-Lippe-Schaumburg-Lippe und die staats- und verwaltungspolitische Bedeutung der kleinen Länder."[222] Kühl vertrat die Ansicht, daß Gebietsbereinigungen wie überhaupt eine Neugliederung nur auf der Grundlage organisch gewachsener Landschaftsräume vorgenommen werden sollte. Dieser Maßstab müsse auch bei der Länderregulierung gelten, so daß etwa

---

Bedeutung für Nordwestdeutschland, S. 185 ff., Münchheimer, Die Versuche zur Neugestaltung der deutschen Länder von 1919 bis 1945, in: Die Bundesländer, S. 119 ff., Wagner, Die territoriale Gliederung Deutschlands in Länder seit 1871, S. 94 ff.

219 VA, W-L, IIK - 25 Hierl war Leiter der Organisationsabteilung II der NSDAP, bei der im Laufe des Jahres 1932 eine innenpolitische Abteilung eingerichtet wurde, der Dr. H. Nicolai vorstand. Vgl. Schäfer, NSDAP. Entwicklung und Struktur der Staatspartei des Dritten Reiches, S. 21, Bracher-Sauer-Schulz, S. 593

220 Kühl, Westfalen und der Staat, S. 299 f.

221 Eine Teilnehmerliste ist dem Schriftenverzeichnis Dr. Kühls "opera-opuscula" als Anlage A angeheftet. N - Kühl (P). Unwahrscheinlich ist dagegen, daß auch Kolbow teilgenommen hat, wie Kühl in seinem Beitrag "Westfalen und der Staat", S. 299 erwähnt, da Kolbow erst am 24.4.1933 Staatskommissar wurde.

222 Der Vortrag ist nur noch fragmentarisch erhalten in: N - Kühl (P) Akte "Eigene Arbeiten".

Braunschweig an Hannover, und Lippe an Westfalen anzuschließen wäre.[223] Die Argumentation Kühls erschien Gauleiter Meyer immerhin soweit plausibel, daß er ihn mit der Denkschrift "Westfalen in der Neugliederung Nordwestdeutschlands" beauftragte. Mit ihr ging Meyer zur Parteileitung und erreichte, daß Hitler den ursprünglichen Plan fallenließ.[224]

Es war nicht festzustellen, inwieweit Hitler, maßgebliche Kräfte der NSDAP oder des Reichsinnenministeriums in diesem Zusammenhang tatsächlich beabsichtigten, die kleinen norddeutschen Länder zusammenzufassen und dann wegen der Intervention Meyers davon absahen. Auf jeden Fall lassen die von Kühl aufgestellten Kriterien erkennen, warum die Provinz sofort initiativ geworden war. Sie befürchtete offenbar den Anfang zu einer Neugliederungspolitik, die den von ihr entwickelten Grundsätzen widersprach und es denkbar werden ließ, daß schließlich sogar Absplitterungsversuche aus dem derzeitigen Verwaltungsraum Westfalen Erfolg haben könnten. Daß andererseits Meyer als Gauleiter sich in diesem Fall mit den Vorstellungen der Provinz solidarisierte, bedeutete keine Übereinstimmung im Grundsätzlichen. Vielmehr veranlaßten ihn ganz persönliche Machtinteressen – wie das auch später zu beobachten ist – zu seinem Einsatz. Er zahlte sich ja auch insoweit aus, als Meyer im Mai 1933 zum Reichsstatthalter von Lippe und Schaumburg-Lippe ernannt wurde.

Der für die Provinzialverwaltung überraschend aufgetauchte Plan einer Zusammenfassung der kleinen norddeutschen Länder bewirkte, daß sie aus ihrer bisher mehr reagierenden Stellung heraustrat und eine unverkennbar offensivere Position bezog. Hinzu kam, daß sich die Nachrichten über eine Reichsreform verdichteten. Insofern konnte Kühl eine Anfrage des inzwischen in der Verfassungsabteilung des Ministeriums maßgeblich tätigen Dr. Nicolai um Material für eine Reichsreform als Indiz für die Ernsthaftigkeit des Vorhabens werten. Kühl schickte ihm drei Ausarbeitungen: eine von dem Leiter des Westfälischen Heimatbundes, Karl Wagenfeld, über "Das Stammes-Volkstums- und Kulturgebiet Westfalen" und zwei, die er selbst verfaßt hatte, über den "Wirtschaftsraum Westfalen" unter besonderer Berücksichtigung des Siegerlandes sowie über "Westfalen in der Neugliederung Nordwestdeutschlands".[225] Insbesondere zur letzteren betonte Kühl in seinem Anschreiben, daß sie Hitler als Entscheidungshilfe für die Einteilung der Reichsstatthalterschaft in Lippe und Schaumburg-Lippe gedient habe; außerdem sei sie dem Stellvertreter des Führers, R. Heß, und dem Reichsorganisationsleiter der NSDAP, Dr. R. Ley, persönlich ausgehändigt worden. Mit den Hinweisen mochte Kühl wohl die Gewichtigkeit der westfälischen Vorstellungen unterstreichen, in denen, wie allein die Auswahl der Unterlagen erkennen läßt, der stammes- und volkstumspolitischen Kategorie breiten Raum zuerkannt wurde.

In der Folgezeit bemühte sich die Provinzialverwaltung immer stärker um eine Einschaltung in die Reichsreformplanung. Angesichts der konkreten Umstände

---

223 Kühl, Westfalen und der Staat, S. 300   224 Ebenda

225 VA, W-L, IIK - 20, BA, R 18/383. Ein Exemplar der Arbeit Wagenfelds befindet sich in: VA, W-L, C 70 - 211. Zur Rolle Nicolais in der Reichsreformdiskussion 1933 - 1935, Bracher-Sauer-Schulz, S. 593 ff.

konnte dies allerdings nur heißen, in erster Linie beim Reichs- und beim Preußischen Innenministerium für ihre Auffassungen zu werben. Als Grundlage diente ein Exposé Kühls über "Die deutschen Stammes- und Volkstumsgebiete im Rahmen der Reichsreform" vom 19. Januar 1934.[226] Darin kam er zu dem sicherlich von keiner Seite Widerspruch herausfordernden Ergebnis, daß der Zielkonflikt einer Neuordnung des Reichsgebietes "in der richtigen Wertung aller[227] Faktoren, der politischen, wirtschaftlichen und stammlich-kulturellen — nicht nur für jedes neue Teilgebiet, sondern auch für das Reich selbst —" liege. Dagegen war nicht so sicher, inwieweit auch Kühls übrige Darlegungen auf Zustimmung rechnen konnten, nach denen die "organischen Lebensräume" als Ausgangspunkt aller Reformvorhaben den Vorzug haben sollten. Als abschreckende Alternative verwies Kühl auf das französische Departementsystem, in dem, falls es übertragen würde, unzweifelhaft "ungeheure Werte deutschen Lebens" zugrunde gehen müßten. Sie gerade gelte es zu bewahren und in das neue "Reich" einzubringen, was voraussetze, daß eine Verwaltungsgliederungspolitik die "realen Lebenskörper", ausgeprägt in den Stammes- und Volkstumsgebieten, als Ordnungsprinzip anerkenne. Sicherlich sei es nicht so, meinte Kühl, daß sich "diese organischen Lebensräume in Wirtschaft, Stamm und Volkstum ... überall scharf gegeneinander" abgrenzten, zumal gerade die Wirtschaft auf überregionale Zusammenarbeit angewiesen sei. Es seien exakte wissenschaftliche Untersuchungen, analog zum westfälischen Beispiel, nötig, um die Zusammenhänge wie die Grenzen der Stammes- und Volkstumsräume im gesamten Reichsgebiet für die politischen Entscheidungen herauszuarbeiten. Zu Beginn des Projektes sollten Sachverständige[228] verschiedener Disziplinen zusammenkommen und ein detailliertes Forschungsprogramm aufstellen.

Seinen Vorschlag verschickte Kühl zunächst an Professor H. Aubin mit der Bitte, ihn an den Generaldirektor der preußischen Staatsarchive, Professor A. Brackmann, weiterzuleiten. Kühl nahm an, daß dieser einem von Göring eingesetzten Reichsreformausschuß angehöre und erwartete, daß seine Ausarbeitungen von dem Ausschuß aufgegriffen und auch zu Göring gelangen würden.[229] Die Hoffnung erwies sich als verfehlt, da Brackmann, wie er Kühl mitteilte, wohl in bestimmten Fragen angegangen worden sei, selbst aber nicht in dem Gremium sitze. Er wolle aber Ministerialrat Gramsch vom Preußischen Staatsministerium auf Kühls Exposé aufmerksam machen.[230] Daneben versuchte Kühl über Oberpräsident Lüninck Zugang zum Reichsinnenministerium zu bekommen, der bei Gelegenheit Nicolai auf die Notwendigkeit hinweisen sollte, daß eine territoriale Gliederung in Gaue kulturwissenschaftlich vorbereitet werden müsse.[231] Kühl selbst scheute davor zurück, wie er Brackmann gegenüber gestand und was angesichts der zurückliegenden

---

226 N - Kühl (P) Akte "Eigene Arbeiten!"

227 Unterstreichung von Kühl

228 Kühl nannte hierfür die Professoren: Aubin, Helbok, Hübner, Vogel, Gradmann, Steinbach.

229 VA, W-L, IIK - 5c Aubin an Kühl vom 7.5.1934

230 VA, a.a.O., Brackmann an Kühl vom 17.5.1934

231 VA, a.a.O., Kühl an Lüninck vom 17.2.1934

Korrespondenzen überrascht, Nicolai selber in dieser Frage anzusprechen.[232] Möglicherweise auf diese Anregung hin ließ Lüninck vom Staatsarchiv Münster die Denkschrift "Westfälische Gebiete, eine historisch-wissenschaftliche Untersuchung ..." ausarbeiten, die er am 8. März 1934 Nicolai zukommen ließ.[233]

Der geheimrätliche Beratungsstil des Reichsinnenministeriums entzog die Reichsreformarbeiten nicht nur einer öffentlichen und unter den politischen Verhältnissen kaum noch pluralistisch zu nennenden Diskussion; er erschwert insbesondere die Beantwortung der sich hier aufdrängenden Frage, ob, und wenn ja, in welchem Maße von "außen" kommende Anregungen wie die westfälischen in den Entwürfen des Ministeriums Eingang gefunden haben. Sicher ist, daß die von Kühl angeregten Expertengespräche nicht aufgegriffen wurden. Und auch die Gliederungsvorschläge, die Regierungsrat Crämer beziehungsweise Ministerialdirektor Nicolai im April und Oktober 1934 im Ministerium vorlegten, lassen keine Aussage zu, wenngleich in ihnen von "Stammes- und Landschaftsräumen alter Überlieferung"[234] augenfällig die Rede war. Crämer kommentierte seinen Plan selbst als ein über lange Jahre hin entstandendes Werk,[235] und auch Nicolai hatte in seiner bereits 1931 verfaßten, aber erst 1933 veröffentlichten Schrift über die "Grundlagen der kommenden Verfassung" gefordert, bei einer Neueinteilung des Reichsgebietes müsse "auf die alten deutschen Stämme" zurückgegriffen werden.[236]

Sieht es also so aus, daß in diesem Fall der konkrete Ertrag der Kühlschen Initiative gering veranschlagt werden muß beziehungsweise kaum "meßbar" erscheint, so war sie doch nicht nutzlos. Vielmehr lag der "Gewinn" auf einer anderen Ebene. Die aus aktuellem Anlaß eingebrachten Vorschläge Kühls müssen im Zusammenhang des seit längerer Zeit vorhandenen Bemühens in Westfalen gewertet werden, eine Bestandsaufnahme der "Landschaft Westfalen" und der für sie konstitutiven Kräfte zu erstellen. Der bedeutendste Beitrag hierzu war das schon erwähnte 1928 begonnene Werk "Der Raum Westfalen". Es brachte nicht nur wissenschaftlich gewonnene Ergebnisse über die territoriale Ausdehnung Westfalens und seiner raumbildenden Faktoren; vor allem bestärkten die Untersuchungen das westfälische Zusammengehörigkeitsbewußtsein. Ein im großen und ganzen tradiertes Beharrungsverhalten sah sich wissenschaftlich bestätigt und trat bei der politischen Geltendmachung und Umsetzung seiner Interessen mit gesteigertem Selbstbewußtsein auf. Es kann also gesagt werden, daß die Provinzialverwaltung als Interessenträger der Provinz nicht in einer ängstlich verkrampften, abwartenden Position verharrte, sondern landschaftliche Kräfte von bemerkenswerter Dynamik freigesetzt wurden. Sie erwiesen sich als Barriere gegenüber solchen ministeriellen Reformplänen, die ihre Belange nicht berücksichtigen, wie sie sich auch verschiedenen ad hoc auftauchenden und sich überlagernden Abspaltungsversuchen widersetzten.

---

232 VA, a.a.O., Kühl an Brackmann vom 12.5.1934

233 BA, R 18/383 Hier befindet sich nur das Anschreiben Lünincks, die Arbeit selbst war auch im Staatsarchiv Münster nicht auffindbar.

234 Bracher-Sauer-Schulz, S. 608   235 Ebenda

236 Nicolai, Grundlagen der kommenden Verfassung, S. 38

Obwohl das Reichsinnenministerium seine Entwürfe vor der Öffentlichkeit abzuschirmen suchte, war in Westfalen durchgesickert, daß Crämer und Nicolai den Minden-Ravensberger Raum Hannover zuschlagen wollten. Lippe und Schaumburg-Lippe sollten sogar einen provinzähnlichen Status erhalten.[237] Diese Absichten riefen erneut Gauleiter Meyer auf den Plan. Er schickte seinen Gauwirtschaftsberater Christian Franke ins Ministerium zu Regierungsrat Crämer. Dieser hielt in einer Gesprächsnotiz[238] die Erwartungen des Gauleiters von Westfalen-Nord und Reichsstatthalters von Lippe und Schaumburg-Lippe fest, nach denen das Minden-Ravensberger Gebiet geschlossen bei Westfalen bleiben müsse, da es eine Einheit sei. Außerdem dürfe Lippe nur Westfalen angegliedert werden, während über einen Anschluß von Schaumburg-Lippe an Niedersachsen gesprochen werden könnte. Kurz darauf wurde auch Oberpräsident Lüninck im Ministerium vorstellig und plädierte für die Belassung der ostwestfälischen Gebiete bei Westfalen.[239] Wie wenig indessen Crämer solche Interventionen beeindruckten, macht sein Vermerk zum Schreiben Lünincks deutlich. Crämer notierte, daß die Stimmung in Minden-Ravensberg nicht so sehr gegen eine Abtrennung von Westfalen gerichtet sei als vielmehr eine Aufteilung auf Westfalen und Hannover befürchtet werde: "Der hier bisher festgehaltene Plan, bei der Neugliederung des Reiches das Minden-Ravensberger Land geschlossen dem Reichsgau Niedersachsen zuzuteilen, dürfte also durch das vorliegende Schreiben nicht notwendig einer Änderung unterzogen werden müssen."[240]

Die Gebietsbereinigung im ostwestfälischen Raum blieb ein offenes Problem, da Hitler 1935 weitere Erörterungen über eine Reichsreform und insbesondere über territoriale Neuordnungspläne untersagte.[241] Allerdings vermochte das Verbot den während der zurückliegenden Jahre entstandenen Argwohn zwischen den Provinzen nicht zu beseitigen, der sich infolge der verschiedensten Pläne, die einmal diese, einmal jene Seite begünstigten, angesammelt hatte. So war selbst ein Vortrag in einer Veranstaltung des Westfälischen Heimatbundes über die historische Entwicklung der Provinz Westfalen, über den einzelne Zeitungen berichteten, Anlaß genug für den Landeshauptmann von Hannover, Dr. Gessner, bei Kolbow das Thema zu beanstanden. Es gehöre dem Problemkreis Reichsreform an, der nicht diskutiert werden dürfe.[242] Die Unsicherheit der Abgrenzung zur Provinz Hannover blieb virulent, auch ohne daß neue Pläne auftauchten. Ein Indiz dafür ist, daß Lüninck, augenscheinlich aus prophylaktischen Überlegungen heraus, Dr. Kühl und den Staatsarchivdirektor Dr. Meyer beauftragte, eine Denkschrift über "Die Weserlinie

---

237 Wagner, Die territoriale Gliederung Deutschlands in Länder seit der Reichsgründung, S. 65, 134, Bracher-Sauer-Schulz, S. 608

238 BA, R 18/383 Vermerk Crämers vom 12.1.1935

239 BA, a.a.O., Schreiben Lünincks vom 22.1.1935

240 BA, a.a.O., Vermerk Crämers vom 21.2.1935

241 Zu den Hintergründen des Verbotes, Broszat, Der Staat Hitlers, S. 157 ff.

242 VA, W-L, NK - 9, S. 44 Schreiben Dr. Gessners vom 27.5.1935 und Kolbows Antwort, a.a.O., S. 90 vom 11.11.1935. Die für Kolbow ungewöhnlich lange Beantwortungsfrist läßt darauf schließen, daß er den Einspruch Gessners für überzogen und anmaßend hielt.

in der Gliederung des niederdeutschen Raumes" auszuarbeiten, die im Laufe des Jahres 1938 entstand.[243]

Den Verfassern ging es darum nachzuweisen, daß die "organische" landschaftliche Einheit Westfalen ihren Abschluß nach Osten hin allein durch die Weser finden dürfe, nicht dagegen etwa durch den Teutoburger Wald und das Wiehe-Gebirge. Die Weser sei eine Volkstumsgrenze, während die beiden Waldzüge als "natürliche" Grenzen für eine "Raum"-Gliederung nicht in Frage kommen könnten. Unter Anknüpfung an die Diskussion zu Ende der Weimarer Republik wurde auch die Ansicht zurückgewiesen, daß der Begriff "Niedersachsen" einen historischen oder "Volkstumsorganismus" umschreibe; vielmehr sei er lediglich als ein "verwaltungstechnischer Terminus" anzusehen. Darüber hinaus verwiesen die Verfasser auf die wirtschaftliche Verflechtung Ostwestfalens mit der gesamten westfälischen Wirtschaft. Es habe sich gezeigt, daß das Minden-Ravensberger Land mit seiner relativ krisenneutralen gemischtwirtschaftlichen Struktur zur anfälligen, weil einseitig ausgerichteten Wirtschaft des Ruhrgebietes einen bedeutenden Balancefaktor darstelle. Als Beleg konnten die Zahlungsrückstände in der Provinzialumlage angeführt werden. Während die Kreise Lübbecke, Minden und Herford nach dem Stand vom 10. Januar 1935 keine Minusbilanz aufzuweisen hatten, waren fast alle Stadtkreise des Ruhrgebietes mit mehr als zwölf Monatszahlungen in Verzug.[244] Daraus werde deutlich, argumentierten Kühl und Meyer, daß wirtschaftliche und soziale Spannungen in großem Maße bereits "in der Sphäre des regionalen Raumes" ausgetragen werden könnten, ohne die Zentralstellen mit den Problemen zu belasten. Daneben war das konfessionspolitische Argument auffällig, das, soweit ersichtlich, in den Auseinandersetzungen um Ostwestfalen hier von Westfalen zum ersten Mal vorgebracht wurde. Die Verfasser gaben zu bedenken, daß das ohnehin schon einseitige Verhältnis von Protestanten und Katholiken in der Provinz zugunsten der letzteren noch kopflastiger würde, wenn das zu über 60 % protestantische Minden-Ravensberg nicht mehr zu Westfalen gehöre. Dieser Tatbestand falle um so mehr ins Gewicht als der westfälische Katholizismus sich von jeher politisch besonders exponiert habe, wofür der Kulturkampf ein eindrückliches Beispiel sei. Wenn die Gebiete Minden-Ravensberg als neutralisierende Faktoren entfielen, müsse befürchtet werden, daß der Katholizismus "zweifellos neue Möglichkeiten eines Wiederaufstiegs zur politischen Macht suchen" würde. Deshalb sei es auch im "Staatsinteresse" nicht zu verantworten, an dem derzeitigen Zustand etwas zu verändern.

Diese Formulierungen waren offensichtlich auf die derzeitige politische Konstellation abgestellt. Denn bei aller Distanz, in der das westfälische Zentrum als bedeutendste politische Repräsentanz der Provinz etwa dem politischen System von Weimar gegenübergestanden hatte, hatte es doch, im Gegensatz zum Rheinland, in Westfalen nie eine protestantische "Frage" gegeben. Wohl aber war sich die

---

243 Ein Exemplar befindet sich in: N - Kühl (P) Akte "Raumwerk". Kühl, Westfalen und der Staat, S. 300 erwähnt dagegen, die Arbeit sei aus "akutem Anlaß" entstanden, was quellenmäßig nicht nachprüfbar war.

244 Vgl. die der Denkschrift beigefügte Karte Nr. 10. Außerdem zur Bedeutung der Weserlinie für den westfälischen Raum unter politischem und wirtschaftlichem Aspekt der Beitrag von Kuske, Die allgemeine Anlage des Raumes und die natürlichen Bedingungen des Lebens und der Wirtschaft, in: Der Raum Westfalen Bd. I., S. 41 ff.

NSDAP gerade in den katholisch geprägten Teilen der Provinz ihrer Resonanz nie so ganz sicher, so daß den Verfassern der Denkschrift die konfessionellen Ressentiments in diesem Zusammenhang als Zweckargument gelegen kamen. Es ist nicht bekannt, ob die Denkschrift an Reichsministerien oder Parteistellen weitergeleitet worden ist. Sie bildete die vorläufig letzte Stellungnahme Westfalens zum politischen Schicksal der an die Provinz Hannover angrenzenden Gebiete. Dafür tauchten bald im Westen der Provinz ähnliche Probleme auf. Doch hoben sie sich gegenüber den sozusagen traditionellen Fehden zwischen Westfalen und Hannover insofern ab, als nun zum ersten Mal in Westfalen in aller Deutlichkeit Gau-Partikularismus und landschaftlicher Regionalismus aufeinanderstießen.

Es ist zu Beginn dieses Abschnitts erwähnt worden, daß schon in der Weimarer Republik Kräfte für eine Ruhrprovinz wirkten. Sie erhielten nach 1933 vorübergehend Auftrieb, als im Zuge der 1934 erfolgten Neuregelung des deutschen Straßenwesens eine einheitliche Straßenverwaltung für das Ruhrgebiet zur Diskussion stand, die sich als Ausgangspunkt für eine eigenständige Provinzialverwaltung anzubieten schien. Besondere Unterstützung fand der Gedanke bei dem Gauleiter des Gaues Essen, Terboven. Seine Vorstöße blieben aber zu diesem Zeitpunkt erfolglos, da die Zukunft des Ruhrsiedlungsverbandes selbst zweifelhaft war und weder das Preußische Innenministerium sich für den Plan erwärmen konnte noch das Reichsinnenministerium, nach Aussage des Regierungsrates Crämer, ihn durchzuführen gedachte.[245] Dessen ungeachtet betrieb Terboven, seit 1935 auch Oberpräsident der Rheinprovinz, eine Politik der Nadelstiche und ließ seine auf eine Ruhrprovinz abzielenden Absichten zu keinem Zeitpunkt fallen. Sie schienen in dem Moment realisierbar, als Terboven auf Grund der Verordnung über die Bestellung von Reichsverteidigungskommissaren vom 1. September 1939[246] Reichsverteidigungskommissar im Wehrkreis VI geworden war, zu dem auch die Provinz Westfalen gehörte.

Wenngleich die Reichsverteidigungskommissare zunächst auch keine politische Bedeutung erlangten,[247] so nahm Terboven seine neue Position doch wahr, um vornehmlich bei Göring als dem Vorsitzenden des neugeschaffenen "Ministerrats für die Reichsverteidigung"[248] für seinen Ruhrgau zu werben. Kolbow, seit dem 25. August 1939 als allgemeiner Vertreter des Chefs der Zivilverwaltung bei einem Armeeoberkommando nach Bad Godesberg abkommandiert, scheint als erster Terbovens neue Taktik durchschaut zu haben und machte Oberpräsident Dr. Meyer aufmerksam.[249] Diesen beschäftigten, freilich aus einer anderen Sorge her-

---

245 BA, R 18/383 Vermerk Crämers vom 21.2.1935 zu dem zitierten Schreiben Lünincks vom 22.1.1935, wonach im Reichsinnenministerium an einen Reichsgau Ruhrgebiet "ernsthaft niemals gedacht worden sei", allenfalls an einen Regierungsbezirk Ruhrgebiet als Untergliederung des künftigen Reichsgaues Westfalen. Zu den Bestrebungen von 1934/35 für eine Ruhrprovinz, Baumeister, Ruhrprovinz? S. 1

246 RGBl. I., S. 1570

247 Vgl. Hüttenberger, Die Gauleiter, S. 153 ff.

248 Vgl. Broszat, Der Staat Hitlers, S. 382 ff.

249 N - Kühl (P) Kolbow an Kühl vom 25.9.1939 aus Bad Godesberg. Kolbow übte die Funktion beim CdZ bis zum 1.11.1939 aus. VA, W-L, Personalakte Kolbow, S. 170

aus, die neuen Befugnisse Terbovens nicht minder. Nach der Verordnung vom 1. September 1939 konnte sich nämlich Terboven als Reichsverteidigungskommissar der Behörde des Oberpräsidenten in Münster bedienen — eine Kompetenz, die Meyer als Oberpräsident und mehr noch als Gauleiter zutiefst traf und empörte. Auch eine Änderung des Zustandes durch eine am 22. September 1939 erlassene Durchführungsverordnung, die mehrere Gauleiter, so Meyer für seinen Gau, zu Beauftragten von Reichsverteidigungskommissaren bestimmte, wirkte nicht mildernd, sondern nur noch aufreizender. Als schließlich im Laufe des Dezembers 1939 ein Beamter des Oberpräsidiums sowie der Regierungspräsident von Osnabrück aus Berlin die Nachricht mitbrachten, im Innen- und im Wirtschaftsministerium existierten neuerdings Karten, auf denen übereinstimmend das Reichsgebiet in 32 sogenannte "Rüstungsprovinzen" eingeteilt sei und daß aus Westfalen, Lippe und dem Regierungsbezirk Düsseldorf ein Verwaltungsraum mit Hauptsitz in Essen geschaffen werden solle, wurde Meyer aktiv und setzte für den 3. Januar 1940 eine Beratung im Oberpräsidium an.[250] Sie bildete den Auftakt für eine Serie von Besprechungen, in denen die Motive Meyers für sein starkes Engagement überdeutlich werden. Sie zeigen überdies, wie die Provinz — in diesem Fall — von den systembedingten Rivalitätskämpfen der Gauleiter und ihrem geradezu pathologischen Hang zur Selbstdarstellung profitierte. In diesen Kämpfen konnte Kolbow zwar eine bedeutende, nicht aber die entscheidende Rolle spielen.[251]

Den Ausgangspunkt der Besprechung vom 3. Januar bildete die Nachricht über die Einteilung in Rüstungsprovinzen, die dafür geplante Behördenkonzentration und ihre einheitliche Verwaltung. Wegen ungenügender Informationen lief die Diskussion jedoch schließlich ins Leere, so daß Meyer die Sitzung mit der Ankündigung beendete, sich erst einmal in Berlin umzuhören. Drei Tage später fand die nächste Zusammenkunft im Oberpräsidium statt, auf der Meyer zunächst über seinen zwischenzeitlich erfolgten Besuch bei Staatssekretär Stuckart berichtete,[252] der seit 1935 als Nachfolger Nicolais die verfassungsrechtliche Abteilung des Ministeriums leitete. Stuckart habe von Göring als Vorsitzendem des Ministerrates für die Reichsverteidigung den Auftrag erhalten, "Pläne für den Ausbau einer eigenen Mittelinstanz des Reichsverteidigungsrates" auszuarbeiten, da die bisherige Gestaltung der Funktion des Reichsverteidigungskommissars sich als völlig unzureichend herausstelle. Stuckart denke daran, die preußischen Oberpräsidenten und die Reichsstatthalter der wichtigsten Länder zu Reichsverteidigungskommissaren zu bestellen und wolle von den Wehrkreisen als Einteilungsprinzip abrücken, um so "das Durcheinander und Übereinander von Grenzen Zuständigkeitsbereichen" zu beseitigen. Westfalen solle mit Lippe und dem Regierungsbezirk Düsseldorf zum einem Reichsverteidigungsbereich zusammengefaßt werden und es sei daran ge-

250 VA, W-L, NK - 2, S. 83 - 92 Aktenvermerk Kolbows (Streng vertraulich!) über die Sitzungen vom 3., 6., 10.1.1940. Die Vorgänge sind im Überblick, allerdings nicht immer zutreffend, bei Kühl, Westfalen und der Staat, S. 300 ff., erwähnt, dessen Darstellung Steinberg, Der Deutsche Westen und die Reichsreform, S. 130 ohne Quellenangabe übernommen hat.

251 Anders Kühl, a.a.O., S. 300 f. und in Anlehnung an ihn Steinberg, Ebenda, nach denen Kolbows Eingreifen ausschlaggebend für das Scheitern des Terbovenschen Projektes gewesen sei.

252 VA, W-L, NK - 2, S. 85 ff., Aktenvermerk Kolbows

dacht, ihn, Meyer zum Beauftragten für den westfälischen Raum zu ernennen. Er habe sich entschieden dagegen verwahrt, daß Westfalen berührende Entscheidungen ohne ihn geplant und durchgeführt würden und erreicht, daß am 16. Januar die Einwände aus westfälischer Sicht im Ministerium erneut besprochen werden sollten. Darauf gelte es sich nun vorzubereiten.

Für alle Teilnehmer war es von vorneherein eine ausgemachte Sache, die Einbeziehung Westfalens in einen von Essen aus gesteuerten und Terboven unterstehenden Reichsverteidigungsbereich abzulehnen und zwar, wie es hieß, aus staats-, verwaltungs- und wirtschaftspolitischen sowie volkstumsmäßigen Gründen. Hinter den Schlagwörtern standen im einzelnen die Bedenken, daß ein solches Gebiet mit rund 11 Millionen Menschen verwaltungsmäßig kaum bewältigt werden könne und ein "Reich im Reiche" darstelle, und daß langfristig eine "Aushöhlung des Oberpräsidiums und der Regierungspräsidien" befürchtet werden müsse. Auch fehlte nicht das Bedenken, daß "es nicht gut" sei, "wenn man 5,4 Mill. Westfalen mit 4,5 Mill. Rheinländern zusammentue." Dagegen gingen die Auffassungen darüber auseinander, welche wirtschaftspolitischen Argumente gegen den Plan Stuckarts vorgebracht werden könnten und sollten, da, wie man selbst einräumte, angesichts der Kriegssituation manches für einen einheitlichen Verwaltungsraum Ruhrgebiet spräche. Am 6. Januar und in einer dritten Beratung am 10. Januar[253] schälten sich schließlich zwei Vorschläge heraus. Einen hatte Kolbow entwickelt, der auch die mehrheitliche Zustimmung erhielt, während den anderen zwei Beamte des Oberpräsidiums, Vizepräsident Goedecke und Regierungsdirektor Klasmeier vertraten. Dazwischen stand Gauleiter Meyer, unentschlossen, ohne eigene Konzeption, gequält von der Vorstellung, im Wettlauf mit Terboven zu unterliegen, und letzlich auf Hitler vertrauend, daß dieser aus "staatspolitischen Bedenken" eine Machtakkumulation Terbovens verhindern werde.

Goedecke war überzeugt davon, daß die Berliner Stellen sich schon zu sehr auf eine Verwaltungseinheit Ruhrgebiet versteift hätten, als daß hier noch Änderungen erreicht werden könnten. Aus "taktischen Gründen" sollte daher dagegen kein Widerstand mehr geleistet, sondern die Kreise Essen, Mühlheim, Duisburg und Oberhausen — Städte, die zu Terbovens Gau Essen gehörten — für einen eigenständigen Reichsverteidigungsbezirk Westfalen gefordert werden. Auf diese Weise bliebe das Ruhrgebiet zusammen und unterstehe überdies Westfalens Führung. Der Vorschlag war indes illusorisch, da er unverzüglich Terboven mobilisiert hätte, der, wie Kolbow zutreffend einwandte, niemals auf den bedeutendsten Teil seines Gaues verzichtete. Kolbow hielt es außerdem für inkonsequent und widersprüchlich, von westfälischer Seite aus auf die Integrität des eigenen Territoriums zu pochen, andererseits aber von ihr Teile des Ruhrgebietes, die zur Rheinprovinz gehörten, zu beanspruchen. Gegen den Plan Stuckarts müsse anders vorgegangen werden, um erfolgreich zu sein. Kolbow, der die Einrichtung des Reichsverteidigungskommissars als solche für grundsätzlich "überflüssig" hielt, da sie eine "entsetzliche Verwirrung in die gesamte an sich schon viel zu komplizierte Verwaltung hineingebracht hätte", plädierte dafür, die Grenzen zwischen der Rheinprovinz und Westfalen nicht anzutasten und stattdessen die wirtschaftlichen Beziehungen des Ruhrgebietes zu Westfalen in den Mittelpunkt der Alternative zu Stuckart zu rücken. Von

253 VA, a.a.O., S. 89 ff.

dieser Position könnten gute Argumente vorgebracht werden, um Stuckarts Projekt mit Aussicht auf Erfolg zu erschüttern. Denn gerade im wirtschaftlichen Sektor liege die vielfältige Verflechtung des Ruhrgebietes mit der Provinz Westfalen, aber auch mit niederrheinischen Bezirken offen zutage. Es habe sich über Jahrzehnte eine bewährte Zusammenarbeit zum Vorteil aller Beteiligten herausgebildet, so daß ein Auseinanderreißen dieser aufeinander eingespielten Kräfte gerade unter den derzeitigen Umständen ein beträchtliches Risiko bedeute. In den Verhandlungen mit Stuckart oder mit anderen Stellen müsse deshalb "alles auf die eine Karte" gesetzt werden, was nur heißen könne, für Westfalen und die Rheinprovinz je einen eigenen Reichsverteidigungsbezirk zu fordern. Wenn aber die entscheidenden Instanzen in Berlin keinesfalls auf die Provinzgrenzen eingehen wollten, "dann solle man sich durch eine halbe Zustimmung zu einer falschen Maßnahme nicht hieran mitschuldig machen, sondern ganz konsequent bis zuletzt die falschen Pläne ablehnen und zu keinerlei Kompromissen bereit sein."

Am Ende der dreitägigen Beratungen einigte man sich auf das von Kolbow empfohlende Konzept und wollte erst wenn Stuckart sich entschieden dagegen aussprechen sollte, auf Goedeckes Vorschlag zurückgreifen. Den Oberregierungsrat im Oberpräsidium, Dr. Ottersbach, beauftragte Meyer, bis zum 16. Januar alle Argumente zusammenzustellen, die gegen das Vorhaben Stuckarts sprachen. Außerdem verlangte Meyer eine Übersicht der Maßnahmen, die Terboven bisher als Reichsverteidigungskommissar getroffen habe, um nachzuweisen, "von welch spezieller Bedeutung und wie überflüssig und störend zugleich die bisherige Wirksamkeit des Reichsverteidigungskommissars in Essen tatsächlich gewesen sei." Schließlich bestimmte Meyer, daß ihn zu der Besprechung nach Berlin Kolbow, Klasmeier, Ottersbach, sein Gauwirtschaftsberater Franke und der Arnsberger Regierungspräsident Runte begleiten sollten.[254]

Zu Beginn der Sitzung,[255] an der für das Reichsinnenministerium Staatssekretär Stuckart und Ministerialrat Medicus teilnahmen, verlas Ottersbach sein Exposé,[256] dessen Schwerpunkte Meyer noch einmal kurz erläuterte, dann einen eigenen Reichsverteidigungsbereich Westfalen verlangte und für eine gemeinsame Betreuung des Ruhrgebietes durch die Reichsverteidigungskommissare Westfalens und der Rheinprovinz eintrat. Als daraufhin Stuckart zur Überraschung der westfälischen Gesprächsteilnehmer auf einen Führerbefehl verwies, der das Ruhrgebiet einem Reichsverteidigungskommissar unterstellt haben wolle — womit nach Lage der Dinge nur Terboven gemeint sein konnte —, attackierte Meyer seinen Gauleiterkollegen aus Essen in heftigen Ausfällen, warf ihm Unfähigkeit vor und beschwerte sich nach den Worten Kolbows "bitter darüber, daß dem Reichsverteidigungskommissar Terboven gegenüber den anderen Reichsverteidigungskommissaren Ausnahmerechte eingeräumt worden seien, durch die der Oberpräsident der Provinz Westfalen in besonders krasser Weise aus der Reichsverteidigung ausgeschlossen

---

254 VA, a.a.O., S. 91 f.

255 VA, a.a.O., S. 76 - 82 Sitzungsvermerk Kolbows (Streng vertraulich!)

256 In den Akten war ein Exemplar der Arbeit nicht auffindbar; sie dürfte aber gegenüber den vorangegangenen Besprechungen im Oberpräsidium keine neuen Gesichtspunkte enthalten haben.

worden sei." Meyer erklärte kategorisch, daß "der augenblickliche Zustand für Westfalen unerträglich" sei. Auch könne kein Zweifel darüber bestehen, daß Terboven auf einen "Rhein-Ruhrgau" abziele, auf den er als Reichsverteidigungskommissar systematisch hin arbeite, um Tatsachen für die Reichsreform zu schaffen. Meyer verließ dann vorzeitig die Sitzung, um in der gleichen Sache beim Stab des Stellvertreters des Führers und bei Bormann vorzusprechen, bei denen er, wie Kolbow vermerkte, auf "volles Verständnis" stieß. Dieser wiederholte bei Stuckart seine bekannte Position und wertete dessen Lösung für das Ruhrgebiet als einen "Rückschritt". Stuckart vermied freilich jede Festlegung, versprach eine sorgfältige Prüfung der vorgebrachten Einwände und bat um einen schriftlich ausgearbeiteten Vorschlag, wie sich denn Westfalen eine Betreuung des Ruhrgebietes durch die zwei Reichsverteidigungskommissare vorstelle.

Die Entwicklung verlief unterdessen gegen die westfälischen Vorstellungen, wie Meyer in mehreren Besprechungen in Berlin feststellen mußte, über die er am 27. Februar 1940 in einer Sitzung im Oberpräsidium ausführlich berichtete.[257] Er sei am 22. Februar zunächst bei Ministerialdirektor Sommer, dem Leiter der staatsrechtlichen Abteilung beim Stellvertreter des Führers, gewesen und habe erfahren, daß nunmehr die 41 Gaue in 27 Reichsverteidigungsgebiete zusammengefaßt werden sollten. Die Wehrbezirke würden ihnen nicht mehr zugrundegelegt, da sie zu sehr mit anderen politischen Bezirken kollidierten.[258] Wie die Lösung im Ruhrgebiet aussehen könnte, sei allerdings nicht besprochen worden. Am nächsten Tag habe ihn der Staatssekretär im Preußischen Staatsministerium, Körner, empfangen, der bestätigte, daß Göring Terboven einen geschlossenen Verwaltungsraum Ruhrgebiet zugesagt habe, nachdem ihm dieser an Hand umfangreicher Unterlagen die Vorzüge einer solchen Regelung dargelegt hätte. Seine, Meyers, Forderung, das ganze Ruhrgebiet dem Reichsverteidigungskommissar für Westfalen zuzuteilen, habe Körner entschieden abgelehnt. Gegebenenfalls müsse eine neue Provinzgrenze östlich des Ruhrgebietes gezogen werden und das restliche Westfalen mit Lippe einen neuen Reichsgau bilden. Schließlich sei er noch einmal bei Stuckart gewesen, ohne grundsätzliches Entgegenkommen zu finden. Angesichts der von Körner angedeuteten Konsequenzen — sie wären vor allem zu Lasten des Territoriums des Gaues Westfalen-Süd gegangen — habe er auch Gauleiter Wagner unterrichtet, der natürlich ebenfalls über Terbovens Erfolg bei Göring erbost sei. Es müsse nun überlegt werden, wie die westfälischen Interessen noch durchgesetzt werden könnten.

Die anschließende Diskussion zeigte einen ausgesprochen hilflosen Gauleiter Meyer, der dankbar jede Anregung aufgriff, welche Personen und Institutionen gegen Terboven mobilisiert werden könnten. Kolbow riet dazu, einerseits einen informatorischen "Frontalangriff" zu starten und herauszustellen, daß entgegen allen von Terboven vorgebrachten Mängeln im Ruhrgebiet die "schwierigen Dinge

---

257 VA, a.a.O., S. 133 - 139 Aktenvermerk Kolbows, auf den sich die Darstellung stützt. Eine nicht so ausführliche Niederschrift wie die Kolbows über die Besprechung befindet sich in: StAM, Oberpräsidium, Nr. 7127. Teilnehmer waren die Regierungs- und Regierungsvizepräsidenten aus Westfalen, Beamte des Oberpräsidiums, mehrere Gauamtsleiter des Gaues Westfalen-Nord und der stellvertretende Gauleiter aus Bochum, Vetter.

258 Beispiele dafür bei Hüttenberger, Die Gauleiter, S. 154

des Alltags ihren reibungslosen Ablauf nehmen" würden. Im übrigen solle man sich "auf eine Taktik des sturen Verharrens festlegen". Nachdrücklich warnte er davor, von der bisherigen Position abzuweichen und etwa Kreise des westlichen Ruhrgebietes für Westfalen zu verlangen. Nur wenn die einmal eingenommene "westfälische(n) Grundhaltung" beibehalten werde, könne man später glaubwürdig auf eine Revision drängen, falls Terboven im Augenblick Erfolg haben sollte. Aber Meyer war durch die Widerstände in Berlin zu sehr irritiert worden und griff den erneut von Goedecke vorgebrachten Vorschlag auf. Er legte fest, in den kommenden Verhandlungen die vier zur Rheinprovinz gehörenden und im Gau Essen liegenden Kreise Essen, Duiburg, Hamborn und Oberhausen für den Reichsverteidigungsbezirk Westfalen zu fordern. Außerdem verlangte er eine Denkschrift mit einer Zusammenstellung der wesentlichen staats-, wirtschafts-, kultur- und parteipolitischen Argumente gegen einen Ruhrgau.[259]

Die Entscheidung über die Zukunft des Ruhrgebietes blieb zunächst noch in der Schwebe. Immerhin hatten die Interventionen in Berlin erreicht, daß Göring vor einer eventuellen Änderung der Provinzgrenzen Terboven und Meyer zusammen hören wollte, wie Körner Gauleiter Meyer am 11. März 1940 mitteilte.[260] Von einem solchen Gespräch war indessen wenig zu erwarten, da Terboven und Meyer nicht verhehlten, wie sehr sie sich zerstritten hatten und Meyer als Beauftragter des Reichsverteidigungskommissars Terboven jede Zusammenarbeit mit diesem ablehnte. So weigerte er sich, mit Terboven Betriebe in Westfalen zu inspizieren, deren Luftschutzmaßnahmen unzureichend sein sollten.[261] Zugleich bemühten sich Meyer und Kolbow, einflußreiche Persönlichkeiten für den westfälischen Standpunkt zu gewinnen und setzten dabei insbesondere Hoffnungen auf führende Industrielle des Ruhrgebietes, von denen sich aber augenscheinlich nur der Dortmunder Moritz Klönne auf ihre Seite stellte.[262] Auch ärgerte sich Meyer über die geringe Unterstützung durch die Gauleitung in Bochum. Das lag nicht nur daran,

---

259 Für den staatspolitischen Teil waren zuständig Vizepräsident Goedecke und die Regierungspräsidenten Dr. Runte und Klemm; für den wirtschaftspolitischen Regierungsdirektor Klasmeier und die Gauwirtschaftsberater Franke und Bornemann; für den kulturpolitischen Kolbow und für den parteipolitischen Vetter und Gaurichter Ummen. Kolbow erklärte sich außerstande kulturpolitisch nachweisen zu können, daß die zitierten vier Kreise zu Westfalen gehörten, wohl aber könne er darlegen, daß von Westfalen "kein Stück an das Rheinland abgetreten werden" dürfe. VA, a.a.O., S. 139 Kolbow wurde bei seiner Ausarbeitung unterstützt von Dr. W. Schulte. Vgl. Kolbows Schreiben an Dr. Kühl vom 9.3.1940, VA, W-L, NK - 10, S. 131

260 Vgl. den Vermerk Kolbows über eine Besprechung mit Meyer vom 27.3.1940, VA, W-L, NK - 2, S. 149

261 Ebenda

262 N - Kühl (P) Handakte Kühl, Schreiben Kolbows an Kühl vom 7.5.1940. Zu diesem Zeitpunkt stand eine Arbeit von Dr. Helmrich über das Ruhrgebict kurz vor der Veröffentlichung, die in einer Reihe des Provinzialinstituts für westfälische Landes- und Volkskunde erscheinen sollte. Kolbow, dem Teile des Manuskriptes vorlagen, kritisierte einige Passagen. So hielt er "unter den derzeitigen Verhältnissen" die Aussage für "unhaltbar", daß das Ruhrgebiet eine "organische Einheit" sei, die sich wirtschaftlich deutlich von den Nachbargebieten abhebe. Stattdessen schlug er vor zu formulieren, daß sich das Ruhrgebiet "organisch in das große rheinisch-westfälische Wirtschaftsgebiet" einordne. VA, W-L, NK - 2, S. 145 Vermerk Kolbows vom (27.3.1940).

daß Wagner 1938 auch noch Reichskommissar für die Preisbildung geworden war und sich nur noch selten in seinem Gau sehen ließ. Für das Verhalten der Gauleitung in Westfalen-Süd war vor allem bestimmend, daß ihr gar nichts an einer einheitlichen Provinz Westfalen lag, sondern, wie noch darzustellen sein wird, auf die Teilung der Provinz hinarbeitete. Freilich wollte auch Wagner nicht Gebiete an Terboven verlieren, so daß er sich in dieser Angelegenheit mit Meyer solidarisierte und vorschlug, so bald wie möglich zusammen zu Hitler zu gehen, um eine "Führerentscheidung" herbeizuführen.[263]

Inzwischen war auch die von Stuckart in der Besprechung vom 16. Januar 1940 angeforderte Denkschrift unter dem Titel "Das Ruhrgebiet — ein Reichsgau" fertiggestellt und Stuckart zugeleitet worden.[264] Ihr ging es darum nachzuweisen, daß das Ruhrgebiet kein abgeschlossener Wirtschaftsraum sei, sondern für die angrenzenden Gebiete eine komplementäre Funktion besitze und auch selbst erst über diese Wechselwirkung zu dem bedeutendsten Industriebezirk Deutschlands werden konnte; daß ein Ruhrgau einen Behördenschub größten Ausmaßes von Münster nach Essen auslöse, der jetzt nicht zu verantworten sei; schließlich, daß ein Ruhrgau die beiden westfälischen Gaue insgesamt so sehr schwäche, daß sie kaum noch lebensfähig wären. Auch fehlte nicht der Hinweis, daß die Vorstellung beunruhigend sei, einen Gau mit der wirtschaftlichen und finanziellen Kapazität des Ruhrgebietes "in der Hand eines starken Gauleiters" zu wissen, während ein schwacher Gauleiter eine Marionette der Wirtschaft wäre. Festzuhalten verdient vor allem der Verweis Meyers auf den Provinzialverband, der nach der Schaffung eines Ruhrgaues kaum noch funktionsfähig sei, während zum gleichen Zeitpunkt die "Zweiteilung Westfalens in 2 Reichsgaue" von Meyer propagiert wurde.[265] Weiterhin war es für dessen taktisches Lavieren bezeichnend, daß er sich bereit erklärte, "außerordentliche Fragen der zivilen Reichsverteidigung" im Bereich des Ruhrgebietes zusammen mit Terboven zu lösen und diesem sogar den Vorsitz in einem eigens dafür zu bildendem Gremium einräumte.[266]

Das Tauziehen um einen Ruhrgau fand seinen vorläufigen Abschluß damit, daß Terboven am 25. April 1940 zum Reichskommissar für Norwegen ernannt wurde und Bormann Ende April Meyer mitteilte, Hitler wolle keinen Ruhrgau.[267] Es ist fraglich, ob Hitlers Entscheidung nach einem Besuch Wagners und Meyers erfolgte. Jedenfalls suche Meyer auf einer Tagung der westfälischen Landräte und Oberbürgermeister vom 24. Mai 1940 den Eindruck zu erwecken, als hätte er Hitler zu dem Entschluß veranlaßt.[268] Dennoch blieb man in Münster mißtrauisch, wie ein

---

263 VA, a.a.O., S. 152 - 155, Vermerk Kolbows über das Gespräch mit Wagner in Berlin am 6.4.1940.

264 BA, R 18/383 Die Denkschrift ist ohne Verfasser- und Datumangabe und trägt den Vermerk Stuckarts: "Von Gauleiter Meyer überreicht 18.5.1940."

265 N - Kühl (P) Handakte Kühl, Kolbow an Kühl vom 7.5.1940

266 BA, a.a.O.,

267 N - Kühl, a.a.O.,

268 VA, W-L, C 10/11 - 156 Niederschrift der Tagung

Vermerk von Oberregierungsrat Ottersbach über ein Gespräch vom 26. März 1941 mit Dr. Klopfer erkennen läßt,[269] der im Mai 1941 die einflußreiche Stelle des Leiters der staatsrechtlichen Abteilung[270] beim Stellvertreter des Führers als Nachfolger Sommers übernahm. Nach der Notiz Ottersbachs bat Klopfer darum, "von Münster aus die Frage einer einheitlichen Betreuung des Ruhrgebietes nicht weiter herauszustellen, da sie möglicherweise nur geeignet sei, die ... von höchster Stelle abgelehnte Bildung eines eigenen Ruhrgaues erneut zur Debatte zu bringen." Zugleich informierte er Ottersbach darüber, daß die Gaue nunmehr endgültig als Maßstab der neuen Reichsverteidigungsbezirke vorgesehen seien. Ende 1942 wurde Meyer Reichsverteidigungskommissar für seinen Gau, nachdem eine Verordnung vom 16. November 1942 die Parteigaue zu Reichsverteidigungsbezirken bestimmte und alle Gauleiter zu Reichsverteidigungskommissaren ernannte.[271]
Die Frage einer einheitlichen Verwaltung für das Ruhrgebiet, möglicherweise in der Form eines Provinzialverbandes, stellte sich im Dritten Reich nicht zum ersten Mal. Wohl aber war der wieder plötzlich auftauchende, relativ kurze, aber heftig geführte und unter dem Stichwort "Ruhrgau" laufende Streit ein Beispiel dafür, wie bereits vor dem Dritten Reich angebahnte oder virulente Probleme im nationalsozialistischen Herrschaftssystem hochgespielt oder aufgegriffen wurden. Daß dabei einem Gauleiter, wie in diesem Fall Terboven, die auslösende und forcierende Rolle zukam, war nur typisch. Einmal inthronisiert, entwickelten die Gauleiter unglaublich schnell das Beharrungsvermögen alter Territorialherren, immer darauf aus, ihren Machtbereich zu arrondieren. Terbovens Vorstoß und Meyers Reaktion lassen die von Fall zu Fall entweder expansiven oder beharrenden Züge dieses Gaupartikularismus deutlich hervortreten. Demgegenüber wirkte die von Kolbow vertretene Position vordergründig als unflexibel, machttaktisch ungeschickt und politisch inopportun. Tatsächlich war sie jedoch ein Reflex jener Konsistenz und Kontinuität, die Merkmal und Stärke des westfälischen landschaftlichen Selbstverständnisses waren. Kolbow selbst gewann in den Auseinandersetzungen zudem, wie er Landesrat Kühl schriebe, "die geistige Rüstung, welche die Not uns hat wachsen lassen," womit er seine gegen eine territoriale Dezimierung oder Teilung der Provinz vorgebrachten Argumente meinte, und die er bald in noch stärkerem Maße als bisher vorzubringen sich gezwungen sah.[272]

Während das Ruhrgau-Projekt zum Ziel hatte, Teile aus der Provinz herauszubrechen und beide westfälischen Gauleiter deshalb mobilisierte, weil es ihre Machtinteressen unmittelbar berührte, betrieben sie nur wenig später selbst die Teilung der Provinz. Dies geschah in der Absicht, für den Gau Westfalen-Nord wie für den Gau Westfalen-Süd ein eigenes Oberpräsidium und eine eigene Provinzialverwaltung zu bekommen. Zwar hatte Kolbow schon am 7. Mai 1940 erwähnt,[273] daß Meyer auf eine "Zweiteilung" Westfalens hinarbeite, jedoch hatte das Vorhaben noch

---

269 StAM, Oberpräsidium, Nr. 7310

270 Zu ihrer Bedeutung und Organisation, Diehl-Thiele, Partei und Staat, S. 221 ff. und besonders Broszat, Der Staat Hitlers, S. 311 f. sowie Orlow, The History of the Nazi Party, S. 336

271 Hüttenberger, Die Gauleiter, S. 156 f.

272 N - Kühl, a.a.O.   273 N - Kühl, a.a.O.

keine konkreten Formen angenommen. Im großen und ganzen galt dies auch für Westfalen-Süd, wenngleich Gauleiter Wagner im Zuge einer Reichsreform mit einer Aufteilung rechnete.[274] Aber soweit erkennbar, hat er sie bis zu diesem Zeitpunkt nicht angestrebt. Dazu glaubte er wohl auch noch keinen Anlaß zu haben, solange er seine Partei- und Staatsämter in Schlesien besaß. Als er Ende 1940 als Reichskommissar für Preisbildung in den Rang eines Staatssekretärs aufrückte und auf Weisung Hitlers, der schon seit längerem Wagner nur noch als Gauleiter in Westfalen-Süd wünschte,[275] seine Ämter in Schlesien im Januar 1941 abgeben mußte, änderte Wagner offenbar seine Einstellung. Nun vertrat nach der Beobachtung Kolbows die Gauleitung in Bochum die Auffassung, daß sie "die Aufgaben der Partei im Gau Westfalen-Süd nicht mehr länger ohne Innehabung der vollen staatlichen Gewalt erfüllen könne" und verlangte "die staatliche Verselbständigung des Gaues Westfalen-Süd."[276] Kolbow erfuhr davon durch Gauleiter Meyer am 12. Februar 1941. Tags zvor hatte ihn R. Heß angerufen und gefragt, ob die Erklärung der Bochumer Gauleitung zutreffe, daß er, Meyer, "im Interesse der Partei" eine Teilung der Provinz für erforderlich halte. Denn demgegenüber habe der Gauwirtschaftsberater von Westfalen-Nord, Franke, bei Dr. Klopfer gemeint, daß Gauleiter Meyer nicht in jedem Fall dafür sei. Meyer, der sich durch die Äußerung Frankes beim Stellvertreter des Führers des Verdachts ausgesetzt sah, für die Einheit der Provinz zu sein, ohne dessen Einstellung dazu zu kennen, empörte sich über Franke, aus dem "sein westfälischer Imperialismus gesprochen" habe und stellte gegenüber Heß fest: "Ich bin weder für noch gegen eine Teilung der Provinz Westfalen, sondern nur bestrebt, dem Willen des Führers zu gehorchen. Wenn der Führer grundsätzlich nur kleine Gaue wünscht, dann muß die Provinz Westfalen in zwei staatliche Provinzen geteilt werden, und zwar je eher desto besser. Wenn der Führer es aber für möglich hält, hier und da einen größeren Gau zu belassen, dann würde ich es für richtig halten, die Provinz Westfalen nicht zu teilen." Er und Heß seien so verblieben, daß die Parteileitung mit ihrer Entscheidung warte, bis Meyer seine Stellungnahme schriftlich eingereicht habe.

Meyer, von einem führenden Mitarbeiter des Ostministeriums als ein Mensch charakterisiert, der "zum Guten zu schwach, und zur Sünde zu feige" sei,[277] wußte, vor diese Entscheidung gestellt, nach dem Eindruck Kolbows "nicht aus und ein" und befand "sich in einem Zustand völliger Ratlosigkeit." Wie aus dem Kontext des Schreibens Kolbows an Kühl hervorgeht, tendierte Meyer mehr dazu, sich in München für eine Teilung auszusprechen, so daß Kolbow erst "in der leidenschaftlichsten und eindringlichsten Weise" auf ihn einreden mußte, um ihn

---

274 VA, W-L, NK - 2, S. 207, Vermerk Kolbows über ein Gespräch mit Wagner vom 18.12.1940 in Berlin

275 BDC, Akte Nr. 371, Parteikanzlei (Geheimer) Aktenvermerk Bormanns vom 5.12.1939 für Hauptamtsleiter Friedrichs

276 Dazu und für das Folgende das Schreiben Kolbows an Kühl vom 17.3.1941, N - Kühl (P) Handakte Kühl. Unzutreffend die Angabe bei Hüttenberger, Die Gauleiter, S. 208, daß Wagner erst mit dem Verlust seines Parteiamtes in Westfalen-Süd auch das in Schlesien verlor.

277 Die Äußerung stammt von Gottlob Berger, ein nach dem Urteil Dallins "Erzfeind" Meyers im Ostministeriums. Das Zitat bei Dallin, Alexander, Deutsche Herrschaft in Rußland 1941 - 1945. Eine Studie über Besatzungspolitik, Düsseldorf 1958, S. 98

davon abzubringen und stattdessen ihn zu überzeugen, daß es das Beste wäre, die beiden Gaue zusammenzulegen. Für Meyer war es ein Alptraum, eine Stellungnahme mit seinem Namen zu unterzeichnen, die schließlich die Parteileitung oder gar Hitler nicht guthießen. Er wollte deshalb jede Festlegung umgehen und erbat von Kolbow eine Denkschrift mit all den Gründen, die für oder gegen eine Teilung sprächen. Obwohl dieser froh war, freie Hand zu haben, war er doch auch "aufs tiefste darüber erschüttert," daß sein "Chef nicht aus eigner Einsicht eine Stellung in dieser Frage bezogen hatte."

Kolbow nahm auf Wunsch Meyer nun unverzüglich mit dem stellvertretenden Gauleiter von Westfalen-Nord, Stangier, mit Meyers Gaupersonalamtsleiter Ummen, mit Gauwirtschaftsberater Franke und mit dem im Oberpräsidium für Kommunale Angelegenheiten und den Provinzialverband zuständigen Oberregierungsrat Barbrock, Kontakt auf. Mit ihnen legte Kolbow die Schwerpunkte der Denkschrift und ihre arbeitsteilige Ausarbeitung fest. So sollten Stangier und Ummen aus der Sicht der Partei sich zu der Frage äußern, während Barbrock eine Teilung mit Blick auf die staatliche Verwaltung, Kolbow vom Standpunkt des Provinzialverbandes und Franke ihre wirtschaftspolitischen Konsequenzen beurteilten. Nach einer erneuten Zusammenkunft von Kolbow, Barbrock, Stangier und Ummen am 24. Februar im Oberpräsidium[278] konnten die einzelnen Teile der Denkschrift Ende Februar oder Anfang März 1941 abgeschlossen werden. Allerdings wich insbesondere die Ausarbeitung von Stangier[279] in einigen Punkten wesentlich von der Position der Provinzialverwaltung ab. So hieß es beispielsweise bei ihm, daß Westfalen und dessen Grenzen "willkürlich" seien und daß der Gesichtspunkt von Stammesgrenzen bei der Bildung von Reichsgau "gänzlich unberücksichtigt bleiben" müsse. Insofern überrascht es nicht, daß Stangiers wie Ummens Arbeit als Ganzes nicht berücksichtigt wurden, da sie nach dem Urteil Kolbows mit seiner und Frankes Stellungnahme nicht "im Einklang" standen.[280] Damit galten nur noch Kolbow, Barbrock und Franke als Verfasser der Denkschrift: "Über die Folgen einer Teilung der Provinz Westfalen für Staats- und Selbstverwaltung", ohne daß sie in ihr als Autoren namentlich erwähnt wurden.[281]

Wenngleich das 24seitige Exposé auf die Gründe einging, die für oder gegen eine Teilung sprachen, so war es doch das Hauptanliegen, die Notwendigkeit und Vorzüge einer ungeteilten Provinz Westfalen herauszustellen. Es kann davon abgesehen werden, im einzelnen auf den Inhalt einzugehen, da die hier vorgebrachten Argumente weitgehend mit denen übereinstimmten, die schon gegen die Errichtung eines "Ruhrgaues" vorgebracht worden waren. Es war davon die Rede, daß bei einer Teilung jede Gauleitung in ihrem Gau auch alle die Verwaltungen und Organisationen haben wolle, die bisher für die ganze Provinz tätig seien, anderenfalls wäre

---

278 StAM, Oberpräsidium, Nr. 7310

279 Das Exposé von Stangier und Ummen, Ebenda

280 N - Kühl, a.a.O.

281 Die Autorenschaft der einzelnen Beiträge ist ersichtlich aus den Vorakten in: StAM, a.a.O., hier auch ein Exemplar; ein weiteres in: VA, W-L, C 10/11 - 16 und in: N - Kühl (P) Handakte Kühl

die Kette der Kompetenzkonflikte unabsehbar. Zwei Reichsgaue bedeuteten daher eine ungeheure Behördenexplosion und Personalbestandsaufblähung, wie sie auf der anderen Seite eingespielte Verwaltungsapparate und auf Großräumigkeit angelegte Anstalten wie die provinziellen Versicherungsinstitute auseinanderrissen. Auch gefährde die Lösung die wirtschaftliche Leistungsfähigkeit und Ausgewogenheit, da der nördliche Gau überwiegend agrarisch strukturiert sei, während die Industrie des westfälischen Ruhrgebietes im südlichen Gau liege. Die Denkschrift schloß mit der Feststellung, "daß es nicht zweckmäßig erscheint, Westfalen in 2 Reichsgaue aufzuteilen."

Am 5. März 1941 schickte Gauleiter Meyer die Denkschrift mit einem Begleitschreiben[282] an Heß, in dem die für ihn bezeichnenden Einschübe von "wenn-dann" dominierten und mit denen er den Eindruck erweckte, als stünde er zwischen Skylla und Charybdis. Meyer bat um Verständnis dafür, daß er "als Oberpräsident der Provinz Westfalen zu dieser Frage eine erschöpfende Stellungnahme nicht abgebe" und seine "eigene Ansicht nach Lage der Dinge jetzt wenigstens noch nicht bekannt wird." Er fürchtete bei einem Votum für einen Gau Westfalen um sein "ausgezeichnetes Verhältnis" zur Bochumer Gauleitung und empfand es als unerträglich, bei einer Teilung von "Millionen Westfalen" als der "Totengräber" ihrer Provinz angesehen zu werden. Meyer rückte schließlich von dem Inhalt der Denkschrift ab, indem er sie als das Werk von führenden Männern seiner Provinz hinstellte, während er diesen gegenüber versicherte, sie gäbe auch "seine persönliche Auffassung" wieder.[283] Bei dem Nachfolger Wagners im Bochumer Gauleiteramt, Giesler, bezeichnete er sie wiederum als die "persönliche Eingabe Kolbows," was dieser aber erst ein Jahr später erfuhr.[284] Die Denkschrift blieb nicht ohne Erfolg. Am 18. März 1941 teilte Bormann Oberpräsident Meyer mit,[285] "unter den gegenwärtigen Verhältnissen" komme eine Teilung nicht in Betracht. Der Vorbehalt Bormanns deutete darauf hin, daß die Entscheidung nicht als endgültig anzusehen war, was in der Tat zutraf. Eine Woche später bestätigte Dr. Klopfer in einem Gespräch mit Oberregierungsrat Ottersbach ihre Vorläufigkeit und riet dazu, die weitere Entwicklung sorgfältig zu beobachten und weiterhin die Argumente festzuhalten, die gegen eine Aufteilung sprächen. Denn, so fügte Klopfer hinzu, ohne die Eingabe Meyers (!) wäre "Süd-Westfalen abgerutscht," also die Provinz geteilt worden.[286]

Die Gauleitung von Westfalen-Süd zeigte sich indes von dem Spruch des Stellvertreters des Führers wenig beeindruckt. Auf der Sitzung des Provinzialrates vom 28. Juni 1941 beantragte der stellvertretende Gauleiter aus Bochum und Oberbürger-

---

282 StAM, a.a.O., Meyer überreichte die Denkschrift auch noch zur "vertraulichen" Kenntnisnahme an Stuckart. BA, R 18/383. Hier befinden sich aber nur die von Kolbow und Barbrock ausgearbeiteten Teile.

283 N - Kühl (P) Kolbow an Dr. Kühl vom 17.3.1941

284 Schulte, Der Nationalsozialismus, S. 58 f.

285 StAM, a.a.O., (Abschrift)

286 StAM, a.a.O., Vermerk Ottersbach vom 27.3.1941 über die Besprechung vom 26.3.1941, den Meyer mit dem handschriftlichen Zusatz "Geheim" versah.

meister von Hagen, Heinrich Vetter, der Provinzialverband solle seine Mittel für einen beschleunigten Ausbau der Kierspeltalsperre von bisher 300.000 RM auf 500.000 RM erhöhen.[287] Kolbow schloß die Möglichkeit nicht grundsätzlich aus unter der Bedingung, daß der Provinzialverband einen Sitz im Vorstand des Kierspetalsperrenverbandes bekäme. Dies Form der Beteiligung des Provinzialverbandes an "einer im Gau Westfalen-Süd gelegenen Genossenschaft" lehnte Vetter jedoch als "hinderlich für die Zukunft" ab, denn "wenn das Gebiet Westfalen-Süd künftig einen selbständigen Reichsgau bilde, dann müsse es auch einen eigenen Reichsstatthalter und eine eigene Gauselbstverwaltung bekommen." Die Reaktion des Provinzialrates auf Vetters Prognose war bemerkenswert. Während das Argument, die Provinzialverwaltung müsse ihre Aufgaben unabhängig von den Gaugrenzen erfüllen, von Provinzialräten aus dem Gau Westfalen-Nord erhoben wurde, gehörten diejenigen, die im Sinne Vetters votierten, dem Gau Westfalen-Süd an.[288] Sicherlich können die im Provinzialrat vertretenen Oberbürgermeister und Landräte nicht als repräsentativ für die kreisfreien Städte und Landkreise der westfälischen Gaue angesehen werden, gleichwohl war die Gebundenheit der Parteinahme auffällig und läßt auf politischen Druck wie auf grundsätzliche Spannungen zwischen Provinzialverwaltung und einigen kreisfreien Städte- und Landkreisen aus dem Gau Westfalen-Süd schließen. Es war zwar das erste Mal, daß die Bochumer Gauleitung ihre Abspaltungspläne in solch unverhohlener Form im Provinzialrat formuliert hatte; aber ihre Weigerung, den Provinzialverband an südwestfälischen Einrichtungen zu beteiligen beziehungsweise sich den von ihm für die ganze Provinz initiierten Unternehmungen nicht anzuschließen, war Bestandteil einer schon seit längerem von der Gauleitung verfolgten Taktik. Die Absicht lag offen zutage. Da es der Gauleitung bisher nicht gelungen war, offiziell eine Teilung der Provinz zu erwirken, wollte sie nun so weit wie möglich die Bindungen zum Provinzialverband lockern und erst recht keine neuen eingehen, um so eine Entscheidung in ihrem Sinne zu beschleunigen.

Die Absonderungsbestrebungen des Gaues Westfalen-Süd machten sich verstärkt bemerkbar, als dort mit Paul Giesler seit dem 9. November 1941[289] ein neuer Gauleiter regierte. J. Wagner, den sich Kolbow insgeheim als Oberpräsident Westfalens gewünscht hatte,[290] war von Hitler seines Amtes enthoben, aus der Partei ausgestoßen und kurz vor Kriegsende ermordet worden, da er "offen gegen Grundsätze der NS-Politik verstoßen" hatte.[291] Kolbow, für den der Wechsel in der

---

287 VA, W-L, C 10/11 - 144 Niederschrift der PR-Sitzung, Haushaltsplan für 1940, S. 120

288 Vgl. die Sitzungsniederschrift und das Schreiben Kolbows an Dr. Pork vom 1.7.1941, VA, W-L, NK - 10, S. 257

289 BDC-Akte Giesler. Insoweit ist Hüttenbergers Angabe zu berichtigen, nach der Giesler erst im Frühjahr 1942 Gauleiter in Bochum wurde. Hüttenberger, die Gauleiter, S. 209

290 Vgl. Kolbow an Kühl vom 7.5.1940, N - Kühl (P) Handakte Kühl

291 Hüttenberger, a.a.O., S. 208 mit Einzelheiten zu den Vergehen Wagners. Hüttenberger erwähnt a.a.O., S. 220, daß Wagner nach unbestätigten Gerüchten in einem KZ umgekommen sein soll. Dagegen berichtet Karl-Eugen Dellenbusch, der Regierungsvizepräsident in Arnsberg, später Regierungspräsident in Koblenz und Köln, Wagner sei kurz vor Einmarsch der sowjetischen Truppen in Berlin von der Gestapo erschossen worden. Dellenbusch, Karl Friedrich Kolbow. Gedenken und Vermächtnis, S. 10. vgl. auch Orlow, The History of the Nazi Party, S. 270

Gauleitung plötzlich und überraschend kam, bedauerte, daß er nicht zu einer Vereinigung der beiden Gaue unter Meyer genutzt worden war; aber, so schrieb Kolbow an seinen ehemaligen "Adjutanten" in der Provinzialverwaltung, Zepter, Meyer, "der immer im Sinne der Teilung der Provinz tätig" sei, wolle die Verschmelzung gar nicht.[292] Da Kolbow und Giesler sich gut aus der Siegener "Kampfzeit" kannten, während der Giesler zeitweilig Kreisleiter von Siegen-Stadt war, mochte Kolbow auf eine bessere Zusammenarbeit mit der Gauleitung in Westfalen-Süd gehofft haben. Jedoch war ihm schon sechs Wochen nach dem Amtsantritt Gieslers klar geworden, daß auch dieser auf einen eigenen Reichsgau lossteuerte.[293]

So teilte Giesler in einer Unterredung Kolbow mit, daß er einen Beauftragten des Gauleiters für Kultur benannt habe, ohne dessen Zustimmung die Provinzialverwaltung sich in seinem Gau nicht mehr kulturell betätigen dürfe. Auch beabsichtige er eine gaueigene Kulturzeitschrift mit dem Titel "Ruhr-Mark" zu gründen, wobei Geld und Papiermangel keine Rolle spielten. Außerdem wolle er ein Gau-Theater und ein Gau-Orchester aufziehen sowie nach Beendigung des Krieges eine eigene Gaukulturwoche durchführen lassen.[294] Giesler steuerte damit an sich keine ungewöhnlichen Projekte an, die zum Teil in anderen Gauen in dieser Form schon längst bestanden. Dagegen fiel einmal der Zeitpunkt ihrer Ankündigung ins Gewicht, der im Zusammenhang mit der separatistischen Politik der Bochumer Gauleitung an Bedeutung gewann, wie zum anderen die Pläne Gieslers einen Angriff auf ein Tätigkeitsfeld der Provinzialverwaltung darstellten, das entscheidend zur Herausbildung des landschaftlichen Bewußtseins in Westfalen beigetragen hatte und noch beitrug.[295] Namentlich Kolbow verstand sich ganz als Sachwalter des kulturpolitischen und heimatkundlichen Auftrags der Provinzialverwaltung und hatte ihn in seiner 1937 erschienen, überwiegend von Kühl konzipierten Schrift "Die Kulturpflege der preußischen Provinzen" als ein originäres Recht der Provinzialverbände beansprucht.[296] Als gesamtprovinzielle Vereinigung wäre vor allem der Westfälische Heimatbund von einer gaugesteuerten Heimat- und Volkstumspflege betroffen gewesen, der nach Auffassung Kolbows in besonderem Maße eine Klammerfunktion für die Einheit der Provinz zu erfüllen hatte.[297] Es gab also eine Reihe von Gründen, warum Kolbow den kulturpolitischen Vorhaben Gieslers ener-

292 VA, W-L, NK - 10, S. 294 f. Schreiben Kolbows vom 14.11.1941

293 VA, a.a.O., S. 315 f. Schreiben Kolbows an Zepter vom 22.12.1941

294 VA, W-L, NK - 2, S. 290 - 294 Vermerk Kolbows über die Besprechung vom 9.3.1942

295 Vgl. dazu den Beitrag von Zuhorn, Landschaft und landschaftliches Bewußtsein als Grundelemente organischer Staatsgliederung und die staatspolitische Bedeutung der landschaftlichen Kulturpflege, S. 30 ff., dort auch weitere Literaturverweise

296 Kolbow, a.a.O., S. 79, 116 ff., und passim

297 N - Kühl (P) Handakte Kühl, Schreiben Kolbows an Kühl vom 7.5.1940. VA, W-L, NK - 2, S. 343 ff. Vermerk Kolbows über ein Gespräch mit dem Beauftragten für Kultur im Gau Westfalen-Süd, Dr. Brüns, vom 26.8.1942. Zur Geschichte des WHB während des Dritten Reiches jetzt W. Schulte, Der Westfälische Heimatbund und seine Vorläufer, Bd. 1, S. 58 - 72. Das Kapitel über diesen Zeitabschnitt ist weitgehend eine Darstellung des Engagements Kolbows für die Heimatbewegung und insonderheit für den WHB.

gisch widersprach. Während es für den Augenblick so aussah, als sei dieser zum Einlenken und zur Kooperation bereit, forcierte Giesler jedoch grundsätzlich eine von der Provinzialverwaltung unabhängige und darüber hinaus gegen sie gerichtete Politik.[298] Aber auch noch auf anderen Gebieten wie etwa im Gesundheitswesen wirkte sich die Profilneurose des Gauleiters aus, wo das bislang kaum in Erscheinung getretene Amt für Volksgesundheit durch einen Gaugesundheitsführer nun stärker in die Gesundheitspolitik eingeschaltet werden sollte.[299]

Unterstützung erhielten die partikularen Kräfte in den Gauen zudem von der Parteikanzlei. So teilte Bormann den Reichs- und Gauleitern in einem Rundschreiben vom 31. Juli 1942 mit,[300] daß in der gegenwärtigen Lage die Verwaltungsgrenzen verstärkt den Parteigauen angeglichen werden müßten, wenngleich eine generelle Neugliederung erst nach dem Kriege durch Hitler vorgesehen sei. In diesem Zusammenhang gehören weiterhin Maßnahmen von Reichsbehörden und Sonderbevollmächtigten, die vereinzelt dazu übergingen, in den Gauen Behörden einzurichten oder neu zu organisieren, die bisher für die ganze Provinz zuständig waren. Als Beispiele hierfür stehen etwa die Erste Verordnung über die Errichtung von Gauwirtschaftskammern vom 20. April 1942[301] und die Verordnung Sauckels vom 1. August 1943 als Generalbevollmächtigter für den Arbeitseinsatz über die Errichtung von Gauarbeitsämtern anstelle der bisherigen Landesarbeitsämter.[302] Da Kolbow befürchtete, daß zwei voneinander unabhängig arbeitende Gauwirtschaftskammern die Verflechtungen der Provinz lockern und die Selbständigkeit der Gaue fördern könnten, suchte er dem Rückschlag, für den er die neue Regelung hielt, einen Vorteil abzugewinnen. Er regte zunächst bei Gauleiter Meyer an, für beide Gaue eine Wirtschaftskammer mit Sitz in Dortmund zu errichten, die Meyer und Giesler sich vom Reichswirtschaftsministerium genehmigen lassen sollten.[303] Diese Lösung, argumentierte er, käme nicht nur dem Wirtschaftsleben der gesamten Provinz zugute, vor allem wäre diese Kammer wirtschaftlich so stark, um nicht zu sehr in den Einflußbereich der beiden "gewichtigen" Kammern von Essen und Düsseldorf hineingezogen und von ihnen abhängig zu werden. Es bestünde dann die Gefahr, warnte Kolbow, abzielend auf den neuralgischen Punkt Meyers, daß das Ruhrgau-Projekt wieder Auftrieb erhielte. Meyer lehnte aber bezeichnenderweise einen Zusammenschluß der westfälischen Kammern ab und beauftragte Kolbow lediglich, Giesler für eine enge Zusammenarbeit zu gewinnen.[304] Dort wiederholte

---

298 Vgl. den Bericht Kolbows auf der Konferenz der westfälischen Landräte in Meschede am 28.10.1942 und sein Aufruf zum Widerstand gegen eine Politisierung der Heimatpflegearbeit durch die Bochumer Gauleitung. StAM, Regierung Arnsberg, I K, Nr. 1323

299 VA, W-L, NK - 2, S. 361 Vermerk Kolbows über eine Besprechung mit dem Gaugesundheitsführer Dr. Lotz vom 8.10.1942. Für den Gau Westfalen-Nord vgl. das Schreiben Meyers an Kolbow vom 30.9.1942. VA, W-L, C 10/11 - 181

300 StAM, Oberpräsidium, Nr. 7310 (Abschrift)   301 RGBl I., S. 189

302 VA, W-L, C 10/11 - 18, vgl. auch das Schreiben Kolbows vom 31.8.1943 an Dr. von Hülst, VA, W-L, NK - 11, S. 249a

303 VA, W-L, C 10/11 - 18 Kolbow an Meyer vom 27.4.1942

304 VA, W-L, NK - 2, S. 313 f. Vermerk Kolbows über die Besprechung mit Giesler vom 9.5.1942

Kolbow seine Vorstellungen und erhielt auch die Zusage Gieslers für ein enges Zusammengehen. Jedoch wurde das Versprechen nie realisiert. Vielmehr nahmen die Aufgaben zu, die der Gau Westfalen-Süd, losgelöst von dem anderen Teil der Provinz, erledigte, so im Bereich des Wohnungswesens, der Kulturpflege, des Arbeitseinsatzes, der Wirtschaftsverwaltung[305] und schließlich auch im Anstaltswesen.[306] Ermöglicht wurde diese Politik vor allem dadurch, daß die Gauleiter als Reichsverteidigungskommissare für den zivilen Sektor nahezu unbeschränkte Vollmachten besaßen.[307] Die Entwicklung vollzog sich, ohne daß die Teilung der Provinz als solche ausdrücklich zur Sprache gebracht wurde. Die Gauleitung von Westfalen-Süd hatte sich unter Giesler darauf verlegt, Tatbestände für einen selbständigen Reichsgau zu schaffen und die Gauleitung in Münster zog teils mit, teils nach. Das Verhältnis Kolbows zur Gauleitung in Bochum spitzte sich darüber so zu, daß sie ihn schließlich zu keiner Veranstaltung mehr einlud und ihn nur noch als "Gauhauptmann" von Westfalen-Nord betrachtete.[308]

Der Bruch wurde offenkundig, als Giesler Anfang 1943 nach München berufen wurde und bei der Amtseinführung seines von der Parteikanzlei kommenden Nachfolgers in Bochum, Albert Hoffmann, am 9. Februar öffentlich erklärte, weder das Oberpräsidium noch der Landeshauptmann hätten im Gau Westfalen-Süd noch Funktionen zu erfüllen.[309] Giesler hatte seine Äußerung offensichtlich in Absprache mit Gauleiter Meyer getan. Sie sahen den Gauleiterwechsel als Gelegenheit, um endlich auch offiziell die verwaltungsmäßige Trennung der Provinz durchzuführen. Am 15. Februar 1943 informierte Meyer morgens Kolbow, die Regierung in Münster werde mit dem Oberpräsidium zusammengezogen und auch die Regierung in Minden existiere nur noch eine kurze Zeit.[310] Nachmittags fand dann im Oberpräsidium über Fragen der zivilen Reichsverteidigung eine Sitzung statt. Sie war gleichzeitig der Antrittsbesuch Hoffmanns bei Meyer, der ihm, wie Kolbow sarkastisch formulierte, aus diesem Anlaß den südlichen Teil der Provinz Westfalen "gewissermaßen als Gastgeschenk" überreichte.[311] Der neue Vizepräsident im Oberpräsidium, Ministerialdirigent Fründt,[312] behandelte die Teilung des Ober-

---

305 Vgl. Kolbow an Dr. Jarmer vom 24.6.1942, VA, W-L, NK - 14, S. 171

306 VA, W-L, C 10/11 - 16 und C 10/11 - 672 Schreiben Kolbows an den RVK Westfalen-Nord vom 18.12.1943

307 Im einzelnen dazu Hüttenberger, Die Gauleiter, S. 157 f.

308 VA, W-L, NK - 11, S. 81 Kolbow am 22.1.1943 an Landesrat Adam und an Zepter am 16.3.1943, NK - 29, S. 294. Ende 1942 bestanden Pläne in der Partei, Kolbow zum Regierungspräsidenten in Minden zu ernennen, was er jedoch strikt ablehnte. Schulte, Der Nationalsozialismus, S. 59 f.

309 N - Kühl (P) Handakte Kühl, Auszug aus dem Tagebuch Kolbows, Nr. 1 Eintragung vom 11.2.1943 (künftig zitiert: Tagebuch Kolbow)

310 Schulte, a.a.O., S. 60

311 VA, W-L, NK - 11, S. 246a Kolbow am 7.4.1943 an Kühl

312 Fründt war seit dem 4. Mai 1942 Vertreter des Oberpräsidenten. Seit 1930 in der NSDAP, war er von 1933 - 1938 Landrat in Lauenburg, ab 1938 Personalreferent im RMdI, später im Ostministerium tätig, wo er Meyer kennenlernte, der ihn nach Münster

präsidiums und der Provinzialverwaltung als fait accompli, als er zu Beginn der Besprechung Vorschläge machte, wie eine Trennung der Behörden abgewickelt werden könnte.[313] Von Meyer um ihre Stellungnahme aufgefordert, erhoben von den neun Dezernenten des Oberpräsidiums nur zwei Bedenken gegen eine Trennung ihrer Abteilungen. Und als Kolbow schließlich zu Wort kam, der vehement einer Teilung der Provinzialverwaltung widersprach, erklärte ihm Hoffmann unter Verweis auf einen Führerbefehl, den es gar nicht gab, die Frage sei nicht "<u>ob</u>" geteilt werden sollte, sondern "<u>wann</u>".[314] Die Gauleiter ließen sich erst gar nicht auf eine Diskussion über Berechtigung und Zweckmäßigkeit einer Teilung ein, und es schien so, als sie sie dieses Mal unabwendbar. Bereits am nächsten Tag erörterten Fründt und Ottersbach im Auftrage Meyers mit dem Regierungspräsidenten von Arnsberg, Eickhoff, in welchem Maße Dienststellen und Aufgaben des Oberpräsidiums an den Reichsverteidigungskommissar des Gaues Westfalen-Süd abgezweigt werden könnten.[315] Auch Meyer selbst bekräftigte am 16. Februar vor der "Führerschaft" seines Gaues die Teilungsabsicht für die Provinz.[316] In dieser Situation enschloß sich Kolbow zu einem ungewöhnlichen Schritt und unterrichtete das Reichsinnenministerium über das Gespräch vom 15. Februar und die eingeleiteten Maßnahmen der beiden Gauleiter beziehungsweise seines Vorgesetzten, Oberpräsident Dr. Meyer.[317] Frick wandte sich daraufhin in einem von Stuckart redigierten Schreiben an Meyer und verurteilte in äußerst scharfem Ton die Verhandlungen, deren Fortsetzung er mit "Nachdruck" untersagte.[318]

Tatsächlich ließen Meyer und Hoffmann ihre konkreten Gespräche fallen, freilich nur für den Augenblick. Die schwache politische Stellung, in der sich Frick mit seinem Ministerium in dieser Zeit schon gegenüber den Gauleitern/Reichsverteidigungskommissaren befand,[319] läßt es allerdings zweifelhaft erscheinen, daß die

holte. VA, W-L, C 10/11 - 10 Mitteilung Fründts an den Vf. vom 21.1.1972 und Interview vom 30.10.1972 mit dem Vf.

313 StAM, Oberpräsidium, Nr. 7310 Vermerk vom 18.2.1942 über die Sitzung vom 15.2.1943, Schulte, Der Kampf um die Einheit Westfalens während des 2. Weltkrieges, S. 61

314 Unterstreichungen im Original

315 StAM, a.a.O., Vermerk Dr. Ottersbachs vom 20.3.1943 als Anlage A zum Vermerk vom 18.2.1943

316 Schulte, Der Nationalsozialismus, S. 61

317 In den Akten befindet sich weder das Schreiben Kolbows an das RMdI, noch eines, das ausdrücklich hierauf Bezug nimmt. Die Annahme, daß Kolbow das RMdI einschaltete, stützt sich auf den Brief Kolbows an Kühl vom 7.4.1943, wo er erwähnt, daß Frick bei Hoffmann gegen die Teilung interveniert und daß er, Kolbow, "auch (!) noch andere Leute eingespannt" habe. Da die Angaben Kolbows in der Regel sehr präzise und frei von renommistischer Färbung sind, kann die Urheberschaft Kolbows durch diese Wendung als gesichert gelten.

318 BA, R 18/383 Das Schreiben mit Abgangsvermerk vom 4.3.1943. Abschriften erhielten Bormann und der Chef der Reichskanzlei, Lammers. Stuckart hatte am 25.2.1943 vermerkt, daß bis "in die Einzelheiten gehende Verhandlungen zwischen den Gauleitern (unter) Zuziehung von Beamten stattgefunden" hätten.

319 Vgl. dazu Mommsen, Beamtentum, S. 117 f., Broszat, Der Staat Hitlers, S. 163 ff.

beiden Gauleiter allein auf Fricks Intervention hin zunächst kürzer traten. Es ist anzunehmen, daß sich auch die von Frick benachrichtigte Parteikanzlei im Falle Westfalens gegen eine Zweiteilung ausgesprochen hat, obwohl sie grundsätzlich das Gau-Prinzip propagierte; eine Annahme, die auch die weitere Entwicklung bestätigte.

Am 2. Oktober 1943 unterstellte ein Erlaß des Reichsinnenministeriums die zur Provinz Hannover gehörenden Regierungsbezirke Aurich und Osnabrück dem Reichsstatthalter in Oldenburg und Bremen, der für die beiden Regierungsbezirke bis auf wenige Ausnahmen die Aufgaben und Befugnisse des Oberpräsidenten in der staatlichen Verwaltung erhielt.[320] Damit war, wie Oberregierungsrat Barbock vermerkte,[321] "in der preußisch-deutschen Verwaltungsgeschichte etwas gänzlich Neues" geschaffen worden: Einem Reichsstatthalter waren Befugnisse eines preußischen Oberpräsidenten übertragen worden. Nach der Auffassung Barbrocks bedeutete die neue Regelung "nicht mehr und nicht weniger als die Zerschlagung der Provinz Hannover und den Sieg des Gaupartikularismus über den Gedanken der Großräumigkeit der Verwaltung," da "jener Wirrwarr von staatlichen und kommunalen Zuständigkeiten zum Gesetz erhoben" wurde, der bisher noch von Westfalen abgewehrt werden konnte. Barbrock befürchtete deshalb, daß nun der Gau Westfalen-Süd einen erneuten Versuch für eine eigene Provinz unternehmen werde und auch der Gau Essen alte Pläne ausgraben könnte. Es waren aber nicht die Änderungen im norddeutschen Raum, die die westfälischen Gauleiter wieder aktivierten, sondern die am 1. April 1944 durch Führererlaß vorgenommene Teilung der Provinzen Hessen-Nassau und Sachsen, wo die Reichsverteidigungsbezirke als neue Verwaltungsräume zugrunde gelegt wurden.[322] Hoffmann verkündete prompt in einer Sitzung seines Gauführungsrates, daß "heute nur noch in Gauen" gedacht werden müsse und die alten preußischen Provinzen sich überlebt hätten.[323] Meyer gab die Teilung der beiden Provinzen so sehr Hoffnung, daß er Kolbow mit einem Schreiben an die Parteikanzlei beauftragte, "ob während des Krieges auch noch mit einer Teilung der Provinz Westfalen gerechnet werden müsse", da er dann den für den 14. Juli 1944 einberufenen Provinzialrat nicht mehr zusammentreten lassen wollte.[324] Bei einer Besprechung in München erfuhr Kolbow von Dr. Klopfer, daß Meyer das Schreiben gar nicht abgeschickt hatte und die Parteikanzlei bis jetzt keineswegs daran dachte, die Provinz zu teilen.[325] Damit ruhten die Teilungspläne für eine kurze Zeit, bis die Gauleitung Westfalen-Süd sie unmittelbar nach der Entlassung Kolbows aus seinem Amt am 7. August 1944, die noch darzustellen ist, in einem letzten Anlauf durchzudrücken versuchte. Am 7. August 1944, einem Montag, wurde Landesrat Salzmann, der als Landesrat

---

320 StAM, Oberpräsidium, Nr. 7167

321 StAM, a.a.O., Der Vermerk trägt unter anderem die Paraphen Fründts und Barbrocks. Die Anlage und die vorgenommenen Korrekturen sprechen für Barbrock als Verfasser. Der Sichtvermerk Fründts ist datiert vom 14.12.(1943), so daß die undatierte Notiz zwischen Oktober und Dezember entstanden sein dürfte.

322 RGBl I. S. 109 ff.

323 N - Kühl (P) Tagebuch Kolbow, Nr. 22 Eintragung vom 17.4.1944

324 Ebenda   325 Ebenda

und Kämmerer der Landesversicherungsanstalt seit 1939 auch die Finanzgeschäfte vertretungsweise führte, nachmittags vom Oberpräsidium telefonisch über die Amtsenthebung Kolbows benachrichtigt und mit der Geschäftsführung des Provinzialverbandes beauftragt.[326] Die kommissarische Vertretung des Landeshauptmanns sollte dagegen Fründt wahrnehmen, da Salzmann als Nichtparteigenosse dafür, wie er von Fründt erfuhr, nach der Auffassung Meyers nicht in Frage kam.[327] Gauleiter Hoffmann sah mit Kolbow seinen bedeutendsten Widerpart für eine eigene Provinz ausgeschaltet und erreichte bei Meyer, daß am 9. August im Oberpräsidium erneut darüber verhandelt wurde. Am Abend zuvor fand dort auf Wunsch Fründts, der seit dem 1. April 1943 vertretungsweise auch das Regierungspräsidium Münster leitete und im Oberpräsidium inzwischen zur beherrschenden Figur mit großem Einfluß auf Meyer geworden war, eine Vorbesprechung zwischen Fründt, Maas und Salzmann statt. Fründt wollte sich über die Haltung der Provinzialverwaltung unterrichten lassen. Es gelang Salzmann, Fründt und Maas auf seine Seite zu ziehen, was am nächsten Tag bedeutsam sein sollte. Als Salzmann in seiner temperamentvollen Stellungnahme eine Teilung der Provinz als "Verbrechen" an Westfalen und Deutschland bezeichnete, brachte ihm das die Rüge Fründts ein, "daß Überlegungen der Gauleitungen nicht als 'Verbrechen' bezeichnet werden dürften." Allerdings pflichtete er Salzmann nach der Besprechung mit dem Hinweis bei, in einer "amtlichen Sitzung" einen solchen Ausdruck nicht dulden zu dürfen.

An der Besprechung am 9. August nahmen unter Vorsitz Meyers Fründt und Maas für das Oberpräsidium, Salzmann für die Provinzialverwaltung sowie einige Gauamtsleiter aus den beiden Gauen teil. Da Hoffmann selbst nicht anwesend war, trat Regierungspräsident Eickhoff als Sprecher für den Gau Westfalen-Süd auf. Dieser identifizierte sich mit Hoffmanns Teilungsplänen, stieß damit aber auf den Widerspruch Salzmanns, der, unterstützt von Fründt, vor allem darauf abhob, daß eine Spaltung der Provinz alles andere als eine Vereinfachung und Rationalisierung der Verwaltung bedeuten würde. Der industriell geprägte Gau Westfalen-Süd verfüge dann nicht mehr über eine ausreichende "Ernährungsbasis" für die Bevölkerung. Meyer anerkannte überraschenderweise die Einwände und entschied, die Provinz und die Provinzialverwaltung vorerst nicht zu teilen. Nun forderte Eickhoff, zumindest die Straßenverwaltung auf die beiden Gaue zu verteilen, womit sich aber Meyer nicht mehr befassen wollte und die Entscheidung Fründt überließ, der für den Nachmittag eine zweite Besprechung ansetzte. Zu ihr zog er auch den Leiter der Straßenverwaltung, Landesrat Mönnig hinzu. Auch jetzt vermochte sich Eickhoff nicht durchzusetzen. Er erreichte lediglich, daß die einzelnen Landesbauämter den Gaugrenzen angepaßt werden sollten, während ihre Gesamtleitung bei der Provinzialverwaltung verblieb.[328] Damit war erneut und zum letzten Mal die Tei-

---

326 Hierzu und für das Folgende der Vermerk Salzmanns vom 26.6.1946, VA, W-L, C 10/11 - 16. Den Vermerk hatte Salzmann erneut diktiert, nachdem der erste, unmittelbar diktierte Bericht bei Kriegsende als Bestandteil der Geheimakten auf Grund höherer Anordnungen vernichtet worden war.

327 Fründt übte die Funktion bis zum 31.10.1944 aus, da ab 1.11.1944 Dr. von Helms auf Veranlassung der Parteikanzlei die kommissarische Verwaltung übernahm. BDC-Akte Helms, Mitteilung Dr. von Helms an den Vf. vom 11.5.1972

328 VA, a.a.O., Vermerk Salzmanns vom 26.6.1946. Über die Anordnung der LBA im Gau Westfalen-Süd kam es dann erneut zu Kontroversen zwischen der Provinzialverwaltung

lung der Provinz erfolgreich abgewehrt worden. Wenige Tage später informierte Fründt Landesrat Salzmann, daß sich nun auch Hoffmann unter Berufung auf das frühere Votum Hitlers gegen sie ausgesprochen habe.[329] Wahrscheinlicher dürfte jedoch sein, daß die Parteikanzlei auf Hoffmann Druck ausgeübt hatte, der, wie Kolbow anläßlich seiner Besprechung in der Parteikanzlei erfahren hatte, "neuerdings beim Reichsleiter Bormann schlecht angeschrieben sei, weil er in seiner Eigenschaft als Reichsverteidigungskommissar unmittelbaren Dienstverkehr mit den Reichsressorts in Berlin pflege, ohne die Parteikanzlei einzuschalten."[330]

Die Sitzungen vom 9. August 1944 bildeten den Schlußpunkt eines sich über Jahre hinziehenden Kampfes um den territorialen Bestand der Provinz Westfalen und ihren Verwaltungsraum. Wenngleich beides erfolgreich verteidigt werden konnte, so darf doch nicht übersehen werden, daß etwa seit 1943 in zunehmendem Maße die Verwaltung der Provinz faktisch von den beiden Gauen beziehungsweise den Reichsverteidigungsbezirken aus erfolgte. Denn Anfang 1945 gab es nur noch wenige Behörden wie das Oberpräsidium, die Provinzialverwaltung, das Oberlandesgericht und das Landesfinanzamt, die für die ganze Provinz zuständig waren,[331] wobei dies für die beiden erstgenannten auch nur noch eingeschränkt zutraf. Somit stellt sich hier erneut die eingangs aufgeworfene Frage nach den Ausdrucksformen des landschaftlichen Bewußtseins im Dritten Reich. Die politischen Bedingungen ließen eine Verlagerung des Streites in die westfälische Öffentlichkeit nicht zu und verhinderten, daß sie für eine Provinz und einen Provinzialverband Westfalen eintreten konnte, wie das etwa nach 1945 der Fall war, als die Neuordnung der provinziellen Selbstverwaltung wie diese Verwaltungsform überhaupt zur Diskussion standen.[332] Insofern kann die Rolle und die Wirksamkeit von berufsständischen Verbänden und Organisationen, deren Stellenwert innerhalb des Kampfes

---

und Eickhoff, der eine Zusammenfassung der drei LBA in Hagen wünschte. Schließlich schaltete sich auch noch Ministerialdirigent Auberlen vom Generalinspektor für das deutsche Straßenwesen ein und sprach sich mit der Verwaltung gegen eine Konzentrierung der LBA aus. Vgl. dazu die Vorgänge in: VA, W-L, C 10/11 - 685

329 VA, a.a.O., Vermerk Salzmann vom 15.8.1944

330 N - Kühl (P) Tagebuch Kolbow, Nr. 22. Von dem rheinischen Landeshauptmann Haake ging im September 1944 die Anregung aus, seine Provinzialverwaltung und die Westfalens unter Aufrechterhaltung "der organisationsmäßigen und finanziellen Selbständigkeit der beiden Verwaltungen" in einer Verwaltungsgemeinschaft zusammenzufassen. Jedoch zeigte die Kommunalabteilung des Reichsinnenministeriums wenig Neigung, dem Vorschlag Haakes beizutreten und hielt in jedem Fall das Einverständnis von Oberpräsident Meyer für unumgänglich. Ihrer Auffassung nach konnte dann ebenso gut die Forderung erhoben werden, die Oberpräsidien in Koblenz und Münster zusammenzulegen. Auch befürchtete der neue Leiter der Kommunalabteilung, Kreißl, bei einer Auflösung nach Kriegsende nur Schwierigkeiten und hielt allenfalls eine Personalunion des Landeshauptmanns für möglich. Das Problem löste sich von selbst, als Dr. von Helms ab 1. November 1944 kommissarischer Landeshauptmann in Münster wurde. Vgl. die Vorgäng in: BA, R 18/1641 und das Schreiben Salzmanns an Kitz vom 23.11.1944, VA, W-L, C 10/11 - 655

331 Vgl. den Auszug aus Kolbows Schreiben vom 9.7.1944 an Lüninck, N - Kühl (P) Tagebuch Kolbow, Anhang

332 Vgl. Naunin, Dokumente zur Entstehung der Landschaftsverbandsordnung vom 12. Mai 1953, S. 197 ff.

um die Einheit Westfalens mitunter hoch veranschlagt worden ist,[333] nur schwer abgeschätzt werden.[334] Dies gilt auch für den Westfälischen Heimatbund, der ohne Zweifel für die Heimat- und Volkstumspflege auch in der damaligen Zeit in Westfalen Bedeutendes geleistet hat, aber im Dritten Reich sicher keinen Faktor darstellte, der ins Gewicht fiel. Vielmehr spricht vieles dafür, daß, soweit die genannten Gruppen in dieser Frage aktiv wurden, oder genauer gesagt, als westfälische Interessenträger auftraten, dies in der Regel auf Initiative der Provinzialverwaltung und namentlich Kolbows geschah. Daß es nicht zur Bildung von zwei Provinzen in der Provinz Westfalen gekommen ist, lag nicht allein, aber entscheidend an Kolbow, an seiner Fähigkeit und Energie, Abwehrkräfte zu mobilisieren und die Provinzialverwaltung als "Klammer" für den Zusammenhalt der Provinz einzusetzen. Aber auch das der Provinzialverwaltung wie jeder etablierten Behörde eigentümliche Beharrungsvermögen und der Wille zum Fortbestand darf in diesem Zusammenhang nicht unterschätzt werden. In jedem Fall aber stießen die partikularistischen Kräfte bei ihren Teilungsversuchen an eine Schwelle, die nicht so erfolgreich und nahezu widerstandslos beiseitegeräumt werden konnte, wie das etwa mit politischen Insitutionen im Wege der 1933/34 erfolgten Gleichschaltungsmaßnahmen praktiziert worden war.

333 Vgl. Engel, Politische Geschichte Westfalens, S. 279

334 Nachforschungen bei der Westfälischen Landwirtschaftskammer, beim Westfälischen Bauernverband und bei der Industrie- und Handelskammer in Münster über diesbezügliche Aktenbestände waren erfolglos.

B) Staat und Provinzialverwaltung

1. "Verstaatlichung" der provinziellen Selbstverwaltung und ihres Aufgabenkreises

Die Provinzialverbände hatten sich bereits in der Weimarer Republik, wie einleitend gezeigt wurde, mit Bestrebungen von Reichsressorts und Sonderbehörden auseinanderzusetzen, die auf eine "Verreichlichung" von provinziellen Aufgaben abzielten. Diese Tendenz setzte sich im Dritten Reich in verstärktem Maße fort, so daß eine Kontinuität unverkennbar ist. Indessen kamen nun Faktoren hinzu, die ihm eine nicht gekannte quantitative Dimension und auch eine neue Qualität gaben. Auf die permanent drohende aufgabenmäßige Aushöhlung der provinziellen Selbstverwaltung reagierte die nationalsozialistische Führung der Provinzialverwaltungen nicht minder schroff ablehnend als ihre Vorgänger im demokratischen System. Trotz der Auswechslung von Personen trat in dieser Verhaltensweise eine weitere Kontinuität zutage, die ihre Ursache auch in dem spezifischen Beharrungsvermögen bürokratischer Apparate besaß. Während Zentralisierungsmaßnahmen wie die Gleichschaltung der Länder zum Zwecke einer starken Reichsgewalt den Beifall der nationalsozialistischen Landeshauptleute fanden, mißbilligten sie gleichzeitig, daß ihre Verwaltungen in konsequenter Weiterführung dieser zentralistischen Politik aus traditionellen Zuständigkeiten verdrängt oder zu quasi nachgeordneten Dienststellen von zentralen Reichsbehörden gemacht werden sollten.[*]

Auf der Vorstandssitzung des Vereins für Kommunalwirtschaft und Kommunalpolitik vom 21. Januar 1933 referierte Dr. Surén, seit kurzem Leiter der Kommunalabteilung im Preußischen Innenministerium, "Zur kommunalpolitischen Lage."[1] Bei diesem Anlaß äußerte er unter Verweis auf die wirtschaftliche Notsituation der Gemeinden und Gemeindeverbände und ihre finanzielle Misere die Überzeugung, "daß die Aufsichtsbehörden manches hätten verhindern können, wenn sie rechtlich und politisch nicht zu sehr in ihren Befugnissen eingeengt gewesen wären."[2] Außerdem vertrat er die Auffassung, daß "der Grundsatz der Universalität der gemeindlichen Selbstverwaltung ... auf ein Maß herabgeschraubt werden muß, das Sicherungen gegen einen allzu großen und wirtschaftlich gefährlichen Betätigungsdrang, auch in besseren Zeiten, in sich birgt."[3] Die Äußerungen Suréns — er leitete bis 1943 die Kommunalabteilung — müssen als ein Reflex jener kommunalpolitischen Linie gesehen werden, die die Ministerialbürokratie bereits in den letzten Jahren der Weimarer Republik verfolgte und die Politik indiziert, die während der Zeit des Dritten Reiches realisiert wurde: eine straffe, detaillierte Staatsaufsicht sollte aus einer von ihrem politischen Element gereinigten Selbstverwaltung einen sparsam, wirtschaftlich und sauber arbeitenden öffentlichen Leistungsträger schaffen. Unmißverständlich faßte Surén den staatlichen Entscheidungs- und Führungsanspruch über die Selbstverwaltungskörperschaften noch ein-

---

[*] Zum methodischen Vorgehen ein Hinweis. Die tiefgreifenden Strukturveränderungen der provinziellen Selbstverwaltung und ihres Aufgabenkreises erfolgten in einem schrittweisen Prozeß und gleichzeitig auf mehreren Ebenen. Um aber eine übersichtliche und nachvollziehbare Darstellung zu erzielen, empfiehlt es sich, die unter systematischen Aspekten behandelten Vorgänge nacheinander anzuordnen.

1 Surén, Zur kommunalpolitischen Lage, Sp. 220-229

2 Surén, a.a.O., Sp. 222   3 Surén, a.a.O., Sp. 226

mal bei einer kommunalen Veranstaltung 1937 zusammen, indem er sie wissen ließ: "Wer ... glaube, sich der Staatsführung entziehen zu können, um seine eigenen Wege zu gehen, der müsse gewiß sein, daß die Staatsaufsicht sich auch durch theoretische Erwägungen über überholte Schranken zwischen Staatsverwaltung und Selbstverwaltung nicht werde abhalten lassen, den Zustand herzustellen, der allein dem Wohle der Gesamtheit entspräche."[4]

Die Reglementierung der Selbstverwaltung vollzog sich über ein vielfach abgestuftes System von Aufsichtsmitteln, für die als Richtschnur galt, den "Einklang mit den Zielen der Staatsführung" herzustellen. Während die Aufsichtsbehörden für sich so einschneidende Eingriffe wie den Genehmigungsvorbehalt anstelle der Anzeigepflicht beanspruchten, wurde den kommunalen Selbstverwaltungskörpern die Verwaltungsklage gegen Maßnahmen der Staatsaufsicht untersagt. Es bestand lediglich die Möglichkeit der Beschwerde. Die Machtfülle der Aufsichtsbehörden löste eine Diskussion darüber aus, ob unter diesen Umständen der Begriff "Aufsicht" noch adäquat sei. Einigen Staats- und Verwaltungsrechtlern erschien der Terminus "Führung" angemessener, andere wiederum hielten es für zutreffender, sogar von "Lenkung" zu sprechen. Es kann davon abgesehen werden, näher auf diese Diskussion einzugehen, da sie bereits an anderer Stelle ausführlich berücksichtigt worden ist[5] und solche Erörterungen auch das Reichsinnenministerium wenig beeindruckten, wie Surén in seinem zitierten Vortrag von 1937 deutlich gemacht hatte. Dagegen soll an Hand von Beispielen untersucht werden, wie sich die extensive Staatsaufsicht tatsächlich auf die Provinzialverwaltung auswirkte, wie sehr sie ihren Bewegungsspielraum einengte und ob unter diesen Bedingungen noch von selbstverantwortlicher Verwaltung die Rede sein konnte. Damit ist auch die Frage aufgeworfen, in welchem Maße diese Zentralisierung Folgen für den provinziellen Aufgabenkreis besaß.

Der verschärfte Kurs der staatlichen Aufsicht machte sich nachhaltig bei der Genehmigung der Stellenpläne bemerkbar. Von jeher und grundsätzlich unterliegen sie einer besonderen kritischen Überprüfung, und Abstriche an ihnen sind nicht allein charakteristisch für Aufsichtsbehörden in autoritären und totalitären Systemen. Doch kontrollierte das Reichsinnenministerium als Kommunalaufsichtsbehörde die Stellenpläne der Provinzialverwaltung schließlich in einer Form, daß hier sogar der Verdacht aufkam, das Ministerium mißtraue der Loyalität der leitenden Beamten.

Der in der Endphase der Weimarer Republik vorgenommene Beamtenabbau und die systematisch betriebenen Besoldungskürzungen der Beamten[6] waren auch in der Provinzialverwaltung durchgeführt worden.[7] Ab 1935 versuchte sie, obwohl

---

4 Zit. n. Matzerath, Nationalsozialismus, S. 319

5 Vgl. Matzerath, a.a.O., S. 316 f. dort auch im einzelnen zur Staatsaufsicht, S. 314-323

6 Vgl. dazu jetzt insbesondere mit Blick auf die politischen Implikationen der Maßnahmen Mommsen, Die Stellung der Beamtenschaft in Reich, Ländern und Gemeinden in der Ära Brüning, S. 154 ff.

7 Vgl. den nicht namentlich gekennzeichneten Beitrag, Das Personal der preußischen Provinzialverbände, S. 33-38, hier S. 34

die restriktiven Bestimmungen keineswegs außer Kraft gesetzt waren, ihre Stellenpläne wieder aufzustocken. Dazu sah sie sich vor allem deshalb gezwungen, weil die Abteilung für das Straßenwesen nach dem Gesetz über die Neuregelung des Straßenwesens vom 26. März 1934 eine erhöhte Arbeitslast zu bewältigen hatte. In einer Eingabe vom 22. März 1935[8] beantragte die Provinzialverwaltung beim Innenministerium eine Erhöhung ihrer Stellenplanziffern. Sie begründete diese unter anderem damit, daß allein in der Straßenverwaltung 22 Straßenmeisterbezirke neu eingerichtet werden müßten, da das jetzige zu verwaltende Straßennetz 6.890 km umfasse im Gegensatz zu dem bisherigen von 3.295 km. Zu ihrer Betreuung seien 300 neue Straßenwärter erforderlich. Die Verwaltung bat um eine beschleunigte Entscheidung, um im Geschäftsgang Verzögerungen zu vermeiden. Während das Ministerium in einem Zwischenbescheid vom 21. Mai 1935[9] die Stellenvermehrung nicht beanstandete, soweit sie die Straßenverwaltung betraf, erhob es drei Monate später zahlreiche Einwände und berief sich auf seinen Erlaß vom 26. Januar 1935.[10] Eine Stellenerweiterung komme auch deswegen nicht in Betracht, weil der Provinzialverband Westfalen wegen zahlreicher nicht ausgeglichener Haushalte von Stadt- und Landkreisen als "notleidend" eingestuft sei.[11] Daraufhin entstand zwischen den beiden Behörden ein umfangreicher und langwieriger Schriftwechsel, in dem die Verwaltung wiederholt ausführlich die beantragten Stellen erläuterte und der damit endete, daß sie schließlich nach fast einem Jahr überwiegend genehmigt wurden.[12] Die auffallend lange Frist zwischen Erstantrag und endgültigem Entscheid war indes kein Einzelfall, sondern für die Stellenplankorrespondenz zwischen Münster und Berlin kennzeichnend. Sie hatte nicht zuletzt darin ihre Ursache, daß das Ministerium die Entscheidung selbst über geringfügige Beförderungen an sich gezogen hatte.[13] So erstreckte sich der Schriftwechsel mit der Aufsichtsbehörde auch um den Stellenplan für 1937 nahezu über acht Monate, mit dem diese in 33 Punkten nicht einverstanden war,[14] so daß geradezu von einem Gerangel um Stellenbewilligungen gesprochen werden kann.[15]

Die Konsequenzen daraus, daß die Grenzen der staatlichen Aufsicht nicht mehr exakt festlagen, sondern flüssig geworden waren, wurden der Provinzialverwaltung schlagartig bewußt. Anfang 1939 waren drei Landesoberverwaltungsräte zu Landesräten aufgestiegen. Kurz darauf forderte das Innenministerium im Zuge der allgemeinen Stellenplannachprüfung von der Provinzialverwaltung einen Bericht an, ob die Stellen für die drei Landesräte tatsächlich eingerichtet worden seien und

8   VA, W-L, C 10/11 - 714

9   VA, a.a.O.

10 Rd.Erl. betr. Haushaltsführung der Gemeinden und Gemeindeverbände (MBliV, S. 101)

11 VA, a.a.O., Schreiben des RMdI vom 16.8.1935

12 Vgl. die Vorgänge in: VA, a.a.O., und C 10/11 - 715 Schreiben des RMdI vom 17.1.1936

13 Zahlreiche Beispiele in: VA, W-L, C 10/11 - 743

14 VA, W-L, C 10/11 - 716 und C 10/11 - 717

15 Vgl. die grundsätzliche Kritik von Dr. Westermann auf der LDK vom 20.2.1936, VA, W-L, C 10/11 - 260

welche geschäftsverteilungsmäßigen Aufgaben sie wahrnähmen.[16] Der Personaldezernent der Verwaltung, Dr. Fischer, sah hierin eine "Einmischung" des Ministeriums, die in dieser Form zum ersten Mal erfolgte und die weit über dessen Aufsichtsbefugnisse hinausging. Fischer empfahl Kolbow, den Vorfall der Landesdirektorenkonferenz vorzutragen, "damit eine einmütige Abwehrfront der Provinzialverbände entsteht," denn " es kann vom RMdI erwartet werden, daß er in die Provinzialverbände das Vertrauen setzt, daß diese gemäß den ministeriell bestätigten Stellenplänen und bezüglich der Amtsinhalte nach den Grundsätzen der Reichsbesoldungsordnung verfahren."

Die Tendenz der Aufsichtsbehörde, ihre Kontrollbefugnisse auszudehnen, blieb bestehen und ging zwangsläufig zu Lasten des provinziellen Selbstverwaltungsspielraums. Als in der Gauselbstverwaltung eines Reichsgaues ein Gauverwaltungsinspektor unter Überspringung einer Besoldungsgruppe zum Gauverwaltungsrat befördert worden war, wurde der Reichsfinanzminister im Innenministerium vorstellig und verlangte, solche Abweichungen dürften zukünftig nur noch mit Genehmigung beider Ressorts erfolgen.[17] Die Reichsgrundsätze über die Einstellung, Anstellung und Beförderung von Reichs- und Landesbeamten vom 14. Oktober 1936,[18] die bisher für die Gemeindeverbände nicht bindend waren, sondern von ihnen freiwillig gehandhabt wurden, sollten auch für diese gelten. Vom Deutschen Gemeindetag um ihre Stellungnahme gebeten, lehnte die Provinzialverwaltung für sich eine Zwangsanwendung der Reichsgrundsätze ab und benutzte gleichzeitig die Gelegenheit, um grundsätzlich an der ministeriellen Stellenplanpolitik Kritik zu üben[19] Die Aufsichtsbehörden sollten den Provinzialverbänden zutrauen, daß sie von den im § 17 der Reichsgrundsätze vorgesehene Abweichungen nur dann Gebrauch machten, wenn dies "aus dringenden dienstlichen Gründen" erforderlich sei. Ihre Würdigung verlange eine genaue Kenntnis der konkreten Verhältnisse, die den Reichsbehörden häufig fehle. Und unter Anspielung auf den alljährlich zu bewältigenden voluminösen Schriftwechsel mit dem Reichsinnenministerium und Reichsfinanzministerium anläßlich der Stellenpläne bemerkte die Verwaltung, daß die Genehmigungspraxis der Ministerien einen Korrespondenzaufwand verursache, der, wie sich bisher gezeigt habe, "nach langer Zeit doch ergebnislos verlief."

Problematisch gestaltete sich für die Provinzialverwaltung auch die häufiger werdende Praxis des Ministeriums, bisher genehmigte Besoldungseinstufungen von Beamten in späteren Stellenplänen zu beanstanden. Die Verwaltung räumte der Aufsichtsbehörde zwar das Recht dazu ein, beklagte aber, daß "durch eine derartige Handhabung eine unerträgliche Unsicherheit in die Besoldungsverhältnisse der Kommunalbeamten getragen" würde.[20] Dr. Fischer forderte deshalb den Deut-

---

16 VA, W-L, Personalakte Bubenzer, Vermerk Dr. Fischers vom 5.4.1939 als Vorlage für Kolbow

17 VA, W-L, C 10/11 - 855 Rd.Schreiben des DGT an die Provinzialverwaltungen vom 6.1.1942

18 RGBl. I., S. 893 in Verbindung mit dem Erlaß des RMdI vom 1.4.1937 (RMBliV, S. 527)

19 VA, W-L, C 10/11 - 855 Dr. Pork am 26.1.1942 an den DGT

20 VA, W-L, C 10/11 - 276 Dr. Fischer an den DGT vom 11.10.1937

schen Gemeindetag auf, namens aller Provinzialverbände beim Innenministerium "für eine stabilere Handhabung der Angleichungsvorschriften" einzutreten.[21]

Die Besorgnis, die sich in Fischers Schreiben über die Besoldungsverhältnisse der Beamtenschaft ausdrückt, macht noch auf einen weiteren Grund aufmerksam, warum die Verwaltung an einer kontinuierlichen Besoldungspolitik der Ministerien interessiert war. Die nur unzureichend gestiegenen Dienstbezüge veranlaßten die Beamten,[22] in steigendem Maße den Provinzialdienst zugunsten finanziell besser gestellter Positionen in der Privatwirtschaft zu quittieren. Diese Entwicklung nahm schließlich insbesondere unter den technischen Beamten solche Formen an, daß eine geordnete Verwaltungsführung ernsthaft gefährdet schien. Da durch die einschlägigen tarifrechtlichen Vorschriften der Verwaltung die Hände gebunden waren, konnte sie selbst diese Bewegung nicht auffangen und war auf ministerielles Entgegenkommen angewiesen. Bereits die Landesdirektorenkonferenz vom 14. November 1934 registrierte besorgt eine wachsende Unruhe in der unteren Beamtenschaft und warnte, "daß bei einer derartigen Besoldungspolitik ... das Vertrauen zu einer gerechten nationalsozialistischen Staatsführung schwinden müsse."[23] Ein Teil der Beamtenschaft reagierte tatsächlich wie befürchtet. Im Laufe des Jahres 1936 kündigte in der westfälischen Provinzialverwaltung eine größere Zahl des Fachpersonals der Straßenbauabteilung, weil es anderweitig besser bezahlte Stellen bekommen konnte.[24] Dieser Aderlaß fiel um so mehr ins Gewicht als fachlich geschulter Nachwuchs fehlte und andererseits im Straßenwesen der provinzielle Aufgabenkreis ständig wuchs.[25] Eine ähnliche Entwicklung beobachtete die Verwaltung unter dem Pflegepersonal ihrer Anstalten. Sie bemühte sich daher beim Innenministerium um Ausnahmegenehmigungen für Beförderungen, was allerdings nur in bescheidenem Umfang und auch nur nach eindringlichen Vorstellungen gelang[26] Die wenig attraktiven Stellenplan- und Beförderungsverhältnisse blieben für die Provinzialverwaltung ein offenes Problem.[27] Es drohte

---

21 Ebenda. Auf der Personaldezernentenkonferenz der Provinzialverwaltungen am 2.11.1937 trug Fischer seine Forderung erneut vor. VA, a.a.O., Protokoll der Sitzung

22 Setzt man für den Zeitraum 1933 - 1938 den Anstieg der allgemeinen Lebenshaltungskosten und die Arbeitszeitverlängerung für Beamte in Relation zu ihren Gehaltssteigerungen, so weisen diese sogar eine rückläufige Tendenz auf. Vgl. die Angaben Pagenkopfs auf der Tagung der westfälischen Kämmerer vom 25.7.1939, VA, W-L, C 20 - 571

23 N-Kolbow (P) Niederschrift der LDK. Vgl. zur Besoldungsfrage der Kommunalbeamten, Matzerath, a.a.O., S. 330 ff., allgemein zur wirtschaftlichen Situation der Beamten, Schoenbaum, Die braune Revolution, S. 273 f., den namentlich nicht gezeichneten Artikel: Gegenwartsfragen der Gemeindepolitik in Westfalen-Süd. Personalkrise, S. 335 f. und Rumohr, Personelle Nachwuchsfragen in den westfälischen Gemeinden und Gemeindeverbänden, S. 18 f.

24 Vgl. den Bericht über die Ordnungsprüfung der Haushaltsrechnungen des Provinzialverbandes Westfalen für die Rechnungsjahre 1935, 1936 und 1937, Bd. I., S. 33

25 Vgl. den Bericht Kolbows vor dem Provinzialrat am 9.6.1939, VA, W-L, C 10/11 - 143

26 Vgl. den umfangreichen Schriftwechsel aus dem Jahre 1938, in: VA, W-L, C 10/11 - 920

27 Vgl. den Bericht von Landesrat Salzmann vor dem Provinzialrat am 25.10.1940, VA, W-L, C 10/11 - 144 Niederschrift der PR-Sitzung

sich noch zu verschärfen, als in den neuen Gauselbstverwaltungen die leitenden Beamten noch ungünstiger als ihre Kollegen in den preußischen Provinzialverbänden besoldet wurden und das Reichsfinanzministerium nun sogar auf deren Rückstufung drängte[28] Für Kolbow war dieses Verlangen ein weiterer Beweis für das mangelnde Verständnis des Reichsfinanzministeriums für die Belange der provinziellen Selbstverwaltung und warnte das Reichsinnenministerium, daß "der Staat ... durch diese unnatürliche Beschränkung des Besoldungsniveaus schließlich selbst den Ast" absägt, "auf dem er sitzt."[29]

H. Matzerath hat in seiner Untersuchung festgestellt, daß die staatlichen Instanzen ihre Aufsichtsbefugnisse auch deshalb so streng gehandhabt hätten, um die Selbstverwaltung durch eine enge Bindung an den Staat vor Eingriffen von Parteistellen zu sichern.[30] Damit bestätigt er im wesentlichen die Position, die schon die beiden maßgeblichen Ministerialbeamten der Kommunalabteilung, Surén und Loschelder, 1935 in ihrem Kommentar zur Deutschen Gemeindeordnung eingenommen hatten, ohne freilich die Partei als solche zu erwähnen.[31] Es ist unbestreitbar, daß die Ministerialbürokratie auf diese Weise einen "Schutzraum" schaffen konnte, jedoch dürften die von Matzerath und Surén - Loschelder angeführten Beweggründe nur zum Teil zutreffen. Denn die Tendenz zu einer autoritären Aufsichtswahrnehmung war in der preußischen Ministerialbürokratie während der ganzen Weimarer Republik latent vorhanden und konnte in ihrer Endphase schon entscheidende Durchbrüche erzielen. Insofern wirkten die Bedingungen des nationalsozialistischen Herrschaftssystems mehr als Katalysator für langfristig virulente Bestrebungen und lassen sich für den hier untersuchten Zeitraum für das Verhalten der Ministerialbürokratie in dieser Frage nur eingeschränkt anführen.

In den Rahmen der vom Reichsinnenministerium beabsichtigten und vorangetriebenen Zentralisierungsmaßnahmen gehören auch die Bemühungen um eine Beamtenrechtsreform. Sie sollte ein einheitliches Beamtenrecht für die Reichs-, Landes- und Kommunalbeamten bringen. Die Beratungen dazu fanden ihren Abschluß mit dem "Deutschen Beamtengesetz" vom 26. Januar 1937.[32] Dieses unterschied zwischen unmittelbaren und mittelbaren Reichsbeamten und bedeutete für die unter die Kategorie der mittelbaren Reichsbeamten fallenden Beamten der Provinzialverbände insoweit eine einschneidende Zäsur, als der § 35 des Gesetzes grundsätzlich die Versetzbarkeit aller auf Lebenszeit eingestellten Beamten ermöglichte. Damit konnten auch Provinzialbeamte ohne ihr Einverständnis außerhalb des Bereiches ihrer Anstellungsbehörde eingesetzt werden.[33] Im Stadium der Gesetzesvorarbeiten hatte der § 35 den entschiedenen Protest von Repräsentanten der

---

28 VA, W-L, C 10/11 - 830 Ministerialrat Dr. Ganschow, RMdI, an Kolbow vom 10.4.1941

29 VA, a.a.O., Kolbow am 15.4.1941 an Dr. Ganschow

30 Matzerath, a.a.O., S. 323

31 Surén-Loschelder, Die Deutsche Gemeindeordnung vom 30. Januar 1935, S. 280, 294

32 RGBl. I., S. 39, Vgl. dazu Mommsen, Beamtentum, S. 91 ff.

33 Vgl. Nischk, Das Kommunalbeamtenrecht, S. 229

kommunalen wie provinziellen Selbstverwaltung hervorgerufen, die, vom Deutschen Gemeindetag "streng vertraulich" informiert und um ihre Stellungnahme gebeten, darin einen Angriff auf einen Grundpfeiler der Selbstverwaltung sahen. Während der sächsische Landeshauptmann Otto nur die leitenden Provinzialbeamten von einer Versetzbarkeit ausgeschlossen haben wollte,[34] forderte Landesrat Dr. Kitz im Auftrage von Landeshauptmann Haake, daß in jedem Fall der betroffene Beamte gehört werden müsse und seine Äußerung dem maßgeblichen Minister vorzulegen sei.[35] Dagegen lehnte der Leipziger Oberbürgermeister Goerdeler eine Versetzbarkeit von Kommunalbeamten kategorisch ab und verurteilte eine solche Maßnahme als eine "Versündung am Geiste der Selbstverwaltung."[36] Da der § 35 des DBG ausdrücklich auf die lebenszeitlich angestellten Beamten abhob, waren beispielsweise die Landesräte als Zeitbeamte von einer Versetzbarkeit ausgeschlossen. Auch bedeutete der Vorbehalt, daß sie nur im Einverständnis mit dem alten und neuen Dienstherrn möglich war, einen, wenn auch dürftigen Schutz.[37] Die Ausweitung der Versetzbarkeit auf das kommunale Beamtentum ging zwar, wie Mommsen betont, auf einen ausdrücklichen Wunsch des Stellvertreters des Führers zurück,[38] jedoch entsprach die Regelung zweifellos auch den Vorstellungen Fricks, dessen Pläne auf einen grundsätzlich disponiblen Beamtenkörper hinausliefen. Dies wurde deutlich, als das Reichsinnenministerium für die Gauselbstverwaltungen in den seit 1938 annektierten Gebieten die Rechts- und Verwaltungsvorschriften erließ.

So verlangte Frick auf einer Chefbesprechung vom 15. März 1939,[39] bei der es um Fragen der Organisation der Straßenverwaltung ging, daß langfristig alle höheren Beamten der Gauselbstverwaltungen und der Provinzialverbände unmittelbare, lebenszeitlich angestellte Reichsbeamte werden müßten. Damit wären auch die Landesräte ohne weiteres versetzbar worden. Während Dr. Surén in der Sitzung noch eine von seinem Minister abweichende Auffassung vertrat, räumte er kurz darauf, am 4. April 1939, ein[40] daß durch § 35 DBG hinsichtlich der Kommunal-

---

34 AVfK, DGT 1-4-2/14 Bd. 2 Otto an Dr. Jeserich vom 13.12.1935

35 AVfK, a.a.O., Dr. Kitz an Dr. Jeserich vom 21.12.1935

36 AVfK, a.a.O., Dr. Goerdeler an Dr. Jeserich vom 17.12.1935. Beispielsweise forderte Köttgen in seinem 1935 veröffentlichten Aufsatz, Betrachtungen zum Neubau der deutschen Verwaltung, S. 71 ein "Hinüber und Herüber" zwischen staatlichen und kommunalen Beamten, während er 1939 ausdrücklich für ein "landschaftsverwurzeltes Berufsbeamtentum" eintrat. Ders., Die Deutsche Gauselbstverwaltung, S. 201 und in dem Vortrag vor dem Kommunalwissenschaftlichen Institut an der Universität Münster am 23.5.1939, Die landschaftliche Selbstverwaltung im Landkreis und Reichsgau, S. 18 ff. Ein Manuskriptexemplar (51 S) in: N - Kühl (P)

37 Vgl. Seel, Das Deutsche Beamtengesetz, S. 115, Fischbach, Deutsches Beamtengesetz, S. 353

38 Mommsen, Beamtentum, S. 103

39 BA, R 2/4571 Vermerk vom 15.3.1939. Das Datum der Besprechung ist aus dem Vermerk nicht ersichtlich. Daß sie aber am 15.3.1939 stattgefunden hat, geht aus dem Schreiben Dr. Todts vom 25.4.1939 an Dr. Lammers hervor. BA, R 43 II/703, S. 153 f.

40 BA, R 18/2099 Vorlage Suréns für die Abteilung I im Hause

beamten ein zu starrer Rahmen errichtet worden sei, der den "Reichsinteressen nicht hinreichend Rechnung" trage. Surén plädierte für eine Änderung der Bestimmungen, da die Reichsverwaltungen unter einem rapide wachsenden Mangel an Beamten litten. Die Lücken hoffte er zum Teil mit Kommunalbeamten aufzufüllen und schlug dafür eine auf etwa vier Jahre befristete Ausnahmeregelung vor, nach der, außer leitenden Beamten, Kommunalbeamte auch ohne Zustimmung ihrer Anstellungsbehörde vom Reichsinnenminister in den Reichs- oder Landesdienst abgeordnet werden könnten.

Auch noch von anderer Seite, nämlich vom Generalinspektor für das deutsche Straßenwesen, Dr. Todt, wurde, was entscheidend sein sollte, auf die Umwandlung von Provinzialbeamten in unmittelbare Reichsbeamte hingearbeitet, ohne daß zwischen beiden in dieser Frage eine Absprache bestand. Auch verfolgten beide nicht die gleiche Absicht. Todt drängte schon seit längerem darauf, wie noch in anderen Zusammenhang darzustellen ist, über die Beamten in der provinziellen Straßenverwaltung frei verfügen zu können.[41] Da ihm dies aber bisher nur für die Leiter der Straßenbauabteilungen gelungen war, wollte er den anstehenden Aufbau der Straßenverwaltungen in den Reichsgauen dazu benutzen, eine Reichsstraßensonderverwaltung mit eigenem Beamtenkörper aufzuziehen. Dies bedeutete in erster Linie eine Ausschaltung der Provinzialverbände und lief auch den Interessen des Reichsinnenministeriums, schon unter dem Gesichtspunkt der "Einheit der Verwaltung", zuwider. Das Ministerium erklärte sich deshalb zwar einverstanden, daß die in der Straßenverwaltung beschäftigten höheren und oberen Beamten der Gauselbstverwaltungen Reichsbeamte und damit versetzbar wurden, bestand aber darauf, daß die Leiter der Straßenbauverwaltungen und ihre nichttechnischen Beamten nur von ihm, im Einvernehmen mit dem Generalinspektor, versetzt werden konnten.[42] Die Landeshauptleute, die grundsätzlich eine Beschäftigung von unmittelbaren Reichsbeamten im Provinzialdienst ablehnten, rückten nur gezwungenermaßen von ihrer Haltung ab. Todt beharrte unnachgiebig auf seiner Forderung und drohte sogar damit den Provinzen die Straßenverwaltung insgesamt zu nehmen.[43] In jedem Fall wurde das Zugeständnis als ein "schweres Opfer" und als einschneidende Schwächung der provinziellen Selbstverwaltung gewertet.[44]

Die Befürchtungen der Landeshauptleute wurden indessen von weiteren Maßnahmen des Reichsinnenministeriums noch übertroffen, dem daran lag, die für die preußischen Provinzen seit längerem gehegten Pläne in den Reichsgauen durchzu-

---

41 BA, R 43 II/703, S. 153 f. Todt am 25.4.1939 an Lammers

42 BA, a.a.O., S. 61 Stuckart am 8.6.1939 an Todt

43 Vgl. den Bericht Kolbows vor dem Provinzialrat am 9.6.1939, VA, W-L, C 10/11 - 143

44 VA, W-L, NK - 14, S. 3 ff. So Kolbow am 18.8.1939 an Landeshauptmann Adamzcyk über eine Besprechung einiger Landeshauptleute mit Todt am 28.5.1938 in Ulm sowie in dem Bericht Kolbows an das Oberpräsidium vom 25.1.1939, BA, NS 25/1405, S. 63-70, bes. S. 64 f. Die auch in anderer Hinsicht weitreichenden Folgen, die sich aus der Neuregelung des Straßenwesens im Dritten Reich und der Politik Todts für die Provinzialverbände ergaben, können in dieser Arbeit nicht systematisch, sondern nur von Fall zu Fall berücksichtigt werden. Der Vf. beabsichtigt, das Thema in einem eigenständigen Aufsatz zu behandeln.

setzen. Während die "Erste Verordnung zur Durchführung des Ostmarkgesetzes" vom 10. Juni 1939 den Gauselbstverwaltungen immerhin noch einräumte, "nach Bedarf eigene Beamte und Angestellte anstellen" zu können,[45] bestimmte die "Verordnung über die Verwaltung der Reichsgaue als Selbstverwaltungskörperschaften" vom 25. November 1939,[46] daß die Geschäfte der Gauselbstverwaltungen "von unmittelbaren Reichsbeamten und von Angestellten des Reichs" zu erledigen seien.[47] Auch konnten die Beamten, in Abkehr von § 35 DBG, "ohne Zustimmung des bisherigen und neuen Dienstherrn" versetzt werden.[48] Angesichts dieser tiefgreifenden Veränderungen, die diametral zum herkömmlichen Recht der Provinzialverbände standen, erschien die Bestimmung, "mit Genehmigung des Reichsministers des Innern können (!) auch sonstige Beamte, deren Aufgabengebiete überwiegend landschaftlich bestimmt sind, als Beamte des Reichsgaues als Selbstverwaltungskörperschaft auf Lebenszeit angestellt werden,"[49] ebenso als Relikt ehemaliger Selbstverwaltungsprivilegien wie als Feigenblatt einer dieser Vorrechte beschneidenden, um ihre Kompetenzen besorgten mißtrauischen Ministerialbürokratie.[50] Insofern ließ die beamtenpolitische Weichenstellung deutlich erkennen, wie sich das Reichsinnenministerium die endgültige Stellung der regionalen Selbstverwaltung bei einer Reichsreform dachte: In einer starken "Reichsmittelinstanz" sollte die Gauselbstverwaltung neben dem Regierungspräsidenten die zweite Säule bilden und zwar nicht ausschließlich, aber doch in erster Linie als "Trägerin dezentralisierter Staatsaufgaben" eingesetzt werden, "die der Staat jederzeit reglementieren kann, wie es ihm gerade zweckmäßig erscheint."[51] Zur Realisierung dieser Vorstellungen war ein versetzbares Beamtentum in den Gauselbstverwaltungen eine wesentliche Voraussetzung.[52]

Die Regelung der beamtenrechtlichen Verhältnisse in den Reichsgauen stieß selbst bei so gouvernemental eingestellten Staatsrechtslehrern wie K.G. Hugelmann und H. Spanner auf auffallend kritische Resonanz und wurde im ganzen als eine Niederlage des Selbstverwaltungsgedankens gewertet. So meinte Hugelmann, daß die "Zweckmäßigkeit" der Bestimmung angezweifelt werden müsse, sofern man es mit der Selbstverwaltung ernst meine,[53] und Spanner vermerkte eine Einflußnahme der Staatsaufsicht auf die Beamtenpolitik der Gauselbstverwaltung, die bis hinab zum Abteilungsleiter reiche und damit noch weit über das Maß der staatlichen

---

45 RGBl. I., S. 995 § 4 der VO   46 RGBl. I., S. 2373

47 § 1 der VO   48 § 1 Abs. 5 der VO   49 § 1 Abs. 3 der VO

50 Der DGT, dem die Verordnung im Entwurf vom RMdI. zugeleitet worden war, hatte vergeblich erhebliche Bedenken gegen die beamtenrechtlichen Bestimmungen erhoben. Vgl. die vom DGT entworfene und von Fiehler gezeichnete Stellungnahme vom 14.9.1939, AVfK, DGT 1-1-3/3 sowie das Schreiben des DGT vom 13.12.1939 nach Erlaß der Verordnung an Fiehler, wo es heißt, daß eine "Selbstverwaltung" geschaffen worden sei, "die diesen Namen schwerlich noch verdient." AVfK, a.a.O.

51 Stuckart, Zentralgewalt, Dezentralisation und Verwaltungseinheit, S. 14

52 Stuckart, a.a.O., S. 18, Frick, Entwicklung und Aufbau der öffentlichen Verwaltung in der Ostmark und in den sudetendeutschen Gebieten, S. 469

53 Hugelmann, Die Eingliederung des Sudetenlandes, S. 18, ähnlich Spiegel, Der Reichsgau als Ziel und Weg der neuen Verwaltungsgliederung des Reiches, S. 32 f.

Einwirkung bei Bürgermeister- und Beigeordnetenernennungen hinausgehe.[54] Der Landeshauptmann des Sudetengaues, Dr. Kreißl, zog auf der vom 15. bis 17. März 1940 stattfindenden Reichsarbeitstagung des Hauptamtes für Kommunalpolitik die vorläufige Bilanz der enttäuschten Hoffnungen: "..., daß doch eine ganze Reihe von Fragen besteht, worüber wir uns nicht täuschen wollen, die zu Ungunsten der Selbstverwaltung gelöst wurden oder derzeit sich noch im Stadium der Erörterung befinden."[55] Auf die Konsequenzen, die die in den Gauselbstverwaltungen geschaffenen Tatbestände auf die Personalhoheit und den Beamtentypus in den preußischen Provinzialverbänden haben konnte, machte der Beigeordnete des Deutschen Gemeindetages, Dr. Schöne, in einer bemerkenswert kritischen Analyse der Verordnung vom 25. November 1939 aufmerksam.[56]

Eben diese Frage beschäftigte die Landeshauptleute und beunruhigte sie in starkem Maße. Ihren Standpunkt, mit Ausnahme der Beamten der Straßenbauabteilung keine versetzbaren Beamten in den Provinzialverwaltungen zuzulassen, hatte Kolbow vor dem Provinzialrat am 8. Juni 1939[57] bekräftigt. Denn nach seiner, sicherlich pointierten Auffassung konnte nur der Landesrat wirkliche Leistungen erbringen, der "aus einer Gesinnung der Bodenständigkeit und der unlöslichen Verbundenheit mit den Aufgaben der Landschaft" sein Amt ausübe. Die Provinzialverwaltung könne konsequenterweise nicht an Beamten interessiert sein, die "im Provinzialdienst nur ein Sprungbrett für mehr oder minder aussichtsreiche Aufstiegsmöglichkeiten erblicken."[58]

Unbeeindruckt von solchen Bekenntnissen zum landschaftsgebundenen Beamtentum wurde die Entwicklung in die entgegengesetzte Richtung vorangetrieben, wobei Kolbow die Erfahrung machen mußte, daß darüber auch die Entschlossenheit unter den Landeshauptleuten abnahm, sich gegen die Versetzbarkeit zur Wehr zu setzen. Das Reichsinnenministerium legte am 6. August 1941[59] in einem Runderlaß fest, daß wegen der kriegsbedingten Personalknappheit lebenszeitlich angestellte Beamte versetzt werden könnten, auch ohne daß ihre Dienstbehörde zustimme. Während der Erlaß, soweit sich feststellen läßt, ohne nennenswerte Auswirkungen auf die Provinzialverwaltung blieb, löste die eine Woche zuvor am 29. Juli 1941 erfolgte Ernennung Todts zum Generalinspektor für Wasser und

---

54 Spanner, Die Eingliederung der Ostmark ins Reich, S. 44 f.

55 BA, NS 25/41, S. 105 ff., hier S. 121, vgl. auch den Bericht über ein Referat von Landesrat Dr. Tießler zur Gestaltung der Gauselbstverwaltung vor Gauamtsleitern für Kommunalpolitik der Ostmark am 22.2.1940 in Salzburg, BA, NS 25/37, S. 244 f.

56 Schöne, Selbstverwaltung und Personalhoheit im Reichsgau, S. 18 ff.

57 VA, W-L, C 10/11 - 143

58 VA, W-L, NK - 11, S. 109 SoKolbow in einem Schreiben vom 4.2.1942 Vgl. auch den eindringlichen Appell Haakes auf einem Empfang der LDK bei Frick am 5.4.1940, die Landesräte nicht zu Reichsbeamten zu machen. Die Rede Haakes gedruckt in der Denkschrift der LDK "Die Reichsgauselbstverwaltung", VA, W-L, C 10/11 - 264

59 RMBliV, S. 1441 Dieser Erlaß galt dagegen nicht auch für Zeitbeamte, wie es die Landesräte waren. Vgl. Brand, Das Deutsche Beamtengesetz, S. 405

Energie erhebliche Unruhe unter den Landeshauptleuten aus. Es war durchgesickert, daß Todt alle technischen Aufgabenbereiche in einer Sonderverwaltung zusammenzufassen beabsichtigte, was die Beamtenfrage aufs neue aufrollte.[60] Die Landesdirektorenkonferenz bildete am 17. September 1941 eine Kommission, die Vorschläge über den Beamtentypus in der technischen Verwaltung ausarbeiten sollte.[61] Dr. Kitz wurde beauftragt, einen Entwurf zu erstellen. Am 1. Oktober 1941 sollte darüber mit Staatssekretär Stuckart verhandelt werden. Grundlage des Gespräches waren die Vorschläge von Kitz, auf die sich die Kommission zuvor einigte.[62] Danach waren alle Beamten der, wie es hier hieß, Reichsgauverwaltung, mittelbare Beamte, die aus dem Gauetat besoldet werden und die "grundsätzlich unversetzbar" sein sollten. Die Regelung umfaßte auch die Beamten in der technischen Verwaltung mit der Ausnahme, daß Beamte des höheren Dienstes, soweit sie in bestimmten Bereichen tätig waren, nur im Einvernehmen mit der zuständigen Obersten Reichsbehörde berufen und entlassen werden durften. Ihr sollte die letzte Entscheidung zustehen. Auch sollte ihr bei Maßnahmen, die allein aus Reichsmitteln finanziert wurden, ein unmittelbares Weisungsrecht an den Leiter der technischen Abteilung zustehen.

Erscheint es auf den ersten Blick so, als ob der Entwurf erhebliche Zugeständnisse enthielt, so gingen sie im wesentlichen, bis auf das Weisungsrecht, doch nicht über die Kompetenzen hinaus, die Todt für die Beamten in der Straßenverwaltung schon seit längerem an sich gezogen hatte. Die Kommission vermochte sich jedoch in der Beamtenfrage bei Stuckart nicht durchzusetzen. Er versicherte zwar die Bereitschaft seines Ministeriums, für die Integrierung eines technischen Landesamtes in die Provinzialverwaltung einzutreten und befürwortete auch dessen Verwaltung durch Provinzialbeamte, doch forderte auch er in jedem Fall die Versetzbarkeit.[63]

Indessen veränderten nicht die weiteren Verstöße Todts die Lage,[64] sondern ein Schritt der Gesundheitsabteilung im Reichsinnenministerium führte mit einem Schlag für die Provinzialverwaltungen eine neue Situation herbei. Mit Erlaß vom 13. Juli 1942[65] wurde bei den Oberpräsidien die Stelle eines "Leitenden Medizinalbeamten" eingerichtet, dem als unmittelbarem Reichsbeamten — dies war für die Provinzialverwaltungen das Entscheidende — auch Kompetenzen für in ihre Zuständigkeiten fallende Aufgaben eingeräumt werden sollten. Die Landeshauptleute waren nicht allein darüber verbittert, daß nicht ihre Verwaltungen einen für

---

60 Vgl. die Rede Haakes vor der LDK vom 17.9.1941, VA, W-L, C 10/11 - 15

61 Vgl. den Vermerk Kolbows vom 2.10.1941 über die Besprechungen vom 1.10.1941, VA, W-L, NK - 2, S. 264. Der Kommission gehörten an die Landeshauptleute Haake, Kolbow und Dr. Schow, Schleswig-Holstein, sowie Dr. Kitz.

62 Ein Exemplar befindet sich in: VA, W-L, C 10/11 - 15, vgl. dazu den Vermerk Kolbows vom 2.10.1941

63 VA, W-L, NK - 2, S. 265 Vermerk Kolbows vom 2.10.1941, vgl. auch die ungezeichnete, entweder von Haake oder Kitz stammende Aktennotiz vom 31.10.1942 über die Besprechung mit Stuckart, VA, W-L, C 10/11 - 15

64 Vgl. das Schreiben Todts an Haake vom 16.12.1941, VA, a.a.O.

65 MBliV, S. 1539

die ganze Provinz maßgeblichen "Landesmedizinalrat" erhalten hatten, was sie mit berechtigten Gründen annehmen konnten, sondern sie sahen sich nun auch unvermittelt vor die Tatsache gestellt, daß ein außerhalb ihrer Behörde stehender unmittelbarer Reichsbeamter über kurz oder lang in die Provinzialverwaltung hinein Anordnungen treffen sollte. Damit wäre auch bei ihnen eine Konstruktion realisiert worden, wie sie beispielsweise im Sudetengau bestand, wo nämlich ein staatlicher Medizinalbeamter im Range eines Regierungsdirektors in Personalunion die staatlichen Aufgaben des Gesundheitswesens und die der Gauselbstverwaltung wahrnahm, und es hat den Anschein, daß bei dem Erlaß vom 13. Juli 1942 bewußt auf die Sudetengauregelung zurückgegriffen worden ist.[66]

Auf Grund der neuen Situation entstand innerhalb der Kommission der Landesdirektorenkonferenz ein intensiver Meinungsaustausch, ob der bisherige Standpunkt beizubehalten sei oder ob man sich der Entwicklung notgedrungen anpassen müsse. Denn wie Haake unterdessen ermittelt hatte, stieß die Forderung nach einem "Gaubeamtentum" weder "bei Conti[67] noch bei Speer, weder bei der Parteikanzlei noch bei den Fachministern, weder bei der Verwaltungsabteilung noch bei der Kommunalabteilung des Innenministeriums" auf Unterstützung.[68] Ebenso blieb ein Vorstoß von Schow bei Conti erfolglos, der nur Reichsbeamte für die staatlichen Gesundheitsaufgaben und für die des Provinzialverbandes akzeptieren wollte und lediglich einräumte, sie nicht zu versetzen. Conti zeigte sich auch nicht abgeneigt, den Amtssitz des Beamten in die Provinzialverwaltung zu verlegen.[69] Daraufhin glaubte Schow, nur ein Positionswechsel der Landeshauptleute "um 180 Grad" werde die Provinzialverbände davor bewahren, nacheinander bedeutende Aufgabenbereiche an alle möglichen Reichsressorts und Reichssonderbehörden zu verlieren. Schow sah den einzigen Ausweg darin, solche Landesräte als versetzbare Reichsbeamte einstufen zu lassen, die in Personalunion auch staatliche Aufgaben mitverwalteten. Voraussetzung müsse allerdings sein, daß ihre Ernennungen und ihre Versetzungen nur im Einvernehmen mit dem Landeshauptmann erfolgten.

Der Vorschlag Schows enthielt jedoch zahlreiche Mängel, die in der Praxis zu Mißverständnissen und Kompetenzkonflikten führen mußten. Darauf wies auch Haake in seiner Antwort hin.[70] Angesichts der ministeriellen Stellenplanpolitik und der Besoldungsvorschriften und angesichts der Tatsache, daß das Innenministerium für die Landesräte die Disziplinarbehörde geworden sei, existierte nach der Auffassung Haakes zwar ohnehin nicht mehr der ursprüngliche Provinzialbeamtentyp; dieser habe sich immer stärker zum unmittelbaren Reichsbeamten entwickelt. Dennoch hielt er es schon aus taktischen Gründen nicht für ratsam, von der bisherigen Haltung ganz abzugehen. Aber auch an der Praktikabilität der Schowschen Vor-

66 Vgl. die Mitteilung Suréns auf einer Besprechung mit Landeshauptleuten vom 21.2.1940, VA, W-L, C 10/11 - 740 Vermerk Kolbows

67 Dr. Conti war Reichsgesundheitsführer und Leiter der Gesundheitsabteilung im RMdI

68 VA, W-L, C 10/11 - 20 So Haake in seinem Schreiben vom 27.8.1942 an Schow

69 VA, W-L, C 10/11 - 740 Schow am 18.8.1942 an Haake

70 VA, W-L, C 10/11 - 20 Haake am 27.8.1942 an Schow

schläge äußerte Haake Bedenken. So hatte Schow beispielsweise angeregt, die Landschaftsbezogenheit von Arbeitsgebieten als Merkmal eines Provinzialbeamten zu nehmen, was Haake zu Recht als ein zu unscharfes Kriterium wertete und worin er eine Quelle ständiger Querelen zu den sogenannten Reichsaufgaben befürchtete. Denn, so fragte Haake, "was macht ein Landeshauptmann mit Beamten, die ständig — wenn er ihnen Anweisungen gibt — darauf aufmerksam machen können, daß sie auch noch Aufträge von anderer Stelle mit erfüllen müßten und diese Dinge dringlicher seien"? Unter solchen Voraussetzungen befürchtete er, würde selbst der Landeshauptmann auf die Dauer sich nur schwerlich als Beamter des Provinzialverbandes halten können. Da aber auch Haake, wie er offen bekannte, keine in jedem Falle erfolgversprechende Alternative anbieten konnte, vielmehr die Provinzialverwaltungen zwischen Skylla und Charybdis wähnte, empfahl er, zunächst am Provinzialbeamtentum festzuhalten. Dessenungeachtet sollte aber Schow in seiner Provinz mit dem Landesmedizinalrat die Möglichkeit der Personalunion erproben. Ginge das Experiment erfolgreich aus, dann könnte über das Modell auch für andere Bereiche mit den zuständigen Reichsbehörden verhandelt werden.

Demgegenüber lehnte Kolbow eine, wie er es nannte, "Verwässerung des eigenen Beamtenapparates"[71] strikt ab. Er hielt auch jetzt noch den in dem Exposé von Kitz formulierten und von der Kommission bei Stuckart am 1. Oktober 1941 vertretenen Standpunkt für maßgeblich. In einem jederzeit versetzbaren Beamtenkörper sah er keine Basis für ein kontinuierliches Arbeiten.[72] Selbst auf die Gefahr hin, daß den Provinzialverbänden wegen der Beamtenfrage "eine Aufgabe nach der anderen von den Sonderverwaltungen oder von der Staatsverwaltung weggenommen werden sollte," wollte er sich weigern, als "Landeshauptmann in der Praxis dazu gezwungen" zu werden, "mit Reichsbeamten gemeinsam Arbeiten der Provinzialverwaltung zu erledigen."[73] Als schließlich die Provinzialverwaltungen noch aus weiteren Bereichen ausgeschaltet zu werden drohten — so sollten sie nach Informationen einiger Verwaltungen in den Landesplanungsgemeinschaften nur noch Mitspracherechte bekommen, wenn die bisher in der Landesplanung tätigen Provinzialbeamten Reichsbeamte würden —, entzweite sich die Kommission vollends. Während nun auch Haake und Kitz auf die Linie Schows einschwenkten und nur noch in einem Beamtenmischtyp die alleinige Chance der Provinzialverwaltungen sahen, beharrte Kolbow nach wie vor auf seiner Position.

Die hier nur kurz aufgeworfene, aber für die Provinzialverwaltung bedeutsame Frage nach dem beamtenrechtlichen Status ihrer leitenden Beamten konnte während der Zeit des Dritten Reiches nicht zum Abschluß gebracht werden. Gleichwohl lagen die Konsequenzen der von den Reichsressorts geplanten oder auch getroffenen Maßnahmen auf der Hand: die Schaffung eines versetzbaren Beamtenkörpers in der provinziellen Selbstverwaltung richtete sich eindeutig gegen ihre Autonomie und unterminierte einen ihrer Grundpfeiler. Und es sprach viel dafür, daß sich, wie in den Reichsgauen, diese Entwicklung auch in den Provinzialverbän-

---

71 VA, W-L, C 10/11 - 264 Vermerk Kolbows am 5.11.1942 über eine Besprechung mit Kitz vom 4.11.1942

72 VA, W-L, NK - 14, S. 222, Kolbow am 2.11.1942 an Schow

73 Ebenda

den erfolgreich durchgesetzt hätte. So erreichte die Landesdirektorenkonferenz vom 2. Juli 1943 die Nachricht, daß in der Provinzialverwaltung Oberschlesien als erster der preußischen Provinzen der staatliche Medizinalbeamte kommissarisch auch mit den Geschäften des Landesmedizinalrates beauftragt worden sei, ohne daß über die Rechtsgrundlage dieses Präzedenzfalles etwas bekannt war.[74] Die Hoffnungen auf eine Kursänderung in dieser Frage zugunsten der provinziellen Selbstverwaltung, die sich an den Wechsel im Innenministerium von Frick auf Himmler Anfang 1943 stützten, erwiesen sich als unbegründet. Auch Himmler wandte sich entschieden gegen ein Gaubeamtentum.[75]

Bei den beamtenrechtlichen Auseinandersetzungen stand indes nicht allein die Frage der Verfügungsgewalt über die leitenden Provinzialbeamten zur Diskussion; die Kontroverse muß darüber hinaus auf dem Hintergrund der immer weiter um sich greifenden Praxis gesehen werden, staatliche und provinzielle Träger ohne Rücksicht auf den Aufgabengegenstand zusammenzufassen. So trat besonders das Reichsinnenministerium für die Anwendung der Personalunion ein und führte eine größere Verwaltungseffizienz und Personaleinsparungen als Argument an. Doch benutzte das Ministerium dieses nur als Vorwand, um die provinziellen Selbstverwaltungskörperschaften noch enger an sich binden zu können und die Grenzen zwischen ihnen und der staatlichen Verwaltung noch stärker zu verwischen. Hierin lag für die ohnehin schon lädierte Autonomie der Provinzialverwaltungen eine zusätzliche Gefahr, da leicht ein Umkippen zugunsten der staatlichen Verwaltung eintreten oder herbeigeführt werden konnte. Diese Erfahrung machten die Provinzialverbände mit eben der Gesundheitsabteilung des Reichsinnenministeriums, als der schon zitierte Erlaß vom 13. Juli 1942 herausgebracht wurde.

Obwohl schon frühzeitig, am 3. Juli 1934, zur Vereinheitlichung des Gesundheitswesens ein Gesetz erlassen worden war,[76] war dadurch die Zersplitterung der Zuständigkeiten nicht verhindert worden. Auch machten andere Ressorts sowie die NSV und die DAF dem Innenministerium die Führung streitig. Insofern war dieses stark daran interessiert, alle in den Bereich des Gesundheitswesens fallenden Aufgaben zu koordinieren. Während dies dem Innenministerium im Altreich über Jahre hinweg nicht gelungen war, sollte der Plan beim Verwaltungsaufbau in den annektierten Gebieten durchgesetzt werden. Deshalb wurde ein unmittelbarer Reichsbeamter als allein verantwortlich für alle kommunalen und staatlichen Aufgaben des Gesundheitswesens in der Mittelinstanz bestimmt. Die gleiche Regelung beabsichtigte das Innenministerium auf das Altreich zu übertragen, um die ihm hier aus den Händen entglittenen oder auch genommenen Kompetenzen wieder zurückzuholen. Dafür sollten nach den Vorstellungen der Kommunalabteilung und der Gesundheitsabteilung bei den Provinzialverbänden sogenannte Landesgesundheitsämter geschaffen werden. Dr. Surén lud einige Landeshauptleute, darunter Kolbow, für den 21. Februar 1940 zu einer Besprechung ein, an der aus dem

---

74 AVfK, DGT 1-1-3/2 Vermerk von Schencks vom 8.6.1942. Die Personalunion war unter bestimmten Voraussetzungen möglich nach Abs. 4 des Rd.Erl. vom 13.7.1942 (MBliV, S. 1539)

75 Vgl. den Auszug aus einer Rede Himmlers vom 18.11.1943, BA, R 18/1250

76 RGBl. I., S. 531

Ministerium unter anderem Staatssekretär Conti als Leiter der Gesundheitsabteilung sowie Ministerialrat Ehrensberger für die Verfassungsabteilung teilnahmen.[77]

Auf der Konferenz informierte Surén nach Absprache mit Conti über die geplanten Landesgesundheitsämter, in denen alle in der Provinz anfallenden staatlichen und kommunalen Aufgaben des Gesundheitswesens unter der Leitung eines Landesmedizinalrates bearbeitet werden sollten. Ungeklärt sei dagegen noch, ob dies ein Beamter des Provinzialverbandes oder des Reiches sein solle. In jedem Fall sei das Ministerium daran interessiert, die Ämter so schnell wie möglich arbeitsfähig zu machen würden. Wie bereits dargelegt, gingen in der Frage nach dem beamtenrechtlichen Status des Landesmedizinalrates schon in der Sitzung die Meinungen auseinander, wobei insbesondere Conti und Ehrensberger im Namen Stuckarts für den Reichsbeamten plädierten. Aber auch über das Ausmaß der in der Abteilung zusammenzufassenden Aufgaben bestanden, selbst unter den anwesenden Landeshauptleuten, unterschiedliche Auffassungen. Die Ministerialbeamten Surén und Conti dachten beispielsweise daran, anknüpfend an die Regelung im Sudetengau, außer Anstalten für die sogenannten Volkskrankheiten wie Tbc, Krebs, Geschlechtskrankheiten auch das Hebammenwesen sowie die Geisteskrankenfürsorge in einer Hand zu vereinigen. Diese Lösung ging offensichtlich von der Überlegung aus, bei dieser Gelegenheit auch die Zahl der Abteilungen in den Provinzialverbänden zu reduzieren, wobei wiederum die Gauselbstverwaltung des Sudetengaues als Vorbild gedient haben dürfte, die nur vier Abteilungen besaß.[78] Dagegen war das Bild im Altreich sehr unterschiedlich, wo es Provinzialverwaltungen mit vier, aber auch mit zwölf Abteilungen gab.[79] Wenngleich ein einheitlicher Organisationsaufbau unverkennbare Vorteile hatte, so war das Surén und Conti vorschwebende Modell für die Provinzen nicht ungefährlich. Da Stuckart und Conti an die Spitze der Gesundheitsabteilung keinen Provinzialbeamten haben wollten, bestand die Gefahr, daß mit einem Schlag ein Großteil der provinziellen Aufgaben einem Reichsbeamten unterstand. Von solchen Überlegungen ließen sich augenscheinlich Kolbow und Kitz leiten, als sie für eine Abgrenzung des Landesgesundheitsamtes von der Abteilung für Wohlfahrtspflege und vom Landesjugendamt plädierten. Die Besprechung hatte deutlich gezeigt, daß zwischen den Landeshauptleuten und einflußreichen Kräften des Ministeriums ein grundsätzlicher Dissens über wichtige Fragen bestand, der nicht ausgeräumt werden konnte.

Das Ministerium trieb sein Vorhaben nach dem 21. Februar 1940 energisch und mit großer Eile voran. Bereits im Anschluß an die Sitzung hatte Surén den Landeshauptleuten dringend empfohlen, "schnell zu handeln und Tatsachen zu schaffen" und sich nach Ärzten umzuschauen, die als Landesmedizinalräte in Frage kämen.[80] Am 4. Juni 1940 bekräftigte Frick in einem Schreiben[81] an die Ober-

---

77 Vgl. dazu und zum Folgenden den Vermerk Kolbows, VA, W-L, C 10/11 - 740

78 Vgl. die Mitteilung Suréns auf der Besprechung vom 21.2.1940, VA, a.a.O., Vermerk Kolbows sowie Kreißl, Aufbau und Arbeit der Gauselbstverwaltung im Sudetenland, S. 6

79 Vgl. die Mitteilung Suréns, VA, a.a.O., In Westfalen waren Anfang 1938 vier sogenannte Verwaltungsgebiete gebildet worden, die sich wiederum in 13 Abteilungen untergliederten. Vgl. Verwaltungsbericht für 1937, S. 1 f.

80 VA, a.a.O., Vermerk Kolbows   81 BA, R 36/1291

präsidenten als Leiter der Provinzialverbände die Absicht seines Ministeriums und verlangte von den Provinzialverwaltungen, bis zum 1. August die stellenplanmäßigen und besoldungsrechtlichen Voraussetzungen für die Stelle eines medizinischen Landesrates zu schaffen. Dieser sollte die schon von Conti und Surén vorgeschlagenen Zuständigkeiten erhalten und "von Fall zu Fall auf begründeten Antrag" hin auch gesundheitliche Aufgaben des staatlichen Sektors wahrnehmen. In dem Fall würde er dem Oberpräsidenten beziehungsweise seinem allgemeinen Vertreter unmittelbar unterstellt sein.

Die Provinzialverbände reagierten auf Fricks Erlaß unterschiedlich. Schon zuvor hatte sich die Landesdirektorenkonferenz am 5. April 1940 darauf geeignet in den einzelnen Provinzen auf eine Zusammenfassung hinzuwirken,[82] da man befürchtete, bei einer passiven oder ablehnenden Reaktion vom Reichsinnenministerium ganz übergangen zu werden.[83] Während aber die Mehrzahl der Provinzialverwaltungen wie etwa die Rheinprovinz nun tatsächlich auf eine Gesundheitsabteilung hinarbeiteten, schlug Kolbow in Westfalen absichtlich einen retardierenden Kurs ein und wich damit, wenn auch ungern, bewußt von der am 5. April 1940 festgelegten gemeinsamen Linie ab.[84] Eingehend auf das Schreiben Fricks hob Kolbow in seiner Stellungnahme an das Oberpräsidium vom 12. Juli 1940[85] hervor, daß die vom Ministerium angesprochenen Aufgabengebiete in Westfalen teils von der Landesversicherungsanstalt, teils von der Provinzialverwaltung in Verbindung mit den westfälischen Bezirksfürsorgeverbänden wahrgenommen würden. Zwar bestünde kein Dezernat, das die Aufgaben bündele, doch verfüge man mit der "Arbeitsgemeinschaft für Gesundheitsfürsorge in Westfalen und Lippe"[86] über ein gut funktionierendes Gremium, in dem alle anfallenden Fragen erörtert und von ihm, Kolbow, als dem Leiter der Arbeitsgemeinschaft koordiniert würden.[87] Er sah es daher als überflüssig an, für Westfalen ein eigenes Dezernat zu schaffen. Wohl wollte er auf Grund des Erlasses die Stelle einrichten, ohne aber in der Praxis etwas zu ändern. Er hielt es für besser, erst nach Kriegsende einen Landesmedizinalrat einzusetzen, wenn eine größere Auswahl an qualifizierten Bewerbern vorhanden sei. Mochte die Arbeitsgemeinschaft und ihre Arbeitsweise für Kolbows Entscheidung auch eine Rolle gespielt haben, ausschlaggebend für ihn dürften die Imponderabilien gewesen sein, die für die Provinzialverwaltung in der ministeriell geplan-

---

82 VA, W-L, C 10/11 - 262 Niederschrift der LDK

83 Vgl. den Vermerk der Abteilung VI des DGT vom 9.7.1940 über eine Besprechung von Landeshauptleuten vom 1.7.1940, BA, R 36/1291

84 Vgl. Kolbow an Landeshauptmann Traupel, Hessen-Nassau, vom 17.7.1940, VA, W-L, NK - 14, S. 254

85 VA, W-L, C 10/11 - 740

86 Ihr gehörten an: Der Landeshauptmann als Leiter, die Provinzialdienststelle Westfalen des Deutschen Gemeindetages, alle Sozialversicherungsträger Westfalens, die leitenden Medizinalbeamten bei den drei westfälischen Regierungspräsidien sowie Vertreter der NSV, DAF, der Gauämter für Volksgesundheit, der HJ, des RAD, des Landesarbeitsamtes und der kassenärztlichen Vereinigung Deutschlands, Bezirksstelle Westfalen.

87 In seinem Schreiben an Traupel vom 17.7.1940 bezeichnete sich Kolbow deshalb als der "unsichtbare Gaugesundheitsführer", VA, W-L, NK - 14, S. 254

ten Regelung steckten, nach der nämlich der medizinische Landesrat mit seinem weitverzweigten Arbeitsgebiet neben dem Landeshauptmann auch den Oberpräsidenten zum Dienstvorgesetzten haben sollte.

Unterdessen leitete das Reichsinnenministerium weitere Schritte in die Wege. Kurz nach Fricks Erlaß vom 4. Juni 1940 ermächtigte Conti den Gauamtsleiter für Volksgesundheit im Gau Westfalen-Nord, Dr. Vonnegut, wegen der Besetzung der Stelle Verbindung mit Kolbow aufzunehmen, damit sie "von einem in der nationalsozialistischen Gesundheitsführung führenden Arzt besetzt" würde.[88] Kolbow versuchte, Vonnegut wie dessen Amtskollegen aus dem Gau Westfalen-Süd, Dr. Lotz, davon zu überzeugen, "daß die Zeit für die Schaffung dieser neuen Einrichtung noch nicht reif sei, "was ihm tatsächlich gelang.[89] Sie kamen überein, "so kurz wie möglich zu treten, um Zeit zu gewinnen" und in jedem Fall erst nach dem Krieg die Stellenbesetzung vorzunehmen. Außerdem wollte sich Lotz bei Conti für den Fortbestand der westfälischen Arbeitsgemeinschaft für Gesundheitsfürsorge einsetzen. Allerdings vertraten Vonnegut und Lotz die Auffassung, daß ein Gesundheitsdezernat, sollte es tatsächlich kommen, wegen seines Hoheitscharakters nicht bei der Provinzialverwaltung, sondern bei der staatlichen Behörde des Oberpräsidenten untergebracht werden müsse.[90] Das Reichsinnenministerium war aber offensichtlich nicht bereit, weiterhin regionale Besonderheiten zu dulden. Am 22. Juli 1940 verschickte Staatssekretär Pfundtner an die Provinzialverwaltungen vertraulich eine Liste mit Namen von Ärzten, die als Landesmedizinalrat in Frage kamen, darunter Medizinalrat Dr. Klein von der Regierung Münster, und empfahl, sich in Zusammenarbeit mit den Gauamtsleitern für Volksgesundheit für einen zu entscheiden.[91] Ungeachtet dessen beharrte Kolbow auf seiner Position und gab sie auch nicht auf, als selbst Conti ihn anschrieb und beanstandete, daß in Westfalen noch kein ärztlicher Landesrat ernannt sei. Wenn Westfalen nicht über geeignete Bewerber verfüge, dann könne er "jederzeit solche Parteigenossen nennen."[92]

Mit seiner eigenwilligen Haltung hatte sich Kolbow immer mehr auch von den übrigen Provinzialverbänden abgesetzt, die, wie beispielsweise die Rheinprovinz, schon seit längerem über einen Landesmedizinalrat verfügten, dessen Arbeitsgebiet weitgehend im Sinne des Erlasses vom 4. Juni 1940 organisiert war.[93] Kolbow meinte, sich gegenüber Haake in einem Schreiben rechtfertigen zu müssen. Neben den bekannten Argumenten führte er einen bisher noch nicht zur Sprache ge-

---

88 VA, W-L, C 10/11 - 740 Vonnegut an Kolbow vom 10.7.1940

89 VA, a.a.O., Vermerk Kolbows über eine Besprechung mit Vonnegut, Lotz und Dr. Pork vom 16.7.1940

90 Vgl. den Vermerk Dr. Porks vom 17.7.1940 über die Besprechung VA, a.a.O.

91 VA, a.a.O.

92 VA, a.a.O., Conti am 29.10.1940 an Kolbow und dessen Antwortschreiben vom 6.11.1940, die Stelle sei im Stellenplan zwar berücksichtigt, sie solle aber in Absprache mit den beiden Gauamtsleitern erst nach dem Kriege besetzt werden.

93 Vgl. den Bericht Haakes vom 9.9.1940 an das Oberpräsidium der Rheinprovinz, BA, R 36/1291

kommenen wesentlichen Gesichtspunkt an.[94] Kolbow verwies auf die positiven Leistungen der westfälischen Arbeitsgemeinschaft, die auch weiterhin eine "geschlossene Gesundheitspolitik" garantiere. "Allerdings reagiert diese Arbeitsgemeinschaft nicht auf jeden Knopfdruck der Gesundheitsabteilung des Innenministeriums in Berlin, sondern sie empfängt die Antriebe zu ihrer Arbeit in erster Linie aus dem Leben im Lande hier." Die Arbeitsgemeinschaft sei zwar bestrebt, sich im ganzen an der gesundheitspolitischen Linie des Reichsgesundheitsführers auszurichten und sie zu realisieren, "aber sie ist eben keine Dienststelle des Reichsgesundheitsführers, sondern eine aus der westfälischen Gemeinschaft natürlich herausgewachsene Arbeitsgemeinschaft. Hierfür hat man in Berlin heute wenig Interesse, wir in Westfalen aber dafür umso mehr," denn "es geht uns hier um die Erhaltung dieses <u>Stils</u>[95] unserer Arbeit."

Die aus Kolbows Schreiben zitierten Sätze sind ebenso aufschlußreich für seine eigene Grundeinstellung, welchen Freiheitsraum die provinzielle Selbstverwaltung haben müsse, wie sie andererseits bestimmte, diesen Freiheitsraum beschneidende Tendenzen hervorheben. Das Reichsinnenministerium gedachte mit der Delegierung der Gesundheitsaufgaben auf die Provinzialverbände keineswegs diese zu stärken, sondern wollte sie als funktionalisierte Leistungsträger benutzen, denen von Fall zu Fall Aufgaben zugewiesen werden konnten. Freilich lag dieser Form der Dezentralisation nicht die Motivation zugrunde, die Provinzialverbände als föderatives Element auszubauen. Wenn ihr Aufgabenkreis tatsächlich erweitert wurde, dann geschah das in der Absicht, sie als administrative Vollzugsorgane zu gebrauchen, nicht, um sie als eigenständige politische Einheiten aufzuwerten. Die Provinzialverwaltungen sollten für die Belange der Zentralbehörden flexibel sein, so daß jene Flexibilität, auf die insbesondere Vertreter der westfälischen Provinzialverwaltung gerne als Merkmal provinzieller Selbstverwaltung verwiesen, eine Sinnumkehrung erfuhr.

Eben dieser Sichtweise, die der Provinzialverwaltung buchstäblich kein Eigenleben gestattete, widersetzte sich Kolbow. Sicherlich lag auch ihm der Gedanke völlig fern, über eine großzügig gehandhabte Dezentralisation ein politisches Gegengewicht in der Provinz zum Reich zu erzeugen — so war er beispielsweise davon überzeugt, daß die "künftige Reichsgauselbstverwaltung ... (im Vergleich zu den Gemeinden d. Vf.) sich einer stärkeren Steuerung durch den Staat nicht entziehen darf"[96]-; aber er sträubte sich dagegen, daß das Prinzip der Selbstverwaltung nur noch als eine verwaltungstechnische Kategorie Geltung und Bestand haben sollte. Worauf es ihm ankam, war, daß eine von Zentralbehörden verfügte Dezentralisation nicht mit der Preisgabe selbstverantwortlicher Verwaltungsführung verbunden war, daß auf freiwilliger Basis sich gebildete und ihren Aufgaben gewachsene regionale Verwaltungsgemeinschaften nicht zentralistischen Reglements zum Opfer fielen und daß Fachzentralismus und Referatsegoismus den universellen Aufgaben-

---

94 VA, W-L, C 10/11 - 265 Kolbow am 18.9.1940 an Haake

95 Unterstreichung im Original

96 VA, W-L, NK - 15, S. 188 Kolbow am 31.5.1940 an den Leiter des Amtes für Kommunalpolitik in Gladbeck, Dr. Schwarz

kreis des Provinzialverbandes nicht in zusammenhanglose Fachbereiche aufspalteten oder auseinanderrissen.

Diese Forderungen entsprachen in der Tat nicht dem Interesse der untereinander im Widerstreit liegenden Reichsressorts, die das Mittel der Zentralisierung nicht zuletzt deshalb so intensiv handhabten, um ihre eigene Existenz zu sichern. Zudem kollidierten Kolbows Vorstellungen auch mit den Zielen der mächtig an Boden gewinnenden Sonderverwaltungen, die auf einen eigenen Unterbau drängten. Die Art und Weise, wie das Reichsinnenministerium beziehungsweise die eine Immediatstellung besitzende Gesundheitsabteilung[97] das Ringen um die von ihnen so hochgespielten Landesgesundheitsämter entschied, steht hierfür als Beispiel. Während Conti sich auf der Landesdirektorenkonferenz vom 3. April 1941 noch verständnisvoll gab und anerkannte, daß aus Personalmangel die Landesmedizinalratsstellen in einigen Provinzialverwaltungen erst nach dem Kriege besetzt werden könnten,[98] konfrontierte sie das Ministerium auf dem Erlaßwege mit einem fait accompli. Nicht sie, wofür bisher alle Anzeichen sprachen, sondern die staatliche Behörde des Oberpräsidenten erhielt die Stelle des "Leitenden Medizinalbeamten", um "das öffentliche Gesundheitswesen in den preußischen Provinzen einheitlich auszurichten und zu lenken."[99] Für die Provinz Westfalen wurde der Oberregierungs- und Medizinalrat Dr. Klein von der Regierung Münster zum Regierungsmedizinaldirektor ernannt, der am 1. August 1942 seinen Dienst aufnahm.[100]

Der Erlaß kam für die Provinzialverwaltungen "völlig überraschend"[101] und wurde als beispielloser Vorgang verurteilt. Die Verbitterung und Empörung drückte sich in dem Schreiben Schows vom 24. Juli 1942[102] an Haake und Kolbow aus. Es sei "eine unerhörte Zumutung für die Oberpräsidenten und die Landeshauptleute, ... sich dieser Schaukelpolitik und -arbeit des Innenministeriums anzupassen und zu fügen. Auf Verlangen des Ministeriums werden überall neue Stellen geschaffen — ... nicht überall ohne Bedenken! Kaum sind sie da und mit hervorragenden Medizinern wie gewünscht besetzt, wird alles Besprochene und Angeordnete ohne jede Benachrichtigung der Behörde durch eine anderweitige Regelung auf den Kopf gestellt und das Gegenteil getan!" An ihr vermochte freilich auch ein Vorstoß Haakes bei Frick nichts mehr zu ändern. Zwar besaß dessen Schreiben vom 27. November 1942[103] nicht die polemische Schärfe wie das Schows, in der Sache aber war er nicht minder ablehnend und unterzog das nun auch im Gesundheitswesen auf Kosten der Provinzialverwaltung angewandte Mittel der Personalunion

---

97 Vgl. Broszat, Der Staat Hitlers, S. 400

98 VA, W-L, C 10/11 - 262 Niederschrift des LDK

99 Rd.Erl. d. RMdI vom 13.7.1942 (MBliV. S. 1539)

100 VA, W-L, C 10/11 - 740 Fründt am 13.8.1942 an die Provinzialverwaltung

101 So die Feststellung von Kitz auf der LDK vom 4.9.1942, VA, W-L, C 10/11 - 262 Niederschrift der LDK

102 VA, W-L, C 10/11 - 20

103 VA, W-L, C 10/11 - 740

einer kritischen Prüfung. Denn der Erlaß vom 13. Juli 1942 ermächtigte den Leitenden Medizinalbeamten, im Bereich des Provinzialverbandes für bestimmte Aufgaben "fachliche Weisungen zu erteilen". Ja, dieser konnte sogar auf Vorschlag des Oberpräsidenten vom Ministerium "kommissarisch für die Kriegszeit auch zum Leiter der in einer Abteilung zusammengefaßten gesundheitlichen Angelegenheiten des Provinzialverbandes" bestellt werden[104] Dermaßen überfahren und von einem wichtigen Aufgabengebiet isoliert, hofften die Landeshauptleute, daß der staatliche Medizinalbeamte schon aus Arbeitsüberlastung auf die Dauer nicht imstande sein werde, die gesundheitlichen Aufgaben der Provinzialverwaltungen zu bearbeiten, da ihm auch noch die des Regierungspräsidenten übertragen werden sollten.[105] Dies war allerdings eine Haltung, die die Ratlosigkeit und Ohnmacht der Provinzialverbände ebenso verrät, wie sich in ihr die Unsicherheit und Ungewißheit über die verfassungsrechtliche und aufgabenmäßige Zukunft widerspiegelt.

Als der Erlaß vom 13. Juli 1942 vorlag, bezeichnete ihn Schow als eine "gefährliche Bombe mit Frühzündung"[106] und meinte damit die diesem zugrundeliegende und zum Vorschein gekommene selbstverwaltungseinengende und -absorbierende zentralistische Politik der Fachressorts und Sonderverwaltungen. Indessen tickte der Zeitzünder dieser Bombe, um im Bild zu bleiben, schon seit längerem, wie es des öfteren auch schon zu Explosionen gekommen war, die die provinzielle Selbstverwaltung verstümmelten.

Zu den Bereichen, in denen sich solche reglementierenden Eingriffe bemerkbar machten, gehört beispielsweise die Kriegs- und Schwerbeschädigtenfürsorge. Sie war vom Provinzialverband nach dem Ersten Weltkrieg als Selbstverwaltungsaufgabe wahrgenommen worden, nachdem zuvor eine reichseinheitliche gesetzliche Neuordnung der Wohlfahrtspflege erfolgt war.[107] Für alle Fragen der Kriegsbeschädigtenfürsorge waren in der Provinzialverwaltung die 1919 durch Reichsverordnung geschaffenen Hauptfürsorgestellen zuständig,[108] denen auch die Arbeitsvermittlung für Schwerbeschädigte oblag.[109] Nachdem diese Regelung jahrelang praktiziert worden war, sorgte das Gesetz vom 5. November 1935[110] über die Arbeitsvermittlung für Unsicherheiten. Mit Schreiben vom 18. Oktober 1937 wandte sich der Präsident der Reichsanstalt für Arbeitsvermittlung und Arbeitslosenversicherung an das Reichsarbeitsministerium. Unter Verweis auf das Gesetz und den Arbeitseinsatz im Rahmen des Vierjahresplanes beanspruchte dieser für die Arbeitsämter auch die Arbeitsvermittlung Schwerbeschädigter. Dagegen sollten

---

104 Vgl. Abs. 4 des Rd.Erl. (MBliV, S. 1539)

105 VA, W-L, C 10/11 - 263 Niederschrift der LDK vom 8.6.1943

106 VA, W-L, C 10/11 - 740 Haake an Schow vom 31.7.1942

107 Vgl. Laarmann, Die Organisation der öffentlichen Wohlfahrtspflege im Ruhrgebiet, S. 216 f., Naunin, Wiederaufbau in Westfalen, S. 120 f.

108 Jeserich, Die preußischen Provinzen, S. 204

109 Gesetz über die Beschäftigung Schwerbeschädigter vom 12.1.1923 (RGBl. I., S. 57)

110 RGBl. I., S. 1281

die Hauptfürsorgestellen nur noch beteiligt werden, wenn grundsätzliche Fragen der Schwerbeschädigtenfürsorge anstanden.[111] Das Ansinnen rief unverzüglich die westfälische Provinzialverwaltung auf den Plan, deren Landesrat Dr. Pork die Arbeitsgemeinschaft der Deutschen Hauptfürsorgestellen leitete und in dieser Funktion von dem Vorhaben der Reichsanstalt erfahren hatte. Pork verlangte vom Reichsarbeitsministerium die sofortige Herausgabe eines Erlasses, der eindeutig die Zuständigkeiten der Hauptfürsorgestellen sichere.[112] Ebenso richtete Kolbow Eingaben an das Reichsarbeitsministerium, das Reichsinnenministerium, an den Deutschen Gemeindetag und an dessen Vorsitzenden Fiehler.[113] Darin lehnte er die Wünsche der Reichsanstalt aus organisatorischen wie sozialpolitischen Gründen ab, da "die arbeits- und berufsfürsorgerische Betreuung der Beschädigten ... niemals eine Arbeitseinsatzfrage", sondern "eine rein fürsorgerische Aufgabe" sei. Die Meinungen der Ressorts divergierten in dieser Angelegenheit. Während das Reichsarbeitsministerium die Absichten der Reichsanstalt unterstützte — dabei dürften die schon seit längerem im Ministerium gehegten Pläne, alle in der Mittelinstanz mit sozialen Aufgaben beschäftigten Verwaltungen zusammenzufassen und ihm direkt zu unterstellen, mitgespielt haben —, traten das Innenministerium und der Deutsche Gemeindetag dem Standpunkt Kolbows bei. Dieser empfahl Fiehler, den Stellvertreter des Führers einzuschalten und ihn auf die generelle Stoßrichtung der Reichsanstalt aufmerksam zu machen, die Arbeitsämter stärker auf fürsorgerischem Gebiet einzuschalten.[114] Indes erfüllten sich die Hoffnungen nicht. Vom Hauptamt für Kommunalpolitik über die Vorgänge informiert und darum gebeten, im Reichsarbeitsministerium für die Provinzialverbände zu votieren, schlug sich der Stellvertreter des Führers auf die Seite der Reichsanstalt. Ohne den Standpunkt der Hauptfürsorgestellen zu würdigen, sprach er sich für die Linie des Ministeriums aus, da sie am besten die dringend notwendige "einheitliche Arbeitseinsatzpolitik" gewährleiste.[115] Bei den Provinzialverbänden stieß die Entscheidung auf heftige Kritik. Kolbow bezeichnete sie als eine "Hiobsbotschaft", durch die man sich aber nicht entmutigen lassen sollte.[116] Und der Erste Landesrat der Provinz Sachsen, Dr. Tießler, schrieb an das Hauptamt für Kommunalpolitik: "Es besteht der peinliche Eindruck, als ob durch den Versuch des Präsidenten der Arbeitsanstalt und Arbeitslosenversicherung in Gemeinschaft mit dem Reichs- und Preußischen Arbeitsminister die Arbeitsämter, deren Aufgaben erfreulicherweise durch den wirtschaftlichen Aufschwung zusammenschrumpfen, künstlich durch Zuteilung neuer Aufgaben in ihrem Bestand gerettet werden sollen."[117]

111 BA, NS 25/986

112 BA, a.a.O., S. 49 ff., Pork am 26.11.1937 an das RAM

113 BA, a.a.O., S. 47 ff., Kolbow am 29.12.1937 an Fiehler

114 BA, a.a.O., S. 56 Zeitler am 18.1.1938 an Fiehler

115 BA, a.a.O., S. 99 Sommer am 31.3.1938 an das HfK

116 BA, a.a.O., S. 101 Kolbow am 30.4.1938 an das HfK

117 BA, a.a.O., S. 104 Tießler am 9.5.1938 an das HfK

Zu einer klaren Entscheidung kam es nicht. Obgleich das Reichsarbeitsministerium sich nach wie vor darum bemühte, sie zu seinen Gunsten herbeizuführen, versahen die Hauptfürsorgestellen zunächst weiterhin den alten Aufgabenbereich. Indessen trat keine Beruhigung ein, im Gegenteil. So übertrug ein Erlaß vom 26. August 1938[118] die Betreuung der Wehrdienstbeschädigten nicht den Hauptfürsorgestellen, sondern neugeschaffenen Versorgungs- und Fürsorgeämtern der Wehrmacht. Zwar blieben die Hauptfürsorgestellen grundsätzlich noch für die Arbeits- und Berufsfürsorge der Versehrten zuständig, aber diese Rechte wurden mehr und mehr verwässert und durchlöchert, so daß "selbst ein Fachmann ... sich schließlich durch die Bestimmungen und Zuständigkeiten kaum noch durchfinden" konnte.[119] Die Unübersichtlichkeit sollte ein Führererlaß vom 11. Oktober 1943 beenden. Dieser übertrug dem Reichsarbeitsminister alle bisher von Dienststellen der Wehrmacht wahrgenommenen Fürsorgeaufgaben. Damit war der Komplex des Versorgungs- und Fürsorgewesens und seiner Trägerschaft insgesamt aufgerollt. Die Erwartungen der Provinzialverbände faßte Kolbow in seinem Vortrag vor der Landesdirektorenkonferenz am 13. November 1943 in sechs Punkten zusammen, obwohl, wie er betonte, über eine Lösung der aufgeworfenen Probleme selbst "an zentraler Stelle durchaus noch keine absolute Klarheit herrscht."[120] Kolbow verlangte die uneingeschränkte Verantwortlichkeit der Hauptfürsorgestellen für "die gesamte fürsorgerische Betreuung aller Beschädigten" und forderte eine klare Trennung zwischen den Kompetenzen der Versorgungsbehörden und Fürsorgestellen. Darüber hinaus plädierte er dafür, auch in den Gauselbstverwaltungen der Alpen- und Donaugaue Hauptfürsorgestellen einzurichten.[121]

Die Hoffnungen der Provinzialverbände, umfangreich mit fürsorgerischen Aufgaben betraut zu werden, wurden noch durch Informationen aus dem Arbeitsministerium genährt. Der Deutsche Gemeindetag hatte von einem Erlaß zum 1. April 1944 gehört, der auch die Aufgaben der Wehrmachtsfürsorgeoffiziere in der Kriegsbeschädigtenfürsorge den Hauptfürsorgestellen zuwies. Dagegen lehnte das Ministerium die von Kolbow in seinem Referat — es war diesem vom Deutschen Gemeindetag als Entschließung der Landesdirektorenkonferenz zugeleitet worden — geforderte Errichtung von Hauptfürsorgestellen in den Gauselbstverwaltungen während des Krieges aus politischen Gründen ab.[122] Kolbow wiederholte seine Vorstellungen auf einer von Himmler als Reichsinnenminister vom 11. bis 13. Februar 1944 in Posen einberufenen Tagung der Oberbürgermeister, Landes- und Gauhauptleute sowie der Gauamtsleiter für Kommunalpolitik, wo er über "Die Fürsorge für die Kriegsversehrten als Aufgabe der Gemeinden und Gemeindever-

---

118 RGBl. I., S. 1077

119 So Kolbow in seinem Referat "Der Erlass des Führers über die Wehrmachtsfürsorge und -versorgung vom 11.10.1943 und sein Einfluss auf die Arbeit der Hauptfürsorgestellen und Fürsorgestellen" auf der LDK vom 13.11.1943, VA, W-L, C 10/11 - 263 Niederschrift der LDK

120 Ebenda

121 Ebenda

122 VA, a.a.O., vgl. das Schreiben des Beigeordneten des DGT, Dr. Schlüter, vom 28.1.1944 an Haake und abschriftlich an Kolbow

bände" referierte.[123] Aber der Ausführungserlaß des Reichsarbeitsministeriums vom 1. April 1944 zum Führererlaß vom 11. Oktober 1943 brachte keineswegs die erwartete eindeutige und einheitliche aufgabenmäßige Zusammenfassung im Fürsorgewesen. Zwar scheute das Ministerium davor zurück oder war politisch auch nicht stark genug, die Provinzialverwaltungen ganz aus der Versehrtenfürsorge zu eliminieren. Aber nun wurden die Arbeitsämter an der Berufsberatung und Arbeitsplatzvermittlung Kriegsbeschädigter beteiligt, wofür die Hauptfürsorgestellen bisher allein zuständig waren.[124]

Die provinzielle Selbstverwaltung hatte in dieser Frage zwar nicht auf der ganzen Linie eine Niederlage erlitten, doch steht die Einschaltung der Arbeitsämter beispielhaft für die vielfältige Durchlöcherung der provinziellen Verantwortlichkeiten durch zentrale Reichsinstanzen, wie sie auch noch auf anderen Gebieten erfolgte. So bemühten sich beispielsweise das Reichsversicherungsamt und das Reichsarbeitsministerium, unterstützt, wenn auch mit anderer Absicht, von der Deutschen Arbeitsfront, über Jahre hinweg darum, den Provinzialverband als Garantieträger der Landesversicherungsanstalt zu beseitigen und insbesondere den Landeshauptmann als ihren Leiter zu verdrängen.[125] An der Abwehr dieser Bestrebungen war die westfälische Provinzialverwaltung maßgeblich beteiligt, da Kolbow von 1937 bis 1938 den Reichsverband Deutscher Landesversicherungsanstalten leitete und während der Zeit erbitterte Auseinandersetzungen – sie gingen bisweilen bis auf die Ebene der persönlichen Intrige gegen ihn herab – mit Reichsversicherungsamt und Arbeitsministerium hatte.[126]

Ähnliche Absichten verfolgte die am 25. März 1935[127] durch Gesetz zur Obersten Reichsbehörde erhobenen "Reichsstelle für Raumordnung". Nachdem die Provinzialverwaltung im gleichen Jahr innerhalb ihres Wirtschaftsdezernates eine Landesplanungsabteilung unter Landesrat Dr. Rosenberger errichtet hatte, bestimmte 1936 ein Erlaß eine reichsrechtliche Regelung und ordnete in allen Provinzen den Aufbau von Landesplanungsgemeinschaften an.[128] Sie wurden aber von der Reichsstelle für Raumordnung zu keinem Zeitpunkt als eine Abteilung der Provin-

---

123 BA, R 18/3523 Hier befindet sich ein Exemplar des Vortrages. Er ist mit dem auf der LDK vom 13.11.1943 gehaltenen identisch bis auf den Passus, der sich auf die Hauptfürsorgestellen in den Gauselbstverwaltungen bezog und offensichtlich wegen der ministeriellen Vorbehalte gestrichen worden war.

124 Vgl. die massive Kritik Kolbows an der neuen Regelung in seinem Brief an Kreißl vom 9.5.1944, daß der Arbeitsminister den Innenminister "in dieser Sache regelrecht 'übers Ohr' gehauen" habe. VA, W-L, C 10/11 - 24 sowie Kolbows Anwürfe gegen das RAM vor dem Provinzialrat am 14. 7. 1944, VA, W-L, C 10/11 - 150

125 Vgl. Traupel, Das Kredit- und Versicherungswesen der preußischen Provinzen, S. 121 ff. Kolbow, Selbstverwaltung und Staatsaufsicht in der Sozialversicherung, S. 82 ff.

126 Vgl. die umfangreichen Vorgänge in: VA, W-L, NK - 38, NK - 39, NK - 42, NK - 44, NK - 46, NK - 47

127 RGBl. I., S. 468

128 Vgl. Langer, Entwicklung und Aufgaben der Landesplanung in Westfalen, S. 248 f.

zialverwaltung im engeren Sinne anerkannt.[129] Vielmehr lag der Reichsstelle daran, nachdem ein Führererlaß vom 13.1.1943 die Auflösung der Landesplanungsgemeinschaften bestimmt hatte — ohne daß sie sogleich durchgeführt wurde und die beteiligten Ressorts sich über die weitere Organisationsform einigen konnten —, einen eigenen Apparat mit Reichsbeamten in der Mittelinstanz zu erhalten.[130] Die im Rahmen des Euthanasieprogramms führerunmittelbar geschaffene "Reichsarbeitsgemeinschaft der Heil- und Pflegeanstalten" unter dem Ende 1941 zum Reichsbeauftragten ernannten Dr. Linden[131] schließlich verkehrte teils direkt, teils über die Regierungspräsidenten mit den Anstalten und leitete gesetzliche Maßnahmen ein, um sie als Ausweichkrankenhäuser benutzbar zu machen, ohne die Provinzialverwaltung zu beteiligen.[132]

Die genannten Beispiele machen hinreichend deutlich, in welch krassem Maße die provinzielle Selbstverwaltung und ihre Organe zum Objekt von Fachressorts und staatlichen Sonderbehörden geworden war oder zu werden drohte. Auf dem Hintergrund dieser Entwicklung ist deshalb die Forderung Kühls in einem für Kolbow verfaßten Exposé "Zum Problem der Überorganisation" vom 18. Mai 1938[133] zu sehen: "Es ist längst an der Zeit, eine Lockerung eintreten zu lassen und das Mißtrauen aller höheren Stellen gegen die unteren auf personellem, finanziellem und verwaltungspolitischem Gebiet zu begraben." Und Dr. Müller-Haccius, Erster Landesrat der Provinz Brandenburg, konstatierte wenig später, "daß ein organisatorisches Mehr kaum noch vorstellbar ist."[134] Diesem lag allerdings, wie unschwer zu erkennen ist, kein durchrationalisiertes System zugrunde, sondern der tatsächliche Zustand war eine inflationäre Dimensionen annehmende, verwirrende Desorganisation, der die betroffenen Verwaltungen hilflos gegenüberstanden.[135] Nach dem Eindruck Kolbows beruhte sie darauf, daß "der innere Krieg der Verwaltung" herrschte, "in dem die Provinzialverbände sich wütend verteidig(t)en."[136] Da er zugleich aber auch die klassischen Ressorts und besonders das Reichsinnenministerium "so sehr geschwächt" hatte, "daß lauter neue Sonderverwaltungen wie die

---

129 Vgl. die Mitteilung von Dr. Jarmer, Ministerialdirektor in der RfR vor der LDK vom 3.4.1941, VA, W-L, C 10/11 - 262 Niederschrift der LDK

130 Vgl. den Vermerk von Schencks vom 8.6.1943 über eine Besprechung einiger Landeshauptleute und Landesräte vom 2.6.1943, AVfK, DGT 1-1-3/2 sowie das Referat Schows "Aufhebung der Landesplanungsgemeinschaften" auf der LDK vom 13.11.1943, VA, W-L, C 10/11 - 263 Niederschrift der LDK

131 Vgl. Broszat, Der Staat Hitlers, S. 399

132 Dazu Vorgänge in: VA, W-L, C 20 - 379, C 20 - 578

133 N - Kühl (P) Akte "Provinzielle Selbstverwaltung". Die Ausarbeitung hatte Meyer von Kolbow für eine Besprechung im Stabe Heß angefordert. Vgl. den handschriftlichen Vermerk Kühls auf dem Exposé.

134 Müller-Haccius, Die Selbstverwaltung und ihre Stellung im Staatsaufbau, S. 70

135 Vgl. das Schreiben Kolbows vom 8.5.1940 an Schulz, VA, W-L, C 10/11 - 265

136 VA, W-L, NK - 15, S. 159 f. Kolbow am 20.9.1941 an Dr. Reschke

Pilze aus dem Boden schießen konnten,"[137] reagierten die ins Hintertreffen geratenen Ressorts mit einem "unsinnige(n) Zentralismus" auf Kosten "des in puncto Zuständigkeiten recht zarten Gebilde einer Provinzialverwaltung."[138] Auch zu ihren Lasten ging deshalb die Unfähigkeit des Regimes, sich eine stabile und die Kompetenzen genau abgrenzende Verwaltungsordnung im Rahmen einer umfassenden Reichsreform zu geben. Eben ihr Ausbleiben war eine wesentliche Ursache für die ungeschützte verfassungsrechtliche und aufgabenmäßige Stellung der provinziellen Selbstverwaltung im Dritten Reich. Der Abwehrkampf gegen eine Aushöhlung war deshalb begleitet von der Hoffnung auf eine Reichsreform, wofür die zahlreichen Äußerungen von Repräsentanten der Provinzialverbände ein unübersehbares Indiz sind.[139] Sie erwarteten von ihr die verfassungsrechtliche Verankerung der provinziellen Selbstverwaltung, klare Bestimmungen ihrer Selbstverwaltungsrechte und ihres Aufgabenkreises, eine eindeutige Festlegung ihrer Unterstellungsverhältnisse gegenüber den Reichsressorts.[140] Aber alle diese Fragen blieben im Grunde offen, ohne definitive Regelung. Die provinzielle Selbstverwaltung befand sich im Dritten Reich in einem oszillierenden Schwebezustand, den zu halten ihr enorme Energien abverlangte. Daß die permanenten Auseinandersetzungen um ihre Kompetenzen zudem bedeutende politische und psychologische Reibungsflächen verursachten, die die Effizienz beeinträchtigen mußten, liegt auf der Hand. Die Äußerung Kolbows, Ende 1941, "so leben wir in einer krisenreichen Epoche und entbehren die Sicherheit und Stetigkeit im Schaffen, die unser Beruf seiner Art nach verlangt,"[141] gibt daher exakt die Stimmungslage unter den Landeshauptleuten wieder.

Zwar ist der Aufgabenbereich der Provinzialverbände im Dritten Reich nicht nur beschnitten, sondern an anderer Stelle auch erweitert worden. Doch erwies sich dieses "Mehr" an Zuständigkeiten als ambivalent. Da es sich bei ihnen überwiegend um weisungsgebundene Auftragsangelegenheiten handelte,[142] die jederzeit von

---

137 VA, W-L, C 10/11 - 265 Kolbow an Schulz vom 8.5.1940. Zu den Auseinandersetzungen zwischen "alten" und "neuen" Ressorts, Schoenbaum, Die braune Revolution, S. 260

138 VA, W-L, C 10/11 - 146 Kolbow am 12.10.1940 an Dr. Pagenkopf, vgl. auch das Schreiben Kolbows vom 30.10.1942, VA,W-L, NK - 14, S. 221

139 VA, W-L, C 10/11 - 260 Niederschrift der LDK vom 31.5.1937, AVfK, DGT 1-1-3/3 Kitz - Hilgers, Inwieweit kann die Verwaltungsorganisation in den Ländern der Ostmark als Vorbild für die Entwicklung der deutschen Gauselbstverwaltung gelten? I. Teil der Denkschrift (Künftig zit.: Ostmark-Denkschrift), VA, W-L, C 10/11 – 265 Kolbow am 8.5.1940 an Schulz, VA, W-L, C 10/11 - 15 Referat Haakes vor der LDK vom 17.9.1941; Kühl, Selbstverwaltungskörper als Träger überörtlicher Aufgaben, S. 297, Kitz, Sinn und Wesen der Provinzialverwaltung in der Gegenwart, Vortrag vom 12.2.1943, Manuskriptexemplar in: AVfK, DGT 1-1-3/3

140 Ausführlich dazu im 5. Kapitel

141 VA, W-L, NK - 14, S. 162 Kolbow am 20.11.1941 an Haake

142 Vgl. die Zusammenstellung bei Genzer, Die Stellung der Provinzialverbände, Anhang sowie die Mitteilung Kolbows vor dem Provinzialrat am 25.10.1940, VA, W-L, C 10/11 - 144 Niederschrift der PR-Sitzung, informativ auch die Übersicht in: Die Aufgabengebiete des Provinzialverbandes Westfalen

den staatlichen Instanzen abrufbar waren, können sie nicht als eine Stärkung selbstverantwortlicher Verwaltung gewertet werden. Vielmehr bargen sie langfristig und summiert sogar die Gefahr in sich, aus der provinziellen Selbstverwaltung eine mittelbare Staatsverwaltung zu machen. Dies erfolgte auch in hohem Maße, zumal die Ressorts das Mittel der Auftragsverwaltung — wenn auch, wie das Beispiel der Statistik zeigt, mehr der Not als der Tugend gehorchend[143] — bewußt anwendeten.[144] Die daraus resultierenden tiefgreifenden Folgen für die provinzielle Selbstverwaltung wurden andererseits dadurch kaschiert und der Öffentlichkeit nicht so ohne weiteres sichtbar, als die Provinzialverwaltung nach außen hin als Träger dieser Aufgaben erschien.[145] Angesichts deren ambivalenten Charakters verwundert es deshalb auf den ersten Blick, daß sich die Provinzialverwaltungen gleichwohl intensiv um eine Delegierung von Auftragsangelegenheiten bemühten.[146] Mochte die am 11. Oktober 1934 von einem Arbeitskreis der Landesdirektorenkonferenz verfaßte und dem Reichs- und Preußischen Innenministerium zugeleitete Resolution, in der es hieß, daß "sich eine große Zahl der Staatshoheitsaufgaben zur Übertragung auf die Selbstverwaltung der Provinz als Auftragsangelegenheiten" eignet,[147] noch als ein nicht weiter überraschendes und schon aus der Weimarer Zeit bekanntes Verlangen erscheinen, so standen die in der Folgezeit erhobenen gleichgerichteten Forderungen in einem anderen Bedeutungszusammenhang. Da die staatlichen Aufsichtsmittel und Genehmigungsvorbehalte die Realisierung von in eigener Initiative aufgegriffenen Aufgaben stark einschränkten beziehungsweise die Merkmale selbstverwaltender Tätigkeit verfälschten, sahen die Provinzialverwaltungen in der Auftragsverwaltung offensichtlich die einzige Möglichkeit, um sich wenigstens partiell noch zu erhalten. Daraus erwuchsen eine

---

143 Die Provinzialverwaltung Westfalen besaß seit dem 1.1.1939 ein statistisches Referat, das der Finanzabteilung angegliedert war. Aus ihm wurde ab 1.4.1944 das "Landesamt für Statistik". Vgl. das Exposé Dr. Naunins vom 30.3.1938 "Zur Errichtung der Statistischen Stelle bei der Provinzialverwaltung", VA, W-L, C 20 - 114 sowie die "Denkschrift über die Entwicklung der provinzialstatistischen Ämter in Preußen" vom 19.5.1942, AVfK, DGT 0-10-100/163. Die Arbeit bezog sich zunächst auf interne, vornehmlich finanzielle Statistiken und sie wurden erst im Laufe des Krieges, als das Statistische Reichsamt seinen Aufgaben nicht mehr alleine nachkommen konnte, notgedrungen stärker berücksichtigt. Vgl. den Vermerk von Dr. Mühlenfels, Provinzialverband Oberschlesien, vom 13.10.1943, AVfK, DGT 0-9-95/0

144 Mit anderer Akzentuierung Matzerath, Nationalsozialismus, S. 327, wonach die massiven gesetzgeberischen Maßnahmen eine Zunahme der Auftragsangelegenheiten "bedingten".

145 Vgl. Matzerath, a.a.O., S. 421. Zur Problematik der "Verstaatlichung kommunaler Aufgaben" und der verwischten Grenzen zwischen Selbstverwaltung und Auftragsverwaltung im Dritten Reich, Wagener, Die Städte im Landkreis, S. 135 ff. mit Anm. 172. Im Gegensatz zu Wagener dürfte die "Verwischung" gleichwohl auf dem ausgeweiteten staatlichen Ermessensspielraum und weniger auf dem politischen Zugriff der Partei beruht haben, zumal die Partei und ihre Organisationen Auftragsangelegenheiten im strengen Sinne nicht delegieren konnten.

146 Vgl. die Ostmark-Denkschrift von Kitz-Hilgers, AVfK, DGT 1-1-3/3 Kühl, Die landschaftsgebundene Selbstverwaltung im Landkreis und Reichsgau, Vortragsmanuskript von 1939, N - Kühl (P) sowie die auf Anforderung Stuckarts von Kitz verfaßte "Stellungnahme zur Vereinfachung der Verwaltung" vom 19.4.1941, VA, R, N-Haake/46

147 BA, R 36/1611

spezifische Leistungsbereitschaft und der Wille, die besonderen Fähigkeiten der provinziellen Selbstverwaltung unter Beweis zu stellen. Diese Haltung geht beispielsweise aus folgender Aktennotiz Kolbows vom 29. Dezember 1938 hervor. Nachdem das Hebammengesetz am 21. Dezember 1938 erlassen worden war, das die Provinzialverbände in diesen Bereich stärker einschaltete, beauftragte Kolbow Landesrat Pork, unverzüglich mit dem Deutschen Gemeindetag Verbindung aufzunehmen, um Provinzialsatzungen zu erlassen: "Die Selbstverwaltung muss zeigen, dass sie schnell und prompt funktioniert ... Grundsatz: Westfalen muss sich von sich aus für die erforderliche Initiative verantwortlich halten!"[148] Die kriegsbedingten Einschränkungen und Belastungen schließlich wurden zur Bewährungsprobe der provinziellen Selbstverwaltung hochstilisiert.[149]

Die Provinzialverwaltungen führten ihre Zurückdrängung durch die Ministerien und Sonderverwaltungen zudem einerseits auf eine allgemein weitverbreitete Unkenntnis über den Aufgabenkreis der provinziellen Selbstverwaltung zurück — ein Problem, dem sie sich auch in der Weimarer Zeit gegenübersahen und das wohl auch für die Landschaftsverbände in Nordrhein-Westfalen gilt —, andererseits auf ihre, wie Kolbow es gern formulierte, "staatspolitische Bedeutung". Eine breit angelegte, vom Kommunalwissenschaftlichen Institut an der Universität Berlin betreute Schriftenreihe sollte daher die provinzielle Selbstverwaltung stärker in den Vordergrund rücken. Dabei wurde vor allem an die bevorstehende Reichsreform gedacht. Der Schriftenreihe lag somit eine zweifache Absicht zugrunde: mit ihr wollte man eine Leistungsbilanz der provinziellen Selbstverwaltung ziehen und ihre politischen Ansprüche untermauern.[150] Aus den gleichen Motiven beschloß auch die Provinzialverwaltung Westfalen eine Schriftenreihe herauszugeben, die aus Anlaß des fünfzigjährigen Bestehens des Provinzialverbandes begonnen werden sollte.[151] Der Entschluß blieb indes ohne konkrete Ergebnisse.

In diesen Zusammenhang gehören auch die Bemühungen der Provinzialverwaltungen, das Reichsinnenministerium als das Verfassungs- und Kommunalministerium für ihre Belange zu gewinnen. Deshalb setzte die Landesdirektorenkonferenz besondere Erwartungen in einen Empfang bei Frick am 5. April 1940, wozu dieser sich nach mehreren Anläufen bereit erklärt hatte.[152] Surén empfahl den Landes-

---

148 VA, W-L, C 10/11 - 293 a. Zu dem Gesetz vgl. Naunin, Wiederaufbau, S. 140

149 So beispielsweise Kitz in seinem Referat vor der LDK vom 7.12.1943, VA, W-L, C 10/11 - 261 Niederschrift der LDK, Anlage I.

150 Vgl. das Rundschreiben Ottos an die Provinzialverbände vom 3.3. 1936, VA, W-L, C 30 - 210. Von den insgesamt acht geplanten Arbeiten wurden nur vier veröffentlicht, die übrigen kamen nicht zum Abschluß. Veröffentlicht wurden die Untersuchungen von Müller-Haccius, Kolbow, Otto und Traupel, siehe Literaturverzeichnis. Bearbeitet werden sollten noch die Themen: Landeskultur, Wirtschaftspflege, Volkswohlfahrt und die Stellung der Kommunalverbände untereinander. Vgl. das o.g. Rundschreiben Ottos

151 Vgl. das Rundschreiben Kolbows vom 18.4.1936, VA, W-L, C 10/11 - 304

152 Vgl. den Bericht Haakes vor der LDK vom 17.12.1940, VA, R, N-Haake/44 sowie Surén vom 16.3.1940 an Haake, VA, W-L, C 10/11 - 264

hauptleuten, "wichtige Wünsche offen zur Sprache" zu bringen,[153] und auch Haake hielt es für verkehrt, am 5. April "wie die Katze um den heissen Brei" herumzulaufen.[154] Surén hatte den Landeshauptleuten aber auch zu verstehen gegeben, "Fragen, wie die der Änderungsbedürftigkeit des Verhältnisses zum Oberpräsidenten" — ein Problem, das jene stärkstens interessierte und von grundlegender Wichtigkeit war — "nicht zur Sprache" zu bringen, wie es auch nicht opportun sei, den "an manchen Stellen nicht sehr beliebten Ausdruck 'Gauselbstverwaltung' ... zu oft zu verwenden."[155] Tatsächlich sah der Empfang die Landeshauptleute, wie die Reden Haakes und Kolbows, trotz ihres engagiert abgefaßten Inhalts, erkennen lassen,[156] in der peinlichen Rolle des Bittstellers, die immer mehr zum Symbol der allgemeinen Situation der provinziellen Selbstverwaltung im Dritten Reich geworden war. Daran änderte sich auch nichts, als Frick von Himmler als Reichsinnenminister abgelöst wurde. Der Wechsel hatte allgemein und namentlich bei Kolbow, der ihn sich schon seit sechs Jahren wünschte, große Hoffnungen auf eine Wendung zugunsten der Selbstverwaltung ausgelöst.[157] Insbesondere rechnete die Landesdirektorenkonferenz auch deshalb mit einer Stärkung ihrer Vorstellungen, da gleichzeitig auch die Kommunalabteilung mit Gauhauptmann Dr. Kreißl einen neuen Leiter bekommen hatte, der, so Haake, "ihre Wünsche und Ziele aus eigenster Anschauung kenne."[158] Aber eben Kreißl war es, der auf der Landesdirektorenkonferenz vom 13. November 1943 die aufgebrochene Euphorie dämpfte und darum bat, "nicht allzu große Hoffnungen an den Wechsel zu knüpfen, da der Reichsführer eine organische Entwicklung wünsche, die durch den Krieg stark eingeschränkt sei."[159]

Was die Selbstverwaltung tatsächlich von Himmler zu erwarten hatte, machte dieser selbst auf einer Tagung in Posen deutlich, zu der er für den 12. bis 14. Februar 1944 die Oberbürgermeister, Landes- und Gauhauptleute sowie die Gauamtsleiter für Kommunalpolitik der NSDAP eingeladen hatte.[160] Schon die

153 VA, a.a.O., Vermerk Schencks vom 21.3.1940 über eine Besprechung mit der Kommunalabteilung vom 19.3.1940

154 VA, a.a.O., Haake am 20.3.1940 an Kolbow

155 VA, a.a.O., Vermerk Schencks vom 21.3.1940

156 Haake referierte über "Die allgemeine Stellung der Provinzialverbände im Staatsaufbau", während Kolbow "Das Verhältnis der Provinzialverbände zu den sonstigen öffentlichen Körperschaften im Bereich der Provinz" behandelte. Die Reden in der Denkschrift "Die Reichsgauselbstverwaltung", VA, a.a.O.

157 Vgl. die bei Schulte, Der Nationalsozialismus, Abschnitt "Kein Menschenkenner" zitierten Tagebuchnotizen Kolbows sowie dessen Brief vom 30.1.1944 an Dr. Naunin, Privatbesitz Dr. Naunin

158 VA, W-L, C 10/11 - 263 Niederschrift der LDK vom 13.11.1943. Hoffnungsvoll wegen Kreißl war auch der DGT, vgl. seinen Informationsbericht vom März 1944, AVfK, DGT 0-10-100/7

159 VA, a.a.O., Daß Kreißl auf der LDK vom 12./13.11.1943, nun als Leiter der Kommunalabteilung, anwesend war, was Matzerath, a.a.O., S. 227 hervorhebt, war nichts Besonderes, da dieser als Gauhauptmann des Sudetengaues bereits seit 1939 an der LDK teilnahm; ebenso hatte Surén sie wiederholt besucht.

160 Vgl. dazu die Vorakten in: BA, R 18/3523. Auf der Tagung standen bewußt Schwerpunkte der gemeindlichen Selbstverwaltung im Vordergrund, während die Gauselbstver-

Nachricht von der Veranstaltung wertete Haake als Indiz, "dass wir nun mit unserer Idee der Selbstverwaltung durch sind. Endlich hat nun unser 10-jähriger Kampf zum Erfolg geführt."[161] Die Hoffnungen erwiesen sich indessen als unbegründet. Zwar wiederholte auch Himmler die zur Genüge bekannten phrasenhaften Deklamationen über den Wert der Selbstverwaltung und ihrer Notwendigkeit für einen nationalsozialistischen Staat. Daneben standen aber Ausführungen, die alle Illusionen zunichte machen mußten, wenngleich man es sich, wie die Bemerkungen Haakes verraten, nicht eingestehen wollte. Denn Himmler klärte die Zuhörerschaft über seinen Kurs mit der Ankündigung auf: "Über etwas sei sich auch jeder klar: Wenn sich einer beschweren sollte, über eine andere Stelle, sagen wir also der Regierungspräsident oder der Kreisleiter oder wer es sei, hat mir eine Aufgabe weggenommen, da kann ich bloß sagen, dann waren sie faul und unfähig; denn nur in Räumen, die ein Vakuum aufweisen, die luftleer sind, wo nichts darin ist, dringt eine andere Kraft ein. Wenn ein Raum ausgefüllt ist, kann gar nichts anderes eindringen."[162]

Die Sätze Himmlers lassen keine Zweifel. Selbst für den noch verbliebenen Aufgabenkreis der provinziellen Selbstverwaltung boten sie keine Gewähr, im Gegenteil. Wenn R. Bollmus die Machtkämpfe im Dritten Reich auf die Formel vom "Ämter-Darwinismus"[163] gebracht hat, so liegt es angesichts der Bemerkungen Himmlers nahe, von einem "Verwaltungs-Darwinismus" zu sprechen, in dem sich auch die Provinzialverwaltungen nach wie vor zu behaupten gezwungen sahen. Er konnte keine Voraussetzung und keine Basis für die von Kolbow erhoffte und für Haake sich schon abzeichnende Regeneration der provinziellen Selbstverwaltung sein. Auch deuteten keine Anzeichen darauf hin, daß das Reichsinnenministerium seinerseits beabsichtigte, die gesetzliche Reglementierung und administrative Gängelung zu lockern.

Die gelegentlich von Vertretern der Provinzialverbände vorgenommene Umschreibung,[164] die provinzielle Selbstverwaltung stehe an der Naht von Selbstverwaltung und Staatsverwaltung, besaß am Ende des Dritten Reiches keinen Realitätsgehalt mehr. Sie war hinfällig geworden, da es diese Scheidung faktisch nicht mehr gab. Auch die provinzielle Selbstverwaltung existierte nur noch "als formell von der staatlichen Verwaltung abgetrennte Verwaltungsform"[165] und mußte darauf hoffen, daß ihr die Zuständigkeiten belassen und buchstäblich bewilligt würden. Und wenn dies geschah, wurde ihr klar gemacht, daß sie für die Reichsverwaltung

---

waltung zu einem späteren Zeitpunkt stärker berücksichtigt werden sollte. Vgl. Himmler in seiner Schlußansprache, BA, a.a.O., Kolbow war als einziger Landeshauptmann als Referent berücksichtigt worden. Vgl. o. S. 244

161 VA, W-L, C 10/11 - 266 Haake am 18.2.1944 an Kolbow

162 BA, R 18/3523

163 Bollmus, Das Amt Rosenberg und seine Gegner, S. 245

164 Vgl. Kühl in seinem 1939 verfaßten Exposé "Die Stellung des Reichsstatthalters im kommenden Reichsgau", N- Kühl (P)

165 Matzerath, Nationalsozialismus, S. 430

nur noch unter instrumentalem Aspekt von Belang war. Diesen Tatbestand beleuchtet eindrücklich die sarkastische Formulierung Kolbows, mit der er die 1942 diskutierte Form der Trägerschaft von Fachschulen durch die regionalen Selbstverwaltungskörperschaften kommentierte: Die Reichsgaue können kein Interesse daran haben, lediglich "die Schuleinrichtungen zu errichten, aufzubauen und zu unterhalten. Wenn aber der Lehrplan vom Reich festgesetzt wird, wenn die Schulkräfte Reichsbeamte werden und das Reich die Personalverhältnisse regelt und die Personalpolitik bestimmt, dann bleibt für den Schulträger nicht viel mehr über, als das Dach und die Heizung des Schulgebäudes in Ordnung zu halten."[166]

Während die Reglementierung und Bevormundung der provinziellen Selbstverwaltung in der Anfangsphase durch spektakuläre Gesetze und Verordnungen erfolgte, vollzog sich ihre politische Entmündigung sukzessiv im Wege beständiger lautloser ministerieller Eingriffe. Die äußere Existenz des provinziellen Selbstverwaltungskörpers kann nicht darüber hinwegtäuschen, daß die provinzielle Selbstverwaltung bei der Wahrnehmung ihrer Aufgaben in einem Maße zentralen staatlichen Organen unterworfen worden war oder, soweit noch nicht geschehen, unterworfen zu werden drohte, daß von einer Verstaatlichung der provinziellen Selbstverwaltung und ihres Aufgabenkreises im Dritten Reich gesprochen werden muß.

2. Schablonisierung und Instrumentalisierung der Finanzausstattung

Die Frage, ob und inwieweit die staatliche Kommunalaufsicht der Provinzialverwaltung Raum für selbständige und eigenverantwortliche Verwaltungsführungs ließ, stellt sich auch für den Bereich der Finanzwirtschaft. Ihre Beantwortung ist um so dringender, als die finanzielle Selbstverantwortung ein essentielles Recht der Selbstverwaltung darstellt. Mithin berührt die Frage nach der Finanzhoheit einen neuralgischen Punkt, so daß von ihrer Untersuchung wichtige Aufschlüsse über die Bedingungen der Existenz und Realisierungschancen provinzieller Selbstverwaltung im Dritten Reich erwartet werden dürfen. In engem Zusammenhang damit steht die Überlegung nach den Motiven der staatlichen Finanzpolitik gegenüber der provinziellen Selbstverwaltung und nach ihrem Stellenwert im Kalkül der Reichsfinanzpolitik.

Der Provinzialverband besaß drei große Einnahmequellen: die Reichssteuerüberweisungen und Dotationen neben den Mitteln aus der Kraftfahrzeugsteuer, die Erträge aus eigenem Kapitalvermögen und aus Verwaltungseinnahmen sowie die Provinzialumlage.[167] Da die letztere von den kreisfreien Städten und Landkreisen aufgebracht werden mußte, hat man sie als Finanzierung des Provinzialverbandes von "unten" bezeichnet, während die Reichssteuerüberweisungen und Dotationen als staatliche Zuwendungen als seine Finanzierung von "oben" beschrieben worden sind.[168] Die Reichssteuerüberweisungen bestanden aus prozentual festgelegten An-

---

166 BA, R 36/2343 Kolbow am 12.9.1942 an den DGT

167 Vgl. im einzelnen dazu, Jeserich, Die preußischen Provinzen, S. 234 ff., Naunin, Wiederaufbau, S. 268 ff., ders., Die Einnahmequellen der regionalen Gemeindeverbände und der sondergesetzlichen Zweckverbände, S. 378 f.

168 Naunin, Wiederaufbau, S. 269

teilen aus der Einkommen- und Körperschaftssteuer und galten für die staatlichen Auftragsaufgaben des Verbandes. Die Mittel aus der Kfz-Steuer waren zweckgebunden für den Straßenbau. Die Provinzialumlage diente dazu, den verbleibenden Finanzbedarf des Provinzialverbandes zu decken und bildete dessen einzige bewegliche, bis 1933 vom Provinziallandtag festzusetzende Einnahme. Dagegen besaß der Provinzialverband kein eigenes Steuererhebungsrecht.

Als Kolbow im April 1933 das Amt des Staatskommissars antrat, stand der Provinzialverband am Rande des kassenmäßigen Zusammenbruchs und sah sich kaum noch in der Lage, seinen Zahlungsverpflichtungen nachzukommen. Diese Entwicklung hatte sich der Verwaltung im Laufe des Jahres 1931 bemerkbar gemacht und hatte ihre Ursache vor allem darin, daß die Ruhrgebietsstädte nicht mehr in der Lage waren, den Kapitaldienst für die von ihnen aufgenommenen Schulden zu zahlen. Infolge der Konstruktion des Steuer- und Dotationssystems schlug sich zwar der Rückgang an staatlichen Zuwendungen im Etat des Provinzialverbandes erst ein Jahr später nieder, dagegen indizierten die rapide zusammenschrumpfenden Kassenbestände der Provinzialverwaltung, wie sehr sich ihre finanzielle Lage verschärfte. Nachdem Landeshauptmann Dieckmann das Preußische Innenministerium wiederholt darauf aufmerksam gemacht hatte, stellte er in seiner Eingabe vom 30. Juni 1932 fest, "dass nur sofortige durchgreifende Massnahmen eine Zahlungseinstellung verhindern können."[169] Der Provinzialverband habe unter anderem Forderungen von Bezirksfürsorgeverbänden, Privatanstalten und sonstigen Institutionen in Höhe von 2.511.000 RM kurzfristig zu begleichen, unbeschadet der rückständigen Zinsen bei der Landesbank über rund 2.6 Mill. RM. Nach einer Umfrage des Verbandes der preußischen Provinzen wies der Provinzialverband Westfalen am 30. Juni 1932 sogar von allen preußischen Provinzen mit 82.027.359 RM den höchsten Schuldenstand auf.[170] Einige Tage später wurde der Leiter des Verbandes, von Schenck, in der gleichen Angelegenheit beim Preußischen Finanzminister und beim Innenminister vorstellig und verlangte unverzüglich kurzfristige Maßnahmen, um die Kassenlage der Provinzen zu verbessern.[171] Unterdessen wurde die Höhe ihrer Rückstände immer alarmierender, was weniger an einer übersteigerten Ausgabenwirtschaft als vielmehr an den ausbleibenden Einnahmen lag.[172] So waren die Reichssteuerüberweisungen und Dotationen an den Provinzialverband Westfalen, die 1931 noch 8.381.163 RM betragen hatten, 1932 auf 5.805.035 RM gedrosselt worden, was einem Rückgang von rund 31 % entsprach.[173] Gravierender noch gestalteten sich die Einbußen bei der Provinzialumlage und den Pflegegeldern. Auf der Landesdirektorenkonferenz vom 11. Oktober 1932 teilte Dieckmann mit, von den 19 westfälischen Stadtkreisen entrichteten

---

169 AVfK, A (P) 117 Unterstreichung im Original

170 Vgl. Lang, Die Einflüsse von Selbstverwaltung und Staatsaufsicht auf die deutsche Kommunalverschuldung unter besonderer Berücksichtigung Preußens, S. 76

171 AVfK, a.a.O., Schreiben Schencks vom 2.7.1932

172 Vgl. von der Lühe, Die Finanz- und Kassenlage der preußischen Provinzen, S. 708 ff., ders., Zur Finanz- und Kassenlage der preußischen Provinzen, S. 221 ff.

173 Vgl. Haushaltsplan 1935, S. 264

nur noch 2 ihre Provinzialabgabe.[174] Diese hielten mit ihren Überweisungen freilich weniger aus Zahlungsunwilligkeit zurück, sondern weil sie zum überwiegenden Teil nicht mehr dazu in der Lage waren. Ihre Zahlungsrückstände stiegen Ende 1932 von Monat zu Monat in immer stärkerem Maße und beliefen sich im Monat Mai 1933 bei der Provinzialabgabe auf 65,67 % und bei den Pflegegeldern auf 36,09 %. Zusammen ergab dies einen Rückstand von 50,05 %, mit dem Westfalen an der Spitze aller preußischen Provinzen lag.[175]

Die Höhe der Einnahmen blieb für die Provinzialverwaltung auch weiterhin völlig unübersichtlich und erschwerte eine gesicherte Haushaltsdisposition.[176] Angesichts dieser Bedingungen bemühte sich die Verwaltung erneut bei preußischen Ministerien um kurzfristige Unterstützung, ohne indes Erfolg zu haben. So brachte eine Delegation der Landesdirektorenkonferenz aus einer Besprechung mit Popitz, Grauert und Surén vom 28. April 1933 als Verhandlungsergebnis mit, "daß im Augenblick auf besondere Hilfsmaßnahmen für die Provinzen kaum zu rechnen ist."[177] Ebenso wurde Kolbow bei seinem Vorstoß Ende Mai 1933 bei Grauert auf später vertröstet und erhielt lediglich die euphemistische Zusicherung, daß man grundsätzlich von vorn anfangen und einen Schlußstrich unter das "Zweite Reich" ziehen werde.[178] Spürbare Hilfe erhielt der Provinzialverband erst, nachdem das Umschuldungsgesetz vom 21. September 1933[179] Schuldverschreibungen auf einen öffentlich-rechtlichen Umschuldungsverband ermöglichte, der der Preußischen Staatsbank angegliedert war. In das Umschuldungsverfahren konnten indes keine öffentlich-rechtlichen Forderungen, worunter die Provinzialumlage und die Pflegegelder fielen, einbezogen werden. Lediglich der Staat machte eine Ausnahme und konnte die von Gemeinden und Gemeindeverbänden einbehaltenen Staatssteuern umschulden, was er auch tat. Am 3. Januar 1934[180] informierte der Preußische Gemeindetag vertraulich die Provinzialverbände, daß Preußen in Kürze rund 170 Mill. RM als nachträgliche Reichs- und Landessteuerüberweisungen den Gemeinden und Gemeindeverbänden zukommen lasse. Es handelte sich dabei um eine Begleichung von Steuerbeträgen, die der preußische Staat Gemeinden und Gemeindeverbänden auf Grund des § 6 b der Verordnung zur Verlängerung und Änderung des Preußischen Ausführungsgesetzes zum Finanzausgleichsgesetz für das Rechnungsjahr 1932 vorenthalten hatte.[181] Aber Preußen hatte auch schon 1931,

---

174 AVfK, A (P) 706 Niederschrift der LDK

175 Vgl. das Rd.Schreiben des VPP vom 26.5.1933, BA, R 36/559

176 Vgl. die Verfügung Kolbows vom 28.7.1933, VA, W-L, C 70-18 sowie den Bericht von Landesrat Westermann am 13.10.1933 vor dem Provinzialausschuß über die Entwicklung der Finanz- und Kassenlage des Provinzialverbandes von 1924 bis 1933, VA, W-L, C 20 - 4

177 Vgl. das Rd.Schreiben Schencks vom 2.5.1933 an die Provinzen, BA, R 36/559

178 VA, W-L, NK - 1, S. 3 f. Vermerk Kolbows vom 31.5.1933

179 RGBl. I., S. 647

180 VA, W-L, C 20 - 20

181 GS. S. 161

wie die Provinzialverbände nachträglich feststellten, stillschweigend und ohne gesetzliche Grundlage Kürzungen vorgenommen, indem es zwar nicht ihren Anteil an der Einkommen- und Körperschaftssteuer, wohl aber den der Gemeinden senkte, was sich zwangsläufig auf die Provinzialumlage auswirkte.[182] Nach einer Berechnung der Verwaltung hatte der Provinzialverband Westfalen auf diese Weise einen Einnahmeausfall von 721.500 RM erlitten.[183] Der Preußische Gemeindetag empfahl den Provinzen, Umschuldungsbriefe des Umschuldungsverbandes, die die Stadt- und Landkreise im Rahmen der Aktion bekämen, an Zahlungsstatt für rückständige Provinzialumlagen aufzurechnen. Der Provinzialverband — das Preußische Innenministerium erlaubte ihm am 15. Dezember 1933 auf seinen Antrag hin, dem Umschuldungsverband beizutreten —,[184] erklärte sich einverstanden und unterbreitete den Kreisen den Vorschlag, die ihm ebenfalls zustimmten. Er sah vor, daß die Rückstände, die sich vor dem 31. Dezember 1933 angesammelt hatten, mit Umschuldungsbriefen beglichen werden konnten.[185] Das Vorhaben drohte jedoch plötzlich am Preußischen Innenministerium zu scheitern. Denn wie der Deutsche Gemeindetag erfahren hatte, wurde dort ein Erlaß vorbereitet, nach dem die außerordentlichen Steuerüberweisungen an die Gemeinde nicht umlage- beziehungsweise abgabefähig sein sollten, was hieß, daß sie nicht mit der Provinzialumlage verrechnet, sondern von den Gemeinden sofort an den Umschuldungsverband zur Aufrechnung weitergeleitet werden sollten. Daraufhin wandte sich Kolbow sofort an das Innenministerium und beantragte für Westfalen wegen seiner besonders angespannten Finanzlage eine Ausnahmeregelung.[186] Das Ministerium erklärte sich tatsächlich einverstanden, sofern die empfangsberechtigten Stadt- und Landkreise die entsprechenden Anträge über den Regierungspräsidenten stellten.[187]

Nach den Ermittlungen der Finanzabteilung dezimierte die Steuerumschuldungsaktion die Rückstände der Kreise um etwa 2,5 Mill. RM. Damit war immerhin ein Anfang gemacht, aber auch danach betrug ihre Schuldenlast beim Provinzialverband noch rund 10 Mill. RM. Um sie abzubauen, regte Westermann in einem Exposé vom 28. Juli 1934[188] bei Lüninck an, diese Summe ebenfalls in das Umschuldungsverfahren einzubeziehen. In der neuen Fassung des Umschuldungsgesetzes vom 5. Juli 1934[189] bot § 5 Abs. 3 die Möglichkeit dazu, sofern das Reichsfinanzministerium die Ausnahmegenehmigung erteilte und "Gläubiger und Verbandsmitglied", in diesem Falle also Provinzialverband und Kreise, sie gemeinsam beantragten. Lüninck machte sich den Vorschlag zu eigen und unterbreitete ihn am

182 Vgl. dazu die Vorgänge und besonders das Schreiben der Rheinprovinz vom 3.10.1933 an den DGT, in: VA, a.a.O.

183 VA, a.a.O., Westermann am 13.9.1933 an den DGT

184 VA, W-L, C 20 - 21 Beitrittsbeschluß des PA vom 21.11.1933 und Schreiben des PrMdI

185 VA, W-L, C 20 - 20 Rd.Schreiben Lünincks vom 8.2.1934

186 VA, a.a.O., Schreiben Kolbows vom 6.3.1934

187 VA, a.a.O., Schreiben des PrMdI vom 13.7.1934. Einen Tag später, am 14.7.1934, gab dieses zusammen mit dem PrFM den vom DGT angekündigten Erlaß heraus. (MBliV, S. 971)

188 VA, a.a.O.   189 RGBl. I., S. 575

3. August 1934 den Kreisen in einem Rundschreiben.[190] Lüninck hob hervor, die Regelung würde den Provinzialverband nicht nur außerordentlich entlasten und ihn instandsetzen, seinen gesetzlichen Aufgaben wieder in größerem Umfange nachzukommen, eine "Totalbereinigung" zwischen dem Provinzialverband und seinen Kreisen besäße auch "starke psychologische Wirkungen" um die Vergangenheit zu überwinden und die Konsolidierungsphase rasch zu stabilisieren. Das Vorhaben konnte indes nicht realisiert werden, da das Preußische Innenministerium als Kommunalaufsichtsbehörde, bei dem Lüninck am 10. August 1934 den entsprechenden Antrag gestellt hatte, ihn ohne Begründung ablehnte.[191]

Damit mußte sich die Provinzialverwaltung auf einen längeren Zeitraum einrichten, um ihre angespannte Kassenlage zu verbessern. Denn auch der naheliegende Weg, die Provinzialumlage zu erhöhen, war nach dem Reichsgesetz vom 14. Februar 1934[192] über die Realsteuersperre nicht gangbar. Dieses bestimmte, daß Gemeindeverbände, die ihren Finanzbedarf durch Umlage auf die ihnen angehörigen Verbandsmitglieder deckten, keine Anhebung vornehmen durften. Zudem wäre sie vermutlich einem Schlag ins Wasser gleichgekommen. Die Stadtkreise, insbesondere die des westfälischen Industriegebietes, hatten selbst mit enormen Kassenschwierigkeiten zu kämpfen,[193] wenngleich die sich rascher erholenden Kreise in ländlichen Gebieten eine bemerkenswerte Ausgleichsfunktion für den Provinzialhaushalt ausübten.[194] Entlastend wirkte sich für die Kreise das Ansteigen des Reichssteueraufkommens aus. Dies kam dem Provinzialverband sowohl bei den Reichssteuerüberweisungen aus der Einkommen- und Körperschaftssteuer wie auch bei der Provinzialumlage zugute.[195] So konnte er von 1933 auf 1934 bei den Überweisungen und Dotationen eine Mehreinnahme von 1.725.399 RM (21,5 %) verzeichnen, während die Eingänge aus der Umlage im gleichen Zeitraum um 1.358.535 RM von 7.148.464 RM auf 8.506.999 RM (16 %) stiegen. 1932 hatte sie dagegen nur 5.718.469 RM gebracht.[196] Da aber die Kreise, trotz der sprunghaften Verbesserung ihrer Kassenlage, nur sehr zögernd ihre Rückstände abbauten und zum Teil sogar die laufenden Anstaltspflegekosten zurückhielten, wandte sich Lüninck beschwerdeführend an das Preußische Innenministerium. Dieses beanstandete daraufhin in einem scharfen Erlaß vom 11. September 1934 das Verhalten der Kreise und wies die Regierungspräsidenten in Münster, Arnsberg und Minden an, die Pflege-

---

190 VA, a.a.O.

191 VA, a.a.O., Erlaß des PrMdI vom 23.10.1934

192 RGBl. I., S. 39

193 Vgl. den Finanzbericht zum Haushaltsplan 1935, S. 7 f.

194 So besaßen beispielsweise die Kreise des Münsterlandes und überwiegend auch die des ostwestfälischen Raumes am 10.1.1935 keine Rückstände mehr, während bis auf wenige Ausnahmen alle Kreise des Industriegebietes mit mehr als 12 Monatssollzahlungen zurücklagen. Vgl. die Karte 10 der Denkschrift "Die Weserlinie in der Gliederung des niederdeutschen Raumes," N-Kühl (P) Akte "Raumwerk".

195 Vgl. die Entwicklung der Finanzen der Provinzialverbände unter dem Einfluß der Wirtschaftsbelebung (Rechnungsjahre 1932 - 1937), S. I. 68 ff.

196 Haushaltsplan 1935, S. 264 und Haushaltsplan 1936, S. 276

kosten von staatswegen bei den Kreisen einzubehalten.[197] Vier Monate später berichtete Lüninck nach Berlin, daß die Regierungspräsidenten die Pflegekosten in Höhe von 1.489.000 RM abgeführt hätten, der Schuldenstand bei der Provinzialumlage dagegen noch 10,7 Mill. RM betrage.[198] Seine Beseitigung blieb auch noch auf Jahre hin ein Problem, das die Haushaltsdispositionen der Provinzialverwaltung beeinflußte. Erst im Laufe des Jahres 1938 waren alle Rückstände aus der Provinzialumlage beglichen, was nicht zuletzt dadurch möglich geworden war, daß der Provinzialverband von einer direkten Rückzahlung von über 1 Mill. RM absah, die die betreffenden Stadtkreise zum Teil zu Stadtsanierungszwecken verwenden mußten.[199]

Eine weitere außerordentliche Belastung bedeuteten die Verpflichtungen, die der Provinzialverband als Garantieträger der Landesbank übernommen hatte. Sie war während der Krisenjahre in so große Liquidationsschwierigkeiten geraten, daß ihre Schließung nur durch Wechselkredite der Reichsbank und anderer Kreditinstitute sowie durch eine 1932 eingelöste Garantieverpflichtung des Provinzialverbandes – er war dazu satzungsmäßig verpflichtet – in Höhe von 23,8 Mill. RM verhindert werden konnte. Als die Landesbank dennoch zahlungsunfähig wurde, wurde im Juli 1932 in aller Eile eine neue Girozentrale unter der Bezeichnung "Provinzial-Hauptkasse Abteilung B" beim Provinzialverband eingerichtet, um den offiziellen Geldverkehr wieder in Gang zu bringen. So konnte das alte festgefahrene Bankgeschäft – abgesondert von dem neuen Bankverkehr – allmählich wieder abgewickelt werden. In welch katastrophaler Lage sich die Landesbank befand, wird an ihrem Zins- und Tilgungsrückstand ablesbar, der sich Mitte 1933 auf 45 Mill. RM belief.[200] So hing ihr Bestand von immer neuen Krediten ab, für die ihr Staatskommissar Schmidt, Lüninck und Kolbow mit den verschiedenen Ressorts und Banken jeweils zahlreiche und langwierige Verhandlungen auf sich nehmen mußten und die das Reichsfinanzministerium schließlich zu der Drohung veranlaßten, die Landesbank in Kürze zu schließen.[201] Eine Aufwärtsentwicklung trat erst mit dem Wirksamwerden der Gemeindeumschuldung ein, in deren Rahmen die großen Städte der Provinz als Hauptschuldner ihre Schulden mit Umschuldungsobligationen beglichen[202] und auch der Provinzialverband auf diesem Wege Kredite von

---

197 Vgl. dazu die Vorgänge in: VA, W-L, C 20 - 20

198 VA, a.a.O., Das Schreiben Lünincks vom 18.1.1935

199 Vgl. den Finanzbericht zum Haushaltsplan 1938, S. 7 f., und zum Haushaltsplan 1939, S. 8, Verwaltungsbericht 1938, S. 21 f., den Bericht Kolbows vor dem Provinzialrat am 5.11.1937, VA, W-L, C 10/11 - 140 Niederschrift der PR-Sitzung sowie den Bericht von Dr. Kühl über "Die Lage der Provinzialfinanzen" auf der Tagung der Arbeitsgemeinschaft für Verwaltungsfragen der kreisfreien Städte im Bereich der Provinzialdienststelle Westfalen-Lippe des DGT am 19.5.1938 in Hamm, AVfK, DGT 0-1-16/521

200 Vgl. das Schreiben Kolbows an Gauleiter Wagner vom 27.10.1933, VA, W-L, C 30 - 158 den Finanzbericht zum Haushaltsplan 1936, S. 8 sowie die Angaben in: 125 Jahre Landesbank für Westfalen Girozentrale 1832 - 1957, S. 51 ff.

201 Zahlreiche Vorgänge dazu in: VA, a.a.O.

202 VA, W-L, C 30 - 161 Kolbow am 20.10.1943 an Gauhauptmann Linert, Innsbruck

40 Mill. RM mit einem Zinsfuß von 6 % umschuldete.[203] Damit war aber die Zukunft der Landesbank, die bisher im Finanz- und Kreditwesen der Provinz eine bedeutende Rolle gespielt hatte, noch keineswegs gesichert. Klarheit trat erst ein, als in Verhandlungen mit den beteiligten Reichsressorts, dem Preußischen Finanzministerium und den westfälischen Sparkassen ein langfristiger Abwicklungsplan zu ihrer Sanierung aufgestellt werden konnte. Da die Landesbank nach der Auffassung des Reichswirtschaftsministeriums bis dahin die Aufgaben der Girozentrale nicht ausüben sollte, wurde mit Wirkung vom 1. Oktober 1935 die "Provinzial-Hauptkasse Abteilung B" in eine eigenständige Bank mit dem Namen "Landesbank und Sparkassenzentrale für Westfalen (Girozentrale)" umgewandelt. Es gab nun zwei Landesbanken in der Provinz, denen in Personalunion das gleiche Direktorium vorstand. Während die "alte" Landesbank das langfristige Kreditgeschäft ausübte, fiel der "neuen" das kurzfristige zu.[204] Um den Abwicklungsplan sicherzustellen, mußte der Provinzialverband ein weiteres Garantiedarlehen von 6 Mill. RM übernehmen, so daß seine Verpflichtungen für die Landesbank 29,8 Mill. RM betrugen. Sie belasteten den provinziellen Haushalt jährlich mit einem Zinsendienst von etwa 1,4 Mill. RM und legten damit beträchtliche Mittel auf Jahre hin fest.[205] Erst 1943 konnte die Sanierungsaktion abgeschlossen werden, für die der Provinzialverband insgesamt über 37 Mill. RM aufgebracht hatte. Seit dem 1. Oktober 1943 besaß die Provinz wieder eine Bank, die alle einschlägigen Geldgeschäfte erledigen durfte und als "Landesbank für Westfalen (Girozentrale)" firmierte.[206]

Das Finanz- und Haushaltssystem des Provinzialverbandes unterlag im Dritten Reich tiefgreifenden Veränderungen. Diese zeigten sich sowohl in der Höhe der Haushaltsmittel, in ihren Schwerpunkten wie in der Verlagerung der Finanzquellen, wofür der Rückgang der staatlichen Zuwendungen gegenüber den bedeutsam ausgeweiteten Mitteln aus der Provinzialumlage besonders signifikant war. Als erstes bekam die Verwaltung diese Entwicklung bei der Kfz-Steuer zu spüren. Sie hatte sich im Vergleich zur Einkommen- und Körperschaftssteuer als eine relativ krisenneutrale Einnahmequelle des Provinzialverbandes erwiesen.[207] So lag der Ertrag aus der Kfz-Steuer 1932 mit 6.124.426 RM noch über der Gesamtsumme der Reichssteuerüberweisungen und Dotationen mit 5.805.035 RM. Dagegen hatten diese 1929 noch 14.730.620 RM, die Kfz-Steuer aber nur 8.011.135 RM ausgemacht.[208] Während der Anteil des Provinzialverbandes an ihr 1933 noch 5.548.711 RM betrug, sank die Überweisung 1934 abrupt auf 2.719.383 RM und schwankte von nun an zwischen 2,5 und 2,9 Mill. RM pro Jahr. Die Kürzung stand in unmittelbarem Zusammenhang mit der am 26. März 1934 gesetzlich vorgenom-

---

203 Finanzbericht zum Haushaltsplan 1935, S. 7

204 VA, a.a.O., Kolbow an Linert und der Vermerk Kolbows vom 13.2. und 15.5.1935 über Besprechungen im RWM, VA, W-L, C 20 - 141

205 Finanzbericht zum Haushaltsplan 1935, S. 7

206 Naunin, Wiederaufbau, S. 197 f. Geißler, Die Kreditanstalten des westfälischen Provinzialverbandes nach ihren Statuten und Satzungen im Verlaufe ihrer Geschichte, S. 103 ff.

207 Vgl. die graphische Darstellung, in: Verwaltungsbericht 1937, S. 14

208 Haushaltsplan 1935, S. 264

menen einstweiligen Neuregelung des Straßenwesens und der Straßenverwaltung. Das Gesetz klassifizierte die Straßen in vier Typen: Kraftfahrbahnen (Autobahnen), Reichsstraßen, Landstraßen I. und Landstraßen II. Ordnung und übertrug die Reichsstraßen den Provinzialverbänden als Auftragsverwaltung. Die Landstraßen I. Ordnung behielten sie als Selbstverwaltungsaufgabe. Von den bisher 3.157,35 km Provinzialstraßen des Verbandes wurden 2.194,70 km zu Reichsstraßen erklärt, während er 3.866,06 km Landstraßen I. Ordnung, die vorher überwiegend Kreisstraßen waren, zugewiesen erhielt.[209]

Da das Reich die Baulast und Unterhaltung der Reichsstraßen zu tragen hatte, beanspruchte dieses auch einen Anteil an der Kfz-Steuer und führte einen Verteilerschlüssel ein, was den starken Abfall der provinziellen Einnahme von 1933 auf 1934 auslöste.[210] Die drastische und unvermittelt auftauchende Reduzierung warf nicht nur alle für 1934 getroffenen Haushaltsplanungen über den Haufen – der Ausfall bezifferte sich auf knapp 2 Mill. RM, während der Einzelhaushalt der Straßenverwaltung in der Einnahmeseite mit 4,2 Mill. RM angesetzt war[211] –; zusammen mit den übrigen finanziellen Bestimmungen wurde die Neuverteilung der Kfz-Steuer für die Provinzialverwaltung zu einem finanziellen Strukturproblem, das in der Folgezeit jeden Haushalt überschattete. Das Gesetz und die ihm folgenden Durchführungsverordnungen bestimmten, daß der Provinzialverband weiterhin für den Schuldendienst der an das Reich abgegebenen Provinzialstraßen aufkommen mußte sowie die Verwaltungskosten für die Reichsstraßen bereitzustellen hatte. Alle im Zusammenhang mit der Trägerschaft für die Landstraßen I. Ordnung sich ergebenden Kosten fielen dem Provinzialverband ohnehin zu, wenngleich das Reich sie aus der Kfz-Steuer bezuschußte. Die Schuldenverpflichtungen beispielsweise, die er für die überwiegend in gutem technischen Zustand an das Reich abgegebenen Provinzialstraßen eingegangen war, beliefen sich 1933 auf 2.140.200 RM.[212] Auch mit der Auflage, die persönlichen und sächlichen Verwaltungskosten für die auftragsweise verwalteten Reichsstraßen aufzubringen, ergaben sich eine Reihe von Belastungen, die auf den ersten Blick nicht erkennbar waren. Die Aufgabenerweiterung erforderte zusätzliche Büroräume in der Hauptverwaltung, eine Aufstockung der in der Provinz verteilten Landesbauämter sowie ein neues Bauamt, unbeschadet der Verwaltungskosten, die bei knapp 500.000 RM lagen.[213]

Die gravierendste Belastung des Provinzialverbandes ging allerdings davon aus, daß einerseits sein Anteil an der Kfz-Steuer stagnierte, die Aufwendungen für Straßenbau und -verwaltung aber immer umfangreicher und kostspieliger wurden. Es ist bereits erwähnt worden, daß die Kfz-Steuerüberweisungen ab 1934 nicht mehr die 2,9 Mill. RM Grenze erreichten; die Ausgabenseite des Haushaltes der Straßenver-

---

209 Haushaltsplan 1936, S. 108

210 Vgl. Otto, Das Verkehrswesen der preußischen Provinzen, S. 40 ff., Haushaltsplan 1935, S. 5 f.

211 Vgl. die emporte Eingabe Lünincks an das RFM vom 26.4.1934, BA, R 2/20348, Haushaltsplan 1934, S. 102

212 Haushaltsplan 1933, S. 107

213 Haushaltsplan 1936, S. 6, 108

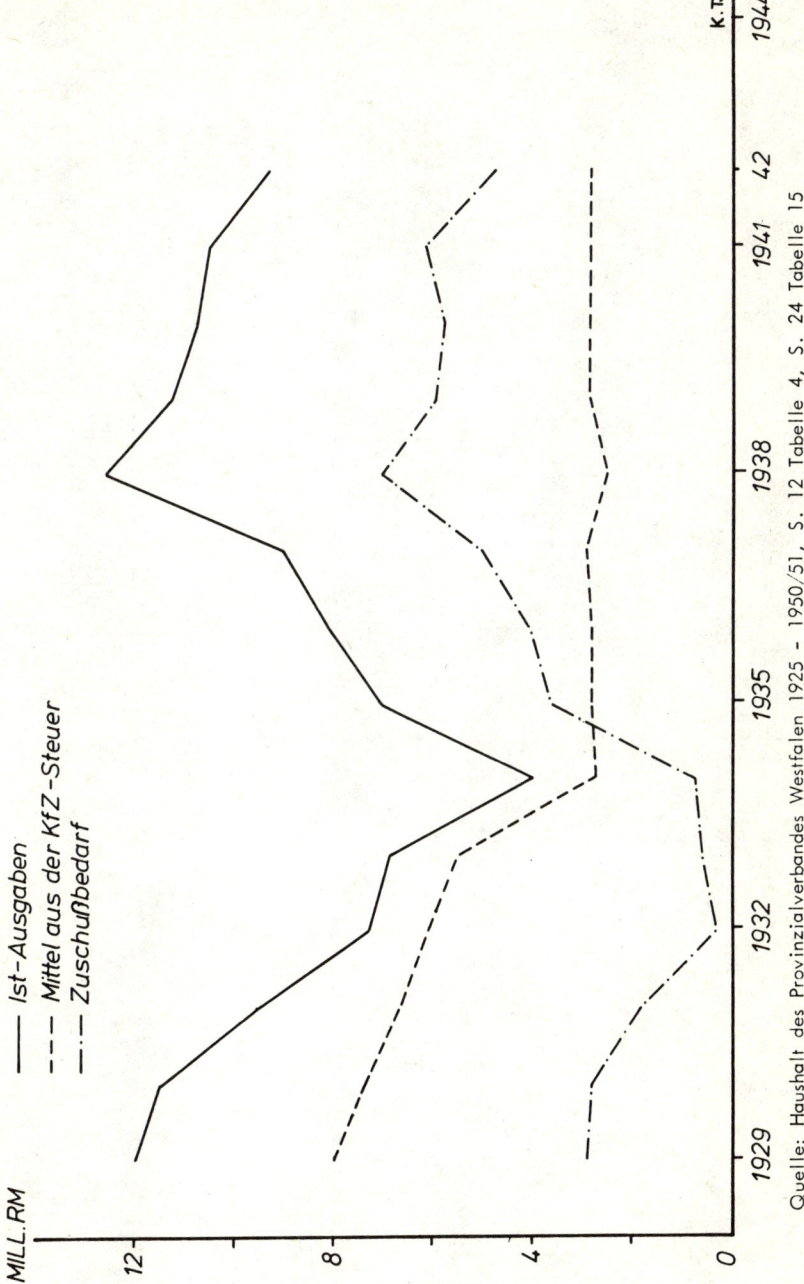

waltung dagegen eine kontinuierliche, teilweise sprunghafte Aufwärtsentwicklung verzeichnete. Während die Ist-Ausgaben des ordentlichen Haushalts 1933 6.954.398,26 RM betrugen, waren sie 1937 bei 9.013.531,37 RM angelangt. Welche tatsächlichen Belastungen für den Provinzialverband aus dieser Entwicklung herrührten, wird erst deutlich, wenn die Ausgaben- und Einnahmeseite in Relation zueinander gesetzt werden. Dabei stellt sich heraus, daß der Zuschußbedarf sich nahezu kongruent zu den Ausgaben verhält. Er umfaßte 1934 noch 756.272,71 RM, schnellte 1935 auf 3.641.592,81 RM (480 %) und war 1938 bei 6.697.200 RM angelangt. Die Provinzialverwaltung mußte also 1938 das 7 1/2 fache des für 1934 aufgewendeten Betrages bereitstellen, was in vier Jahren einer Steigerung von 670 % entsprach (s. Abbildung 1).[214]

Um die Lücke zu füllen, mußte die Provinzialverwaltung auf allgemeine Deckungsmittel des Provinzialverbandes zurückgreifen, deren Hauptkontingent die Provinzialumlage bildete. So erbrachte beispielsweise ihre Erhöhung 1935 um 1,24 % auf 12,7 % des Maßstabssteuersoll einen Mehrbetrag von 1.108.084 RM, der ganz der Straßenverwaltung zufloß.[215] Darüber hinaus erhielt diese 1936 die Hälfte des Mehraufkommens aus den Einkommen- und Körperschaftssteuerüberweisungen und den Dotationen. Von Fall zu Fall steuerte auch der Generalinspektor für das deutsche Straßenwesen aus einem Härtefonds Ausgleichbeträge bei. All diese Maßnahmen konnten freilich nicht verhindern, daß sich der Haushalt der Straßenverwaltung infolge der sich immer weiter öffnenden "Scherenbildung" zum "größten Sorgenkind des Haupthaushaltes" entwickelte.[216] Auch der Präsident des Rechnungshofes des Deutschen Reichs bezeichnete in seinem Gutachten über die Verwaltung des Provinzialverbandes Hannover 1936 das Auseinanderklaffen der Einnahmen und Ausgaben in der Straßenverwaltung als besorgniserregend "für die gesamte Finanzlage des Provinzialverbandes"[217] und kam zu dem Schluß, "daß die Fundamente, auf denen heute die Finanzierung der Straßenbaulast bei den Provinzen ruhen, nicht mehr genügen."[218] Das Gemeindeprüfungsamt bei der Regierung Düsseldorf erklärte in seinem im Auftrag des Reichsinnenministeriums von 1938 bis 1942 verfaßten Gutachten über die Straßenverwaltung des Provinzialverbandes Westfalen lapidar, daß "nur ganz erhebliche höhere Reichszuschüsse den Zusammenbruch der Provinzialfinanzen verhindern könnten."[219]

214 Haushaltsplan 1939, S. 11, vgl. auch den Bericht über die Ordnungsprüfung der Haushaltsrechnungen des Provinzialverbandes Westfalen Bd. I., S. 57

215 Haushaltsplan 1936, S. 5

216 So Westermann in seinem Bericht "Zur Lage der Provinzialfinanzen" vor der Arbeitsgemeinschaft für Verwaltungsfragen der Landkreise im Bereich der Provinzialdienststelle Westfalen-Lippe des DGT am 27./28.11.1936 in Bad Hermannsborn, AVfK; DGT 0-1-16/522 Bd. 1

217 Bericht über die Wirtschaftlichkeits- und Organisationsprüfung der Verwaltung des Provinzialverbandes Hannover vom Präsidenten des Rechnungshofs des Deutschen Reichs, Bd. I., S. 27 (künftig zit.: Gutachten des Rechnungshofs, Hannover)

218 Gutachten, a.a.O., S. 28

219 Gemeindeprüfungsamt Düsseldorf, Das Straßenwesen der Provinzialverwaltung Westfalen im Rahmen des Straßenwesens der preußischen Provinzial- und Bezirksverbände, S. 121 f.

Als Entlastungsmöglichkeit hätte sich einmal eine Modifizierung des Verteilerschlüssels der Kfz-Steuer angeboten. Da ihr aber nach dem 1. April 1934 zugelassene Kraftfahrzeuge nicht mehr unterlagen, galt sie als eine "sterbende Steuer",[220] so daß sie keine dynamische Einnahmequelle darstellte. Zum anderen wäre als das Nächstliegende in Frage gekommen, die Provinz im Rahmen der Reichssteuerüberweisungen großzügiger zu dotieren. Beide Möglichkeiten scheiterten jedoch daran, da sie sowohl den Vorstellungen des Generalinspektors für das deutsche Straßenwesen, Todt, widersprachen als auch den allgemeinen Zielsetzungen der Reichsfinanzpolitik entgegenliefen. Die Finanzierung der Landstraßen mußte zurückstehen beziehungsweise überwiegend von den Provinzen getragen werden — durch Gesetz vom 25. März 1939[221] hatten sie als gesetzliche Auftragspflicht auch die Verwaltung der Landstraßen II. Ordnung zugewiesen bekommen.—, da der Auf- und Ausbau der Autobahnen und Reichsstraßen als politisch und wehrstrategisch vorrangig galten.[222] Mit welcher Konsequenz diese Prioritäten durchgehalten wurden, zeigt sich etwa daran, daß die Provinzialverwaltung 1928 für die Wartung von 1 km Provinzialstraße über 2.734 RM verfügte, 1936, bei schärfster Kalkulation, für die gleiche Strecke einer Landstraße I. Ordnung nur noch 937 RM einsetzen konnte. Gleichwohl sprachen das Reichsinnen- und das Reichsfinanzministerium die Erwartung aus, daß der Provinzialverband 1938 einen Durchschnittsaufwand von 2000 RM pro Kilometer erreichen sollte, ohne freilich gleichzeitig die finanzielle Ausstattung dafür bereitzustellen.[223] Demgegenüber erhielt die Provinzialverwaltung 1936 vom Reich für 1 km Reichsstraße 4.591 RM.[224]

Ähnlich wie die Mittel aus der Kfz-Steuer stagnierten auch die Reichssteuerüberweisungen, die zweite große Gruppe staatlicher Zuwendungen. Zunächst sah es zwar so aus, als würden sie nach dem krisenbedingten Rückgang wieder zunehmen — so war bei ihnen von 1933 auf 1934 erstmals seit 1929 wieder ein Anstieg zu verzeichnen —, ab 1934 trat jedoch bei ihnen ein Stillstand ein. Er war indes keineswegs konjunkturbedingt, sondern finanzpolitisch motiviert und bewußt herbeigeführt worden. Eine wichtige Etappe dazu bildete das erste Plafondgesetz vom 26. Februar 1935[225] und insbesondere das zweite vom 30. März 1936[226]. Dieses

---

220 So Dr. Pagenkopf an das HfK am 7.10.1937, BA, NS 25/151, S. 259

221 RGBl. I., S. 629

222 Vgl. das Schreiben Todts vom 26.8.1937 an das HfK, BA, NS 25/503, S. 293 sowie die bei Erbe, Die nationalsozialistische Wirtschaftspolitik 1933 - 1939 im Lichte der modernen Theorie, S. 26 gedruckte Tabelle mit Daten für das Deutsche Reich, aus der der sprunghafte Ausgabenanstieg für die Autobahnen und die nur gemäßigt steigende Tendenz für den übrigen Straßenbau ersichtlich sind.

223 Gemeindeprüfungsamt Düsseldorf, Das Straßenwesen der Provinzialverwaltung Westfalen, S. 59

224 Vgl. den Bericht Kühls "Die Lage der Provinzialfinanzen" auf der Tagung der Arbeitsgemeinschaft für Verwaltungsfragen der kreisfreien Städte im Bereich der Provinzialdienststelle Westfalen/Lippe des DGT am 19.5.1938, AVfK, DGT 0-1-16/521, Otto, Das Verkehrswesen der preußischen Provinzen, S. 46

225 RGBl. I., S. 285   226 RGBl. I., S. 315

bestimmte eine Höchstgrenze der Länder am Reichssteueraufkommen und schloß sie damit im wesentlichen vom steuerlichen Wachstum aus. Auf die Einnahmen des Provinzialverbandes hatten die Gesetze eine zweifache Rückwirkung: einmal machten sie sich unmittelbar bei den Reichssteuerüberweisungen bemerkbar und beeinflußten mittelbar die Provinzialumlage, da der Plafond die Kreise ja ebenfalls traf und vom konjunkturellen Anstieg nahezu abschnitt.[227] Weder die Akten der Finanzabteilung noch die Haushaltspläne und Verwaltungsberichte des Provinzialverbandes enthalten Angaben über die Verlustziffern, die er durch die Plafondgesetze erlitt. Der Einnahmeschaden dürfte sich aber auf mehrere Millionen RM belaufen haben,[228] denn die Reichssteuerüberweisungen und Dotationen blieben bei einer geringfügigen abfallenden Tendenz von 1934 bis 1937 konstant bei rund 8.300.000 RM stehen.[229] Die Plafondgesetze hatten schlagartig die Leitlinien der staatlichen Finanzpolitik hervortreten lassen. Kolbow sah deshalb in ihnen nicht zu Unrecht eine finanzpolitische Weichenstellung, mit der "die endgültige Finanzreform vorweggenommen"[230] worden sei. Sie lief für den Provinzialverband darauf hinaus, daß bei einem expandierenden Haushaltsvolumen die Finanzierung "von oben" auf eine fixe Summe eingefroren wurde — das Reich beanspruchte erklärtermaßen für vorrangig bestimmte Ziele wie Aufrüstung und "Wehrhaftmachung des deutschen Volkes"[231] selbst ungeheure Finanzmittel[232] —, während die Finanzierung "von unten" über die Provinzialumlage zunehmend an Bedeutung gewann.

Eine feste Regelung brachte schließlich das Preußische Finanzausgleichsgesetz vom 10. November 1938.[233] Schon seine Ankündigung hatte unter den Provinzialverwaltungen beträchtliche Unruhe ausgelöst. So forderte Kitz auf der Landesdirektorenkonferenz am 4. Februar 1938 den anwesenden Sachbearbeiter für Finanzfragen der westlichen Provinzen im Reichsinnenministerium, Ministerialrat Dr. Fuchs, auf, die Provinzen an den Vorarbeiten zum Finanzausgleichsgesetz zu beteiligen, es aber keinesfalls so auszugestalten, "dass unsere Einnahmeseite ... noch weiter erstarrt."[234] Eben dies implizierten die Pläne der beteiligten Ministe-

---

227 Vgl. Tapolski, Betrachtungen über den Finanz- und Lastenausgleich, S. 363, 371 f., Müller-Haccius, Gemeindlicher Finanz- und Lastenausgleich, S. 284

228 Zahlen für die Gemeinden und Gemeindeverbände für 1935 bis 1939 bei Matzerath, Nationalsozialismus, S. 354

229 Vgl. den Finanzbericht zum Haushaltsplan 1937, S. 10 f. Für Hinweise zu den Plafondgesetzen dankt der Vf. Herrn Landesoberverwaltungsrat Ludwig Kriener vom LVB Westfalen-Lippe.

230 So am 27.10.1936 vor dem Provinzialrat, VA, W-L, C 10/11 - 138, Niederschrift der PR-Sitzung

231 Zit. nach Matzerath, a.a.O., S. 353, ähnlich Westermann vor dem Provinzialrat am 27.10.1936, VA, a.a.O.,

232 Vgl. Petzina, Grundriß der deutschen Wirtschaftsgeschichte 1918 bis 1945, S. 745 ff.

233 (GS. S. 30) Vgl. dazu Görg, Die Finanzzuweisungen an die preußischen Provinzen, die bayrischen Bezirksverbände und die Reichsgaue, S. 170 ff.

234 VA, W-L, C 10/11 - 261 Niederschrift der LDK, Anlage I

rien. Diese vertraten, wie Fuchs ankündigte, die Auffassung, daß die vermehrten Ausgaben der Provinzialverbände über eine erhöhte Provinzialumlage gedeckt werden sollten, da sich die Finanzlage der Gemeinden und Kreise bedeutend verbessert habe.[235] Tatsächlich verließ das Gesetz vom 10. November 1938 den bisherigen Weg der Reichssteuerüberweisungen und bestimmte für die Provinzen zukünftig einen festen Betrag als Finanzzuweisung, der völlig unabhängig vom staatlichen Steueraufkommen sein sollte. Zugleich stellte das Gesetz die Provinzialumlage auf eine neue Bemessungsgrundlage, nach der die Kreise unterschiedlich belastet werden konnten. Damit war die Lösung realisiert worden, die Kühl zuvor "geradezu als eine Entwürdigung der Provinzen" bezeichnet hatte[236] und die, wie Müller-Haccius es nannte, die Provinzialverbände zum "Kostgänger der Stadt- und Landkreise" machen werde,[237] da die Provinzialumlage das Hauptkontingent der allgemeinen Deckungsmittel der Provinzialverbände bildete. Hierin lag allerdings das Bedenkliche der Regelung, worauf Kühl zu Recht abhob. Er betonte nämlich in seinem Schreiben an Müller-Haccius vom 5. Oktober 1938 außerdem, "eine solide Finanzwirtschaft, die auch in Krisenzeiten funktionieren soll," erfordere, "daß — ebenso wie dem Staat — auch den Gemeinden und Gemeindeverbänden möglichst vielseitige Einnahmequellen zur Verfügung stehen" müßten. Ähnlich hatte Kühl bereits 1931 im sogenannten Popitz-Ausschuß — ebenfalls erfolglos — argumentiert, "daß eine finanzielle Selbständigkeit am besten dadurch gesichert sei, wenn man, wie es auch der kluge Privatkapitalist tut, auf möglichst vielen Beinen steht."[238]

Der Provinzialverband erhielt ab 1940 jährlich Finanzzuweisungen in Höhe von 9,8 Mill. RM. Einbezogen darin waren die bisher zweckgebundenen Staatszuschüsse zu den Kosten der Fürsorgeerziehung von 1.816.000 RM,[239] die nun nicht mehr als spezielle Deckungsmittel galten.[240] Die neue Finanzausstattung brachte dem Provinzialverband Einbußen von durchschnittlich 220.000 RM, da die Reichssteuerüberweisungen mit den Dotationen und die Zuschüsse zur Fürsorgeerziehung — sie waren bis 1939 ein separat aufgeführter Haushaltsposten von rund 1.800.000 RM — etwa 10.050.000 RM umfaßten. Nach dem Finanzausgleichsgesetz sah sich die Provinzialverwaltung vor die sich schon seit 1934 abzeichnende Situation gestellt, die sie unbedingt verhindern wollte: die Provinzialumlage bildete

---

235 VA, a.a.O.

236 VA, W-L, C 20 - 84 Kühl am 5.10.1938 an Müller-Haccius

237 So Müller-Haccius in der Sitzung des Finanzausschusses des DGT am 7.10.1938, BA, R 36/559

238 VA, W-L, II K-25 Kühl am 28.9.1931 an den Geschäftsführer des Bundes zur Erneuerung des Reiches, Adametz. Vgl. zum Sachverhalt Popitz, Der künftige Finanzausgleich zwischen Reich, Ländern und Gemeinden, S. 329, der allerdings damals Reichsfinanzzuweisungen als Hauptfinanzmasse der Provinz vorsah und die Provinzialumlage mehr als Fehlbedarfsausgleich einsetzen wollte.

239 Vgl. die Aufstellung im Haushaltsplan 1943, S. 315

240 VA, W-L, C 30 - 76 Vermerk Kolbows über ein Gespräch mit Ministerialdirigent Fuchs, RMdI, vom 2.6.1939

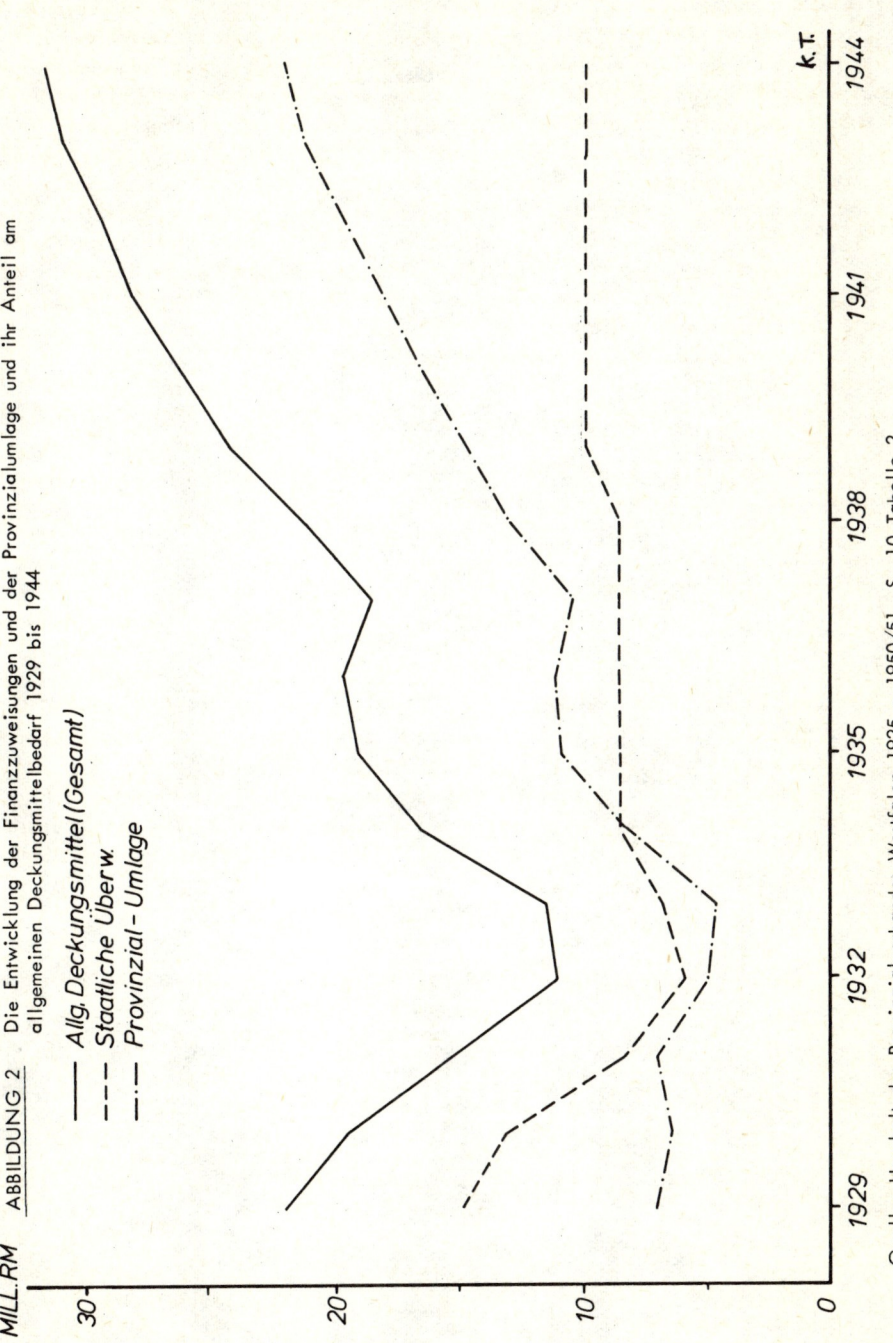

nun die entscheidende und einzig bewegliche Einnahmequelle der Provinz, so daß "nur die Möglichkeit einer Anpassung an ihre Haushaltsbedürfnisse über die Provinzialumlage" blieb.[241] Das Ausmaß dieser Regelung wird deutlich, wenn die Haushaltsentwicklung berücksichtigt und sie mit den sinkenden Reichssteuerüberweisungen beziehungsweise konstanten Finanzzuweisungen in Relation zu dem Aufkommen aus der Provinzialumlage gesetzt wird. Dabei zeigt sich, daß die staatlichen Überweisungen und die Provinzialumlage, die dem Provinzialverband als allgemeine Deckungsmittel dienten und in einem kommunizierenden Verhältnis zueinder standen, sich immer mehr zu Lasten der Provinzialumlage verschoben. 1933 entfielen auf die staatlichen Zuweisungen noch 6.718.000 RM (59,2 %) der allgemeinen Deckungsmittel, 1938 waren es 8.203.000 RM (39,1 %) und 1944 9.800.000 RM (31 %). Demgegenüber kletterte der Anteil der Provinzialumlage von 4.635.000 RM (40,8 %) im Jahre 1933 über 12.784.000 RM (60,9 %) 1938 auf 21.819.000 RM (69 %) 1944. Überdies tritt das wechselnde Verhältnis der beiden Finanzquellen darin zutage, daß der allgemeine Deckungsmittelbedarf des Provinzialverbandes von 11.353.000 RM (1933) um 178,50 % auf 31.619.000 RM (1944) wuchs, die Staatszuschüsse aber mit einer Steigerungsquote von nur 45,8 % daran teil hatten (s. Abbildung 2).[242]

Die durch die staatliche Finanzpolitik veranlaßte starke Beanspruchung der Provinzialumlage war noch aus einem weiteren Grund problematisch. Ihre Anhebung rührte weniger aus einer kontinuierlichen gesunden finanzwirtschaftlichen Entwicklung der Kreise her, so daß sich eine Umlagenerhöhung sozusagen angeboten hätte, sondern sie war nur durch eine stärkere Belastung der Kreise möglich.[243] Deshalb überrascht es nicht, wenn die Provinzialverwaltung dem Reich vorwarf, sich zu Lasten des Provinzialverbandes aus seiner Finanzierung in einem unzumutbaren Maße zurückzuziehen,[244] sich unter den Kreisen aber der Eindruck verstärkte, als wolle der Provinzialverband mit Hilfe ihrer Finanzen seine ihm von "oben" auferlegten Kürzungen in unzulässiger Weise kompensieren. Daraus erwuchs ein Mißtrauen der Kreise gegenüber der Provinzialverwaltung, das sich vornehmlich im Provinzialrat artikulierte. So unterstellte ihr der Bocholter Oberbürgermeister Irrgang in der Sitzung des Provinzialrates vom 18. November 1938, die Umlagenerhöhungen für Rücklagen zu mißbrauchen, die die Gemeinden selbst nicht bilden könnten.[245] Die Situation verschärfte sich noch, als der Provinzialverband seinen Kriegsbeitrag von zunächst 8.157.000 RM entrichten mußte – er setzte sich zusammen aus 32,43 % der nicht zweckgebundenen Einnahmen aus der Provinzialumlage und den Finanzzuweisungen – mit dem Westfalen auf Grund der Berechnungsmodalitäten[246] an der Spitze aller preußischen Provinzen lag. Der

---

241 Finanzbericht zum Haushaltsplan 1938, S. 8

242 Die Angaben entnommen: Haushalt des Provinzialverbandes Westfalen 1925 – 1950/51, S. 10 Tabelle 2

243 Vgl. Gutachten des Rechnungshofs, Hannover, S. 18, 25, Zur finanziellen und wirtschaftlichen Entwicklung der Gemeinden, Matzerath, a.a.O., S. 356 ff.

244 Vgl. das Referat Kolbows vor dem Provinzialrat am 25.10.1940, VA, W-L, C 10/11 - 144

245 VA, W-L, C 10/11 - 142 Niederschrift der PR-Sitzung

246 Vgl. die Vorlage von Ministerialrat Fuchs, RMdI, für das RFM vom 16.9.1939, GStA, Rep. 151/2162, S. 1

Kriegsbeitrag absorbierte die staatlichen Finanzzuweisungen — ohne die Fürsorgeerziehungszuschüsse — völlig und blieb 1939/40 hinter ihnen sogar um 173.500 RM zurück.[247] Auf der Provinzialratssitzung vom 28. Mai 1940 kam es darüber zu einer für dieses Gremium bisher ungewöhnlichen Konfrontation zwischen der Provinzialverwaltung und einigen kreisfreien Städten und Landkreisen, die überwiegend im Bereich des Regierungsbezirkes Arnsberg (Gau Westfalen-Süd!) lagen. Wortführer waren insbesondere Regierungspräsident Dr. Runte, Arnsberg, und der Bürgermeister und Kämmerer der Stadt Dortmund, Dr. Pagenkopf.[248] Nachdem Kolbow zur allgemeinen Lage des Provinzialverbandes, Salzmann zur Haushalts- und Finanzlage Bericht erstattet hatten und dabei auch die Schlüsselrolle der Provinzialumlage für den Finanzbedarf des Verbandes würdigten, hielt Runte der Verwaltung vor, einen den Kriegszeiten nicht angemessenen Haushalt aufgestellt zu haben. Er führte als Einzelbeispiel den Verfügungsstock der Verwaltungsbücherei an, dessen Ansatz mit 30.000 RM gegenwärtig nicht vertretbar sei. Runte und die übrigen Provinzialräte aus dem Regierungsbezirk Arnsberg forderten in eigenen, aber übereinstimmenden Stellungnahmen den Provinzialhaushalt von einem Prüfinstitut auf Ausgabenkürzungen überprüfen zu lassen. Kolbow sah darin "eine Kampfansage des Regierungsbezirks Arnsberg an die westfälische Provinzialverwaltung."[249] Dagegen rührte Pagenkopf mit seiner Feststellung, "dass die Finanzzuweisungen des Reiches und des Staates immer mehr zurückgegangen seien und dass sich dadurch eine Verlagerung des Finanzbedarfs des Provinzialverbandes zu Lasten der Provinzialumlage vollzogen habe,"[250] an die Ursache des circulus vitiosus, in dem sich Provinzialverband und Stadt- und Landkreise befanden. Die Provinzialumlage war offensichtlich zu einem Ärgernis geworden. Wie hat die Provinzialverwaltung sie nun tatsächlich gehandhabt, soweit sie in ihrem Ermessen lag?

Nimmt man das zahlenmäßige Aufkommen aus der Provinzialumlage als Ausgangspunkt, das 1933 4.635.000 RM und 1944 21.819.000 RM betrug, so drängt sich die Vermutung auf, daß die Provinzialverwaltung das Instrument der Umlage in großzügiger Manier angewendet hat. Diese Folgerung wäre jedoch ein Trugschluß. Die wachsende Umlagebilanz beruhte nämlich nicht so sehr auf einem wiederholt angehobenen Umlagesatz als vielmehr auf den Erträgen des nach den gesetzlichen Vorschriften festzustellenden Maßstabsteuersolls, das dem für die Provinzialumlage in Frage kommenden gemeindlichen Steueraufkommen angepaßt wurde. Der Umlagesatz betrug 1933 11,46 % und wurde, soweit ermittelt werden konnte, bis 1945 nur zweimal, 1935 und 1938 zunächst auf 12,7, dann auf 15,2 % angehoben. Beide Male geschah dies auf Empfehlung des Reichsinnenministeriums, weil die

---

247 Haushaltsplan 1940, S. 11, Bericht Kolbows vor dem Provinzialrat am 28.5.1940, VA, W-L, C 10/11 - 144 Niederschrift der PR-Sitzung. Auf den Ruhrsiedlungsverband entfielen 5 % des Kriegsbeitrags Westfalens und der Rheinprovinz, was für Westfalen 407.875 RM ausmachte. GStA, a.a.O., S. 13 Schreiben des SVR vom 19.10.1939 an das RMdI

248 VA, W-L, C 10/11 - 144 Niederschrift der PR Sitzung. Dr. Pagenkopf war nur Gast, kein Mitglied des PR.

249 VA, W-L, C 10/11 - 146 Kolbow am 12.10.1940 an Dr. Pagenkopf

250 VA, W-L, C 10/11 - 144 Niederschrift der PR Sitzung

1934 und 1938 im Straßenwesen vorgenommene Verwaltungsneuordnung den Provinzialverbänden besondere Lasten aufbürdete.[251] Gegen die erste Erhöhungsmöglichkeit hatte die Provinz beim Reichsfinanzministerium sogar, trotz ihrer angespannten Finanzlage, "die schwersten Bedenken" angemeldet, da sie darin eine Gefahr für die Konsolidierung der Gemeindefinanzen erblickte.[252] Wie ein Vergleich der Umlagesätze in den dreizehn preußischen Provinzen für das Jahr 1935 zeigt, lag Westfalen mit seinem Satz von 12,7 % an drittletzter Stelle[253] und rückte 1938 mit seinen 15,2 % auf den viertletzten Platz.[254]

Eine wichtige Zäsur für das Umlagerecht bildeten das schon erwähnte Finanzausgleichsgesetz vom 10. November 1938 und die dazu erlassenen Umlageverordnungen. Als Maßstab für die Umlageberechnung bestimmte das Gesetz die Grundsteuern A und B, die Gewerbesteuer vom Ertrag und Kapital, die Bürgersteuer und die Schlüsselzuweisungen. Zugrunde lag jedoch nicht das tatsächliche Aufkommen, sondern es wurden Meßbeträge in Hundertsätzen festgelegt, die ungleich bemessen werden konnten und jährlich neu zu ermitteln waren.[255] Die unterschiedliche Zusammensetzung der Bemessungsgrundlage und ihre differenzierte Anwendung auf die kreisfreien Städte und Landkreise sollte die vom allgemeinen Konjunkturanstieg begünstigteren Stadtkreise stärker zugunsten der Landkreise belasten helfen. In Westfalen gelang dies, im Gegensatz zu der Mehrzahl der preußischen Provinzen.[256] Die Provinzialverwaltung war nämlich schon für das Rechnungsjahr 1939 dazu übergegangen, anstelle der Steuermeßbeträge Steuerkraftzahlen zu errechnen und verwendete nicht die staats- sondern die provinzdurchschnittlichen Hebesätze zur Maßstabsgewinnung. Dieses Verfahren ermöglichte, die Kreise nach ihrer wirtschaftlichen Tragfähigkeit und ihrem Anteil am Konjunkturzuwachs zu belasten.[257]

Allerdings unterbanden ein Jahr später Reichsinnen- und Reichsfinanzminister die individuelle Handhabung der Hebesätze. Mit Erlaß vom 12. Juni 1940 wurden zwar für alle Provinzen die Steuermeßbeträge durch Steuerkraftzahlen abgelöst, gleich-

---

251 Rd.Erl. vom 26.1.1935 (MBliV, S. 102); Rd.Erl. vom 10.3.1938 (MBliV, S. 40)

252 BA, R 2/20348 Schreiben Lünincks vom 22.2.1935 an den Staatssekretär des RFM, Reinhardt

253 Gutachten des Rechnungshofs, Hannover, S. 22

254 AVfK, DGT 0-1-16/521 Bericht Kühls über die "Lage der Provinzialfinanzen" vom 19.5.1938. Für spätere Jahre liegen keine Vergleichszahlen vor.

255 Im einzelnen dazu Tapolski, Die Neuregelung des Umlagerechts der Gemeindeverbände in Preußen, S. 455 ff. und den namentlich nicht gezeichneten Artikel, Die Provinzumlage in Preußen 1938 und 1939, S. 43 ff.

256 Vgl. die Provinzialumlage in Preußen, S. 45 sowie die Werte über die pro Kopf-Belastung der Bevölkerung Westfalens durch die Provinzialumlage, in: Haushalt des Provinzialverbandes Westfalen 1925 - 1950/51, S. 32

257 Vgl. den "Vermerk zur Feststellung der Provinzialumlage 1939" Dr. Vinckes vom 4.7.1939, VA, W-L, C 20 - 95 und den Bericht Kolbows vor dem Provinzialrat am 25.10.1940, VA, W-L, C 10/11 - 144 Niederschrift der PR Sitzung, Naunin, Wiederaufbau, S. 272

zeitig aber angeordnet, den preußischen Landesdurchschnitt den Steuerhebesätzen zugrundezulegen.[258] Die gesetzliche Regelung nahm der Provinzialverwaltung den ihr bis dahin verbliebenen Spielraum, die Hebesätze einmal nach dem Finanzbedarf der Provinz, zum anderen nach den konkreten finanzwirtschaftlichen Potenzen der einzelnen Kreise festzusetzen. Den Antrag der Verwaltung, auch weiterhin mit provinzdurchschnittlichen Hebesätzen arbeiten zu dürfen, lehnte das Innenministerium ab.[259] Folglich unterwarf das reichseinheitliche, schematische Verfahren die "reichen" Kreise nicht der ihnen angemessenen Belastung, während die finanzschwachen Kreise nicht mehr so geschont werden konnten, wie das bisher möglich und praktiziert worden war.[260] Als Ergebnis bleibt somit festzuhalten, daß die Provinzialverwaltung das finanzpolitische Instrument der Provinzialumlage maßvoll handhabte und sich bemühte, die Interessen der Provinz mit denen der Kreise in einem vertretbaren Kompromiß zu berücksichtigen. Erst als die Umlage, wie es Kolbow vor dem Provinzialrat am 25. Oktober 1940 noch abwehrend formulierte, "in den Schatten des zentralen staatlichen Finanzausgleichs"[261] geriet, waren auch der Provinzialverwaltung weitgehend die Hände gebunden. Doch bekam sie nicht allein bei der Provinzialumlage die zentralisierenden Eingriffe des Ressorts zu spüren. Diese preßten die provinzielle Selbstverwaltung insgesamt in ein enges finanzpolitisches Korsett.

Grundlegende Bedeutung kam in diesem Zusammenhang dem am 15. Dezember 1933 erlassenen Preußischen Gemeindefinanzgesetz[262] zu. Es stand sichtlich unter dem Einfluß des von Surén in seinem Vortrag vom 21. Januar 1933[263] angekündigten autoritären Stabilisierungskonzeptes[264] und enthielt insbesondere zum Haushaltswesen zahlreiche detaillierte Vorschriften. So durfte der Leiter der Verwaltung grundsätzlich nicht vom Haushaltsplan abweichen, und wenn, dann nur in Ausnahmefällen, die einem besonders formalisierten Verfahren unterlagen. Auch untersagte das Gesetz die bislang beim Provinzialverband üblichen Rücklagen in Fondsbildung und schrieb eine scharfe Trennung zwischen ordentlichem und außerordentlichem Haushalt vor, wobei im letzteren die Rücklagen und Anleihen des Verbandes und die daraus bereitgestellten Mittel aufzuführen waren.[265] Steuerten die dem Gemeindefinanzgesetz vorangestellten programmatischen Erklärungen mit "gewissenhaftester Sparsamkeit, höchster Wirtschaftlichkeit und unbedingter Sauberkeit" ein Ziel an, das als Maxime "altpreußischer Verwaltung" begrüßt wurde, ja sogar, wie Müller-Haccius bekannte, sich "von selbst verstehen

---

258 RMBliV, S. 1141 Der DGT hatte wiederholt versucht, das RMdI von einer einheitlichen Regelung abzubringen. Vgl. das Schreiben des Beigeordneten des DGT, Tapolski, an Ministerialrat Loschelder vom 7.2.1939, VA, W-L, C 20 - 95

259 Vgl. die Mitteilung Kolbows vor dem Provinzialrat am 25.10.1940, VA, W-L, C 10/11 - 144

260 Wie das RMdI Kolbow unterrichtete, sollten die schwächeren Kreise im Rahmen der zentralen Finanzzuweisungen entschädigt werden. VA, a.a.O.

261 VA, a.a.O.   262 GS. S. 442   263 S.o., S. 140 f.

264 Vgl. Matzerath, a.a.O., S. 123 f.

265 Vgl. das Referat Westermanns über das GFG in der Dezernentenkonferenz der Verwaltung vom 1.10.1934, VA, W-L, C 10/11 - 304

sollte,"²⁶⁶ so machte sich wegen der im Gefolge des Gemeindefinanzgesetzes vorgenommenen reglementierenden ministeriellen Eingriffe in das Finanzgebaren der Provinzen unter ihnen allmählich eine Ernüchterung breit, die schließlich in Verbitterung umschlug. Als repräsentativ dafür können die Ausführungen von Müller-Haccius auf der Landesdirektorenkonferenz vom 4. Februar 1937 angesehen werden.²⁶⁷ Dort beklagte er, daß von einer "<u>selbstverantwortlichen Gestaltung der Haushaltspläne im Bereich der Provinzen wie auch sonst im gemeindlichen Bereich ... nicht mehr viel übrig geblieben</u>" sei. Inzwischen sei es dahin gekommen, daß die "hauptsächliche Aufgabe" der Provinzen darin liegt, "durch sparsamste Wirtschaftsführung die Gesundung der deutschen Volkswirtschaft an ihrem Teile zu fördern, d.h. im einzelnen: Schonung der Steuerkraft, Schonung des Kapitalmarktes und als oberstes finanzpolitisches Gebot Rücklagenbildung und zusätzliche Schuldentilgung. Diese <u>entsagungsvolle</u> Einstellung ist nur sehr begrenzt in das selbstverantwortliche Ermessen der Herren Landeshauptleute gestellt, es liegt vielmehr durch ein engmaschiges Netz von Gesetzen, Erlassen und Prüfungseinrichtungen <u>ein unmittelbarer Zwang zur Innehaltung der Generallinie vor</u>. Der Haushaltsplan verliert damit ... in weitem Umfange seinen Charakter als schöpferischer Verwaltungsakt. Die Zahl der Ermessensentscheidungen wird immer kleiner; in der Hauptsache kommt es darauf an, das Anbefohlene oder Angeratene zu beachten."²⁶⁸

Müller-Haccius hatte hier in der Tat auf die neuralgischen Punkte der provinziellen Finanzpolitik aufmerksam gemacht. Die Kreditsperre beispielsweise wurde mit einer solchen Schärfe aufrechterhalten, daß langfristige Investitionen, etwa für Meliorationen, nur aus ordentlichen Haushaltsmitteln finanziert werden konnten.²⁶⁹ Der Erste Landesrat des Provinzialverbandes Niederschlesien, von Stutterheim, verurteilte daher die rigorose staatliche Kreditpolitik als wirklichkeitsfremd; Verwaltungskörper von der Größe der Provinzialverbände hätten immer einen natürlichen Kreditbedarf, aus dessen Vernachlässigung sich "schwere Schäden ergeben" müßten.²⁷⁰ Eine Ausnahme bildete dagegen das Arbeitsbeschaffungsprogramm, in dessen Rahmen der Provinzialverband größere Anleihen aufnehmen durfte.²⁷¹ Als besonders schwerwiegenden Eingriff in ihre Finanzhoheit empfanden die Provinzialverwaltungen den am 12. Juli 1939²⁷² verfügten Genehmigungsvorbehalt für die Provinzialumlage, dem diese bisher nicht unterlag. Der Deutsche Gemeindetag hatte in mehreren Anläufen beim Reichsinnenministerium versucht,

---

266 Müller-Haccius, Zur Aufstellung der provinziellen Haushaltspläne für 1935, S. 744

267 VA, W-L, C 10/11 - 260 Niederschrift der LDK, Anlage I.

268 Unterstreichungen im Original

269 Vgl. Westermann, Zur Lage der Provinzialfinanzen vom 27./28.11.1936, AVfK, DGT 0-1-16/522 Bd. I. Einzelheiten zur Kreditpolitik bei Matzerath, a.a.O., S. 360 ff.

270 Von Stutterheim, Die Zukunft des Kommunalkredits vom Standpunkt der Gemeindeverbände aus gesehen, S. 22

271 Einzelheiten über die Projekte finden sich jeweils in dem 1935 erstmals aufgestellten "Plan der Schuldenverwaltung". Vgl. die Haushaltspläne 1935 ff.

272 GS. S. 86

die förmliche Genehmigungspflicht zu verhindern und gefordert, den "Oberpräsidenten und ihren Beratern das Vertrauen" zu schenken, daß von ihnen auch zukünftig "bei der Festsetzung der Provinzialumlage alle finanzpolitischen und allgemein politischen Gesichtspunkte so berücksichtigt werden, wie dies auch in der Vergangenheit der Fall war."[273] Auf der Landesdirektorenkonferenz vom 15. Februar 1939 warnte der Beigeordnete des Deutschen Gemeindetages, Tapolski, das Ministerium, der Genehmigungsvorbehalt werde "zu einer empfindlichen Einbuße der Selbstverwaltung auf kaltem Wege führen".[274] Kolbow erhielt zwar vom Reichsinnenministerium die Zusicherung, es denke nicht an eine generelle Genehmigungspflicht, sondern beabsichtige sie nur für 1939.[275] Indes sah die spätere Praxis anders aus.

Ein Bereich, in dem die verschärfte Handhabung der staatlichen Finanzkontrolle exemplarisch hervortrat, war das Prüfungswesen zur Entlastung der Haushaltswirtschaft. Der Provinzialverband hatte sich im Anschluß an die Verordnung über die Haushaltsführung der Gemeinden und Gemeindeverbände vom 2. November 1932 [276] (Gemeindefinanzverordnung) am 2. Juni 1933 eine Finanzordnung gegeben, die das Haushalts-, Kassen- und Rechnungswesen regelte, die aber nach Erlaß des Gemeindefinanzgesetzes in wesentlichen Teilen überholt war. Dies galt namentlich für die Haushalts- und Rechnungsordnung, die den einschlägigen Bestimmungen des Finanzgesetzes unterworfen wurde.[277] So sah der § 142 Abs. 1 vor, daß die Provinzialverbände von den bei den Regierungspräsidenten eingerichteten Gemeindeprüfungsämtern geprüft werden sollten, was, wie Müller-Haccius kritisch vermerkte, für die Provinzialverbände nicht frei von Problematik war.[278] Auch Lüninck lehnte die beabsichtigte Regelung ab und unterbreitete dem Preußischen Innenministerium am 15. März 1934 Alternativvorschläge, die "zum Teil sehr wesentlich von den im Gemeindefinanzgesetz ... gegebenen Richtlinien" abwichen.[279] Insbesondere kritisierte er, daß zwischen Gemeindeprüfungsämtern und Kommunalaufsichtsbehörden nicht die erforderliche "strengste Distanz" hergestellt sei, da ein "dem Regierungspräsidenten unterstelltes Gemeindeprüfungsamt die vorgesetzte Stelle — den Oberpräsidenten —" als Leiter der Provinzialverwaltung überprüfen solle. Das Prüfungsamt für die Provinzialverbände müsse entweder dem Innenministerium oder der Preußischen Oberrechnungskammer angegliedert sein.[280] Die leitenden Prüfer sollten, analog zum Richter, unversetzbar und unab-

---

273 VA, W-L, C 20 - 95 Tapolski am 7.2.1939 an Ministerialrat Loschelder (Abschrift)

274 VA, W-L, C 10/11 - 261 Niederschrift der LDK. Vgl. auch Tapolski, Die Neuregelung des Umlagerechts der Gemeindeverbände in Preußen, S. 458

275 VA, W-L, C 30 - 76 Vermerk Kolbows über ein Gespräch mit Ministerialdirigent Fuchs vom 2.6.1939

276 GS. S. 341   277 Vgl. Naunin, Wiederaufbau, S. 286

278 Müller-Haccius, Die preußischen Provinzialverbände im Gefüge des Dritten Reiches, S. 84

279 VA, W-L, C 20 - 569

280 So auch die Forderung von Landesdirektor von Arnim, Brandenburg, in seiner Eingabe an das PrMdI vom 3.3.1934 und im Anschluß daran auch Kolbow am 25.3.1934, VA, a.a.O.

setzbar sein. Lüninck regte an, einige besonders qualifizierte Beamte, die nach dem BBG entlassen worden waren, für dieses Amt vorzusehen.[281] Wenngleich die Argumentation Lünincks nicht von der Hand zu weisen war, so dürfte bei seiner, wie bei der von übrigen Provinzialvertretern wie von Arnim und Kolbow gezeigten Reaktion noch ein psychologisches Moment mitgespielt haben, das letztlich einen machtpolitischen Hintergrund besaß. Zwischen den Provinzialverbänden und den Regierungspräsidenten bestand schon während der Reichsreformdiskussion der Weimarer Zeit eine heimliche Rivalität. Beide argwöhnten, auf Kosten des anderen Kompetenzen zu verlieren oder sogar bis zur Bedeutungslosigkeit zurückgedrängt zu werden. Das Problem tauchte im Dritten Reich im gleichen Zusammenhang wieder auf und bekam einmal beim Verwaltungsaufbau der neuen Reichsgaue aktuelle politische Brisanz wie es auch die Verwaltungsreformkommission der Landesdirektorenkonferenz zur Gestalt der Gauselbstverwaltung beschäftigte.[282] Jedenfalls waren die Provinzialverwaltungen wenig erfreut darüber, von einem dem Regierungspräsidenten unterstellten Amt überprüft zu werden. Dessenungeachtet übertrug das Preußische Innenministerium mit Erlaß vom 26. Dezember 1934 auf Grund § 142 Abs. 1 des Gemeindefinanzgesetzes den Gemeindeprüfungsämtern bei den Regierungen die Prüfung der Provinzialverbände.[283] Die Regelung erfüllte aber offensichtlich noch nicht die Erwartungen des Innenministeriums und des Preußischen Finanzministeriums. Denn wie beide Ministerien in einem erneuten Erlaß vom 14. September 1937 ausführten, fehlte es "an der erforderlichen Einwirkungsmöglichkeit auf Art, Umfang usw. der Prüfungen."[284] Das novellierte Verfahren für die Ordnungs- und Kassenprüfungen beließ zwar dem Leiter des Gemeindeprüfungsamtes wie bisher die Durchführung der Prüfungen und die Zusammenstellung der Berichte, jedoch wurde nun ein vom Innenministerium ernannter Beamter mit der "Oberleitung" der Prüfung betraut, über den dieses sich die vermißte "Einwirkungsmöglichkeit" verschaffte.[285]

Diese Regelung, obwohl das Innenministerium ihre Bedeutung herunterzuspielen versuchte, beinhaltete ohne Zweifel eine Verschärfung der staatlichen Finanzkontrolle und rief bei den Provinzialverwaltungen eine Abwehrhaltung hervor, weil "alle Maßnahmen der Selbstverwaltung noch einmal von einer anderen Stelle kritisch nachgeprüft und unter dem Gesichtspunkt der Finanzgebarung beanstandet werden können."[286] Die Provinzialverwaltungen sperrten sich nicht gegen die Prüfung allgemein, aber ihre Ausmaße und ihre inhaltliche Durchführung stießen

---

281 Beispielsweise war der nach § 6 BBG entlassene Direktor der Landesbank, Ruegenberg, später wiederholt im Auftrage des DGT und in Zusammenarbeit mit der Wirtschaftsberatung Deutscher Gemeinden AG als Prüfer, auch von Anstalten des Provinzialverbandes, tätig gewesen. Vgl. die Vorgänge in: VA, W-L, C 20 - 8. Zur Reaktion der Partei auf die in Rechnungsprüfungsämtern untergekommenen BBG-Beamten, Matzerath, a.a.O., S. 325 mit Anm. 63

282 Ausführlicher dazu im 5. Kapitel

283 VA, W-L, C 20 - 569

284 VA, a.a.O.

285 Für Westfalen war das GPA bei der Regierung Düsseldorf zuständig.

286 So Müller-Haccius, Die Selbstverwaltung und ihre Stellung im Staatsaufbau, S. 71

auf Ablehnung. So klagte Kitz über eine "Überspitzung des Prüfungswesens"[287], und die Provinzialverwaltung warnte davor, daß es zum "Selbstzweck" werde.[288] In ihr nahm beispielsweise das Gemeindeprüfungsamt bei der Regierung Düsseldorf für das Rechnungsjahr 1934 eine Ordnungsprüfung der Haushaltsrechnungen vor und ebenfalls für 1935, 1936 und 1937, wozu es 370 Tage benötigte. Ebenso wurde auf Anweisung des Reichsinnenministeriums von 1938 bis 1942 in unregelmäßigen Intervallen die Straßenverwaltung des Provinzialverbandes überprüft. Darüber hinaus ließ dieser auf freiwilliger Basis zahlreiche Anstaltsprüfungen durch die Wirtschaftsberatung Deutscher Gemeinden (Wibera) durchführen, um ministeriell angeordneten Verfahren zu entgehen.[289]
Die Einengung des provinziellen Finanzgebarens erfolgte über ein Bündel von Maßnahmen. So konstatierte der Finanzreferent der Provinzialverwaltung, Dr. Naunin, in einem Gutachten vom 28. Dezember 1938[290] ein "wesentlich erweitert(es) Prüfungswesen", eine "schärfere Überwachung des Haushalts" und eine Fülle von "zusätzlichen Formvorschriften für Überschreitungen, Stundungen und dergl. ...". Landesrat Dr. Kitz faßte die Entwicklung in der lapidaren Feststellung zusammen, daß die Provinzialverwaltungen "nicht frei in ihren finanziellen Entschlüssen seien" und prognostizierte "weitere Reglementierungen."[291] Die Provinzen mußten befürchten, aus finanziellen Gründen, die sie nicht zu vertreten hatten, Aufgaben zu verlieren. Namentlich Todt bezog in dieser Frage eine harte Position. Er drohte den Provinzen offen damit, ihnen die Straßenverwaltung zu nehmen, falls sie den Straßenetat stagnieren ließen bzw. nicht die Ausgabensteigerung vornähmen, die er für angemessen hielt.[292] Das Problem zeigte sich mit besonderer Schärfe nach Kriegsausbruch, als die zugunsten des provinziellen Kriegsbeitrages vorgenommenen Haushaltskürzungen die politische Relevanz von Ausgabensteigerungen bzw. –senkungen deutlich hervortreten ließen. Die "Kriegswichtigkeit" von Aufgaben wurde zum Schlüsselbegriff der Etatberatungen und diente als Kriterium für partielle Ausgabensenkungen. Denn die Provinzialverwaltungen waren sich klar darüber, daß sie keinesfalls die sogenannten "kriegswichtigen Aufgaben" vernachlässigen durften, wollten sie nicht Gefahr laufen, daß "das Rad über sie hinweg geht" und andere Institutionen an ihre Stelle treten, "die aber mindestens die gleichen Mittel benötigen wie die provinzielle Selbstverwaltung."[293] Daß über die Rang-

---

287 Kitz, Fragen der inneren Organisation und der Wirtschaftlichkeit der Provinzialverwaltungen, S. 3

288 VA, W-L, C 10/11 - 28 Gutachten zur "Vereinfachung der Verwaltung und Durchführung von Sparmaßnahmen in der Provinzialverwaltung" vom 3.1.1939

289 Vgl. die Vorgänge in: VA, W-L, C 20 - 8. Die Provinzialverwaltung hatte 1934 beim PrMdI ohne Erfolg beantragt, durch den Rechnungshof des Deutschen Reichs geprüft zu werden, da "zuerst eine typische und nicht eine noch mit den Krisenerscheinungen ringende Provinz geprüft werden sollte." Diese war dann Hannover. Vgl. den Schriftwechsel in: VA, W-L, C 20 - 569 und die Mitteilung Lünincks vor dem Provinzialrat am 5.11.1935, VA, W-L, C 10/11 - 136 Niederschrift der PR-Sitzung

290 VA, W-L, C 10/11 - 28

291 VA, W-L, C 10/11 - 261 Niederschrift der LDK vom 15.2.1939

292 Vgl. die auf Informationen Suréns fußende Mitteilung von Kitz auf der LDK vom 15.2.1939, VA, a.a.O.

293 So Kitz in seinem Referat vor der LDK vom 7.12.1939, VA, a.a.O., Niederschrift der LDK, Anlage I.

folge und das Ausleseverfahren der "kriegswichtigen Aufgaben" selbst unter den Reichsressorts und oberen Parteistellen kein allgemeiner Konsens bestand, erleichterte den Provinzen nicht eben die Entscheidung. Nach wie vor stand der Posten der Straßenverwaltung im Vordergrund, wie ein Beschluß der Finanzdezernenten der westlichen Provinzen vom September 1939 erkennen läßt. Die Kämmerer kamen angesichts der "Tendenz, die Straßenverwaltung von der Provinz zu distanzieren", überein, in diesem Bereich nur mit größter Vorsicht Streichungen vorzunehmen.[294] Strittig war dagegen die Frage, ob die Pflichtaufgaben der Provinzen in jedem Fall den Vorzug vor den freiwilligen Selbstverwaltungsaufgaben erhalten sollten. Während sich der Landesoberverwaltungsrat der Provinz Brandenburg, Laging, für die erste Lösung aussprach,[295] plädierten die westlichen Provinzen geschlossen für eine differenzierte Handhabung und hielten bei den freiwilligen Aufgaben eine sorgfältige Prüfung für geboten.[296] Bei dem Votum dürfte in erster Linie die Überlegung mitgespielt haben, die Selbstverwaltungsaufgaben schon deshalb nicht brach liegen zu lassen, damit die Provinzialverbände nicht völlig auf die Verwaltung weisungsgebundener Aufgaben abrutschten. So läßt die Entwicklung des Haushalts des Provinzialverbandes Westfalen seit 1933 erkennen, daß die Ausgaben für die weisungsgebundenen Aufgaben im Vergleich zu denen für die freiwilligen ohnehin in auffallendem Maße gestiegen waren. Darüber hinaus hatte der Provinzialverband seit 1938 staatlicherseits eine Reihe von Aufgaben zugewiesen bekommen,[297] ohne dafür auch gleichzeitig die erforderlichen Mittel zu erhalten.[298]

Auch die staatliche Finanzpolitik verfolgte das Ziel, das schon bei den übrigen staatlichen Zentralbehörden beobachtet werden konnte, die provinzielle Selbstverwaltung in Richtung auf eine mittelbare Staatsverwaltung abzudrängen. Indem eine knapp bemessene staatliche Finanzausstattung die Provinzialverwaltung zwang, sich in erster Linie auf ihre weisungsgebundenen Aufgaben zu konzentrieren, konnten die freiwilligen Selbstverwaltungsaufgaben, trotz entgegenstehender Absicht, nur unzureichend wahrgenommen werden. Die vielfältigen, oft nicht einmal formell verankerten Auflagen bei der Zuteilung der Mittel sowie die eingeschränkte Verwendungsmöglichkeit infolge überwiegend gesetzlich gebundener Aufgaben führten bei dem Gestrüpp dirigistischer Verwaltungsvorschriften und Anweisungen zu einer nahezu völligen Unbeweglichkeit des provinziellen Finanzgebarens. Die Provinzialverwaltung hatte mehr und mehr die Rolle einer finanziellen Verteilerstelle erhalten, der das Merkmal der Finanzhoheit nur noch schwerlich zugesprochen werden konnte. Insofern muß auch das Urteil Naunins, daß "die finanzielle Selbstverantwortung des Provinzialverbandes" während des Dritten

---

294 VA, W-L, C 20 - 571 Vermerk Salzmanns vom 27.9.1939

295 Laging, Kriegsbeitrag und Gemeindeverbände, S. 800 f. Vgl. dazu auch Kitz, Ausführungen auf der LDK vom 7.12.1939

296 VA, W-L, C 20 - 571 Vermerk Salzmanns vom 27.9.1939

297 Dazu gehörten u.a. die Tbc-Hilfe, die Durchführung des Hebammengesetzes vom 21.12.1938, die Sportaufsicht und Sportpflege, die Trägerschaft der Feuerwehrschulen.

298 Vgl. den Finanzbericht zum Haushaltsplan 1941, S. 7 f.

Reiches bestehen blieb,[299] mit einem Fragezeichen versehen werden. Da dem Provinzialverband seine speziellen Deckungsmittel nicht zur Disposition standen, kann seine Finanzhoheit im strengen Sinn nur an der Variabilität seiner allgemeinen Deckungsmittel überprüft werden. Ihr Hauptkontingent bildete, wie gezeigt werden konnte, in zunehmendem Maße die Provinzialumlage. Aber gerade sie wurde dem ministeriellen Genehmigungsvorbehalt unterworfen. Die Feststellung, die der im Deutschen Gemeindetag für Finanz- und Haushaltsfragen zuständige Beigeordnete Dr. Hettlage am 28. September 1933 auf der Landesdirektorenkonferenz traf,[300] "dass die Gesetze für den kommunalen Finanzpolitiker eine Enttäuschung gebracht hätten," hatte auch am Ende des Dritten Reiches für die Provinzialverwaltung nichts an Aktualität eingebüßt, im Gegenteil.

3. Provinzialverwaltung und Kreise: Die Rolle des Provinzialrates

Die schon in der Weimarer Zeit erhobene nationalsozialistische Forderung nach Beseitigung der provinziellen Vertretungskörperschaften besaß Berührungspunkte mit jenen in der preußischen Ministerialbürokratie und unter den leitenden Provinzialbeamten verbreiteten Vorstellungen, die auf eine Ausschaltung der parlamentarischen Komponente in den provinziellen Beschlußorganen hindrängten. In ihnen sollte wieder der Verbandscharakter des Provinzialverbandes stärker herausgehoben werden; die kommunalen Vertreter sollten den maßgeblichen Einfluß erhalten. Diese Pläne kollidierten jedoch mit den Repräsentationsansprüchen der NSDAP, wenngleich die "(organische) Eingliederung der nationalsozialistischen Bewegung und ihrer Amtswalter" in den Provinzialverband als selbstverständlich galten.[301] Die Lösung wurde in dem am 17. Juli 1933 zunächst als beratendes Gremium des Oberpräsidenten und der Regierungspräsidenten geschaffenen Provinzialrat gefunden,[302] den der ihm präsidierende Oberpräsident zukünftig auch in bestimmten Angelegenheiten des Provinzialverbandes hören mußte.[303] Die Entschließungsfreiheit des Oberpräsidenten sollte indessen durch den Provinzialrat, in dem Abstimmungen untersagt waren, in keiner Weise beschnitten werden. Diesem war bestenfalls eine gutachterliche Rolle zugedacht. Seine in der Gesetzesbegründung vorgenommene Beschreibung als eine "Beigabe" traf genau den Sachverhalt. Da es im Ermessen des Oberpräsidenten lag, inwieweit er das Votum des Provinzialrates berücksichtigte, und da die mittelbare oder direkte Mitwirkung der Bevölkerung an der provinziellen Selbstverwaltung als einer der "deutschrechtlichen" Selbstverwaltung widersprechenden Form der Partizipation beseitigt worden war,[304] konnte der Provinzialrat zur Staffage werden.

299 Naunin, Wiederaufbau, S. 267

300 AVfK, A (P) 707 Niederschrift der LDK

301 GStA, Rep 90/Nr. 2304 "Vorschläge für eine Umgestaltung der preußischen Verwaltung" vom 10.8.1933 der Zentral-, Verfassungs- und Kommunalabteilung des PrMdI, S. 288, 319

302 (GS. S. 254) Vgl. Mirow, Der neue preußische Provinzialrat, S. 603

303 Vgl. Art. II Ziff. 5 des Oberpräsidentengesetzes vom 15.12.1933, s.o. S. 98 f.

304 GStA, a.a.O., S. 293 f.

Ursprünglich setzte sich der Provinzialrat aus dem Oberpräsidenten, den Regierungspräsidenten, dem Landeshauptmann und den in der Provinz wohnenden Staatsräten zusammen, die ihm kraft ihres Amtes angehörten. Darüber hinaus sah das Gesetz noch Repräsentanten der Partei, wie etwa Kreisleiter und höhere SA- und SS-Führer, und "um Staat und Volk verdiente Männer der Provinz" als Mitglieder des Provinzialrates vor.[305] Nachdem ihn das Oberpräsidentengesetz vom 15. Dezember 1933 auch in Fragen des Provinzialverbandes eingeschaltet hatte, wurde der Kreis der Provinzialratsmitglieder, bis auf jene, die es kraft ihres Amtes waren, neu festgelegt.[306] Jetzt wurden die obersten Amtswalter der Politischen Organisation, die rangältesten Führer der SA und SS sowie wiederum "um Staat und Volk sonst verdiente Männer der Provinz" ausersehen. Ausdrücklich hieß es dazu, "dem wirtschaftlichen Aufbaue der Provinz und den Besonderheiten der Geschäfte des Provinzialverbandes Rechnung" zu tragen und "auf Auswahl geeigneter Fachleute und leitender Beamten der Gemeinden sowie der Landkreise" zu achten.[307] Die Mitgliedschaft war, bei Möglichkeit der Wiederberufung, auf sechs Jahre festgesetzt. Hing sie von einem Amt ab, so erlosch sie nach dessen Ablauf oder bei vorzeitiger Niederlegung. Kraft Amtes neu in den Provinzialrat kam der Vizepräsident des Oberpräsidiums, der bei Verhinderung des Oberpräsidenten auch den Vorsitz führen sollte,[308] während das Gesetz vom 12. Juli 1933 noch vorsah, daß in dem Fall der dienstälteste Regierungspräsident dem Provinzialrat präsidierte.[309] Die Auffassungen darüber, wem bei Abwesenheit des Oberpräsidenten der Vorsitz eigentlich zustünde, waren von Anfang an kontrovers. So beschäftigte sich die Landesdirektorenkonferenz mit der Frage und kam zu dem Ergebnis, "daß der stellvertretende Vorsitz im Provinzialrat dem Landeshauptmann eingeräumt werden müsse"[310]. Allerdings gingen die Meinungen der Landeshauptleute auseinander. Kolbow beispielsweise sprach der Landesdirektorenkonferenz die Kompetenz ab, sich zu der Angelegenheit zu äußern und verlangte, den Passus aus dem Protokoll der Landesdirektorenkonferenz zu streichen; sonst entstünde der Eindruck, "als ob in ihr auf nicht nationalsozialistische, und dazu noch ganz unfruchtbare Art und Weise Maßnahmen unseres Staates kritisiert würden."[311] Die Stellvertreterfrage wurde im westfälischen Provinzialrat erst aktuell, nachdem Meyer Oberpräsident geworden war und wegen seiner Verpflichtungen in Berlin die Sitzungen nicht immer leiten konnte. Dies war am 26. März 1943 der Fall. Nun zeigte sich, daß Kolbow inzwischen von seiner 1935 noch eingenommenen kompromißlosen Position abgerückt war. Da Meyer nicht anwesend war, hätte nach den gesetzlichen Bestimmungen der zu diesem Zeitpunkt im Oberpräsidium das Amt des Vizepräsidenten wahrnehmende Ministerialdirigent Fründt den Vor-

---

305 Vgl. § 5 des Gesetzes über den Provinzialrat

306 Änderungsgesetz vom 15.2.1934 (GS. S. 57)

307 § 5 Ziff. 3 des Änderungsgesetzes

308 § 7 Abs. 1 des Änderungsgesetzes vom 15.2.1934

309 § 7 Abs. 1 des Gesetzes vom 20.7.1933

310 AVfK, DGT 1-1-3/1 Auszug aus der Niederschrift der LDK vom 17./18.6.1935

311 VA, W-L, NK - 9, S. 211 f. Kolbow am 2.9.1935 an Landeshauptmann Otto

sitz führen müssen. Zwischen ihm und Kolbow kam es vor Beginn der Sitzung darüber zu Meinungsverschiedenheiten. Kolbow wollte die zweifellos nicht mehr gültige Regelung des Gesetzes vom 20. Juli 1933 angewandt wissen, nach der Regierungspräsident von Oeynhausen als dienstältester Regierungspräsident präsidiert hätte.[312] Ein Eklat vor dem Provinzialrat wurde nur dadurch verhindert, daß Fründt die Angelegenheit nicht zu einer "Prestigefrage" aufwarf, die Sitzung unmittelbar nach ihrer Eröffnung unauffällig verließ und somit von Oeynhausen als legitimierter Vorsitzender erschien. Meyer, von Fründt informiert, stellte sich auf dessen Seite und forderte Kolbow wenige Tage später in einem in scharfem Ton verfaßten Schreiben auf, zukünftig "bei Entscheidung von Fragen, die den Provinzialrat als solchen betreffen, weniger persönlich entscheidend mitzuwirken."[313]

Der Provinzialrat der Provinz Westfalen umfaßte 30 Mitglieder, von denen der Preußische Ministerpräsident 22 berief.[314] Ihre Ernennung erfolgte am 30. Januar 1935; bis auf die Bestellung Gauleiter Meyers gab es darüber keine nennenswerten Auseinandersetzungen.[315] Meyer hatte sich am 16. Januar 1934 an Staatssekretär Grauert mit der Bitte gewandt, zum Provinzialrat ernannt zu werden, obwohl er Reichsstatthalter sei.[316] Als Gauleiter sei er für zwei Regierungsbezirke zuständig und müsse deshalb unbedingt im Provinzialrat vertreten sein. Bezeichnenderweise intervenierte gegen Meyer dessen Gauleiterkollege aus Westfalen-Süd, Wagner.[317] Meyer erhielt tatsächlich keine Aufnahmegenehmigung. Er konnte, bis er 1938 Oberpräsident wurde, an den Sitzungen des Provinzialrates nur als Gast teilnehmen, was er auf ausdrückliche Einladung Lünincks fast regelmäßig tat, während Wagner als Mitglied in dem durchschnittlich zweimal im Jahr tagenden Provinzialrat keinmal erschien.

Da der Provinzialrat einerseits die politischen, wirtschaftlichen und sozialen Kräfte der Provinz widerspiegeln, zum anderen der Verbandscharakter stärker als bisher in den Vordergrund gerückt werden sollte, ist zu fragen, wer am 30. Januar 1935 zum Provinzialrat ernannt worden war. Acht besaßen ein herausgehobenes Parteiamt; fünf galten als Vertreter der Städte und Kreise, darunter zwei Bürgermeister, ein Oberbürgermeister und zwei Landräte. Von den restlichen neun Provinzialräten repräsentierten je drei die Landwirtschaft und das Handwerk und zwei die Industrie. Einer war Rechtsanwalt und Notar.[318] Der kommunale Anteil betrug

---

312 Vgl. das Schreiben Meyers vom 5.4.1943 an Kolbow, VA, W-L, C 10/11 - 128 Der Brief in der Akte als "Intus"

313 Ebenda

314 Verordnung über die Zahl der Mitglieder der Provinzialräte vom 16.2.1934 (GS. S. 58)

315 Die Vorgänge dazu in: StAM, Oberpräsidium Nr. 7232. Die Mitgliedschaft im Provinzialrat wurde mit jährlich 3000 RM dotiert. Er kam in der Regel im Jahr zwei Mal zu eintägigen Sitzungen zusammen

316 GStA, Rep. 77/Nr. 2 Der § 4 des Gesetzes vom 17.7.1933 schloß u.a. die Ernennung von Reichsstatthaltern zum Provinzialrat aus

317 StAM, a.a.O., Wagner am 30.6.1934 an Lüninck

318 Vgl. die Aufstellung in VA, W-L, C 10/11 - 130

somit rund 23%, was, gemessen an den zuvor gewekchten Erwartungen, nicht gerade als überwältigend erscheint. Zahlenmäßig besaßen die Funktionäre der Partei und ihrer Gliederungen ein Übergewicht. Doch ist eine solche Charakterisierung nur eingeschränkt möglich, da die kommunalen Vertreter ebenfalls überwiegend der Partei angehörten. Ein Bürgermeister war beispielsweise zugleich Kreisleiter der NSDAP. Die Zahl der kommunalen Beamten im Provinzialrat stieg 1938 um zwei. Damit schnitt Westfalen im Vergleich zu anderen Provinzen noch günstig ab, wo die Repräsentation der kreisfreien Städte und Landkreise zum Teil sogar rückläufig war.[319]

Am 26. März 1935 trat der westfälische Provinzialrat zu seiner ersten Sitzung zusammen,[320] auf der Lüninck als Vorsitzender die Bedeutung des Provinzialrates erläuterte. Das in "Parlamentarischen Körperschaften übliche System der Kollektivverantwortlichkeit ... (sei) endgültig überwunden"; auch gebe es im Provinzialrat "keine Abstimmung und keine Beschlüsse". Ihm als Oberpräsidenten falle die alleinige Entscheidungsgewalt zu. Er lege deshalb besonderen Wert auf die beratende Stimme der Provinzialräte, von denen jeder verpflichtet sei, "seine abweichende Meinung und ihre Gründe" vorzubringen. Der Provinzialrat habe sich als Organ zu verstehen, über das der Provinzialverband in besonderer Weise "mit den lebendigen Kräften des Volkes" in Verbindung treten könne und worin "die neuartige Form der Selbstverwaltung" liege. Die Ausführungen Lünincks unterstrichen erneut die institutionalisierte politische Bedeutungslosigkeit des Provinzialrates und machten deutlich, daß dieser mehr Fassade denn ernstgemeinte Selbstverwaltung darstellte. Andererseits wird an ihnen erkennbar, wie sehr es von der konkreten politischen und personellen Konstellation abhängen mußte, inwieweit der Provinzialrat trotz aller Einengung Einfluß auf die ihm zur Beratung vorzulegenden Angelegenheiten nehmen konnte. Während Lüninck die Provinzialräte immerhin zur regen und kritischen Mitarbeit aufforderte,[321] verbat sich beispielsweise der Oberpräsident und Gauleiter der Provinz Brandenburg, Kube, in drohendem Ton von vornherein jede oppositionelle Meinungsäußerung.[322] In der Provinz Pommern galt der Provinzialrat gemeinhin als ein "Jasage-Gremium, in dem Debatten nicht stattfanden."[323] Auf seiner zweiten Sitzung, am 14. Juni 1935, stimmte der Provinzialrat der im Oberpräsidium entworfenen Geschäftsordnung zu.[324] Da-

---

319 BA, R 22/70 Vgl. die Anlage zum Schreiben des RMdI vom 30.12.1942 an das Preußische Staatsministerium betreffend den Provinzialrat Oberschlesiens

320 VA, W-L, C 10/11 - 136 Niederschrift der PR Sitzung

321 Noch bevor die Provinzialräte ernannt worden waren, hatte Lüninck die Gauleitungen von Westfalen-Nord und -Süd, die drei Regierungspräsidenten und Kolbow zu einer Konferenz eingeladen, um sie über die laufenden Angelegenheiten der Verwaltung des Provinzialverbandes zu unterrichten. VA, W-L, C 10/11 - 129 Einladungsschreiben Lünincks vom 13.10.1934

322 Vgl. Fricke, Die Landesdirektoren der Provinz Brandenburg 1867 - 1945, S. 320, Barth, Aus meiner Arbeit für die Provinz Brandenburg und für Berlin 1902 - 1968, S. 42 f.

323 Schultze-Plotzius, Ein Überblick über die Tätigkeit der Provinzialverwaltung von Pommern in den Jahren 1933 bis 1945, S. 71

324 VA, W-L, C 10/11 - 136 Anlage zur Niederschrift der PR-Sitzung

nach legte der Oberpräsident die Tagesordnung fest und entschied, soweit dies nicht gesetzlich vorgeschrieben war, zu welchen Vorlagen der Provinzialrat sich zu äußern hatte. Er tagte nicht öffentlich. Der Vorsitzende konnte die Sitzungen jederzeit schließen. Das Oberpräsidium nahm die Verwaltungsgeschäfte des Provinzialrates wahr.

Während der Tagungen des Provinzialrates standen gemäß den gesetzlichen Anweisungen Fragen der Haushaltswirtschaft, der Darlehnsaufnahme und der Vergabe außerplanmäßiger Mittel im Vordergrund. Außerdem mußte der Provinzialrat bei Transaktionen von Grundstücken, Änderungen von Anstaltssatzungen oder wirtschaftlichen Unternehmungen des Provinzialverbandes gehört werden. Bedeutsam für das Verhältnis der Provinzialverwaltung zu den Stadt- und Landkreisen war insbesondere die Auflage, das Votum des Provinzialrates einzuholen, wenn der Provinzialverband neue Aufgaben "ohne gesetzliche Verpflichtungen" übernehmen wollte.[325] Die Provinzialverwaltung bemühte sich aber von Anfang an um eine breitere Einbeziehung des Provinzialrates und informierte ihn beispielsweise über grundlegende Probleme der provinziellen Selbstverwaltung, was namentlich für Kolbow gilt. Sicherlich wird dabei auch die Überlegung mitgespielt haben, den Provinzialrat als Sprachrohr und quasi ersatzpolitisches Instrument für die Belange der Provinz einzusetzen, wenngleich, wie das Beispiel der Teilungsdiskussion zeigt, diese Absicht später mit den partikularistischen Interessen der Gauleitung in Bochum kollidierte. So führten Lüninck und Kolbow nach Erlaß des Straßenneuregelungsgesetzes vom 26. März 1934 eine Stellungnahme des Provinzialrates herbei, der sich einmütig dafür aussprach, daß die Provinzialverwaltung auch im Bereich des Ruhrsiedlungsverbandes für die Reichsstraßen und Landstraßen I. Ordnung zuständig sein müsse.[326] Weiterhin unterrichtete Kolbow den Provinzialrat über die langwierigen Auseinandersetzungen um den beamtenrechtlichen Status der Provinzialbeamten[327] und über die Beratungen zur Gauselbstverwaltungsreform, ohne indes Einzelheiten zu erwähnen.[328] Aber auch so strukturelle Probleme wie die "Einheit der Verwaltung" und die Aushöhlung des provinziellen Aufgabenbestandes brachte Kolbow im Provinzialrat zur Sprache und forderte wiederholt dazu auf, sich für die Sicherung der Selbstverwaltung einzusetzen.[329]

Am Beginn der Provinzialratssitzungen standen in der Regel "Der Bericht des Landeshauptmanns". In ihm unternahm Kolbow eine Art provinzieller

---

325 Art. II. Ziff. 5e des Oberpräsidentengesetzes vom 15.12.1933

326 VA, a.a.O., Niederschrift der PR Sitzung vom 26.3.1935. Das Votum des Provinzialrates veranlaßte die "Rheinisch-Westfälische Zeitung" am 29.3.1935 zu der polemischen Replik, "daß die Provinzialräte wahrscheinlich zum großen Teil sachlich mit den Problemen, die für das Ruhrgebiet aus der von ihnen befürworteten Durchführung des Reichsstraßengesetzes sich ergeben, zu wenig vertraut sind, um die Tragweite der Stellungnahme richtig einschätzen zu können." StAM, Oberpräsidium Nr. 7232 Schreiben des Regierungspräsidenten Arnsberg an das Oberpräsidium vom 10.4.1935

327 VA, W-L, C 10/11 - 143 Niederschrift der PR-Sitzung vom 9.6.1939

328 Ebenda

329 VA, W-L, C 10/11 - 142 und C 10/11 - 150 Niederschrift der PR Sitzung vom 18.11.1938 und 14.7.1944

tour d'horizon: er berichtete über die Aufgabenbereiche der Verwaltung, ihre Schwerpunkte und über wichtige personelle Veränderungen in den Abteilungen. Gelegentlich griff er Einzelvorgänge, vornehmlich aus dem Schriftverkehr mit Reichsministerialbehörden oder Parteidienststellen auf, um die politische Dimension von auf den ersten Blick unbedeutenden Maßnahmen aufzuzeigen und um darzustellen, daß eine als sachgerecht ausgegebene Entscheidung — erinnert sei hier an den Beamtenrechtsstreit — sich häufig als ein politischer Präzedenzfall mit weitreichenden Folgen für die Provinzialverwaltung erweisen konnte. Den Darlegungen des Landeshauptmanns folgte gewöhnlich der detaillierte Bericht der Finanzverwaltung, die die einschlägigen Finanz- und Wirtschaftsfragen des Provinzialverbandes häufig an Hand von Schaubildern und graphischen Darstellungen ansprach und erläuterte. Von Fall zu Fall brachten auch andere Abteilungen der Verwaltung Vorlagen ein.

Die Sitzungen des Provinzialrates waren eine Domäne der kommunalen Beamten der kreisfreien Städte und Landkreise, der Regierungspräsidenten und insbesondere der Provinzialbürokratie, während der übrige Teil des Rates die Rolle der "Hinterbänkler" ausübte. Dies traf in auffallender Weise auf die hauptamtlichen Parteifunktionäre zu. Wie die Sitzungsprotokolle erkennen lassen, ergriff fast die Hälfte der Provinzialräte keinmal das Wort. Die Beratungen des Provinzialrates können als exemplarisches Beispiel dafür angesehen werden, wie einer Bürokratie ihr Informationsvorsprung zugute kam und wie sie ihn zu nutzen verstand. Die Beamten der Provinzialverwaltung verfügten über ein Monopol spezialisierter Fachkenntnisse, denen der größte Teil der Provinzialräte nur wenig entgegenzusetzen hatte. So ist nicht zu verkennen, daß dieser sich in vielen Fragen, vor allem, wenn sie finanzieller und wirtschaftlicher Natur waren und die meiste Zeit der Tagungen beanspruchten, überfordert fühlte. Repräsentativ und charakteristisch für diese Gruppe ist die Äußerung des Provinzialrates Schürmann. Schürmann, Gaubetriebszellenleiter im Gau Westfalen-Nord und von Haus aus Telegrafenhandwerker, bat am Schluß einer Sitzung darum, die Landesräte möchten sich bei ihren Vorträgen nicht lediglich "auf die Formaldinge ... beschränken", sondern "ein lebendiges Bild von der Arbeit der Verwaltung" geben.[330]

Als Reflex auf die stärkere Position der Provinzialbürokratie wie als Indiz dafür, daß der Provinzialrat sich mit den ihm zugewiesenen Aufgaben nicht begnügen wollte, erscheint auch folgender Vorfall. Nachdem in der Sitzung vom 5. November 1937 die Verwaltung den Halbjahres-Finanzbericht und den Abschlußbericht über das Rechnungsjahr 1936 erstattet hatte, entwickelte sich, was bisher einzigartig war, unvermittelt und außerhalb der festgelegten Tagesordnung über den Auftrag des Provinzialrates eine Diskussion, deren Ergebnis Lüninck zusammenfaßte: "dass es nicht Aufgabe des Provinzialrates sein könne, Einzelheiten der Verwaltungsführung nachzuprüfen, dass die Provinzialräte aber zu den grundsätzlichen Fragen Stellung nehmen sollten, dass sie weiter die Aufgabe haben, Anregungen an die Provinz heranzubringen und insbesondere aus ihrem Überblick über die Provinzialverwaltung in allen Gebieten der Provinz Verständnis für die Arbeiten der Provinz zu erwecken."[331] Der Diskussionsverlauf ist in der Niederschrift nicht festgehalten worden. Doch läßt das Resümee Lünincks darauf

330 VA, W-L, C 10/11 - 140 Niederschrift der PR Sitzung vom 5.11.1937   331 Ebenda

schließen, daß der Provinzialrat augenscheinlich eine weitgehendere Einflußmöglichkeit beanspruchte und möglicherweise sogar eine Art Kontrollorgan der Provinzialverwaltung, zumindest für ihr Finanzgebaren, werden wollte. Dafür spricht auch die bereits in anderem Zusammenhang dargestellte Kontroverse zwischen der Verwaltung und einigen Stadt- und Landkreisen über die Höhe der Provinzialumlage.

Deren zunehmende Bedeutung für den provinziellen Haushalt gab offensichtlich auch den Anstoß, die kreisfreien Städte und Landkreise stärker als bisher an der Aufstellung des Haushaltes zu beteiligen. Auf einer von Oberpräsident Meyer einberufenen Zusammenkunft einiger Provinzialräte am 19. Oktober 1940 regte der Bocholter Oberbürgermeister und Gauamtsleiter für Kommunalpolitik im Gau Westfalen-Nord, Irrgang, an, den Kreisen, wie das früher der Fall war — er meinte die Zeit der Weimarer Republik, ohne sie freilich zu nennen —, Gelegenheit zu geben, sich in einem Ausschuß eingehender mit dem Etat der Provinz zu beschäftigen.[332] Meyer und Kolbow griffen den Vorschlag auf und beriefen einen sechsköpfigen "Haushaltsausschuß", in dem die Gaue Westfalen-Nord und -Süd paritätisch vertreten waren. Ihm gehörten, neben Kolbow und dem Finanzdezernenten, zwei Landräte, drei Oberbürgermeister und ein Bürgermeister an.[333] Kolbow ließ aber von vorneherein keinen Zweifel darüber aufkommen, daß mit der Bildung des Ausschusses nicht intendiert war, ihm auch ein beschließendes Mitspracherecht einzuräumen oder sogar "die Verantwortung für die Gesamtgestaltung des Haushalts ... irgendwie auf diesen Ausschuß abzuwälzen." Sie beanspruchte Kolbow nach wie vor für sich. Vielmehr sollte der Ausschuß sich an den Haushaltsberatungen der Verwaltung beteiligen und "hierbei dann tiefer und gründlicher in die Materie eindringen und sich von der Zweckmäßigkeit der Gestaltung des Haushalts und der Notwendigkeit der Ansätze überzeugen."[334]

Die Sitzungen des Haushaltsausschusses hoben sich deutlich von denen des Provinzialrates ab. Ihr Merkmal waren der auffallend intensive und kontrovers geführte Meinungsaustausch, bei dem die einzelnen Haushaltsposten einer kritischen Prüfung unterzogen wurden.[335] Dies lag vor allem daran, daß in dem Ausschuß die kommunalpolitische Substanz des Provinzialverbandes zur Geltung kam, die durch Erlaß des Provinzialratsgesetzes beziehungsweise durch die Zusammensetzung des Provinzialrates eine spürbare Verdünnung erfahren hatte. Aus der Perspektive der Provinzialverwaltung war es zweifellos ein geschickter Schachzug, den Haushaltsausschuß einzurichten. Der provinzielle Etat lag nun zumindest optisch auf breiteren Schultern, so daß im Provinzialrat aufkommende Kritik mit dem Verweis auf die beteiligten Kommunalvertreter leichter aufgefangen oder auch unterlaufen wer-

---

332 VA, W-L, C 10/11 - 146 Vermerk Kolbows vom 19.10.1940

333 Dies waren: LR Dr. Teipel (Arnsberg), LR von Borries (Lübbecke), OB Vetter (Hagen), OB Irrgang (Bocholt), OB Böhmer (Gelsenkirchen), Bürgermeister Dr. Pagenkopf (Dortmund). Für die Benennung Pagenkopfs, der nicht dem Provinzialrat angehörte, gab den Ausschlag, daß er als Reichshauptstellenleiter im HfK ehrenamtlich die Abteilung "Finanz- und Steuerwesen" leitete.

334 VA, W-L, C 10/11 - 144 Niederschrift der PR Sitzung vom 25.10.1940

335 Die Niederschriften des Ausschusses befinden sich in: VA, W-L, C 10/11 - 133

den konnte. So leitete Kolbow beispielsweise seinen Bericht zum Haushaltsplan 1941 mit dem Satz ein, "dass alle einschlägigen Fragen und Einzelhaushaltspläne der Provinzialverwaltung bereits in zwei Sitzungen des Haushaltsausschusses und in einer Sitzung der Landräte und Oberbürgermeister der Provinz Westfalen eingehend besprochen worden seien."[336] Wenngleich der Ausschuß eine effizientere Haushaltsberatung ermöglichte, so darf doch auch nicht übersehen werden, daß er den Provinzialrat noch peripherer werden ließ, dessen Sitzungen steriler machte und andererseits einen weiteren Schritt zur Bürokratisierung der provinziellen Selbstverwaltung bedeutete. Denn der Haushaltsausschuß stellte keinen Ausschuß im parlamentarischen Verständnis dar, der einem übergeordneten Organ verantwortlich war und als Entscheidungshilfe diente. Ebensowenig darf die in diesem Zusammenhang mißverständliche Formulierung Kolbows sozusagen parlamentarisch interpretiert werden, die sich in seinem Brief vom 22. Mai 1940 an den inzwischen aus dem Oberpräsidentenamt geschiedenen Lüninck findet: "Der alte Provinziallandtag, so wie er vor dem Weltkrieg war, ist so langsam wieder im Auferstehen begriffen...."[337] Was Kolbow zu diesem Zeitpunkt vorschwebte, lief auf eine ständestaatliche Konzeption hinaus, in der einem ausgewählten Kreis von kommunalen Sachverständigen die Führungsrolle zugedacht war. Keinesfalls aber votierte hier Kolbow für einen Provinziallandtag, in den politische Parteien wieder ihren Einzug halten sollten. Erst später, nach seiner Entlassung als Landeshauptmann, äußerte er die Überzeugung, die gemeindliche Selbstverwaltung könne erst dann wieder bürgerschaftlich genannt werden, wenn unter anderem die Bürgerschaft "in Fragen von umfassender Bedeutung auch beschließend" mitbestimmen und ihre kommunale Exekutive in geheimer und direkter Wahl wählen könne.[338]

Es hatte schon frühzeitige Versuche der Bürokratie des Oberpräsidiums und des Provinzialverbandes gegeben, ihre vom Provinzialrat unabhängige Stellung zu demonstrieren und auszubauen. Diese waren keine westfälische Besonderheit, sondern auch in anderen Provinzen zu beobachten. So teilte Lüninck am 5. November 1935 dem Provinzialrat mit, die Geschäftsordnung um den Passus erweitern zu wollen, daß "in geeigneten Fällen, wenn Eile geboten ist, ... die Anhörung des Provinzialrates schriftlich erfolgen" könne.[339] Auf Anregung des Arnsberger Landrates Teipel wurde für "in geeigneten Fällen" die Formulierung "in minderwichtigen Fällen" gesetzt. Eine ähnliche Modifizierung plante, wie Lüninck erfahren hatte, auch der Oberpräsident der Provinz Sachsen und bean-

---

336 VA, W-L, C 10/11 - 144 Niederschrift der PR-Sitzung vom 28.6.1941. Meyer hatte den Ausschuß wissen lassen, Wert darauf zu legen, daß in ihm die anstehenden Fragen "möglichst restlos geklärt würden, damit nicht noch eingehende Erörterungen in der Sitzung des Provinzialrates erforderlich seien." VA, W-L, C 10/11 - 133 Mitteilung Vizepräsident Goedeckes am 9.5.1941 im Ausschuß

337 VA, W-L, NK - 12, S. 116

338 So in einem Brief vom 14.12.1944, der als Kolbows politisches Vermächtnis bezeichnet werden kann, an den "Sternbergkreis", dem er führend angehörte. Das Dokument hat Prof. Burkhart Schomburg, ein Mitglied des Sternbergkreises, dem Vf. dankenswerterweise zugänglich gemacht.

339 VA, W-L, C 10/11 - 136 Niederschrift der PR-Sitzung

tragte am 18. November 1935 beim Innenministerium die Genehmigung. Dieses lehnte aber das Vorhaben Lünincks ab, da es eine ausreichende Meinungsäußerung des Provinzialrates nicht mehr gewährleiste.[340] Nach Kriegsausbruch griff Landeshauptmann Dr. Schow das Thema wieder auf und regte an, zur "Vereinfachung der Verwaltung" den Provinzialrat für die Dauer des Krieges zu suspendieren.[341] Daraufhin schaltete sich der Deutsche Gemeindetag ein und riet den Provinzialverbänden dringend davon ab, dem Vorschlag Schows beizutreten, da eine "zunächst nur für die Kriegsdauer gedachte Maßnahme später zur Dauereinrichtung" gemacht werden könnte. Die Gemeinden und Gemeindeverbände sollten sich davor hüten, selbst an der Demontage von Selbstverwaltungselementen mitzuwirken.[342] Gleichwohl schloß sich Kolbow dem Votum Schows an und sprach sich beim Innenministerium für die Aussetzung des Provinzialrates aus.[343] Auch dieses Mal legte sich das Ministerium quer. Die gesetzlichen Bestimmungen ließen den Oberpräsidenten ausreichend Spielraum, zumal es genüge, den Provinzialrat nur einmal im Jahr zur Haushaltsberatung zusammentreten zu lassen.[344] Erst 1943 hob das Ministerium die Beratungspflicht des Oberpräsidenten mit den Provinzialräten auf und stellte anheim, sie einmal im Jahr über die wichtigsten Angelegenheiten des Provinzialverbandes zu unterrichten sowie dessen Haushaltsfragen mit einigen ausgewählten Provinzialräten zu erörtern.[345]

Die Vorgänge legen die Schlußfolgerung nahe, daß der Provinzialrat bei den Beamten des Oberpräsidiums und des Provinzialverbandes nicht hoch im Kurs stand. Zugleich relativieren sie die eingangs zitierten Ausführungen Lünincks über die Rolle des Provinzialrates und geben auch dem Auftreten Kolbows in den Sitzungen eine andere Färbung. Der Grund für dieses Verhalten, entgegen der nach außen hin dem Provinzialrat gezollten Achtung, dürfte in dem rasch zutage getretenen Unvermögen eines Großteils der Mitglieder zu suchen sein und in der Tatsache, daß sich der Schwerpunkt der Arbeit auf die Regierungspräsidenten und den kommunalen Kern des Gremiums verlagerte. Dieser machte hier in der Tat seine Interessen nachdrücklich geltend und sorgte dafür, daß der Provinzialrat zumindest in Westfalen nicht völlig zu einem ideologischen "Versatzstück"[346] wurde. Dies lag nicht zuletzt in dem Argwohn der Stadt- und Landkreise begründet, die Provinzialverwaltung wolle ihnen traditionelle Zuständigkeiten oder solche, die ihrer Auffassung nach nicht in die regionale Ebene gehörten, entziehen.

Zu den Aufgabenbereichen, in denen dieser Verdacht aufkam, gehörte das Straßenwesen. Bei der gesetzlichen Neuregelung der Organisation der Straßenverwaltung

---

340 StAM, Oberpräsidium Nr. 7308 Schreiben Lünincks an das RMdI und dessen Antwort, gez. von Ministerialdirektor Dr. Schütze, vom 2.12.1935

341 VA, W-L, C 10/11 - 28 Eingabe vom 5.10.1939

342 VA, a.a.O., Rd.Schreiben vom 13.10.1939

343 VA, a.a.O., Schreiben Kolbows vom 31.10.1939

344 VA, a.a.O., Erlaß des RMdI vom 19.11.1939

345 Rd.Erlaß des RMdI vom 16.6.1943 (MBliV, S. 999)

346 Matzerath, Nationalsozialismus, S. 299

1934 verhinderte nur ein entschiedener Einspruch des Innenministeriums den Plan Todts, den Provinzialverbänden auch die Verwaltung der Landstraßen II. Ordnung zu übertragen, die stattdessen vorerst den Landkreisen zufiel.[347] Die Durchführungsverordnung vom 7. Dezember 1934[348] unterstrich aber die ausdrückliche Vorläufigkeit der Regelung und betonte, daß beim Ausscheiden eines leitenden Kreisbaubeamten die Verwaltung der Landstraßen II. Ordnung dieses Kreises auf das zuständige Landesbauamt des Provinzialverbandes übergehen könne. In den folgenden Jahren verständigte sich die Provinzialverwaltung darüber mit sieben von 32 Landkreisen. Da aber Todt nach wie vor die Landkreise aus der Straßenverwaltung ausschalten wollte, setzte er die Provinzialverbände unter Druck: entweder sollten sie die Landstraßen II. Ordnung übernehmen oder eine neu zu errichtende Reichssonderbehörde, die dann allerdings für alle Straßen des Reiches zuständig sei. Den Kreisen ließ er durch die Provinzialverwaltung mitteilen, daß bei Vakanz einer leitenden Kreisbeamtenstelle die Kreisstraßenverwaltung auf den Provinzialverband übergehen müsse.[349] Die daraufhin eingeleiteten Verhandlungen scheiterten indessen am Widerstand der Landkreise. Diese erwarteten, wie einer ihrer Sprecher, der Lübbecker Landrat von Borries, am 27. April 1938 im Provinzialrat erklärte, daß "auch den Landkreisen ... das Vertrauen geschenkt" werde, daß "sie selbst für ihre Strassen zweckmässig sorgten."[350] Klarheit brachte schließlich das Gesetz vom 25. März 1939 [351] – seine turbulente Genesis kann hier nicht berücksichtigt werden –, das den Provinzialverbänden die Landstraßen II. Ordnung als Auftragsverwaltung zuwies.

Der Verlust ihrer Straßenverwaltung rief bei den Landkreisen eine tiefe Verbitterung hervor und verursachte eine spürbare Eintrübung des Verhältnisses zur Provinzialverwaltung. Diese hatte sich zwar nicht als treibende Kraft beim Zustandekommen der neuen Regelung hervorgetan, war an ihr aber auch nicht unbeteiligt.[352] Im Provinzialrat versuchte Kolbow die Verärgerung der Kreise abzuschwächen. Er sicherte eine enge Kooperation der Landesbauämter mit den Landräten zu und meinte, "die auf vielen Gebieten schon stark ausgeprägte Gemeinschaftsarbeit zwischen Landkreisen und Provinzialverband" trete "nun auch im Straßenwesen ganz stark in Erscheinung."[353] Bei den Kreisen hatte sich inzwischen der Eindruck verstärkt, der Provinzialverband wolle sich auf ihre Kosten schadlos halten und aufgabenmäßig stärken. Erste Anzeichen des aufgestauten Mißtrauens machten sich auf der Provinzialratssitzung vom 28. Mai 1940 bemerkbar.

---

347 Vgl. das Schreiben Todts vom 21.8.1935 an den RFM, BA, R 2/4570, S. 259

348 RGBl. I., S. 1237

349 BA, R 36/2532 Rd.Schreiben der Provinzialverwaltung an die Landkreise vom 9.3.1938 sowie das Schreiben von LR von Borries an den DGT vom 4.5.1938

350 VA, W-L, C 10/11 - 142 Niederschrift der PR-Sitzung

351 RGBl. I., S. 629

352 Vgl. den Bericht Kolbows vom 25.1.1939 an das Oberpräsidium, BA, NS 25/1405, S. 63 - 70, bes. S. 67 f., anders dagegen Naunin, Wiederaufbau, S. 165

353 VA, W-L, C 10/11 - 143 Bericht Kolbows auf der PR-Sitzung vom 9.6.1939

Oberbürgermeister Irrgang forderte die Provinzialverwaltung auf, von sich aus nichts zur Erweiterung des provinziellen Aufgabenbestandes zu unternehmen.[354] Wenig später beschwerte sich der Arnsberger Regierungspräsident Runte im Oberpräsidium über eine zunehmende Kompetenzmassierung. Der Provinzialverband gehe mehr und mehr, so in der Wohlfahrstpflege, im Straßen- und im Hebammenwesen dazu über, "rein örtliche Funktionen" auszuüben und eine "Verlagerung kleiner und kleinster Funktionen" anzustreben.[355] Auf der Provinzialratssitzung vom 25. Oktober 1940[356] kam es zum offenen Konflikt. Dieser stand zwar im Zusammenhang mit der Belastung der Kreise durch die Provinzialumlage, wird aber in seiner Schärfe nur vor dem Hintergrund der hier angesprochenen Problematik verständlich. So verlangten die Oberbürgermeister von Dortmund und Münster, der Provinzialverband dürfe keinesfalls noch freiwillig Aufgaben übernehmen. Derart bedrängt verteidigten Kolbow und Salzmann die Politik der Provinzialverwaltung. Nichts liege der Verwaltung "ferner, als Aufgaben bei ihr zentral zusammenzufassen, deren Erledigung bei den Stadt- und Landkreisen möglich" sei. Die Provinzialverwaltung habe sich auch niemals "um die Übernahme all dieser neuen Aufgaben irgendwie bemüht".[357] Auch betonten Kolbow und Salzmann, und das zu Recht, bei den neu hinzugekommen Aufgaben handele es sich fast ausschließlich um gesetzlich übertragene Pflichtaufgaben. Dagegen entsprach Kolbows Behauptung nicht den Tatsachen, "dass die Provinzialverwaltung nie bestrebt gewesen sei, sich durch Übernahme neuer Aufgaben aufzublähen...." Gerade Kolbow war es, der, wie im folgenden Kapitel noch darzustellen ist, bei den Beratungen zur Gestalt der Gauselbstverwaltung darauf drängte, daß diese weiterreichende Kompetenzen als bisher, auch über die kreisfreien Städte und Landkreise, erhalten müsse. Allerdings richtete sich diese Forderung nicht bewußt gegen die Gemeinden und Kreise als Träger von Selbstverwaltungsaufgaben, sondern sie erklärt sich aus dem Selbstbehauptungskampf, in dem die provinzielle Selbstverwaltung hineingedrängt worden war und dem die Stadt- und Landkreise freilich nicht minder unterlagen.

Die hier genannten Vorgänge machen deutlich, daß der Provinzialrat durchaus ein Ort kontroverser Diskussionen sein konnte. Sie lassen zugleich das zeitgenössische Bild eines von Spannungen unberührten Einvernehmens zwischen dem Provinzialverband und seinen Kreisen als propagandistische Konstruktion erscheinen. Indes sorgten gerade die politischen Bedingungen des nationalsozialistischen Herrschaftssystem dafür, daß die Kreise den Provinzialverband immer häufiger mehr als bedrohlichen Konkurrenten denn als den größeren kommunalen Bruder empfanden, obwohl Konflikte zwischen ihnen darüber, welche Aufgaben zweckmäßigerweise vom Provinzialverband wahrzunehmen seien, nicht erst im Dritten Reich aufgekommen waren. Vielmehr handelt es sich dabei um ein strukturelles Problem, das schon in der Weimarer Republik zu beobachten ist und auch heute den Landschaftsverband beschäftigt.[358] Insofern war die Feststellung Kolbows, "wir sind

354 VA, W-L, C 10/11 - 144 Niederschrift der PR-Sitzung
355 VA, W-L, C 10/11 - 146 Eingabe Runtes vom 4.10.1940
356 VA, W-L, C 10/11 - 144 Niederschrift der PR-Sitzung
357 Ebenda. Gemeint waren die Verwaltung der Landstraßen II. Ordnung, die Fürsorge für Kriegsblinde und Hirnverletzte, die Durchführung des Hebammengesetzes, die Trägerschaft der Feuerwehrschulen, die Sportaufsicht und Sportpflege.
358 Vgl. Naunin, Die Landschaft als Institution, S. 7

nun mal eine kommunale Familie",³⁵⁹ ebenso zutreffend wie irreführend. Zutreffend deshalb, weil die Auseinandersetzungen im Provinzialrat und in den übrigen provinziellen Konferenzen zeigen, daß auch im Dritten Reich der für den inneren Bestand der provinziellen Selbstverwaltung wesentliche genossenschaftliche Gedanke in Westfalen lebendig war und die Kreise den Provinzialverband unbeschadet der Kontroversen bejahten; irreführend deshalb, weil die Umschreibung die Voraussetzungen, unter denen sich Kreise wie Provinzialverband im Dritten Reich behaupten mußten, harmonisierte und notwendigerweise verzerrt wiedergab.

Der Provinzialrat ermöglichte keine Form bürgerschaftlicher Mitwirkung an der provinziellen Selbstverwaltung und bedeutete eine Absage an das Prinzip der Repräsentation. Die Provinzialräte waren ernannt worden, nicht aber aus einem demokratisch legitimierten Willensbildungsprozeß hervorgegangen. Daß andererseits der Provinzialverband nicht völlig von seinen Mitgliedern, den Stadt- und Landkreisen, isoliert wurde und er sich infolge der weitgehend beseitigten kommunalen Kompetenzen nicht im luftleeren Raum bewegte, lag daran, daß die Stadt- und Landkreise an seinem Geschick auf informelle Weise beteiligt wurden oder sich beteiligten. So fanden regelmäßig Konferenzen der westfälischen Oberbürgermeister und Landräte statt. Sie erfolgten teils im Rahmen der für verschiedene Bereiche eingerichteten Arbeitsgemeinschaften, teils innerhalb der von der Provinzialdienststelle Westfalen des Deutschen Gemeindetages, deren Vorsitzender Kolbow seit 1936 war, angesetzten Veranstaltungen, auf denen jeweils Fragen des Provinzialverbandes erörtert wurden. Weiterhin gab es in lockerer Folge Zusammenkünfte der kommunalen Kämmerer Westfalens, die sich auch mit der "Lage der Provinzialfinanzen" befaßten und die Tagungen der Arbeitsgemeinschaft für Wohlfahrtspflege.

Wie gezeigt werden konnte, hatten in erster Linie die Vertreter der kreisfreien Städte und Landkreise mit ihrer Sachkunde den Provinzialrat vor einer völligen Erschlaffung bewahrt. Aber nach den Vorstellungen der staatsrechtlichen Abteilung beim Stellvertreter des Führers sollte gerade das kommunale Element aus den Provinzialräten eliminiert werden. Ihr Leiter, Sommer, betrachtete die Provinzial- wie die Gemeinderäte als "Scheinfiguren der Selbstverwaltung", die "nur mit dem Kopf nickten", und war davon überzeugt, daß sich "für dieses lächerliche Amt" demnächst "kein tüchtiger Mann" mehr hergebe.³⁶⁰ Jedenfalls setzte die Parteileitung gegen den entschiedenen Widerstand des Reichsinnenministeriums durch, daß in den neuen Reichsgauen die Gauräte sich fast ausschließlich aus hauptamtlichen Parteifunktionären zusammensetzten.³⁶¹ Es kann kein Zweifel darüber sein, daß diese Regelung über kurz oder lang auch in den Provinzialverbänden realisiert worden wäre und die Provinzialräte zu einem parteikontrollierten und -abhängigen Beifallsorgan gemacht hätte.

359 VA, W-L, C 10/11 - 264 Kolbow am 23.3.1940 an Schenck

360 So am 2.8.1940 in einer Ausschußsitzung über Fragen der Gauselbstverwaltung, VA, W-L, C 10/11 - 20 Niederschrift der Sitzung

361 Dazu ausführlicher: Teppe, Die NSDAP und die Ministerialbürokratie. Zum Machtkampf zwischen dem Reichsministerium des Innern und der NSDAP um die Entscheidungsgewalt in den annektierten Gebieten am Beispiel der Kontroverse um die Einsetzung der Gauräte 1940/41, S. 372 ff.

FÜNFTES KAPITEL

Die Zukunft der provinziellen Selbstverwaltung im Dritten Reich:

Zur Diskussion der Gauselbstverwaltung unter besonderer Berücksichtigung des Beitrags Westfalens

Die Frage nach dem Aufbau der Gauselbstverwaltung gehört in den größeren Zusammenhang der Geschichte der Reichs- und Verwaltungsreform. Sie kam während der Zeit des Dritten Reiches nie ganz zum Erliegen. Selbst das 1935 von Hitler erlassene Verbot, weitere Erörterungen über die Reichsreform anzustellen, bewirkte nur eine formale Absetzung der Thematik und konnte nicht verhindern, daß sie sozusagen permanent auf der Tagesordnung stand. Ein wesentlicher Grund dafür lag schon darin, daß die Ausdehnung des Reichsgebietes administrative Maßnahmen erforderte, die, weil sie situationsbedingt getroffen wurden, im Hinblick auf eine umfassende Reichsreform nicht befriedigen konnten und deren Dringlichkeit ständig aufs neue offenkundig machten.

Im Rahmen der vorliegenden Untersuchung soll allerdings nicht auf den Gesamtkomplex "Reichsreform"[1], sondern nur auf einen ihrer Teilaspekte, auf den Bereich der Provinzialselbstverwaltung, eingegangen werden. Für sie wurde in der Reformdiskussion des Dritten Reiches der Terminus "Gauselbstverwaltung"[2] eingeführt. Der Begriff stand vorerst für ein, wenn auch nicht scharf konturiertes verwaltungsorganisatorisches Modell, bis nach der Bildung der Reichsgaue in den

---

1 Bisher steht eine Gesamtdarstellung der "Reichsreform" beziehungsweise der Thematik "Verwaltungsreform und Verwaltungsreformpläne im Dritten Reich" noch aus. Als Einführung in den Problemkreis zu benutzen Baum, Die "Reichsreform" im Dritten Reich. Die stärkste Berücksichtigung findet das Thema immer noch in dem von G. Schulz verfaßten Kapitel "Nationalsozialistische Reichsreform" des die Anfangsphase behandelnden Werkes von Bracher-Sauer-Schulz, S. 579-619. Allerdings geht Schulz nur in bescheidenem Umfang auf die im Rahmen für die Reichsmittelinstanz entwickelten Pläne für eine Gauselbstverwaltung ein. Außerdem Peterson, The Limits of Hitler's Power, S. 103 ff. Die knappe Abhandlung bei Broszat, Der Staat Hitlers, S. 140-172 besitzt den Vorzug, daß sie den in den annektierten Gebieten realisierten Verwaltungsaufbau mit dem des Altreichs in Bezug setzt. Dagegen behandelt Broszat nicht die Frage der territorialen Neugliederung. Sie wird umfassend dargestellt in der Dissertation von Wagner, Die territoriale Gliederung Deutschlands in Länder seit 1871. Immer noch nützlich ist die bereits 1945 in den USA herausgekommene Untersuchung von A. Brecht, Föderalismus, Regionalismus und die Teilung Preußens, S. 192 ff., da Brecht besonders darauf abhebt, wie die Reichsreformpläne des Verfassungsausschusses der Länderkonferenz im Dritten Reich verfälscht wurden.

2 Soweit festgestellt werden konnte, benutzte Schultze-Plotzius, Neuordnung des Reichsaufbaues, S. 332, als erster den Begriff.

annektierten Gebieten auch der der "Reichsgauselbstverwaltung" gebräuchlich wurde. Ab 1940 schließlich mehrten sich die Stimmen, die nur noch von einer "Gauverwaltung" sprachen. Der terminologische Wandel war eine Reaktion auf die vorausgegangene inhaltliche, aufgabenmäßige Verlagerung, während zunächst die Gestalt der preußischen Provinzialverbände den Reformplänen als beispielhafter Typus zugrunde lag.

Von 1935 bis 1944 befaßten sich unter maßgeblicher Beteiligung von Landeshauptleuten und Landesräten mehrere Ausschüsse mit dem Aufbau der Gauselbstverwaltung. Bei wechselnder personeller Zusammensetzung tagten sie zunächst unter der Federführung des Deutschen Gemeindetages, bis 1940 die staatsrechtliche Abteilung beim Stellvertreter des Führers sich stärker auf die Reform der "Reichsmittelinstanz" besann und dafür einen Ausschuß berief. Die von den Ausschüssen, das heißt konkret, die von den Landeshauptleuten und Landesräten erarbeiteten Konzepte sollen im Mittelpunkt des vorliegenden Kapitels stehen. Dies bedeutet, daß Vorstellungen, wie sie etwa das Reichsministerium des Innern oder die Parteikanzlei entwickelten, nur soweit berücksichtigt werden, wie diese punktuelle oder globale Reformansätze für die regionale Selbstverwaltung enthalten, eine direkte oder mittelbare Rückwirkung auf die Entwürfe der Ausschüsse besitzen oder zum Verständnis der Wichtigkeit der Probleme erforderlich erscheinen.

Die Eingrenzung ist in erster Linie darin begründet, daß sich die Reichsreformpolitik nur zum Teil auf der Ebene der provinziellen Selbstverwaltung widerspiegelte. Daneben spricht ein zweiter, überwiegend methodischer Grund für die partielle Fragestellung.[3] Indem ein Ausschnitt aus der Reichs- und Verwaltungsreformthematik näher untersucht wird, ist auch eine Frage angesprochen, die in engem Zusammenhang mit der in der neueren Literatur über das Dritte Reich intensiv geführten Diskussion nach der Rationalität des nationalsozialistischen Herrschaftssystems steht. Die Frage nämlich, ob überhaupt innerhalb der nationalsozialistischen Führungsschicht konzeptionelle Vorstellungen von einer Neuordnung von Staat und Verwaltung bestanden. Doch empfiehlt es sich, angesichts der bedeutenden antagonistischen Tendenzen innerhalb der NSDAP und angesichts der mangelnden Geschlossenheit des nationalsozialistischen Führerkorps, die Frage nach Verfassungs- und Verwaltungsreformplänen — sofern sie bestanden haben und faßbar sind — nicht global, sondern gezielt auf die Gruppierungen im staatlichen Raum und in der NSDAP zu stellen. Eben dies soll hier am Beispiel der von einigen Landeshauptleuten teils vorgelegten, teils maßgeblich beeinflußten Pläne zur Gauselbstverwaltung versucht werden.

An der Diskussion zur Gestaltung der Gauselbstverwaltung hatte Westfalen besonderen Anteil. Dies lag einmal daran, daß die Landesdirektorenkonferenz Kolbow den Vorsitz im "Ausschuß für allgemeine Verwaltungsfragen" 1938 bis 1940 übertrug und dieser auch von der staatsrechtlichen Abteilung beim Stellvertreter

---

3 Auch der Aspekt der territorialen Neugliederung kann wegen der unzureichenden Quellenlage nicht behandelt werden. Obwohl diejenigen Repräsentanten der Provinzialverwaltung, die Reformpläne vorlegten, die Lösung der Gliederungsfrage als integrierenden Bestandteil einer umfassenden Reichsreform ansahen und anerkannten, fertigten sie keine kartographierten Entwürfe an, sondern wiesen lediglich mit so allgemeinen Bemerkungen wie "stammesmäßig", "kulturell", "wirtschaftlich" auf das Problem hin.

des Führers zum Leiter des "Arbeitsausschusses für die künftige Gestaltung der Reichsgauselbstverwaltung beim Stellvertreter des Führers" 1940 bis 1944 berufen wurde; zum anderen, weil in den Ausschüssen von allen Landeshauptleuten Kolbow die treibende Kraft war, der, ohne immer auch gleich nach ihrer politischen Durchsetzungschance zu fragen, die eigenwilligsten Modelle entworfen und vertreten hat. Hier liegt der Ansatzpunkt, an dem sich zeigen läßt, wie weit in die auf zentraler Ebene geführte Debatte Argumente eingebracht und berücksichtigt wurden, die aus der praktischen regionalen Arbeit in Westfalen herrührten.

1. Im Schatten der "abgestoppten" Reichsreform (1934 - 1935)

Die während der Weimarer Republik langjährig und intensiv geführte, aber politisch erfolglos gebliebene Diskussion um eine Reichsreform wurde nach dem 30. Januar 1933 durch mehrere Gesetze neu belebt. Diese mochten vordergründig als Teilstücke einer Reichsreform erscheinen, tatsächlich aber dienten sie der Konsolidierung der nationalsozialistischen Machteroberung und bezweckten eine Stärkung der zentralen Reichsgewalt. So richtete das "Zweite Gesetz zur Gleichschaltung der Länder mit dem Reich"[4] vom 7. April 1933 die Institution der Reichsstatthalter ein, über die der Reichseinfluß in den Ländern bedeutend erweitert werden konnte, während das "Gesetz über den Neuaufbau des Reiches"[5] vom 30. Januar 1934 dessen föderative Grundstruktur beseitigte. Doch war damit der Weg für eine Reichsreform keineswegs frei geworden. Hatten sich in der Weimarer Republik die föderativen Interessen der Länderregierungen als entscheidendes Hindernis einer Reichsreform erwiesen, so entwickelten die gestärkten Reichsministerien einen noch weiter getriebenen Ressortegoismus. Gleichzeitig steuerten die zu Reichsstatthaltern oder Oberpräsidenten ernannten Gauleiter einen bis dahin nicht gekannten partikularen Kurs. Sie lehnten strikt ein Unterstellungsverhältnis unter die Reichsministerien ab und sträubten sich gegen die im Rahmen einer Reichsreform unumgänglichen Eingriffe in die Verfassungsverhältnisse und gegen Grenzkorrekturen, da sie die ihnen erst kürzlich verliehenen staatlichen Kompetenzen und ihr Gauterritorium sozusagen als persönlichen Besitzstand auffaßten.[6]

Nach außen freilich stellte sich die hereinbrechende Gesetzeswelle als ein wohldurchdachtes Unternehmen dar. So kommentierte ein preußischer Oberverwaltungsgerichtsrat das eben veröffentlichte Provinzialratsgesetz mit dem Ausruf: "Helle Freude macht es, wenn man sieht, mit welcher Tatkraft und schnellen Entschlossenheit an den Aufbau von Reich und Staat herangegangen wird ... . Seit der Übernahme der Staatsführung durch die jetzige Regierung ist die Gesetzgebungsmaschine auf höchstes Tempo gestellt, und was herauskommt ist die beste Leistung und einheitlich durchdacht."[7]

---

4 RGBl I., S. 173

5 RGBl I., S. 75. In diesem Zusammenhang ist auch die Zweite Verordnung über den Neuaufbau des Reiches (sog. Oberpräsidentenverordnung), RGBl I., S. 1190 von Bedeutung, die den preußischen Oberpräsidenten zum ständigen Vertreter der Reichsregierung bestellte.

6 Statt vieler Belege, Broszat, Der Staat Hitlers, S. 143 ff.

7 Mirow, Der neue Preußische Provinzialrat, S. 603

Tatsächlich aber mangelte es den gesetzlichen Bestimmungen im Hinblick auf eine Reichsreform an konstruktiver Planmäßigkeit. Auch liefen die 1933/34 von verschiedenen Institutionen und Gruppen unternommenen reformerischen Vorbereitungen keineswegs synchron. Bis zu ihrer Verschmelzung arbeiteten das preußische und das Reichs-Ressort für Inneres, wie das Beispiel der preußischen Kommunalgesetzgebung vom Dezember 1933 zeigt, an ihren Entwürfen mit rivalisierendem Eifer. Ein zusätzlicher Konkurrent erwuchs ihnen in dem seit Mai 1934 beim Stellvertreter des Führers unter der Leitung des bayerischen Innenministers Adolf Wagner eingerichteten Sonderreferat "Neuaufbau des Reiches", das wie das Reichsinnenministerium zur Koordinierungsinstanz in Sachen Reichsreform werden wollte und die Führungsrolle beanspruchte.[8] Bei all diesen Bemühungen gelang es nicht, eine gemeinsame Linie in die zum Teil wie ein Platz-, zum Teil wie ein Dauerregen sich ergießenden Studien, Gutachten, Berichte und Stellungnahmen hineinzubringen. Vielmehr wuchs unter den beteiligten und sich beteiligenden Stellen die Verwirrung, was den Staatssekretär des Reichsinnenministeriums, Pfundtner, im Anschluß an die Lektüre eines Referentenberichtes über Besprechungen im Stabe Heß' am 18. Juni 1934 zu der Aktennotiz veranlaßte, es müsse nun endlich Klarheit über die elementarsten Fragen einer Reichsreform erzielt werden.[9]

Vor allem gehörte dazu, nachdem die hastig vorangetriebene "Verreichlichung" einen "Pluralismus zentralisierter Verwaltungssysteme"[10] hatte entstehen lassen, die wiederum auf einen eigenen Unterbau drängten, daß in der Mittelinstanz die Reichsverwaltung koordiniert werden mußte und die Stellung der regionalen Selbstverwaltung sowie der Gauverwaltung der NSDAP zu bestimmen und abzugrenzen war. Nicht weniger problematisch war die territoriale Gliederungsfrage.

Wenn der von Pfundtner verlangte Konsens auch nicht herbeigeführt werden konnte, so waren die Vorstellungen des Reichsinnenministeriums und der Parteileitung in groben Zügen doch deutlich geworden. Während das Sonderreferat unter Wagner sich in seinen seit 1934/35 entworfenen Plänen einseitig auf den Aspekt der territorialen Gliederung konzentrierte, die mit einer Neuorganisation der Mittelinstanz verbundenen verfassungspolitischen und verwaltungsorganisatorischen Fragen dagegen nur stiefmütterlich behandelte,[11] wiesen die im Reichsministerium des Innern zu Papier gebrachten Entwürfe trotz divergierender Auffassungen im eigenen Hause einen höheren Grad an Problembewußtsein und Konkretheit auf. Ausgerichtet am Leitbild des "autoritären Einheitsstaates", auf den schon die Fusion mehrerer preußischer und Reichs-Ministerien hindeutete, schwebte dem Ministerium als Ziel eine "Reichsmittelinstanz" vor, in der nach vorausgegangener Neugliederung des Reiches in Reichsprovinzen beziehungsweise in Reichsgaue die Reichsverwaltung und die Sonderverwaltungen, die Gauselbstverwaltung und die Gauverwaltung der Partei an-

---

8 Vgl. Bracher-Sauer-Schulz, S. 609, Peterson, a.a.O., S. 107 ff., Orlow, The History of the Nazi Party, S. 106

9 Bracher-Sauer-Schulz, S. 611, zu den verwirrenden Aktivitäten der Gauleiter Orlow, a.a.O., S. 143 f.

10 Bracher-Sauer-Schulz, S. 604

11 Vgl. die Entwürfe in: BA, R 18/375, Bracher-Sauer-Schulz, S. 609 ff., Orlow, a.a.O., S. 144 f.

gesiedelt sein sollten. Für alle Zweige war ein Reichsstatthalter/Gauleiter als koordinierende Spitze vorgesehen.[12] Doch war nicht nur umstritten, ob der Reichsstatthalter die Gauselbstverwaltung lediglich beaufsichtigen oder leiten sollte; die Pläne enthielten auch keine exakten Aussagen über die Selbstverwaltungsrechte und den Aufgabenkreis der Gauselbstverwaltung.

Aufgeschreckt von den in Umrissen bekannt gewordenen Reformabsichten des Reichsinnenministeriums beschäftigte sich mit der Thematik im März und Mai 1934 auch der Ausschuß für allgemeine Verfassungs- und Verwaltungsfragen der Landesdirektorenkonferenz.[13] Da über dessen Beratungen bisher keine Unterlagen ermittelt werden konnten, dürfte die fünfzehnseitige Ausarbeitung mit dem Titel "Die Gauselbstverwaltung" umso aufschlußreicher sein, die Kolbow nach eigener Aussage im Anschluß an die Besprechungen im Juni 1934 verfaßt und allem Anschein nach zunächst keinem Dritten zugänglich gemacht hat.[14] In ihr sind nicht allein "die Gedanken festgehalten"[15], die der Ausschuß zu dem Komplex "Gauselbstverwaltung" 1934 angestellt hat; sie enthält zugleich, wie die weitere Diskussion zeigt, die wesentlichen Punkte der westfälischen Position.

Obwohl die Terminologie der Denkschrift nationalsozialistisch eingefärbt war und auch in der Sache neue Elemente in ihr Eingang gefunden hatten, stand sie doch unverkennbar in der Kontinuität der Neuordnungsvorstellungen, wie sie vor allem vom "Bund zur Erneuerung des Reiches" in seiner großen Denkschrift von 1933 "Die Reichsreform" erarbeitet worden waren. An ihr war auch Kühl beteiligt. Kolbow und Kühl stellen zu Anfang der Denkschrift fest: "Die Lösung der Frage 'Zentralismus oder Dezentralisation' dürfe in der Reichsreform nicht nach rein verwaltungstechnischen oder organisatorischen Gesichtspunkten — etwa vom Blickpunkt der Kostenersparnis a l l e i n[16] aus, — entschieden werden....", sondern bei der Einrichtung der Reichsgaue müsse von der Voraussetzung ausgegangen werden, "die l e b e n d i g e n K r ä f t e[17] des Volkes und der Landschaft ... dem Reiche und seiner Verwaltungsaufgabe in weitestem Maße nutzbar" machen zu wollen.

12 Vgl. die verschiedenen in der Verfassungsabteilung ausgearbeiteten Entwürfe von Medicus und Nicolai, BA, R 18/375, Bracher-Sauer-Schulz, S. 604 ff., Broszat, Der Staat Hitlers, S. 156 ff.

13 Vgl. den Diskussionsbeitrag Kolbows auf der Sitzung des Arbeitsausschusses der LDK vom 25.11.1938, AVfK, DGT 1-1-3/3 Niederschrift der Sitzung von Kolbow

14 VA, R, N-Haake/46 Kolbow am 21.10.1938 an Haake. Trotz der von Kolbow beanspruchten Autorenschaft erscheint es zweifelhaft, daß er allein der Verfasser der Denkschrift ist. Vielmehr spricht viel dafür, daß sie in erster Linie auf Landesrat Kühl zurückgeht, dessen "Handschrift" sie unverkennbar trägt und der, im Gegensatz zu Kolbow, auf Grund seiner Beteiligung an der Reformdiskussion in der Weimarer Republik ein stupender Kenner der diffizilen Materie war. Auch erwähnt Kühl in seinem Schriftenverzeichnis "opera-opuscula", S. 4, für Kolbow eine Denkschrift "Die Gauselbstverwaltung" verfaßt zu haben. Dagegen hatte Kolbow auf der letzten Seite eines Exemplars, das sich im WHB Archiv, "Vorträge Landeshauptman Kolbow I" befindet, vermerkt "Kolbow 29.6.1934". Es ist deshalb anzunehmen, daß Kolbow und Kühl die Verfasser sind, wobei Kühl auch die redaktionelle Betreuung oblag.

15 VA, R, N-Haake/46 Kolbow am 21.10.1938 an Haake

16 Gesperrt im Original   17 Gesperrt im Original

Diese Aussage, die einen politischen Aspekt der Selbstverwaltung zur Prämisse einer Verwaltungsreform erklärte, richtete sich gegen jene Auffassung, die das Prinzip der Selbstverwaltung in erster Linie als eine verwaltungsorganisatorische Kategorie verstand. Diese Sichtweise hatte beispielsweise in der Verfassungsabteilung des Reichsinnenministeriums spürbar an Boden gewonnen, seit Ministerialdirektor Dr. Nicolai sie leitete, dem eine rational bürokratisch konstruierte Verwaltungsarchitektur vorschwebte.[18] An das ihr zugrunde liegende Leitbild des "totalen Verwaltungsstaates" dachten offensichtlich auch Kolbow und Kühl, als sie einen von Reichsbehörden zentralistisch bis zur Regionalebene verwalteten Staat als negatives Modell anführten und verwarfen, dessen Realisierung in Deutschland ein "Präfektursystem" einführen würde. Aber "Deutschland in seiner Gesamtheit", so hieß es in der Denkschrift, "ist zu groß, zu menschenreich, seine Wirtschaft zu vielfältig, alle seine Verhältnisse zu differenziert, als daß es möglich wäre, es rein zentralistisch zu verwalten. Auch eine noch so klug ausgedachte Gesetzgebung und feinste Geschäftsverteilung in den Ministerien mit den erfahrensten Sachbearbeitern und allen nur erdenklichen eingebauten Sicherungen würde nicht imstande sein, die Mängel einer zentralistischen Verwaltung zu beseitigen; eine so überkomplizierte Zentralbehörde wird in ihren Entscheidungen stets lebensfremd und formalistisch bleiben und mit ihrer Verwaltungspraxis den Bedürfnissen der Bevölkerung nicht gerecht werden, so daß die Gefahr eines Gegensatzes von Staatsverwaltung und gesundem Volksempfinden entsteht."

Als zweite denkbare Möglichkeit wurde in der Denkschrift diskutiert, der Gauselbstverwaltung eine eingeschränkte Haushaltswirtschaft zu geben, im übrigen aber die Verwaltungsgeschäfte durch "eine der Reichsstatthalterei unmittelbar angegliederte Abteilung von Reichsbeamten" wahrnehmen zu lassen. Auch diese Lösung akzeptierten Kolbow und Kühl nicht, da Aufgaben der Selbstverwaltung von Reichsbeamten erledigt werden sollten und es sich deshalb nur noch um eine "Scheinselbstverwaltung" gehandelt hätte.[19]

Die Verfasser der Denkschrift votierten demgegenüber dafür, neben der "Reichshoheitsverwaltung" in den Reichsgauen eine Gauselbstverwaltung "nach dem Muster der bisherigen Selbstverwaltung der preussischen Provinzen unter beratender Mitarbeit der Bevölkerung (Gauräte) mit eigenem Gauhaushalt und eigenem Gauverwaltungsapparat" einzurichten. Auch war eine Revision des Oberpräsidentengesetzes vom 15. Dezember 1933 vorgesehen. Der Oberpräsident, beziehungsweise der Reichsstatthalter sollte auf seine staatlichen Ämter beschränkt werden, dafür aber die ebenfalls mit dem Gesetz in die Ministerialinstanz übergegangene Staatsaufsicht über die Gauselbstverwaltung zurückerhalten. Sonst vereinige der zukünftige Reichsstatthalter nach der sich abzeichnenden Reform drei verschiedenartige Aufgabenbereiche in seiner Person: die staatliche Verwaltung, die Gauselbstverwaltung und – als Gauleiter – den Verwaltungsapparat der Partei. All den mit diesen Ämtern verbundenen Pflichten und Belastungen aber könne ein Einzelner nicht nachkommen. Der Landeshauptmann, den der Reichsinnenminister auf Vorschlag des Gaurates und im Einvernehmen mit dem Reichsstatthalter zu ernennen hatte, solle in jedem Fall alleinverantwortlicher Leiter der Gauselbstverwaltung werden.

18 Vgl. Bracher-Sauer-Schulz, S. 595 f.

19 Diese Regelung sah beispielsweise die Denkschrift "Neuorganisation des Reichs" von Ministerialrat Medicus, RMdI, vom 12.6.1934 vor. BA, R 18/375

Eine Gauselbstverwaltung, die sich auf die überkommenen Stammesgebiete gründe, so versicherten Kolbow und Kühl, werde die in ihnen liegenden landschaftlichen Kräfte freisetzen und aktivieren können und realisiere damit auch auf der regionalen Ebene "die Gedanken des Freiherrn vom Stein." Sie gingen noch weiter und meinten, daß erst durch diese Fundierung der regionalen Selbstverwaltung das Reformwerk Steins vollendet werde, zumal "die Zeit der Verwirklichung seiner Gedanken", wie Kolbow an anderer Stelle zwei Jahre später ausführte, "heute erst gekommen" sei.[20]

Die Arbeit des Verfassungsausschusses blieb vorerst ohne Resonanz. Er hatte zu diesem Zeitpunkt allem Anschein nach nicht die Verbindung zu politisch maßgeblichen Stellen in Sachen Reichsreform geknüpft. Der Tagungsort "Berlin" läßt darauf schließen, daß die Zusammenkünfte beim Deutschen Gemeindetag stattfanden. Dieser war besonders darauf bedacht, die Landesdirektorenkonferenz und ihre Ausschüsse selbst einzuberufen. In jedem Fall sollten sie nur mit seinem Wissen tagen. Dagegen brachte das nationalsozialistische Amt für Kommunalpolitik für eine Reform der regionalen Selbstverwaltung nur ein beiläufiges Interesse auf. Das mag mit darin begründet gewesen sein, daß die laufenden Beratungen zur Deutschen Gemeindeordnung das Amt voll und ganz beschäftigten. In entscheidendem Maße beruhte die Zurückhaltung jedoch, wie schon beim Oberpräsidentengesetz, auf einem unzureichenden Vertrautsein mit dieser Form der Selbstverwaltung. Die Folge war ein Mißtrauen, so daß das Kommunalpolitische Amt mit teils offener, teils versteckter Animosität die Bemühungen der Provinzialverwaltungen um Durchsetzung ihrer Reformkonzepte verfolgte.

Am 27. September 1934 monierte der sächsische Landeshauptmann und Vorsitzende der Landesdirektorenkonferenz, Otto, bei dem Geschäftsführer des Hauptamtes für Kommunalpolitik, Schön, das kommunalpolitische Organ der Partei, die NS-Gemeinde, erwähne in ihrem Bericht über die kommunalpolitische Sondertagung auf dem Parteitag mit keinem Wort die Provinzialverbände und widme sich ausschließlich den Gemeinden.[21] Diese Haltung sei um so weniger gerechtfertigt, als "für die Gemeinden und dabei insbesondere für die großen Städte sowohl von Partei wie Gemeindetag alles" geschehe und die gemeindliche Selbstverwaltung "eine feststehende Angelegenheit sein dürfte, während dieses bei den Gemeindeverbänden noch keineswegs der Fall zu sein scheint." Wenn das Hauptamt an ihrer weiteren Existenz interessiert sei, dann sei es "allerhöchste Zeit, daß ... auch etwas geschieht." Otto empfahl mit Fiehler Verbindung aufzunehmen, um gemeinsam weitere Schritte zu beraten. Die Reaktion Fiehlers und Schöns war bezeichnend. Sie versprachen keineswegs, wie das von einer kommunalpolitischen Interessenorganisation erwartet werden konnte, sich im Sinne Ottos einzusetzen. Schön teilte diesem mit,[22] Fiehler sei der Auffassung, "dass die Frage des Weiterbestehens der Selbstverwaltung der Gemeindeverbände aufs engste verknüpft ist mit der Reichsreform",

---

20 So in einem Referat vor der Arbeitsgemeinschaft für Verwaltungsfragen der Landkreise im Bereich der Provinzialdienststelle Westfalen des DGT am 27./28.11.1936, AVfK, DGT 0-1-16/522 Bd. 1

21 BDC, Akte Otto

22 BDC, a.a.O., Schreiben Schöns an Otto vom 4.10.1934

und er bitte Otto, in einem Exposé die Notwendigkeit des Weiterbestehens der provinziellen Selbstverwaltung zu begründen. Otto, der in der Antwort offenbar schon eine Beistandserklärung sah, schrieb noch am gleichen Tage des Briefeingangs zurück, sich so schnell wie möglich der Aufgabe anzunehmen.[23] Einen Monat später legte Otto dem Hauptamt zwei Ausarbeitungen vor, die er als "Erfahrungssätze aus langjähriger Arbeit im Mittelgau Halle-Merseburg" ausgab. Einer der Entwürfe befaßte sich überwiegend mit der Größenordnung und der Legitimation der Reichsgaue als Verwaltungsräume,[24] die andere, wesentlich umfangreichere Arbeit[25] ging grundsätzlich auf die Gauselbstverwaltung ein, begründete ihre Bedeutung und enthielt auch einen Aufgabenkatalog. Unbeeindruckt von der derzeitigen Organisation der Verwaltung und von alteingesessenen Machtpositionen forderte Otto in geradezu naivem Reformismus, "das verwinkelte und verzwickte Gewirr des jetzigen Innenhauses des Deutschen Reiches" niederzureißen, "Kreis-Gau-Reich" als neuen vertikalen Grundriß zu bestimmen und darin einen Instanzenzug von "monumentaler Einfachheit" zu errichten,[26] Ausdrücklich warnte Otto vor Skrupeln gegenüber den "sogenannten Stammesgrenzen", hinter denen sich nur zu gerne partikularistische Interessen verschanzten; die neuen Reichsgaue seien nichts als "blosse Verwaltungsbezirke."

Auch nach Erhalt der Denkschriften beschäftigte sich das Hauptamt für Kommunalpolitik keineswegs eingehender mit der Stellung der Gauselbstverwaltung in einer zukünftigen Gauverfassung. Dagegen wurde das Problem wenig später von einer anderen Stelle aufgegriffen. Alarmiert durch die kurz vor ihrem Abschluß stehende Deutsche Gemeindeordnung, in die der Deutsche Gemeindetag schon frühzeitig, aber vergeblich versucht hatte, "Minimalia des bisherigen Selbstverwaltungsrechts"[27] zu verankern, entschloß sich dessen Geschäftsführender Präsident, Dr. Jeserich, einen Arbeitsausschuß für Fragen der Gauselbstverwaltung einzusetzen. Am 14. Januar 1935 lud er die Landeshauptleute Otto und Jarmer und die Landesräte Kitz und Müller-Haccius für den 21. Januar 1935 ein, "um über grundlegende Fragen der künftigen Ausgestaltung der provinziellen Selbstverwaltung (Gauselbstverwaltung) rechtzeitig (!) vorausschauend eine gewisse Klärung herbeiführen zu können".[28]

Die in dem Schreiben formulierte Besorgnis, zu spät zu kommen, war charakteristisch für die nun einsetzenden Beratungen. Während ihres Verlaufes wuchs die Angst sogar noch, mit faits accomplis konfrontiert zu werden. Der Ausschuß trat am 21. Januar unter strengster Vertraulichkeit in Berlin zu seiner ersten Sitzung zusammen. Für den Deutschen Gemeindetag nahmen die Beigeordneten Meyer-Lülmann

---

23 BDC, a.a.O., Schreiben Ottos vom 5.10.1934

24 BDC, a.a.O., "Zur Frage der Reichsgaue" (8 S.)

25 BDC, a.a.O., "Staats- und Selbstverwaltung im Reichsgau" (23 S.). Die undatierten Denkschriften waren am 7.11.1934 im HfK eingegangen.

26 Otto, Zur Frage der Reichsgaue

27 Matzerath, Nationalsozialismus, S. 144

28 AVfK, DGT 1-1-1/8

und von Schenck teil. Als Diskussionsgrundlage dienten ein von Meyer-Lülmann erstelltes Exposé und die Denkschrift Ottos "Staats- und Selbstverwaltung im Reichsgau", deren Existenz und Entstehungsgeschichte den Ausschußmitgliedern bisher nicht bekannt waren.[29] Sie beschlossen, mit "grosser Beschleunigung" eine Denkschrift auszuarbeiten, mit der die "berufenen obersten Stellen" von der Notwendigkeit einer "leistungsstarken Gauselbstverwaltung" überzeugt werden sollten.[30] Bis zum nächsten Termin, dem 2. Februar, wollten die Provinzialvertreter die Denkschrift Ottos kritisch begutachten und eigene Vorschläge vorlegen.

Der Ausschuß tagte nicht nur am 2. Februar, sondern kam zwischen Februar und April 1935 wiederholt zusammen, wobei der Deutsche Gemeindetag die Rolle des Koordinators übernahm: er verschickte die Einladungen, setzte die von den Ausschußmitgliedern eingereichten Vorschläge im Ausschuß in Umlauf und konzipierte eigene Entwürfe. Im Mittelpunkt der Erörterungen stand zunächst die Denkschrift Ottos, die aber in wesentlichen Passagen, insbesondere auf Anregung von Kitz und Müller-Haccius, modifiziert wurde. Während einer zweitägigen Sitzung vom 29. bis 30. April 1935 verständigte sich der Ausschuß auf eine Fassung, deren redaktionelle Überarbeitung der Deutsche Gemeindetag vornahm und als "Entwurf IV" ausgab.[31]

Die ganze Denkschrift stand unverkennbar unter dem Eindruck des in der Weimarer Republik heftig diskutierten Dualismus Reich - Preußen. Ihre Verfasser bemühten sich sichtlich darum, den Einwand zu entkräften, eine Gauselbstverwaltung könne Nährboden und Antrieb für regionale Fliehkräfte sein. Diese Gefahr sei vielmehr größer, wenn "eine weitgehend auf sich gestellte regionale Reichsverwaltung" eingeführt werde. In diesem Argumentationszusammenhang stand auch die Ablehnung einer zu großen Machtfülle des Reichsstatthalters. Sie sollte dadurch begrenzt werden, daß der Landeshauptmann die Gauselbstverwaltung allein verantwortlich leite. Auffällig war, in welch bescheidenem Umfang eine unmittelbare Beteiligung der NSDAP vorgesehen war. Ihr wurde lediglich bei der Zusammensetzung des Gaurates eine "Mitwirkung" eingeräumt,[32] nicht aber auch bei der Berufung des Landeshauptmanns und der Landesräte, wie dies beispielsweise die am 30. Januar 1935 erlassene "Deutsche Gemeindeordnung" für den Bürgermeister und die Beigeordneten bestimmte.[33] Der vorgeschlagene Aufgabenkreis für die Gauselbstverwaltung lehnte sich eng an den der preußischen Provinzialverbände an. Die Möglichkeit eines Besteuerungsrechtes für die Gauselbstverwaltung wurde zwar angesprochen, ohne daß es explizit gefordert wurde.[34] Im übrigen sollten Finanzzuweisungen und Provinzialumlage das Hauptkontingent der provinzialen Finanzmasse bilden.

29 AVfK, a.a.O., Vgl. den handschriftlichen Vermerk Meyer-Lülmanns

30 AVfK, a.a.O., Vermerk (maschinenschriftlich) Meyer-Lülmanns

31 AVfK, DGT 1-1-3/3

32 Otto hatte ursprünglich die Formulierung "unter angemessener Mitwirkung" vorgeschlagen, die der DGT aber nicht übernahm, nachdem Müller-Haccius sie als "höchst bedenklich" kritisiert hatte. AVfK, a.a.O., Müller-Haccius am 6.5.1935 an den DGT

33 § 33 DGO (RGBl. I., S. 49)

34 In der Weimarer Zeit war der "Bund zur Erneuerung des Reiches" für ein provinzielles Besteuerungsrecht eingetreten. Vgl. seine Denkschrift, Die Reichsreform, S. 424 ff.

Der Ausschuß hatte bis zu diesem Zeitpunkt unter völliger Geheimhaltung getagt, ohne staatliche Stellen zu informieren oder weitere Personen hinzuzuziehen. Dies änderte sich schlagartig, als Müller-Haccius am 11. April 1935 Jeserich mitteilte, der Oberpräsident und Gauleiter von Pommern, Schwede-Coburg, bereite mit einem Mitarbeiterstab, dem auch der Erste Landesrat der Provinzialverwaltung Pommern, Schultze-Plotzius, angehöre, ebenfalls eine Denkschrift zur Gauselbstverwaltung vor.[35] Ihr Tenor gehe dahin, eine eigene Gauselbstverwaltung abzulehnen. Solche Pläne verfolgte nach Müller-Haccius' Information auch die Parteileitung. Er bat darum, die eigenen Vorbereitungen zu forcieren, "damit wir nicht zu spät kommen." Jeserich nahm daraufhin mit Staatssekretär Stuckart, der als Nachfolger Nicolais seit dem 7. März 1935 die wichtige Verfassungsabteilung im Reichsinnenministerium leitete, Verbindung auf, um einen förmlichen Auftrag für die Erstellung der Denkschrift zu erhalten.[36] Eine weitere Reaktion auf die Nachrichten von Müller-Haccius war, daß Jeserich nun eine größere Zahl der Landeshauptleute über das laufende Vorhaben unterrichtete und sie beteiligte.[37] Mit Schreiben vom 27. April 1935 lud er sie dringend für den 9. Mai nach Berlin ein und ließ ihnen am 7. Mai per Flugpost den "Entwurf IV" der Denkschrift mit dem Hinweis, ihn absolut vertraulich zu behandeln, zugehen.[38] Angesichts der Tatsache, daß in mehr oder weniger kurzen Abständen bereits seit zwei Jahren von den verschiedensten Stellen Denkschriften zur Reichsreform auftauchten, überrascht es zunächst, daß die Informationen eine solche Aufregung auslösten. Offensichtlich muß die Reaktion vor dem Hintergrund der wenige Monate zuvor verabschiedeten Deutschen Gemeindeordnung gesehen werden, die in vielen Bereichen die kommunalen Erwartungen nicht erfüllt hatte, aber offiziell als Auftakt der Reichsreform herausgestellt wurde. Zum anderen war keineswegs abzusehen — auch hierfür hatte die Entstehungsgeschichte der Gemeindeordnung ein Exemplum geliefert —, welche politische Kraft sich bei den nun fest erwarteten Reformarbeiten durchsetzen würde. Man befürchtete, der Gauselbstverwaltung feindlich gesonnene Konzeptionen könnten präjudizierenden Einfluß gewinnen, bevor der Gemeindetag seine Denkschrift zur Diskussion gestellt habe.

Auf ihrer Sitzung vom 9. Mai stimmte die Kommission der Landeshauptleute unter dem Vorsitz Ottos dem vorliegenden Entwurf zu, der umgehend Fiehler als Vorsitzendem des Deutschen Gemeindetages zur Billigung vorgelegt werden sollte.[39] Dahinter stand auch die Absicht, über Fiehler das Feld bei der Parteileitung sondie-

---

35 AVfK, a.a.O., Vermerk Jeserichs vom 11.4.1934 über den Telefonanruf Müller-Haccius'. Wie Dr. Müller-Haccius dem Vf. in einem Gespräch vom 27.10.1972 mitteilte, war die Nachricht von der Initiative Schwede-Coburgs der Anlaß dafür, daß er auf Anraten des Ministerialdirigenten im RMdI, Krauthausen, die Schrift "Die preußischen Provinzialverbände im Gefüge des Dritten Reiches" verfaßte. Mit ihr sollte einem breiteren Kreis und insbesondere den maßgeblichen Kräften in der NSDAP der Aufgabenkatalog und die bisherigen Leistungen der provinziellen Selbstverwaltung aufgezeigt werden.

36 Ebenda, Vermerk Jeserich vom 11.4.1935

37 Dies waren: Dr. Blunk (Ostpreußen), von Arnim (Brandenburg), von Böckmann (Niederschlesien), Dr. Gessner (Hannover), Haake und Kolbow

38 AVfK, a.a.O.

39 AVfK, a.a.O., handschriftlicher Vermerk Bitters vom 16.5.1935

ren zu lassen.[40] Einen Tag später reiste ein Beamter des Gemeindetages, Dr. Zieger, mit der Denkschrift nach München zu Fiehler, der am 13. Mai mit dem Leiter der staatsrechtlichen Abteilung beim Stellvertreter des Führers, Sommer, Kontakt aufnahm. Dieser lehnte es ab, sich schon abschließend zu äußern und versprach eine baldige schriftliche Stellungnahme. Fiehler wiederum konnte nur mit dem Hinweis, daß Staatssekretär Stuckart dringend auf die Denkschrift warte, dazu bewegt werden, sein Placet zu geben. Beide, Sommer wie Fiehler, wollten offenbar jeglichen Anschein vermeiden, als würden sie den Inhalt der Denkschrift billigen oder sie sogar autorisieren. So legte Fiehler auf die einleitende Bemerkung Wert, sie sei im Auftrage des Reichsinnenministeriums vom Deutschen Gemeindetag in Verbindung mit leitenden Provinzialbeamten erstellt worden, während Sommer es verheimlichen wollte, daß die Denkschrift der Partei bereits vorgelegen habe.[41]

Klarheit über die tatsächliche Einstellung des Stellvertreters des Führers brachte auch das Schreiben Sommers vom 20. Mai 1935 an das Hauptamt für Kommunalpolitik noch nicht.[42] Darin teilte er in dem für ihn charakteristischen lapidar schroffen Duktus mit, nicht in allen Punkten mit der Denkschrift übereinzustimmen: 1. "Die Frage, ob Gauselbstverwaltung oder nicht, hat mit Zentralismus oder Dezentralisation nichts zu tun." 2. "Auf stammesmässige Gliederung legen wir grundsätzlich keinen Wert." 3. "Ein eigenes Gaubeamtentum brauchen wir nicht ... ." 4. Das Referat "Neuaufbau des Reiches" tendiert mehr zu der in der Denkschrift angesprochenen, aber abgelehnten Möglichkeit, nach der die Aufgaben der Gauselbstverwaltung "durch eine der Reichsstatthalterei unmittelbar angegliederte Abteilung von Reichsbeamten verwaltungsmässig bearbeitet werden."[43] Sommer erklärte sich lediglich mit der staatlichen Aufsicht des Reichsstatthalters über die Gauselbstverwaltung einverstanden. Obwohl gerade diese Zustimmung bemerkenswert war, denn sie implizierte einen vom Landeshauptmann verantwortlich geführten eigenständigen Verwaltungskörper, so war sie doch unvereinbar mit eben dem von Sommer favorisierten Organisationsaufbau. Mithin bedeutete die abschließende und die Geringschätzung der Denkschrift verratende Feststellung Sommers: "da der ganze Fragenkomplex noch ungeklärt ist, bestehen aber keine Bedenken dagegen, die Denkschrift in der vorliegenden Form abzusenden", ungewollt ein Eingeständnis, daß auch die staatsrechtliche Abteilung beim Stellvertreter des Führers noch keine klaren Vorstellungen über die Gestalt der Gauselbstverwaltung besaß.

Der Deutsche Gemeindetag hatte die Denkschrift, nachdem die Wünsche Fiehlers berücksichtigt worden waren, auf ausdrückliches Ersuchen Stuckarts bereits am 16. Mai herausgehen lassen.[44] Dieser selbst war an ihr schon deshalb interessiert, da

---

40 AVfK, a.a.O., Schreiben Müller-Haccius' am 9.5.1935 an Jeserich mit Vorschlägen, wie der StdF für die Denkschrift gewonnen werden könnte.

41 AVfK, a.a.O., Vermerk Zieger vom 15.5.1935

42 AVfK, a.a.O., (Abschrift) Otto, der das Schreiben vom HfK erhalten hatte, schickte es am 3.6.1935 an den DGT. Das Original befindet sich in: BA, NS 25/401, S. 207

43 So die Formulierung in der Denkschrift des DGT

44 AVfK, a.a.O., "Die Gauselbstverwaltung im Rahmen der Reichsreform" (25 S.) Die Empfänger waren: Frick, Stuckart, Surén, Medicus, Fiehler, Weidemann, Otto, nicht aber

er sich zur gleichen Zeit, wie er seinen Mitarbeiter Medicus wissen ließ, ebenfalls mit der Reform des Verwaltungsaufbaus beschäftigte und für die nächsten Wochen eine eigene Denkschrift ankündigte.[45] Sie lag am 26. Juni 1935 vor und verdient wegen ihres Verfassers besonderes Interesse.[46] Tatsächlich sah Stuckart für eine Gauselbstverwaltung "eine Fülle von Aufgaben" und stimmte in weitem Maße den in der Denkschrift des Gemeindetages erhobenen zentralen Forderungen zu. So bejahte er einen eigenen Beamtenkörper, entschied sich für Reichsfinanzzuweisungen und Provinzialumlage als Finanzquellen und befürwortete die Institution der "Gauräte", um "die Willensbildung aus der Landschaft heraus zu gewährleisten." Unentschlossen war Stuckart dagegen in der Frage, die er selbst als die "schwierigste" bezeichnete, ob nämlich die Gauselbstverwaltung einen eigenen Leiter haben oder dem Reichsstatthalter unterstehen solle. Er ließ die Entscheidung noch offen und machte sie von der weiteren Entwicklung der Stellung des Reichsstatthalters abhängig. Ein Jahr später hingegen, in seiner Stellungnahme vom 1. April 1936 zu der Eingabe Sauckels, sprach Stuckart sich auf Grund der Erfahrungen mit der Personalunion in den preußischen Provinzen für eine Trennung der Ämter aus.[47] Bemerkenswert waren auch Stuckarts Überlegungen zur Aufgabenstruktur der Gauselbstverwaltung. Um den "Gegensatz[48] zwischen örtlicher und regionaler Selbstverwaltung ... zu betonen," wollte er der letzteren die Aufgaben enumerativ zuteilen — eine Regelung, die heute für die Landschaftsverbände gilt — und ihr auf keinen Fall das Recht der universellen Aufgabenzuständigkeit zubilligen; andererseits plädierte Stuckart für die Kompetenz-Kompetenz[49] der Gauselbstverwaltung, die eine alte Forderung der Landesdirektorenkonferenz aus der Weimarer Zeit war und die das Preußische

der StdF. Dies ist die Denkschrift, auf die sich Schulz in: Bracher-Sauer-Schulz, S. 625, Anm. 178 bezieht, aber wegen der von ihm nicht benutzten Vorakten nicht genau einzuordnen vermochte.

45 BA, R 18/373, S. 87 Vermerk Stuckarts vom 15.5.1935 für Medicus. In einem Vermerk für Pfundtner und Stuckart hatte Medicus am 14.5.1935 kritisiert, daß die Reformfragen "an allen Ecken scheitern" oder dadurch erschwert werden, "daß bisher jede Grundlage für die Reichsreform, sei es für die organisatorische oder für die regionale Neuordnung fehlt" und dringend eine "Gesamtneuordnung" gefordert. BA, a.a.O., S. 86

46 BA, R 18/5439, S. 149-165 "Zur Frage der Gauselbstverwaltung im Rahmen der Reichsreform." Die Denkschrift ist ungezeichnet. Stuckart hatte sie als Anlage IV. an die von ihm am 1.4.1936 verfaßte "Vorläufige Stellungnahme zu der Denkschrift des Reichsstatthalters in Thüringen", Sauckel, angefügt mit dem Vermerk, es handele sich um eine Stellungnahme der Abteilung I. Die Annahme, daß Stuckart als ihr Verfasser anzusehen ist, stützt sich auf seinen Vermerk vom 15.5.1935 für Medicus und darauf, daß die Denkschrift in subjektiver Form abgefaßt ist, was bei einer Stellungnahme einer Abteilung nicht üblich war.

47 BA, a.a.O., S. 29

48 Der Begriff "Gegensatz" dürfte hier nicht prinzipiell gemeint sein, sondern im Sinne von "Andersartigkeit."

49 Im verwaltungsrechtlichen Sinne besagt Kompetenz-Kompetenz das Recht eines weiteren Kommunalverbandes, im Wege einer einseitigen Entscheidung (von einem engeren Kommunalverband) Aufgaben ansichzuziehen und sich selbst für zuständig erklären zu können. Vgl. zum Begriff Dietrich, Die sogenannte "Kompetenz-Kompetenz" der Kommunalverbände nach preußischem und thüringischem Recht, S. 5 ff., Hoppe, Die Begriffe Gebietskörperschaft und Gemeindeverband und der Rechtscharakter der nordrhein-westfälischen Landschaftsverbände, S. 46 ff.

Innenministerium bisher immer entschieden abgelehnt hatte.⁵⁰ Aber auch das Enumerativprinzip sollte nicht total angewendet werden. Stuckart hielt eine Regelung für sinnvoll, nach der die Gauselbstverwaltung auch ohne gesetzlichen Auftrag im Einzelfall neue Aufgaben übernehmen könnte.

Wenngleich die Denkschrift Stuckarts Vorschläge enthielt, die, wie etwa die Aberkennung des Rechtes der universellen Aufgabenzuständigkeit, sicherlich auf den Widerspruch der Provinzialverwaltungen gestoßen wäre, so kann ihr doch eine selbstverwaltungsfreundliche Tendenz, gemessen an der politischen Grundströmung und der tatsächlich geübten Praxis, nicht abgesprochen werden. Auch ist zu beachten, daß sie nur einen Rahmen absteckte, die Frage nach der Stellung der NSDAP und nach dem Ausmaß der Staatsaufsicht nicht berührte und keinesfalls als Entwurf einer Gauverfassung im strengen Sinn gelten kann. Gleichwohl bedeutete sie gegenüber den bisher in der Verfassungsabteilung, beispielsweise von Nicolai oder Medicus zu Papier gebrachten Vorstellungen vom Standpunkt der Provinzialverbände aus eine Fortentwicklung. Daß sie indes nicht auf einem allgemeinen für das Reichsinnenministerium gültigen Konsens beruhte, bezeugen die divergierenden Reaktionen Fricks und Stuckarts auf die von Müller-Haccius angekündigte Denkschrift Schwede-Coburgs. Dieser hatte sie am 1. August 1935 Frick persönlich zugehen lassen.⁵¹ Sie sah vor, daß die Provinzialverwaltung als eine Abteilung in die staatliche Behörde des Oberpräsidenten integriert und vom Landeshauptmann im Range eines Abteilungsleiters geführt werden sollte. Während Frick dazu in einer Randnotiz vermerkte: "Als Endziel einer vernünftigen ... Reform durchaus zu begrüßen, aber ohne Zwischenlösungen vorerst kaum zu erreichen",⁵² hieß es in einer Stellungnahme der Verfassungsabteilung: "Der beabsichtigte Einbau der provinziellen Selbstverwaltung in den staatlichen Verwaltungsapparat bedeutet praktisch das Ende einer solchen Selbstverwaltung und steht im übrigen im Gegensatz zu dem hier erörterten Plan der Schaffung einer Gauselbstverwaltung im Rahmen der Reichsreform, selbst in Gebieten, die die bisherige preußische provinzielle Selbstverwaltung nicht kannten."⁵³ Stuckart gab schließlich Anweisung, die Eingabe Schwede-Coburgs nicht zu beantworten.⁵⁴

---

50 Das Recht der Kompetenz-Kompetenz für die Provinzialverbände forderten beispielsweise der Provinzialausschuß Westfalens 1928/29 in einer Eingabe an das PrMdI, vgl. das Rd.Schreiben des VPP vom 14.2.1929 an die Provinzialverbände, AVfK, A (P) 1743 sowie die LDK 1930 in ihrer Stellungnahme zum Referentenentwurf eines Selbstverwaltungsgesetzes, AVfK, A (P) 1617. Insoweit sind die Feststellungen von Kühl und Naunin zu korrigieren, die Provinzialverbände hätten niemals eine Kompetenz-Kompetenz angestrebt. Vgl. Kühl, Selbstverwaltungskörper als Träger überörtlicher Aufgaben, S. 295, Naunin, Wiederaufbau, S. 71

51 BA, R 18/376

52 BA, a.a.O., Notiz vom 7.9. (1935)

53 BA, a.a.O., Vermerk vom 18.9.1935

54 BA, a.a.O., Vermerk vom 27.11.1935. Schwede-Coburg hatte seine Ausarbeitung am 12.11.1935 auch an Fiehler zur "Kenntnisnahme" geschickt, der sie zur Begutachtung an den DGT weiterleitete. In seiner Antwort bezeichnete Jeserich die Vorschläge als dilettantisch und unzumutbar, da sie zu "einer völligen Vernichtung der provinziellen Selbstverwaltung" führen würden. AVfK, DGT 1-1-3/3 Jeserich am 9.12.1935 an Fiehler

Das bereits zu einem früheren Zeitpunkt erlassene, im Frühjahr 1935 erneuerte Verbot Hitlers, weitere Erörterungen über die Reichsreform anzustellen, unterbrach auch die Beratungen über eine Gauselbstverwaltung. Der Einspruch markierte das vorläufige Ende der Reformdiskussion. G. Schulz, der die Pläne des Gemeindetages wegen "ihrer wohlmeinenden Absicht" für erwähnenswert hält, ist zu dem Ergebnis gekommen, daß nichts "die Spur eines Erfolges" bezeuge.[55] So zutreffend es ist, daß die Initiative des Gemeindetages und der Provinzen keine unmittelbaren konkreten politischen Konsequenzen bewirkte — wobei zu bedenken ist, inwieweit dies in Kenntnis der diffus und geradezu improvisiert verlaufenden Reformdebatte und der Hintergründe ihres Abbruchs[56] eine angemessene Fragestellung ist —, so war der indirekte "Gewinn" doch nicht unerheblich. Die Argumente der Denkschrift blieben offenbar nicht ohne Wirkung auf die Ausarbeitung Stuckarts und beeinflußten zu diesem Zeitpunkt seine Einstellung zur regionalen Selbstverwaltung. Denn in seinen späteren Beiträgen zur Gauselbstverwaltung beurteilte er diese nur noch als Mittel zur Dezentralisation[57], eine Betrachtungsweise, die er in seiner Denkschrift vom 26. Juni 1935 noch als unzureichend verworfen hatte. Vor allem aber für die Provinzialverbände selbst war die gemeinsam mit dem Gemeindetag vorgelegte Denkschrift von Bedeutung. Während ihrer Entstehungsgeschichte hatten sie nicht allein eine bemerkenswerte Sensibilität für die zentralen Probleme einer Reform der Gauselbstverwaltung entwickelt; mit der Denkschrift verfügten sie auch über eine Argumentationsbasis. Dies fiel um so mehr ins Gewicht, als in der Denkschrift, im Unterschied zu allen bis dahin bekannt gewordenen Äußerungen, die für den Aufbau einer relativ eigenständigen Gauselbstverwaltung grundlegenden Fragen am klarsten angesprochen und als Ganzes dargestellt worden waren.

2. Taktische Neuorientierung (1938 - 1939)

Nach der 1935 nur formal eingestellten Reichsreformdiskussion fanden innerhalb des sporadisch tagenden Ausschusses für Verwaltungsfragen der Landesdirektorenkonferenz noch Aussprachen über aktuelle Fragen der provinziellen Selbstverwaltung statt, bei denen gelegentlich auch verfassungspolitische Probleme erörtert wurden. Doch geschah dies mehr im Rahmen eines allgemeinen Informationsaustausches, ohne daß eine konkrete Zielsetzung zugrunde gelegen hätte.[58] Die Situation änderte sich schlagartig, als im Laufe des Jahres 1938 Österreich und die sudetendeutschen Gebiete dem Reich angegliedert wurden und der dort vorgefundene Verwaltungsaufbau umorganisiert werden sollte. Für die Provinzialverwaltungen war unschwer abzusehen, daß es sich hier um eine Vorentscheidung für die künftige Reichsreform handeln werde, zumal Vertreter der Reichsregierung, so etwa Frick, in öffentlichen Reden diese Absicht noch unterstrichen.[59] Schon in der 1935 im Saargebiet getroffenen Regelung — im Gesetz ausdrücklich als Vorgriff auf eine

---

55 Bracher-Sauer-Schulz, S. 625   56 Vgl. Broszat, Der Staat Hitlers, S. 157 ff.

57 Zu verweisen ist hier vor allem auf Stuckarts Aufsatz: Zentralgewalt, Dezentralisation und Verwaltungseinheit

58 Vgl. die Niederschrift der Ausschußsitzung vom 3.2.1937, VA, W-L, C 10/11 - 260

59 Vgl. den Auszug einer Rede Fricks vom 1.6.1938 in Wien, zit. bei Kitz-Hilgers, Ostmark-Denkschrift I. Teil, AVfK, DGT 1-1-3/3

Reichsreform deklariert[60] –, die die Staats- und Provinzialverwaltung nicht nur personell, sondern auch organisatorisch zusammenfaßte, mußten die Provinzen ein verwaltungspolitisches Menetekel erblicken. In unmittelbarer Reaktion auf die erwarteten verwaltungsorganisatorischen Maßnahmen in Österreich regte daher Haake beim Deutschen Gemeindetag an, den österreichischen Verwaltungsaufbau untersuchen zu lassen und ihn mit dem deutschen, vor allem aber mit dem der preußischen Provinzen zu vergleichen, um für die kommenden Auseinandersetzungen gewappnet zu sein.[61] Jeserich und die Landesdirektorenkonferenz griffen den Vorschlag auf und beauftragten die rheinischen Landesräte Kitz und Hilgers mit der Untersuchung. Ihr Bericht lag Anfang Juli 1938 vor, dessen aktueller Hintergrund im Titel klar zum Ausdruck kam: "Inwieweit kann die Verwaltungsorganisation in den Ländern der Ostmark als Vorbild für die Entwicklung der deutschen Gauselbstverwaltung gelten?"[62] Nach einer gründlichen Analyse des österreichischen Verwaltungssystems mit dem Ergebnis, die Selbstverwaltung sei bisher "zu stark" gewesen, und der Hervorhebung der abweichenden deutschen Verhältnisse warnten Kitz und Hilgers, geradezu in Vorahnung der späteren Gesetzgebung für die Ostmark, davor, nun in das gegenteilige Extrem zu verfallen und "die zentrale Staatsverwaltung in ihrem Unterbau gleichzeitig zur provinziellen Selbstverwaltungskörperschaft" auszugestalten.[63]

Die Untersuchung von Kitz und Hilgers war ein erster Schritt, der signalisierte, daß die Landeshauptleute einem Verwaltungsaufbau in den angegliederten Gebieten schon wegen der angekündigten Rückwirkungen auf das "Altreich" nicht passiv zusehen würden. Sie wollten vielmehr verhindern, daß, wie Kolbow es ausdrückte, "beim Aufbau Großdeutschlands die in der preußischen provinziellen Selbstverwaltung gemachten Erfahrungen völlig unberücksichtigt blieben."[64] Bedeutsam war in diesem Zusammenhang der Wechsel in der Leitung der Landesdirektorenkonferenz, in der Haake den bisherigen Vorsitzenden Otto ablöste. Die Mehrzahl der Landeshauptleute warf Otto vor, die Interessen der Provinzialverbände nicht entschieden genug zu vertreten, und verlangte seinen Rücktritt. Am 25. November 1938 trug die Landesdirektorenkonferenz Haake ihren Vorsitz an, der ihn auch annahm.[65]

Als erstes setzte Haake, offensichtlich in Absprache mit Kolbow, einen Arbeitsausschuß für Fragen der Gauselbstverwaltung ein. Zu seinem Vorsitzenden berief er

60 Gesetz über die "vorläufige Verwaltung des Saargebietes" vom 30.1.1935 (RGBl. I., S. 66)

61 BA, R 36/1619 Vermerk Schencks vom 3.5.1938 über eine vertrauliche Besprechung einiger Landeshauptleute in Münster am 29.4.1938. Es sei daran erinnert, daß Haakes Amtsvorgänger, Dr. Horion, 1928 diese Anregung gegeben hatte, Vgl. o.S. 59 f.
Es ist daher anzunehmen, daß Kitz Haake auf den Vorschlag aufmerksam gemacht hat.

62 Haake ließ am 7.7.1938 Jeserich die 107 Seiten umfassende Denkschrift zugehen, AVfK, DGT 1-1-3/3. Es konnte nicht festgestellt werden, ob sie Reichsministerien oder Parteistellen zur Kenntnisnahme gebracht worden ist.

63 So im I. Teil der Denkschrift

64 VA, W-L, NK - 1, S. 214 Aktenvermerk Kolbows über eine Besprechung vom 20.10.1938 mit Haake

65 Vgl. die Vorgänge in: VA, W-L, NK - 14

Kolbow und als weitere Mitglieder die Landeshauptleute Arnim, von Wedelstädt sowie die Landesräte Müller-Haccius, Kitz und Kühl, der als eine Art Generalredaktor fungierte. Außerdem nahmen an den Sitzungen jeweils Vertreter des Deutschen Gemeindetages, häufig Jeserich persönlich, teil. Der Ausschuß trat noch am 25. November 1938 zusammen und stimmte der von Kolbow umrissenen Aufgabe zu, "nach den in den Provinzen gesammelten praktischen Erfahrungen das Bild der kommenden Reichsgauselbstverwaltung für die Staatsführung in einfacher Weise" darzustellen.[66]

Die Tatsache, daß die Federführung des Ausschusses in "westfälischen" Händen lag, machte sich rasch bemerkbar. In der zweiten Sitzung am 14. Dezember 1938 behandelte Kühl auf Ersuchen Kolbows unter anderem das Thema "Der landschaftliche Untergrund der Reichsgaue."[67] Kühl vertrat die zugespitzte These, daß "von dem Vorhandensein oder der Möglichkeit der Herstellung eines bodenverbundenen Gemeinschaftsgefühls ..."[68] der Wert und schließlich überhaupt die Berechtigung kommunaler Selbstverwaltung auch in der Sphäre der Reichsgaue entscheidend" abhänge. "Wo dies nicht gilt, sinkt Selbstverwaltung zu formaler Bedeutungslosigkeit herab, zerbricht schließlich und mündet bestenfalls in ein Staatskommissariat aus, an dessen Ende die zentralistische Staatsverwaltung steht." Noch schärfer als Kühl akzentuierte Kolbow in angepaßter Terminologie den landschaftlichen Aspekt und geriet geradezu in eine Mythisierung des Organischen. Kolbow meinte, daß "unter Zugrundelegung einer biologischen Betrachtungsweise ... eine organische Grundlage für die Reichsgaue gefunden werden" müsse, "wobei das Moment der Stammeszugehörigkeit besonders in den Vordergrund zu schieben sei."[69] Diese Auffassungen blieben indes nicht unwidersprochen. So rieten Arnim und Wedelstädt dringend davon ab, den Begriff der Stammesgemeinschaft zu sehr zu betonen. Der Ausschuß einigte sich schließlich, "die Frage einer organischen Gliederung für die Reichsgaue in der beabsichtigten Denkschrift nur einleitend in möglichster Kürze und mit der gebotenen Vorsicht zu behandeln."[70]

66 AVfK, DGT 1-1-3/3 Niederschrift der Sitzung. Die Existenz und die Arbeit des Ausschusses werden kurz bei Kühl, Westfalen und der Staat, S. 298 und bei Steinberg, Der Deutsche Westen und die Reichsreform, S. 128 f. erwähnt. Die Ausführungen Kühls wie die Steinbergs sind indes in weitem Maße korrekturbedürftig. Zur Popularisierung des Gedankens der Gauselbstverwaltung beschloß der Ausschuß, in verstärktem Maß in Fachzeitschriften Abhandlungen zu Fragen der regionalen Selbstverwaltung zu veröffentlichen. In dieser Absicht sind daher die folgenden Beiträge publiziert worden: Köttgen, Die deutsche Gauselbstverwaltung, Kühl, Selbstverwaltungskörper als Träger überörtlicher Aufgaben, Müller-Haccius, Die Selbstverwaltung und ihre Stellung im Staatsaufbau.

67 Außerdem referierte Kühl noch über "die Funktionen der Reichsgauselbstverwaltung im Verhältnis zum Staat und zu den Gemeinden, die Grössen der Reichsgaue und ihr Verhältnis zu den Verwaltungsräumen der Reichsfachverwaltungen". Ein Exemplar des Vortrags in: AVfK, a.a.O.

68 Unterstreichung im Original

69 AVfK, a.a.O., Niederschrift der Sitzung vom 14.12.1938

70 Ebenda. Dr. Kreißl, seit kurzem designierter Gauhauptmann der angekündigten Gauselbstverwaltung im Sudetengau und von Kolbow um eine Stellungnahme zu den Ausführungen Kühls gebeten, wandte sich ebenfalls gegen eine Überbetonung der stammesmäßigen Lebensgemeinschaften im Zusammenhang mit der Gliederung der Reichsgaue. N-Kühl, "Handakte Kühl", Kreißl am 4.1.1939 an Kolbow.

Umstritten war auch, in welchem Verhältnis der Reichsstatthalter zur Gauselbstverwaltung stehen und wer diese leiten solle: der Reichsstatthalter oder, wie es jetzt häufig hieß, der Gauhauptmann. Hatte es bisher darüber unter den Provinzialverwaltungen nie eine Diskussion gegeben — die Trennung der staatlichen und kommunalen Spitze in der Provinz bildete eine Grundforderung aller bisher von ihnen vorgelegten Entwürfe —, so erschütterte die unnachgiebige Haltung des Reichsministeriums des Innern und des Stellvertreters des Führers die provinzielle Einheitsfront. Noch in der Sitzung vom 14. Dezember 1938 hatte Müller-Haccius die Parole ausgegeben, die Lösung der Selbstverwaltung von der Staatsverwaltung müsse der Leitgedanke aller Überlegungen sein.[71] Aber schon beim nächsten Treffen des Ausschusses am 1. Februar 1939 konstatierte Kühl, die politische Entwicklung verlaufe gegen die provinziellen Interessen.[72] Dies war schon seit Erlaß des Oberpräsidentengesetzes vom 15. Dezember 1933 der Fall. Nur hatten sich die Provinzialverwaltungen der Hoffnung hingegeben, eine Änderung zu erreichen. Kühl behielt auch jetzt noch seinen Standpunkt bei, da er in den neuen Reichsgauen eine Verschärfung der preußischen Regelung befürchtete.[73] Der Ausschuß ging ohne Einvernehmen auseinander. Kolbow zog zur nächsten Sitzung die Landeshauptleute Schow und Traupel hinzu. Schow sprach sich für eine Beibehaltung des geltenden Zustandes aus.[74] Dies dürfte seit 1934 das erste Mal gewesen sein, daß ein preußischer Landeshauptmann im Kreise seiner Kollegen, nicht in der Öffentlichkeit, sich für die Fortsetzung des status quo erklärt hatte.[75] Auch bei anderen Ausschußmitgliedern zeichnete sich eine Kurskorrektur ab. So kam Kolbow auf einen Vorschlag zurück, den Kitz bereits in der ersten Sitzung am 25. November 1938 gemacht hatte, der damals aber nicht weiter beachtet worden war. Kitz hatte darauf hingewiesen, es gäbe zwischen den beiden extremen Möglichkeiten, ob der Reichsstatthalter oder der Landeshauptmann Chef der Provinzialverwaltung sein sollte, noch den dritten Weg, daß der Landeshauptmann die Verwaltung verantwortlich leite, der Reichsstatthalter die Staatsaufsicht ausübe und mit einem weitgehenden Weisungsrecht ausgestattet werde. Müller-Haccius empfahl, "aus taktischen Gründen dieser Lage Rechnung" zu tragen.[76] Da erneut kein Konsens erzielt werden konnte, sollten die Mitglieder ihre schriftlichen Stellungnahmen in etwa vier Wochen unterbreiten.

In dieser Situation beeinflußte Jeserichs Schreiben an Haake vom 8. März 1939 maßgeblich die Meinungsbildung des Ausschusses, in dem er von mehreren Ge-

---

71 AVfK, a.a.O.

72 AVfK, a.a.O., Niederschrift der Sitzung

73 Ausführlich untersuchte Kühl "Die Stellung des Reichsstatthalters im kommenden Reichsgau" in einem Exposé, das er auf Ersuchen Kolbows verfaßte und diesem von der Front zuschickte. Das handschriftliche Manuskript (14 S.) trägt das Datum vom 28.12. (19)39 und befindet sich in: N-Kühl. Auch hier sprach sich Kühl nachdrücklich für eine Absetzung des Reichsstatthalters von der Gauselbstverwaltung aus.

74 AVfK, a.a.O., Niederschrift der Sitzung

75 Bei Schow ist zu berücksichtigen, daß er erst seit dem 14.10.1938 das Amt des Landeshauptmanns innehatte und zuvor Vizepräsident im Oberpräsidium Schleswig-Holsteins war. BDC–Akte Schow

76 AVfK, a.a.O.

sprächen mit verantwortlichen Stellen über "das Schicksal der zukünftigen Gauselbstverwaltung" berichtete.[77] Bei diesen Gesprächen habe er feststellen müssen, daß es starke Bestrebungen gebe, zwischen staatlichen Aufgaben und denen der regionalen Selbstverwaltung keinen Unterschied zu machen. Der Reichsstatthalter solle die regionalen Aufgaben aus einem Verfügungsfond bestreiten. Jeserich riet nachdrücklich davon ab, an der bisherigen Position festzuhalten; es sei aussichtslos, "den Kampf gegen Innenministerium, Stellvertreter des Führers und sicherlich alle Gauleiter zum Siege zu führen." Man müsse versuchen, die Gauleiter "für die Idee der Gauselbstverwaltung" zu "begeistern." Das könne aber nur gelingen, wenn diese "Chef der Gauselbstverwaltung" blieben. Außerdem empfahl Jeserich, Stuckart unverzüglich eine autoritative Erklärung abzufordern.

Kontakte zwischen den Landeshauptleuten und Stuckart und oder Frick dürften demnach nicht bestanden haben. Die von Stuckart noch 1936 ausdrücklich befürwortete Trennung des Oberpräsidenten von der provinziellen Selbstverwaltung besaß jedenfalls Mitte 1939 im Reichsinnenministerium keine Aktualität mehr, da diese Konstruktion den Plänen des Ministeriums zur Gestaltung der Reichsmittelinstanz widersprach. Daher gaben die Landeshauptleute ihre bisher stereotyp vorgebrachte Forderung auf, wenngleich nur zögernd und auf Grund von taktischen Erwägungen. In der späteren Denkschrift hieß es: "die Vielfältigkeit der Verwaltungsarbeit in der Gauselbstverwaltung" erfordere, "unbeschadet der Führung durch den Reichsstatthalter, der die Verantwortung für den Gesamtgau" trage, eine "Zusammenfassung und einen Ausgleich in der Person des Gauhauptmanns", dem deshalb "die Stellung eines Behördenleiters einzuräumen" sei.[78]

Die Abgrenzung des Aufgabenkreises der Gauselbstverwaltung von den Stadt- und Landkreisen war der dritte Komplex, mit dem sich der Ausschuß befaßte. Für ihn verstand es sich von selbst, daß einer Gauselbstverwaltung diejenigen Aufgaben verbleiben müßten, die die preußischen Provinzialverbände bisher schon besaßen. Dieses Verlangen war nicht neu. Neuartig war dagegen, jedenfalls für die Reformdiskussion im Dritten Reich, der Vorschlag von Kitz, der Gauselbstverwaltung das Recht der Fachaufsicht in bestimmten Bereichen zuzugestehen.[79] Damit stieß Kitz bei den Provinzialvertretern offene Türen ein, hatte aber zugleich ein "heißes Eisen" angefaßt. Denn die Frage, ob die Provinzialverbände Aufsichtsbefugnisse ausüben sollten, gehörte schon in der Weimarer Republik zu den umstrittensten Themen einer Verwaltungsreform, da die Gemeinden und Kreise darin ein Unterstellungsverhältnis erblickten.[80] Der Griff der Provinzen nach der Fachaufsicht mußte erst recht für jene Kommunalvertreter aufreizend wirken, denen die Gemeindeverbände als "rechte Abkömmlinge gemeindlicher Selbstverwaltung" erschienen und die mein-

---

77 AVfK, a.a.O.

78 VA, W-L, C 10/11 - 264 "Die Reichsgauselbstverwaltung"

79 AVfK, a.a.O., Niederschrift der Sitzung vom 14.12.1938

80 Die Provinzialverwaltungen übten seit dem Neuregelungsgesetz vom 26.3.1934 im Auftrage des Generalinspektors für das deutsche Straßenwesen eine Fachaufsicht bei den Landstraßen II. Ordnung aus. In gewissem Umfang galt dies auch für die Fürsorgeerziehungsbehörden und die Landesjugendämter.

ten, allein in der Gemeinde finde die Selbstverwaltung "ihre höchste und reinste Erscheinungsform".[81]

In die gleiche Richtung wie Kitz zielte Kühl. In seinem Referat vom 14. Dezember 1938 vertrat er die Auffassung, die Provinzen hätten in der Vergangenheit zu wenig Initiative entwickelt und seien nur unwesentlich über die ihnen im Rahmen der Dotationsgesetzgebung von 1875 zugefallenen Aufgaben hinausgelangt. Da die Provinzen es an der öffentlichen Selbstdarstellung hätten fehlen lassen, herrsche der Eindruck vor, die provinzielle Tätigkeit habe sich lediglich im Bereich der ihr zugewiesenen Aufgaben zu bewegen. Richtig dagegen sei, daß, wie den Gemeinden, auch den Provinzialverbänden "kraft der Universalität ihres Aufgabenbereiches" ihre "Aufgaben aus dem Leben zuwachsen." Die Provinzen müßten dafür sorgen, "diese Tatsache Allgemeingut werden zu lassen." Von dieser Prämisse aus war es nur logisch und konsequent, wenn Kühl auf das Verhältnis der Provinzialverbände zu ihren Stadt- und Landkreisen eingehend folgerte, ihre aufgabenmäßige Abgrenzung nicht doktrinär zu determinieren, sondern im Wege des "organisierten Zusammenwirkens" zu regeln. Dieser permanente Prozeß des Hinaufwachsens "von Aufgaben von unten nach oben" vollzog sich nach Kühls Vorstellung ohne das Instrument der Kompetenz-Kompetenz; die Provinzen sollten auf Grund ihrer "konzentrierten spezialisierten Fachkräfte" eine "Führungskompetenz" ausüben. — Ein Begriff, den Kühl bereits bei seinen Vorarbeiten für den "Bund zur Erneuerung des Reiches" geprägt hatte[82] und der auch in dessen Denkschrift "Die Reichsreform" Eingang gefunden hatte, hinter dem die Stadt- und Landkreise aber gleichwohl eine verkappte Kompetenz-Kompetenz der Provinzialverbände witterten und den sie deshalb scharf zurückwiesen.[83]

Die Ausführungen Kühls und vor allem sein Hinweis auf die Totalität des provinziellen Wirkungskreises müssen vor dem Hintergrund der in der Weimarer Republik begonnenen theoretischen und praktischen Bemühungen gesehen werden, den Provinzialverbänden die Anerkennung als universale Selbstverwaltungsverbände zu verschaffen. Der entscheidende Antrieb dazu ging von ihrem gewandelten Selbstverständnis aus, das gegen die landläufige Auffassung Front machte, die Provinzialverbände seien mehr oder weniger Zweckverbände oder nähmen einen zufällig zusammengewürfelten Aufgabenkreis wahr.[84] Zum anderen standen die Bemerkungen Kühls im Zusammenhang mit der aktuellen Gefährdung der provinziellen Selbstverwaltung. Mit der ostentativen Herausstellung der All-Zuständigkeit und des fachlichen Führungsanspruches der Provinzen wollte Kühl nicht nur innere Resistenz- und Reformkräfte mobilisieren, sondern auch mögliche Spekulationen über eine Selbstaufgabe der provinziellen Selbstverwaltung an eine zentralistische Verwaltungsreform einen Riegel vorschieben.

---

81 Weidemann, Grundsätzliches zur Selbstverwaltung der Gemeindeverbände, S. 909, 912. Weidemann war OB von Halle und stellvertretender Vorsitzender des DGT und des HfK.

82 Vgl. die Exposés Kühls von 1929, in: N-Kühl, Akte "Eigene Arbeiten", Die Reichsreform, S. 272

83 Rehkopp, Zur Frage der Übernahme von gemeindlichen Aufgaben durch Gemeindeverbände (Kompetenz-Kompetenz), S. 17

84 Diese Tendenz vor allem spürbar bei Köttgen, Die Aufgaben der preußischen Provinzen, S. 312

Es kann davon abgesehen werden, auf weitere Einzelheiten der Vorarbeiten für die Denkschrift einzugehen. Vom 11. bis 12. Mai 1939 traf sich der Ausschuß bei Remagen zu seiner Schlußsitzung und nahm eine von Kühl formulierte Fassung an,[85] die später den Titel "Die Reichsgauselbstverwaltung" erhielt.[86] Wenige Tage darauf, mit Schreiben vom 16. Mai 1939, teilte Haake Frick den Abschluß der Denkschrift mit — er hatte sich von ihm am 1. Februar 1939 einen offiziellen Auftrag für sie geben lassen — und bat um einen Termin, an dem ihm die Denkschrift persönlich mit mündlichen Erläuterungen überreicht werden könnte.[87] Doch zeigte sich nun, daß dieser gar nicht ernsthaft an ihr interessiert war. Das Reichsinnenministerium beschäftigte sich zum gleichen Zeitpunkt mit dem Verwaltungsaufbau in Österreich, den es nach eigenen Vorstellungen durchzuführen gedachte; Pläne, die in sein Konzept nicht hineinpaßten, waren ihm lästig und störend. Die Antwort Stuckarts auf Haakes Anfrage zeigt dies unmißverständlich. Am 13. Juni 1939 ließ er ihn wissen, der Minister werde wieder auf ihn zugehen, "falls ihm eine weitere Erörterung der Angelegenheit notwendig und zweckmässig" erscheine.[88] Erst auf der Reichsarbeitstagung des Hauptamtes für Kommunalpolitik vom 15. bis 17. März 1940 in Kattowitz, an der Frick zeitweilig als Gast teilnahm, erreichte der schlesische Landeshauptmann Adams die Zusage, die Landeshauptleute zu empfangen. Dies war am 5. April der Fall. Bei dieser Gelegenheit überreichte Haake die Denkschrift "Die Reichsgauselbstverwaltung", nachdem er zuvor über "Die allgemeine Stellung der Provinzialverbände im Staatsaufbau" und Kolbow über "Das Verhältnis der Provinzialverbände zu den sonstigen öffentlichen Körperschaften im Bereich der Provinz" referiert hatten.[89] Die Denkschrift bestand aus nur drei Seiten und war gegenüber der von 1935 von auffallender Kürze. Sie sprach thesenartig die Voraussetzungen und Bedingungen einer regionalen Selbstverwaltung an und legte einen Aufgabenkatalog vor, der, wie es hieß, im Wege der "auftragsweisen Verwaltung" und der "Übertragung einer fachlichen Sonderaufsicht" erweitert werden sollte.

Die Akten geben keinen Aufschluß darüber, in welcher Weise Frick den Landeshauptleuten bei dem Empfang für die Denkschrift dankte. Sicher ist nur, daß sie "ohne weitere Veranlassung" zu den Akten genommen worden ist. Denn der Zug, dessen Richtung die Landeshauptleute mit ihrer Denkschrift beeinflussen wollten, war längst abgefahren. Während der Ausschuß der Landesdirektorenkonferenz zu seinen Sitzungen zusammenkam, liefen für den gleichen Gegenstand in den Reichsressorts die gesetzgeberischen und administrativen Vorbereitungen auf Hochtouren. Als schließlich die Denkschrift ausgehändigt werden konnte, war in den angeglieder-

---

85 VA, R, N-Haake/44 Bericht Haakes vom 17.12.1940 vor der LDK. Die am 11./12.5.1939 verabschiedete Fassung basierte auf drei zuvor von Kühl redigierten Entwürfen, die sich zum Teil im Nachlaß Kühl befinden.

86 Ein Exemplar in: VA, W-L, C 10/11 - 264

87 VA, R, N-Haake/44 Bericht Haakes vom 17.12.1940

88 Ebenda

89 VA, W-L, C 10/11 - 264 Vermerk Schencks vom 21.3.1940 über eine den Empfang vorbereitende Besprechung

ten Gebieten eine "Reichsmittelinstanz" mit einer Gauselbstverwaltung geschaffen worden, die den in der Denkschrift entwickelten Vorstellungen zum Teil diametral entgegenstand.

Die im Laufe des Jahres 1939 für die Ostmark und den Sudetengau erlassenen Gesetze und Verordnungen waren ausschließlich aus der Zusammenarbeit der beteiligten Ressorts und des Stellvertreters des Führers hervorgegangen. Von außerhalb kommende Vorschläge oder Kritiken waren unberücksichtigt geblieben. So bekam beispielsweise der Deutsche Gemeindetag die Entwürfe der Verordnung über die Reichsgaue als Selbstverwaltungskörperschaft erst zugeschickt, nachdem Fiehler bei Frick interveniert hatte, ohne daß freilich die Bedenken des Gemeindetages an den ursprünglichen Fassungen etwas zu ändern vermocht hätten.[90] H. Mommsen hat zu Recht betont, daß die Vorstellungen des Reichsinnenministeriums und des Stellvertreters des Führers über den äußeren Aufbau der Verwaltung in weitem Maße übereinstimmten, aber eine abweichende Zielsetzung implizierten.[91] Zugrunde lag das Modell einer starken, koordinierenden "Reichsmittelinstanz", die die staatliche Verwaltung, die Gauselbstverwaltung sowie die Sonderbehörden[92] zusammenfaßte und die im Reichsstatthalter, der zugleich Gauleiter war, ihren gemeinsamen Chef besaßen.[93] Sieht es auf den ersten Blick so aus, als käme diese Konstruktion den Anschauungen der Landeshauptleute entgegen, so wurden mit den folgenden Durchführungsverordnungen die Erwartungen sehr getäuscht. Ins Auge sprang vor allem die für die Ostmark vorgesehene und teilweise realisierte Möglichkeit der Personalunion von Regierungspräsident und Gauhauptmann.[94] Auf die preußischen Provinzen übertragen hätte dies eine Personalunion von Landeshauptmann und Vizepräsident beim Oberpräsidium bedeutet. Aber auch diese Regelung ging dem Stellvertreter des Führers noch nicht weit genug. Hätte es allein in seinem Ermessen gelegen, so wäre die Gauselbstverwaltung völlig in der staatlichen Verwaltung aufgegangen. Denn wie Ministerialdirektor Sommer das Reichsinnenministerium am 31. Oktober 1939 wissen ließ, hielt er es für "angebracht, mindestens während der Kriegszeit davon abzusehen, in der Ostmark eine übertriebene kommunale Selbstver-

---

90 Fiehler an Frick am 25.7.1939 AVfK, DGT 1-1-3/3 sowie das Schreiben des DGT vom 13.12.1939 an Fiehler nach Erlaß der Verordnung AVfK, a.a.O.

91 Mommsen, a.a.O., S. 109

92 Mit Ausnahme der Reichsjustiz-, Reichsfinanz-, Reichsbahn- und der Reichspostverwaltung

93 Vgl. Gesetz über den Aufbau der Verwaltung in der Ostmark (Ostmarkgesetz) vom 14.4.1939 (RGBl. I., S. 777), Gesetz über den Aufbau der Verwaltung im Reichsgau Sudetenland (Sudetengaugesetz) vom 14.4.1939 (RGBl. I., S. 780). Aus der umfangreichen Literatur zum den Verwaltungsaufbau in den annektierten Gebieten die Abhandlungen in: Huber, Idee und Ordnung des Reiches, Frick, Entwicklung und Aufbau der öffentlichen Verwaltung in der Ostmark und den sudetendeutschen Gebieten, S. 465 ff., Markull, Das Ostmarkgesetz, S. 203 ff., ders., Das Sudetengaugesetz, S. 281 ff., ders. Probleme der Reichsmittelinstanz, S. 573 ff., Ehrensberger, Die neuen Reichsgaue, S. 258 ff., Wider, Fortschrift der Reichsreform in der Ostmark und im Sudetenland, S. 125 ff. Botz, Die Eingliederung Österreichs in das Deutsche Reich, passim

94 § 4 der Ersten DVO zum Ostmarkgesetz vom 10.6.1939 (RGBl. I., S. 995). Wie aus einem Aktenvermerk des HfK vom 5.1.1940 hervorgeht, wurde diese Möglichkeit in Kärnten, Tirol und Salzburg praktiziert, BA, NS 25/1405, S. 139

waltung der Gaue aufzuziehen", und stellte für später eine Prüfung in Aussicht, "ob die Gauhauptleute nicht überhaupt wegfallen können."[95] Diese zunächst nur temporär begründete Verwaltungsorganisation war also in Wahrheit – wie sich auch bald noch in mehreren Verhandlungen zeigen sollte – von der generell negativen Einstellung Sommers zur Gauselbstverwaltung diktiert. Für diesen traten die Gauhauptleute nur unter dem Aspekt in Erscheinung, "Personal" und "Zuständigkeiten" zu verlangen.

Ein gravierender Einschnitt zum bisherigen Selbstverwaltungsrecht war auch die Bestimmung, daß in der Ostmark die staatlichen Angelegenheiten mit denen der Gauselbstverwaltung in der Behörde des Reichsstatthalters zu bearbeiten waren.[96] Hieß es zu der organisatorischen Verschmelzung noch quasi entschuldigend, sie sei wegen der Kleinheit der Reichsgaue die zweckdienlichste Lösung[97] – sie fand im Sudetengau auch keine Anwendung –, so orientierte sich die Regelung für die Reichsgaue Danzig-Westpreußen und Wartheland wieder an dem Vorbild Ostmark. Die Aufgaben der staatlichen Verwaltung und der Gauselbstverwaltung sollten, wie es hieß, "bis auf weiteres" in derselben Abteilung der Behörde des Reichsstatthalters erledigt werden.[98] Außerdem empfanden es die eingesetzten Gauhauptleute als besonders schwerwiegend, daß sie nicht einmal eine eigene Personalabteilung erhalten hatten.[99]

War die Gauselbstverwaltung in einem unvergleichlich stärkerem Maße mit der unmittelbaren Reichsverwaltung verklammert worden, als dies noch bei den preußischen Provinzialverbänden in den Jahren 1933/34 möglich gewesen wäre, so diente deren Aufgabenkatalog offenbar als Richtschnur für die Gauselbstverwaltung der Reichsgaue, obwohl auch hier, so im Straßenwesen und im Hochbau, beträchtliche Abstriche erfolgten.[100] Außerdem war nicht ausdrücklich die Übertragung von Auftragsangelegenheiten vorgesehen. Dagegen erhielten die Reichsgaue im Gegensatz zu den preußischen Verhältnissen die Kompetenz-Kompetenz, die der Reichsinnenminister im Einzelfall auf Antrag des Reichsstatthalters genehmigte.[101]

95 BA, R 18/1217. Zur Haltung Sommers vgl. auch das Schreiben Kreißls an Fiehler vom 10.8.1939 AVfK, DGT 1-1-3/3 (Abschrift)

96 § 1 der Dritten DVO zum Ostmarkgesetz vom 17.7.1939 (RGBl. I., S. 1270)

97 Vgl. das Einladungsschreiben Stuckarts vom 9.6.1939 an die Staatssekretäre der beteiligten Ressorts zwecks Beratung der "Aufgaben der Reichsgaue als Selbstverwaltungs-Körperschaften", in: BA, R 18/302 sowie das Privatdienstschreiben von Ministerialrat Ehrensberger, der in der Verfassungsabteilung des RMdI Referent für allgemeine Fragen und Durchführung des Sudetengaugesetzes war, an den Referenten im DGT, Dr. Markull, in: AVfK, DGT 1-1-3/3 zu dessen Abhandlung: Probleme der Reichsmittelinstanz

98 § 3 der Zweiten DVO zum Führererlaß über die Gliederung und Verwaltung der Ostgebiete vom 2.11.1939 (RGBl. I., S. 2133). Einschneidend wurde in den Reichsgauen auch die Stellung des Regierungspräsidenten geändert. Vgl. Groß-Fengels, Die Gestaltung der Mittelinstanz im Reichsgau Wartheland, von preußischen Verhältnissen aus gesehen, S. 247 ff.

99 VA, W-L, NK-14, S. 183 ff., Kreißl am 19.4.1940 an Kolbow

100 AVfK, a.a.O., Kreißl am 10.8.1939 an Suren

101 § 2 der Ersten VO über Aufgaben der Reichsgaue als Selbstverwaltungskörperschaften vom 17.7.1939 (RGBl. I., S. 1269). Die Kommunalabteilung des RMdI ließ die Gau-

In den Reichsgauen war eine Gauselbstverwaltung geschaffen worden, die — erinnert sei hier auch an die bereits in anderem Zusammenhang erörterten bedeutenden beamtenrechtlichen Neuerungen —[102] in der Tat von der verfassungsrechtlichen Gestalt der preußischen Provinzialverbände und dem Bild, das sich die preußischen Landeshauptleute von ihr gemacht hatten, in wesentlichen Bereichen abwich. Die als Meilenstein auf dem Wege zur "Einheit der Verwaltung" wie als gelungenes Beispiel der Dezentralisation gefeierte Reichsmittelinstanz[103] war das Ergebnis einer extrem zentralistischen Haltung des um seine Kompetenzen besorgten Reichsministeriums des Innern. Sie ging eindeutig zu Lasten der regionalen Selbstverwaltung. Das Ministerium, das in der Ostmark und im Sudetengau und später auch in den Ostgebieten rasch die Erfahrungen machen mußte, daß die eingesetzten Reichsstatthalter keineswegs daran dachten, sich willfährig seinen Anweisungen zu fügen, sondern mehr oder weniger nach eigenem Belieben regierten,[104] hoffte offenbar, diese dadurch enger an sich binden zu können, daß es sie zu Chefs einer reichsunmittelbaren Mammutbehörde machte. Insofern war die Beobachtung Kolbows sicherlich zutreffend, wenn er das Verhalten des Reichsinnenministeriums auf dessen "ständige Angst" zurückführte, die "Reichsstatthalter und Oberpräsidenten" könnten sich "seiner Botmässigkeit entziehen, indem sie ihre Tätigkeit ganz vorwiegend in der Ebene der NSDAP ausüben und sich auch disziplinär nur der Partei unterstellt fühlen."[105] Während in der Anfangsphase des verfassungsrechtlichen Aufbaues der Reichsmittelinstanz zwischen dem Stellvertreter des Führers und dem Reichsinnenministerium ein tragfähiger Konsens vorhanden schien, sah dieses sich in der politischen Wirklichkeit plötzlich mit den weiterreichenden, auf die Entscheidungsgewalt in der Verwaltungsführung abzielenden Ansprüchen des Stellvertreters des Führers sowie mit der Widerborstigkeit der etablierten Reichsstatthalter konfrontiert und reagierte aus dieser Defensivposition heraus mit einer noch stärkeren Ausweitung des staatlichen Handlungsraums und der einschneidenden staatlichen Bindung der Gauselbstverwaltung. Aus der Sicht eines Betroffenen, des Gauhauptmanns des Sudetengaus, Kreißl, stellte sich dieser Vorgang so dar, "daß der jüngste Reichsgau den verschiedenen Ministerien Gelegenheit zu bieten scheint, lange gehegte Lieblingspläne und Zuständigkeitskämpfe in die Tat umzusetzen", was "sich nur zu Lasten des nach der Vermutung schwächsten Partners" auswirkte.[106]

Die Reichsgaue waren ein Abbild jener von M. Broszat beschriebenen, an Zweckmäßigkeiten orientierten Politik, als deren Maxime die "jeweilige Nützlichkeit" galt.[107] Hatte es in den Jahren 1933/34 noch die Ministerialbürokratie übernom-

---

hauptleute der Ostmark wissen, daß sie die Kompetenz-Kompetenz nur bei "Anlegung eines strengen Maßstabes" zu erteilen gedachte. Vgl. den Entwurf eines Schreibens vom (11.)1.1940, BA, R 18/302

102 S. oben, S. 146 ff.

103 Vgl. besonders Frick, Entwicklung und Aufbau der öffentlichen Verwaltung in der Ostmark und in den sudetendeutschen Gebieten, S. 470 f.

104 Dazu besonders Broszat, Der Staat Hitlers, S. 167 ff.

105 VA, W-L, C 10/11 - 265 Kolbow am 8.5.1940 an Gauhauptmann Schulz und mit ähnlichen Formulierungen am 7.5.1940 an Kreißl, VA, W-L, NK - 14, S. 182

106 AVfK, DGT 1-1-3/3 Kreißl am 10.8.1939 an Fiehler   107 Broszat, a.a.O., S. 431

men, die preußischen Provinzen in den neuen Staat einzufügen, so wollte die NSDAP nun in den annektierten Gebieten eine nationalsozialistische Neuordnung vornehmen. Ihr Ergebnis, die Reichsgaue, stellten ein staatsrechtliches Monstrum dar, das die konventionelle staatsrechtliche Nomenklatur sprengte und über dessen "Struktur" sich selbst die Ressorts nicht klar werden konnten.[108] Den eingesetzten "NS–Führungsorganen" kamen solche Skrupel freilich gar nicht erst in den Sinn; sie gingen daran, sich "ihren" Gau nach den politischen Erfordernissen, wie sie sie verstanden, und nach persönlichem Gutdünken maßzuschneidern. Daran gemessen war die Konzipierung der Reichsgaue als Mittelinstanz der Reichsverwaltung, als Gau-Selbstverwaltungskörperschaft und als Parteibezirk, was gegenüber den Verhältnissen im "Altreich" zweifellos einen Fortschritt bedeutete, eine nicht zu Buche schlagende Reform.

3. Im Zugzwang geschaffener Tatbestände (1940 - 1944)

Es ist unschwer zu erkennen, daß unter solchen Bedingungen eine regionale Selbstverwaltung im herkömmlichen Verständnis kaum noch lebensfähig war. Es konnte sich nur noch darum handeln, wie es ein Mitarbeiter des Hauptamtes für Kommunalpolitik plastisch formulierte, auf dem "neu geschaffenen Boden wenigstens noch zu retten, was gerettet werden kann."[109] Aber auch der Tatbestand, daß die in den Reichsgauen geschaffene Gauselbstverwaltung erheblich von der preußischen provinziellen Selbstverwaltung abwich, warf langfristig Probleme auf. Nach den anfänglichen militärischen Erfolgen glaubte man ernsthaft an eine schnelle Beendigung des Krieges. Danach sollte, jedenfalls nach offizieller Version, mit der Reichsreform begonnen werden, die, das stand für die Parteileitung außerhalb jeden Zweifels, unter ihrer Ägide erfolgen würde. Sie war sogar, wie die Reaktion Sommers auf das an ihn gerichtete Schreiben des freiwillig als Gauhauptmann in den Warthegau gegangenen ehemaligen Landeshauptmanns von Pommern, Robert Schulz, vom 4. Mai 1940[110] zeigt, dazu entschlossen, programmatische Vorarbeit zu leisten. So nahm Sommer die Klage von Schulz, "die Gliederung der Reichsgauselbstverwaltung" weise "erschreckend viele Mängel" auf und dessen Anregung, die alte erprobte preußische Selbstverwaltung zur Grundlage und als generelles Muster der Gauselbstverwaltung zu wählen, zum Anlaß, Fiehler eine Aussprache zwischen dem Stellvertreter des Führers und dem Hauptamt für Kommunalpolitik über Fragen der Gauselbstverwaltung vorzuschlagen.[111]

Die von Sommer in seinem Schreiben benutzte Wendung: "Ich nehme an, dass Ihre, meine und andere Auffassungen darüber weit auseinandergehen" war nur zu be-

---

108 Vgl. das Schreiben von RFM Krosigk vom 13.11.1941 an Frick, BA, R 43II/494 a, S. 102 f. sowie das Gutachten von Reichskabinettsrat Killy vom 11.6.1942 für Ministerialdirektor Kritzinger, RK, zu den Meinungsverschiedenheiten zwischen RMdI und RFM betreffend das Prüfungswesen der Reichsgaue als Selbstverwaltungskörperschaft, BA, a.a.O., S. 107-111

109 BA, NS 25/1405, S. 139 Aktenvermerk Dr. Hassingers vom 5.1.1940

110 VA, W-L, C 10/11 - 265 Schulz hatte Kolbow eine Abschrift zugehen lassen.

111 VA, a.a.O., Sommer am 9.5.1940 an Fiehler und an Schulz

rechtigt. Sommer hatte angeregt, noch einige Gauhauptleute der Ostmark, der Ostgaue, Landeshauptleute der preußischen Provinzen sowie Kreißl zu dem Gespräch hinzuzuziehen, bei dem nur er, Sommer, und Fiehler referieren sollten. Damit war ein Kreis zusammen, dessen Mitglieder in der Tat höchst unterschiedliche Ansichten von der Gauselbstverwaltung besaßen. Die Zusammensetzung ist noch aus einem weiteren Grund bemerkenswert. So dürfte weder zufällig gewesen sein, daß Schulz Sommer eingeschaltet hatte, noch, daß dieser das Hauptamt für Kommunalpolitik, nicht aber den Deutschen Gemeindetag und das Reichsministerium des Innern beteiligte. Vielmehr muß der Vorgang auf dem Hintergrund der generellen Positionskämpfe zwischen der Parteikanzlei und den Obersten Reichsbehörden einerseits, dem Hauptamt für Kommunalpolitik und dem Deutschen Gemeindetag andererseits gesehen werden. Denn der fortschreitende Machtverlust des Reichsinnenministeriums und der gleichzeitige Machtzuwachs der Parteizentrale war für alle Beteiligten offenkundig, während sich das von der Dienststelle des Stellvertreters des Führers protegierte Hauptamt für Kommunalpolitik auf Kosten des Deutschen Gemeindetages in den Vordergrund zu schieben verstand. Mithin war das Eingehen wechselnder Bündnisse — auch von seiten der Landeshauptleute — in erster Linie Ausdruck der sich verlagernden bzw. verlagerten politischen Kräfteverhältnisse.

Am 2. Juli 1940 fand die Besprechung in Berlin statt,[112] deren Niederschrift nicht auffindbar war, wie auch die einzelnen Teilnehmer namentlich unbekannt sind. Doch lassen die von Sommer und Fiehler gehaltenen Referate[113] immerhin Rückschlüsse, insbesondere auf die Position Sommers zu. Während Fiehler einzelne Punkte der gesetzlichen Regelungen für die Reichsgaue kritisierte und im übrigen mit gewohnter Emphase für die Bewahrung der Selbstverwaltung plädierte, waren die Ausführungen Sommers eine einzige Philippika gegen die Ministerialbürokratie. Ihre Vertreter besaßen für ihn das Format von "geistigen Schrebergärtner(n)", die er dafür verantwortlich machte, "daß bisher auf allen Gebieten eine Gesamtplanung des Verwaltungsaufbaues vollständig" fehle. Er habe sich deshalb, so verkündete Sommer, entschlossen, "nach dem Kriege von der Partei aus mit dem Führer diesen Aufbauplan vorzulegen", zu dessen Vorbereitung auch diese Aussprache diene. Freilich mußte auch Sommer eingestehen, ein Konzept noch nicht vorlegen zu können. Nur stand soviel für ihn fest, daß die überkommenen Begriffe aus dem Staats- und Verwaltungsrecht, darunter die Selbstverwaltung, einen "neuen Inhalt" bekommen müßten. Keinesfalls könne sie noch als Erziehungsmittel zum Staat Geltung beanspruchen; diese Aufgabe stehe allein der NSDAP zu. Sommer sah "in der Selbstverwaltung zunächst einen Selbstschutz des Staates, vor der eigenen Bürokratie." Mit dieser Interpretation hatte Sommer allerdings ein Eigentor geschossen, denn eben von den Tatsachen, daß man den Bürger nicht mehr als "mithandelnde(s) Subjekt der Verwaltung" haben wollte, und daß das von Sommer verschmähte Recht der Organbestellung durch die Bevölkerung abgeschafft worden war, war eine entscheidende bürokratisierende Schubkraft ausgegangen.

112 Schon tags zuvor hatten sich die geladenen Landes- und Gauhauptleute intern getroffen, um sich auf ein gemeinsames Vorgehen zu verständigen und vereinbart, daß zukünftig auch die Gauhauptleute an der LDK teilnehmen sollten. VA, W-L, C 10/11 - 265 Rd.Schreiben Haakes vom 13.7.1940 an die Gauhauptleute

113 Ein Exemplar von Sommers Vortrag in: VA, W-L, C 10/11 - 20, von Fiehlers, in: VA, W-L, C 10/11 - 276 a

Mit konkreten Vorschlägen zur Gauselbstverwaltung hielt Sommer auffällig zurück. Immerhin wollte er die Staatsaufsicht dem Reichsstatthalter übertragen und hielt auch einen Gauhaushalt unter eigener Verantwortung für wesentlich. Nur, diese Forderungen entsprangen nicht so sehr einer selbstverwaltungsfreundlichen Haltung Sommers, sondern mehr seinem verbissenen Kollisionskurs gegen die Ministerialbürokratie; "eine große Verwaltungsreform" mußte für ihn in der Absicht erfolgen, sie "einfach dem Eingriff der Zentralbehörden" zu entziehen. Für Sommer waren Reformvorschläge nur soweit akzeptabel, als sie den Einflußbereich der Ministerialinstanzen schwächen und den der Parteileitung stärken und ausweiten würden. Wenn Sommer mithin eine Einheitsfront forderte — bestehend aus seiner Dienststelle, dem Hauptamt für Kommunalpolitik und regionalen Parteigruppierungen —, so war dies gleichbedeutend mit einer Fronde gegen die Obersten Reichsbehörden. Wie wenig Sommer tatsächlich an einer starken Gauselbstverwaltung interessiert war, zeigte sich auch daran, daß er ihr die Straßenverwaltung und die Gesundheitsverwaltung mit dem gesamten Anstaltswesen nehmen wollte und prinzipiell die Auffassung vertrat, in der Reichsmittelinstanz keine "genaue Trennung zwischen Staatsverwaltung und Selbstverwaltung" vorzunehmen.

Die Tagung hatte allen Teilnehmern die stark divergierenden Auffassungen über den zukünftigen Aufbau der Gauselbstverwaltung, über ihre Funktion, ihren verwaltungspolitischen Standort und ihren Aufgabenkreis deutlich gemacht. Angesichts dieser Sachlage konnte es zunächst nur darum gehen, in dem neu gebildeten "Arbeitsausschuß für die künftige Gestaltung der Reichsgauselbstverwaltung beim Stellvertreter des Führers,"[114] zu dessen Vorsitzendem Kolbow berufen wurde, Grundbegriffe zu überprüfen und zu klären, was die jeweilige Seite darunter verstand und wo ein "Kompromiß" möglich schien. Der Ausschuß mußte seine Tätigkeit, was gemessen an den schon geleisteten Vorarbeiten nicht ohne Paradoxie war, sozusagen ab ovo beginnen.

Nach anfänglichen Meinungsverschiedenheiten zwischen Kolbow und Haake über den weiteren Ablauf der Verhandlungen stellten sich die Landeshauptleute darauf ein, bei den Vertretern aus dem Stabe des Stellvertreters des Führers und namentlich bei Sommer, der nach der Überzeugung Kolbows absolut keinen Sensus für das "Wesen der Selbstverwaltung bzw. einer Gauselbstverwaltung"[115] hatte, Aufklärungsarbeit in Sachen regionaler Selbstverwaltung leisten zu müssen.[116] Für alle Fälle bereitete Kitz für die nächste Sitzung am 2. August in Ulm ein Exposé vor, das den Standpunkt der Denkschrift vom Mai 1939 unterstrich.[117] Tatsächlich konfrontierte Sommer den Ausschuß am 2. August 1940[118] mit Vorstellungen, wie sie

---

114 Die Mitglieder des Ausschusses waren allem Anschein nach nicht in üblicher Weise festgelegt, sondern er unterlag einer bemerkenswerten Fluktuation, deren Ursachen nicht immer erkennbar sind. Regelmäßig waren Vertreter aus dem Stabe des StdF, aus dem HfK und der Landes- bzw. Gauhauptleute anwesend. Den konstanten Kern des Ausschusses bildeten Kolbow, Kitz und Dr. Steimle, Hauptabteilungsleiter im HfK.

115 VA, W-L, NK - 14, S. 249 Kolbow am 10.9.1940 an Traupel

116 Vgl. das Schreiben Haakes vom 12.7.1940 an Kolbow, dessen Antwort vom 25.7.1940 sowie Kolbow am 22.7.1940 an Sommer, VA, W-L, C 10/11 - 276 a

117 Das Exposé als Anhang zum Schreiben Haakes vom 20.7.1940, VA, a.a.O.

118 Teilnehmer waren vom Stab des StdF: Sommer, Claaßen, Dr. Betz, Reischauer, vom HfK: Steimle. Außerdem Kolbow, Kreißl, Schulz, Kitz und der Gaukämmerer Dr. Pagl, Graz

bisher in der seit 1933 andauernden Reformdiskussion noch nicht formuliert worden waren. Nachdem Sommer ursprünglich die Absicht hatte, sich passiv zu verhalten, um sich dann während der Tagung "andrehen (zu) lassen,"[119] ergriff er sofort nach den einleitenden Bemerkungen Kolbows das Wort und überfiel den Ausschuß mit seinen verwaltungspolitischen Visionen, vermengt mit aktuellen politischen Provokationen.[120]

An die Spitze der Reichsgaue wollte Sommer führerunmittelbar (!) die Reichsstatthalter stellen, in denen er bisher lediglich "Festessensfiguren" sah. Sie sollten mit einem kleinen Mitarbeiterstab, losgelöst von den laufenden Verwaltungsgeschäften und an nicht näher bezeichnete Kautelen gebunden, ausgerüstet werden, damit sie sich nicht zu "Gaukönigen auswachsen" würden. Unterhalb des Reichsstatthalters plante Sommer den Präsidenten des Oberlandesgerichtes, des Oberfinanzamtes, der Oberpostdirektion, der Eisenbahndirektion, den stellvertretenden Gauleiter als Leiter des Gauapparates und den Oberpräsidenten. Dieser hatte die bisher von den Regierungspräsidenten — sie kamen Sommer als "Postkutschenerscheinungen" vor und sollten daher als Institution in der herkömmlichen Form abgeschafft werden — wahrgenommenen Geschäfte sowie die des technischen Landesamtes, des Landesforstamtes, des Landesarbeitsamtes und des Gauhauptmanns zu koordinieren. Ohne die Bereiche Straßen-, Wohnungs- und Siedlungswesen und des Hochbaus, die der technische Präsident in seinem Amte vereinigte, und ohne das Gesundheitswesen, das der staatliche Verwaltungszweig erhielt, setzten sich nach Sommers Plan die Aufgabengebiete der Gauselbstverwaltung nur noch aus der Finanz-, Vermögens- und Anstaltsverwaltung, der Kulturpflege und der Volksfürsorge zusammen. Im übrigen empfahl Sommer den verdutzten Landes- und Gauhauptleuten, "nicht immer von Gauselbstverwaltung, sondern von Gauverwaltung zu sprechen, denn der Sinn der Gauverwaltung liege nicht in dem alten Sinne der Selbstverwaltung, sondern in der Loslösung vom Berliner Zentralismus."

Mit dieser Formulierung hatte Sommer selbst den Schlüssel zu seinen ohne Zweifel ernst gemeinten Vorstellungen geliefert. Sie machten die Konturen eines Modells sichtbar, das in der Tat weder mit der herkömmlichen, noch mit der aktuellen Form der Selbstverwaltung etwas zu tun hatte, sondern die Gauselbstverwaltung als Ruine fortbestehen ließ. Sommers Pläne waren offensichtlich ausgerichtet an der von Hitler in den annektierten Gebieten zugelassenen und geförderten Verwaltungspraxis, für die die Gauleiter R. Wagner (Elsaß) und J. Bürckel (Lothringen) als Repräsentanten standen. Es liegt auf der Hand, daß die Absichten Sommers für die Landes- und Gauhauptleute unannehmbar waren und ihren entschiedenen Widerspruch hervorriefen. So verlangten sie, den Gauhauptmann dem Reichsstatthalter unmittelbar und nicht dem Oberpräsidenten zu unterstellen.[121] Auch lehnten sie den ihnen zugedachten Aufgabenkreis ab und reklamierten insbesondere das sogenannte technische Landesamt für die Gauselbstverwaltung. Dabei beriefen sie sich,

---

119 So Sommer nach einer telefonischen Mitteilung Steimles an Kolbow, VA, W-L, C 10/11 - 276 a Vermerk vom 27.7.1940

120 VA, W-L, C 10/11 - 20 Niederschrift der Sitzung

121 Die von Kitz verfaßte Niederschrift enthält eine von ihm angefertigte Organisationsskizze, wie sie sich aus den Ausführungen Sommers ergab.

abweichend von den Mitteilungen Sommers, auf frühere Gespräche mit Todt. Immerhin konnte Sommer zu dem Zugeständnis bewegt werden, mit dem Ausschuß Ende August eine Provinz — die Landes- und Gauhauptleute wählten wegen der umfangreichen technischen Einrichtungen bewußt Schlesien aus — zu bereisen, um einen Einblick in die Arbeit der regionalen Selbstverwaltung zu bekommen. Überdies sollten Ministerialrat Claaßen und Oberregierungsrat Reischauer von der Dienststelle des Stellvertreters des Führers Mitte August die Rheinische Provinzialverwaltung besichtigen.[122]

Wenngleich die Landes- und Gauhauptleute ohnehin schon skeptisch zu dem Ulmer Gespräch gefahren waren, so sahen sie sich in ihren Befürchtungen noch übertroffen. Ihre Erwartungen für eine Gauselbstverwaltung in ihrem Sinne sanken auf einen Tiefpunkt. Während Kitz als Resümee der Tagung festhielt, es sei klar geworden, "wieweit man auseinander ist,"[123] zeigte sich der von Kolbow informierte Landeshauptmann von Hessen-Nassau, Traupel, "erschüttert über die Auffassungen, die beim Stab des Stellvertreters des Führers" vorherrschten.[124] Kolbow selbst meinte, man müsse sich darauf einstellen, daß "dort eine überaus nüchterne und rationale Betrachtungsweise allein vorhanden" sei.[125] Große Hoffnungen setzte man daher auf die Besichtigung der Provinz Schlesien. Kolbow plante dafür insgesamt dreieinhalb Tage, worauf ihm Sommer schrieb: "Etwas reichlich ist es ja."[126] Als die Rundreise vom 23. bis 26. August 1940 erfolgte, war Sommer verhindert und ließ sich durch Ministerialdirigent Dr. Klopfer, seinem späteren Amtsnachfolger, und Ministerialrat Claaßen, dem Leiter der Unterabteilung "Innere Verwaltung, Innenpolitik" der staatsrechtlichen Abteilung, vertreten.[127]

Nach Kolbows Eindruck blieben die Besichtigungen nicht ohne positive Wirkung auf Klopfer und Claaßen. Kolbow ließ sich sogar zu der voreiligen, aber für ihn nicht untypischen euphorischen Äußerung verleiten, die "Niederschrift über die Sitzung in Ulm" besitze nach Schlesien "nur noch historischen Wert", sie sei "ein kleines Dokument", "das später einmal die Schwierigkeiten aufzeigen wird, die wir Landeshauptleute in dem Kampfe um die Durchsetzung unserer Erkenntnisse gehabt haben."[128] Ob und wieweit der Optimismus Kolbows berechtigt war, mußte die

---

122 Ebenda

123 VA, W-L, C 10/11 - 20 Anschreiben von Kitz vom 3.8.1940 zu seiner Niederschrift über die Tagung an Haake. Unterstreichung im Original

124 VA, W-L, NK - 14, S. 248 Traupel am 7.9.1940 an Kolbow

125 VA, W-L, C 10/11 - 276 a Kolbow an Landeshauptmann Adams am 3.8.1940

126 VA, a.a.O., Sommer am 14.8.1940 an Kolbow

127 Vgl. den bei Diehl-Thiele, Partei und Staat im Dritten Reich, S. 223 abgedruckten Geschäftsverteilungsplan der staatsrechtlichen Abteilung

128 VA, W-L, NK - 14, S. 249 Kolbow am 10.9.1940 an Traupel. Auf Anraten Klopfers stellte Kitz eine Liste der Landesräte aller Provinzen mit Parteieintrittsdatum für den Stellvertreter des Führers zusammen, um zu zeigen, daß "gerade in den preußischen Provinzen eine besonders große Anzahl bewährter Parteigenossen als Landesräte tätig ist." VA, W-L, C 10/11 - 276 a Kolbow am 2.9.1940 an Haake, die Aufstellung für Westfalen, in: VA, W-L, C 10/11 - 293 a

nächste Zusammenkunft mit Sommer zeigen. Sie fand am 4. Oktober 1940 in Rudolstadt statt. Sommer hatte die Finanzquellen der Reichsgaue als einzigen Tagesordnungspunkt vorgeschlagen.[129] zu dem aber, auf Grund einer früheren Absprache zwischen Klopfer, Claaßen und Kolbow, die Erörterung der Denkschrift der Landeshauptleute von 1939 "Die Reichsgauselbstverwaltung" hinzukam.[130]

Der Teilnehmerkreis in Rudolstadt war gegenüber Ulm um zehn Personen erweitert worden.[131] Die Sitzung, geleitet von Fiehler, wurde in erster Linie eine Auseinandersetzung zwischen Kolbow und Sommer. Nachdem dieser in unsystematischer Weise und ohne Beachtung der Tagesordnung seine üblichen Angriffe gegen die Ministerialbürokratie losgelassen hatte, einen neuen "Verwaltungstyp" gefordert, die von den Reichsstatthaltern R. Wagner und J. Bürckel im Elsaß und in Lothringen, ungehindert durch die Bürokratie, allein gestützt auf einen Führerauftrag, aufgezogene Verwaltungsorganisation[132] als zukunftsweisendes Modell herausgestellt und einen vom Reichshaushalt losgelösten, umfassenden Gauetat als "Kern" einer von der Ministerialbürokratie unabhängigen Gauverwaltung bezeichnet hatte, meinte Kolbow, da zum wiederholten Male alle Seiten erörtert worden seien, sei es an der Zeit, "endlich zu konkreten Vorschlägen"[133] zu kommen und bemängelte, "den Aussprachen über die Neuorganisation des Reiches" fehle "die revolutionäre Linie." Er selbst entwickelte aber keineswegs ein solches Programm, sondern griff die von den Landeshauptleuten schon in Ulm vertretenen Forderungen auf. Kolbow hielt Sommer vor, eine Gauverwaltung sei "nicht nur Vermögensverwaltung." Andererseits kalkulierte Kolbow wiederum mit Sommers traumatischem Verhältnis zur Ministerialbürokratie. Deshalb führte er deren Stellenplanpolitik als exemplarisch für die formalistische, den individuellen Bedürfnissen der Provinzen nicht gerecht werdende ministerielle Aufsichtswahrnehmung an, die Sommer ja für den Reichsstatthalter verlangte. Tatsächlich erklärte sich dieser daraufhin bereit "mitzumachen", daß der Gauhauptmann den Reichsstatthalter als Chef der Gauverwaltung vertritt, unter dem Vorbehalt, daß sich der Reichsstatthalter "dabei der Mitwirkung des Oberpräsidenten bedient." Diese Konstruktion, konsequent angewendet, sofern sie überhaupt praktikabel war, ließ natürlich alle Möglichkeiten offen und bedeutete ein vorgetäuschtes Entgegenkommen. Der Verdacht liegt nahe, daß Sommer weniger an einer Kompromißformel, als vielmehr an einer momentanen Überbrückung des Widerstandes im Ausschuß interessiert war. Dafür spricht auch Sommers Vorschlag, einen Organisationsplan zu entwerfen und die Aufgabengebiete der staatlichen Verwaltung und der Gauselbstverwaltung ohne allzu scharfe Trennung zusammenzustellen. Ein halbes Jahr später, am 11. Dezember 1940, äußerte er vor Gauamtsleitern für Kommunalpolitik, "die Gauselbstverwaltung samt der lächerlichen Figur eines Gauhauptmanns mit der völlig unsinnigen Bestellung von Gauräten" sei "nur ein

129 VA, W-L, C 10/11 - 276 a Sommer am 7.9.1940 an Kolbow

130 VA, a.a.O., Kolbow am 12.9.1940 an Sommer

131 VA, W-L, C 10/11 - 20 Niederschrift der Sitzung

132 Vgl. dazu Hüttenberger, Die Gauleiter, S. 148 ff. Jäckel, Frankreich in Hitlers Europa, S. 82 f., Kettenacker, Nationalsozialistische Volkstumspolitik im Elsaß, S. 59 ff.

133 Unterstreichung im Original

Schein und eine ganz zwecklose Angelegenheit."[134] Für den Augenblick aber willigte Sommer in die von Haake empfohlene Verfahrensweise ein. Das Gremium sollte also anhand der bisherigen Gespräche ein Organisationsmodell für den Reichsgau ausarbeiten, den Aufgabenkatalog des Oberpräsidenten und des Gauhauptmanns zusammenstellen und als Entwurf über Fiehler an den Stellvertreter des Führers weiterleiten.

Mochte das Ergebnis der Tagung auf den ersten Blick als ein Durchbruch erscheinen, so waren die Beratungen für die Vertreter der Provinzial- und Gauselbstverwaltung in jedem Fall an einer Wegscheidung angelangt. Sie mußten nun darüber entscheiden, ob sie selbst Vorschläge für eine Verwaltungsorganisation machen wollten, die zwar eine Dezentralisation der Verwaltung brachte, aber möglicherweise einen Bruch mit der regionalen Selbstverwaltung preußischer Provenienz bedeutete. Die kritische Situation ergab sich durch das von Sommer allgemein und von Todt konkret für die technische Verwaltung kategorisch verlangte Auswahlprinzip. Der Organisationsplan für die Reichsgaue sollte nicht mehr wie bisher in Arbeits- sondern in geschlossene Aufgabengebiete gegliedert werden, so daß Staatshoheitsaufgaben und Selbstverwaltungsaufgaben zusammengefaßt waren, während bisher ihre Trennung zumindest grundsätzlich als ein verwaltungspolitisches und -organisatorisches Dogma galt. Für den Bereich der technischen Verwaltung sah dies so aus, daß der Straßenbau und seine Verwaltung, der Kulturbau, die Wasserwirtschaft, das Siedlungswesen und die Landesplanung als Aufgaben der Selbstverwaltung mit staatlichen Hoheitsaufgaben, wie die Wasserstraßenverwaltung und die Baupolizei geschlossen in einer Behörde zu bearbeiten waren.

Wie aus einem am 9. Oktober 1940 von Kolbow entworfenen und für Haake bestimmen, aber offenbar nicht abgeschickten Schreiben hervorgeht[135], war Kolbow sich der Tragweite des Schrittes genau bewußt. Einerseits fest entschlossen, von einer "landschaftlichen deutschen Selbstverwaltung" die "Verwaltungszweige" fernzuhalten, die "ihrer Natur nach ... obrigkeitliche Befugnisse" in sich schließen, betrachtete er andererseits Todts Verlangen als eine "sicher nicht aufzuhaltende Forderung." Aber auch eine Gau(selbst)verwaltung ohne die umfangreichen technischen Aufgaben bedeutete für Kolbow "das Ende der alten preussischen Selbstverwaltung."[136] Da er in der Hereinnahme aller technischen Bereiche in die Gauselbstverwaltung noch das geringere Übel sah und glaubte, dadurch "im Augenblick Ärgeres verhüten" zu können, entschloß er sich zu dem "typischen Kompromiss", obwohl er sich über seine "Beteiligung an dieser Konstruktion ... recht unglücklich" fühlte.[137]

Am 21. Oktober 1940 einigte sich die Kommission in Münster auf ein Konzept, dessen Formulierung Kitz übernahm. Es lag Anfang November 1940 als "Organisa-

---

134 VA, W-L, C 10/11 - 276 a Monatsbericht des Gauamtes für Kommunalpolitik der NSDAP, Gau Oberdonau, vom 12.12.1940 für das HfK. Steimle hatte Kolbow den Bericht am 31.12.1940 zukommen lassen.

135 VA, a.a.O.

136 VA, W-L, NK - 10, S. 278 Kolbow am 30.8.1941 an Dr. Westermann

137 So die Formel in dem Briefentwurf vom 9.10.1940

tionsplan für die Verwaltung der Reichsgaue"[138] vor und verrät unverkennbar den Einfluß Sommers.[139] Der Plan übernahm das Grundmodell: der Reichsstatthalter und Gauleiter stand an der Spitze des Reichsgaues, der Oberpräsident leitete für ihn die "Reichsverwaltung" und der Gauhauptmann die, wie es hieß, Reichsgauverwaltung. Der Vorschlag ging — auf ausdrückliches Verlangen Sommers —[140] davon aus, daß in Zukunft die Institution des Regierungspräsidenten wegfallen würde. Auf der einen Seite wurde festgestellt, daß die organisatorische Trennung der beiden Behörden der preußischen Verwaltungstradition entspreche, der Plan aber "andererseits doch völlig Neues" enthalte, indem "nämlich sowohl in dem Sektor Reichsverwaltung wie in dem Sektor Reichsgauverwaltung <u>geschlossene</u>[141] Aufgabengebiete" gebildet würden. Dadurch werde die scharfe Trennung zwischen "Staatshoheitsakten" und Selbstverwaltungstätigkeit, die in der Praxis stellenweise ohnehin schon durchbrochen worden sei, jetzt prinzipiell aufgegeben. Mit diesem Schritt, so wurde versichert, ziehe der Plan "mutig die Erkenntnis aus der Entwicklung, die sich seit dem Umbruch des Jahres 1933 vollzogen" und die die provinzielle Selbstverwaltung "immer mehr ... zu einer dezentralisierten Reichsverwaltung"(!) verändert habe. Konsequenterweise sollte die Reichsgauverwaltung für die ihr zugewiesenen Aufgabengebiete der technischen Verwaltung, des Gesundheitswesens, der Volksfürsorge und der Fürsorgeerziehung jeweils die Fachaufsicht über die Stadt- und Landkreise ausüben.

Mit diesem "Organisations-Plan" war für Kolbow ein "Schritt nach vorwärts"[142] getan worden, zugleich war aber für die regionale Selbstverwaltung ein höchst problematischer und unsicherer Boden betreten worden. Überdies enthielt der Vorschlag mit der Beseitigung des Regierungspräsidenten und der umfassenden Ausstattung der Gauselbstverwaltung mit der Fachaufsicht zwei Neuerungen, gegen die das Reichsinnenministerium und die Regierungspräsidenten sowie die Stadt- und Landkreise, allen voran die Oberbürgermeister der Großstädte, mit Sicherheit Sturm laufen würden. Das Ministerium deshalb, weil es in den Regierungspräsidenten seine letzte Bastion in der mittleren Reichsverwaltung sah, die Gemeinden und Kreise, weil sie prinzipiell einem weiteren Kommunalverband das Recht regimineller Befugnisse absprachen.

Kitz übersandte am 3. November 1940 den Entwurf an das Hauptamt für Kommunalpolitik, wo ihn Steimle zunächst nur redaktionell geringfügig überarbeitete. Doch wurde auf Drängen Haakes auch die auf Sommer zurückgehende Formulierung gestrichen, der Reichsstatthalter könne sich "bei der Aufsicht über die unter dem Gauhauptmann stehende Reichsgauverwaltung der Mithilfe des Oberpräsidenten bedienen."[143] Am 4. Dezember 1940 teilte Steimle Kolbow telefonisch mit, die

138 VA, W-L, C 10/11 - 20

139 Vgl. das Schreiben Kolbows vom 23.10.1940 an das Kommissionsmitglied Pape, der in Münster nicht anwesend sein konnte. VA, W-L, C 10/11 - 276 a

140 Vgl. das Schreiben Kitz' vom 3.12.1940 an Steimle, VA, a.a.O.

141 Unterstreichung im Original

142 VA, a.a.O., Kolbow am 23.10.1940 an Pape

143 VA, a.a.O., Kitz am 3.12.1940 an Steimle

Denkschrift sei endgültig formuliert; sie werde sofort an den Stellvertreter des Führers weitergeleitet, sobald Fiehler sie unterschrieben habe. Zwei Wochen später meldete Steimle, wiederholt bei Fiehler vorstellig geworden zu sein, der jedoch wegen Arbeitsüberlastung noch nicht zur gründlichen Durchsicht gekommen sei.[144] Aber wie sich zeigen sollte, hinderten nicht zeitliche Gründe Fiehler an der Weitergabe, sondern prinzipielle Vorbehalte, die er aus der Sicht des Oberbürgermeisters gegen die vorgesehenen Aufsichtsbefugnisse besaß. Bestärkt wurde Fiehler in seiner Haltung vom Vizepräsidenten des Deutschen Gemeindetages, Zeitler, der auf der Landesdirektorenkonferenz vom 17. Dezember 1940 zum ersten Mal von der Existenz des Planes und seinem Inhalt erfahren hatte. Doch erhob er keine Einwände bei den Landeshauptleuten, sondern forderte noch am gleichen Tag telegraphisch beim Hauptamt für Kommunalpolitik den Entwurf mit dem Bemerken an, er sei heute in der Landesdirektorenkonferenz erörtert worden.[145] Als daraufhin der Persönliche Referent Fiehlers, Jobst, empört zurücktelegraphierte, es sei ihm unerfindlich, wie der Entwurf ohne Beteiligung des Hauptamtes Gegenstand einer Landesdirektorenkonferenz sein konnte und schroff erklärte, die Geschäftsführung des Deutschen Gemeindetages werde gehört, "wenn und so bald der Herr Reichsleiter dies wünscht", reiste Zeitler unverzüglich nach München und trug Fiehler persönlich seine Bedenken vor. Er erreichte, daß dieser, ohne Kolbow und den Ausschuß über die Gründe zu informieren, den nach der Aussage Steimles unterschriftsreifen "Organisations-Plan" aufs "Eis legte" und nicht an den Stellvertreter des Führers absandte.[146]

Während Sommer sich plötzlich an weiteren Gesprächen desinteressiert zeigte und gar nicht mehr auf den Entwurf zurückkam, weigerte sich Fiehler beharrlich, diesen in der vorliegenden Fassung weiterzuleiten. Er argwöhnte, die Gauselbstverwaltung wolle sich zu einer zusätzlichen Aufsichtsinstanz über die Gemeinden und Kreise aufschwingen. Erst nach langwierigen Verhandlungen zwischen dem sich als Sachwalter der Oberbürgermeister und Landräte gebenden Deutschen Gemeindetag auf der einen, und Kolbow, Kitz und Steimle auf der anderen Seite konnte die Klippe "Fachaufsicht" aus dem Weg geräumt werden. Die Parteien einigten sich am 9. Juli 1942 in Stadthagen auf eine von Landeshauptmann Schow — Kolbow hatte ihn zu den Beratungen hinzugezogen — vorgeschlagene Formulierung. Danach sollte der Gauhauptmann, ähnlich wie der Landrat, "mit den in Frage kommenden Zweigen seiner Verwaltung diejenigen staatlichen Funktionen" wahrnehmen, "die ihm kraft Gesetzes oder kraft besonderen Auftrages zugewiesen werden. Nur in diesem Rahmen" sollte "er ein Führungs- und Weisungsrecht" besitzen.[147] Am 7. Oktober 1942 endlich, zwei Jahre nach dem im Anschluß an die Rudolstädter Tagung vom 4. Oktober 1940 von Kolbow, Kitz und Steimle ausgearbeiteten Entwurf, schickte Fiehler der Parteikanzlei die Denkschrift betreffend die "künftige Gestaltung der Reichsgauselbstverwaltung" als Stellungnahme des Hauptamtes für Kommunal-

---

144 VA, a.a.O., Steimle am 14.12.1940 an Kolbow

145 AVfK, DGT 0-1-10/2

146 AVfK, a.a.O., Telegramm Jobst vom 18.12.1940 an Zeitler sowie der Bericht Kolbows vor einem Ausschuß am 8.7.1942, VA, W-L, C 10/11 - 20

147 Vgl. die Vorgänge dazu in: AVfK, DGT 1-1-3/3 und VA, a.a.O.

politik in der es im letzten Satz groteskerweise hieß: Das Hauptamt "legt großen Wert darauf, die weitere Arbeit mit allem Nachdruck und mit der gebotenen Beschleunigung vorwärts zu treiben."[148]

In der Denkschrift wurde unverändert an dem Organisationsaufbau: Reichsstatthalter - Oberpräsident - Gauhauptmann festgehalten. Der Reichsstatthalter besaß für die Reichssonderbehörden und für den "neuen" Oberpräsidenten — er erhielt die bisher von den "preußischen" Oberpräsidenten und den Regierungspräsidenten wahrgenommenen Aufgaben — und den Gauhauptmann ein Anweisungsrecht. Die Staatsaufsicht über die Reichsgauverwaltung übte der Reichsminister des Innern aus. Die Begriffe "Fachaufsicht" oder "regiminelle Befugnisse" waren eliminiert und an ihre Stelle die Formulierung Schows in textlich leicht abweichender Fassung gesetzt worden. Entgegen der von Sommer vertretenen Auffassung wurde ein Gaurat empfohlen, in dem neben Vertretern der Partei, der Wirtschaft, Wissenschaft und Kultur die kommunalen Beamten angemessen repräsentiert sein sollten.

Die Tatsache, daß in der Denkschrift an keiner Stelle von regionaler oder landschaftlicher Selbstverwaltung die Rede war, verweist auf den Grundtenor der Stellungnahme: sie stand völlig im Banne der verwaltungspolitischen Schlagworte "Zentralismus" und "Dezentralisation." Die Reichsgauverwaltung wurde ausschließlich als Dezentralisationsfaktor, als Erfüllungsgehilfe der zentralen Reichsbehörden in den Vordergrund gehoben und legitimiert, unbeschadet der deklamatorisch wirkenden Formel, daß "das gesunde landschaftliche Gefüge des deutschen Volkskörpers erhalten" werden müsse. Ohne Zweifel bedeutete die Zusammenfassung in Aufgabengebiete bei der Reichsverwaltung und der Reichsgauverwaltung einen Fortschritt in Richtung auf eine technisch effizientere, mit keinen konkurrierenden Kompetenzen belastete Verwaltungsorganisation. Sie implizierte andererseits aber, trotz der aufgabenmäßigen und organisatorischen Trennung, eine solche Nähe zur Staatsverwaltung, daß die Gefahr eines "Umkippens" der Reichsgauverwaltung beträchtlich war. Die Gefahr war um so größer, als die Forderung nach einem Gaubeamtentum kaum auf einen Erfolg rechnen durfte und der Gauhaushalt, berücksichtigt man den überwiegend aus weisungsgebundenen Auftragsangelegenheiten bestehenden Aufgabenkatalog der Reichsgauverwaltung, ebenfalls als Steuerungsmittel kaum ins Gewicht fiel. Überdies schien es ohnehin nur noch eine Frage der Zeit zu sein, bis auch diese formale Differenzierung der Aufgabenstruktur als Merkmal einer staatlichen und einer Selbstverwaltung entfiel. Denn wie Stuckart 1941 in einer auch in der Denkschrift zitierten Abhandlung ausführte, traf "die herkömmliche Unterscheidung nach Staatshoheitsaufgaben und Selbstverwaltungsaufgaben ... nicht mehr zu."[149]

Angesichts dieser schon zum Teil praktizierten Auffassung, die zum Zeitpunkt der Veröffentlichung von Stuckarts Arbeit für einen großen Kreis in den zentralen Ressorts und in der Parteileitung repräsentativ gewesen sein dürfte, wirken die zwischen Fiehler und dem Deutschen Gemeindetag auf der einen und den Landes- und Gauhauptleuten auf der anderen Seite vorausgegangenen Auseinandersetzungen aka-

---

148 AVfK, a.a.O.

149 Stuckart, Zentralgewalt, Dezentralisation und Verwaltungseinheit, S. 9

demisch. Ihr Bezugsfeld war eine andere verwaltungspolitische Wirklichkeit als die, für die die Denkschrift ursprünglich gedacht war. Und noch aus einem anderen Grund war sie überfällig geworden. Als sie schließlich in der Parteikanzlei ankam, hatte dort Klopfer die Leitung der staatsrechtlichen Abteilung übernommen, der entschlossen war, unter seiner Regie ein Konzept für eine Gauselbstverwaltung erarbeiten zu lassen.

Bereits am 10. März 1942 hatte sich Klopfer mit einem Schreiben an Kolbow gewandt. Er nahm darin Bezug auf die im Jahre 1940 geführten Gespräche, unterrichtete Kolbow, daß in der Parteikanzlei in Kürze wieder Beratungen über Fragen der Gauselbstverwaltung stattfänden und bat ihn, ihm seine heutige Auffassung dazu schriftlich mitzuteilen.[150] Die Ankündigung gab Kolbow erneuten Auftrieb. Er versicherte Klopfer, die "Dinge heute noch genauso" zu sehen wie zu Beginn der Besprechungen.[151] Als Klopfer Kolbow sogar beauftragte, am 1. September 1942 über "Entwicklung und Wesen der provinziellen Selbstverwaltung in Preußen" zu referieren, hoffte dieser, daß nun endlich die "Praktiker ... der landschaftlichen Selbstverwaltung" zum Zuge kommen würden[152] und begrüßte es, daß die Beratungen über den "Bau des Nationalsozialistischen Großdeutschen Reiches" mit einer historischen Bestandsaufnahme der preußischen provinziellen Selbstverwaltung eingeleitet werden sollten.[153]

Mit der zum 1. September 1942 einberufenen Sitzung begann die vierte und letzte Runde von Besprechungen, die sich unter Teilnahme von Vertretern der preußischen Provinzialverwaltungen und der Reichsgauselbstverwaltungen mit der zukünftigen Gestalt der regionalen Selbstverwaltung im Dritten Reich befaßten. Gegenüber den von Sommer 1940 in Gang gesetzten Gesprächen standen die nun unter der Federführung Klopfers begonnenen Beratungen insofern unter günstigeren Voraussetzungen, als dieser selbst für eine konziliantere Atmosphäre sorgte. Aber auch seine Aufforderung, unterschiedliche Auffassungen in dem Kreis deutlich zur Sprache zu bringen und nach Möglichkeit eine Klärung offener Fragen herbeizuführen,[154] ließ auf einen veränderten Beratungsstil schließen. Wie weit damit für die Sache selbst, das heißt für die Interessen der regionalen Selbstverwaltung, Verständnis und Entgegenkommen verbunden waren, mußte sich erst noch zeigen. Jedenfalls hatte Klopfer im Anschluß an Kolbows breit angelegtes und engagiert vorgetragenes Referat lapidar erklärt, man dürfe nicht "in den Fehler verfallen und das Beispiel Preussen allein" als Richtschnur für den Aufbau der Reichsgaue nehmen.[155]

150 VA, W-L, C 10/11 - 20   151 VA, a.a.O., Kolbow am 30.3.1942 an Klopfer

152 VA, a.a.O., Kolbow am 12.8.1942 an Haake

153 VA, W-L, C 10/11 - 21 Niederschrift der Besprechung vom 1.9.1942 von einem Referenten der PK

154 VA, a.a.O., Klopfer am 6.10.1942 an Kolbow. In einem späteren Schreiben teilte Klopfer Kolbow mit, der Teilnehmerkreis sei bewußt so zusammengestellt worden, "daß alle uns erkennbaren Auffassungen innerhalb der Partei zu den hier zu behandelnden Fragen in Erscheinung treten könnten." VA, a.a.O., Klopfer an Kolbow am 29.10.1942

155 VA, a.a.O., Niederschrift der Besprechung vom 1.9.1942. Wie aus einer handschriftlichen Notiz Kolbows auf seinem Vortragsmanuskript hervorgeht, referierte er 70 Minuten lang. Allgemein zum Wechsel in der Leitung der staatsrechtlichen Abteilung jetzt Orlow, The History of the Nazi Party, S. 336

Der Ausschuß sollte sich nach den Vorstellungen Klopfers nicht allein mit der Verfassungs- und Verwaltungsstruktur der Reichsgaue beschäftigen, sondern auch Vorschläge für die Verwaltung der Gemeinden und Kreise erarbeiten. Dazu setzte er für alle drei Bereiche eine Kommission ein, wobei Kolbow die Leitung der Arbeitsgruppe "Reichsgauselbstverwaltung" erhielt.[156] Im Anschluß an die Tagung schickte Klopfer Kolbow einen auf die Gauselbstverwaltung bezogenen Neun-Punkte-Fragenkatalog betreffend die organisatorische und aufgabenmäßige Koordination der Staats- und Selbstverwaltungskörper, ihre finanziellen Grundlagen sowie die Abgrenzung zu den Aufgabenbereichen der Partei. Kolbow sollte dazu möglichst "knapp und klar" schriftlich Stellung beziehen.[157] Dieser unterzog sich unverzüglich der Aufgabe und übersandte Klopfer am 6. Oktober 1942 seine neunzehnseitige Ausarbeitung mit dem Hinweis, sie fuße auf "der praktischen Erfahrung der preussischen Provinzialverbände."[158] Dies traf insoweit zu, als Kolbow auf die Frage Klopfers, ob "die Gauselbstverwaltung eine echte 'Selbst'-Verwaltung sein" werde, Kriterien für sie anführte, die während der unter Sommer erfolgten Beratungen nahezu ganz in den Hintergrund gedrängt und auch in der von Fiehler der Parteikanzlei zugeleiteten Denkschrift kaum noch berücksichtigt worden waren. Kolbow äußerte die Überzeugung, daß die Gauselbstverwaltung dann eine "echte Selbstverwaltung" sei, wenn "sie als Gebietskörperschaft Trägerin öffentlicher Aufgaben ist und das Recht besitzt, diese Aufgaben durch eigene Organe und unter eigener Verantwortung zu erfüllen, die Form ihrer inneren Organisation selbst zu bestimmen, die Personalhoheit auszuüben und zur Regelung ihrer Aufgaben und Angelegenheiten sogar Recht zu setzen." Wären diese Bedingungen gegeben, schrieb Kolbow, dann sei es nicht mehr so bedeutsam, daß "in Auswirkung des Führerprinzips des nationalsozialistischen Staates die Bestellung der Organe der Gauselbstverwaltung durch die örtliche bzw. landschaftliche Gemeinschaft hinfällig geworden ist."[159] Dagegen stellte die in diesem Zusammenhang von Kolbow zum ersten Mal vorgebrachte Überlegung, der Gauselbstverwaltung ein eigenes Steuerrecht zu geben, für die Reformdiskussion im Dritten Reich ein Novum dar, das nicht ohne Brisanz war und kaum Aussicht auf Realisierung besaß, wohl aber geeignet war, Widerstände gegen die Gauselbstverwaltung insgesamt zu provozieren. Denn gegen eine Gausteuer konnten mit gutem Grund nicht nur finanzpolitische und steuertechnische Argumente vorgebracht werden; ebenso mußte Kolbow hier mit einer emotionalen Schwelle rechnen. Er setzte sich mit dieser Forderung unnötig des Verdachts aus, einem von ihm gar nicht beabsichtigten Partikularismus Vorschub zu leisten. In jedem Fall war seine Anregung zumindest zu diesem Zeitpunkt weder strategisch noch taktisch geschickt.

In Abwesenheit Klopfers traf sich der Ausschuß am 14. Oktober 1942 zur Diskussion der drei Arbeitspapiere[160] und dann wieder zu einer zweitägigen Konferenz

---

156 Für den Unterausschuß "Gemeinde" war Gaustabsamtsleiter Walkenhorst, Referent in der Abteilung II der PK, für den des "Kreises" Ministerialrat Stümpfig, Gauamtsleiter für Kommunalpolitik Württemberg-Hohenzollern, vorgesehen.

157 VA, W-L, C 10/11 - 21 Das Schreiben vom 11.9.1942

158 VA, a.a.O.   159 Ebenda

160 VA, W-L, C 10/11 - 264 Kolbow am 20.10.1942 an Haake

vom 1. bis 2. Dezember 1942 in der Parteikanzlei unter der Leitung Klopfers.[161] Bei der Gelegenheit bezog dieser erstmals selbst zur Frage der Selbstverwaltung Stellung, die ansatzweise erkennen läßt, welchen Spielraum er ihr in einer neuen Verfassungsordnung zuzubilligen gedachte und welche Aufgaben die NSDAP beziehungsweise ihre Hoheitsträger dabei übernehmen sollten. Zunächst nahm Klopfer eine Sprachregelung vor. Nachdem er bisher immer bewußt den Begriff "Gauselbstverwaltung" benutzt hatte, sollte zukünftig an seine Stelle der der "Gauverwaltung" treten. Sodann sprach er sich — wie Sommer — dafür aus, "die Grenze zwischen Staats- und Selbstverwaltungsaufgaben" müsse "flüssig bleiben." Insbesondere aber wandte sich Klopfer gegen Kolbows These, die regionale Selbstverwaltung müsse das Recht und den Freiheitsraum besitzen, sich neue Aufgabenbereiche zu erschließen und dort initiativ werden, wo ihr das im Interesse der in dem jeweiligen Reichsgau lebenden Menschen erforderlich erscheine. Diese Auffassung, so belehrte Klopfer Kolbow, reflektiere ein Selbstverwaltungsverständnis, das der Vergangenheit angehöre und einem "Führerstaat" nicht adäquat sei; in ihm "sehe das alles jetzt ganz anders aus! Die Initiative ginge vom Führer persönlich aus." Dieser "bestelle einzelne Persönlichkeiten zur Entwicklung seiner Initiative auf einem besonderen Fachgebiet, und der Staat müsse dann seinen Apparat diesen Reichskommissaren oder Generalinspektoren zur Verfügung stellen. Die Selbstverwaltung habe in dieser Hinsicht im Führerstaat keine Aufgabe mehr."[162]

Klopfer ließ keinen Zweifel daran, daß es sich bei diesen Persönlichkeiten um Vertrauensleute der Partei, um ihre Hoheitsträger handeln würde. Bei einer späteren Besprechung räumte er ein, daß "nur ein erschreckend kleines Reservoir an hierfür wirklich geeigneten Menschen vorhanden" sei, obwohl bei der Parteikanzlei "180 000 Personalakten" geführt würden.[163] Die Zielrichtung Klopfers wird hier deutlich. War schon bei Sommers Plänen unschwer zu erkennen, daß er die Gauselbstverwaltung nur aus dem, wie er es vermutlich formuliert hätte, Griff der Ministerialbürokratie "befreien" wollte, um sie in den der Partei übergehen zu lassen, so verfolgte Klopfer prinzipiell die gleiche Linie, ohne indes gleichzeitig Sommers grobschlächtige Aggressivität zu ihrer Durchsetzung zu übernehmen. Dahinter stand offensichtlich die Absicht Klopfers, den politischen Aktionsradius der Partei über die unter dem Schlagwort der "Menschenführung" beansprucht, aber politisch unbefriedigend gebliebenen Betreuungsfunktionen hinaus zu erweitern. Die NSDAP sollte zur allein entscheidenden und kontrollierenden Instanz der Selbstverwaltung und der mittleren Verwaltung insgesamt werden. In diesem Zusammenhang ist auch die Forderung Klopfers zu sehen, daß er zwar die Einrichtung von Bürgerversammlungen befürworte, die aber der Ortsgruppenleiter der NSDAP nicht der Bürgermeister leiten sollte und daß er weder Gemeinde-, noch Kreis-, noch Gauräte als notwendig ansah. Erst als er damit auf den einhelligen Widerspruch der kommunalen Ausschußmitglieder stieß, erklärte sich Klopfer mit beratenden Organen einverstanden, die aber nur die Partei zu berufen hätte. Ebenso pflichtete er denjenigen im Ausschuß bei, die sich gegen ein Übergewicht einzelner Berufsstände in den Beiräten aussprachen. Denn, so warnte Klopfer, "in letzter Zeit" seien die Stimmen "zur

---

161 VA, W-L, C 10/11 - 21 Vermerk Kolbows

162 Ebenda

163 VA, a.a.O., Vermerk über die Besprechung vom 21.9.1943

Bildung eines ständischen Staatswesens" lauter geworden, in dem "die Partei zum Verblassen gebracht und in den Hintergrund gedrängt" würde.[164]

Der Hinweis Klopfers auf die führerunmittelbaren "Persönlichkeiten" ist noch aus einem weiteren Grund bemerkenswert. Ihm lag unverkennbar das schon zum Teil praktizierte Modell einer genuin personenorientierten Verwaltungsorganisation anstelle einer rational-bürokratischen zugrunde. Ihre Zerschlagung war kein ungewollter reformerischer Nebeneffekt, sondern beabsichtigte Konsequenz einer zum Teil an politischen Zweckmäßigkeiten ausgerichteten, zum Teil von Protektion und Begünstigung, persönlichen Gutdünken und willkürlichen Herrschaftsansprüchen abhängigen "Führer"-Diktatur. In Kenntnis dieser Auffassungen Klopfers erscheint seine Qualifizierung durch den Staatssekretär der Reichskanzlei, Kritzinger: "Er hatte für staatliche Ordnung Sinn!",[164 a] nur bedingt zutreffend und haltbar. Denn auch Klopfers Reform implizierte die Preisgabe eben des Systems, für das der Begriff der "staatlichen Ordnung" konstitutiv ist. Wohl aber darf Klopfer unterstellt werden, daß er die Beziehungen zwischen der Parteizentrale und diesen "Persönlichkeiten" bürokratischen Spielregeln unterwerfen wollte im Sinne einer Institutionalisierung der Mitsprache- und Entscheidungsrechte der Parteikanzlei.

Die im Anschluß an Klopfers Ausführungen scherzhaft gefallene Bemerkung, man solle "einen Zwinger für die Staatsverwaltung" bauen sowie einen "Naturschutzpark für bewährte Selbstverwaltungsaufgaben" anlegen, besaß durchaus einen ernsten Kern. Was Klopfer anstrebte, war eine verordnete Verwaltungstätigkeit, wahrgenommen von Behörden, die keinen Spielraum erhalten sollten, sondern unter dem Wächteramt der Partei Aufträge zu erledigen hatten. Es verwundert daher nicht, daß sich der geschäftsführende Leiter des Hauptamtes für Kommunalpolitik, Patutschnik, nachdrücklich gegen diese Auffassung aussprach, die alle Verwaltungsarbeit zur bloßen "Stoßtrupparbeit" degradiere. In die gleiche Richtung zielte Kolbow mit seinem mit Pathos vorgebrachten Einwand, die Selbstverwaltung sei dann nicht mehr "Subjekt", sondern "Objekt". Die Partei solle sich nicht darum sorgen, daß die Selbstverwaltungskörper "zu eigenständig und lebendig würden", sondern darum bemüht sein, daß "sie es werden, wo sie es heute noch nicht sind."[165]

Klopfer beauftragte abschließend Kolbow, die Fragen im Arbeitsausschuß erneut durchzusprechen, einen Aufgabenkatalog für die Gauverwaltung und die staatliche Verwaltung aufzustellen und insbesondere den nur andiskutierten Problemkreis des Gauetats zu behandeln. Dazu ist es aber infolge der Kriegsverhältnisse zunächst nicht gekommen. Erst neun Monate später, am 21. September 1943, traf sich wieder der gesamte Ausschuß in der Parteikanzlei zu einer Sitzung.[166] Kolbow referierte über die finanziellen Grundlagen der Reichsgaue. Er lehnte unter Zustimmung des größten Teils der Anwesenden einen "Territorial-Haushalt" im Interesse der Reichseinheit ab, aus dem sowohl alle staatlichen Angelegenheiten wie die der Selbstver-

---

164 VA, a.a.O., Vermerk über die Besprechung vom 1.-2.12.1942

164 a Zit.n. Mommsen, Beamtentum, S. 31

165 VA, a.a.O.

166 VA, a.a.O., Vermerk über die Besprechung

waltung finanziert werden sollten. Vielmehr optierte er dafür, die Aufgaben der staatlichen Verwaltung aus dem Reichshaushalt zu bestreiten, die Gauverwaltung aber mit einem eigenen Etat auszustatten. Auch zur Lösung dieser Frage, versicherte Kolbow, biete die Geschichte der preußischen provinziellen Selbstverwaltung "einen wertvollen Erfahrungsschatz", unterbreitete aber andererseits als Neuheit dem Gremium seinen Vorschlag, eine Gausteuer einzuführen, wobei er an die Grund-, oder Gewerbe- oder Bürgersteuer dachte. Der Ausschuß zeigte sich von dem Gedanken Kolbows überrascht und wußte offenbar nichts Rechtes damit anzufangen. Klopfer gab seine Einstellung, obwohl ihm Kolbows Plan bekannt war, noch nicht zu erkennen. In den folgenden Beratungen aber wurde die Frage der Gausteuer zur umstrittensten überhaupt, wobei die Kritik gleichermaßen aus den Reihen des Ausschusses wie von "außen" kam.

Nach der Tagung in München erstellte Kolbow einen ersten Entwurf und legte ihn der von ihm geleiteten Kommission vor, die vom 27. bis 28. Oktober 1943 in Klagenfurt und Villach zusammentrat. Nach diesen Gesprächen, die er "als den wichtigsten Markstein auf dem zehnjährigen langen Weg unserer Bemühungen um die Festigung der landschaftlichen Selbstverwaltung"[167] wertete, sah Kolbow grünes Licht für die Zukunft. Doch traf dies nur bedingt zu, wie die Reaktionen einiger Ausschußmitglieder auf den ihnen am 4. Januar 1944 zugesandten überarbeiteten Entwurf zeigen. So äußerten beispielsweise Kreißl und Stümpfig gegen einzelne Punkte schwerwiegende Bedenken.[168] Auch Haake und Kitz — sie gehörten nicht dem Ausschuß an — bedrängten Kolbow, seine Steuerpläne fallenzulassen, die, wie Kitz Haake berichtete, im Reichsinnenministerium "wie eine Bombe eingeschlagen" hatten.[169] Vor allem aber sprach sich Klopfer, der sich in dieser Frage bisher immer zurückhaltend geäußert hatte, gegen eine Gausteuer aus, die er für "problematisch " hielt.[170] Einer Gausteuer stünden nicht allein finanzpolitische Argumente entgegen — "mit gutem Grunde sind ja doch erst vor wenigen Jahren Reich und Gemeinde zu den einzigen Steuerträgern geworden" —, vor allem sei eine Steuerhoheit der Reichsgaue verfassungspolitisch bedenklich, da sie eine "Eigenständigkeit der Gauselbstverwaltung" dokumentiere, die als "unangebracht" erscheine. Dessenungeachtet hielt Kolbow an seiner Forderung fest. Am 16. Juni 1944 kam der Ausschuß zum letzten Mal in der Parteikanzlei zusammen, um die Denkschrift abschließend zu beraten. Bei dieser Gelegenheit betonte Klopfer erneut, die preußische Provinzialverwaltung sei "bestimmt nicht der Weisheit letzter Schluß", ermahnte Kolbow, den Aufgabenkreis der Gauverwaltung auf Kosten der Staatsverwaltung nicht zu überdehnen und beendete die Beratungen, ohne auf die Gausteuer

---

167 VA, W-L, C 10/11 - 264 Kolbow am 3.11.1943 an Haake. Zu den Beratungen selbst vgl. die stenographische Notiz Kolbows in: VA, W-L, C 10/11 - 22 sowie den Bericht des Ausschußmitgliedes, Gauhauptmann Breitenthaler, Oberdonau, für Kreißl, in: BA, R 18/3365

168 VA, W-L, C 10/11 - 19 Kreißl am 15.1.1944 und Stümpfig am 4.2.1944 an Kolbow. Hier sowie in: VA, W-L, C 10/11 - 22 noch weitere Stellungnahmen

169 Vgl. die Aktennotiz von Kitz vom 3.3.1944 und sein Exposé "zum Vorschlag von Landeshauptmann Kolbow bezüglich einer Gausteuer" vom 6.3.1944, in: HStAD, RWN 51/2

170 VA, W-L, C 10/11 - 24. So Klopfer am 16.5.1944 an Kolbow

noch einmal einzugehen, mit der Feststellung: "Das Thema ist jetzt abgeschlossen."[171]

Die Aushändigung der Denkschrift an Klopfer erfolgte schließlich für Kolbow unter tragischen Umständen. Als er am 30. Juli 1944 einen Funkspruch mit der Aufforderung erhielt, sich am nächsten Tag in Berlin bei Staatssekretär Klopfer zu melden,[172] nahm er an, dieser dränge auf die Denkschrift. Sie war indes nicht der Grund. Wegen dienstlicher Verpflichtungen konnte Kolbow erst in der Nacht vom 6. zum 7. August 1944 nach Berlin fahren, im Reisegepäck die Denkschrift "Die Verwaltung des Reichsgaues." Klopfer, der ihn am 7. August nachmittags empfing, kam aber erst gar nicht auf die Ausarbeitung zu sprechen, sondern eröffnete Kolbow, er sei wegen eines Briefes an den zum Verschwörerkreis des 20. Juli 1944 gehörenden ehemaligen Oberpräsidenten F. von Lüninck seines Amtes als Landeshauptmann enthoben.[173] Die Denkschrift, die Kolbow glaubte offiziell überreichen zu dürfen, war kein Gegenstand des Gesprächs, so daß Kolbow sie wortlos — sie trug seine Unterschrift mit Datum vom 7. August 1944 — auf Klopfers Schreibtisch liegen ließ.[174]

Die von Kolbow abgefaßte knapp 24seitige Denkschrift[175] stellt zum Teil eine Synthese von zurückliegenden Resolutionen seitens der Landesdirektorenkonferenz zum Thema "Gauselbstverwaltung" und von Konzessionen an die derzeitige politische Konstellation dar; zum anderen trägt sie unverkennbar die "Handschrift" Kolbows, der überwiegend in der Tradition der preußischen provinziellen Selbstverwaltung argumentierte. So knüpfte Kolbow insbesondere an die Ergebnisse des Ausschusses der Landesdirektorenkonferenz von 1938/39 an, vernachlässigte in auffälliger Weise die Schlußfolgerungen der von Fiehler als Vorschlag des Hauptamtes für Kommunalpolitik der Parteikanzlei zugeleiteten Stellungnahme und berücksichtigte in nur bescheidenem Umfang die von Klopfer gesetzten Prioritäten.

Die Denkschrift erkannte in einer Präambel die "Souveränitätsrechte" des Reiches uneingeschränkt an und bezeichnete die Selbstverwaltung unter Berufung auf Stein als "Mithelferin der gesamten inneren Verwaltung für besondere Aufgabengebiete." Der übrige Teil der Denkschrift gliederte sich in einen staatlichen Abschnitt, der nur stichwortartig die Aufgaben der staatlichen Verwaltung im Reichsgau aufzählte, und in einen Abschnitt "Die Gauselbstverwaltung." Er behandelte in fünf Unterpunkten das "Wesen" der Gauselbstverwaltung, ihren "Aufgabenkatalog", den "Gauetat", die Abgrenzung zur Gauleitung der NSDAP und das "Verhältnis der Gauselbstverwaltung zum Reich und zu der nachgeordneten Selbstverwaltung der Kreise und Gemeinden."

---

171 VA, a.a.O., handschriftlicher Vermerk Kolbows sowie der Vermerk über die Sitzung von einem Mitarbeiter der Dienststelle des Reichsschatzmeisters der NSDAP, BA, Sammlung Schumacher, Ordner Nr. 394

172 VA, W-L, Personalakte Kolbow, S. 156

173 Im einzelnen dazu, S. 248 f.

174 N-Kühl (P) Tagebuch Kolbow Nr. 27 Eintragung vom 11.8.1944

175 VA, W-L, C 10/11 - 23

Auch Kolbow behielt die organisatorische Grundfigur "Reichsstatthalter – Oberpräsident – Gauhauptmann" bei, lehnte sich im übrigen aber stark an die Gedankengänge des von ihm 1938/39 geleiteten Arbeitsausschusses an. So übernahm er die Denkschrift des Ausschusses "Die Reichsgauselbstverwaltung" nahezu wörtlich und bis auf ihren letzten Abschnitt vollständig in die seinige. Daß Kolbow diese Passagen in die Abschnitte seiner Denkschrift einordnete, in denen "Das Wesen der Gauselbstverwaltung" und ihr "Aufgabenkatalog" dargelegt wurden, geschah zweifellos absichtlich, so daß sich darin eine programmatische Relevanz wie Kontinuität gleichermaßen ausdrückten. So hieß es jetzt in der Denkschrift, daß sich die Gauselbstverwaltung in "eine landschaftsverbundene Lebensgemeinschaft" gründe, die "Willensbildung" sich "aus den Kräften der Landschaft" vollziehe und die Gauselbstverwaltung "ausserhalb einer Zuständigkeitsordnung", kraft ihrer Universalität, "für die Wohlfahrt der Bevölkerung im anvertrauten Raume" tätig werden müsse. Dies waren Zielsetzungen, die zum Teil nicht nur den in den Reichsgauen neuen Typs geschaffenen Tatbeständen widersprachen, sie standen auch nicht im Einklang mit der von Klopfer umrissenen Stellung und Funktion der Selbstverwaltung im "Führerstaat". Eine Abkehr vom Vorbild der preußischen Provinzialverbände vollzog Kolbow hingegen mit seinen Vorschlägen zum Etat der Gauselbstverwaltung. Zwar plädierte auch er für die traditionellen Finanzquellen wie Reichsfinanzzuweisungen und Gauumlage, jedoch wollte er sie scharf voneinander trennen. Die Zuweisungen sollten nur für die im Auftrag des Reiches durchgeführten Angelegenheiten, die Gauumlage für die kommunalen Gemeinschaftsaufgaben eingesetzt werden. Die von der Gauselbstverwaltung freiwillig aufgegriffenen oder gesetzlich übertragenen Aufgaben sollten aus eigenem Vermögenseinkommen und, wie schon angedeutet, aus den Mitteln einer neu eingeführten Gausteuer – einer Personalsteuer – getragen werden. Zum einen verfolgte er mit ihr die Absicht, die Eigenständigkeit der Reichsgaue gegenüber einer zentral gelenkten Reichsfinanzpolitik zu sichern und sie zu befähigen, in sich eine Art "Finanzausgleich zweiten Grades" zu vollziehen – eine Forderung, die offensichtlich mit den positiven Erfahrungen zusammenhing, die Kolbow mit den provinzdurchschnittlichen Hebesätzen bei der Provinzialumlage gemacht hatte –; zum anderen erhoffte er sich von einer Gausteuer eine Belebung des landschaftlichen Zusammengehörigkeitsgefühls. Kolbow versicherte, es sei "eine alte Erfahrungstatsache, daß Menschen an Aufgabengebieten besonders dann, wenn sie von ihnen nicht unmittelbar persönlich betroffen werden, nur dann ein wirkliches Interesse gewinnen, wenn sie wenigstens dieses Aufgabengebiet zum Nutzen der Allgemeinheit persönlich mit finanzieren helfen."

Beeinflußt von der in Westfalen geübten Praxis waren auch Kolbows Vorschläge zum Verhältnis von Gauselbstverwaltung und Gauleitung. Er unterstrich die vielfältigen Verbindungen zwischen ihnen, indem der Gauleiter Chef der Verwaltung und Dienstvorgesetzter des Gauhauptmanns sei und Gauamtsleiter jeweils den verschiedenen Aufsichts- und Beiräten sowie Ausschüssen von Anstalten und Instituten der Gauselbstverwaltung angehörten. Doch betonte Kolbow, dies dürfe nicht die "persönliche Verantwortlichkeit" des Gauhauptmanns für die Verwaltung schmälern. Auch verwarf er die in einzelnen Reichsgauen praktizierte Personalunion des Amtes eines Gauamtsleiters und eines Landesrates als untauglich. Gewarnt durch die jahrelangen Auseinandersetzungen über die Reichweite des von der Partei total beanspruchten Rechtes zur Menschenführung, wandte sich Kolbow gegen eine ungeschmälerte Anwendung dieses Prinzips in der Gauselbstverwaltung und erklärte, "ohne eine gewisse Beteiligung an der Menschenführung" könne "keine öffentliche Verwaltung ihre Aufgaben richtig erfüllen."

Eine Gauselbstverwaltung mit diesen Rechten und unter diesen Voraussetzungen, hieß es abschließend in der Denkschrift, erzeuge eine "natürliche Polarität" zum starken Einheitsstaat, belebe die in den Landschaften ruhenden politischen, wirtschaftlichen, sozialen und kulturellen Kräfte und banne "die Gefahr einer Vereintönung und Ermattung des deutschen Lebens."

Trotz der Mitarbeit eines Ausschusses an der Denkschrift ist nicht zu übersehen, daß sie nicht nur im Sinne der Verfasserschaft die Denkschrift Kolbows war. Es war "seine" Stellungnahme zur Neuordnung der regionalen Selbstverwaltung im nationalsozialistischen Staat, die nicht lediglich dezentralisierte Staatsverwaltung sein sollte, sondern bei der es Kolbow auch darauf ankam, den Landschaften ein unpolitisches Eigenleben zu sichern. Diese beiden Zielsetzungen stellten für die Reichsreformideen, wie sie der Parteileitung vorschwebten, verwaltungspolitische Antinomien dar. Kolbow mag dies gesehen haben, so daß sein Versuch, eine praktikable Synthese zu finden, als dilettantische Starrköpfigkeit erscheint. Tatsächlich resultierte sein Verhalten nur aus dem konsequenten Festhalten an einer Verwaltungsform, die Kolbow gerade im nationalsozialistischen Staat für bewahrenswert hielt, die aber mit der Verwaltungswirklichkeit des NS-Regimes selbst durch geschicktes taktisches Lavieren, wie es Haake und Kitz im Hinblick auf die Gausteuer empfohlen hatten, nicht in Einklang zu bringen war. Daraus ergibt sich auch die Antwort auf die naheliegende Frage, ob das Konzept Kolbows Aussicht hatte, von der Parteileitung akzeptiert zu werden. Die Antwort kann nur "nein" lauten.[176]
Die Beratungen zur Gauselbstverwaltung sind ein Beispiel dafür, daß mit den Interpreten auch die Inhalte bis zur völligen Umkehr des traditionell Gemeinten wechseln. So handelte es sich auch bei der von Sommer und Klopfer vorgenommenen Sprachregelung, statt des Begriffes "Gauselbstverwaltung" den der "Gauverwaltung" zu verwenden, nicht um bloße Begriffs-Kosmetik, sondern dieses Verlangen besaß eine wenn auch diffuse politische Intention und brachte zum Ausdruck, daß die Verfassungsgestalt der regionalen Selbstverwaltung tatsächlich grundlegend verändert worden war. Die Diskussion ist darüber hinaus charakteristisch für die Behandlung von Verfassungs- und Verwaltungsreformfragen im Dritten Reich. Sie entbehrte jeder konstruktiven Planmäßigkeit. Auch die Konzepte der Landeshauptleute teilten das Schicksal aller im Dritten Reich entworfenen Neuordnungspläne. Sie blieben Projekt. Die Frage nach dem "warum" drängt sich auf.

Die Frage stellt sich nach zwei Seiten: einmal muß sie auf die Reformentwürfe selbst gerichtet werden und zum anderen die politischen Bedingungen einbeziehen, unter denen sie entstanden. Sicher beruhte das Scheitern zum Teil darauf, daß die nationalsozialistische Führungsschicht und vornehmlich die Parteileitung über kein schriftlich fixiertes Reformkonzept verfügten, daß sich bei ihnen vielmehr, pointiert

---

176 Für die Aussage Kühls, Westfalen und der Staat, S. 299, Klopfer habe bei der Entgegennahme der Denkschrift Kolbow versichert, dies "sei nun die künftige Konzeption der Partei in der Reichsreform", ließ sich kein Beleg finden. Sie dürfte ohnehin nicht haltbar sein. Dies gilt auch für Steinberg, Der Deutsche Westen und die Reichsreform, S. 131, der zudem die Teilungsdiskussion um die Provinz Westfalen mit Kolbows Denkschrift vom 7.8.1944 in Verbindung bringt. Beides stand jedoch in keinem Zusammenhang.

formuliert, ein staatstheoretisches Vakuum oder doch höchstens ein diffuses Konglomerat vorfindet. Doch reicht die Konstatierung dieses Tatbestandes als Antwort nicht aus. Die Reformdiskussion muß vielmehr vor dem Hintergrund der Verwaltungswirklichkeit des Dritten Reiches gesehen werden, da die im einzelnen höchst heterogenen Reformvorstellungen gleichsam ein Abbild jener im Dritten Reich sich in verwirrenden Formen herausgebildeten Macht- und Kompetenzverteilungen darstellen. Diese lassen eine Aussage über das politische Gewicht und die Wirkung der einzelnen Stellungnahme nur begrenzt zu, wenngleich sie aufschlußreich sind für den politischen Willensbildungs- und Entscheidungsprozeß des Regimes. Andererseits wäre es eine unzulässige Rationalisierung, würde man für das Scheitern im nachhinein eine "Systematik" konstruieren. Denn die politische Erfolglosigkeit der Reformdiskussion resultierte gerade aus den genannten irrationalen, sich gegenseitig neutralisierenden Macht- und Kompetenzverteilungen, die die mehr oder weniger kontinuierlich geführte Diskussion insgesamt als eine improvisierte Diskussion erscheinen lassen. Sobald ein Ministerium, eine Parteistelle oder auch nur ein Parteifunktionär sich zu dem Problem äußerten, sei es in Form einer Denkschrift oder bloß in der Ankündigung einer solchen, löste dies eine Kettenreaktion aus, mobilisierte Gegenkräfte, verursachte neue Denkschriften, Stellungnahmen und Gutachten. Insofern erscheint diese Diskussion in der Tat als ein Abbild der nahezu anarchischen inneren Verhältnisse des NS-Systems mit seinem vielschichtigen Geflecht der Interessen und Machtpositionen, der Vorstöße und Widerstände, der offenen und versteckten Kabalen, der Rivalitäten, Anpassungen und gegenseitigen Behinderungen.

Dementsprechend standen während der hier behandelten vier Beratungsphasen auch Aktion und Re-Aktion der Landeshauptleute in einem eigentümlichen, aber bezeichnenden Verhältnis zueinander. Sie sahen sich veranlaßt, aus der Defensive zu gehen und standen gewissermaßen unter dem Druck, Gegenkonzepte entwickeln zu müssen, wollten sie "ihre" Verwaltungen und deren Kompetenzen nicht an alle möglichen Reichsministerien, Sonderbehörden und Parteiorganisationen verlieren. Die Landeshauptleute handelten aus der Sorge, den Zug zu verpassen; die Angst, einfach übergangen, ausgeschaltet zu werden, wurde zur großen Antriebskraft ihrer Reformpläne. Ihr inhaltlicher Wandel spiegelt zugleich den äußeren Gang der Diskussion wider. Beides stand in unmittelbarer Wechselwirkung zueinander. War die erste Phase von 1934/35 noch eingebettet in die allgemeine Reichsreformdiskussion, so erwies sich die in den 1938 annektierten Gebieten abzeichnende Gestalt der Reichsmittelinstanz als Stimulanz zur Bildung des Arbeitsausschusses der Landesdirektorenkonferenz. Die in den neuen Reichsgauen geschaffenen Tatbestände markierten eine bedeutende Zäsur, die die bisher am Vorbild der preußischen provinzialen Selbstverwaltung orientierten Entwürfe in weitem Maße scheinbar hinfällig machten. Die 1940 nach Kriegsausbruch begonnenen Gespräche schließlich waren in mehrfacher Hinsicht bemerkenswert. Da man ernsthaft mit einer schnellen Beendigung des Krieges rechnete und danach die Inangriffnahme der Reichsreform erwartete, griff die Parteileitung zu diesem Zeitpunkt bewußt die Frage der Gauselbstverwaltung auf und zeigte an ihr, freilich nur für einen Moment, starkes Interesse. Die Beobachtung D. Schoenbaums, daß der Krieg sich als Katalysator für "soziale Veränderungen" auswirkte[177], trifft auch für den verfassungs- und verwaltungspoli-

---

177 Schoenbaum, Die braune Revolution, S. 22

tischen Bereich zu, allerdings mit dem Unterschied, daß die nach Kriegsbeginn von der Partei plötzlich in Gang gesetzte Diskussion kurzlebig war und Episode blieb.[178]

Die Intensität, mit der die Provinzialvertreter sich in der Reformdebatte engagierten und immer wieder neue Denkschriften erstellten, erstaunt auf den ersten Blick. Doch entsprang dieses Verhalten nicht einer besonders ausgeprägten Innovationsfreudigkeit oder einer Vorliebe für Organisationstheorien. Es beruhte vielmehr darauf, daß die provinzielle Selbstverwaltung als solche — wie in den vorausgegangenen Untersuchungen gezeigt werden konnte — generell vor der Gefahr stand, an Bedeutung zu verlieren. Auch der mit verbissener Energie geführte Gutachtenkrieg ist hierfür ein Indikator. Er dokumentiert gleichermaßen das Bemühen der Landeshauptleute, sich gegen die in der Verwaltungswirklichkeit sich abzeichnende Funktionslosigkeit der Selbstverwaltungsinstitutionen zu stemmen und verrät, in welchem Maße der Begriff der "Gauselbstverwaltung" zu einer Leerformel gemacht worden war und, wie die Reformansätze des Reichsinnenministeriums und der Parteileitung zeigen, als Tarnvokabel für höchst divergierende Zielsetzungen eingespannt wurde. Beiden war gemeinsam, daß sie die Dezentralisierung der Verwaltung propagierten und in dem Zusammenhang auf die Gauselbstverwaltung verwiesen. Gemeinsam war ihnen aber auch, daß sie keinen Gedanken daran hatten, diese zu selbständigen politischen Einheiten auszugestalten, sondern die Gauselbstverwaltung zur Durchsetzung ihrer weiterreichenden politischen Ziele brauchten. Das Reichsinnenministerium träumte von einer alle in der regionalen Ebene liegenden Verwaltungen koordinierenden Reichsmittelinstanz, die seiner Entscheidungs- und Lenkungsbefugnis unterstehen sollte, während die Parteileitung unter dem gleichen Schlagwort einen regional zentralisierten Verwaltungsapparat anstrebte; allerdings nicht um die "Einheit der Verwaltung" zu stärken, sondern um diesen dem Einflußbereich des zentralen Beamtenregiments zu entziehen und dem der Partei zu unterwerfen. Die Äußerungen Sommers und Klopfers hatten hieran keinen Zweifel gelassen.

Sicherlich verfügten die Vertreter der Provinzen durch ihre administrative Beschäftigung mit den sie betreffenden Problemen einer Reichsreform in den Verhandlungen mit Repräsentanten der Partei über einen beachtlichen Vorteil. Doch konnte daraus so gut wie zu keinem Zeitpunkt politisches Kapital geschlagen werden, da im Dritten Reich auch in Fragen der Verwaltungsorganisation die Praxis der Augenblicksentscheidungen bevorzugt und angewandt wurde. Sie warf jeden langfristig und systematisch erarbeiteten Reformplan über den Haufen, beziehungsweise ließ ihn von vornherein zur Makulatur werden. In dem Maße, wie der Typus der preußischen provinziellen Selbstverwaltung faktisch zurückgedrängt wurde und sich die nationalsozialistische Verwaltungswirklichkeit von ihm entfernte, mußten auch die Bemühungen der Landeshauptleute um eine Synthese aussichtsloser werden. Ihre Entwürfe gerieten, und das trotz politischer Routine und Sachkunde und trotz taktischer Schlenker, zusehends in den Sog geschaffener Tatbestände. Daß andererseits nicht eine völlige Nivellierung erfolgte, lag an dem Selbstbewußtsein und der Vitali-

---

178 Kolbow schrieb am 29.12.1941 an Dr. Jeserich, der sein Amt als Geschäftsführender Präsident des DGT seit 1938/39 nicht mehr ausübte: "Die Probleme der werdenden (bzw. n i c h t werdenden) Reichsgauselbstverwaltung sind durch den Kriegsverlauf stärker in Fluss gekommen als in den Jahren zwischen 1933 und 1939." VA, W-L, NK - 52

tät der preußischen provinziellen Selbstverwaltung. So bestand bei den Repräsentanten der Provinzen immer die Tendenz, die provinzielle Selbstverwaltung preußischen Musters als Patentlösung für die regionalen Verwaltungsprobleme anzupreisen.[179] Gleichwohl weisen sich die bekannt gewordenen Reformbeiträge bei aller ideologischen Überwölbung im großen und ganzen durch ihre pragmatische Argumentation aus. Besonders ausgeprägt zeigt sich dies in Kolbows Denkschrift vom 7. August 1944. Die Mehrzahl seiner Vorschläge suchte er dadurch abzustützen und zu begründen, daß er explizit oder unausgesprochen auf die westfälische Provinzialverwaltung verwies, in der die für die Landschaft wie für den nationalsozialistischen Staat gleichermaßen wertvolle regionale Selbstverwaltung erfolgreich praktiziert werde. Insofern war das verbissene, fast sture Beharren Kolbows bzw. der westfälischen Seite auf der überkommenen Form der provinziellen Selbstverwaltung ambivalent: einerseits lag hierin eine Barriere gegenüber Zentralisierungsbestrebungen, ja Zerstörungsabsichten – zumal in einer Ausnahmesituation wie sie das Dritte Reich auch für die Selbstverwaltung darstellte; andererseits verstärkte solche Haltung die Neigung zum unkritischen Festhalten an der traditionellen preußischen Verwaltungsorganisation und verstellte den Blick und die Bereitschaft für eventuelle Öffnungsmöglichkeiten und notwendige Reformen.

---

179 Exemplarisch dafür die Abhandlung von Kitz, Die richtige Struktur eines Verwaltungsgebietes, sowie sein 1943 gehaltener Vortrag: Sinn und Wesen der Provinzialverwaltung in der Gegenwart. Ein Manuskriptexemplar in: AVfK, DGT 1-1-3/3

ZUSAMMENFASSUNG MIT AUSBLICK
AUF DIE ERRICHTUNG DES LANDSCHAFTSVERBANDES 1953

Als die westfälische Provinzialverwaltung nach der fast vollständigen Vernichtung ihrer Gebäude im Oktober 1944 aus Münster ausgelagert und ihre Abteilungen auf die Provinz verteilt wurden, besaß dieser Vorgang Symbolcharakter für den Niedergang der provinziellen Selbstverwaltung überhaupt. Das Bemühen der stark gelichteten Verwaltung um eine geordnete Aktenerledigung konnte die Tatsache nicht mehr überdecken, daß die provinzielle Selbstverwaltung als politische Institution im Dritten Reich ausgehöhlt und zerstört worden war.

Dieser Prozeß erfolgte indes nicht in einer Stufenfolge[1] und gleichsam von langer Hand vorbereitet, sondern resultierte, verkürzt formuliert, aus dem Dualismus von Partei und Staat. Dieser wies aber, da er sich unkontrolliert herausbildete, keine exakt verlaufende Richtung auf, sondern brachte immer neue Mutationen hervor und bestand aus einer Vielzahl antagonistischer Kräfte. Hatte 1933 die preußische Ministerialbürokratie entscheidenden Anteil daran, daß die parlamentarische Komponente der provinziellen Selbstverwaltung beseitigt und diese durch das einschneidende Oberpräsidentengesetz vom 15. Dezember 1933 in den nationalsozialistischen Staat eingefügt wurde, so kamen im weiteren die teils erfolgreichen, teils versuchten zügellosen Eingriffe der Partei und ihrer sich freisetzenden Apparate als zerstörende Faktoren hinzu. Die extrem ausgeweitete ministerielle Aufsichtswahrnehmung in Form von reglementierenden Ausführungsbestimmungen, Verwaltungsvorschriften sowie Genehmigungsvorbehalten führte zu einer völligen Unbeweglichkeit der Provinzialverwaltung. Die Ambitionen der Parteistellen wirkten sich eskalierend auf die Intensität der Aufsichtsführung aus, während Organisationen der Partei wie NSV, DAF und HJ auf der einen und Fachressorts und staatliche Sonderbehörden auf der anderen Seite in den provinziellen Aufgabenkreis einbrachen, Teile davon usurpierten oder ihrer Verfügungsgewalt unterordneten. Die Folge davon war eine fortschreitende Verwischung der Kompetenzen, mit der eine enorme Aufblähung des Instanzenzuges einherging. Für die Provinzialverwaltung brachte dies vielfältige, häufig unklare und miteinander rivalisierende Unterstellungsverhältnisse, die die Führung der Verwaltung verunsicherten und verbitterten und deren Effizienz beeinträchtigten. Die im Verlauf des Krieges unter dem Schlagwort "Vereinfachung der Verwaltung" getroffenen Maßnahmen schließlich bewirkten ebenfalls keine Konzentration der Kräfte und bedeuteten auch nicht eine Einfrierung des ad hoc-Zustandes für später, sondern sie machten das Kompetenzchaos erst evident, verursachten ein ungeheures Maß an instanzieller Komplexität[2] und beschleunigten damit die Zersetzung der provinziellen Verfassungs- und Aufgabenstruktur. Tatsächlich wurde die provinzielle Selbstverwaltung zwischen den namentlich im Kriege stark auftretenden Vereinheitlichungs- und

---

1 So mit Blick auf die Gemeinden Matzerath, Nationalsozialismus, S. 433

2 Hier ist zu fragen, ob die von Broszat, Der Staat Hitlers, S. 162 vorgenommene Akzentuierung zutreffend ist, daß die "Vermehrung zentralistischer Sonderverwaltungen und -organisationen" für das NS-Regime weniger charakteristisch als vielmehr "kriegsbedingt(e)" war, da das sich auswachsende Instanzensystem nicht zuletzt eine Folge des von Broszat selbst beschriebenen Führerabsolutismus darstellt, der prinzipiell schon vor 1939 verwaltungspolitische und -organisatorische Probleme aufwarf.

Zentralisierungtendenzen der Reichsbehörden einerseits und dem Druck der Apparate der Partei und ihr nahestehender Institutionen andererseits in zunehmendem Umfang zerrieben. Für die Masse der Parteifunktionäre und Ministerialbeamten war der Selbstverwaltungsgedanke seines eigentlichen Sinnes beraubt worden; er besaß nur noch vom Gesichtspunkt der Dezentralisation der Reichsverwaltung politisches Gewicht. Insofern war die Feststellung des ehemaligen Oberbürgermeisters von Leipzig, Goerdeler, in seiner fragmentarischen Denkschrift "die Neuordnung der Selbstverwaltung" von 1944/45 in der Sache sicherlich zutreffend, "dass die provinzielle Selbstverwaltung eines sanften Todes gestorben ist. Sie hat noch Funktionen; aber deren Erfüllung vollzieht sich abseits der Öffentlichkeit, von niemanden mehr wahrgenommen oder mit Interesse verfolgt. Auf diesem Gebiet ist die Selbstverwaltung wohl noch mehr verödet als bei den Gemeinden."[3] Gleichwohl bedarf das Urteil im einzelnen und im Falle Westfalens der Differenzierung.

In Westfalen war die konkrete Konstellation und Ausgangsbasis im Vergleich mit anderen Provinzen noch günstig. So war mit Lüninck ein Mann an die Spitze des Oberpräsidiums und später auch an die der Provinzialverwaltung berufen worden, der die provinzielle Selbstverwaltung zweifellos bejahte. Aus der Unterteilung der Provinz in zwei Gaue ergaben sich zwar zusätzliche Konflikte und personalpolitische Querelen, andererseits eröffnete die Existenz zweier Gaue der Provinzialverwaltung bei geschicktem taktischem Vorgehen einen politischen Spielraum und in Einzelfällen die Möglichkeit eines Arrangements, zumal die Gauleiter Meyer und Wagner Kolbows fachliche und persönliche Qualitäten schätzten und sich dessen Argumenten nicht von vorneherein und prinzipiell verschlossen. Hinzu kam, daß die Provinzialverwaltung in der Gruppe der Landesräte über hochqualifizierte Fachbeamte verfügte, sich bis auf eine Ausnahme von "Außenseitern" freihalten konnte und mehr als nur die "administrative Kontinuität"[4] wahrte.

Bei aller landschaftspolitischen Emphase, die bei der Verteidigung der provinziellen Selbstverwaltung in Westfalen mitschwang, hatte die westfälische Provinzialbürokratie beträchtliche Anstrengungen unternommen, die Institutionen der Verwaltung, ihre Funktionsfähigkeit und ihren Aufgabenkreis zu erhalten und das an selbstverantwortlicher Verwaltungsführung zu sichern, was möglich war. Die Tatsache, daß die ministerielle Aufsichtsführung dafür von Anfang an enge Grenzen setzte und die Parteistellen aller Stufen die Provinzialverwaltung in einen permanenten Stellungskrieg hineinzogen, verweist erneut auf die spezifischen Bedingungen des nationalsozialistischen Herrschaftssystems, soweit es auf der regionalen Ebene in Erscheinung trat, und unterstreicht die Rolle des provinziellen Beamtentums in dem Selbstbehauptungskampf der provinziellen Selbstverwaltung. Zunächst befriedigt über die Eliminierung der als Ballast empfundenen politischen Parteien aus den provinziellen Organen und bereit zur loyalen Mitarbeit im neuen Staat, nahm die Kooperationswilligkeit der leitenden, in ihren Grundanschauungen konservativen Provinzialbeamten in dem Maße ab, wie die Autonomie der Pro-

---

[3] BA, R 58/59 zit. S. 59 vgl. Ritter, Carl Goerdeler und die deutsche Widerstandsbewegung, S. 418 und Mommsen, Gesellschaftsbild und Verfassungspläne des deutschen Widerstandes, S. 145 ff.

[4] Runge, Politik und Beamtentum im Parteienstaat, S. 17

vinzialverwaltung unter den aus unterschiedlichen Interessenlagen heraus erfolgenden Zugriffen von staatlichen Instanzen und Organisationen der Partei verlorenging. Doch so sehr sich die Beamten darum bemühten, dem Zerstörungsprozeß entgegenzusteuern und Resistenzkräfte zu entwickeln, darf dies nicht zu dem Trugschluß verleiten, nun die gesamte Provinzialverwaltung sozusagen als "stronghold" oppositioneller Kräfte einzustufen. Vielmehr muß eine Beurteilung sowohl den Kontext, in dem das Verhalten der Provinzialbürokratie stand, wie auch deren spezifische politische Mentalität einbeziehen. Berücksichtigt man beides, so zeigt sich als Ergebnis, daß die ursprüngliche Kollaboration nicht in einen systemsprengenden, sondern korrigierenden Widerstand umschlug.

Auf diesem Hintergrund ist auch die im Dritten Reich erfolgende Bürokratisierung der provinziellen Selbstverwaltung zu sehen. Indem die NSDAP als Konsequenz des Führerprinzips das Repräsentationsprinzip ablehnte und Beschlußorgane in der Provinzialverwaltung beseitigte, andererseits aber, wie etwa im Falle des Provinzialrates, nicht fähig und willens war, adäquaten Ersatz zu schaffen, leistete sie paradoxerweise der von ihr bekämpften Bürokratisierung Vorschub. Daß die Partei und ihre regionalen Satrapen dagegen wiederum zu Felde zogen, wirft ein bezeichnendes Licht auf die "Irrealität" ihrer auf "Staat und Gesellschaft bezogenen .... Neuordnungsvorstellungen."[5] Handelt es sich hier gewissermaßen um eine zwangsläufige Bürokratisierung, so war deren andere Variante, die die zentralen Ressorts zielstrebig förderten und realisierten, für die provinzielle Selbstverwaltung nicht minder problematisch: die Provinzialverwaltung zu einer intermediären Stufe im staatlichen Instanzenzug umzugestalten und sie staatsrechtlich und materiell so sehr den Aufsichtsorganen zu unterwerfen, daß die provinzielle Selbstverwaltung nur noch formell "neben" der Staatsverwaltung existierte.

Im Dritten Reich konnte zu keinem Zeitpunkt davon die Rede sein, daß die Selbstverwaltung, wie F. Hartung mit Blick auf das auslaufende 19. und beginnende 20. Jahrhundert festgestellt hat, "in der Provinzialinstanz geradezu zur Konkurrenz der Staatsverwaltung wurde";[6] wohl aber war deren reglementierendes Vorgehen mit ein Reflex auf die der provinziellen Selbstverwaltung ehemals zugestandenen und als zu weitgehend empfundenen Selbstverantwortlichkeit.

Die Untersuchungen haben deutlich werden lassen, daß die Persönlichkeit und die Amtsführung Kolbows für die Provinzialverwaltung von erheblicher Bedeutung waren. Sie verlangen daher eine eigene Würdigung.

Wie schon erwähnt, wurde Kolbow im August 1944 seines Amtes enthoben. Kolbow hatte zu Lüninck auch noch nach dessen Entlassung als Oberpräsident eine enge persönliche Verbindung gepflegt und war wiederholt Gast in Ostwig. In einem Brief vom 9. Juli 1944[7] an Lüninck, dem eine heftige Auseinandersetzung mit der Gauleitung in Münster vorausgegangen war,[8] beklagte sich Kolbow über "das Zer-

---

5 Vgl. Broszat, Soziale Motivation und Führer-Bindung des Nationalsozialismus, S. 403

6 Hartung, Studien zur Geschichte der preußischen Verwaltung, S. 323

7 N-Kühl (P) Tagebuch Kolbow, Auszug des Briefes nach dem Tagebuch Kolbows

8 VA, W-L, NK - 67 Schreiben Dr. Kühls vom 4.2.1965 an Hermann Freiherr von Lüninck

störungswerk der beiden westfälischen Gauleitungen" an der Provinz, über das mangelnde Interesse des Oberpräsidenten Meyer an ihren Belangen, über den veränderten Geist im Oberpräsidium seit der Abberufung Lünincks, und er berichtete über den Auftrag der Parteikanzlei, die abschließende Denkschrift über die Gestaltung der Gauselbstverwaltung zu verfassen. Zugleich äußerte er Bedenken, was "die Machthaber dermaleinst hieraus machen" würden. Als Lüninck im Zusammenhang mit den Vorgängen des 20. Juli 1944 verhaftet wurde, fand die Staatspolizei den Brief Kolbows. Daraufhin mußte dieser am 7. August nach Berlin zu Staatssekretär Dr. Klopfer kommen und erfuhr, daß er auf Grund der Äußerungen zu Lüninck nicht mehr länger Landeshauptmann sein konnte.[9] Klopfer hielt ihm unter anderem vor, sich "gar zu sehr auf den Kampf gegen die Teilung Westfalens kapriziert" zu haben, "als ob hiervon das Schicksal Deutschlands abhinge", und bemerkte, Kolbows Verhalten in seinem Amt sei ein Beispiel dafür, "wie ein alter Parteigenosse, den die Partei in den Staat geschickt habe, die Partei in seiner Staatsstellung ganz vergessen habe." Klopfers "Vorwurf" war in der Tat nicht ganz unberechtigt und bedarf noch einer eingehenderen Analyse, da er aufschlußreich für die Amtsführung Kolbows und sein gewandeltes Verhältnis zur Partei ist. Zwei Tage später traf Kolbow zu einem letzten Gespräch mit Gauleiter Meyer zusammen. Dieser sah ihm zwar die kritischen Äußerungen über seine eigene Person in dem Brief an Lüninck nach, empörte sich aber über den Begriff "Machthaber" und wertete ihn als Indiz, daß Kolbow "den Führer und seine Gauleiter" ablehne.[10] Meyer verhinderte allerdings eine Verhaftung Kolbows,[11] obwohl zahlreiche Funktionäre aus Meyers Gaustab sie forderten. In jedem Fall legten sie Wert darauf, daß er aus Münster verschwand.[12] Ebenfalls am 9. August beurlaubte das Innenministerium Kolbow nach § 6 DBG von seinen Dienstgeschäften[13], und mit Schreiben vom 15. August 1944 teilte ihm Bormann den Ausschluß aus der NSDAP mit. Seine "pessimistischen Äußerungen" in dem Brief an Lüninck ließen erkennen, daß er "nicht rückhaltlos hinter dem Führer und dem nationalsozialistischen Volksstaat stehe" und er sei daher "unwürdig", "weiterhin der NSDAP anzugehören."[14] Meyer gab am 9. August Kolbow die Erlaubnis, sich freiwillig zur Wehrmacht zu melden,[15] bei der er auf Grund guter Verbindungen von Landesrat Salzmann rasch unterkam.[16]

---

9 N-Kühl (P) Tagebuch Kolbow, Nr. 27 Eintragung vom 11.8.1944

10 N-Kühl, a.a.O., Nr. 26 Eintragung vom 9.8.1944. Herr Fründt meinte in dem Gespräch mit dem Verfasser, daß der Brief Kolbows in erster Linie ein Angriff gegen Meyer war und in Münster auch so verstanden worden sei.

11 N-Kühl (P) Kolbow an Haake am 12.8.1944

12 Interview Fründt

13 VA, W-L, Personalakte Kolbow, S. 159

14 VA, a.a.O., S. 160

15 VA, a.a.O., S. 157

16 Interview Dr. Vincke am 27.10.1972 mit dem Vf. Dr. Vincke war damals Leiter des Landesamtes für Statistik.

Kolbow ist vom Fronteinsatz verschont geblieben. Hinter den Linien in der Nähe von Remagen wurde er bei einem Stab als Meldefahrer eingesetzt.[17] Am 28. März 1945 setzte er sich in Rennerode von seiner früheren Kompanie ab und schlug sich bis zu seinem Berghaus im Sauerland bei Fredeburg durch, wo er sich einige Tage versteckt hielt.[18] Da er befürchtete, mit seiner Anwesenheit andere Bewohner seines Hauses zu gefährden, verließ er es am 8. April wieder, wurde von feindlichen Truppen gefangenommen und im August 1945 in Frankreich im Kriegsgefangenenlager Thorée bei La Flèche interniert. Hier rief er eine sogenannte Lageruniversität ins Leben, referierte selbst über Bergbau, Mathematik und Heimatkunde und bewarb sich vergebens darum, zur Bergarbeit in Nordfrankreich oder Belgien eingesetzt zu werden. Am 14. September 1945 starb Kolbow an Kräfteverfall, Magenschleimhaut- und Lungenentzündung.[19]

Die kritische Charakterisierung der nationalsozialistischen Führungsschicht durch Kolbow als "Machthaber" und seine Bemerkung in dem Brief an Lüninck, er sorge sich "um den inneren Zerfall des Reiches" erklären sich natürlich nicht aus der dem Brief unmittelbar vorausgegangenen Kontroverse mit der Gauleitung, von der es ja zahlreiche gegeben hatte und die sozusagen zur Tagesordnung des Geschäftsverkehrs zwischen Gauleitungen und Provinzialverwaltung gehörten. Auch war es nicht allein der jahrelange Streit um die Teilung der Provinz, der Kolbow in Frontstellung zu den Führungsspitzen der westfälischen NSDAP gebracht hatte. Vielmehr muß die in den Wendungen Kolbows deutlich werdende kritisch ablehnende Beurteilung von Erscheinungen des nationalsozialistischen Regimes vor dem Hintergrund der Entwicklung des Systems selbst gesehen werden.

Einen aufschlußreichen Einblick in die politische Motivationsstruktur Kolbows geben seine Tagebuchaufzeichnungen von 1943 bis 1944, die allerdings nur fragmentarisch zugänglich waren und in dem Wissen benutzt wurden, daß die zugänglich gemachten Teile nach einer bestimmten Absicht ausgewählt waren.[20] Als Kolbow sein Amt als Landeshauptmann antrat, war er festen Willens, eine nationalsozialistisch gesinnte Provinzialverwaltung zu schaffen und von ihrer Notwendigkeit überzeugt. Andererseits zeigte sich rasch, daß er dieses Ziel nicht vorbehaltlos ansteuerte und insbesondere von Parteistellen verlangte Methoden des Vorgehens nicht in jedem Fall unkritisch übernahm und anwandte. Als erstes stellten sich aus naheliegenden Gründen in personalpolitischen Entscheidungen gegensätzliche Auffassungen heraus, die sich dann auch in Sachfragen immer stärker bemerkbar machten. Die nicht ausbleibenden und rapide zunehmenden Auseinandersetzungen brachten Kolbow allmählich zu der Einsicht, daß die Idee des Nationalsozialismus,

---

17 N-Kühl (P) Kolbow an Dr. Kühl vom 3.12.1944

18 VA, W-L, NK - 67 Schreiben von Frau Wiecking an Dr. Naunin vom 15.8.1966

19 Für die Zeit Kolbows als Kriegsgefangener die eindrucksvolle Schilderung von Kissenkoetter, Kamerad Karl Friedrich. Die letzten Lebenswochen von Landeshauptmann Dr. Kolbow, S. 15 ff., der mit Kolbow im Lager war; außerdem Kummer, Eines Mannes beispielhafte Treue. Zum Gedenken an Karl Friedrich Kolbow, S. 3 ff.

20 Sie wurden von Wilhelm Münker, einem väterlichen Freund Kolbows, für dessen Entnazifizierungsverfahren zusammengestellt mit der Tendenz, Kolbow als konsequenten Regimegegner erscheinen zu lassen.

wie er sie verstand, durchaus kein verbindlich anerkanntes Allgemeingut war, sondern es sich hier eher um einen ideologischen Steinbruch handelte, aus dem sich höchst unterschiedliche Funde zutage fördern ließen. Es ist bereits früher dargelegt worden, daß Kolbow, von der Wandervogelbewegung geprägt, zur NSDAP gestoßen ist, und, als er die Behörde übernahm, ein spezifisches Führer-Gefolgschafts-Verständnis mit einem ausgesprochenen Leistungsethos besaß. Die Tagebuchaufzeichnungen wie auch andere Korrespondenzen lassen erkennen, daß er hiervon nicht abgerückt ist, sondern daß dieses Gedankengut mit der Wirklichkeit des nationalsozialistischen Herrschaftssystems bald zusammenstieß. Die bittere Bilanz, zu der er bei dem sich über Jahre hin erstreckenden Vergleich gekommen ist, spiegelt sich in den Sätzen, die er am 12. April 1943 an Bubenzer richtete, der ihm zur Erinnerung an den zehnten Jahrestag als Provinziallandtagsabgeordneter geschrieben hatte:[21] "Die Zeit war voller Hoffnung, voll Idealismus und besten Willens, voller Ehrlichkeit und persönlicher Uneigennützugkeit, ohne Geltungssucht und Eitelkeit. Wir sahen wirklich den Himmel voller Geigen und hätten tatsächlich viel Gutes stiften können, wenn wir all diesem Geist des Frühlings von 1933 treu geblieben wären." Und auf die gegenwärtigen Verhältnisse eingehend resümierte Kolbow, "dass von der heutigen Führung nicht mehr derjenige gewürdigt wird, der fleissig und hingebungsvoll dem ihm anvertrauten Werke sachlich dient, sondern derjenige, der liebedienerisch um jeden Preis das Wohlwollen eines gestrengen Herrn sich zu erhalten bemüht ..."

Die Äußerungen Kolbows sind einmal ein eindrucksvolles Zeugnis für die Erwartungen und Vorsätze, mit denen er am 10. April 1933 ins Landeshaus eingezogen war; zum anderen geben sie Aufschluß darüber, wie Kolbow das Prinzip des Führertums auffaßte und rücken somit ein Grundproblem des Systems in den Vordergrund. Kolbow hat sich in den letzten Jahren seiner Amtstätigkeit mit diesen Fragen intensiv auseinandergesetzt, da er sich "um den inneren Zerfall des Reiches" sorgte und da er eine richtige "Führerauslese"[22] als unabdingbar für den Bestand des Dritten Reiches und als entscheidend für die Glaubwürdigkeit der Idee des Nationalsozialismus ansah. Es war Kolbow bewußt geworden, daß die "'naiven' alten Kämpfer der Partei ... durch Strebernaturen" verdrängt worden waren, "welche nicht nach ihrem Gewissen und Empfinden handeln, sondern in allem und jedem das Wohlwollen und die Anerkennung des Vorgesetzten (des Gauleiters, des Führers) sich zu erhalten und zu sichern trachten;"[23] daß anstelle "nordischer Charakterhaltung ein erbärmliches und byzantinisches Kriecher- und Schmeichlertum" Platz gegriffen hatte;[24] daß "diejenigen Männer in Deutschland, die nach Familientradition, Neigung und Fähigkeit zum öffentlichen Dienst bestimmt" sind, "daraus entfernt und durch Leute ersetzt" worden waren, die sich als " 'weniger unabhängig' " zeigten.[25]

21 VA, W-L, NK - 11, S. 248

22 N-Kühl (P) Tagebuch Kolbow passim

23 N-Kühl, a.a.O., Nr. 3 Eintragung vom 23.5.1943

24 N-Kühl, a.a.O., Nr. 9 Eintragung vom 26.4.1943

25 N-Kühl, a.a.O., Nr. 26 Eintragung vom 9.8.1944. So Kolbow in der Unterredung mit Meyer vom 9.8.1944

So sehr diese Klagen Kolbows auf persönlichen, "vor Ort" gemachten Erfahrungen beruhten, so entstammten ihre Beweggründe einer weiteren, tieferliegenden Schicht. Die Anwürfe lagen ganz auf der Linie jener konservativen politischen und sozialen Wertvorstellungen, wie sie namentlich in dem Kreis um J. Popitz, U. v. Hassel und, man muß in diesem Zusammenhang hinzufügen, F. v. Lüninck zu Hause waren. Von ihrem Selbstverständnis aus konnten die tatsächlichen oder nur scheinbaren Nivellierungsschübe des NS-Systems zu Lasten der ehemals politisch und sozial führenden Schichten nur als Verfall und Zerstörung begriffen werden. Ihr Widerstand besaß nicht zuletzt hier seinen Motivationskern.

An dieser Stelle ist es notwendig, näher auf Kolbows "Führer" - Verständnis einzugehen und zu fragen, welche Ansprüche er an ein Führertum" stellte. Zweifellos waren seine Vorstellungen stark von jenem Führerbild der Jugendbewegung geprägt worden, dessen Fundament die persönliche Verantwortung und eine freiwillig zugestande Autorität waren. Führertum besagte für Kolbow nicht, daß jemand an die Spitze gestellt und nun kraft seines Amtes Führer ist, sondern daß dieser sich ebenso durch eine vorbildliche Lebensführung wie durch besondere Leistungen permanent für seine exzeptionelle Stellung legitimiert. Das bedeutete, die Person ganz hinter die Sache zu stellen, Ämter nicht als Vehikel für subjektive oder gruppenspezifische Machtinteressen zu mißbrauchen und an ihr gegen alle Widerstände festzuhalten, sofern man von ihrer Richtigkeit überzeugt war.[26] So sehr Kolbow Treue und Gehorsam, Vertrauen und Hingabe als wichtige Elemente des Führer-Gefolgschaftsverhältnisses anerkannte und sie forderte, so sah er doch auch, allerdings erst, wie es scheint, nach langen Jahren, daß das Führertum im Dritten Reich, weil es ein Führertum ohne gesetzliche Bindung war, in "Willkür des Einzelnen" und in eine"dekadente 'Privatisierung der Politik' " ausgeartet war.[27] An ihrem Beginn stand, wie Kolbow rückblickend notierte, die Auflösung des Staates, den "die Partei seiner bewährtesten und gediegensten Institutionen beraubt (!)" hatte, und verbittert konstatierte er, "wie unschöpferisch diese nationalsozialistische Revolution gewesen ist, daß sie Großes geleistet im Zerstören gewordener Werte und Anschauungen und ein ungeordnetes Chaos hinterläßt."[28] Daß das Dritte Reich diesen Zustand erreicht hatte, erklärte sich für Kolbow aus den selbstzerstörerischen, darwinistischen Spielregeln unterliegenden Machtkämpfen des überwiegenden Teils der nationalsozialistischen Führerschicht, "wo es genau zugeht wie unter den Raubtieren und einer am liebsten alle anderen auffrißt, bzw. seine diebische Freude hat am Scheitern, Entgleisen oder 'Abgeschossen werden' der 'Kameraden'."[29] Mit dieser Beobachtung hatte Kolbow tatsächlich charakteristische Merkmale des nationalsozialistischen Herrschaftssystems getroffen, die R. Bollmus in seiner Studie über "Das Amt Rosenberg und seine Gegner" thematisiert und auf die Metapher vom "Erobererstaat" gebracht hat, dessen "Gesetze" auch für den innenpolitischen Bereich des Dritten Reiches galten.[30]

26 VA, W-L, NK - 11, S. 248 Kolbow am 12.4.1943 an Bubenzer

27 N-Kühl, a.a.O., Nr. 8 Eintragung vom 21.6.1943

28 N-Kühl, a.a.O., Nr. 9 Eintragung vom 26.6.1943

29 N-Kühl, a.a.O., Anlage, Kolbow am 4.8.1943 an den Verleger Westphal

30 Bollmus, a.a.O., S. 236 ff.

Angesichts der kritischen Äußerungen Kolbows liegt die Frage nahe, was ihn bewogen haben mag, trotzdem im Amt zu bleiben, unbeschadet der Folgen, die ein solcher Schritt für seine persönliche Sicherheit hätte nach sich ziehen können. Wie aus verschiedenen Tagebuchnotizen zu entnehmen ist, hat sich Kolbow mit der Möglichkeit und den Konsequenzen eines Rücktritts intensiv beschäftigt, und es sieht so aus, daß er eine Niederlegung seines Amtes ernsthaft erwogen hat. Die Antwort, warum er dennoch den Entschluß nicht faßte und realisierte, hat er selbst gegeben, als er sich nach den Motiven derjenigen fragte, die ebenso wie er an verantwortlicher Stelle standen und nicht freiwillig zurücktraten, denn "es geht ihnen meistens um die ihnen anvertraute Sache, die Sorge um die ihnen anvertraute Erfüllung ihres Amtes. Wenn sie abgesetzt würden, dann käme ein Nichtskönner auf ihren Platz und machte alles kaputt. Aus der Sorge um eine solche schädliche Entwicklung erniedrigen sie lieber sich selbst und 'heulen ... mit den Wölfen', aber ihre Treue zur Sache, ihr Pflichtgefühl siegt über die Erhaltung ihrer äußeren Würde und den äußerlichen Anschein ihrer Gewissensfreiheit. - Das ist die heutige tiefe Tragik des im öffentlichen Dienst stehenden deutschen Menschen."[31] Es kann kein Zweifel sein, daß Kolbow sich mit dieser Haltung voll und ganz identifizierte und sich insoweit als ein Vertreter der spezifischen preußischen Staats- und Dienstgesinnung verstand.

Es ist hier nicht die Stelle darüber zu urteilen, ob die Haltung Kolbows richtig oder falsch war, sondern die Frage nach dem Zusammenhang seiner Motive, Rücksichten und Ziele steht im Vordergrund. Kolbow arbeitete in dem Glauben an Sinn, Aufgabe und Verpflichtung seines Amtes, dessen prägende Kraft sein Verhalten entscheidend beeinflußt hatte, und dem er sich - bei absoluter Loyalität mit seinen Untergebenen - mit Selbstlosigkeit, großer Energie und bemerkenswertem Engagement widmete. Alles andere als ein serviler Geist, ohne den Habitus des Elitären und ohne durch seine berufliche Karriere korrumpiert zu sein, besaß er angesichts der politischen Bedingungen seiner Amtszeit bemerkenswerten Freimut. Für ihn, bei dem die Fähigkeit und wohl auch die Bereitschaft zum geschickten Taktieren und Lavieren wenig ausgeprägt waren, war es ein Gebot der Fairneß, mit offenem "Visier" zu kämpfen und sich nicht auf die Ebene des Intrigantentums herabzulassen, selbst auf die Gefahr hin, Niederlagen einstecken zu müssen. Je mehr ihm die Skrupellosigkeit der politischen Führung bewußt wurde und je deutlicher sich ihm die desaströsen Folgen ihres Regimes abzeichneten, um so weniger glaubte er sich selbst seiner Verantwortung entledigen, das Feld räumen zu dürfen. So schlug er Anfang des Jahres 1943 das Angebot der Industriellen Klönne und Vögler ab, die gut dotierte Geschäftsführerstelle des Harkortinstitutes zu übernehmen,[32] da ihm ein solcher Schritt einer Flucht gleichgekommen wäre. Gleichwohl empfand er sein Amt wegen der politischen Bedingungen immer mehr als Last, weshalb er seine Entlassung dann auch als eine Erlösung empfunden hat.[33] Als er die Namen der am 20. Juli 1944 führend beteiligten Männer erfuhr, war er zutiefst betroffen und verwirrt, da sie zu "den besten Männern" gehörten, die ihm bekannt waren und "alles keine Defätischen und Volksverräter" sein konn-

---

31 N-Kühl, a.a.O., Nr. 21 Eintragung vom 6.4.1944

32 Schulte, Der Nationalsozialismus, S. 65 f.

33 N-Kühl, a.a.O., Nr. 27 Eintragung vom 11.8.1944

ten.[34] In diesem Zusammenhang stellt sich die Frage, ob Kolbow als Widerstandskämpfer eingestuft werden kann, wie das gelegentlich in der Literatur vornehmlich mit Blick auf seinen Abwehrkampf gegen die Teilung der Provinz geschehen ist.[35] Ohne Zweifel hatte sich Kolbow darum bemüht, daß der Aufgabenkreis des Provinzialverbandes nicht verfälscht wurde und war bestrebt, dessen materiellen wie verfassungsrechtlichen Bestand in der veränderten Gestalt zu sichern. Konsequenterweise folgte daraus, daß er den ausufernden Ambitionen von Parteistellen entgegentrat und sie zumindest zu kanalisieren versuchte. Für dieses Ziel scheute er auch nicht die direkte persönliche Konfrontation in dem Wissen, dabei sein Amt aufs Spiel zu setzen. Gleichwohl überschritt er in seiner Tätigkeit, soweit sich sehen läßt, nie die Grenze zur bewußten politischen Obstruktion. Seine Politik war davon bestimmt - die bisherigen Darlegungen erlauben diese abstrakt verkürzende Formulierung -, die Funktionsfähigkeit der Provinzialverwaltung zu erhalten. Insoweit traf auch die Feststellung Klopfers zu, daß Kolbow zu denjenigen Parteigenossen gehöre, die "die Partei in den Staat geschickt" und die "die Partei in seiner Staatsstellung ganz vergessen haben." Für Kolbow war die Partei, wie sie sich für ihn 1943/44 darstellte, nicht mehr die Partei, in die er 1921 eingetreten war; ihre Führer waren nicht mehr diejenigen, die er für qualifiziert hielt; und vor allem repräsentierte diese Partei für ihn nicht mehr die nationalsozialistische Idee, der er im wesentlichen auch noch bei seiner Entlassung anhing. Soweit die Amtsführung Kolbows und, was hier besonders wichtig ist, die ihr zugrundeliegende Motivation bekannt sind, muß die Frage, ob Kolbow ein Widerstandskämpfer war, verneint werden. Er selbst hat sich als solcher nicht verstanden.

Es bleibt als das Verdienst Kolbows festzuhalten, daß er die Provinzialverwaltung vor einem völligen Abrutschen in die Parteimaschinerie bewahrte und dadurch ihre Diskreditierung in der Öffentlichkeit verhinderte, was den Neuanfang nach 1945 und den Übergang zum heutigen Landschaftsverband Westfalen-Lippe zweifellos beträchtlich erleichterte. Auf ihn soll abschließend in Form eines Ausblicks vornehmlich unter der Kontinuitätsfrage eingegangen werden.

Der westfälische Provinzialverband überstand als einziger der preußischen Provinzialverbände die Auflösung des preußischen Staates. Dies lag einmal daran, daß sich der Verwaltungsapparat hatte halten können und daß er kurz nach Kriegsende mit Landesrat Salzmann einen neuen Chef bekam, den die Militärregierung am 2. Juni 1945 zum Landeshauptmann ernannte[36]. Salzmann leitete die Geschäfte bereits seit dem 31. März 1945, nachdem der von der Parteikanzlei eingesetzte kommissarische Nachfolger Kolbows, Dr. von Helms, der in der Provinzialverwaltung keine Spuren hinterließ und zu ihr offenbar auch kein Verhältnis gewann, sie

---

34 N-Kühl, a.a.O., Nr. 25 Eintragung vom 5.8.1944

35 Vgl. Leesch, Westfalen, S. 309 Althaus, "Landeshauptmann" in Westfalen und wenn auch nicht wörtlich, so doch in der Tendenz Steinberg, Der Deutsche Westen und die Reichsreform, in dem Kapitel "Gauleiter und Widerstandskämpfer", S. 126 - 132, auch die Formulierung von Först, Geschichte Nordrhein-Westfalens Bd. I. 1945 - 1949, S. 35, daß Kolbow "wegen seiner Beziehungen zu Männern des 20. Juli aus seinem Amt entfernt" worden ist, erweckt den Eindruck. Zu korrigieren die Angaben über Kolbows Verhaftung bei Krebs, Schulenburg, S. 314, Anm. 142

36 VA, W-L, Personalakte Salzmann

angesichts der anrückenden amerikanischen Truppen am 30. März stillschweigend verlassen hatte.

Für die Provinzialverwaltung war es zu keinem Zeitpunkt fraglich, für den weiteren Fortbestand einer regionalen Selbstverwaltung in Westfalen einzutreten. Unsicher war dagegen, ob dieses Vorhaben erfolgreich durchgesetzt werden konnte, denn es gab nicht nur starke Gegenkräfte gegen diese Verwaltungsform, auch tauchten erneut Pläne auf, nach denen Westfalen geteilt werden sollte.[37] Wie groß die Widerstände und Bedenken waren, läßt sich schon daran ablesen, daß es nach der Gründung des Landes Nordrhein-Westfalen bei kontinuierlicher und teils erregter Diskussion noch sieben Jahre dauerte, bis mit der Verabschiedung der Landschaftsverbandsordnung am 6. Mai 1953[38] die gesetzliche Grundlage für den Landschaftsverband Westfalen-Lippe und den Landschaftsverband Rheinland gelegt wurde. Die treibenden Kräfte und Impulse für den Gedanken der landschaftlichen Selbstverwaltung gingen zweifellos von Westfalen, wo er auf breite Resonanz stieß,[39] und weniger vom rheinischen Landesteil aus. So wichtig das Votum der westfälischen Öffentlichkeit war, so beruhte der Erfolg doch entscheidend auf dem Engagement des Landeshauptmanns Salzmann, des früheren Landesrates der Provinzialverwaltung und damaligen Oberstadtdirektors von Münster, Dr. Zuhorn, und des Landesrates Dr. Naunin, wobei, wenn diese Differenzierung überhaupt möglich ist, Salzmann mehr die politische Durchsetzung leistete, Zuhorn und namentlich Naunin das theoretische Fundament erarbeiteten. Es muß davon abgesehen werden, hier die Entstehungsgeschichte der Landschaftsverbandsordnung im einzelnen nachzuzeichnen,[40] doch dürfte es aufschlußreich sein, einige zentrale Fragen aufzugreifen und sie in den Entwicklungsgang der provinziellen Selbstverwaltung einzuordnen.

Das auffallendste Merkmal der Landschaftsverbandsordnung von 1953 ist, daß sie nicht an die in der Weimarer Republik geschaffene Konzeption anknüpfte, sondern in wesentlichen Punkten von ihr bewußt abrückte und sich an der Provinzialordnung von 1886 orientierte.[41] Dies zeigt sich insbesondere an der Betonung des Verbandscharakters. Die kreisfreien Städte und Landkreise wurden wieder als Mitglieder bestimmt und für die Abgeordneten der Landschaftsversammlung wurde die mittelbare Wahl eingeführt.[42] Auf dieser Linie liegt ebenfalls, daß die Landschafts-

---

37 Vgl. Zuhorn, Zur Vorgeschichte der Bildung des Landes Nordrhein-Westfalen, S. 5 ff.

38 GVBl. S. 271

39 Vgl. die bei Naunin, Dokumente zur Entstehung der Landschaftsverbandsordnung vom 12. Mai 1953, S. 197 ff., abgedruckten Zeugnisse

40 Ausführlich dazu Naunin, Entstehung und Sinn der Landschaftsverbandsordnung in Nordrhein-Westfalen, mit umfangreichen Literaturverweisen. Für die vorausgegangene Diskussion wichtig die Beiträge in: Staatliche Mittelinstanz und Landschaftsverbände, Zuhorn, Grundlagen landschaftlicher Selbstverwaltung, Materialien zur Neuordnung der provinziellen Selbstverwaltung, S. 29 ff. sowie das Referat von Hugo Swart, Unter welchen Voraussetzungen und für welche Zwecke besteht für die Selbstverwaltung ein Bedürfnis nach Kommunalverbänden oberhalb der Kreise?, in: Die Mittelstufe der Verwaltung, S. 35 ff.

41 Vgl. Hartlieb von Wallthor, Der geschichtliche Weg der landschaftlichen Selbstverwaltung Westfalens seit dem 18. Jahrhundert, S. 284 ff.

42 Im einzelnen dazu Naunin, Verfassungsbild der regionalen Gemeindeverbände, S. 476 ff.

verbände vergleichbare politische Privilegien, wie sie die Preußische Verfassung von 1920 den Provinzen zugesprochen hatte, nicht erhielten. Doch waren solche von ihnen auch nicht gefordert worden. Auch diente für die Ausgestaltung der Kompetenzen der "Exekutivorgane", des Landschaftsausschusses und des Direktors des Landschaftsverbandes - die Bezeichnung "Landeshauptmann" war als angeblich peußisches Relikt parlamentarisch durchgefallen[43] - die alte Provinzialordnung als Vorbild. Dagegen wurde den Landschaftsverbänden nicht die Universalität zugestanden, sondern ein festumrissener Aufgabenkatalog zugewiesen. Er ist weitgehend mit dem der preußischen Provinzialverbände identisch und kann aus eigenem Recht nicht erweitert werden. Die Regelung entsprach offensichtlich nicht ganz den westfälischen Vorstellungen und fand eine teils unterschwellige, teils eine offene, auf Änderung drängende Kritik. So resümierte Naunin, der Aufgabenkreis besitze "nunmehr einen fast (!) optimalen Umfang",[44] während Hoppe unverhohlen für eine Novellierung des Gesetzes in diesem Punkte plädierte.[45] In jedem Fall manifestierten sich in der Entscheidung die schon in der Weimarer Republik zu beobachtende Skepsis und der Argwohn, die regionalen Selbstverwaltungsverbände nicht in die Lage zu versetzen, daß sie sich gleichsam unkontrolliert, sei es auf Kosten des Staates oder der kreisfreien Städte und Landkreise, auswachsen könnten. Bei der zunehmenden Tendenz, Aufgaben im größeren Rahmen zu lösen, erscheinen Präventivmaßnahmen zugunsten der Aufgabenbereiche der gemeindlichen Selbstverwaltung unabdingbar. Doch nicht minder verhängnisvoll erscheint die andere, bei den zentralen staatlichen Instanzen erneut wahrzunehmende Tendenz, durch ihre Aufsichtsführung die regionale Initiative zu beschneiden und zu lähmen und Materien an sich zu ziehen, die für die landschaftliche Selbstverwaltung essentielles Gewicht besitzen. Bestrebungen, ihr zugehörende Aufgaben in weisungsgebundene Auftragsangelegenheiten umzuwandeln[46] und die staatlichen Finanzzuweisungen als "goldenen Zügel" zu handhaben, sind hierfür ein untrügliches Indiz.

Die Tatsache, daß solches Vorgehen nicht allein in autoritär-faschistischen, sondern auch in demokratisch-parlamentarischen Systemen auftritt, verweist nicht nur auf eine bemerkenswerte Kontinuität staatsbürokratischen Verhaltens gegenüber Selbstverwaltungskörperschaften, sie unterstreicht zugleich die historische wie aktuelle Dimension dieser die Existenz und Lebensfähigkeit regionaler Selbstverwaltung berührenden Problematik. Wird sie nicht beachtet oder wird sie verharmlost, so tangiert dies nicht die regionale Selbstverwaltung als eine Möglichkeit administrativer Dezentralisation, wohl aber ist dann die Frage aufgeworfen, ob damit nicht die in der regionalen Selbstverwaltung gleichfalls liegende Chance der politischen Dezentralisation aufs Spiel gesetzt wird.

43 Vgl. Naunin, Entstehung und Sinn der Landschaftsverbandsordnung, S. 145 f.

44 Naunin, Entstehung und Sinn der Landschaftsverbandsordnung in Nordrhein-Westfalen (Sonderausgabe) Münster 1963, S. 15

45 Hoppe, Die nordrhein-westfälischen Landschaftsverbände und die preußischen Provinzialverbände, S. 91 ff.

46 Vgl. Naunin, Die Landschaft als Institution, S. 10 f., Mattenklodt, Gebiets- und Verwaltungsreform in Nordrhein-Westfalen, S. 53 ff., vor allem mit Blick auf das Straßenwesen

QUELLEN- UND LITERATURVERZEICHNIS

A. Interviews (I) und Korrespondenzen (K)

    Barth, Ernst, Berlin (I, K)
    Baumeister, Dr. Ludger, Landesrat a.D., Münster (I)
    Bubner, Dr. Karl, Oberkreisdirektor a.D., Leichlingen (K)
    Fischer, Dr. H. Jochen, Landesrat a.D., Oldenburg (K)
    Fründt, Theodor, Kiel (I, K)
    Helms, Dr. Hans von, Bernried (K)
    Jeserich, Dr. Kurt, Bergisch Gladbach (I)
    Kolbow, Helene, Münster (I)
    Loschelder, Dr. Wilhelm, Staatssekretär a.D., Düsseldorf (I)
    Lüninck, Auguste Freifrau von, Meschede (K)
    Lüninck, Hermann Freiherr von, Oberpräsident a.D., Haus Alsbach (K)
    Müller-Haccius, Dr. Otto, Landesrat a.D., Hameln (I, K)
    Naunin, Dr. Helmut, Erster Landesrat a.D. Münster (I)
    Pfuhlstein, Dr. Friedrich von, Landesrat a.D., Bonn (K)
    Reschke, Dr. Hans, Oberbürgermeister a.D., Mannheim (K)
    Schenck, Dr. Dedo von, Ministerialdirigent, Bonn (I)
    Schulte, Prof. Dr. Wihlem, Landesarchivrat a.D., Ahlen (I)
    Schulz, Robert, Dahlenburg (I)
    Vincke, Dr. Eberhard, Oberstadtdirektor a.D., Bielefeld (I)

B. Ungedruckte Quellen

    Verwaltungsarchiv des Landschaftsverbandes Westfalen-Lippe, Münster, (VA, W-L):

        Provinziallandtag (B)
        Hauptverwaltung (C 10/11)
        Kämmerei (C 20)
        Wirtschaftspflege (C 30)
        Straßenverwaltung (C 40 II A)
        Straßenverwaltung (C 40 III)
        Hauptfürsorgestelle (C 61 III)
        Kulturpflege (C 70)
        Verwaltungsaufbau (II K)
        Nachlaß Kolbow (NK)
        Nachlaß Kühl (Depositum Kühl, N-Kühl (P))
        Personalakten

Bundesarchiv Koblenz (BA):

    Reichskanzlei (R 43 II)
    Reichsministerium des Innern (R 18)
    Reichsfinanzministerium (R 2)
    Reichsjustizministerium (R 22)
    Deutscher Gemeindetag (R 36)
    Reichssicherheitshauptamt (R 58)
    Protokolle der Mittwochsgesellschaft (R 106)
    Hauptamt für Kommunalpolitik (NS 25)
    Sammlung Schumacher

Geheimes Staatsarchiv Berlin-Dahlem (GStA):

    Preußisches Staatsministerium (Rep. 90)
    Preußisches Ministerium des Innern (Rep. 77)
    Preußisches Justizministerium (Rep. 84 a)
    Preußisches Finanzministerium (Rep. 151)
    Nachlaß Bill Drews (Rep. 92)

Berlin Document Center (BDC):

    Zur Person angelegte Akten von Staats- und Kommunalbeamten und Funktionären der NSDAP

Archiv des Vereins für Kommunalwissenschaften, Berlin (AVfK):

    Akten des ehemaligen Verbandes der Preußischen Provinzen (Gruppe A), (P)
    Akten des ehemaligen Deutschen Gemeindetages (DGT)

Hauptstaatsarchiv Düsseldorf (HStAD):

    Nachlaß Wilhelm Kitz (RWN)

Staatsarchiv Münster (StAM):

    Oberpräsidium
    Regierung Arnsberg
    Kreis Siegen
    Personalakten

Archiv des Westfälischen Heimatbundes, Münster (WHB):

    Vorträge Landeshauptmann Kolbow

Verwaltungsarchiv des Landschaftsverbandes Rheinland, Köln (VA, R):

Nachlaß Haake (N-Haake)

Stadtarchiv München:

Akt Bürgermeister und Rat (Nr. 472)

Materialien aus dem (privaten) Nachlaß von Karl Friedrich Kolbos, überlassen von Frau Helene Kolbow, Münster

C. Gedruckte Quellen

1. Amtsdrucksachen, Gutachten, Statistiken

Anstaltsfürsorge des Provinzialverbandes Westfalen in 75 Jahren. Bearbeitet vom Statistischen Amt der Provinzialverwaltung, Münster 1951

Die Aufgabengebiete des Provinzialverbandes Westfalen, hrg. von der Verwaltung des Provinzialverbandes Westfalen (Manuskript gedruckt), Münster 1948

Die wesentlichen Aufgaben und Leistungen des Provinzialverbandes von Westfalen, Münster 1930

Bericht über die Wirtschaftlichkeits- und Organisationsprüfung der Verwaltung des Provinzialverbandes Hannover vom Präsidenten des Rechnungshofs des Deutschen Reichs, erstattet im Frühjahr 1936, 2 Bde.

Berichte der Westfälischen Provinzialverwaltung über ihre Tätigkeit für die Jahre 1935 - 1938 (zitiert: Verwaltungsbericht)

Bund zur Erneuerung des Reiches, Die Reichsreform. Allgemeine Grundlagen für die Abgrenzung der Zuständigkeiten zwischen Reich, Ländern und Gemeindeverbänden, Bd. I, Berlin 1933

Die dotationsfähigen Aufgaben und Ausgaben des Provinzialverbandes Westfalen und die Beteiligung von Staat und Provinzialverband an ihrer Finanzierung. Von der Dotationsgesetzgebung bis heute, hrg. von der Verwaltung des Provinzialverbandes Westfalen (als Manuskript vervielfältigt), Münster 1949

Denkschrift der Oberpräsidenten und Landeshauptleute Preußens gegen die beabsichtigte Erweiterung der Provinzialautonomie vom 15.11.1920

Entschließung der Landesdirektorenkonferenz zur Neuregelung der Verwaltung vom 26. und 27. September 1924, in: Preußisches Verwaltungsblatt, 46 Jg. (1924/1925), S. 23

Entwurf eines Gesetzes über die kommunale Selbstverwaltung (Selbstverwaltungsgesetz), Berlin 1930

Gemeindeprüfungsamt bei der Regierung Düsseldorf, Das Straßenwesen der Provinzialverwaltung Westfalen im Rahmen des Straßenwesens der preußischen Provinzial- und Bezirksverbände (1938 - 1942)

Gemeindeprüfungsamt bei der Regierung Düsseldorf, Bericht über die Ordnungsprüfung der Haushaltsrechnungen des Provinzialverbandes Westfalen für die Rechnungsjahre 1935, 1936 und 1937, 2 Bde.

Haushalt des Provinzialverbandes Westfalen 1925 - 1950/51 (als Manuskript vervielfältigt), Münster 1952

Haushaltssatzungen des Provinzialverbandes von Westfalen für die Jahre 1933 - 1943 (zitiert: Haushaltsplan)

Materialien zur Neuordnung der provinziellen Selbstverwaltung, hrg. von der Verwaltung des Provinzialverbandes Westfalen (als Manuskript gedruckt), Münster 1948

Niederschrift über die Verhandlungen des Reichsverbandes Deutscher Landesversicherungsanstalten in Dresden am 24. Juni 1936, Düsseldorf o.J.

Statistisches Jahrbuch für den Freistaat Preußen, 26. Bd. (1930), 29. Bd. (1933)

Stellenpläne für die Verwaltung des Provinzialverbandes von Westfalen für die Jahre 1932, 1937 - 1941, 1943

Verfassungsausschuß der Länderkonferenz. Niederschrift über die Verhandlungen der Unterausschüsse vom 5. und 6. Juli 1929 im Reichsministerium des Innern, Beratung und Beschlußfassung über die Abgrenzung der Zuständigkeiten zwischen Reich und Ländern und Beratung über das Organisationsreferat, Berlin 1930

Verfassungsausschuß der Länderkonferenz. Niederschrift über die Verhandlungen der Unterausschüsse vom 18. und 19. November 1929 im Reichsministerium des Innern, Beratung und Beschlußfassung über die Organisation der Länder und den Einfluß auf das Reich, Berlin o.J.

Verhandlungen des im Jahre 1922 abgehaltenen 65. Westfälischen Provinziallandtages, Münster

Verhandlungen des im Jahre 1926 abgehaltenen 70. Westfälischen Provinziallandtages, Münster

Verhandlungen des im Jahre 1930 abgehaltenen 76. Westfälischen Provinziallandtages, Münster

Verhandlungen des im Jahre 1933 abgehaltenen 79. Westfälischen Provinziallandtages, Münster

2. Gesetzes- und Verordnungsblätter

Ministerialblatt des Reichs- und Preußischen Ministeriums des Innern, Jg. 1 (1936) - Jg. 10 (1945)

Ministerialblatt für die Preußische innere Verwaltung, Jg. 91 (1930) - Jg. 96 (1935)

Preußische Gesetzsammlung 1930 - 1942
Reichsgesetzblatt, Teil I, 1929 - 1944/45
Reichsministerialblatt. Zentralblatt für das Deutsche Reich, Jg. 61 (1933) - Jg. 70 (1942)

D. Zeitungen[1] und Zeitschriften

Münsterischer Anzeiger 1933, 1938 Juli
Münsterische Zeitung 1932, 1933
National-Zeitung. Organ der Nationalsozialistischen Deutschen Arbeiterpartei, 1931 April, 1932 April, 1933, 1938 Juli, 1940 Januar - April

Rote Erde, 1931 April, 1932 April, 1933, 1938 Juni - Juli, Oktober 1940 Januar - April, 1941 März, 1944 August

Völkischer Beobachter, 1929 November, 1933 März, 1938 Juni - Juli

Der Gemeindetag, Jg. 27 (1933) - Jg. 37 (1943)

Die nationalsozialistische Gemeinde, Jg. 1 (1933) - Jg. 12 (1944) z.T. Ausgabe Westfalen

Deutsche Gemeinde-Zeitung und Provinzial-Zeitung, 67. Jg. (1928) - 72. Jg. (1933)

Heimat und Reich, 1. Jg. (1934) - 10. Jg. (1943)

Jahrbuch für Kommunalwissenschaft, 1. Jg. (1934) - 8./9. Jg. (1940/41)

Nachrichtenblatt des Zentralverbandes der Beamten und Angestellten der Preußischen Provinzialverwaltung, Landesverband Westfalen e.V. zu Münster, Jg. 1 (1925) - Jg. 9 (1933)

Reich und Länder, 2. Jg. (1928/29) - 11. Jg. (1937)

---

1. Aus den Beständen des Instituts für Zeitungsforschung der Stadt Dortmund

Reichsverwaltungsblatt, Bd. 55 (1934) - 63 (1942)

Reichs- und Preußisches Verwaltungsblatt, Bd. 54, 55 (1933 - 1934)

Verwaltungsarchiv, 35. Bd. (1930) - 44. Bd. (1939)

Westfälische Forschungen 6. Bd. (1943/52) - 24. Bd. (1972)

Zeitschrift der Akademie für Deutsches Recht: 1. Jg. (1933) - 9. Jg. (1942)

Zeitschrift für Kommunalwirtschaft, 12. Jg. (1922) - 23. Jg. (1933)

E. Literatur

Allen, William Sheridan, "Das haben wir nicht gewollt!" Die nationalsozialistische Machtergreifung in einer Kleinstadt 1930 - 1935, Gütersloh 1965

Adler, H.G., Der verwaltete Mensch. Studien zur Deportation der Juden aus Deutschland, Tübingen 1974

Althaus, Richard, "Landeshauptmann" in Westfalen. Von Freiherrn v. Vincke bis Landeshauptmann Dr. Salzmann, in: Heimat am Hellwege, wöchentliche Beilage, Folge 42/1965

Anacker, Die Kommunalreform im Rahmen der Landes- und Reichsreform, in: Zeitschrift für Kommunalwirtschaft, XIX Jg. (1929), Sp. 373 - 389

Aubin, Hermann, Bühler, Ottmar, Kuske, Bruno, Schulte, Aloys, (Hrg.), Der Raum Westfalen Bd. I - IV, 2, Berlin 1931 ff.

Aubin, Hermann, Geschichtliche Kulturraumforschung in Westfalen, in: Baumeister-Naunin, Selbstverwaltung einer Landschaft, S. 11 - 19

Baars, Ernst, Das Abkommen zwischen dem Reichsverband Deutscher Landesversicherungsanstalten und dem Deutschen Gemeindetag über Zusammenarbeit in der Tuberkulose-Bekämpfung, in: Arbeit und Staat, (1938), S. 7

Bach, Ernst (Hrg.), Der Reichsfreiherr vom und zum Stein und die Westfälisch-Lippische Selbstverwaltung, Dortmund 1956

Bär, Max, Die Behördenverfassung der Rheinprovinz seit 1815 (Publikationen der Gesellschaft für Rheinische Geschichtskunde XXXV), Bonn 1919, (Neudruck) Meisenheim 1965

Bärtling, Hans Joachim, Reichsverfassung und kommunale Selbstverwaltung (Artikel 127) Diss. jur., Berlin 1931

Barth, Ernst, Aus meiner Arbeit für die Provinz Brandenburg und für Berlin 1902 - 1968, Berlin 1969 (unveröffentlicht)

Baum, Walter, Die "Reichsreform" im Dritten Reich, in: VJHZ, 3. Jg. (1955), S. 36 - 56

Baumeister, Ludger, Die Landeshauptmänner der Provinz Westfalen, in: Westfalen-Dienst, Ausgabe 7 (1954), S. 47 - 49

Derselbe, Ruhrprovinz, (Manuskript ungedruckt) 1958

Derselbe, Das Landstraßenwesen als Bestandteil landschaftlicher Verwaltung, in: Baumeister-Naunin, Selbstverwaltung einer Landschaft, S. 235 - 243

Derselbe, Die Provinzialverbände und der Ruhrsiedlungsverband, (Manuskript ungedruckt) 1967

Derselbe, Naunin, Helmut, (Hrg.), Selbstverwaltung einer Landschaft. Initiativen und Aufgaben am Beispiel Westfalens (= Verwaltung und Wirtschaft, Bd. 35), Stuttgart u.a. 1967

Beck, Friedrich Alfred, Kampf und Sieg. Geschichte der Nationalsozialistischen Deutschen Arbeiterpartei im Gau Westfalen-Süd von den Anfängen bis zur Machtübernahme, Dortmund 1938

Bekenntnis zur Selbstverwaltung. Bericht über die Tagung der Oberbürgermeister, Landes- und Gauhauptleute sowie der Gauamtsleiter für Kommunalpolitik der NSDAP am 12. und 13. Februar 1944, hrg. vom Hauptamt für Kommunalpolitik, München o.J. (1944)

Berger, Kommunalaufsicht und Fachaufsicht unter besonderer Berücksichtigung des Führererlasses vom 28. August 1939, in: Reichsverwaltungsblatt, Bd. 61 (1940), S. 92 - 94

Bergmann, Klaus, Agrarromantik und Großstadtfeindlichkeit (= Marburger Abhandlungen zur Politischen Wissenschaft, Bd. 20), Meisenheim/Glan 1970

Bericht der Rheinischen Provinzialverwaltung über ihre Tätigkeit im ersten Jahre der Deutschen Revolution, in: Die Rheinprovinz, 10. Jg. (1934), S. 4 - 38

Blätter der Erinnerung an Karl-Friedrich Kolbow anläßlich der 20. Wiederkehr seines Todestages am 24. September 1945 für seine Familie, seine Freunde und seine Mitarbeiter, o.O., 1965 (unveröffentlicht)

Bloch, Ernst, Der Faschismus als Erscheinungsform der Ungleichzeitigkeit, in: Nolte, Ernst (Hrg.), Theorien über den Faschismus, Köln-Berlin 1970[2], S. 182 - 204

Böhnke, Wilfried, Die NSDAP im Ruhrgebiet 1920 - 1933 (= Schriftenreihe des Forschungsinstituts der Friedreich - Ebert - Stiftung, Bd. 106), Bonn - Bad Godesberg 1974

Bölling, Wesenszüge des preußischen Selbstverwaltungsgesetzentwurfes, in: Zeitschrift für Kommunalwirtschaft, 20. Jg. (1930), Sp. 1223 - 1231

Bollmus, Reinhard, Das Amt Rosenberg und seine Gegner.
Studien zum Machtkampf im nationalsozialistischen Herrschaftssystem (= Studien zur Zeitgeschichte), Stuttgart 1970

Botz, Gerhard, Die Eingliederung Österreichs in das Deutsche Reich. Planung und Verwirklichung des politisch-administrativen Anschlusses (1938 - 1940) (= Schriftenreihe des Ludwig-Boltzmann-Instituts für Geschichte der Arbeiterbewegung, Bd. 1) Wien 1972

Bracher, Karl Dietrich, Die Auflösung der Weimarer Republik. Eine Studie zum Problem des Machtverfalls in der Demokratie (= Schriften des Instituts für Poltische Wissenschaft, Bd. 4), Villingen 1971^5

Derselbe, Die deutsche Diktatur. Entstehung Struktur Folgen des Nationalsozialismus, Köln-Berlin 1970^3

Derselbe, Sauer, Wolfgang, Schulz, Gerhard, Die nationalsozialistische Machtergreifung. Studien zur Errichtung des totalitären Herrschaftssystems in Deutschland 1933/34 (= Schriften des Instituts für Politische Wissenschaft, Bd. 14), Köln-Opladen 1962^2

Brand, Arthur, Das Deutsche Beamtengesetz, Berlin 1942^4

Brecht, Arnold, Föderalismus, Regionalismus und die Teilung Preußens, Bonn 1949

Brenning, Horst, Die Idee der kommunalen Selbstverwaltung beim Freiherrn vom Stein und in der Gegenwart, Teildruck, Quakenbrück 1936

Broszat, Martin, Nationalsozialistische Polenpolitik 1939 - 1945 (= Schriftenreihe der Vierteljahrshefte für Zeitgeschichte, Bd. 2), Stuttgart 1961

Derselbe, Der Staat Hitlers. Grundlegung und Entwicklung seiner inneren Verfassung (= dtv-Weltgeschichte des 20. Jh., Bd. 9), München 1969

Derselbe, Soziale Motivation und Führer-Bindung des Nationalsozialismus, in: VJHZ, 18. Jg. (1970), S. 392 - 409

Buchheim, Hans, Die Übernahme staatlicher Fürsorgeaufgaben durch die NSV, in: Gutachten des Instituts für Zeitgeschichte Bd. 2, S. 126 - 132

Bühler, Ottmar, Kerstiens, Christian (Hrg.) Die Behördenorganisation des Ruhrgebiets und die Verwaltungsreform. Heutiger Stand und künftige Entwicklung der Reichs-, Staats- und Selbstverwaltungsbehörden des Ruhrgebiets, Essen 1926

Bühler, Ottmar, Der heutige Stand der Verwaltungs- und Verfassungsreform, Stuttgart 1931²

Crozier, Michel, Der bürokratische Circulus vitiosus und das Problem des Wandels, in: Bürokratische Organisation, hrg. von Renate Mayntz (= Neue Wissenschaftliche Bibliothek, Bd. 27), Köln-Berlin 1971². S. 277 - 288

Dahrendorf, Ralf, Gesellschaft und Demokratie in Deutschland, München 1968

Damrau, Hans, Deutsche Volksfürsorge. Ein Beitrag zur Reform der Wohlfahrtspflege, in: Jahrbuch für Kommunalwissenschaft, 3. Jg. 1. Hjbd. (1936), S. 103 - 118

Dellenbusch, Karl Eugen, Karl Friedrich Kolbow. Gedenken und Vermächtnis, in: Sauerländischer Gebirgsbote, 58. Jg. (1956), S. 8 - 10

Dennewitz, Bodo, Die institutionelle Garantie. Zum Problem der Existenzfrage des deutschen Berufsbeamtentums und der kommunalen Selbstverwaltung, Berlin 1932

Dernedde, Carl, Kommissare, in: Reichs- und Preußisches Verwaltungsblatt, Bd. 55 (1934), S. 48 - 52

Dieckmann, Hildemarie, Johannes Popitz. Entwicklung und Wirksamkeit in der Zeit der Weimarer Republik (= Studien zur europäischen Geschichte aus dem Friedrich-Meinecke-Institut der Freien Universität Berlin, Bd. IV), Berlin 1960

Diehl-Thiele, Peter, Partei und Staat im Dritten Reich. Untersuchungen zum Verhältnis von NSDAP und allgemeiner innerer Staatsverwaltung 1933 - 1945 (= Münchener Studien zur Politik, 9. Bd.) München 1969 (Studienausgabe)

Dietrich, Heino, Die sogenannte "Kompetenz-Kompetenz" der Kommunalverbände nach preußischem und thüringischem Recht, Diss. jur., Jena 1931

Dietrich-Troeltsch, Hermann, Kommunalkredit, Reparationen und föderalistisches Prinzip. Ein Beitrag zur Geschichte der kommunalen Finanzpolitik in der Weimarer Zeit, Diss. rer. pol., Mainz 1970

Dominicus, Alexander, Die Reform der Preußischen Staatsverwaltung, Berlin 1924

Drews, Bill, Grundzüge einer Verwaltungsreform, Berlin 1919

Derselbe, Die Entwicklungslinien der Selbstverwaltung von Stein bis zur heutigen Zeit, in: Deutsche Gemeinde-Beamten-Zeitung, Nr. 10 (1935), S. 295 - 296

Ehrensberger, Otto, Der Aufbau der Verwaltung nach dem Ostmarkgesetz und dem Sudetengaugesetz, in: Reichsverwaltungsblatt, Bd. 60 (1939), S. 341 - 345

Derselbe, Die neuen Reichsgaue, in: Deutsche Verwaltung, 16. Jg. (1939), S. 258 - 262

Elleringmann, Rudolf, Begriff und Wesen der körperschaftlichen Selbstverwaltung. Eine die gebietskörperschaftliche Selbstverwaltung besonders berücksichtigende theoretische Grundlegung, Berlin 1936

Emmerich, Wolfgang, Zur Kritik der Volkstumsideologie, Frankfurt 1971

Engel, Gustav, Westfälische Selbstverwaltung, in: Ravensberger Blätter 59. Jg. (1959), S. 276 - 278, 61. Jg. (1961), S. 296 - 298

Derselbe, Politische Geschichte Westfalens, Köln-Berlin 1968

Enseling, Jost, Entwicklung und Bedeutung der preußischen Provinzialverbände und das Problem ihres Fortbestehens als Landschaftsverbände in Nordrhein-Westfalen, Diss. jur., Münster 1953

Die Entwicklung der Finanzen der Provinzialverbände unter dem Einfluß der Wirtschaftsbelebung (Rechnungsjahre 1932 - 1937), in: Vierteljahreshefte zur Statistik des Deutschen Reiches, 49. Jg. (1940), S. I 68 - I 73

Die Entwicklung der Provinzialumlagesätze 1930 - 1934, in: Finanzwirtschaftliche Mitteilungen, Nr. 3 (1935), S. 5 - 6

Erbe, René, Die nationalsozialistische Wirtschaftspolitik 1933 - 1939 im Lichte der modernen Theorie, Zürich 1958

Eschenburg, Theodor, Der bürokratische Rückhalt. Westliche Militärregierungen und deutsche Verwaltung nach dem Zusammenbruch, in: Aus Politik und Zeitgeschichte. Beilage zur Wochenzeitung das Parlament B9/74, 2. 3. 1974, S. 3 - 28

Zur Erinnerung an Ferdinand Freiherr von Lüninck. Ansprachen der Gedenkstunde anläßlich der 20. Wiederkehr seines Todestages am 14. November 1944, Münster 1966 (unveröffentlicht)

Faber, Karl Georg, Was ist eine Geschichtslandschaft, in: Festschrift Ludwig Petry T. 1 (= Geschichtliche Landeskunde, Bd. 5), Wiesbaden 1968, S. 1 - 28

Fenske, Hans, Monarchisches Beamtentum und demokratischer Staat. Zum Problem der Bürokratie in der Weimarer Republik, in: Demokratie und Verwaltung. 25 Jahre Hochschule für Verwaltungswissenschaften Speyer (= Schriftenreihe der Hochschule Speyer, Bd. 50), Berlin 1972, S. 117 - 136

Derselbe, Preußische Beamtenpolitik vor 1918, in: Der Staat, 12. Bd. (1973), S. 339 - 356

Derselbe, Beamtenpolitik in der Weimarer Republik, in: Verwaltungs-Archiv, Bd. 64 (1973), S. 117 - 135

Fiehler, Karl, Nationalsozialistische Gemeindepolitik, München 1929

Fischbach, Oskar Georg, Deutsches Beamtengesetz, unter Berücksichtigung des in sonstigen Gesetzen, Verordnungen und Erlassen enthaltenen deutschen Beamtenrechts, Berlin 1937

Fischer, Wolfram, Die Wirtschaftspolitik des Nationalsozialismus, Lüneburg 1961

Först, Walter, Wo die Verwaltung noch überschaubar ist. Zur Geschichte und Gestalt der Landschaftsverbände, Sendung des WDR vom 6.5.1961 (Manuskript)

Derselbe, Das W in NRW. Westfalen: Provinz, Landschaft, Landesteil?, Sendung des WDR vom 25.11.1966 (Manuskript)

Derselbe, Geschichte Nordrhein-Westfalens, Bd. I 1945 - 1948, Köln-Berlin 1970

Derselbe (Hrg.), Provinz und Staat (= Beiträge zur neueren Landesgeschichte des Rheinlandes und Westfalens), Köln-Berlin 1971

Forsthoff, Ernst, Die Krise der Gemeindeverwaltung im heutigen Staat, Berlin 1932

Freisler, Roland, Grauert, Ludwig (Hrg.) Das neue Recht in Preußen, 5 Bde. Berlin 1933 ff. (Loseblatt-Sammlung)

Freudenberg, Dirk, Mittelbare und unmittelbare Wahl in Kreisen und höheren Gemeindeverbänden (= Schriftenreihe des Deutschen Städtebundes, H. 16), Göttingen 1970

Frick, Wilhelm, Die Verwaltung des Großdeutschen Reiches, in: Reichsverwaltungsblatt, Bd. 60 (1939), S. 41 - 47

Derselbe, Der Oberpräsident als Organ der Zentralgewalt des Reiches, in: Deutsche Verwaltung, 18. Jg. (1941), S. 133 - 135

Derselbe, Entwicklung und Aufbau der öffentlichen Verwaltung in der Ostmark und in den sudetendeutschen Gebieten, in: Reichsverwaltungsblatt, Bd. 60 (1939), S. 465 - 473

Fricke, Hermann, Die Landesdirektoren der Provinz Brandenburg 1867 - 1945, in: Jahrbuch für die Geschichte Mittel- und Ostdeutschlands, Bd. V, Tübingen 1956, S. 295 - 325

Das deutsche Führerlexikon 1934/1935, Berlin 1934

Der Gau Westfalen-Nord. hrg. vom Gau Westfalen-Nord, Detmold o.J.

Gegenwartsfragen der Gemeindepolitik in Westfalen-Süd, Personalkrise, in: Die nationalsozialistische Gemeinde (Ausgabe Westfalen), 6. Jg. (1938), S. 335 - 336

Genzer, Walter Erwin, Die Stellung der Provinzialverbände, Diss. jur., Köln 1951

Glum, Friedrich, Das Recht der Selbstverwaltung der Gemeinden und Gemeindeverbände nach Art. 127 der Reichsverfassung, in: Archiv des öffentlichen Rechts, NF, 17. Bd. (1929), S. 379 - 415

Goebbels, Joseph, Vom Kaiserhof zur Reichskanzlei. Eine historische Darstellung in Tagebuchblättern, München 1935[38]

Görg, Hubert, Die Deckung des Finanzbedarfs der preußischen Gemeindeverbände, in: Der Gemeindetag, 35. Jg. (1941), S. 152 - 155

Derselbe, Die Berufung und Ernennung der leitenden Beamten der Gemeindeverbände (Zweckverbände) in: Der Gemeindetag, 35. Jg. (1941), S. 258 - 261

Derselbe, Die Finanzzuweisungen an die preußischen Provinzen, die bayrischen Bezirksverbände und die Reichsgaue, in: Reichsverwaltungsblatt, Bd. 63 (1942), S. 169 - 172

Goeze, Wilhelm, Verfassung und Verwaltung der Preußischen Provinzialverbände, Berlin 1919

Gollwitzer, Heinz, Die politische Landschaft in der deutschen Geschichte des 19./20. Jahrhunderts. Eine Skizze zum deutschen Regionalismus, in: Zeitschrift für bayerische Landesgeschichte, Bd. 27 (1965), S. 523 - 552

Derselbe, Deutscher Regionalismus heute - Grundlagen und Aktualität, 21 S. (Vortragsmanuskript ungedruckt) 1964

Groß-Fengels, Kurt, Die Gestaltung der Mittelinstanz im Reichsgau Wartheland, von preußischen Verhältnissen aus gesehen, in: Reichsverwaltungsblatt, Bd. 61 (1940), S. 247 - 250

Grauert, Ludwig, Die nationalsozialistischen Leitgedanken im Aufbau der preußischen Staats- und Gemeindeverwaltung, in: Ständisches Leben, 4. Jg. (1934), S. 549 - 557

Gruna, Klaus, Johannes Gronowski, in: Politik und Landschaft, hrg. von Walter Först (= Beiträge zur neueren Landesgeschichte des Rheinlandes und Westfalens, Bd. 3) Köln-Berlin 1969, S. 162 - 168

Grunwald, Klaus-Dieter, Die Provinzialverwaltung und ihre Organe in der preußischen Provinz Schleswig-Holstein 1867 - 1945 - Ein Überblick über die provinzielle Selbstverwaltung in Schleswig-Holstein, Diss. jur., Kiel 1971

Hammerschmidt, Wilhelm, Die provinzielle Selbstverwaltung Westfalens, Münster 1909

Hartlieb von Wallthor, Alfred, Die landschaftliche Selbstverwaltung Westfalens in ihrer Entwicklung seit dem 18. Jahrhundert. 1. Teil, Bis zur Berufung des Vereinigten Landtags (1847) (= Veröffentlichungen des Provinzialinstituts für Westfälische Landes- und Volkskunde, Reihe I, Heft 14), Münster 1965

Derselbe, Der geschichtliche Weg der landschaftlichen Selbstverwaltung Westfalens seit dem 18. Jahrhundert, in: Baumeister-Naunin, Selbstverwaltung einer Landschaft, S. 265 - 287

Derselbe, Westfalen und seine Selbstverwaltung, in: Provinz und Staat, hrg. von Walter Först, S. 53 - 91

Derselbe und Petri, Franz (Hrg.) Grundfragen der Gebiets- und Verwaltungsreform in Deutschland (= Veröffentlichungen des Provinzialinstituts für westfälische Landes- und Volkskunde, Reihe I Heft 16) Münster 1973

Hartung, Fritz, Studien zur Geschichte der preußischen Verwaltung. Dritter Teil: Der Oberpräsident, in: Ders., Staatsbildende Kräfte der Neuzeit, Gesammelte Aufsätze, Berlin 1961, S. 275 - 344

Hasche, Walter, Der Reichsstatthalter in der Entwicklung zur Reichsmittelinstanz, Würzburg-Aumühle 1938

Hassinger, Adolf, Fünfzehn Jahre nationalsozialistische Kommunalpolitik, in: Deutsche Verwaltung, Jg. 19 (1942), S. 313 - 315

Haus, Wolfgang, Staatskommissare und Selbstverwaltung 1930 - 33. Fragwürdige Überlieferung zum "Versagen" der demokratischen Kommunalverwaltung, in: Der Städtetag, IX. (1956), S. 96 - 97

Heffter, Heinrich, Die deutsche Selbstverwaltung im 19. Jahrhundert. Geschichte der Ideen und Institutionen, Stuttgart 1950

Heiber, Helmut, (Hrg.), Das Tagebuch von Joseph Goebbels 1925/26 (=Schriftenreihe der Vierteljahrshefte für Zeitgeschichte, Nr. 1), Stuttgart 1961[2]

Helfritz, Hans, Die Entwicklung des öffentlichen Rechts in Preußen seit Inkrafttreten der neuen Verfassung, in: Jahrbuch des öffentlichen Rechts der Gegenwart, Bd. XIV (1926), S. 232 - 315

Herzfeld, Hans, Demokratie und Selbstverwaltung in der Weimarer Epoche (= Schriftenreihe des Vereins zur Pflege kommunalwissenschaftlicher Aufgaben, Bd. 2), Stuttgart 1957

Hitler, Adolf, Mein Kampf, München 1933[57]

Hofmann, Wolfgang, Plebiszitäre Demokratie und kommunale Selbstverwaltung in der Weimarer Republik, in: Archiv für Kommunalwissenschaften, 4. Jg. (1965), S. 264 - 281

Derselbe, Städtetag und Verfassungsordnung. Position und Politik der Hauptgeschäftsführer eines kommunalen Spitzenverbandes (= Schriftenreihe des Vereins für Kommunalwissenschaften, Bd. 13), Stuttgart u.a. 1966

Holtz, Dietrich, Die preußischen Oberpräsidenten, in: Reichsverwaltungsblatt, Bd. 59 (1938), S. 193 - 196

Derselbe, Der Verwaltungsaufbau in den neuen Reichsgauen, in: Reichsverwaltungsblatt, Bd. 60 (1939), S. 549 - 551

Hoppe, Werner, Die Begriffe Gebietskörperschaft und Gemeindeverband und der Rechtscharakter der nordrhein-westfälischen Landschaftsverbände (= Verwaltung und Wirtschaft H. 21), Stuttgart 1958

Derselbe, Die nordrhein-westfälischen Landschaftsverbände und die preußischen Provinzialverbände. Ein Vergleich ihres Aufgabenbestandes, in: Westfalendienst, Nr. 48 (1963), S. 91 - 94

Horion, Johannes, (Hrg.), Die Rheinische Provinzial-Verwaltung. Ihre Entwicklung und ihr heutiger Stand, Düsseldorf 1925

Derselbe, Die provinzielle Selbstverwaltung in der Rheinprovinz. Grundsätzliches und Geschichtliches, in: Zeitschrift für Kommunalwirtschaft, XV. Jg. (1925), Sp. 411 - 417

Derselbe, Die provinzielle Selbstverwaltung im Gesamtverwaltungsorganismus, in: Deutsche Gemeinde-Zeitung und Provinzialzeitung, 67. Jg. (1928), S. 217 - 219

Horn, Wolfgang, Führerideologie und Parteiorganisation in der NSDAP (1919 - 1933) (= Geschichtliche Studien zu Politik und Gesellschaft, Bd. 3), Düsseldorf 1972

Hornschu, Hans-Erich, Die Entwicklung des Finanzausgleichs im Deutschen Reich und in Preußen von 1919 bis 1944 (= Kieler Studien 3), Kiel 1950

Horneffer, Ernst, Demokratie und Selbstverwaltung. Ein Entwurf zum deutschen Staate, Essen 1927

Huber, Ernst Rudolf, (Hrg.), Idee und Ordnung des Reiches, 2 Bde., Hamburg o.J.

Hugelmann, Karl Gottfried, Die Eingliederung des Sudetenlandes, in: Huber, E.R., Idee und Ordnung des Reiches, Bd. I

Hundt, Josef, Meyer-Wrekk, Heinz, Hitler-Geißel über Westfalen. Eine Bilanz der Nazi-Zeit, Hamm 1946

Hüttenberger, Peter, Die Gauleiter. Studie zum Wandel des Machtgefüges in der NSDAP (= Schriftenreihe der Vierteljahrshefte für Zeitgeschichte, Nr. 19) Stuttgart 1969

Derselbe, Die Anfänge der NSDAP im Westen, in: Zwischen Ruhrkampf und Wiederaufbau, hrg. von Walter Först (= Beiträge zur neueren Landesgeschichte des Rheinlandes und Westfalens, Bd. 5), Köln 1972, S. 53 - 80

Jacobs, Ferdinand, Von Schorlemer zur Grünen Front. Zur Abwertung des berufsständischen Denkens (= Schriften zur ländlichen Bildung, Bd. I), Düsseldorf 1957

Jäckel, Eberhard, Frankreich in Hitlers Europa. Die deutsche Frankreichpolitik im Zweiten Weltkrieg (= Quellen und Darstellungen zur Zeitgeschichte, Bd. 14), Stuttgart 1966

Jeserich, Kurt, Die preußischen Provinzen. Ein Beitrag zur Verwaltungs- und Verfassungsreform (= Schriftenreihe des Kommunalwissenschaftlichen Instituts der Universität Berlin, 6. Bd.), Berlin-Friedenau 1931

Derselbe, Die Gemeinde im nationalsozialistischen Staat, in: Der Gemeindetag, Jg. 27 (1933), S. 309 - 311

Derselbe, Die Deutsche Gemeinde, Stuttgart-Berlin 1938

Jobst, Heinz, Gegenwartsfragen nationalsozialistischer Kommunalpoltik, in: Die nationalsozialistische Gemeinde, 11. Jg. (1943), S. 177 - 182

Joos, Joseph, Johannes Gronowski, in: So sah ich sie. Menschen und Geschehnisse, Augsburg 1958, S. 33 - 37

Kablitz, Hans, Die Wandlungen des Selbstverwaltungsbegriffs seit dem Reichsfreiherrn vom Stein, in: Deutsche Gemeinde-Beamten-Zeitung, Nr. 18 (1935), S. 549 - 551

Kater, Michael H. Monokratische und pluralistische Elemente in Hitlers Machtausübung. Das Dritte Reich aus der Sicht zeitgeschichtlicher Forschung in der Bundesrepublik Deutschland, in: Frankfurter Allgemeine Zeitung, Nr. 280 vom 2.12.1972

Derselbe, Zur Soziographie der frühen NSDAP, in: VHZG, 21. Jg. (1973), S. 124 - 159

Kettenacker, Lothar, Nationalsozialistische Volkstumspolitik im Elsaß (= Studien zur Zeitgeschichte), Stuttgart 1973

Kießler, A. Die Provinzialautonomie in Preußen, Diss. jur., Marburg 1921

Kirschenmann, Dietrich, "Gesetz" im Staatsrecht und in der Staatsrechtslehre des NS (= Schriften zum Öffentlichen Recht Bd. 135), Berlin 1970

Kissenkoetter, Jobst A., Erinnerungen an Karl Friedrich Kolbow, in: Sauerländischer Gebirgsbote, 58. Jg. (1956), S. 1 - 3

Kitz, Wilhelm, Ist die Umwandlung einer "Selbstverwaltungsangelegenheit" in eine staatliche "Auftragsangelegenheit" durch preußisches Gesetz mit der Verfassung vereinbar? , in: Preußisches Verwaltungsblatt, 45. Jg. (1923/1924), S. 250 - 252

Derselbe, Reichsland Preußen. Ein Beitrag zur Verfassungs- und Verwaltungsreform, Düsseldorf (1926)

Derselbe, Der Referentenentwurf eines Selbstverwaltungsgesetzes nebst Einführungsgesetz vom Standpunkte der provinziellen Selbstverwaltung, in: Verwaltungsarchiv, 35. Bd. (1930), S. 364 - 387

Derselbe, Selbstverwaltung im Führerstaat, in: Die Rheinprovinz, 10. Jg. (1934), S. 5 - 6

Derselbe, Fragen der inneren Organisation und der Wirtschaftlichkeit der Provinzialverwaltungen. (Betrachtungen zu dem Gutachten der Präsidialabteilung des Rechnungshofs des Deutschen Reichs über die Verwaltung des Provinzialverbandes Hannover), in: Reich und Länder, XI. Jg. (1937), S. 1 - 5, 65 - 67, 201 - 211

Derselbe, Die Provinzialverwaltungen im Kriege, in: Jahrbuch für Kommunalwissenschaft, 8./9. Jg. (1940/41), S. 102 - 116

Derselbe, Die richtige Struktur eines Verwaltungsgebietes, in: Herker, Hellmuth (Hrg.), Beiträge zu Wirtschaft und Verwaltung im rheinisch-westfälischen Industriegebiet (= Schriften der Volkswirtschaftlichen Vereinigung im rheinisch-westfälischen Industriegebiet Hauptreihe, H. 9), Essen 1941, S. 109 - 118

Kleindinst, Josef Ferdinand, Verwaltungspolitik und Verwaltungsreform im Reich und in den Ländern, München 1929

Klenner, Jochen, Verhältnis von Partei und Staat 1933 - 1945. Dargestellt am Beispiel Bayerns (= Miscellanea Bavarica Monacensia, H. 54) München 1974

Knaut, Martin, Geschichte der Verwaltungsorganisation unter besonderer Berücksichtigung Preußens und der rheinisch-westfälischen-lippischen Lande (= Verwaltung und Wirtschaft, H. 26), Stuttgart 1961

Köchling, Anton, Raum und Aufgabe landschaftlicher Selbstverwaltung am Beispiel Westfalens, in: 150 Jahre Verwaltungsraum Westfalen 1815/1965, S. 35 - 48

Kolbow, Karl Friedrich, Die Kulturpflege der preußischen Provinzen (= Erste Sonderschriftenreihe des Kommunalwissenschaftlichen Instituts an der Universität Berlin, hrg. von Kurt Jeserich, Aus der Arbeit der preußischen Provinzen, H. 2), Stuttgart-Berlin 1937

Derselbe, Selbstverwaltung und Staatsaufsicht in der Sozialversicherung, in: Deutsche Invaliden-Versicherung, 10. Jg. (1938), S. 82 - 84

Derselbe, Die Geschichte Westfalens, in: Der Gau Westfalen Nord, Detmold o.J., S. 17 - 62

Derselbe, Natur und Heimat, in: Raumforschung und Raumordnung, 3. Jg. (1939), S. 369 - 374

Derselbe, Geschichte Westfalens. Ein Überblick von der Vorzeit bis zur Gegenwart, in: Heimat und Reich (Jg. 1941) Sonderdruck

Derselbe, Vom Wesen der landschaftlichen Selbstverwaltung, in: Die nationalsozialistische Gemeinde, 12. Jg. (1944), S. 3 - 5

Koszyk, Kurt, Deutsche Presse 1914 - 1945 (= Geschichte der deutschen Presse, Teil III), Berlin 1972

Kothe, Wolfgang, Die Gedanken zur Neugliederung des Reiches 1918 - 1945 in ihrer Bedeutung für Nordwestdeutschland, in: Westfälische Forschungen, 6. Bd. (1943 - 1952), S. 182 - 196

Köttgen, Arnold, Die Krise der kommunalen Selbstverwaltung, in: Ders., Kommunale Selbstverwaltung zwischen Krise und Reform. Ausgewählte Schriften, Stuttgart u.a. 1968, S. 1 - 36

Derselbe, Die Aufgabe der preußischen Provinzen, in: Der Nahe Osten, 7. Jg. (1934), S. 311 - 315

Derselbe, Die Entwicklung des öffentlichen Rechts in Preußen vom 1. Mai 1930 bis zum 1. November 1934, in: Jahrbuch des öffentlichen Rechts der Gegenwart, Bd. 22 (1935), S. 273 - 338

Derselbe, Betrachtungen zum Neubau der deutschen Verwaltung, in: Reichsverwaltungsblatt, Bd. 56 (1935), S. 65 - 72

Derselbe, Vom Deutschen Staatsleben (vom 1. Januar 1934 bis zum 30. September 1937), in: Jahrbuch des öffentlichen Rechts der Gegenwart, Bd. 24 (1937), S. 1 - 165

Derselbe, Die rechtsfähige Verwaltungseinheit. Ein Beitrag zur Lehre von der mittelbaren Reichsverwaltung, Berlin 1939

Derselbe, Die deutsche Gauselbstverwaltung, in: Deutsche Verwaltung, 16. Jg. (1939), S. 193 - 202

Krause, Werner, Die finanziellen Auswirkungen der Neuregelung des Straßenwesens, in: Verkehrstechnik, 19. Jg. (1938), S. 153 - 156

Krauthausen, Udo, Die Bestätigung der leitenden Gemeindebeamten in Preußen nach dem Gesetz vom 23. Juni 1933, in: Reichs- und Preußisches Verwaltungsblatt, Bd. 54 (1933), S. 541 - 543

Krebs, Albert, Fritz-Dietlof Graf von der Schulenburg. Zwischen Staatsraison und Hochverrat (= Hamburger Beiträge zur Zeitgeschichte, Bd. II), Hamburg 1964

Kreißl, Anton, Verwaltungsaufbau im Reichsgau Sudetenland (= Schriftenreihe der Verwaltungs-Akademie Reichenberg, H. 1), Reichenberg 1940^2

Derselbe, Aufbau und Arbeit der Gauselbstverwaltung im Sudetenland, o. O., 1941

Kühl, Ernst, Grundsätzliche Gedanken zur Neugliederung des Reiches, in: Reich und Länder, IV. Jg. (1930), S. 328 - 333

Derselbe, Selbstverwaltungskörper als Träger überörtlicher Aufgaben, in: Deutsche Verwaltung, Jg. 16 (1939), S. 294 - 297

Derselbe, Die landschaftlichen Grundlagen der Reichsgaue, in: Deutsche Verwaltung, 16. Jg. (1939), S. 495 - 497

Derselbe, Westfalen und der Staat. Einwirkung einer Landschaft auf den Gebieten der Verfassung und der territorialen Gliederung des Staates in den letzten 40 Jahren, in: Baumeister -Naunin, Selbstverwaltung einer Landschaft, S. 289 - 309

Kummer, Bernhard, Eines Mannes beispielhafte Treue. Zum Gedenken an Karl Friedrich Kolbow, in: Sauerländischer Gebirgsbote, 58. Jg. (1956), S. 3 - 7

Kuß, Helmut, Müssen Gemeindesteuern örtlich "radizierbar" sein? Johannes Popitz und sein Einfluß auf die kommunale Finanzverfassung in Deutschland, in: Archiv für Kommunalwissenschaften, 4. Jg. (1965), S. 47 - 86

L.A. Die preußischen Provinzialverbände im neuen Recht, in: Der Gemeindetag, 28. Jg. (1934), S. 712 - 714

Laarmann, Maria, Die Organisation der öffentlichen Wohlfahrtspflege im Ruhrgebiet, in: Bühler-Kerstiens, Die Behördenorganisationen des Ruhrgebietes, S. 216 - 248

Lademacher, Horst, Die Rheinprovinz und ihre Selbstverwaltung, in: Provinz und Staat, hrg. von Walter Först. S. 11 - 49

Derselbe, Von den Provinzialständen zum Landschaftsverband. Zur Geschichte der landschaftlichen Selbstverwaltung der Rheinlande, Köln 1973

Laging, Walter, Kriegsbeitrag und Gemeindeverbände, in: Reichsverwaltungsblatt, 60. Bd. (1939), S. 800 - 801

Länderreform und Landschaften. Ein Cappenberger Gespräch (= Cappenberger Gespräche der Freiherr-vom-Stein-Gesellschaft Bd. 3), Köln-Berlin 1970

125 Jahre Landesbank für Westfalen Girozentrale 1832 - 1957, Münster 1957

Der neue Landeshauptmann der Provinz Westfalen. Sein Aufgaben- und Pflichtenkreis, in: Die westfälische Heimat, 15. Jg. (1933), S. 146 - 147

Lang, Richard, Die Einflüsse von Selbstverwaltung und Staatsaufsicht auf die deutsche Kommunalverschuldung unter besonderer Berücksichtigung Preußens, Berlin 1933

Langer, Heinz, Entwicklung und Aufgaben der Landesplanung in Westfalen, in: Baumeister-Naunin, Selbstverwaltung einer Landschaft, S. 245 - 255

Leesch, Wolfgang, Die Provinzialverwaltung von Westfalen (ungedruckt)

Derselbe, Westfalen, in: Geschichte der Deutschen Länder, "Territorien-Ploetz", 2. Bd.: Die deutschen Länder vom Wiener Kongreß bis zur Gegenwart, hrg. von Georg Wilhelm Sante, Würzburg 1971, S. 277 - 315

Lehmann, A., Oberpräsident und Landesdirektor/Landeshauptmann. Ein Vergleich ihrer Rechtsstellung, in: Staats- und Selbstverwaltung, 11 Jg. (1930), S. 201 - 204

Leiers, Rolf, Die Verfassungs- und Aufgabenstruktur der preußischen Provinzialverbände im Verhältnis zu den Landschaftsverbänden von Nordrhein-Westfalen, Diss. jur., Münster 1966

Lenz, Günter, Die Wandelung der Stellung des Oberpräsidenten im preußischen Staatsaufbau, Diss. jur., Göttingen 1936

Leyden, Viktor von, Einige kommunale Gegenwarts- und Zukunftsfragen, in: Vorträge, gehalten auf der von der Kommunal-Abteilung des Preußischen Ministeriums des Innern veranstalteten Tagung der Kommunaldezernenten im Plenarsitzungssaale des Oberverwaltungsgerichts am 7., 8. u. 9. Januar 1926, o. O., o.J., S. 5 - 51

Derselbe, Wandlungen im Gemeinderecht. Gegenwarts- und Zukunftsfragen der Gemeinden und Gemeindeverbände, in: Recht und Staat im Neuen Deutschland, Bd. 1, hrg. von Bernhard Harms, Berlin 1929, S. 312 - 349

Lippert, Julius, Die Reinigung der Kommunalverwaltungen, in: Almanach der nationalsozialistischen Revolution, hrg. von Wilhelm Kube, Berlin 1934, S. 203 - 208

Lippky, Reinhold, Der preußische Oberpräsident, Diss. jur., Greifswald 1935

Lipset, Seymour Martin, Der "Faschismus", die Linke, die Rechte und die Mitte, in: Ernst Nolte (Hrg.) Theorien über den Faschismus, Köln-Berlin 1970^2, S. 449 - 491

Lohmeyer, Hans, Zur Verwaltungsreform, in: Preußisches Verwaltungsblatt, Bd. 45 (1924), S. 97 - 101

Derselbe, Zentralismus oder Selbstverwaltung. Ein Beitrag zur Verfassungs- und Verwaltungsreform, Berlin 1928

Loschelder, Wilhelm, Staat und regionale Selbstverwaltung. Erfahrungen und Lehren in Nordrhein-Westfalen, in: Staat und regionale Selbstverwaltung. Erfahrungen und Lehren in Nordrhein-Westfalen (= Rheinische Schriften), Düsseldorf 1963

Derselbe, Der Weg zum Gemeindewirtschaftsrecht, in: Gemeindewirtschaft und Unternehmerwirtschaft, Festgabe für Rudolf Johns, Stuttgart 1965, S. 1 - 14

Lübke, Gerhard, Die regionale Selbstverwaltung in Deutschland (insbesondere der provinziellen, landschaftlichen Gemeindeverbände) Vergangenheit-Gegenwart-Zukunft, Diss. jur., Göttingen 1958

Lühe, Eckard von der, Die Finanz- und Kassenlage der preußischen Provinzen, in: Reichs- und Preußisches Verwaltungsblatt, Bd. 53 (1932), S. 708 - 711

Derselbe, Zur Finanz- und Kassenlage der preußischen Provinzen, in: Reichs- und Preußisches Verwaltungsblatt, Bd. 54 (1933), S. 221 - 223

Mannlicher, Egbert, Die neuen Reichsgaue in der Ostmark und im Sudetenland, in: Zeitschrift der Akademie für Deutsches Recht, 6. Jg. (1939), S. 337 - 339

Markull, Fritz, Zur Durchführung der Deutschen Gemeindeordnung, in: Jahrbuch des öffentlichen Rechts der Gegenwart, Bd. 25 (1938), S. 66 - 279

Derselbe, Das Sudetengaugesetz, in: Sudetendeutscher Gemeindetag, 19. Jg. (1939), S. 281 - 285

Derselbe, Probleme der Reichsmittelinstanz, in: Reichsverwaltungsblatt, Bd. 60 (1939), S. 573 - 578

Derselbe, Das Ostmarkgesetz, in: Die Landgemeinde, Ausg.f.d. Ostmark (1939), S. 203 - 205

Derselbe, Die Selbstverwaltung der preußischen Provinzen als Vorbild für die Selbstverwaltung der Reichsgaue, in: Zeitschrift der Akademie für Deutsches Recht, 6. Jg. (1939), S. 483 - 486

Martin, Dieter, Formen und Funktionen eines Gemeindeverbandes auf der Mittelstufe der Verwaltung, Diss. jur., Regensburg 1971

Mason, Tim, Der Primat der Politik - Politik und Wirtschaft im Nationalsozialismus, in: Das Argument, 8. Jg. (1966), S. 473 - 494

Mattenklodt, Herbert Fritz, Gebiets- und Verwaltungsreform in Nordrhein-Westfalen. Ein Zwischenbericht zum Abschluß des ersten kommunalen Neugliederungsprogramms, in: Westfälische Forschungen, 22. Bd. (1969), Sonderausgabe

Matthias, Erich, Morsey, Rudolf (Hrg.) Das Ende der Parteien 1933 (= Veröffentlichung der Kommission für Geschichte des Parlamentarismus und der politischen Parteien), Düsseldorf 1960

Matzerath, Horst, Nationalsozialismus und kommunale Selbstverwaltung (= Schriftenreihe des Vereins für Kommunalwissenschaften, Bd. 29), Stuttgart u.a. 1970

Menges, Franz, Reichsreform und Finanzpolitik, Die Aushöhlung der Eigenstaatlichkeit Bayerns auf finanzpolitischem Wege in der Zeit der Weimarer Republik (= Beiträge zu einer historischen Strukturanalyse Bayerns im Industriezeitalter, Bd. 70), Berlin 1971

Meyer, Franz, Selbstverwaltung und demokratischer Staat, in: Demokratie und Verwaltung. 25 Jahre Hochschule für Verwaltungswissenschaften Speyer (= Schriftenreihe der Hochschule Speyer, Bd. 50), Berlin 1972, S. 327 - 340

Medicus, Franz Albrecht, Reichsverwaltung und Landesverwaltung (= Die Verwaltungsakademie Bd. 2, Gruppe 1, Beitrag 23), Berlin o.J.

Melzer, Alfred, Die Wandlung des Begriffsinhalts der deutschen kommunalen Selbstverwaltung im Laufe der politischen Geschichte, Stuttgart u.a. 1937

Mennecke, Kurt, Ein westdeutscher NSV-Kreis. Seine Entstehung und sein Menschengefüge vom 15. September 1933 bis zum 30. November 1934, Köln 1936

Mirow, Adolf, Der neue Preußische Provinzialrat, in: Reichs- und Preußisches Verwaltungsblatt, Bd. 54 (1933), S. 603 - 604

Die Mittelstufe der Verwaltung. Ein Bericht über eine Arbeitstagung (= Institut zur Förderung öffentlicher Angelegenheiten, Frankfurt am Main), Frankfurt 1950

Moll, Walter, Die Entwicklung der Selbstverwaltung seit 1918, in: Zeitschrift für Kommunalwirtschaft, 14. Jg. (1924), Sp. 582 - 597

Mommsen, Hans, Beamtentum im Dritten Reich. Mit ausgewählten Quellen zur nationalsozialistischen Beamtenpolitik (= Schriftenreihe der Vierteljahrshefte für Zeitgeschichte, Nr. 13), Stuttgart 1966

Derselbe, Gesellschaftsbild und Verfassungspläne des deutschen Widerstandes, in: Der deutsche Widerstand gegen Hitler, hrg. von W. Schmitthenner und H. Buchheim, Köln-Berlin 1966, S. 73 - 167

Derselbe, Die Stellung der Beamtenschaft in Reich, Ländern und Gemeinden der Ära Brüning, in: VHZG, 21. Jg. (1973), S. 151 - 165

Morsey, Rudolf, Die Deutsche Zentrumspartei, in: E. Matthias und Ders., Das Ende der Parteien, S. 281 - 453

Derselbe, Die Zentrumspartei in Rheinland und Westfalen, in: Politik und Landschaft, hrg. von Walter Först (= Beiträge zu neueren Landesgeschichte des Rheinlandes und Westfalens, Bd. 3), Köln-Berlin 1969, S. 11 - 50

Derselbe, Zur Beamtenpolitik des Reiches von Bismarck bis Brüning, in: Demokratie und Verwaltung. 25 Jahre Hochschule für Verwaltungswissenschaften Speyer (= Schriftenreihe der Hochschule Speyer, Bd. 50), Berlin 1972, S. 101 - 116

Morstein Marx, Fritz, Einführung in die Bürokratie. Eine vergleichende Untersuchung über das Beamtentum, Neuwied 1959

Most, Otto, Fehlentwicklungen in der Selbstverwaltung (unter besonderer Berücksichtigung der Gesetzentwürfe), in: Zeitschrift für Kommunalwirtschaft, 20. Jg. (1930), Sp. 1443-1456

Derselbe, Das Ende der Selbstverwaltung?, in: Deutsche Gemeinde-Zeitung und Provinzialzeitung, 69. Jg. (1930), S. 331 - 333

Muckermann, Friedrich, Im Kampf zwischen zwei Epochen. Lebenserinnerungen, bearbeitet und eingeleitet von Nikolaus Junk (= Veröffentlichungen der Kommission für Zeitgeschichte Reihe A, Bd. 15) Mainz 1973

Müller-Haccius, Otto, Die Arbeit der Provinzen, in: Der Gemeindetag, 28. Jg. (1934), S. 245 - 246, 359 - 362, 492 - 494, 744 - 749, 29. Jg. (1935), S. 111 - 114, 250 - 254, 408 - 410

Derselbe, Die preußischen Provinzialverbände im Gefüge des Dritten Reiches (= Erste Sonderschriftenreihe des kommunalwissenschaftlichen Instituts an der

Universität Berlin, hrg. von Kurt Jeserich, Aus der Arbeit der preußischen Provinzen, H. 1), Stuttgart-Berlin 1936

Derselbe, Gemeindlicher Finanz- und Lastenausgleich. Zur Ausgleichsfunktion der Provinzialverbände, in: Der Gemeindetag, 31. Jg. (1937), S. 280 - 285

Derselbe, Die Selbstverwaltung und ihre Stellung im Staatsaufbau, in: Reichsverwaltungsblatt, Bd. 60 (1939), S. 65 - 71

Münchheimer, Werner, Die Verfassungs- und Verwaltungsreformpläne der deutschen Opposition gegen Hitler zum 20. Juli 1944, in: Europa-Archiv, 5. Jg. (1950), S. 3188 - 3195

Derselbe, Die Versuche zur Neugestaltung der deutschen Länder von 1919 bis 1945. Eine Übersicht, in: Die Bundesländer. Beiträge zur Neugliederung der Bundesrepublik (= Wissenschaftliche Schriftenreihe zur Förderung öffentlicher Angelegenheiten, Bd. 9), Frankfurt 1950, S. 117 - 169

Müthling, Hans, Die deutsche Provinzialverwaltung im Kriege. Ein erster Erfahrungsbericht, in: Deutsche Gemeindebeamten Zeitung (1940), S. 4 - 5

Naunin, Helmut, Landschaftliche Selbstverwaltung. Wiederaufbau in Westfalen 1945 - 1951. Im Auftrage der Verwaltung des Provinzialverbandes Westfalen (= Verwaltung und Wirtschaft, H. 8), Dortmund 1952

Derselbe, Verfassungsrecht der regionalen Gemeindeverbände, in: Hans Peters (Hrg.), Handbuch der kommunalen Wissenschaft und Praxis. Erster Band, Kommunalverfassung, Berlin u.a. 1956, S. 470 - 483

Derselbe, Die Einnahmequellen der regionalen Gemeindeverbände und der sondergesetzlichen Zweckverbände, in: Hans Peters (Hrg.), Handbuch der kommunalen Wissenschaft und Praxis. Dritter Band, Kommunale Finanzen und kommunale Wirtschaft, Berlin u.a. 1959, S. 377 - 394

Derselbe, Zum Verhältnis der Landschaftsverbände zu den übrigen kommunalen Selbstverwaltungskörperschaften, in: Beiträge zur Kommunalwirtschaft und Kommunalpolitik. Festschrift für Erwin Stein, H. 10 (1958) der Zeitschrift Kommunalwirtschaft, S. 29 - 31

Derselbe, Entstehung und Sinn der Landschaftsverbandsordnung in Nordrhein-Westfalen, in: Westfälische Forschungen, 13. Bd. (1960), S. 119 - 170

Derselbe, Dokumente zur Entstehung der Landschaftsverbandsordnung vom 12. Mai 1953, in: Westfälische Forschungen, 14. Bd. (1961), S. 168 - 225

Derselbe, Die Landschaft als Institution. 12 S. (Vortragsmanuskript ungedruckt) 1964

Derselbe, Die Entwicklung landschaftlicher Kommunalwirtschaft in Westfalen als Integrationsvorgang, in: Baumeister-Naunin, Selbstverwaltung einer Landschaft, S. 199 - 234

Die kommunale und staatliche Neugliederung. Abschnitt C: Die staatliche und regionale Neugliederung des Landes Nordrhein-Westfalen, Gutachten erstattet am 8. April 1968 durch die von der Landesregierung Nordrhein-Westfalen eingesetzte Sachverständigenkommission für die staatliche und regionale Neugliederung des Landes Nordrhein-Westfalen, Köln 1968

Nicolai, Helmut, Grundlagen der kommenden Verfassung. Über den staatsrechtlichen Aufbau des Dritten Reiches, Berlin 1933

Nischk, K., Das Kommunalbeamtenrecht. Eine systematische Darstellung der Rechtsverhältnisse der preußischen Kommunalbeamten, Mannheim u.a. 1929^2

Orlow, Dietrich, The History of the Nazi Party, Volume II 1933 - 1945, Pittsburgh 1973

Otto, Kurt, Über die Aufgaben der Provinzialverwaltung im neuen Staat, in: Deutsche Gemeinde-Zeitung und Provinzialzeitung, 72. Jg. (1933), S. 185 - 189, 199 - 202

Derselbe, Das Verkehrswesen der preußischen Provinzen (= Erste Sonderschriftenreihe des kommunalwissenschaftlichen Instituts an der Universität Berlin, hrg. von Kurt Jeserich, Aus der Arbeit der preußischen Provinzen, H. 5), Stuttgart-Berlin 1939

Pagenkopf, Hans, Reichsgrundsätze zur Neuregelung des Finanz- und Lastenausgleichs, in: Die nationalsozialistische Gemeinde (Ausgabe Westfalen), 6. Jg. (1938), S. 3 - 8

Das Personal der preußischen Provinzialverbände, in: Finanzwirtschaftliche Mitteilungen, 6. Jg. (1939), S. 33 - 38

Peters, Hans, Grenzen der kommunalen Selbstverwaltung in Preußen. Ein Beitrag zur Lehre vom Verhältnis der Gemeinden zu Staat und Reich, Berlin 1926

Derselbe, Zentralisation und Dezentralisation, zugleich ein Beitrag zur Kommunalpolitik im Rahmen der Staats- und Verwaltungslehre, Berlin 1928

Derselbe, Der Allgemeine Teil des Entwurfs eines Preußischen Selbstverwaltungsgesetzes, in: Verwaltungsarchiv, 35. Bd. (1930), S. 321 - 363

Derselbe, Die Tendenzen der jüngsten Verwaltungsreform in Preußen, in: Zeitschrift für Selbstverwaltung, 16. Jg. (1933), S. 217 - 225

Peterson, Edward N., Die Bürokratie und die NSDAP, in: Der Staat, 6 (1967), S. 151 - 173

Derselbe, The Limits of Hitler's Power, Princeton 1969

Petri, Franz, Vom Wesen und der politischen Bedeutung der Landschaft der Gegenwart, in: Länderreform und Landschaften, S. 111 - 114

Derselbe, Die Landschaften - Bausteine oder Relikte im föderalen Gefüge Deutschland?, in: Westfälische Forschungen, 23. Bd. (1971), S. 5 - 19

Petzina, Dietmar, Grundriß der Deutschen Wirtschaftsgeschichte 1918 - 1945, in: Deutsche Geschichte seit dem Ersten Weltkrieg, Bd. II, hrg. vom Institut für Zeitgeschichte, Stuttgart 1973, S. 665 - 784

Pfafferot, Friedrich, K., Der Nationalsozialismus in Westfalen-Süd. Ein Abriß zur jüngsten Geschichte, in: Volk und Kultur im Gau Westfalen-Süd, Dortmund o.J., S. 53 - 60

Popitz, Johannes, Der künftige Finanzausgleich zwischen Reich, Ländern und Gemeinden, Berlin 1932

Pork, Rudolf, Zusammenarbeit der öffentlichen und freien Wohlfahrtspflege im Blindenwesen, in: Deutsche Zeitschrift für Wohlfahrtspflege, 14 (1938/39), S. 471 - 473

Das Problem der Mittelstufe der Verwaltung. Bericht über eine Vortragsveranstaltung des Instituts zur Förderung öffentlicher Angelegenheiten am 27. März 1952 in Mannheim, als Manuskript vervielfältigt, Frankfurt 1952

Preuß, Hugo, Staatsverwaltungsreform und Selbstverwaltungsreform, in: Deutsche Gemeinde-Zeitung, Jg. 62 (1923), S. 51 - 53, 63 - 65

Derselbe, Art. "Selbstverwaltung", in: Handwörterbuch der Kommunalwissenschaften, 3. Bd., Jena 1924, S. 768 - 776

Derselbe, Art. "Kommunalverbände", in: Handwörterbuch der Kommunalwissenschaften, 3. Bd., Jena 1924, S. 93 - 100

Die Provinzen in der Wohlfahrtspflege. Leistungen in der Vergangenheit für zukünftige Aufgaben, in: Der Gemeindetag, 28. Jg. (1934), S. 317 - 321

Die Provinzumlage in Preußen 1938 und 1939, in: Finanzwirtschaftliche Mitteilungen, 7. Jg. (1940), S. 43 - 47

Pünder, Hermann, Von Preußen nach Europa. Lebenserinnerungen, Stuttgart 1968

Rathje, Wilhelm, Das Amt des preußischen Oberpräsidenten in seiner geschichtlichen Entwicklung, seiner rechtlichen Stellung und politischen Bedeutung, Diss. jur., Göttingen 1935

Rausch, Helmut, Die Entwicklung der Rechtsstellung des Oberpräsidenten in Preußen, Diss. jur., Leipzig 1936

Rehkopp, Alfons, Zur Frage der Übernahme von gemeindlichen Aufgaben durch Gemeindeverbände (Kompetenz-Kompetenz), in: Reichsverwaltungsblatt, Bd. 61 (1940), S. 15 - 17

Ritter, Gerhard, Carl Coerdeler und die deutsche Widerstandsbewegung, Stuttgart 1954

Rumohr, von, Personelle Nachwuchsfragen in den westfälischen Gemeinden und Gemeindeverbänden, in: Die nationalsozialistische Gemeinde (Ausgabe Westfalen), 6. Jg. (1938), S. 17 - 19

Runge, Wolfgang, Politik und Beamtentum im Parteienstaat. Die Demokratisierung der politischen Beamten in Preußen zwischen 1918 und 1933 (= Industrielle Welt, Bd. 5), Stuttgart 1965

Schäfer, Wolfgang, NSDAP. Entwicklung und Struktur der Staatspartei des Dritten Reiches (= Schriftenreihe des Instituts für wissenschaftliche Politik in Marburg/Lahn, Nr. 3), Hannover-Frankfurt 1957

Schenck, Eberhard von, Die Selbstverwaltung der preußischen Provinzen in der Nachkriegszeit, in: Zeitschrift für Kommunalwirtschaft, XVIII. Jg. (1928), Sp. 2137 - 2155

Derselbe, Die preußischen Provinzen im nationalsozialistischen Staat, in: Der Gemeindetag, 27. Jg. (1933), S. 380 - 383

Scheuner, Ulrich, Zur kommunalen Verwaltungsreform in Deutschland, Problematik und geschichtlicher Rückblick, in: Archiv für Kommunalwissenschaften, 8. Jg. (1969), S. 209 - 248

Schmitz, Kurt, Der Rheinische Provinziallandtag (1875 - 1933) (= Bergische Forschungen, Bd. VI), Neustadt an der Aisch 1967

Schöller, Peter, Länderreform und Landeskunde. Politische Zwischenbilanz und wissenschaftliche Probleme der Bestrebungen zur innergebietlichen Neuordnung Deutschlands von 1919 bis 1959 (mit 1 Karte), in: Westfälische Forschungen, 12. Bd. (1959), S. 74 - 97

Schön, Waldemar, Das Hauptamt für Kommunalpolitik, in: Die nationalsozialistische Gemeinde, Jg. 3 (1935), S. 679 - 683

Derselbe, Zehn Jahre nationalsozialistische Kommunalpolitik, in: Die nationalsozialistische Gemeinde, Jg. 5 (1937), S. 507 - 510

Schoenbaum, David, Die braune Revolution. Eine Sozialgeschichte des Dritten Reiches, Köln-Berlin 1968

Schöne, Friedrich, Verhältnis der Provinzen zu den übrigen Selbstverwaltungskörpern, in: Zeitschrift für Kommunalwirtschaft, XVII. Jg. (1928), Sp. 2155 - 2170

Derselbe, Zur Terminologie der "Kommunalverbände". Ein Beitrag zur Klärung der Begriffe und ihrer Namen, in: Archiv des öffentlichen Rechts, N.F., Bd. 30 (1938), S. 1 - 32

Derselbe, Gemeinden und Gemeindeverbände, in: Die Landgemeinde, 47. Jg. (1938), S. 183 - 186

Derselbe, Selbstverwaltung und Personalhoheit im Reichsgau, in: Der Gemeindetag, 34. Jg. (1940), S. 17 - 22

Schröder, Arno, Mit der Partei vorwärts! Zehn Jahre Gau Westfalen-Nord, Detmold 1940

Schulte, Wilhelm, Volkstum und Staat. Der Sinn der Heimatbewegung, gesehen vom Politischen her, in: Die Westfälische Heimat, 14. Jg. (1932), S. 147 - 152

Derselbe, Mit Karl Friedrich Kolbow durchs Sauerland. Aus seinen Tagebüchern zu seinem 65. Geburtstag am 20. November, in: Sauerländischer Gebirgsbote, 66. Jg. (1964), S. 89 - 90

Derselbe, Der Kampf um die Einheit Westfalens während des 2. Weltkrieges, in: Westfälischer Heimatkalender, 19. Jg. (1965), S. 61 - 63

Derselbe, Der Nationalsozialismus (Manuskript unveröffentlicht)

Derselbe, Der Westfälische Heimatbund und seine Vorläufer, 2 Bde., Selbstverlag des WHB, Münster 1973

Schultze-Plotzius, Manfred, Vergleichende Gegenüberstellung der Befugnisse des Landrats und des Landeshauptmanns, in: Preußisches Verwaltungsblatt, Bd. 46 (1925), S. 313 - 315

Derselbe, Ist der Landeshauptmann Leiter der Provinzialverbände?, in: Zeitschrift für Kommunalwirtschaft, XIX. Jg. (1929), Sp. 389 - 393

Derselbe, Die Dienststellung des Landeshauptmanns, in: Zeitschrift für Kommunalwirtschaft, 23. Jg. (1933), Sp. 477 - 479

Derselbe, Neuordnung des Reichsaufbaues, in: Reich und Länder 7. Jg. (1933), S. 329 - 332

Derselbe, Gedanken über die provinzielle Selbstverwaltung, in: Reich und Länder, 10. Jg. (1936), S. 68 - 70

Derselbe, Kate, Zur Organisation der preußischen Provinzialverwaltungen, in: Der Gemeindetag, 30. Jg. (1936), S. 205 - 210

Derselbe, Ein Überblick über die Tätigkeit der Provinzialverwaltung von Pommern in den Jahren 1933 bis 1945, in: Baltische Studien, N.F., Bd. 49 (1962/1963), S. 69 - 100

Schulz, Gerhard, Die kommunale Selbstverwaltung in Deutschland vor 1933. Ideen, Institutionen und Interessen, in: Franz-Lieber Hefte, Jg. 2 (1959), S. 14 - 46

Derselbe, Zwischen Demokratie und Diktatur. Verfassungspolitik und Reichsreform in der Weimarer Republik Bd. I. Die Periode der Konsolidierung und der Revision des Bismarckschen Reichsaufbaus 1919 - 1930, Berlin 1963

Schwab, Dieter, Die "Selbstverwaltungsidee" des Freiherrn vom Stein und ihre geistigen Grundlagen. Zugleich ein Beitrag zur Geschichte der politischen Ethik im 18. Jahrhundert (= Gießener Beiträge zur Rechtswissenschaft, Bd. 3), Frankfurt 1971

Seel, Hans, Das deutsche Beamtengesetz, mit Durchführungsvorschriften und Beispielen für die Praxis, Berlin 1937

Soll, Karl, Der Provinzialverband "Westfalen" und seine verfassungsmäßige Fortentwicklung von 1866 bis zur Gegenwart, in: Ravensberger Blätter, 6 (1967), S. 81 - 86

Sontheimer, Kurt, Antidemokratisches Denken in der Weimarer Republik. Die politischen Ideen des deutschen Nationalismus zwischen 1918 und 1933, München 1968 (Studienausgabe)

Spanner, Hans, Die Eingliederung der Ostmark ins Reich, in: Huber, E.R., (Hrg.) Idee und Ordnung des Reiches, Bd. I

Spiegel, Richard, Der Reichsgau als Ziel und Weg der neuen Verwaltungsgliederung des Reiches, Diss. jur., Würzburg 1940

Sprungmann, Ernst, Die Arbeitsgemeinschaft zur Bekämpfung der Tuberkulose in der Rheinprovinz, in: Der öffentliche Gesundheitsdienst, 3. Jg. (1937), S. 357 - 364

Staatliche Mittelinstanz und Landschaftsverband. Bericht über die Arbeitsbesprechung des Instituts zur Förderung öffentlicher Angelegenheiten am 28.6.1951 in Frankfurt am Main (als Manuskript vervielfältigt), Frankfurt 1951

Stadelmann, Helmut, Die rechtliche Stellung der NSV und des WHW, München-Berlin 1938

Stangier, Peter, Die Geschichte des Gaues Westfalen-Nord, in: Der Gau Westfalen-Nord, hrg. vom Gau Westfalen-Nord, Detmold o.J., S. 63 - 87

Steinbach, Franz, unter Mitwirkung von Becker, Erich, Geschichtliche Grundlagen der kommunalen Selbstverwaltung in Deutschland (= Rheinisches Archiv, Veröffentlichung des Instituts für geschichtl. Landeskunde der Rheinlande, Bd. 20), Bonn 1932

Steinberg, Heinz Günter, Der Deutsche Westen und die Reichsreform, in: Provinz und Staat, hrg. von Walter Först, S. 95 - 145

Stier-Somlo, Fritz, Die Wandlungen des preußischen Städte-, Landgemeinde-, Kreis- und Provinzialrechts in den Jahren 1918 - 1921 (I. Ergänzungsband zum Handbuch des kommunalen Verfassungs- und Verwaltungsrechts), Oldenburg i.O.-Berlin 1922

Derselbe, Handbuch des kommunalen Verfassungsrechts in Preußen, Mannheim u.a. 1928[2]

Derselbe, Das Grundrecht der kommunalen Selbstverwaltung unter besonderer Berücksichtigung des Eingemeindungsrechts, in: Archiv des öffentlichen Rechts, NF 17. Bd. (1929), S. 1 - 93

Stolz, Bernhard, Provinzen und Presse, in: Deutsche Gemeinde-Zeitung und Provinzial-Zeitung, 71. Jg. (1932), S. 129 - 131

Stuckart, Wilhelm, Zentralgewalt, Dezentralisation und Verwaltungseinheit, in: Festgabe für Heinrich Himmler, Darmstadt 1941, S. 1 - 32

Stutterheim, von, Die Zukunft des Kommunalkredits vom Standpunkt der Gemeindeverbände aus gesehen, in: Der Gemeindetag, 30. Jg. (1936), S. 121 - 123

Suren Friedrich Karl, Zur kommunalpolitischen Lage, in: Zeitschrift für Kommunalwirtschaft, 23. Jg. (1933), Sp. 220 - 229

Derselbe, Loschelder, Wilhelm, Die Deutsche Gemeindeordnung vom 30. Januar 1935. Kommentar, Berlin 1935

Teppe, Karl, Die NSDAP und die Ministerialbürokratie. Zum Machtkampf zwischen dem Reichsministerium des Innern und der NSDAP um die Entscheidungsgewalt in den annektierten Gebieten am Beispiel der Kontroverse um die Einsetzung der Gauräte 1940/41, in: Der Staat, 15. Bd. (1976), S. 367 - 380

Tapolski, Hans Joachim, Betrachtungen über den Finanz- und Lastenausgleich, in: Jahrbuch für Kommunalwissenschaften, Jg. 4. (1937) 2. Hjbd. S. 362 - 379

Derselbe, Die Neuregelung des Umlagerechts der Gemeindeverbände in Preußen, in: Die Landgemeinde, 48. Jg. (1939), S. 455 - 458

Thom, Walter, Die Entwicklung der Selbstverwaltung auf dem Gebiet der Wohlfahrtspflege in Preußen seit dem 9. November 1918, Schramberg 1933

Traupel, Wilhelm, Das Kredit- und Versicherungswesen der preußischen Provinzen (= Erste Sonderschriftenreihe des kommunalwissenschaftlichen Instituts der Unversität Berlin, hrg. von Kurt Jeserich, Aus der Arbeit der preußischen Provinzen, H. 3), Stuttgart-Berlin 1938

Trzeciok, Eduard, Was berichtet die Statistik über das Personal der preußischen Provinzialverbände, in: Deutsche Gemeindebeamten Zeitung, 39. Jg. (1933), S. 461 - 463

Umlagerecht und Umlagegebarung der Provinzialverbände in Preußen, in: Der Gemeindetag, 35. Jg. (1941), S. 30 - 32

Untersuchungen zum Finanz- und Lastenausgleich im Ruhrgebiet, Bd. I: Geltendes Recht, Wirtschaftsstruktur und Gemeindefinanzen als Grundlagen der künftigen Regelung (= Schriften der Volkswirtschaftlichen Vereinigung im Rheinisch-Westfälischen Industriegebiet, NF, H. 2), Essen 1938

150 Jahre Verwaltungsraum Westfalen 1815/1965. Ansprachen und Vorträge anläßlich der Festveranstaltung "150 Jahre eigenständiges Westfalen" am 18. Oktober 1965 in Münster (= Schriften des Landschaftsverbandes Westfalen-Lippe, Nr. 2), Münster 1966

Vierhaus, Rudolf, Faschistisches Führertum. Ein Beitrag zur Phänomenologie des europäischen Faschismus, in: Historische Zeitschrift, Bd. 198 (1964), S. 614 - 639

Vogel, Walter, Deutsche Reichsgliederung und Reichsreform in Vergangenheit und Gegenwart, Leipzig-Berlin 1932

Wagener, Friedo, Die Städte im Landkreis (= Göttinger rechtswissenschaftliche Studien, Bd. 17), Göttingen 1955

Derselbe, Neubau der Verwaltung. Gliederung der öffentlichen Aufgaben und ihrer Träger nach Effektivität und Integrationswert (= Schriftenreihe der Verwaltungshochschule Speyer, Bd. 41), Berlin 1969

Wagner, Helmut, H.F., Die territoriale Gliederung Deutschlands in Länder seit 1871. Ein Beitrag zum Problem des Förderalismus, Diss. phil., Tübingen 1961

Derselbe, Strukturen und Typen deutscher Länder. Eine Untersuchung über den Regionalismus in Deutschland, in: Politische Vierteljahresschrift, X. Jg. (1969), S. 80 - 98

Derselbe, Die territoriale Gliederung Deutschlands seit der Reichsgründung in Länder. Eine politische Studie zur Raumordnung, in: Studien zur teritorialen Gliederung Deutschlands im 19. und 20. Jahrhundert, Historische Raumforschung 9 (= Veröffentlichungen der Akademie für Raumforschung und Landesplanung, Bd. 62), Hannover 1971, S. 1 - 147

Weber, Werner, Die Ordnung des landschaftlichen Raumes, in: 150 Jahre Verwaltungsraum Westfalen 1815/1965. Ansprachen und Vorträge anläßlich der Festveranstaltung "150 Jahre eigenständiges Westfalen" am 18. Oktober 1965 in Münster (= Schriften des Landschaftsverbandes Westfalen-Lippe Nr. 2) Münster 1966, S. 22 - 34

Derselbe, Staats- und Selbstverwaltung in der Gegenwart (= Göttinger Rechtswissenschaftliche Studien, H. 9), Göttingen 1967^2

Webersinn, Gehard, Die Provinz Oberschlesien. Ihre Entstehung und der Aufbau der Selbstverwaltung, in: Jahrbuch der Schlesischen Friedrich-Wilhelms-Universität zu Breslau, Bd. XIV (1969), S. 275 - 329

Weidemann, Johannes, Grundsätzliches zur Selbstverwaltung der Gemeindeverbände, in: Zeitschrift der Akademie für deutsches Recht, 3. Jg. (1936), S. 907 - 914

Derselbe, Die Selbstverwaltung der Gemeinden und Gemeindeverbände, in: Deutsches Verwaltungsrecht, hrg. von Hans Frank, München 1937, S. 185 - 238

Weigand, Paul, Westfalen-Süd (= Die deutschen Gaue seit der Machtergreifung) hrg. von Paul Meier-Benneckenstein, Berlin 1940

Wider, Fortschritt der Reichsreform in der Ostmark und im Sudetenland, in: Württembergische Verwaltungszeitschrift, 35. Jg. (1939), S. 125 - 131

Widera, Johann, Die Rechtsstellung der preußischen Oberpräsidenten und die geplante Verwaltungsreform, Diss. jur., Breslau 1929

Witten, Kurt, Völkisch-politische Dezentralisation und Reichsgliederung (= Hansische Universität H. 38), Würzburg-Aumühle 1940

Zehn Jahre Gau Westfalen-Nord, in: Nationalsozialistischer Heimatkalender für Lippe 1941, S. 50 - 52

Ziebill, Otto, Politische Parteien und kommunale Selbstverwaltung (= Schriftenreihe des Vereins für Kommunalwissenschaften, Bd. 7), Stuttgart 1964

Zuhorn, Karl, Grundlagen landschaftlicher Selbstverwaltung. Ein Beitrag zur Verwaltungsreform (= Schriftenreihe der wirtschaftlichen Gesellschaft für Westfalen und Lippe H. 12), Münster 1951

Derselbe, Zur Vorgeschichte der Bildung des Landes Nordrhein-Westfalen. Erörterungen und Pläne in Westfalen über den Zusammenschluß von Westfalen und Nordrhein im ersten Halbjahr 1946 (mit 8 Anlagen), in: Westfälische Forschungen, 8. Bd. (1955), S. 102 - 133

Derselbe, Landschaft und landschaftliches Bewußtsein als Grundelemente organischer Staatsgliederung und die staatspolitische Bedeutung der landschaftlichen Kulturpflege, in: Baumeister-Naunin, Selbstverwaltung einer Landschaft, S. 21 - 61

SACHREGISTER

Ämterpatronage 41, 43 ff., 47 f., 71, 75, 79 ff., 90
Arbeitsbeschaffung 50 ff., 185
Aufsicht(sbehörden) 16 f., 140, 227, 246, 256
— Fachaufsicht 219, 232 ff.
Aufsichtsbefugnisse 141, 184
— Anzeigepflicht 143
— Beanstandung 142
— Genehmigungsvorbehalt 143, 185, 246
— Prüfung
Auftragsangelegenheiten 9 f., 165, 189, 256

BDM (Bund Deutscher Mädel) 90
Beamte 13, 38, 45
— Beamtentum 43, 78
— — Gesetz zur Wiederherstellung des Berufsbeamtentums 31, 37 — 44
— Besoldung 144 f.
— Beamtenrechtsreform 145
Berufsstände siehe: ständestaatliches Konzept
Bund zur Erneuerung des Reiches 17, 46, 59, 62 f., 210
Bürokratie (siehe auch Ministerialbürokratie) 13, 49, 72, 195, 256
Bürokratisierung 197, 226, 248

Deutsche Arbeitsfront 89, 92, 153, 246
Deutsche Gemeindeordnung siehe: Gemeindeordnung
Deutsche Volkspartei 24, 45
Deutscher Gemeindetag 62 f., 79, 95, 102, 148, 167, 185, 198, 202, 208 f., 222, 226, 233
Deutschnationale Volkspartei 19, 24, 27
Dezentralisation 8
Dotationsgesetzgebung 2, 95

Eingegliederte Gebiete 100, 215
Einheit der Verwaltung 244
Elektrizitätswirtschaft 4
Erzbergersche Finanzreform 16
Euthanasie 7, 163
Evangelischer Volksdienst 27

Fachschulen 169
Finanzausgleich 179, 183
Finanzen
— provinzielle 50, 95, 169 — 190
— Finanzhoheit 16, 169

Führerprinzip 66, 73, 79, 99, 111, 236, 252
Führung 82

Gau
— Westfalen Nord 25, 43, 46, 73, 75, 84, 87
— Westfalen Süd 32, 72, 124, 131
— — Provinzialverwaltung 55, 72, 79 — 82, 107, 127, 248 f.
Gauhauptmann siehe: Landeshauptmann
Gauleiter siehe: Nationalsozialistische Deutsche Arbeiterpartei
Gaupartikularismus 80, 111, 120, 127, 136
Gauräte (siehe auch Provinzialrat) 201, 210, 237
Gauselbstverwaltung 64, 89 f., 101, 146, 148, 167, 202 — 245
Gauwirtschaftskammer 133
Gemeindeordnung Deutsche 53, 66, 145
Gemeindeunfallversicherungsverband 38, 48
Generalinspektor für das deutsche Straßenwesen 147
Generalinspektor für Wasser und Energie 149
Geschäftsordnung 27 f., 30
Gesundheitswesen 150 f., 153 ff., 227

Hauptamt für Kommunalpolitik 53, 73 f., 76, 102, 160, 208, 226, 233
— (Amt) für Volkswohlfahrt 96, 105
Haushalts-, Kassen- und Rechnungswesen 186
Haushaltsausschuß 196 f.
Haushaltsplan, -satzung 25 f., 55, 57, 91, 93, 176 f., 184, 241
Heimatverbundenheit 132
Herrschaftssystem, nationalsozialistisches 83, 89, 94 f., 101, 108, 163 f., 200, 203,
    226, 242 f., 247, 250 ff.
HJ (Hitlerjugend) 90 ff., 246

Kampffront Schwarz-Weiß-Rot 24, 30
Katholizismus 20
Kommissare 38
Kommunistische Partei Deutschlands 24
Kompetenz-Kompetenz 213 f., 220, 223
Korruption 26
Kredite 174, 185
Kreise 173, 181, 193 f., 196, 198, 200 f., 219, 232 f., 236, 255
Kulturpflege, provinzielle 4, 132

Landesbank 42, 47, 75, 174 f.
Landesdirektorenkonferenz 15 ff., 44, 57, 59, 66, 143, 150, 166 f., 206, 208, 216,
    226
Landeshauptmann (Landesdirektor) 2, 36, 57 f., 67, 77, 140, 167, 191, 207, 232 f.,
    256
Landesjugendamt 10, 48, 79, 90, 92 ff.
Landesplanung 87, 162 f.
Landesrat 2, 41 f., 67, 146, 247
Landesversicherungsanstalt 42, 47, 74 f., 79, 103, 162

Landrat 14, 61, 74, 233
Landschaft 112, 117
Landschaftsverband 166, 200, 213, 254 ff.
Landschaftsverbandsordnung 255
Lippe, Schaumburg-Lippe 114, 118

Ministerialbürokratie 10, 15 f., 53, 62, 66, 140, 145, 148, 190, 226, 230, 246
Mittelinstanz 8, 60 ff., 64, 66, 205, 219, 222, 224, 244

Nationalsozialistische Deutsche Arbeiterpartei 24, 27, 237
— "Alte Kämpfer" 36, 50 — 52
— Beauftragte 77
— Ehrenzeichenträger 76
— Gauleiter 3, 20, 60, 67, 80 f., 88, 111, 123, 127, 219, 222
— Gerichtsbarkeit 73
— Ideologie 70 f., 254
— Mitgliedschaft 45 f., 71
— Provinzialverwaltung 41, 48 f., 59, 71, 79 — 95, 107, 190
— Schulung 69 ff.
— Selbstverwaltung provinzielle 23, 54, 62, 83, 208, 212, 226, 241, 246, 248
— Spenden 90 — 94
Nationalsozialistische Kriegsopferversorgung 97
Nationalsozialistische Volkswohlfahrt 79, 83, 96 — 111, 153, 246

Oberpräsident 18, 60, 75, 84, 121, 136, 191, 204, 232
— Gesetz über die Erweiterung der Befugnisse der Oberpräsidenten 30, 53, 57 — 68, 207, 218, 246

Parteikanzlei siehe: Stellvertreter des Führers
Parteien (allgemeine) 13
Personaldezernat 39, 74
Personalhoheit 73, 77, 86
Personalpolitik 36 ff., 70, 72, 77 — 79
Plafondgesetz 178 f.
Politisierung (Selbstverwaltung) 14
Preise 18
Preußischer Staatsrat 21 f., 27, 57
Preußisches Ministerium des Innern 25 f., 55, 61 ff.
— Kommunalabteilung 57, 75, 140
Provinzen (allgemein) 9, 26, 63
— Autonomie 9
Provinzialausschuß 23, 25, 27, 29 f., 53, 55 ff.
Provinzialbeamte, -angestellte, -arbeiter (auch leitende) 48, 69 ff., 76, 146
— Amtsverschwiegenheit 73, 151
— Beförderung 70 f., 75
— Laufbahnvoraussetzung 71, 75
— Politische Beurteilung 70
— Versetzbarkeit 145 ff. 150, 152
Provinzial-Feuersozietät 24, 28, 43, 47
Provinziallandtag 12, 24, 27, 30, 53, 54 ff.

Provinzial-Lebensversicherungsanstalt 92
Provinzialordnung 1 f., 53, 56, 64, 66
Provinzialrat 65, 131, 182, 190 − 192, 248
Provinzialumlage 119, 169 ff., 173, 180 − 184, 190 − 198, 200 f., 204
Provinzialverband 2, 187, 196, 200
− Verfassungsstruktur 53, 55 − 67, 224, 242
Provinzialverwaltung 23 f., 26, 28, 246 f., 254

Rechnungsprüfungsämter 186
Rechnungsprüfungen 186 − 188
Regierungspräsident 54, 60 f., 94, 148, 187, 198, 222 f., 228, 232
Regionalismus 3, 111, 120
Reichsarbeitsminister(ium) 104, 159 f.
Reichsärzteführer 105
Reichsbank 174
Reichsgau 221 ff., 225, 228, 241
Reichsgauselbstverwaltung (siehe Gauselbstverwaltung)
Reichsjugendführer 94
Reichsminister(ium)
− des Innern, Reichs- und Preußischer(s) Minister(ium) des Innern 53, 63, 76, 135, 143, 146, 153, 158, 205, 219, 224, 226, 232
− − Kommunalabteilung 77, 94, 166
Reichspräsident 22
Reichsrat 21 f., 27
Reichsreform 59, 63, 66, 111, 113 f., 164, 187, 202, 204 − 215
Reichsstatthalter 63, 114, 121, 136, 204, 207, 213, 218, 222, 228, 232
Reichsstelle für Raumordnung 162
Reichsverband Deutscher Landesversicherungsanstalten 103 f., 162
Reichsversicherungsamt 104 f., 162
Reichsverteidigungsbezirk 121 f., 124, 127
Reichsverteidigungskommissare 120 f., 134, 138
Rheinprovinz 122, 125, 155, 182
Ruhrprovinz 113, 120, 126, 133
Rüstungsprovinzen 121

SA (Sturmabteilung) 38, 67, 69, 89, 191
Selbstverwaltung 14 f.
− und Demokratie
Selbstverwaltung, provinzielle 1 f., 61, 101, 140, 164 f., 248, 256
− − bürgerschaftliche 197
− "mittelbare Staatsverwaltung" 148, 155, 163, 165, 189, 247
− Aufgaben 5, 13, 188 f., 200, 210, 213, 227, 228
− Begriff 5 f., 28 f., 157, 220, 226, 246
− Krise 15 f.
− Reform 8, 61
− Zerstörung, Einengung 11, 16, 58, 141, 147 ff., 152, 157, 159 − 163, 169, 184 f., 186 f., 238, 244, 246 f.
Siedlungsverband Ruhrkohlenbezirk (Ruhrsiedlungsverband) 1, 54, 61, 63, 113, 182, 194

Sonderbehörden 10, 95, 140, 147, 158, 199, 246
Sozialdemokratische Partei Deutschlands 24 f., 29, 34, 41
Sozialversicherung 28, 104 f.
Spitzenverbände
— kommunale 16 f., 62
SS (Schutzstaffel) 69, 191
Staatskommissar 31, 38
ständestaatliche Ideen 28 f., 238
Stahlhelm 19
Stellenpläne 141 f., 230
Stellvertreter des Führers, Partei-Kanzlei 77, 102, 107, 133, 160, 205, 224, 226
— Staatsrechtliche Abteilung 75, 127, 229, 235
Steuer(quellen) 169 f., 172, 175 ff., 178 ff., 210, 236, 239 f., 241
Straßen
— Gesetz über die einstweilige Neuregelung des Straßenwesens und der Straßenverwaltung 120, 142
— Finanzierung 176 ff.
— Klassifikation 176
— Verwaltung 61, 137, 147, 178, 198 — 200, 227

Technische Verwaltung 228 f., 231
Tuberkulose-Hilfswerk 103 — 110

Umschuldung 171 f., 174
Universalität (Totalität) des provinziellen Wirkungskreises 4, 213 f., 220, 241, 256
Untersuchungsausschuß 24, 26, 30 f., 39

Verband der Preußischen Provinzen 14, 16
Verfassungsausschuß der Länderkonferenz 59, 63, 66
Verwaltung (siehe auch Bürokratie)
— Effizienz 99, 246
— Vereinfachung 82 f., 246
Verwaltungsreform 16, 187, 219
Versorgungsanwärter 51
Volkstum 116

Wahlen 21 f., 24 f.
Wahlrecht 12 ff., 61
Westfalen 3 f., 19, 68, 113, 119
— Bewußtsein 117, 127, 138
— Teilung 6, 88, 112 — 138, 249
Westfälischer Heimatbund 115, 118, 139
Winterhilfswerk 91 f., 97
Wirtschaftsberatung Deutscher Gemeinden 188
Widerstand 3 f., 77, 248, 254
Wohlfahrspflege 10 f., 83, 95 — 110, 159

Zentralisierung, Zentralismus 145, 158, 206 f., 234, 246 f.
Zentrum 18, 20, 24 ff., 27, 31, 71, 119
Zweckverband 54, 61

PERSONENREGISTER

Adam, Arnold 134
Adametz, Walter 17, 114, 180
Adamczyk, Josef Joachim 221
[Adams ab 1939]
Allen, William S. 36
Auberlen 138
Aubin, Hermann 116
Arnim-Rittgarten, Dietloff von 186, 211, 217

Barbrock, Bernhard 129, 136
Bärtling, Hans J. 11
Baumeister, Ludger 31, 36
Beheng, Matthias 38, 48
Berger, Gottlob 128
Betz 227
Beyer, Curt 46 f., 86
Blunk 211
Böckmann 211
Böhmer 196
Bollmus, Reinhard 89, 168, 252
Bommel, Gerhard 39 f., 43, 48 f., 51, 69, 71, 74 f., 92
Bormann, Martin 7, 76, 85, 124, 126, 128, 130, 133, 135, 138, 249
Bornemann 125
Borries, Kurt von 196, 199
Bracher, Karl D. 13, 15, 17, 59
Brackmann, Albert 116
Brecht, Arnold 89, 202
Breitenthaler 239
Broszat, Martin 3, 5, 17, 19, 23, 202, 224
Brüning, Heinrich 16 f.
Brüning, Kurt 57, 65, 113
Brüns 132
Bubenzer, Leopold 52, 69, 75, 92 f., 251
Bürckel, Josef 228, 230

Claaßen Heinz 227, 229 f.
Conti, Leonardo 110, 151, 154 – 158
Crämer, Ulrich 117 f., 120

Degenhardt, Hugo 106, 110
Dellenbusch, Karl Eugen 131
Diehl-Thiele, Peter 5, 20, 66
Dieckmann, Franz 10, 26, 30 f., 36 f., 41, 46 f., 60, 113 f., 170
Dietrich, Hermann 16
Dietrich-Troeltsch, Hermann 16
Dominicus, Alexander 58
Drews, Bill 8 ff., 58, 60, 63

Ehrensberger, Otto 154, 223
Eichhoff, Ernst 29
Eickhoff, Lotar 135, 137
Engel, Gustav 6
Enseling, Jost 6
Erbe, René 178
Erzberger, Matthias 16

Fenske, Hans 13
Fiehler, Karl 54, 62, 98, 105, 148, 160, 208, 211 f., 225 – 231, 233, 240
Fischer, Hans Joachim 48, 52, 70 f., 74, 84, 92, 107, 143
Fix, Karl 47
Först, Walter 6, 254
Forsthoff, Ernst 15
Franke, Christian 118, 123, 125, 128 f.
Freudenberg, Dirk 12
Frick, Wilhelm 62, 76, 85, 135 f., 146, 149, 153 ff., 158, 166 f., 212, 214, 219
Fricke, Hermann 29
Friedrichs, Helmuth 85, 128
Fröhleke, Bernhard 39 f., 48
Fründt, Theodor 134, 136 ff., 191 f., 249
Fuchs, Herbert 179 ff., 186

Ganschow 145
Genzer, Walter E. 6, 12
Gerber, Hans 14
Gessner, Ludwig 118, 211
Gester, Carl 37
Giesler, Paul 130 – 134
Glum, Friedrich 11
Goebbels, Paul Joseph 23
Goedecke, Heinrich 122, 125, 197
Goerdeler, Carl 57, 146, 247
Görling 104
Goeze, Wilhelm 12 f.
Gollwitzer, Heinz 3, 111
Göring, Hermann 18 f., 21 f., 53, 82, 84, 116, 121, 124 f.
Gradmann 116
Gramsch, Friedrich 64, 116
Grauert, Ludwig 31 f., 37, 44, 53, 55 f., 57, 60, 63 f., 171, 192
Grevel, Arthur 47
Gronowski, Johannes 18 f.
Gruna, Klaus 19
Grunwald, Klaus-Dieter 66

Haake, Heinz 138, 146, 149, 151, 156, 158, 167, 206, 211, 216, 227 f., 231, 239, 242
Häffner 106 – 110
Hamm 15
Hammerschmidt, Wilhelm 2

Hanholz, Heinrich 48
Hardenberg, Ernst Graf von 15
Hartlieb von Wallthor, Alfred 2, 6, 9, 11 f., 28
Hartung, Fritz 2, 248
Hassel, Ulrich von 252
Hartmann, Rudolf 43, 57
Hartung, Fritz 60, 248
Haverkamp, Fritz 26, 38, 41, 43
Heffter, Heinrich 2, 8 f.
Heinrichs, Heinrich 90, 101
Heintze 113
Helbok, Adolf 116
Helfritz, Hans 8 f., 12
Heller 75
Helmrich, Wilhelm 125
Helms, Hans von 72, 77, 137 f., 254
Heß, Rudolf 115, 128
Herzfeld, Hans 15 f.
Hettlage, Karl M. 190
Hierl, Konstantin 114
Hilgenfeldt, Erich 99 f., 103 f., 106, 110
Hilger, Rudolf 216
Himmler, Heinrich 90, 153, 161, 167 f.
Hitler, Adolf 34, 62, 70 f., 76, 84 f., 96, 115, 118, 122, 126, 128 f., 131, 138,
    215, 228
Hoffmann, Albert 134 – 138
Hoffmann, Wolfgang 13, 15
Homrighausen, Wilhelm 37
Hoppe, Werner 2, 256
Horion, Johannes 11, 13 ff., 59, 216
Hübner 116
Hugelmann, Karl Gottfried 148
Hülst, Hans Franz von 47, 75, 133
Hüttenberger, Peter 19 f., 128, 131

Irrgang, Emil 181, 196, 200

Jacobs, Ferdinand 19
Jarmer, Ernst 89 f., 134, 163, 209
Jeserich, Kurt 10, 12 f., 63, 105, 209 ff., 214, 218 f., 244
Jobst, Heinz 223
Joos, Josef 18 f.

Killy, Leo 225
Kissenkoetter, Jobst 250
Kitz, Wilhelm 10 f., 15, 57 f., 65, 138, 146, 150, 152, 154, 158, 165, 179, 188,
    209, 216 – 220, 227 – 233, 239, 242
Klasmeier, Christian 122, 125
Klein, Franz 156, 158

Kleindinst, Josef F. 9 f., 59
Klemm, Kurt 125
Klönne, Moritz 125, 253
Klopfer, Gerhard 127 f., 130, 136, 229 f., 235 – 242, 244, 249
Kolbow, Friedrich 32
Kolbow, Helene 6 f., 32
Kolbow, Karl Friedrich 5 f., 30 – 36, 38, 40, 42 f., 44, 46 – 52, 66 – 75, 77 – 96, 98 – 102, 104 – 111, 114, 118, 120 – 137, 143, 145, 149, 152 – 158, 160 – 182, 184, 187, 191 f., 193 f., 196 – 201, 203 f., 206 – 208, 211, 216 – 219, 221, 224, 227 – 242, 245, 247 – 254
Kolbow, Margarethe 32
Köchling, Anton 12
Körner, Paul 124 f.
Koszyk, Kurt 23
Kottenberg 102, 111
Köttgen, Arnold 15 f. 146, 217
Kraß, Maximilian 47
Krauthausen, Udo 211
Krebs, Albert 254
Kreißl, Anton 77, 138, 149, 162, 167, 217, 226 f., 239
Kriener, Ludwig 179
Kritzinger, Wilhelm 225, 238
Krohn, Johannes 43
Krosigk, Lutz Graf Schwerin von 225
Kube, Wilhelm 54, 193
Kühl, Ernst 4, 6, 17, 45 – 47, 66, 81, 113 – 119, 121, 125, 128, 178, 180, 206 – 208, 214, 217, 242

Laarmann, Maria 10
Lademacher, Horst 6, 8, 15
Laging, Walter 189
Lammers, Hans Heinrich 21, 76, 135, 146
Leesch, Wolfgang 5, 254
Lehmann, A. 58
Leiers, Rolf 6
Ley, Robert 115
Leyden, Victor von 12
Linden 163
Loewer, Lorenz 92
Lohmeyer, Hans 58
Loschelder, Wilhelm 15, 103, 145, 184
Lotz 133, 156
Lübke, Gerhard 6, 12
Lüninck, Ferdinand Freiherr von 5, 19 – 21, 27 ff., 31 f., 39, 50, 67 f., 78, 80, 84 – 86, 91, 114, 116, 118, 120, 172 – 174, 176, 183, 186 f., 188, 192 – 195, 197 f., 240, 247 – 250, 252
Lüninck, Hermann Freiherr von 20, 84

Maas 137
Mallinckrodt, Hermann von 21
Markull, Fritz 58, 223
Martin, Dieter 13
Martini 102
Matthaei, Kurt 85
Matzerath, Horst 5 f., 13, 15, 17, 43, 61, 94, 145, 165, 167
Mayer, Franz 13, 15
Medicus, Franz Albrecht 63, 65, 123, 206 f., 212 ff.
Meinert 97
Meise, Hans 92
Menges, Franz 59
Meyer, Alfred 5, 20, 29 f., 32, 47, 51, 73, 75, 78 f., 81 – 89, 92, 94 f., 106 f., 110, 114 f., 118, 120 – 137, 163, 191 – 193, 196 f., 247, 249
Meyer, Eugen 118 f.
Meyer-Lülmann 209
Mietz 102
Moll, Walter 10, 14 f.
Mommsen, Hans 14, 16, 20, 141, 146, 222
Mönnig, Friedrich 137
Morsey, Rudolf 17 f., 20
Most, Otto 15
Muckermann, Friedrich 21
Mühlenfels 165
Müller-Haccius, Otto 1, 66, 163, 180, 184 f., 186, 209 – 211, 214, 217 f.
Münker, Wilhelm 250

Naunin, Helmut 1, 4 f., 6, 11, 13, 20, 91, 94, 165, 167, 188 f., 199, 214, 255 f.
Nicolai, Helmut 21, 23, 114 – 118, 121, 206 f., 211, 213 f.

Oeynhausen, Adolf Freiherr von 192
Orlow, Dietrich 131, 235
Opdenhoff, Christian 20, 85
Ottersbach, Arnold 123, 127, 130, 135
Otto, Kurt 47, 56, 146, 191, 208 – 211, 216

Pagenkopf, Hans 144, 178, 182, 196
Pagl 227
Pape 232
Papen, Franz von 17, 20
Patutschnick, Helmuth 238
Peters, Hans 15
Petri, Franz 3
Pfundtner, Hans 20, 88, 156, 205, 213
Philipp, Prinz von Hessen 67
Pohler, Artur 42
Popitz, Johannes 12, 15, 17, 46, 53, 57, 63, 171, 180, 252
Pork, Rudolf 51, 97, 102, 131, 156, 160
Preuß, Hugo 9
Pünder, Hermann 19, 29

Querfeld, Hanns 48

Rediger, Franz 42 f., 75
Reischauer 227, 229
Renteln von 73
Reschke, Hans 102, 163
Rieker 46
Rosenberg, Alfred 88 f.
Rosenberger, Alfred 162
Ruegenberg, Paul 42, 47, 187
Rumohr von 88
Runge, Wolfgang 13 f.
Runte, Ludwig 88, 123, 125, 182, 200

Salzmann, Bernhard 36, 47, 95, 136 ff., 182, 200, 249, 254 f.
Sauckel, Fritz 133, 213
Schäffer, Hugo 108
Schalfejew, Eduard 47
Schenck, Eberhard von 12, 14, 16 f., 91, 153, 163, 167, 170, 210
Schlüter, Georg 161
Schmidt, Ferdinand 26, 38, 41, 43 f.
Schmidt, Otto 42, 47, 174
Schmitt, Carl 14
Schmitz, Kurt 14
Schön, Waldemar 77, 208
Schöne, Friedrich 12, 149
Schoenbaum, David 52, 164, 243
Schomburg, Burkhart 197
Schow, Wilhelm 87, 150 f., 158, 163, 198, 218, 233
Schulenburg, Fritz-Dietlof Graf von der 78
Schulte, Wilhelm 6, 31 f., 34, 125, 132, 167
Schultze-Plotzius, Manfred 14, 62, 66, 202, 211
Schultze-Rhonhoff, Otto 106, 108
Schulz, Gerhard 8 f., 59, 202, 213, 215
Schulz, Robert 83, 225, 227
Schulze-Steinen, Otto 48 f.
Schürmann, Ferdinand 195
Schütze, Erwin 22, 88
Schwarz 157
Schwarzschulz 81
Schwede (-Coburg), Franz 75, 86, 211, 214
Soll, Karl 6
Sommer, Walter 75, 124, 127, 201, 212, 222, 225 – 235, 237, 244
Sontheimer, Kurt 29
Spanner, Hans 148
Speer, Albert 151
Sprenger, Jakob 112
Stahl, Hermann 42 f.
Stangier, Peter 24, 77, 129

Steimle, Theodor 87, 227, 232
Stein, Freiherr vom 208, 240
Steinbach, Franz 116
Steinberg, Heinz G. 6, 121, 217, 242, 254
Stier-Somlo, Fritz 8, 10 f.
Strasser, Gregor 54
Stuckart, Wilhelm 103, 121 − 124, 126, 130, 135, 150, 152, 154, 165, 211 − 214, 219, 221, 234
Stümpfig, Georg 236, 239
Stürtz, Emil 26 f., 32, 42, 48, 55, 68, 72 f., 81, 114
Surèn, Friedrich Karl 75, 94, 106, 140 f., 145 f., 153 f., 166 f., 171, 184, 212

Tapolski, Hans-Joachim 184, 186
Teipel, Heinrich 196
Terboven, Josef 19, 120 − 127
Thom, Walter 10
Thomée, Fritz 45
Tießler, Hans 76 f., 149, 160
Todt, Fritz 146 f., 149 f., 178, 188, 199, 229, 231
Traupel, Wilhelm 155, 218, 229

Ummen, Hans 86, 125, 129

Vetter, Heinrich 80, 124, 131, 196
Vincke, Eberhard 249
Vogel, Walther 116
Vonnegut, Franz 156

Wagener, Friedo 165
Wagenfeld, Karl 115
Wagner, Adolf 205
Wagner, Josef 20, 27, 29, 32, 26, 50, 68 f., 73, 80, 84, 111 f., 124, 126, 128, 131, 192
Wagner, Robert 228, 230
Walkenhorst 236
Walter 106
Weber 19
Wedelstädt von 217
Weidemann, Johannes 212
Wessels, Heinrich 42, 48
Westermann, Bernhard 47, 92, 142, 171 f., 177, 179
Winterfeldt-Menkin, Joachim von 45

Zeitler, Ralf 104, 233
Zepter, Wilhelm 132, 134
Zieger, 212
Zimmermann 80
Zuhorn, Karl 4, 46, 55, 113, 255